三聯學術

著作权所有：© 东大图书股份有限公司
本书中文简体字版由东大图书股份有限公司授权生活·读书·新知三联书店在中国境内（台湾、香港、澳门地区除外）独家出版。
本书中文简体字版禁止以商业用途于台湾、香港、澳门地区散布、销售。
版权所有，未经著作权所有人书面授权，禁止对本书之任何部分以电子、机械、影印、录音或其他方式复制或转载。

作品精选 钱穆

新亚遗铎

三联书店

Simplified Chinese Copyright © 2021 by SDX Joint Publishing Company.
All Rights Reserved.
本作品简体中文版权由生活·读书·新知三联书店所有。
未经许可，不得翻印。

图书在版编目（CIP）数据

新亚遗铎/钱穆著. —北京：生活·读书·新知三联书店，2021.7
（钱穆作品精选）
ISBN 978-7-108-07153-8

Ⅰ.①新… Ⅱ.①钱… Ⅲ.①钱穆（1895-1990）－教育思想－文集 Ⅳ.① G40-092.7

中国版本图书馆 CIP 数据核字（2021）第 076358 号

责任编辑	吴　莘
装帧设计	蔡立国
责任印制	宋　家
出版发行	生活·讀書·新知 三联书店
	（北京市东城区美术馆东街 22 号 100010）
网　址	www.sdxjpc.com
图　字	01-2018-3652
经　销	新华书店
印　刷	北京市松源印刷有限公司
版　次	2021 年 7 月北京第 1 版
	2021 年 7 月北京第 1 次印刷
开　本	880 毫米 ×1092 毫米　1/32　印张 26.25
字　数	595 千字　图 21 幅
印　数	0,001 − 5,000 册
定　价	117.00 元

（印装查询：01064002715；邮购查询：01084010542）

九十五岁玉照

一九五二年四月十六日台北讲演，屋顶水泥塌落受
重伤，出院后赴台中休养期中摄于台中公园（左）

一九五二年九月伤愈初返港（右）

一九五三年桂林街时期玉照,时年五十九岁

一九五三年新亚师生旅游摄于九龙银矿湾瀑布下

一九五五年六月二十七日香港大学颁赠名誉法学博士学位

一九五六年六十二岁

一九五九年十月十六日英国大学委员会代表福尔顿博士为香港设立中文大学来港，访问新亚时合影留念

一九六〇年赴美讲学在香港机场留影（左上）

一九六〇年在美耶鲁大学讲学时与耶大校长格瑞索博士合照（左下）

一九六〇年六月十三日获耶鲁大学颁赠荣誉博士学位后与耶鲁大学秘书长荷顿及耶鲁大学远东语文学院中国教师同观博士证书（右下）

一九六二年六十八岁(上)

一九六二年居住沙田(下)

一九六七年七十三岁赴台定居新亚校友欢送晚会

一九七一年重回沙田,遥观和风台五号旧居(上)

一九七一年赴港与新亚研究所校友同游沙田,时年七十七岁(下)

一九七四年八十岁

一九七八年十月赴港回新亚主持首次"钱宾四先生学术文化讲座"演讲神情,时年八十四岁(上)

一九七八年十月"钱宾四先生学术文化讲座"上与院长金耀基先生(左)、董事长陶学祁先生合影(下)

一九八四年告别教坛最后一课,时年九十岁

一九八七年九十三岁在家讲课时神情

目 录

序 / I

新亚学规 / 1

新亚校徽 / 4

新亚校歌 / 5

校歌手稿 / 8

亚洲文商学院开学典礼讲词摘要（新亚校刊创刊号）/ 11

招生简章节录 / 13

新亚书院沿革旨趣与概况 / 15

告新亚同学们（校刊二期）/ 26

敬告我们这一届的毕业同学们（校刊三期）/ 29

新亚精神（校刊四期）/ 32

附：校闻一束 / 35

新亚五年（校刊五期）/ 39

欢迎雅礼协会代表讲词摘要 / 44

附：校闻一束 / 47

一九五四年除夕晚会讲词摘要 / 52

校风与学风（校刊六期）/ 54

新亚书院五年发展计划草案节录（校刊七期）/ 60

研究所计划纲要 / 67

新亚校训诚明二字释义 / 69

 附：校闻一束 ／ 72

新亚理想告新亚同学（校刊八期）/ 76

农圃道新校舍奠基典礼讲词摘要 / 79

告本届毕业同学（校刊九期）/ 82

 附：新亚书院·亚细亚大学交换学生协定 ／ 87

雅礼和新亚双方合作三年来之回顾与前瞻 / 89

 附：校闻辑录 ／ 94

第六届毕业典礼讲词 / 99

第九届开学典礼讲词 / 101

孔子诞辰纪念讲词 / 103

天才技艺大会开幕词摘要 / 107

第一次月会讲词摘要 / 109

第四次月会讲词摘要 / 111

发刊词（《新亚生活双周刊》一卷一期）/ 113

惜别和欢送（一卷五期）/ 115

责任和希望（一卷六期）/ 117

第七届毕业典礼讲词 / 119

 附：本院南洋侨生申请免试入学办法（一卷六期） ／ 121

告本届新同学（一卷八期）/ 122

孔子思想和世界现实问题（一卷九期）/ 124

变动中的进步 / 128

 附：建校九年大事记 ／ 130

孔道要旨 / 131

新亚书院概况序言（一卷十二期）/ 136

介绍张君劢先生讲词（一卷十三期）/ 137

中国史学之特点（一卷十五期）/ 139

知识、技能与理想人格之完成（一卷十八期）/ 150

介绍董之英先生讲词（一卷二十期）/ 155

择术与辨志（一卷二十一期）/ 157

家庭母爱与孝道（二卷一期）/ 164

研究生报告指导摘要（二卷二期）/ 166

通情达理 敬业乐群（二卷三期）/ 170

为学与做人（二卷四期）/ 176

研究生报告指导摘要 / 182

第八届毕业同学录序（二卷五期）/ 184

开学致词（二卷六期）/ 186

友情的交流 / 190

珍重我们的教育宗旨（二卷七期）/ 194

中国传统思想中几项共通的特点（二卷九期）/ 197

欢迎英国大学委员会代表福尔顿博士访问本院讲词 / 202

校务概况（二卷十期）/ 204

新亚书院十年来的回顾与前瞻（二卷十四期）/ 210

本校今后的理想与制度（二卷十五期）/ 216

附：钱校长赴美欧行程 / 222

自美来函（一）/ 223

孙君鼎宸历代兵制考序（二卷十六期）/ 225

人（二卷十七期）/ 227

何蒙夫诗境记（二卷十八期）/ 233

曾何两先生哀辞（二卷十九期）/ 234

自美来函（二）（三卷一期）/ 237

自美来函（三）（三卷二期）/ 239

自美来函（四）（三卷四期）/ 241

美新港雅礼协会公宴讲词 / 245

自美来函（五）（三卷五期）/ 248

自美来函（六）（三卷六期）/ 249

附：钱校长伉俪讲学归来（三卷七期）/ 251

三十四次月会讲词（三卷八期）/ 253

中国史学之精神（三卷九期）/ 259

第二期新校舍落成典礼讲词（三卷十期）/ 264

从西方大学教育来看西方文化（三卷十二期）/ 266

让我们过过好日子（三卷十三期）/ 275

课程学术化　生活艺术化（三卷十四期）/ 277

从新亚在美校友说到校友对母校的重要性 / 283

关于新亚之评价（三卷十五期）/ 287

中国文学中的散文小品 / 294

关于丁龙讲座（三卷十六期）/ 309

本刊进入第四年（四卷一期）/ 313

欢祝本届毕业同学（四卷三期）/ 315

竞争比赛和奇才异能（四卷四期）/ 318

第十届毕业典礼致词 / 321

《论语》读法（四卷五期）/ 324

秋季开学典礼讲词（四卷六期）/ 327

孔诞与校庆讲词（四卷七期）/ 331

欢迎罗维德先生（四卷八期）/ 337

中国儒学与文化传统（四卷十期）/ 340

关于学问方面之智慧与功力（四卷十三期）/ 364

学问与德性（四卷十七期）/ 382

中国历史上关于人生理想之四大转变（四卷二十期）/ 396

写在本刊五卷一期之前（五卷一期）/ 411

回顾与前瞻（五卷三期）/ 413

对十一届毕业诸君临别赠言（五卷四期）/ 420

新亚书院文化讲座录序 / 422

有关学问之道与术（五卷五期）/ 423

英国文化协会赠书仪式中致词 / 443

校庆日劝同学读《论语》并及《论语》之读法（五卷七期）/ 444

秋季开学典礼讲词（五卷八期）/ 455

孔诞、校庆及教师节讲词（五卷九期）/ 459

有关学问之系统（五卷十三期）/ 465

读书与做人（五卷十五期）/ 483

衡量一间学校的三个标准（五卷十六期）/ 492

历史与地理（五卷十七期）/ 504

学术与风气（五卷十八期）/ 512

第三期新校舍落成典礼讲演词（五卷二十期）/ 528

新亚艺术第二集序 / 530

礼乐人生（六卷一期）/ 532

对十二届毕业同学之临别赠言（六卷五期）/ 537

月会讲词 / 540

漫谈《论语新解》（六卷八期）/ 546

秋季开学典礼讲词（六卷九期）/ 562

庆祝中文大学成立 / 568

孔诞暨校庆纪念会讲词（六卷十期）/ 570

中国文化与中国人（六卷十五期）/ 578

关于我的辞职 / 593

校风与学风（六卷十六期）/ 596

事业与职业（六卷十七期）/ 599

述乐记大意（六卷十八期）/ 605

中国文化体系中之艺术（六卷二十期）/ 608

《新亚生活双周刊》第七卷首期弁言（七卷一期）/ 618

从中西历史看盛衰兴亡 / 620

学问之入与出（七卷三期）/ 639

推寻与会通（七卷四期）/ 653

对新亚第十三届毕业同学赠言（七卷五期）/ 666

我如何研究中国古史地名 / 668

上董事会辞职书（董事会档案）/ 675

有关穆个人在新亚书院之辞职（七卷六期）/ 681

致雅礼协会罗维德先生函 / 687

校庆日演讲词（七卷八期）/ 689

谈《论语新解》（七卷九期）/ 696

亡友赵冰博士追思会悼辞（七卷十一期）/ 708

赵冰博士墓碣铭 / 709

悼赵故董事长两挽联 / 710

《大学》格物新义（七卷十四期）/ 711

校友日讲词 / 718

《史记导读》序（七卷十七期）/ 721

韩文导读序 / 723

新亚二十周年校庆典礼讲词（十二卷八期）/ 725

人物与理想（十二卷十期）/ 730

我对于雅礼新亚合作十七年来之回忆（十三卷十五期）/ 737

事业与性情（十四卷三期）/ 743

王道先生碑文（十四卷十六期）/ 760

悼念苏明璇兄（《新亚生活月刊》五卷二期）/ 761

附：敬悼青瑶师（钱胡美琦作）（《新亚生活月刊》六卷七期）/ 767

新亚书院创办简史（新亚书院四十周年校庆特刊）/ 774

新亚四十周年纪念祝辞 / 801

序

汇编《新亚生活周刊》载录宾四对学生的讲话及文稿,最早是三民书局刘振强先生的建议。一九六七年,我们迁台定居不久,刘先生有次来访,谈起他偶然读到《新亚生活周刊》上宾四的一篇讲演,很受感动,他要求宾四将其历年在该刊上的讲辞文稿汇集成专书,由三民书局负责出版。那时宾四专心在写《朱子新学案》一书,只想借努力工作忘掉过去的不愉快,对刘先生的建议未加考虑。数年后,刘先生又在一次来访时,重提旧话。其时宾四《朱子新学案》已出版,正着手整理以前旧稿,汇编《中国学术思想史论丛》,已冲淡了情感上的不快。回想往事,深感在新亚十五年,每次对学生谈话,都是他当时的真情流露,值得珍惜。于是对刘先生的建议开始动心,遂命我为他先收集资料,准备整理完旧稿再作考虑。未料不久后,宾四双目即不能见字,自此身体多病,一切工作费时费力,《新亚生活周刊》的资料一放十年,无暇顾及。

去年,宾四在养病中,无以消遣,于是又想到《新亚生活周刊》的资料,命我逐篇顺序念给他听。原以为现成稿子汇集成书是件轻松简单的事。不料这本集子,每篇都牵起太多回忆,工作进行颇不顺畅。加以一场大病,宾四脑力迅退,这本文稿的编集,竟拖了一年多才得勉强付印,真是始料所未及。

宾四为此集定名为《新亚遗铎》。在我们共同整理文稿的过程中，他曾多次有感而发地说，离开新亚已二十五年，再来回首从前，那是何等情绪啊！又屡说，待此稿整理完，他将要为《新亚遗铎》写篇长序，略叙别后情怀。我一直期待读他这篇将写的长序，不幸他年老复原不易，已无力为文。不得已，命我于此书付印时代写一篇。

我与新亚渊源也不短。一九四九年夏，我离开厦门大学赴港。一九五〇年秋，转入新亚就读一年。一九五一年离港来台，隔年转入台北师大。一九五四年师大毕业后，又曾回新亚一短时期。一九五六年初，与宾四成婚。一九六五年宾四辞职离新亚，一九六七年秋我夫妇离港居台。我与新亚前后相关也已十五年。我曾目睹艰苦奋斗中的新亚，生命充满朝气。也曾目睹她快速转变时期，解除了经济困厄，而逐渐步入人事纷扰。更目睹她加入中文大学后陷于兴奋迷惘，个人功利胜过了整体道义，创校理想日益模糊。往事久已尘封，因整理此集而又如走马灯般涌入脑海，不胜感慨。

宾四在《新亚生活双周刊》一卷一期《发刊词》上说：

> 这一份《新亚生活双周刊》便想把新亚生活之各部门各方面尽量汇集披露出来……这是我们新亚将来的一部历史……将来要了解新亚如何生长、如何成熟、如何发展，以及新亚生活中究竟包藏了些什么；所谓新亚精神究竟具体表现了些什么，便要凭这份刊物来察看来推寻。

又在《双周刊》四卷一期《本刊进入第四年》一文中说：

> 这一份刊物，我们创办时的用意不外两点：一是逐期报告学校师生们生活的实况，一是预备作将来校史之一份重要参考材料用。

《周刊》创办的宗旨虽如上述，然而我把宾四主持校政十五年来的资料，从头一页页仔细翻看，禁不住为它记载的不够详实而感叹。最难释怀的，莫过于宾四辞职时相关资料的欠缺。举其最简单具体一事说，宾四的辞职讲演，当时竟无人记录。

一九六四年七月十一日，新亚举行第十三届毕业典礼，宾四在主持典礼的同时，对全校师生作了他正式离职的公开讲演。回想那一段忙碌混乱的日子，我至今仍清晰地记得，典礼的前一晚，时间已过午夜十二点，宾四在忙完杂务后对我说，现在他要静下心来好好准备他主持校政十五年来最后一次讲演。于是在沙田和风台五号，我们旧居的长廊上，他衔着烟斗，独自在廊上散步，为他第二天的告别辞打腹稿，直过两点才上床休息，我又听他在床上翻来覆去到天亮。第二天早上，我陪他去新亚，他在忍受了无数委屈，又经过长期内心挣扎，却能如此平和地讲话，没有带一丝火气，而又句句充满情感，令我几次禁不住泪水夺眶而出，这真是令我终生难忘。

当晚校长室苏明璇先生来电话，也说起他的感受。不料两天后苏先生再来电话，激动地报告，学校竟无人记录宾四的告别讲演。这真是件不该有的缺失。历年来，每逢新亚举行开学或毕业典礼，照例有人负责记录师长的讲话。何况这次是新亚创办人的告别讲演，意义更不同。这一疏失，实在令人有些费解。典礼后十一日，宾四在苏先生多次催促下，终于补写了一篇讲词，登在《新亚生活双周刊》七卷六期上。情绪激荡达到某一巅峰状态时，常能发挥出想不到的潜能，创造出平日少见的杰作。但待事过情迁，再要来捕捉当时的心情，往往如水中捞月了。补写的一篇难及当日临场讲演的生动。我每回想此事，总觉有难以弥补的遗憾。

文稿编定后，在宾四杂稿中，意外寻出一九六〇年宾四在美获耶鲁大学颁赠名誉学位，雅礼协会举行公宴祝贺时之讲词一篇，及其辞新亚校长职复雅礼罗维德先生函一草稿。另又在其记事本中获知当年有上董事会辞职书一封，特电新亚张端友校友于档案中查出寄来。此三文同可补入，其中两函有关辞职事，正可稍补缺失。

此集所收只限于宾四在《新亚校刊》、《新亚生活双周刊》、《新亚月刊》上有关之文稿，按出版顺序先后排列，并在每篇下注明原刊几卷几期，以便读者翻查。如该文收入宾四已出版之某书，也加注明。一九六七年我们由港迁台时，叶龙校友赠其手抄宾四海外讲稿两本，孙鼎宸先生赠宾四剪稿数十篇。两者中有数篇与新亚历史有关，而上述刊物未收入，特为补入，并在目录上注明其原发表处。另新亚生活上有我《敬悼青瑶师》一文，所述有关新亚艺术系之创设，今亦附入。又《新亚生活周刊》有记载学校活动之文稿数篇，以其有助读者对当年新亚之认识，今亦插入。以上凡非宾四文稿，皆不在目录顺序上排列，并注明为"附"稿，以示区别。又该刊上有宾四香港大学校外课程讲稿三部分共十八篇，今并删去，别作安排。

这本文集拖了多年终于付印了，今年恰逢新亚创校四十周年之庆，特把宾四为祝贺此庆典而作之《祝辞》与《新亚简史》两文，亦一并收入此集中。意外的巧合，亦别具意义。宾四嘱此书赶在九月二十八日校庆日前出版，以为他的贺礼。

一九八九年八月
钱胡美琦写于台北外双溪之素书楼

新亚学规

凡属新亚书院的学生，必先深切了解新亚书院之精神。下面列举纲宗，以备本院诸生随时诵览，就事研玩。

一、求学与做人，贵能齐头并进，更贵能融通合一。

二、做人的最高基础在求学，求学之最高旨趣在做人。

三、爱家庭、爱师友、爱国家、爱民族、爱人类，为求学做人之中心基点。对人类文化有了解，对社会事业有贡献，为求学做人之向往目标。

四、袪除小我功利计算，打破专为谋职业、谋资历而进学校之浅薄观念。

五、职业仅为个人，事业则为大众。立志成功事业，不怕没有职业。专心谋求职业，不一定能成事业。

六、先有伟大的学业，才能有伟大的事业。

七、完成伟大学业与伟大事业之最高心情，在敬爱自然，敬爱社会，敬爱人类的历史与文化，敬爱对此一切的智识，敬爱传授我此一切智识之师友，敬爱我此立志担当继续此诸学业与事业者之自身人格。

八、要求参加人类历史相传各种伟大学业、伟大事业之行列，必先具备坚定的志趣与广博的智识。

九、于博通的智识上，再就自己才性所近作专门之进修；你须先求为一通人,再求成为一专家。

一〇、人类文化之整体,为一切学业事业之广大对象;自己的天才与个性,为一切学业事业之最后根源。

一一、从人类文化的广大对象中,明了你的义务与责任;从自己个性的禀赋中,发现你的兴趣与才能。

一二、理想的通才,必有他自己的专长;只想学得一专长的,必不能具备有通识的希望。

一三、课程学分是死的,分裂的。师长人格是活的,完整的。你应该转移自己目光,不要仅注意一门门的课程,应该先注意一个个的师长。

一四、中国宋代的书院教育是人物中心的,现代的大学教育是课程中心的。我们的书院精神是以各门课程来完成人物中心的,是以人物中心来传授各门课程的。

一五、每一个理想的人物,其自身即代表一门完整的学问。每一门理想的学问,其内容即形成一理想的人格。

一六、一个活的完整的人,应该具有多方面的智识,但多方面的智识,不能成为一个活的完整的人。你须在寻求智识中来完成你自己的人格,你莫忘失了自己的人格来专为智识而求智识。

一七、你须透过师长,来接触人类文化史上许多伟大的学者,你须透过每一学程来接触人类文化史上许多伟大的学业与事业。

一八、你须在寻求伟大的学业与事业中来完成你自己的人格。

一九、健全的生活应该包括劳作的兴趣与艺术的修养。

二〇、你须使日常生活与课业打成一片,内心修养与学业打成一片。

二一、在学校里的日常生活,将会创造你将来伟大的事业。在学校时的内心修养,将会完成你将来伟大的人格。

二二、起居作息的磨炼是事业，喜怒哀乐的反省是学业。

二三、以磨炼来坚定你的意志，以反省来修养你的性情，你的意志与性情将会决定你将来学业与事业之一切。

二四、学校的规则是你们意志的表现，学校的风气是你们性情之流露，学校的全部生活与一切精神是你们学业与事业之开始。敬爱你的学校，敬爱你的师长，敬爱你的学业，敬爱你的人格。凭你的学业与人格来贡献于你敬爱的国家与民族，来贡献于你敬爱的人类与文化。

（载校刊第二期，一九五三年）

新亚校徽

新亚校歌

山岩岩,海深深,地博厚,天高明,人之尊,心之灵,
　广大出胸襟,悠久见生成。
　　珍重珍重,这是我新亚精神。

十万里上下四方,俯仰锦绣,
　五千载今来古往,一片光明。
五万万神明子孙。
　东海西海南海北海有圣人。
　　珍重珍重,这是我新亚精神。

手空空,无一物,路遥遥,无止境。
　乱离中,流浪里,饿我体肤劳我精。
　　艰险我奋进,困乏我多情。
　千斤担子两肩挑,趁青春,结队向前行。
　　珍重珍重,这是我新亚精神。

校歌手稿

新亞校歌

山巖巖,海深深,地博厚,天高明,人之尊,心之靈,
廣大出胸襟,悠久見生成,
珍重珍重,這是我新亞精神

(錢三)

上下萬里上下四方，俯仰錦繡，
五千載今來古往，一片光明、
中億五萬萬神明子孫。
東海南海西海南海北海有聖人．
珍重珍重，這是我新亞精神

（右之二）

手空空，无一物，路遥遥，无止境。

乱离中，流浪里，饿我体肤劳我精。

艰险我奋进，困乏我多情。

千斤担子两肩挑，趁青春，结队向前行。

珍重珍重，这是我新亚精神。

(右之三)

（一九五三年七月）

亚洲文商学院开学典礼讲词摘要

亚洲文商学院为新亚书院的前身,自一九四九年十月至一九五〇年二月,学院存在仅半年时间。校址租九龙佐顿道伟晴街华南中学三楼作临时校舍。此为一九四九年十月十日举行第一次开学典礼讲词摘要。

文化教育是社会事业,是国家民族历史文化的生命,其重要可知。我们的大学教育是有其历史传统的,不能随便抄袭别人家的制度。中国的传统教育制度,最好的莫过于书院制度。私人讲学,培养通才,这是我们传统教育中最值得保存的先例。

中国人应真正了解中国文化,并要培养出自家能够适用的建设人才。

读书的目的必须放得远大。要替文化负责任,便要先把自己培养成完人。要具备中国文化的知识,同时也要了解世界各种文化。要发扬中国文化,也要沟通中西不同的文化。

我们的开始是艰难的,但我们的文化使命却是异常重大的。本校的筹备创立,虽是经过一段艰难,比起将来发展的艰难来,现在还是轻微的。各位入校须有个抱负,不要斤斤于学分和文凭的获得,以及只求私人职业上之解决。

应具有远大眼光,先重通识,再求专长,方有伟大之前途。现在开始了,教学相长,将来的大责任完全靠大家的共同努力。

(新亚校刊创刊号)

招生简章节录

本书院创立于一九四九年秋，旨在上溯宋明书院讲学精神，旁采西欧大学导师制度，以人文主义之教育宗旨，沟通世界中西文化，为人类和平社会幸福谋前途。本此旨趣，一切教育方针，务使学者切实了知为学做人同属一事，在私的方面应知一切学问智识，全以如何对国家社会人类前途有切实之贡献为目标。惟有人文主义的教育，可以药救近来教育风气，专为谋个人职业而求智识，以及博士式学究式的专为智识而求智识之狭义的目标之流弊。

本于上述旨趣，本书院一切课程，主在先重通识，再求专长。首先注重文字工具之基本训练，再及一般的人生文化课目，为学者先立一通博之基础，然后再各就其才性所近，指导以进而修习各种专门智识与专门技术之途径与方法。务使学者真切认识自己之专门所长在整个学术整个人生中之地位与意义，以药近来大学教育严格分院分系分科直线上进、各不相关、支离破碎之流弊。

关于教学方面，将侧重训练学生以自学之精神与方法，于讲堂讲授基本共同课程外，采用导师制，使学者各自认定一位至两位导师，在生活上密切联系，在精神上互相契洽，即以导师之全人格及其生平学问之整个体系为学生作亲切之指导，务使学者在脱离学校进入社会以后，对于其所习学业仍继续有研求上进之兴趣与习惯，以药近来大学教育专尚讲堂授课，口耳传习，师生隔膜，以致学者专以学分与文凭为主要目标之流弊。

本院同人自身即以讲学做人一体之精神相结合，共同有志于大学教育的改进，其自身即为一学术研究集团。将来对于书院内部一切措施，采绝对民主方式，由全校教授同人时时密切商讨，以求教育精神之始终一致，与书院制度之不断改进，期于理想的大学新制度作一长期之研求与实验，将来粗有成绩，可供其他大学之参考。

本书院规模，暂时先办文史、哲学教育、新闻社会、经济、商学、农学等六系，并于每系下分组，惟对人生大义、文化价值、教育宗趣，则悬为本书院各系各组所共同必须研修之对象。于最近之将来，尚拟添设工程、法律等系，并添办附属中小学，期能完成一完全之教育系统为书院之根基。

（一九五〇年三月招生简章）

新亚书院沿革旨趣与概况

一、沿革

新亚书院的前身为亚洲文商学院,于一九四九年十月十日创立于香港之九龙。旋于次年一九五〇年三月改组为现在之新亚书院。其校舍亦由临时租借之华南中学,迁至现在租用之九龙桂林街六十一至六十五号三、四楼。计办公室一间、教室四间。

因新亚书院之改组成立,学校性质与内容亦发生重要之变化。文商学院时期系夜校性质,每晚上课三小时,本不适于大学程度之教育要求。故新亚书院成立后,即改为日间全天上课。课程之组织与教学内容,遂亦渐合于正式大学之水准。文商学院创立之初,即获国民政府教育部准予立案,又经香港政府准予注册。改组为新亚书院后,重新申请立案与注册,并得迅速之批准。

本院创立之始,即系大学性质,但以格于香港政府之规定(香港只准设立大学一所,即香港大学),故依例只能称为专科。惟依中国传统教育制度,本院性质与所谓专科者,殊不相符。而实更近于宋明时代之书院,即私人讲授高级学术之学校。有别于普通官立学校,亦不同于西方教育制度下之专科学校。

二、旨趣

新亚书院之旨趣曾概括说明于其招生简章之序言中：

"上溯宋明书院讲学精神，旁采西欧大学导师制度，以人文主义之教育宗旨沟通世界东西文化，为人类和平、社会幸福谋前途。本此旨趣，一切教育方针，务使学者切实了知为学、做人同属一事。在私的方面，应知一切学问知识，全以如何对国家社会、人类前途有切实之贡献为目标。惟有人文主义的教育，可以药近来教育风气专门为谋个人职业而求智识，以及博士式、学究式的为智识而求智识之狭义的目标之流弊。

本院一切课程，主在先重通识，再求专长。为学者先立一通博之基础，然后各就其才情所近，指导以进而修习各种专门知识与专门技能之途径与方法，务使学者真切认识自己之专门所长在整个学术、整个人生中之地位与意义，以药近来大学教育严格分院分系分科，直线上进，各不相关，支离破碎之流弊。

关于教学方面，则侧重训练学生以自学之精神与方法。于讲堂讲授基本共同课程外，采用导师制，使学者各自认定一位至两位导师，在生活上密切联系，在精神上互相契洽，即以导师之全人格及其平生学问之整个体系为学生作亲切之指导。务使学者在脱离学校进入社会以后，对于所习学业仍继续有研究上进之兴趣与习惯，以药近来大学教育专尚讲堂授课，口耳传习，师生隔膜，以致学者专以学分与文凭为主要目标之流弊。"

以上三点为本院之基本旨趣。惟本院鉴于所处时代与地理环境，除对基本旨趣尽力实践外，对下述两点，亦抱有甚挚之热望：

一、在今日民主主义与极权主义斗争之下，中国青年在思想上应有正确的认识，以免误入歧途，既误其本身前途，亦遗害于国家民族以及世界和平。本院窃愿以发扬中国传统的人文主义精神与和平思想为己任，并领导青年学生循此正规以达救己救世之目标。

二、香港在地理上与文化上皆为东西两大文化世界之重要接触点，亦为从事于沟通中外文化，促进中西了解之理想的教育地点。大陆之青年与海外二千万华侨之子弟，正为他日天下一家、世界大同理想之良好的负荷者。本院窃愿本此宗旨，以教育此无数纯洁青年，使其既知祖国之可爱，亦知世界大同之可贵。

三、系别与课程

一、计划院系　本院自始即依上述旨趣设计未来发展之规模及院系，现虽格于事实未能一一具体实现，然此计划则仍为本院一贯努力之目标。计划中之院系为：

第一院为文哲学院，分文学、史学、哲学教育等系。

第二院为商学院，分经济、商学等系。

第三院为农学院，分农林、园牧、农业经济等系。

在拟议计划中，各院之上有分科研究所，以便教授及高年级学生作专门性质研究。农学院之下，附设试验农场一所，便于该院学生实习及教授研究实验，并借以养成青年异日实际担任中国农村经济建设之能力。此外尚拟设完全中学一所。

二、现设系别为：

（一）文史系　内分：中文、外文、中史、外史四组。系主任钱穆。

（二）哲学教育系　内分：哲学与教育两组。系主任唐君毅。

（三）经济学系　系主任张丕介。

（四）商学系　内分：商业管理、国际贸易、银行、会计四组。系主任杨汝梅。

（五）农学系　第一年开设后，因附设农场未能设立，教学实习感有不便，中停。

（六）新闻社会系　内分：新闻组与社会组。第一年开设后，因现有校舍不敷分配，亦暂停。

三、课程　本院各院系课程之选择原则，一方面参酌中国教育部所颁大学课程之规定，一方面顾虑海外社会客观环境，但同时又须适合本院教育理想，故与一般公私立大学所开课程名目及各课程之内容，显有出入（课程详目另列），惟其基本特点可概括如下：

（一）注重各系（一、二年级）共同之基本课程，培养健全之思想基础，故哲学、史学、心理学、社会学、经济学、语文学等课程所占时间较多。

（二）专门性质及技术性质之课程，自三年级开始，注重学生自修与导师之个别指导，故上课时间转较一、二年级为少。

四、教授与学生

一、教授　本院教授之中一部分，为本院之创办人，其在国内大学任教时间有长及三十年者，有十年二十年者不等，率为抱有甚高教育理想与热心，而自动愿为新亚书院尽其责任者。观其简单履历即可证明此点（见附表）。

二、学生　新亚书院二年有半之时期中，学生数量不多（一九五二年春季注册正式生四十二人，试读及旁听生十五人），而甚富于流动性。究其原因，盖在于：

（一）新亚书院所悬之理想，本有异于一般学校，而此则不易为一般社会所理解。

（二）时代特殊，青年往往不能久留香港，或由于家庭经济困难无力续读，而致中途退学。

（三）非常局面中，各地出入境限制綦严，南洋侨生及台湾学生来港者诸多困难，而大陆上青年又被严格限制，禁止出境。

（四）本院初创，规模与设备皆嫌不足。

有此四因，遂致来学者有限，而辍读者不绝。但自一九五一年起，渐见稳定。

五、文化讲座

香港向为商业社会，文化空气比较稀薄。然自一九四九年起，各地智识分子先后来港者日多，其中多为社会各阶层之中坚分子，对思想与智识之要求，且较一般青年为急切。本院为适应此一需要，特设立一自由的学术讲座，邀请各方面专家，作有系统的学术讲演，每周一次，免费招待听讲。所讲范围，涉及整个人文科学、社会科学之各部门，听讲者亦至为热心。自一九五〇年冬季至今，已先后举行七十余次，甚获听者欢迎。此类人士之思想与态度，颇能深刻影响一般社会与下代之青年，故其意义之重大，有非文字与数字所能代表者。

六、新亚夜校

此系本院哲教系学生所发起，以推广民众教育为目的，并借以增进教学之实际经验。此系夜校性质，利用本院午后空隙教室。服务于夜校之本院学生，全为义务工作。夜校收费极微，低年级学生则全部免费。现有学生八十余名。

七、经济情形

本院经费,主要来源于董事会之捐募,其次为学生所缴之学费。后者平均每月约为港币一千元左右。

本院创办之初,所有校舍之租赁及教学设备之购置,全系热心教育之社会人士所慨捐。

本院开支,平均每月各项总数为四千六百余元。计

一、房　　租　　　　　一三一五元

二、教　　薪　　　　　二一〇〇元

三、职　　工　　　　　四〇〇元

四、图　　书　　　　　二〇〇元

五、什杂修缮　　　　　四〇〇元

六、办　　公　　　　　二〇〇元

惟事实上,以上各项皆远在应有水准之下,但以限于事实不得不尽量紧缩而已。例如本院教授皆无固定之专任薪水,而只支上课之钟点费,每小时七元五角。院长及系主任等职务,皆不另支薪。每教授平均每周上课四至八小时,其收入才达三十——六十元,全月收入不过一百二十——二百四十元而已,与香港生活需要比较,实仅及四分之一至二分之一之数。

八、希望

本院为贯彻其所标举之理想,及所负之时代责任,对现有物质条件及经济情形,当然极感不足,故甚望今后能有适当之改进,其最重要之希望为:

一、相当规模之自有校舍——至少应有教室八大间及图书馆一所。

二、教师必需之各种参考书及学生用书。

三、教授薪给应照香港最低水准，每教授每月之待遇应提高至五百——六百元。

四、设置大量清寒学生奖学金（现有奖学金十七名，不敷分配，而来学者又多系流亡清寒青年，此项奖学金如能扩充至一百名，则今后学生人数必将大为增加）。

五、扩大文化讲座　本院举行文化讲座七十次，皆由主讲人义务担任。今拟对主讲人送给讲演费，并在港市中心地点，每周举行文化讲演二次，以便听众广泛参加，提高港市一般社会对学术文化之认识。

九、展望与感谢

本院悬高远之教育理想与计划，而所有之物质条件则自始即极端困难。二年半以来之草创建设，莫不赖社会各方面热心人士之赞助与本院各教授及学生之努力支撑。此虽与本院所想望者相距远甚，然有此初步基础，亦足资鼓舞吾人矣。如现有校舍之设置，全出于王岳峰先生独力之捐赠。而未来新校舍之建设，亦有赖若干文化友人之协助。此吾人所不能不深切感谢者也。

本院已开课程表

文史学系中文组

各体文选、英文、哲学概论、政治学、经济学、社会学、理则学、中国通史、中国学术思想史、中国文学史、国学概论、中国文化史、西洋通史、经子选读、文史选读、庄子、史记、论语、孝经、孟子、荀子、中国文字学、散文选读及习作、诗词选读及习作、人生哲学、伦理学。

文史学系外文组

各体文选、英文、哲学概论、政治学、经济学、社会学、理则学、中国通史、英国文学史、英文散文选、西洋通史、中国文化史、国学概论、作文与会话、英国小说选、英文名著选读、西洋哲学文化思想史、英国诗歌选、英国戏剧选、莎士比亚、英文速记、英文打字、英文通讯。

文史学系历史组

各体文选、英文、哲学概论、政治学、经济学、社会学、理则学、中国通史、西洋通史、国学概论、中国学术思想史、伦理学、人生哲学、中国文化史、西洋哲学文化思想史、西洋近代政治史、秦汉史、中国政治史。

哲学教育系哲学组

各体文选、英文、中国通史、哲学概论、政治学、经济学、社会学、心理学、理则学、国学概论、伦理学、西洋哲学、西洋通史、中国哲学名著选读、论语、孝经、孟子、荀子、人生哲学、中国文化史、现代哲学、中国学术思想史、西洋教育思想史。

哲学教育系教育组

各体文选、英文、中国通史、教育概论、心理学、理则学、政治学、经济学、社会学、西洋通史、国学概论、中国文化史、伦理学、人生哲学、哲学概论、西洋哲学文化思想史、中国教育史、西洋教育思想史、统计学、中国学术思想史。

经济学系

各体文选、英文、经济学、中国通史、哲学概论、社会学、政治学、心理学、理则学、伦理学、西洋经济史、经济地理、货币银行学、会计学、西洋通史、中国文化史、中国经济史、西洋经济思想史、西洋经济学名著导读、统计学、财政学、国际贸易、经济政策、中国经济问题、土地经济学。

商学系

各体文选、英文、经济学、中国通史、哲学概论、社会学、政治学、心理学、理则学、伦理学、西洋经济史、西洋通史、货币学、银行学、会计学、中国文化史、中国经济史、统计学、财政学、国际贸易、经济政策、中国经济问题、银行会计、成本会计、审计学、国际汇兑与金融。

本院教授简历

钱　穆　曾任北大、燕大、西南联大、川大、云大、齐鲁、华西、江南、华侨等校教授，著有《先秦诸子系年》（商务）、《中国近三百年学术史》（商务）、《国史大纲》（商务）、《中国文化史导论》（正中）等。

唐君毅　曾任川大、华西、中大、江南、金大、华侨等校哲学教授，著作有《中西哲学之比较》（正中）、《道德自我之建立》（商务）、《人生之体验》（中华）、《人类文化道德理性基础》

(理想与文化社)。

张丕介 德国经济学博士,曾任南通学院、西北农学院、贵州大学、政治大学、中国地政研究所教授、系主任、院长等职。著有《土地经济学导论》(中华)、《经济地理学导论》(商务)、《垦殖政策》(商务),并译有《国民经济学原理》(商务)、《土地改革论》(建国)等。

卫申父 曾任南高、中大、北高、交大、燕大、政大等校教授及复旦银行系经济系主任,著有《南美三强利用外资兴国事例》(商务)、《中国今日之财政》(世界)、《中国财政制度》(文化服务社)等。

杨汝梅 美国密歇根大学经济学博士,历任上海、暨南、光华、交通、沪江等大学教授。

余天民 北京大学毕业,留学日本东北帝大及东京帝大专门研究四年,历任各大学教授及"中央研究院"秘书,兼专任研究,暨商务印书馆特约编辑等职。

余协中 美国考尔格大学硕士、哈佛大学研究生,曾任南开大学教授、河南大学文史系主任、东北中正大学文学院院长,著有《世界通史》。

孙祁寿 美国州立华盛顿大学硕士,曾任西北大学、中央政治学校教授。著有《中国货币制度》(英文)、《地方财政学大纲》(南京书店)。

罗香林 清华大学研究院毕业。曾任中山大学教授、广东文理学院院长,现任香港大学及本院教授,著有《唐代文化史研究》(商务)、《国父家世源流考》(商务)、《颜师古年谱》(商务)、《客家研究导论》(希山书藏印日本文有二种译本)、《中夏系统中之百越》(独立出版社)、《国父之大学时代》

(独立出版社)、《本国史》三册(正中书局)、《刘永福历史草》(正中书局)等。

曾克耑 曾任上海暨南大学教授,著有诗词选集。

赵　冰 美国芝加哥大学政治学士、哥伦比亚大学外交硕士、哈佛大学法律学士、英国伦敦大学哲学博士、牛津大学民律博士,Inner Temple英国大律师、广西大学教授、湖南大学教授、政治大学教授、华侨大学教授。

任　泰 清华学校毕业、美国渥卜林大学学士、哈佛大学研究员,曾任政大教授、贵大教务长,著作有《英文诗集》、《长恨歌英译》、《生之原理英译》。

刘百闵 日本法政大学毕业,曾任中央大学、中央政治学校、复旦大学、大夏大学教授,著译有《中国行政学》(中国文化服务社)、《中国行政法学》(中央政治学校讲义)、《儒家对于德国政治思想之变迁》(商务印书馆)、《日本政治制度》(日本研究会)。

徐泽予 美国哥林(伦)比亚大学毕业,管理硕士,曾任纽约新社会科学院特约讲师、亚洲学院访问教授。

凌乃锐 比国布鲁塞尔大学毕业、英国伦敦大学哲学博士,曾任西北联合大学、四川大学、复旦大学教授,现应聘赴美国任Notre Dame大学教授。

告新亚同学们

新亚书院是从流亡穷窘中创办的一所学校，从第一半年的亚洲学院起，到第二半年正式改名新亚书院，直到今天已整整三年有半了。教授拿不到薪水，学生缴不出学费，学校的校舍和设备，也永远如是般简陋。去年夏，开始有着第一期三位学生毕业了，我那时正负伤养病在台中，曾写过一封简短的信勉励我们三位毕业生。我信里说："我们学校，由苦难中诞生，由苦难中成长，还将在苦难中向前。我们是有我们的理想。"我勉励他们莫要怕当前所遇的苦难，更不要忘将来所有的理想。

我记得有一次，和几位关心我们学校的朋友谈起我们学校的困难。有一位朋友说："新亚是该如此般困难的。因为你们是一所抱有理想的学校。要到社会渐渐了解你们的理想，渐渐接近你们的理想了，那才是你们学校有光明的前途了。你们学校的困难，正是你们学校所抱负的理想自己带来的一种信号或凭记。你们的理想一日不发扬，你们的困难，也将一日不解除。从来在文化学说上，抱有理想的个人，他们的处境，不也同样在困难中奋斗吗？否则又何为有所谓道穷之叹呢？"

那位朋友这一番话，时时铭记在我的心中，至今已快三个年头了。我愈想他的话，愈感得有理。从前范文正尝说："士当先天下之忧而忧，后天下之乐而乐。"其实你若真个先天下之忧而忧，你必然会后天下之乐而乐。理想的本质便是忧与困。任何一理想，无不在其内心藏有忧，在其外境遇有困难的，否则便不是理想。我们常抱着这信念，所以对我们学校这三年有半的种种困难之压迫与打击，我们也就夷然处之了。

我再正告此刻来新亚求学的一辈同学们，你们不也正在忧与困的处境中求学吗？当知忧与困也即是人生之本质。你若怕有忧，你若怕遇困，你会不懂得什么是理想。理想正是面对着忧与困而来。理想便正要在忧与困里打开一出路。你懂得面对你自己的忧与困，你便会产生你自己个人的理想。你懂得面对社会大众的忧与困，你便会产生对社会大众的理想。你懂得面对国家民族乃至世界人类的忧与困，你便会产生对国家民族乃至世界人类的理想。在面对此种种忧与困中有学问，在面对此种种忧与困中有智识，因而有理想，因而有事业。深言之，这才因而有人生呀！不懂得面对此种种忧与困，试问哪里来学问，哪里来智识，哪里来理想？深言之，这又哪里是人生呢？

我们新亚教育的理想，一向标榜说，是一种人文主义的教育之理想。人文主义也正面对人生的种种忧与困而来。你们此刻怀挟了自己种种的忧与困，来到这学校，这学校却是十足地在忧与困中创造成立和挣扎前进的学校。我希望你们由于自己的忧与困，进而了解学校之忧与困，由是再进而了解社会大众国家民族乃至世界人类之种种忧与困，这里便是你们所该求的真学问，这里便是你们所该有的真智识。你们有了这样的学问与智识，你们自会有理想，你们自会有理想的人生。

有了更多理想的人生，才会有理想的社会。理想的社会在我们面前了，我们的学校也才会有光明，这是三年前我的朋友所告诉我的那番话，我此刻再把来转告我们关心自己前途和关心学校前途的一辈同学们。

　　同学呀！我们是在忧苦中诞生，我们是在忧苦中成长，我们还该在忧苦中前进呀！

　　　　　　　　　　　　　　（校刊二期，一九五三年三月）

敬告我们这一届的毕业同学们

我们这学校,创办到今,足足四年了。这一学期终了,我们将举办第二届的毕业生典礼。但同时这一届的毕业生,是我们创校以来开始招收的新生,即是在我们学校从头修足四年学程的第一批毕业生。我愿借校刊的篇幅,乘便向我们这一批毕业同学讲几句话。

我们学校之创办,是发动于一种理想的。我们的理想,认为中国民族当前的处境,无论如何黑暗与艰苦,在不久之将来,我们必会有复兴之前途。而中国民族之复兴,必然将建立在中国民族意识之复兴,以及对于中国民族已往历史文化传统自信心复活之基础上。我们认为,要发扬此一信念,获得国人之共信,其最重要的工作在教育。所以我们从大陆到这里,便立刻创办了这学校。

这四年来,外面由于时局之动荡,内部由于经济之困竭,我们能把这学校,维持于不辍,我们算已尽了我们最大之努力。从教授方面说,四年以来,始终其事的,此刻只剩张丕介先生唐君毅先生和我三个人。由同学方面说,我们第一届新生共有八十多个人,但修完此四年学程,这一次在此接受毕业证书的,恰恰只是十分之一的数额。这正可说明我们学校内部之不安定,因此也使我们四年来所抱的理想,未能如预期般获得我们应有之成绩。

但我们的教授，离我们而去的，实在是由于种种之不得已。直到今天，在我们学校授过课的先生们，每一人都把他们的人格和热忱，以及其自身之学诣，留给受教者以不磨之影像与不断之回忆。这在我们这一届毕业同学的心中，必会承认我此说。而陆续新来的教授们，也无不是抱着同一的热忱与信心，履行着同一的牺牲与艰苦，而来支撑此学校，这已给此刻在校同学所共同认识了。

我因衷心感佩我们学校先后诸教授之那一种共同的精神，我不能不更深切地希望于本届毕业同学之将来。所谓学校的理想，最具体的表现，即表现在同学的身上，尤其是表现在毕业同学的身上。我们该切实反省，我们这学校之四年，究有些什么成绩呢？最具体的答案，便是看我们这些毕业同学吧！

对于这一届毕业的同学们，我实在带有一种无限的怅惘与惜别。这一辈同学在学校，应该是深深了解我们这一学校四年来艰苦困难的一切的。他们把他们自己毕生的前途，信仰于我们学校，而追随着学校之理想而前进。但我们究竟给予了他们些什么呢？他们此刻将离开此学校，在学校立场言，实在感到对他们还是负担着一种无尽的责任。

我曾经不知多少次告诉我们的同学，这一学校之精神。要我们同学也一样自觉地，自动地，和我们学校的教授们，来共同分担此一责任。这一届的毕业同学们，若能深切体味我这一番叮嘱，不仅为他们自己，为我们学校，为此一共同之理想，为整个中国民族之前途，他们这一责任是只能算开始肩担上，并不是说已开始完成了。

若我们学校，真能把这一种责任之自觉的自动的精神，真确地已交付与我们这一届毕业的同学，我想，我们学校虽因种种艰苦困难，没有善尽我们的责任，但至少我们所要尽的最主要最基本的一个责任，我们算已尽到了。

我们这一辈同学们，若他们果能把四年在校所熏染到的这一种精神，继续自觉地，自动地，离开了此学校以后，仍能不顾一切艰苦困难，继续地向前努力与奋斗。我想，他们在校四年之所得，纵使很低浅，很微小，但只此一点精神，已够得他们珍重地保持，与勇敢地信任了。

有时我常如此想，而且也时常和人坦白说，我们学校，其实什么也值不得自己自慰，什么也值不得他人重视。只我们这四年来，真实地在艰苦中挣扎，尽艰苦，却没有放弃我们这一份挣扎之努力，只有这一些，我们这一辈毕业的同学，是确切地见到了。我还愿郑重地提出，来作我们临别之赠言。

但我得再正告我们这一届毕业同学们，艰苦不足以增进任何的价值。因于理想而招来的艰苦，那才有价值。我愿我们大家认清这理想，来面对这艰苦。再从艰苦中挣扎出来，实现光大我们的理想。

我亲爱的这一届毕业同学们，你们该抱持理想，无视艰苦！你们该在艰苦中完成你们的理想！我们学校四年教育所想送给你们的，只是这简单两句话，盼你们诚恳而勇敢地接受，坚忍而笃实地来走向你们该走上的大道吧！

（校刊三期，一九五三年七月）

新亚精神

同学们的校刊,久已编好了,要我写一篇短文,但我时时生病,总没有精神提笔写。此刻无可再待,只有勉强地写几句。

我们有一可喜的景象,只要同学们一进新亚,总像觉得新亚真是另有一种精神似的。而且这一种精神,确也为全体同学们所爱好。因此在我们同学们的口头,总喜欢说到"新亚精神"。在我们同学们的笔头,也总喜欢写到"新亚精神"。

但若我们进一步追问,究竟什么是我们所谓的"新亚精神"呢?这大家苦于没有一确切而具体的回答了。

本来所谓"精神",是看不见摸不到的。若要具体而确切地指说什么是我们的所谓"新亚精神",总不免反而要觉得不恰贴、不完备。所以,我们觉得像有这一番精神是对的,而我们苦于说不出这一番精神究竟是什么,这也是对的。我们只能在我们内心,觉得有这么一回事,便够了。

但我们在自己内心的要求上,又总觉得不肯即此而止。我们总还想能具体而确切地指说出来,我们的所谓"新亚精神",究竟是一种什么的精神呀!因此,我也想趁此机会,在这期校刊上,来述说我个人的一些意见,供同学们讨论。

我想所谓精神,总是针对着某种物质而说的。总是依随着某种物质,而指其控制、运用和期望其能有某种的表现和到达某种的理想而说的。

即就眼前事举例，譬如我病了，而不能写文章，便说我没精神。倘使我能扶病写上一万两万字的大文章，大家必会说我的精神特别强。可见精神只是指的那凭借现实来运用而有所作为的，那一种经过与表现。

借此我们可来解释"新亚精神"那句话。新亚的经济，是如此般困乏；设备是如此般简陋；规模是如此般狭小；一切的物质条件，是如此般不成体统。但我们并不曾为这些短了气。我们却想凭借这一切可怜的物质条件，来表现出我们对教育文化的一整套理想。这便见是我们新亚的精神了。

再说到同学们，十分之九是在艰苦中流亡，饥饿线上挣扎的。纵使有家庭，也多半是极穷困。至于只身流亡的，更不必说。在那样的环境下，还能有志上进，努力进学校。一到新亚来，双方在同一精神下，宜乎更容易认识所谓"新亚精神"，更容易爱惜珍重那一种"新亚精神"了。

但如是说来，所谓"新亚精神"，是不是仅是一种吃苦奋斗的精神呢？我想，吃苦奋斗，在我们的精神里确是有。但我们的精神，却并非吃苦奋斗一项便能包括了。

何以呢？我们该自己想，就学校目前的物质条件说，我们本可不必来创办这一所学校的。就有些同学们的经济情况说，他们也可不再立志进大学求深造的。可见那些所谓吃苦奋斗，是自己招来的。这便是所谓自讨苦吃了。但为何而要自讨苦吃呢？这一问便转问到另一方面去。

当知有些人，所以要自讨苦吃的居心和动机，却并不纯洁，并不伟大的。因此，自讨苦吃固然也见得精神，但那种精神，却不一定有价值。即如我，若能扶病写出一万两万字一篇长文章，那自然要精神，但那篇文章不一定是好文章。若是文章不好，别人却会说是在浪费精神呀！

由上所述，可知所谓"新亚精神"，决然应该另有一番更深的意义，而非仅仅指的是吃苦奋斗那一事。不过在吃苦奋斗的过程中，更易叫我们体认得这一番精神之存在。但我们也不该便认为我们的精神只在这上面。

让我再重复地说一遍：我们今天的处境，正如拖着一个久病的身体，但偏要立意写一篇文章，而且是一篇好文章。我们此刻正在扶着病写，我们更想把此写文章的一番努力来扭转这病状，那非是有一段精神不可的。此一段精神的价值，反面映出在他的身体之有病，正面则决定在他所写的文章本身的价值上。只要他所要写的文章有价值，不论有病无病，他那一番写文章的精神总是有价值。若使他所要写的文章本身无价值，则不论他有病无病，他所花在写这篇文章上的精神，也同样无价值。

于是我要请我们新亚的同学们，你们该更深一层地来了解我们所以要创办这一个苦学校的宗旨与目的！你们也应该更深一层来反问，你们自己所以不辞穷困艰辛来到这所苦学校的动机与理想。

你们现在只在模糊中觉得有此"新亚精神"之存在。我盼望你们能继续深入地把此一精神鲜明化、强固化、具体化、神圣化，大家在此一个精神下，不断努力地上进。

(校刊四期，一九五四年二月)

附：校闻一束

本院完成登记手续

一九五三年，香港教育界第一件荣耀的事，也就是我们书院四年来艰苦奋斗的结果产生了。一九五三年七月七日，本院经由香港政府公司注册官，依照公司条例第三十二章，颁发登记执照。并于同年月日，经由香港总督依照公司条例第三十二章第二十一条规定，授权公司注册官，在登记执照内取消"有限公司"字样。这正如我书院董事长赵冰大律师所说："英国法律规定，纯正的教育事业，必须依公司法登记。经过这层登记，再经当地最高当局特免'有限公司'字样，即成为'法人'，以示其与'商人'有别。反之，如系'以营利为目的'之学校，即不必办此手续，但须到工商署登记，并缴纳营业税，那就是为社会所非笑的'学店'了……"在前年夏天，香港政府通令港九各校到工商署登记之后，我们这一贫如洗的书院，始终不甘被目为学店，乃决定向法院请求登记。经法院一年来的详细调查之后，证明确是纯正的教育事业，始得完成登记手续。

校歌之诞生

在本院第二届毕业同学将要毕业之际，新亚校歌便在院长的兴奋感慨中诞生了。钱院长首先把歌词拿到张丕介先生的房里，用抑扬顿挫的声调朗诵，张丕介先生的头也就跟着按节拍地摇动起来。一天之后，便得黄友棣教授的热心，给校歌作了谱。于是大家在教室内庄严肃穆地唱起来了。这是我们的校歌,也是我们师生每一个人的心声。

第二届毕业典礼

前学期(一九五二年度下学期)大考后的第四天(七月十一日)下午四时,第二届毕业典礼在青山道的陆军华员俱乐部举行了。肃穆的会场里,坐着三百余人。其中除教授同学及同学家长外,计来宾有珠海书院院长唐惜分,香港大学教授罗香林、刘百闵、饶宗颐,人生杂志社长王道夫妇,主流月刊社长罗梦册夫妇,中国学生周报社长余德宽夫妇,美国耶鲁大学教授卢鼎,基督教信义会牧师胡雅各,山东信义会总监督袁柏定,香港宣道会牧师白克等等。

钱院长在同学们唱完了他自己新作的校歌后,穿着一件绸长衫,微笑地站在台上,开始说他要说的话。他的语调一忽儿激昂,一忽儿沉重地在感谢社会关心人士精神上之鼓励与物质上的帮助,在训勉在校同学,在希望毕业同学,能继续不断地把新亚精神传播到世界的每一个角落去。现在九位毕业同学都已投身于各种事业之中,从他们的精神和成绩看,他们确是不负母校的教育和期望,同时也做了将来毕业同学的好榜样。

全校学生人数

我们学校的人数一学期比一学期多了。记得在二年以前,全校学生曾一度减少到不到半百之数。但是,上学期的人数已增加至三个学期以前的二倍以上——一百一十一人。上学期中,离校生有十六人,而新生及插班生共三十六人。全校人数的分配:文史系五十九人,占第一位;哲教系十七人;经济系二十四人;商学系十一人。

同学服务

学校里无论大小事情,一概由同学自己办理,这是新亚的特色,也是新亚的传统。上学期服务同学分为四组:(一)注册组:胡栻昶、雷一松、罗球庆。(二)抄录及讲义组:陈建人、胡咏超、郭大晔。(三)清洁组:王健武、苏庆彬、徐子贞、钱其瀚。(四)收费记账及代售书刊组:姜善思、刘秉义、马德君。除此四组同学外,还有不固定服务性质的同学多人为学校服务。因为大家把学校作为自己的家,所以做起事来,非常认真而热心。这也是证明教育理想与实践的密切关系,的确是非常重要的。

同学学术讲演

我们的同学讲演会自一九五〇年创办至上学期开始,共举行过六十六次,上学期又举行了十次,讲题如下:

第六十七次　萧世盐　杜威与中国思想
第六十八次　列航飞　中国社会的展望
第六十九次　杨　远　新闻与特写
第七十次　　罗　拜　罪恶之赎价
第七十一次　黄祖植　我的新诗顺反法
第七十二次　赵黎明　中国基督教的发展史
第七十三次　王正明　怎样讲演

第七十四次　黄祖植　详谈新诗的作法
第七十五次　唐修果　略论土地改革
第七十六次　刘秉义　论中国工业革命

国庆校庆

"国庆"那天,也就是我们的校庆日,大教室里挤着一百多人。钱院长在致词中曾说:"我们的理想不妨高,但是我们应从低处着手。这样我们的大事业才能成就,大学问才能成就。"

除夕晚会

新历年的除夕,同学们发起了一个联欢晚会。钱院长在挤着一百二十多人的肃穆的会场中,用沉重的语句,再三地叮嘱我们:物质条件的改善不一定能把"新亚精神"发扬光大;反之,物质条件的改善还可能阻碍了"新亚精神"的发扬光大。我们应永远记着校歌里的"手空空,无一物,路遥遥,无止境……"珍重我们的新亚精神。

新亚五年

新亚书院的创办,开始是以亚洲学院办夜校半年,而正式转变成新亚,到今年夏天,足足五整年了。若我们要问一句,这整整五年的新亚,究竟有了什么成绩呢?今天的新亚书院,在此五年过程中,究竟有多少进步呢?这一问题,却值得我们新亚的师生们,时时警惕,把来问我们自己。但很惭愧,实在我们是并无多大成绩和多大进步可言的。若说有成绩,我常常和我们新亚师生们说:我们惟一的成绩,只有在此五年的艰苦奋斗中,没有把学校关门停闭,而依然支撑着,到今年,仍有这一新亚书院之存在,这是我们惟一的成绩了。似乎外界的人,也逐渐了解我们学校之艰困,因于我们之艰困而依然能支撑着,五年来依然有此一学校之存在,于是由了解而给予同情了。外界所了解我们,同情我们的,我想简单说一句,也只是同情我们这五年来的艰困吧!也只是同情我们这五年来之虽艰困而仍是奋斗不辍的那番精神吧!我们除却在此五年来艰困不辍的一番奋斗精神以外,诚问还有什么成绩可说呢?

一个学校的成绩,有些是具体可指的。新亚这五年来,永远在艰困中。校舍是如此般局促而简陋,图书是如此般稀少而缺乏,教授们永远没有正式的薪给,老抱着一种牺牲的精神来上堂。学生们大多数交不出学费,半工半读,老挣扎在饥饿线上来校上课,而且是愈来愈穷了。他们凭借这学校几堂课,来作为他们目前生命惟一的安慰,作为他们将来生命惟一的希望。在此一种极度的穷窘困顿之下,不期然而然的,叫出一句口号来,说是"新亚精神"。所以我常说:新亚精神,老实说,则只是一种苦撑苦熬的精神而已。只有这一种精神,是新亚师生所大家了解的,若更进一步深求之,怕就很难细说了。

学校应像是一个有机体,它应随着时间之进展而进展,随着年代之长成而长成的。这五年来的新亚书院,正如一婴孩,呱呱堕地,他该在几个月的母奶营养之后,能站起了,能行走了,在他生命的逐年长成中,他的能力日新月异,他需要的营养,也该随时增添。但新亚本已是先天不足地降生了。它自降生以来,迄今五年,母亲的一双奶,永远像涓滴欲绝,从没有让他喝满一口的。仅够他不饿死,没有给他逐年长成必需的条件。因此,五年来的新亚,实在是无何成绩可言,无何进步可说,只维持得一照常的存在。其实存在便该是进展的。没有进展的存在,只是一种病态的、不健旺的存在呀!

去年夏,因于美国耶鲁大学卢鼎教授之来港,他回国后,遂有耶鲁大学之雅礼协会与新亚合作之提议。雅礼协会在中国,有一段悠长的教育事业,此刻中止了。他们董事会决议划拨一部分经费来助新亚,那在中美教育文化合作事业上,是一件特殊的事。一则并不是雅礼协会方面来自己创办一学校,二则也不是雅礼协会捐拨新亚一笔钱就完了。那是在两者间,对于中美双方各自的教育文化事业有着几点理想与意见之相契,而试做一种长期的合作。此刻就我们本身讲,一面该检讨我们这五年来经过中之所谓成绩与进步,而有我上述的反省。一面该对我们最近之将来,有一些新的展望与打算。

我们平常总在想，经济太艰困，一切无法进展，这诚然是不错。但我们也该知，一切事，尤其是教育，并不是有了经济便有办法的。新亚这五年来，经济诚然是艰困，但我们之所缺，并不专在经济一项上。我们常说的新亚精神，究竟除却在经济艰困中奋斗不辍之外，还该有其更深更大的意义。否则，有了经济，岂不就没了精神吗？

精神如生命，经济如营养，营养不就是生命。我们并不能认为获得了营养，即是具有了生命。营养可以外求，生命则是内在的。外面帮助我们，也只限在一些物质的营养上，我们却万不该只在营养上打算，而忽略了所要营养的生命之本身。

我们新亚的生命，由于这五年来之营养不良，而显然地有一些病态，这是不必讳言，而且该时时警惕的。但我们这五年来，纵然营养不够条件，不合理想，到底我们还保育了一条生命。我们当深切地认识，我们的生命是什么呢？

我更愿提醒大家的，我们千万不要认为学校经济有了办法，而赋以过分的欣喜。当然，在五年长期艰困中，一旦经济有办法了，该有一番欣喜的。譬如一孩子，长在饥饿线上挣扎，一旦获得食料，解除了他的饥饿，这是该欣喜的。但孩子的生命，并不专为穿衣与吃饭。我们当知，生命的价值，决不在衣食上。我们只希望，在于我们免除了饥饿，来寻求与完成我们更有意义、更有价值的生命。因此，我们只希望，在较少的经济下来完成较多的事业。

其次我们当警惕的，一个生命之长成，有它客观的、必然应有的奋斗。不是衣食问题解决了，便是生命问题一切解决了。我们当时时回想，当永远记住，我们在此五年中，经济极端困竭，依然有一个新亚书院之存在，依然有一种新亚精神之呼号。经历了五年的苦斗，获得外面人同情，经济才有一出路。可见一切事，要向理想迈进，不是可以一呵便成的。我们该以较长的时间，来完成我们较真的理想。

所谓较真的理想，是有实质、有内容、有意义、有价值的。这是一种本身内在的。这一种较真的理想，必然须在较长的奋斗中完成而实现。换言之，这需有一段更长的进程的。所以今天学校经济有一些办法了，只是学校开始走上了长期奋斗的路程，并不是说这一段奋斗路程，因于经济有办法而完成了、终止了。

只要有理想，必然须奋斗。只要须奋斗，必然是艰苦的。而且必然要有一段长时期的过程的。若不必要经历一段长时期的艰苦奋斗历程而可垂手而获的，这便不成为理想。无理想，也便是无精神。所以若要保持我们五年来大家珍惜呼号的所谓新亚精神，则莫忘我们五年来艰苦奋斗的历程。当知，纵然经济有办法，那种长期的艰苦奋斗，则以后必然和以前并无二致的。或许会愈向前愈加艰苦的。否则，一定是失却了它原有的精神了。

我常提醒大家，我们学校，不仅将教导来学者以许多的知识，更要在给予来学者以一番人生之真理。学校譬如一大生命，我们师生是个别的小生命，我们要在完成大生命中，来完成我们各自的小生命。我们要贡献我们各自的小生命，来完成此一大生命。

所以，要说新亚有成绩，这五年来的艰苦奋斗，便是它惟一的成绩。因为艰苦奋斗，也即是人生中一条颠扑不破的真理。大家莫误会，以为物质经济条件能解决了，便可不再需要艰苦奋斗了。当知解决物质经济条件，只是让我们正式走上更需要艰苦奋斗的人生大道上去。正如一个人，吃饱穿暖了，丰衣足食了，还知有他向前奋斗的路程，而肯不顾艰险地向前，那始是人生更进一步的奋斗,也是人生更进一步的理想。

然则,此后的新亚,它应该有的进步在哪里呢?我想,只有在更进一步的奋斗上,只有在较之此五年经过更进一步、更艰苦的奋斗上。

同学们,你们若能确切明白了我上面所说的一番话,你们将会更进一步认识所谓新亚精神了。

(校刊五期,一九五四年七月)

欢迎雅礼协会代表讲词摘要

这次我们两方的合作——新亚与雅礼的合作——该是中美文化合作的新纪元，也该是中西文化合作的新纪元。这次合作，在精神上与方式上，都是革命性的创举，和过去的一般合作前例不同。

西方的宗教团体或社会团体，派人到中国来办学校，拿钱到中国来支持这类事业，这是我们最习见的中西文化合作方式。有名的几所教会大学，都是这样办起来的。很多中国青年在这类学校里接受了近代西方文化的洗礼，他们对于中国的贡献诚然是很大的。但在这一方式下办起来的学校，是纯粹西方式的学校，学生们对中国传统的固有文化，却很少认识，有时甚至很错误地反对自己的文化。这一点对中国近代思想的影响是非常有问题的。

中国要现代化，就必须学习西方文化，尤其西方的科学与民主。这是不错的。但中国要能在世界上站立得起来，成一个独立国家，要有一种精神上的自信心，那还需要了解自己的文化，自己的历史，自己的社会，自己的优点和特点。我们原是有这一切的，为什么我们不尊重自己、发挥自己？为什么既要独立，又不肯保持自己的文化？

当然，这种舍己从人的教育，不单是西方人在中国办的教育为然，连中国政府自己办的学校也有同样情形。在无条件西化之中，又偏重于唯物主义的结果，就是今天中国大悲剧的根本原因。

新亚书院的宗旨，就在于挽救这一文化的危机，就在于要中国的青年重新认识自己的文化，从这上面培养起我们所必须有的独立精神。而且只有如此，中国文化才能成为世界文化的一部分，被他人所尊重。发扬中国文化，沟通中西文化，以丰富世界文化，这是我们新亚要负起的责任。

我们这次与雅礼合作，正凭上面这一宗旨。雅礼的代表卢鼎先生曾再三称道我们所特有的精神，我们的学规二十四条，认为和他们的教育宗旨相吻合。两个学校的合作，实在就是以这一点为基础。它们有相同的教育理想。

经过这几天我与雅礼协会代表郎家恒先生的坦白交谈，我们的合作原则很简单，但非常鲜明。我现在所能宣布的是：

第一，雅礼尊重新亚的教育宗旨和计划，并希望我们以后还是照旧地继续保持下去，力求发挥与贯彻。

第二，新亚接受雅礼的经济协助，来实现双方的目的：新亚办中国式的教育事业，雅礼协助中国青年获得良好的教育。

这是中西文化合作史中的新纪元。这也是一个非常有趣的合作事业。一个世界上最古的文化，和一个世界上最青年的文化；一个刚刚不过五年的小规模学校，和一个有二百五十年历史的大规模学府；一个"手空空无一物"的学校，只凭他的理想和精神，要担当起文化历史责任，另一个合作的却具备着各项优越条件，要求在远东来协助一番划时代的文化事业。

代表这个合作新纪元的使者，第一位是卢鼎先生，他是历史学家。第二位就是这位来在诸君面前的郎家恒先生，他是一位宗教家。历史学家的眼光是远大的，宗教家的心肠是慈悲的。今天的世界，最需要人有远大眼光，才能跳出可悲的现实圈子。最需要人有慈悲心肠，才能挽救可怕的人类悲剧。这正是我们人文主义所一向追求的。在这次文化合作之后，我们可以说，这一目标有了实现的切实保证。

(一九五四年四月三日)

附：校闻一束

新亚的"人口"

这学期同学人数又增加了，下学期校舍扩充以后，我想同学人数的再增加是不成问题的。上学期离校的有二十一人，而新生及插班生共二十六人，直到现在，全校上课人数仍然有一百一十六人。

全校人数的分配：文史系五十二人，哲教系二十二人，经济系二十一人，商学系七人，选课生十六人。我们从级别来看人数的分配便是：一年级四十人，二年级三十五人，三年级一十七人，四年级六人。

下期准备扩充课室

我们盼望了五年的新校舍，今年因雅礼协会的合作，终于有了实现的把握。董事、院长、各位教授，以及全体同学的欣慰，都是无法形容的。但是一座大规模的新校舍，哪里是一朝一夕便能建造成功的？找地、绘图、招工、实际建筑，算起来，至少要半年的光阴。于是我们今年还须在老地方呆下去，而桂林街老校舍又的确早有"人海之患"，不但后来者望门兴叹，已入学的也深感拥挤之苦。现在只有两条出路：一是另觅较大的临时校舍，一是把老地方改建一番，扩充两个新课室。第二个办法是比较简单的，想不久便见分晓了。

学校筹办研究所

"新亚研究所"是本院预定事业计划中的一部分,现因种种条件尚未具备,一时还不能成立。现在举办的只是一个筹备阶段,也可说一个雏形。主持人是我们钱院长,参加研究的教授有余协中、张丕介、唐君毅三位先生。另聘有研究生四人,即余英时、叶时杰、唐端正、列航飞四位。

研究所是一个远大的学术事业,也是本院毕业生有志专门问题研究的良好机会,我们都希望它早早筹备完成,正式成立,并尽量容纳我们毕业同学,使他们能养成高深的学问。

同学缴费情形

我们学校同学是最穷的了,十个有八个都是不缴费的,即使缴费,也常只缴一部分。我们试看下面的统计数字:全免费的同学四十一人,缴四分之一学费的十六人,缴三分之一学费的十一人,缴二分之一学费的十六人,缴三分之二学费的三人。此外还有按选课时数缴费的选课生。缴全费的只得九人,而这九人中尚有多未缴清的。我们学校竟成了免费学校了,这是新亚特色,但这也是我们问题之所在。经费过分困难,影响教育计划的进行。

新亚夜校

新亚夜校是本院同学们所发起和创办的,到今天,它已经有两年多的历史了。在这个过程中,夜校教师一直是由本院同学自己充任。因为精神胜于物质的支持,所以待遇一层,我们从没计较的,反正几块钱的车马费，我们就把它当为精神上的鼓勉吧！

夜校虽然只设高级、中级、低级三班，可是过去每学期的学生人数都有七十到八十人左右。这个学期也没有例外，至于其他情形是怎样呢？我想向各位作一简略的报道：

校长一职是由列航飞同学担任的，他虽然已经毕了业，但因众望所归，故乃毅然负起这个责任来。教务的进行则由三位同学互相合作，互相办理，因此成绩亦算差强人意。

训育工作，是一项极艰巨的重任，本来一向都是列航飞同学负责，及后因恐职务过于繁冗，故改选别位同学代劳。我们更将教务与训育两方面采取紧密的联系，以督率学生的清洁和秩序等各方面的改善。同时，我们发动几次旅行及联欢晚会，借以增进师生间的感情。在彼此融洽的气氛底下，我们领略到，他们也受了"新亚精神"的影响。还有一次就是举办故事演讲比赛，看他们表现的成绩确实不弱呢！

谈到夜校的经费问题，可就令人大伤脑筋，因为在七十多名学生中，每月交两元学费的大约有二十五个，交三元的则只有六个而已，其余一律都是免费读书的，因此全校每月总收入不超过七十五元，而支出则每月需用九十元左右，所以不足之数，除由本院每月津贴十五元外，其余就为本院同学们所热心捐助了。

有一分热，发一分光，我们要负起园丁的责任来培育下一代的幼苗，这是同学们创办夜校的动机和宗旨。教育就是一项神圣而有意义的工作，但若以之作谋利的手段，便流于商业化和市侩化了。我们白天受教育于师长们，晚上便为人师表，所以内心会时常存有战兢之感，总望能恪尽厥职，将自己绵薄的能力贡献于社会、人类，以完成"为教育而教育"的目标，则心便无愧，且亦可报国家民族于万一了。

长风文学会

十一位对文学特别有兴趣的同学,组织了一个长风文学会。他们每月交读书报告及出壁报一次,每两周举行文学讲演一次。这学期他们的工作重点,着重充实基础这方面。原则是读多于写,也就是吸收多于发表。他们并拟定了一个两年计划:第一年,先选读中国历代的文学名著。第二年,再选读西方的。

他们的阅读方式,先从文学史下手。就是从文学史里去选读历代的名著。那倒是一举两得的办法。

为了节省时间,他们采取分工合作的办法。把整部中国文学史分为四期——上古、中古、近世、现代,每期由一组(三人)同学负责,共同阅读,并作札记。预定在七月底,由全体会员报告各组研究心得,届时并请本校教授指导。根据这次讨论结果,再由各组组长整理各组札记,最后汇集四组的札记油印成册。据他们说,如果经费充足,很愿把此种札记赠阅同学,盼望同学们赐予指正。这件工作,他们打算在暑期中完成。

人文学术研究社

本校除有各系级的纵横的组织之外,尚有长风文学会及人文学术研究社。后者由哲教系同学梁崇俭及经济系同学辛未负责主持。不如长风文学会侧重于研究文学,人文学术社着重于研究普遍的社会人民等科学。该社异军突起,精力充沛异常,经常保持刊出二版壁报,一为"纵横",一为"纵横论丛"。至今此二壁报已共出版六期了。虽然此二壁报发刊词有"非取策士捭阖之意"之句,但照其论说看来,却常有非步合纵连横之后不可的气概呢!

祝寿、避寿

今年七月三十日是我们院长的六十华诞，本院的诸位师长早就准备在这一天举行一次庆祝，同学们更是兴致勃勃地等候参加。校外文化教育界知道这消息的人还不多，但凡已知道的，都愿意好好地庆祝一番，来纪念这个日子。一代国学兼史学大师，在这个非常时代，有这样巨大的学术使命，六十岁的寿辰当然是大家同感其重大意义的。但院长却非常谦逊，不肯做寿，所以决定趁暑期去台湾旅行，借资休息。听说他已准备好各种出入境的手续，学期一结束，他便去台避寿了。

我们听说，师长们准备编辑新亚学报，第一期即为祝寿的学术专号，文稿已在征集之中，大约下学期可以出版。又学术性刊物如《民主评论》与《人生杂志》都准备至时出一祝寿专刊。寿翁虽然避寿去了，只避去了普通的祝寿形式，大家的热心还将以不同的方式表现庆祝的意义。

同学们希望暑假后开学时，再补一次祝寿大会，不过钱先生说："那不必了。"唐先生和张先生提出了折中办法，就是在举行校庆的时候同时补行祝寿大会，岂不是"国庆"、校庆与祝寿"三位一体"了吗？现在我们就耐心等候那个伟大的庆祝日子吧。

一九五四年除夕晚会讲词摘要

今天晚上我们在此举行除夕师生联欢晚会,含有除旧迎新的意义。但是迎接新的,并非抛弃旧的,乃是将新的同温旧梦,否则当进入新的年头新的希望时,将会惊惶失措。

人生是实践的,未来的新希望,乃以包含于过去所成就的因素为准。无论个人、团体乃至国家世界,应该有不断的新希望。但希望并非幻想,我们应面对并步入希望,但亦不必操之过急。如环境与现实的转变太剧,则决非我们之理想、希望与幸福。

新的希望乃是从日新月异的实践中,逐渐得来,决非凭借暴力或用其他方式一蹴而就。否则这希望亦将会变为夸大并与真实的人生脱节。

我们遇失败时,固不必垂头丧气,过于悲痛。但遇欣喜时,亦切勿急进狂热,乐而忘形。对新的未来希望,均应抱此态度。乃是用稳健的步伐,按部就班地去实现并接近我们的理想。

同学们在校内都能有志向学,且能在艰困的环境中,借工作维持学业,无论在校内或校外工作,都能恪尽厥职,实在值得欣慰。今后希望同学们除保持原有优良校风外,尚须培养新的学风。且同学们如欲追及战前国内大学生之水准,则仍有待于今后不断的努力。欲在学业上有进步,乃是长时间的工作,所谓"日计不足,岁计有余",点滴的积蓄,始克有成。

希望今后同学们能不忘故途,不忘新亚五年来所渡过的艰险环境,从困乏中奋进,从实践中获得希望。更盼望同学们尊重在校时四年的学业,并尽力爱护学校使之上进。今日之中国青年,其环境之艰困与责任之重大,实为前所未有。每一位同学,均应把握这求学机会努力往前,奋斗不懈,以冀日后对国家民族均能尽一分贡献的力量。

(香港《华侨日报》)

校风与学风

我在最近这两年,屡次向我们新亚的同学们,提起下面的两句话:"我们该保持我们优良的'校风',同时也该提倡我们优良的'学风'。"

这五年有半艰苦挣扎的新亚,确乎有一种优良的校风,逐渐在长成,这是值得我们自己欣慰的。但若论到新亚的学风,实在还没有奠定基础,更说不上优良,这是值得我们自己警惕的。

在我们自认为值得自己欣慰的优良的校风里面,我们新亚同学,大体说来,都知道尊敬师长,亲近师长,重视课业,努力课程。但这些在我看来,只可认为是一种优良的校风,还够不上说是学风。我所说的学风,则需在这些上更进一步来追求、来培养。换言之,校风是指一种学校空气言,学风则指一种学术空气言。新亚同学们知道重视课业,但还不够说重视到学业。当知课业与学业有不同,重视课业,只能在学校里做一个好学生,但并不能希望他将来离开学校,成一理想的新学人。学校的责任,尤其是大学教育的责任,则在提倡新的学风,培植新的学者。若这一方面没有成绩,则纵有优良的校风,在大学教育的责任上言,至多只能说仅尽了一半,而且是仅尽了较不重要的一半。这样的大学教育,严格言之,实不能说它是成功,而且尽可说它是失败。

在我们新亚,这以往艰难挣扎之五年半历程中,所以对于优良学风之造成,未能如理想般有成绩,此乃为种种条件所限制。有些在学校方面,有些则在同学方面。

首先是限于经济,学校方面,不能多方延揽有志毕生贡献于学术事业的理想教授。而在校的教授们,则因待遇太菲薄,生活不安定,而且担负了学校的事务太多太重,反而把其对于学业上之继续深造的精力牺牲了。我们新亚的许多教授们,因为要在艰苦中支撑此学校,反而把各自的学业进修耽误了,这是我们学校一件最大的憾事。因于我们教授们,不能各自埋头学业,影响了我们学校优良学风之造成,这是不容讳言的。如我个人,便是不能逃避此责任的第一人。

其次,因于学校校舍迫狭,除却讲堂课室之外,不能使同学们尽量生活在学校里。于是同学们于赶完课程之外,不免逗留到街市,懒散在家庭,不能有一个理想的学业环境安排给我们新亚的同学们,这又是学校应负的责任。

其三,我们学校,此五年半以来,始终不能有一个小规模的图书馆与阅览室,始终不能有多量的课外阅读书,供同学们舒适地、安闲地,沉浸学海,从容徜翔,这又是学校应负的责任。

其次说到同学们,因为在中学校毕业时的程度水准一般低浅,一升到大学,除却听受讲堂课业之外,对于课外自学之能力,准备不够,纵使有志努力,急切间无从上步,无从入门。

又因为我们新亚的同学们,家境清寒的占多数,尤其是由大陆来的,更其是由大陆只身来的,他们纵是有志学业,努力向上,但为生活所迫,一日三餐,尚且有问题,夜间欲求一榻之地许其安眠而不可得。在这种流离失所、饥寒交迫的状况下,在他们内心,首先亟待解决的,自然是他们的日常生活。讲堂课业,只能安放在次要,更遑论讲堂课业之外的学业进修呢?我亲自听到我们的同学告诉我，说他进新亚，胜如进礼拜堂。因进礼拜堂，只限在礼拜天的一早晨或半天。他自获得进新亚，在课室中听诸位老师授课，把他心情暂时移放在学问的天地中，好把他的生活煎迫的苦楚焦灼的心情，暂时搁起，暂时淡忘了。只因于每天能到学校听几堂课，把心情有一安放，才觉人生尚有温暖，尚有前途，如是才使他能再鼓起勇气，来向此无情的生活作抵抗，再挣扎。这一位同学的话，可以代表着我们新亚许多同学的心情。他们只是向学校来觅取一些勇气，好向当前的穷苦逼迫的生活再奋斗。试问在如此般的心情与生活之下，我们又如何能再苛求他们对学业作长远的计划，与深潜的探讨？

在学校，这五年半以来，经济万分窘迫，但仍始终尽量的广设免费学额。又继之以工读的制度，让在生活压迫下的同学们，能在学校做些工作，能在免收其应缴学费之外，还补贴他们一些生活费。又在学校之外，容许他们自寻工作，并为多方设计推荐，好让他们一面读书，一面解决他们最低限度的生活。但这些本是非常时期下之一种不得已。因于我们新亚同学们，大半都花费他们的精力在解决眼前的生活上，而不免把学校的课业有所荒废，更遑论要在课业之外来更进一步，督促其学业上之进修呢？

然而事实是事实，理论是理论，若使大学教育而忽略了一种追求高深学问的学风之养成，而仅限于课业与学分之得过且过，这就决不是大学教育使命之所在。这样的大学教育，实在也说不上有多大的意义与价值。

我常想，我们新亚的同学们，所以能有这一些值得自己欣慰的较好的校风，也并不是学校方面，在此上有多大的尽力。只是由于学校历年来经济之万分窘迫，以及大多数同学生活上万分艰苦，而熬逼出这一些较优良的校风来。而同样，也因学校经济之窘迫，同学们生活之艰苦，而逼得我们在优良的学风上，不能有成绩。这是一事之两面，好像我们不值得自己骄傲，也不须得自己愧怍，这些全是外面环境逼成，在我们则实在无多大之尽力处。

说到这里，这却是我们新亚师生，所应该同自警惕，引为莫大之愧怍的。我们不是常说新亚精神吗？若我们不能打开外面环境限制，自向理想之途而迈进，试问尚有什么精神可说呢？若真要说到向理想之途而迈进，则在大学教育之使命之下，首先应该培养一种优良的学风，而求在学业上有创辟，有贡献，否则大学教育便失却了灵魂。我们纵有一些优良的校风，值得我们欣慰，但就整个学校之理想言，仍然是一个失败。

目前学校的经济，自从获得了美国耶鲁大学雅礼基金之支援，而开始逐渐展露了光明。不久之将来，我们可以有一座较宽舒的新校舍，包括有够条件的图书馆与阅览室，而其内部图书设备，也正在逐步增添，逐步充实。教授待遇，已较前有提高，而且正在逐步设法延聘新教授。将来教授多了，并希望教授们对学校一切杂务之义务分心也能逐渐地减轻，如是则在学校一方面的上述缺点，可以逐步解消。但在同学方面，则那些生活压迫与工读分心的限制，恐怕还得有较长时期之继续。

我今天所要向我们新亚同学不惮烦地提起的，则仍是这两年以来所屡屡提起的那番话，我们得保持我们已有的优良校风，我们得努力来树立起我们尚所未有的优良学风。我们须在学校课业之外，再迈进一步，求能走向高深学业的长途程。

我自己是一个苦学出身的人，我自问，我能深切同情于凡属苦学生的一切生活与心情上之种种苦痛与不安。但我不信，外面的生活艰苦，能限制我们的学业造就，至少不能限制我们向学求深造的那一番热忱与毅力之表现。今天我们新亚同学之所缺，则正在这一番对学业必求深造之热忱与毅力上。我敬向我新亚的同学们忠恳进一言，你们必当知，学业与课业有不同。课业有限，而学业则无限。课业易于修毕，而学业则尽人生之一世，永无修毕之一天。你们又必当知，你们今天，进入新亚，你们已接触到大学之课业，但并未接触到学业。大学课业正为领导青年走向于学业，而并非专为由大学课业来仅仅谋求一将来毕业大学后之社会职业，而可说已尽了大学课业之使命，已获得了大学课业所应有之意义与价值。你们又当知，你们进入新亚，最多只能说已是置身于学府中，却不能说已投身于学海中。你们最多只是已接触到一种可以追求学业的环境，却不能说，已置身在学业生命中，即已是在过着追求学业的生活。若不是真在过着一种追求学业的生活，那断不能说他已是一个理想的大学生。在这一所学校内，若是没有理想的学生，决不能说这一所学校是理想的学校。

我们新亚，若不能在此后几年之内，培养出一番优良的学风，使大家于课业之外懂得有学业，则纵使有了新校舍，有了许多新教授与学生数量之增加，甚至在社会上获得了几许虚名，但除非其有理想的学风，决不是一所理想的学校。

这一层，不仅是我们新亚的同学们，因于爱护学校而该尽力向此方面迈进，这实在是我们新亚同学将来毕生的造诣所关，大家应各为自己的毕生前途而努力。

我在拟订的新亚学则中，已经把我这一篇文章中要说的我们新亚的宗旨与理想，最扼要地述说了。我盼望我们新亚的新旧同学们，大家时时注意研读这二十几条学则。在这二十几条学则中，我们新亚所想像所求达到的校风与学风之大体规模与大体途径，全扼要地列举了。若我们没有优良的学风，我们也不能说我们已有了优良的校风。优良校风之真实内容，则全寄托在优良的学风上。我们新亚这五年半以来之仅有的成绩，则只可说是已开始在上步而已，最多只能说已走上了一步或两步，前面则还有百里千里之远，要我们一步一步地继续向前迈进。同学们！"手空空，无一物，路遥遥，无止境。"你们莫单记住了上两句，而忽略了下两句。若你们只知在学校课业上用心，转瞬四个年头，你们毕业了，离开此学校，在社会上谋得一职业，你们岂不认为自己大学的学业已经走到了止境吗？我敢再提醒我们的新亚同学们，这决不是我们所谓的新亚精神呀！

(校刊六期，一九五五年三月)

新亚书院五年发展计划草案节录

我们的学校经过了五个艰苦奋斗的岁月之后,终于一九五四年踏进了它的第二阶段——它的发展阶段。在本期校刊编印的时候,我们的诸位董事和各位师长正在积极地设计一个"新亚书院五年发展计划",而且已经初步产生了这计划的"草案"。虽说将来的具体计划还没有作最后的决定,但是这草案已经明白告诉我们期待的远景和努力的目标,而且我们绝对相信,这草案进步为决案,计划实现为事实的日子,都已近在目前了。所有新亚师生,新亚的友人,当然莫不引为最大兴奋和安慰。因为"草案"很详,很长,本期校刊只好节录一部分以飨读者。

——编者

序 言

本书院创始,在一九四九年之秋。本书院特以发扬中国文化为教育之最高宗旨。又因大陆青年失学来港者,为数既多,处境又苦,故本书院又以收容清寒青年为教育之主要对象。惟本院因经济向无凭借,历年以来艰苦支持,终少进展。幸于一九五三年夏，美国耶鲁大学卢鼎教授来港，同情本书院五年来之艰苦奋斗，回美以后，提议雅礼协会与本书院合作，暂定以五年为合作之第一期。从一九五四年秋开始，从此本书院在经济上获有援助，前途得瞻曙光。爰草一九五四至一九五九之五年发展计划，俾此后五年，得视经济情况，逐步展开。兹分列要项如次。

课系之充实

本书院创始，本定开设六学系：一、文史系，分中文、外文、中史、外史四组；二、哲学教育系，分哲学、教育两组；三、经济系；四、社会学及新闻学系，分社会、新闻两组；五、银行会计系，分银行、会计、国际贸易、商业管理四组；六、农学系，分园艺、畜牧两组。嗣因经济困难，社会学及新闻学系最先停开，农学系亦随停止，银行会计系改称商学系。故直至本年，仍只维持文史、哲教、经济、商学四系。此后五年，经济获有来源，希望先将目前原有之四学系，充实内容，并逐年分别设置，再图扩充，其步骤如次：

第一年　仍照原设四学系开课。

第二年　于文史系中分出外文系，成为独立之一系。

第三年　于文史系中再分出历史系，完成中文系、外文系、历史系，各为独立学系。

第四年　哲教系分别独立，成为哲学系与教育系。

若在经济条件许可状态下，除四年内完成中文、外文、历史、哲学、教育、经济、商学七系外，拟添设一中国艺术系，此一学系，拟分音乐、绘画、戏剧、书法、篆刻诸小组，实于提倡中国文化、陶冶学生性情、丰富学校生活，并向社会各阶层作普遍文化宣传诸点，有重大之助益。其次，如经济条件许可，并拟恢复农学系，庶使学生在实际生活中有接近农村生活之机会。除其个人可习于从事劳力与生产外，并进而了解中国大多数人民之生活。吾人希望将来重返大陆，即可就本书院历年试验所得，在中国大陆提倡多量设置接近农村之小型学院，此于将来中国文化新生之工作，必可有绝大之贡献。

专任教授之延聘

本书院宗旨，于讲堂授课外，希望能培养学生课外自学能力，并注重其日常生活及人格陶冶，因此专任教授之延聘，最所急需。惟历年来，经济困竭，除义务服务外，向无专任教授之薪给。本学年开始，始有专任教授五人，除院长一人外，余四人分别兼任文史、哲教、经济、商学四系主任，并分兼教务长、总务长、图书馆长及会计主任诸职务。

此后专任教授之延聘，拟分教授、副教授、讲师三级，就应聘人之资历学历而分别其等第与待遇。

每一专任教授，以在校任课每周九小时至十二小时为原则。

学校内部一切重要行政职务，以由专任教授兼任为原则，其兼有职务之教授，得酌量减轻其任课钟点，每周自六小时至九小时。

关于专任教授之延聘，由学校组织一聘任委员会，共同决定其人选及薪级。其规章另订之。

此后逐年专任教授之延聘，依照学系之逐年增设及班级之逐年加添而决定。

课程及时数

由于添设学系，及增加班次，每年所需课程自须增加。兹依各课程必需之钟点时数，暂定如下表：

第一年	一〇六小时
第二年	一三〇小时
第三年	一七〇小时
第四年	二〇〇小时
第五年	二四〇小时

兼任教授

依据上列专任教授分别担任五年计划中之课程及钟点时数外，其不足之钟点数由学校聘兼任教授担任之。五年内兼任教授所任课程时数，约计如下表（专任教授任课钟点，以平均一人九小时计）：

第一年	五十二小时
第二年	四十三小时
第三年	四十七小时
第四年	四十一小时
第五年	三十六小时

如兼任教授平均以每一人任课四小时计，则第一年应有十四人，第二年十一人，第三年十二人，第四年十一人，第五年九人。

助　教

本书院教育宗旨，既侧重人文学科文化教育方面，而此方面之培植人才，则甚难求速效。又因近年来各中等学校对于人文学科程度之普遍降落，入学新生程度水准不高，在四年大学教育之过程中，如遇优秀青年，学校不得不加长其培植之年限，俾能造就一辈将来在大学担任中国人文学科及文化教育之后起者。因此本书院极希望能多列助教名额，俾选择本书院毕业生及校外青年中之优秀者，担任助教，加意培植。

本书院教育方针，注重指导学生之课外自学，助教则以在主任教授之指导下，襄助各级学生课外自学，为其主要之任务，一律以不任课为原则。兹暂定每年助教人数如下表：

第一年	暂缺	
第二年	四人	
第三年	八人	内增加四人
第四年	十二人	内增加四人
第五年	十四人	内增加两人

大学先修班或附设中学

本书院因近年来各中等学校人文学科之水准普遍降落，及入学新生程度之参差不齐，认为欲求大学本科程度之提高，有附设大学先修班或附属中学之必要。此一计划，希望能在第二年新校舍落成后，开始创办。在未办先修班或附属中学之前，暂拟增列关于中文、英文两项基本科目之补习学程。当然此两计划仍须视经济情况开设之。

研究院

本书院为求加深大学内部研究高深学术之风气，并多方培植校内校外青年，能对人文学科与中国文化作高深研究，培植继起人才起见，希望能就现在筹备中之研究所加以充实，将来正式成为本书院之研究院。其详细计划，当就经济状况之许可条件下，逐步拟订之。

图书设备

为求配合本书院教育计划，鼓励学生课外自学，及设置研究院，并为师生研究专门学术之需要，图书设备最为急务，兹约略拟订一逐年扩充图书之数字如次表：

第一年　中文书二万册，外文书二千册
第二年　中文书四万册，外文书四千册
第三年　中文书六万册，外文书六千册
第四年　中文书八万册，外文书八千册
第五年　中文书十万册，外文书一万册

将来本书院之图书馆，并希望能公开于社会，使凡有志研究东方人文学科方面人士，得共同参考与使用。

奖助学金

本书院历年来，虽在经济极端困乏之下，为求适应大批大陆赴港青年，及一般社会经济之贫乏，为求多方造就贫寒优秀青年起见，始终广设免费学额。以前五年中其免费学额之最高比率，曾达全体学生人数百分之八十，最低亦未少于百分之七十。以后该项青年，将逐年减少，希望免费比例能逐年递减。又本书院学费，依照香港一般情形，定为每人每月缴港币四十元，此后新校舍落成，学校经费逐年增加支出，关于学费一项，希望至一九五七年能酌量增加至每人每月港币六十元。

校舍建筑及其应有设备

编者按：本院校舍建筑的中心问题有三：一为建筑基地；一为建筑设计；一为建筑（及设备）之经费。目前，校舍建筑由董事会下之建筑及设备委员会负责推进，甚为积极，所以已不是计划问题，而是实行的问题了。关于基地，现已得政府批准九龙教会道附近地段一块，面积为二万六千五百平方英尺，因嫌其不敷分配，乃再向政府请求扩充。据闻这一合理请求，原则上不成问题了。关于建筑设计，已汇集各方意见，并委托兴业建筑公司作初步打样，现尚在修改之中。从初步蓝图上见，新亚校舍将是一座最现代化的校舍，美观实用，堪为全港的学校模范。关于建筑费，主要的是来源问题，而这一层却已经因雅礼之合作，早已解决了。所以，我们可以大胆地预测，在下学年开学时，我们可以到新校舍举行开学礼了。

(校刊七期)

研究所计划纲要

目前中国问题,已紧密成为世界问题之一环。但若昧失了中国历史文化之固有特性而仅就世界形势来求中国问题之解答,则不仅会阻碍中国之前进,而且将更添世界之纠纷。近几十年中国现状之混乱,其主要原因,即为太过重视了外面,而忽忘了自己。

我们认为要挽救中国,其基本的力量,并不在外面物质的援助,与世界共同的呼号。更重要的在中国民族本身自有的历史文化的基本意识与基本观念之复苏。而且我们认为,中国固有历史文化的基本意识与基本观念之复苏,不仅对此后新中国之建立为必要,而且对世界大同与人类和平有必然可有之贡献。

我们本此意念流亡到海外,认为不仅须从事教育,把这一理想、这一信念来培植中国后起的青年,更须从事于纯粹性的学术研究,使此一理想、此一信念,获得深厚坚实的证明和发挥。

在此理想下之研究工作,与一般从事于分工的,专门性的,互不相关的,只从事于某一特定题目,专就其有关的书籍与其他材料,而只注意于此一特定题目为对象的论文与著作之完成的研究工作,应有所不同。我们当从活的现实问题出发,时常经集体的讨论,来向历史文化渊源之深远处作基本的探索。

我们因此不一定预先拟有固定的题目,而在我们的讨论和探索中，自可有不断地向书本以及其他材料上之研究作为我们这一理想的研究工作之副产品。

我们目前，暂只以少数人成此研究之集团，其中有对历史、对哲学、对经济，以及对中国现代社会与政治有认识的几位有素养的学者作中心。我们期望于共同目的与经常讨论中，各就专门，分途工作。并就青年中，选择一些有学术兴趣而略具研究能力的人，向之作指导。

我们盼望以后能逐渐地扩大我们的团体和研究之范围，来共同完成此一目标。

我们的研究成绩，将来当可分几个部门作公开之报告：

一、专著　二、论文（及翻译）　三、某些材料之搜集与整理

第二第三项，包括指导研究生之成绩在内。此种研究报告，一时不可能有固定的期限，但希望能以每一年度作为一段落，来整理我们工作进程之所得。并在半年以内，我们可以有一具体的研究报告及若干已完成之成绩。

（一九五五年）

新亚校训诚明二字释义

我们学校创办了六年,才始决定用"诚明"二字来作为我们的校训。这一事,即告诉了我们,这校训"诚明"二字之决定,在我们是郑重其事,而又谨慎其事的。

"诚明"二字连用,见于《中庸》。《中庸》说:

"诚者,天之道也。诚之者,人之道也。"

又说:

"自诚明,谓之性。自明诚,谓之教。诚则明矣,明则诚矣。"

让我们姑且作一番粗浅的解释。"诚"字是属于德性行为方面的。"明"字是属于知识了解方面的。"诚"是一项实事,一项真理。"明"是一番知识,一番了解。我们采用此两字作校训,正是我们一向所说,要把为学做人认为同属一事的精神。

我们要做到诚字的第一步工夫,先要"言行合一"、"内外合一"。口里说的、心里想的、外面做的、内心藏的,要使一致,这始叫作"诚"。

我们要做到诚字的第二步工夫,便要"人我合一"。我们只要真做到第一步工夫,自然能了解到第二步。譬如我们在独居时,该如在群居时。我们在人背后,该如在人面前。我们不欺骗自己,同时也不欺骗别人。我们不把自己当工具,同时也不把别人当工具。循此渐进,便到人我合一的境界。这样的人,别人自会说他是一位诚实人。

我们要做到诚字的第三步工夫,便是"物我合一"。如何叫物我合一呢?我有我的真实不虚,物有物的真实不虚。要把此两种真实不虚,和合成一,便也是诚了。如我饮食能解饥渴,这里有实事、有实效,便是诚。但是有些物,饮食了能解饥渴;有些物,饮食了不能解饥渴,不仅不能解饥渴,而且会生病,这里便有物的真实。所以人生便是这人的真实和物的真实之和合。试问:做人如何能不真实,对物又如何能不真实呢?

我们要做到诚字的第四步工夫,便要"天人合一",也可说是"神我合一"。如何叫天人合一呢?你若问:天地间何以有万物,何以有人类?我处在此人类中、万物中,何以能恰到好处,真真实实,完完善善地过我此一生?你若懂从此推想,从此深思,你便会想到天、想到神,你便会想到这里面纯是一天然,或说是一神妙呀!因此你只要真能真真实实,完完善善地做一人,过一生,那你便可到达于"天人合一"、"神我合一"的境界了。

这四步诚字工夫,说来容易,做来不容易。你必先做到第二、第三步工夫,才能渐次懂得第四步。你必先做到第二步工夫,才能做好第三步。但你又必先能做到第一步,才能做好第二步。

这里面,有一番诚实不虚的真理,你得先明白。若你明白得第一番真理,你便能言行合一、内外合一,你便养成了一个真人格,有了一个真人品。否则,你言行不一致,内外不一致,好像永远戴着一副假面具,在说假话、做假事,你将会自己也不明白自己究竟是怎样一个人,在做怎样一回事。因此,不诚便会连带地不明,不明也会连带地不诚。

你若要诚诚实实真做得一人,你若要决心不说假话、不做假事，你自会懂得人我合一的第二项真理。你自会懂得有人在前和无人在前，有人知道和无人知道，全该是一样。这便是对人如对己，对己如对人。我如何样对人，我如何样做人，你该明白，这原是一件事。因此，你先该懂得人，才懂得如何样对人和做人。但反过来说，你若懂得如何样对人和做人，也自会懂得如何才是一人了。于是你该得要明人情。

你要做人，便又该懂得对物。如你饥了要吃，冷了要穿。你若不懂得对物，便会饿死，便会冻死，又如何能做人呢？你若要对物，你当知物无虚伪，天地间一切万物尽是一个诚，全有它们一番真实不虚的真理。天地间万物，全把它们的诚实与真理来对你，试问：你如何可把虚伪来对物？于是你该得要明物理。

你必通达人情，明白物理，才懂得如何真真实实、完完善善地做一人。由此再通达明白上去，便是天和神的境界了。

第一项真理，是人格真理，道德真理。第二项真理，是社会真理，人文真理。第三项真理，是自然真理，科学真理。第四项真理，是宗教真理，信仰真理。人生逃不出此四项真理之范围，我们全都生活在此四项真理中，我们要逐步研寻，分途研寻，来明白此四项真理。我们并要把此四项真理，融通会合，明白这四项真理，到底还是一项真理。我们便得遵依着这一项真理来真真实实、完完善善地做一人。这便是《中庸》所谓"诚则明，明则诚"的道理了。

所以我们特地举出此"诚明"二字，来作为我们学校之校训。

（一九五五年十月）

附：校闻一束

本院第四届毕业典礼

七月二日——这是一个值得欢欣快乐的日子，我们的第四届毕业典礼，假座协恩中学大礼堂举行。相信借人家礼堂行礼这是最后的一次，下一届一定会在自己建筑的新校舍的大礼堂中举行了。到会的师生来宾济济一堂，共有两百五十余人，列席的董事有赵冰博士、凌道扬博士、布克礼先生、郎家恒先生、沈燕谋先生。来宾中有协恩中学校长陈仪贞女士，港大教授刘百闵、饶宗颐诸先生。学生家长中有王惕亚先生等。总之，不论是谁，到会的每一位，他们都是关心新亚、爱护新亚的。

整个会场中充满着肃穆宁静而和谐的气氛，主席和董事长来宾登台就位后，庄严的校歌在嘹亮声中过去，最先起来致词的是钱院长，他说：

"今天举行本院第四届毕业典礼，在六年来同学们当可回想到过去在艰危困苦中渡过的情形，这一年也就是一个新的阶段的开始，由于得社会人士的同情与赞助，且与雅礼合作后得到的经济支援，使本院有了新的向前的发展，关于兴建新校舍的问题，已蒙港府拨给农圃道一地段，筹备工作业已就绪，将于最近动工兴建。

在过去艰困的五年中，学校最感缺乏的精神食粮——图书，在这一年中也已实现了愿望，设立了图书馆，藏书已陆续增添到二万册以上。至于教授与课程方面，学校聘到文史系主任牟润孙先生及国文、英文两基本科教授数位。下学期起将增设外文系，并已聘就系主任丁乃通先生。这一年来学校对国文、英文两课的重视，是希望同学们有了求学的基础，以便去达成更高的理想。

今后学校在物质条件上将逐步向上发展，我们更希望新亚精神能继续保持发挥，这才是本院最高的理想。

同学们要在原有的基础上，更进一步地建立起优良的学风。

今后希望同学们在学校的物质条件发展之下，务使新亚精神能不断地追上并超越物质条件，不但要保存好的校风，而且要保存好的学风。创造好的学风，不但要成为好学生，而且要成为有学问的好学生，使不致辜负诸师长及社会人士对本院的期望。真正的进步与发展，除了物质条件以外，也应该从精神上与学业水准上去衡量的。"

当院长颁发毕业证书完毕后，由董事长赵冰大律师致词，首先赵先生以"古灵精怪"四字比喻大学四个年级的学程，接着并勉励同学在毕业后仍继续努力，以完成学业与事业，毕业同学不应自满，应在原有基础上再建立理想中的目的。

接着有耶鲁代表郎家恒教授致词，他用流利的国语演说，首先他对雅礼与新亚合作一年以来有很大的成绩表满意，并对将来的发展与前途也抱极大信心，最后他说："双方合作，乃基于共同的依赖，正如新婚的夫妇欲求建立美满的家庭一样，今后能真正做到中西文化交流，才是吾人的最大目的与最高理想。"来宾中接着又有协恩女中陈仪贞校长与刘百闵教授致词，对新亚在艰苦中创立与成长，及提倡中国固有文化精神，语多奖励。毕业学生家长代表，由王惕亚先生致词，向院长及诸师长与校董致谢，并勉毕业同学。后由毕业同学古梅致词。礼成摄影散会。同夕假中国学生周报社，举行欢送毕业同学及师生联欢晚会，首由主席叶龙同学致词，继由张丕介与王书林教授致词，学生家长周一志先生及来宾张国焘先生及数位同学代表亦先后发言。会场一直保持了和谐与融乐的气氛,当本校同学代表将传统性的纪念戒指送给每一位毕业同学时,引起了全场热烈的鼓掌,会中有丰富的余兴节目,师长同学都在充满欢乐愉快的情绪中度过了这富有意义的一天。

院长获授港大名誉学位

本院院长钱穆先生于本年六月二十七日获授香港大学名誉法学博士学位。可以说,这是本港学术文化界中的一件大事,也是中英文化交流史上的一个好现象,这是香港大学自开办以来,第三次颁授我国学者以是项学位。港大是英国高度学术水准系统中之一环,向来对国际性学位之授予,极其严谨而郑重,一贯地本着"唯名与器,不可以假人"的态度。钱先生接受此次港大所赠予的学位,是经过长时期的考虑才决定的。因为钱先生一向对功名富贵都采很淡薄的态度,对学位的看法也并不重视,所以钱先生是为了表示对英国自由主义文化教育之尊重才接受的。正如刘百闵先生所说:"钱先生这次获授港大学位,对钱先生自己说是没有什么意义,或者会感到'尊之不足加荣',但是对我们说,却是同感光宠,尤其是站在中国的学术文化立场来看,其意义却是重大的。昔日朱舜水先生亡命日本讲学,为当地朝野人士所尊重。钱先生今日在香港的处境亦然,正足以与朱氏先后媲美,互相辉映。"

此次颁授学位典礼中,港督葛量洪爵士曾说:"钱先生系一著名的华人学者,他这次接受本大学的法学博士名誉学位,为本大学增光不少。"从这几句话中,表明了由于钱先生在对中国学术文化上的贡献有其应享的殊荣,也在中英文化交流上,有其宝贵的意义,正如六月二十九日《工商日报》的社论所说:"钱穆先生在我国学术界的地位，也早已被视为泰山北斗，没有几个可以比肩，故此这次之愿意接受这个名誉学位，对港大来说，也是相得益彰，永留佳话。"

我们觉得此次港大授予钱先生以崇高的名誉学位，有其绝不寻常的意义，表示了港大对中国权威学者的推崇。虽然这仅仅是一个名誉学位的授予，但其所起的实际作用，却是以激励世人对中国文化有所认识，无异使今后香港的学术文化园地，结起优美的果实来。使我们相信，本港学术文化的前途，必有良好的发展。我们也深信，这是对于中英文化沟通的一个良好的开始。

新亚研究所

新亚研究所于本年九月正式成立。由钱院长兼任所长，张葆恒教授任教务长。导师除钱院长、张教授外，尚有唐君毅、牟润孙二位教授。并于九月初公开招生，经严格之考试后，共取录研究生五名：柯荣欣（中央大学毕业），罗球庆（新亚书院毕业），孙国栋（政治大学毕业），余秉权（中山大学毕业），石磊（中央大学毕业）。查研究所未正式成立之先，已有四位同学（唐端正、章群、何佑森、列航飞）从事研究。

研究所规定研究生毕业年限为两年。在两年内，必须修习三十六学分，精习一种外国语文，完成论文一篇。课程计有中国思想、中国历史、中国文学与文字、英文等。并规定指导阅读书为《论语》、《孟子》、《老子》、《庄子》、《通鉴》、《诗经》、《楚辞》、《宋元学案》、《明儒学案》、《史记》、《汉书》、《左传》、《礼记》等。课外阅读为《近思录》、《日知录》、《读史方舆纪要》、《文史通义》、《廿二史札记》、《经学通论》等。

研究所拟每半年出版学报一期。第一期创刊号，日内即可出版。

新亚理想告新亚同学

任何一种事业,若求发展,其最主要的条件,决不是外面的机缘,而是内在的精神。

新亚诞生,至今已七个年头了。最先五年,是在艰苦挣扎中,最近两年,是在逐步进展中。此后若求继续进展,该向哪一目标而迈进呢?试把我个人想像,向同学们作一简单报告。

我们不久便可有一所新校舍,那一所新校舍,至少可容四百个同学。我们学校的初步目标,是以四百学生为理想限度的。换言之,我们学校此后努力的目标,首先该在充实内容上,至于学校规模,则暂以招足四百人为限。

说到充实内容,首先该注意到同学们的学业上。招收新生,我们希望逐步地严格。毕业程度,我们希望逐步地提高。换言之,我们该注意改进同学们的质,不在增添同学们的量。

要充实课程内容,提高学生程度,我们得注意多量网罗好教授,尽量扩充图书馆。我们学校此后的物质设备,将最先侧重在添购图书的这一项目上。

学校精神之表现,第一,希望同学们在学业上多与教授接触。第二,希望同学们能尽量利用图书馆,把同学们的学校生活,渐渐引进到学业的生活,与学术的生活上去。

中国有两句老话说:"尊师重道"、"敬业乐群"。师何以当尊？因师者所以传道，故知重道便会知尊师。现在我想改换一个字，说"尊师重学"。因我们学校的教授先生们，未必每人有一套"道"传授给同学们，但每一位先生，必有他一套学问。我们为重学，便不得不尊师。同学们既然同在一学校，同向一种学业而迈进，而努力，则同学们相互之间，自然会有一番乐群之心油然而生了。

我们不是常说，新亚有一个好校风，同学师生之间，能亲密相处，如一家庭吗？但以前的新亚，是限在三四间教室，限在一百位左右的同学，十几位教授先生们的简单范围内。因此师生相互间，融洽如一家，此事并不难。此后学校发展，学生先生数量逐步增添，学校规模逐步扩大，譬如小家庭变成了大家庭。若我们仍希望保持我们以前那一番好校风，便该注意提倡培养出一番好学风来，必使同学们能在重视学问的风气下来尊师，使同学们在敬重学业的风气下来乐群。以后的新亚，在我理想中，将依然会如一家庭，但要造成一个学术空气浓厚的家庭，不仅是限于一种日常生活相处的家庭，始有新亚之前途。

连带我说到同学们的在校活动上。我希望此后同学们，尽量增加学业的活动，不仅在讲堂，在图书馆，注意各个人的私人学业之进修。我更盼望同学们，更能尽量积极从事于集体的学术活动。如现有的座谈会、讲演会、讨论会、壁报、校刊等等，都该注重在学业表现上，来联合师生，共同参加。我并盼望此诸活动，渐渐把重心完全移放在同学们的肩膀上去。

譬如，举一例言，同学们现有的几种讲演会，尽可尽量邀请学校教授们出席讲演，或出席指导。由讲演而增进讨论，再由讨论而长期继续，便是形成了某几种学会之雏形了。我希望新亚同学，不久能发起哲学会、文学会、史学会等种种组织。渐次邀请校外学者来学会作讲演，便可把学校以前所一向举办的文化讲座，也逐步归并到同学们来主持了。

其次说到校刊。我希望校刊内容，逐步充实，逐步提高，把校刊变成为一种有学术分量的刊物。同学们有研究性的论文，愈来愈多，愈来愈好，愈精彩，愈丰富。将来校刊篇幅不能容纳，便添办哲学会刊、文学会刊等种种定期不定期刊物。

同学们能在此一条路上求发展，自然会尊师，自然会乐群。此一集团，因有共同兴趣，共同事业，自有共同生活。自然能感情融洽，如一家人般。但此一家，却是富有学术探讨风气之家。我希望将来新亚能转变成如此般的一个家。

其次说到同学们活动之另一面。我盼望我们有了新校舍，能从积极提倡学术生活之外，再增加进许多富于艺术意味的新生活。孔子所谓"游于艺"。我们盼望新亚生活，能在好学生活之外，再增加进许多游艺生活。此一层，只要学校经济有办法，必然会尽先设法的。

大厦非一木所支，任何一事业，必待群策群力，共同策进。我盼望我们新亚的同学们，来共同努力创造此一理想的新亚。我盼望我们新亚的同学们，在我此文上述的一大目标之下，来善尽你们所能尽的职责。

（校刊八期，一九五六年四月）

农圃道新校舍奠基典礼讲词摘要

今天新亚书院新校舍奠基,承蒙港督葛量洪爵士来主持举行典礼,我们深感荣幸,我首先向葛量洪爵士致我们诚恳的谢意。

关于新亚书院的创办经过,刚才董事长赵冰博士已经详细报道过。我此刻想对新亚书院的教育宗旨及教育理想方面,再约略补充说几句。

新亚书院是一所纯粹为教育事业而创设的学校,他绝对没有任何其他背景,亦绝不作其他任何活动。我们的教育宗旨,不仅建立在传授学生们以某项必备的知识上,同时我们更注重在人格教育和文化教育的理想上。因此新亚书院的教育宗旨,可以说是在知识教育、人格教育和文化教育三方面同时兼顾,会通合一的理想上前进。

先说到知识教育,我们的理想,不仅希望学生们在学校的四年时间内,传授他们以某几项必备的知识。我们更希望,新亚书院的学生,在他们毕业离校以后,还能有自己继续进修的兴趣和能力。因此我们对于课程方面,更注重文字的基本训练。我们希望新亚书院的毕业生,在中英文这两门基本课程上,能有一种较高的基础。我们希望每一个毕业生,能有他自己阅读中国古书的能力,同时也能自己阅读有关各项参考材料的英文书。每一个学生当他们离开学校之后,必求他们能自己来接触学问的天地,能凭借自己的阅读能力来继续上进。

我们学校的四年课程,只能为他们打下这一个基础,培养这一种能力。因此我们新亚书院的教育宗旨,不仅注重学生在校的期间内,并希望注意到离开学校以后之一段长过程。

其次说到人格教育,这一问题,在我们认为是最重要。一般青年,跑进学校,在他们的意想中,似乎只注重在习得几项智识,获得一种资历,将来好在社会上谋求一份职业。这是近年来学生进学校的共同目标。但我们想,一个人不仅应在社会上好好谋求一职业,更应该在社会上好好做一个人。他必须懂得如何好好做一个人,他才能懂得如何好好做一件事。事业更重于职业,而人格则是一切事业之基本。

因此我们的教育理想,不仅在指导学生如何读书、求知识,同时也注重指导学生如何做人。好让他们懂得如何凭借他们的智识,来为社会服务。我们希望指导学生,做人更重于读书,事业更重于职业。

第三点说到文化教育,我们认为,在今天的社会上,要指导青年如何好好做人,如何好好做事业,他必该先具备一种文化的观点。我们学校的教育对象,是中国的青年。中国有他自己一套优良传统的文化。但今天的世界,已是在走向大同的路上,中国人不能关着门做中国人。中国人必得站在世界的立场上来做一个人。因此每一青年,我们该指导他们,如何了解世界人类文化所包含之大意义,及其大趋向。

香港是一个东方文化和西方文化接触重要的地点,中西两大文化在此交流,已经历了一百多年以上的历史。我们这一学校,创设在香港,获得了香港政府精神上、物质上种种的指导和协助;近年来,又获得了美国雅礼协会经济的支援,我们这学校才能有今天。可见这一所小小的学校,已经是中英美三国通力合作之成绩,已经是在中西文化相互了解、相互尊重后,才可能表现此成绩。我们希望,我们这一所学校,在中西文化交流、中西文化合作上,将来能有其更大之贡献。

以上所说,智识教育、人格教育、文化教育这三方面,是我们学校创始六年有半一向所抱的理想,这六年半以来,我们幸而获得了中西社会各方面的同情和协助,使我们在感激之余,更自努力。但一个理想要达到他所应有之实现,这不是一件容易的事。我们切盼社会各方面,能继续不断给我们以指导,给我们以援助。今天我们新校舍奠基,也可说新亚书院已迈步走上了一个新阶段。

(一九五六年一月十七日)

告本届毕业同学

诸位同学,今年诸位毕业,是我们学校正式迁到新校舍以来的第一批。这几年来,我们学校在社会上薄负时誉,但究竟我们成绩何在,这值得我们自己作一番内在的自省。校舍之建立,图书之充实,教授之增聘,科程之添列,这些都该算是我们学校之成绩,但主要的还该说到学生的程度。尤其是毕业生,他们成绩如何,这是衡量学校成绩惟一主要的标尺。

新亚的历届毕业同学,能获机会,进入研究所,或出国深造的,究属少数。大部分都是投身社会,谋一职业。但初从大学毕业,年事总还轻,在校学养也总还浅,所获职业,亦比较多属低级的,没有什么重要职位。如是,则试问毕业生的成绩,又该如何表现呢?

固然,我们新亚历届毕业的同学,总还是大部分有职业了。而且一般说来,新亚毕业同学,也比较能获各方信用,能勤奋,能尽职。但我们却不得在此上自满。我们并不希望,毕业同学初入社会,便有什么异常的成绩表现。然而就一般说来,我们新亚的毕业生,似乎仍未能与学校教育平日所期望者相符。

我们新亚的教育宗旨,向来都说要为学与做人并重。诸位毕业后,到社会就业,一面是诸位学业之表现,另一面是诸位品格之表现。在学校,或许诸位总认为学业为重。因为学校的课程与考试等，岂不都像偏重在学业方面吗？但诸位一涉社会，致身职业，诸位便该觉悟，一切高下的衡量，乃及成败的关键，却处处是品格为重了。若使你有较好的品格，纵使你学问稍差，仍会得人信任，受人重视。你的地位和事业，也会逐步有上升之望。若使你品格差了，纵使你有较好的学问，你总会受人鄙视，失人信用。你的地位和事业，也总不会让你自己得满意。

我想，一个学校若能栽培出青年们好的品格来，这比能指导青年们有好的学问，更为有成绩。今年诸位从学校毕业，诸位都该想，主要的不是在学校获得了更多的知识，却该是在学校养成了更好的品格。这是一个学校的成败得失所在，也即是诸位投身社会，将来的成败得失所系。

就我历年来的观察，我们新亚历届的毕业同学，并不是说，在品格上有如何显著的缺点。但似乎我们新亚的毕业同学，在此点上，也并不能说已有了一种深切的了解和觉悟。换言之，我们新亚的毕业同学，有些能在学业上还想深造，有些能在职业上刻意努力，但比较最少的是在自己品格上，能一意认真向上。

若使我的观察并不差，我深怕，我们新亚的毕业同学，只要在社会久了，纵使他们能应付，能奋斗，没有大毛病，但也决不能有大成绩。他们总会随波逐流，变成一世俗寻常之人，却不见所谓新亚的教育精神来。如此，则仍还是新亚教育之失败。而同时，也是诸位终身莫大之失败。总结一句，若不在做人方面，刻意认真上进，此人归根结柢，总还是失败，而且是大失败。

我不想在消极方面，具体举例来说，我仍想从积极方面，从大原则上来给诸位一指示、一鼓励。说到此处，我仍想举出我们新亚的校训"明诚"二字来。

我们新亚的校训"明诚"二字，本来从为学、做人两方面全都兼顾了。但我今天,则只想从做人方面来对"明诚"二字稍稍有一些发挥。

所谓"明",是要你明白人情,明白事理。总没有对人情事理不明白,而其人可以负大责任、成大事业的。若要明白人情事理,此事尽不易,也尽有工夫可做。但诸位无论如何,总不能说对一切人情事理全都不明白。诸位至少也明白了几许的人情事理。因此这一"明"字,却已是诸位本已有之的。

所谓"诚",只是不虚伪、不欺诈、诚诚实实,照你所明白的直直落落做去。那更不是难事。我想,诸位决不肯,而且也决不能,说我是一个不诚实的人。当然,诸位也决不能,而且也决不肯,说我是一个不能诚实的人。

因此,明白是人人有所明白的,诚实是人人都能诚实的。一个人,只要既诚实又明白,那将无事不可为,而且无往而不利。因此我们学校,举出此"明诚"二字作校训,单就做人方面言,那是一个最低标准,同时却又是一个最高标准。说它是一个最低标准,因为这是人人所能的。说它是一个最高标准,因为只能此便够了。

但社会上却永远有些人,而且是大多数人,对事理人情不明白,对说话做事不诚实,这为了什么呢?简单一句话,因他有了自私自利之心,专想从私处找便宜,于是对人情事理,遂陷于不明白。对说话做事,遂陷于不诚实。其实他对自己的不诚实,至少他还是自己明白的。而且他不该不诚实,他也自己明白的。只要他肯诚实,他依然是能诚实的。这一层,他自己也明白。但他却存心要不诚实,认为他若诚实了,他会自己吃亏的。这一层,却是他不明白之处。

其实,一个人立身处世,本不该专从自己利害作打算。纵使从自己利害作打算，也该从大处远处打算，不该从小处近处打算。若明白得这一层，便知"明诚"两字，所以是做人最低的标准，也即是做人最高的标准了。

我们学校，一开始便施行了工读生制度。此一制度，却并不专为同学们在校时之经济上打算。此一制度，在学校的用意，是想用来历练同学们在校时之做事能力。更高的，是在培养同学们在做事时的德性与品格。但此制度，在学校几年来所表现的成绩，似乎先后有不同，我甚想借此机会来一讲。

在开始，学校经济十分穷困，同学们激于此种情况，同情学校，都能自发心帮学校服务。只要能对学校尽一分力，在他心上，也感觉到一分愉快。那真是一种最高的品格表现。而且在那时，学校师生人数尚不满一百人，关系也简单。在当时，真是学校如家庭，师生合作，大家说"新亚精神"，那是够使人快慰，够使人兴奋的。但现在不然了。一则学校经济，似乎较之以前是充裕了。二则学校人事，也较之以前远为复杂了。有些人便把获得一工读机会，认为是他的一分权利，把对学校工作，认为是自己的一分权利，于是其居心与动机都陷于不正。于是有趋逢抢机会，有躲闪不尽职，有怨望不公平，种种不良风习，便会慢慢酝酿。我并不是说目下在校工读，或毕业后留校服务的，都不如以前。只从大体说，有此趋势。可见大原则一差了，循此以往，便会走向错路上去。所谓差以毫厘，谬以千里。只要久了，影响自不同。

我从同学们现在在校工读情形，便不免要联想到离校到社会上去服务的。我们决不能对目前状况自满。只要在我们存心上、处事态度上，小有差失，积而久之，便会有大分歧。我们新亚书院的毕业同学，若要在社会上真能显著出一种成绩来，便该从此大原则处认真。

让我再重复说一句,做人与为学并重,这是新亚的教育宗旨。"明诚"二字,是我们新亚的校训。诸位此刻毕业不论学业高下,将来谋事不论职位大小,总之应努力做人,在自己品格上力求上进,力求完善。这是诸位惟一应该注重之要点。让我便把此来贡献于本届的毕业同学们。

(校刊九期,一九五七年七月)

附：新亚书院·亚细亚大学交换学生协定

宗 旨

新亚书院、亚细亚大学，基于建校理想之相同，彼我共鸣于俗世之中。以崇高学风，互信互赖，为促进两国文化之交流。除相互交换教授等外，先以作育将来达成中日合作之优秀青年为始，愿相互交换学生教育之。

总 则

一、交换学生之实施，定一九五八年度起开始试办。试办期间定为二年。

二、交换学生人数在试办期间内，定为每年二名，嗣后之交换人数另定之。

三、交换学生之学费、宿费、膳费由双方学校相互负担。交换学生之香港—日本之间之往返旅费及零用，由学生自己负担。

四、交换学生暂以商科志愿者为限，入学后不得转校转系。

五、交换学生住宿于两校所定之宿舍，于宿舍内与其他学生共享同样伙食。

六、交换学生之履修时间为二年半，由双方第三年肄业学生之中选派之。

七、双方对交换学生之教育方法及内容，由各自计划决定之。但宜留意使之不受国内学生履修课程规定之束缚，斟酌予以特殊方法有效地使之完成留学为目的。

八、新亚书院选派之学生留学后,于亚大留学生部可先受日本语教育。但亚大之选派学生,于留学前在亚大先受中国语之教育。

九、交换学生之启程归国时期,因双方学期之不同,暂定如下:

新亚书院学生:每年九月末启程,十月十日到校报到,于第四年三月毕业归国。

亚大学生:每年二月末启程,三月十日到校报到,于第三年之七月毕业,八月归国。

雅礼和新亚双方合作三年来之回顾与前瞻

一、回顾之部

新亚书院创始于一九四九年秋季，本是一所流亡学校，在极端艰苦中成立。自一九五四年，获美国雅礼协款，又得亚洲基金会及哈佛燕京社补助，学校规模，迭有进展。举其著者：

（一）新校舍之落成。最先开始，仅租赁课室三间，办公室一间，目下已有一所可容六七百学生的新校舍。

（二）图书馆之充实。最先只有藏书数百册，目下中西书籍已逾五万册。

（三）学系之添刊。文史系分为中国文学系、历史系及外文系。

（四）课程之增设。最先每学年开课每周仅在八十小时左右，目下已增至每周一百九十六小时。

（五）教授之增聘。最先仅教授六七人，均属无薪给。目下已有专任教授十一人，包括研究所教务长及艺专主任。兼任教授三十人。

（六）研究所之创办。本校创办研究所已历四年。本年已有正式颁给硕士学位之第一届毕业生八人。

（七）学报之刊行。此项学报，大部刊载研究所教授及学生之论文，仅收小部分外稿。每期三十万言，已出四期，颇为各国研究中国学术文化之学者所重视。

除上举七项外，复有目下正在开始之事项：

（一）艺术专修科之成立。发扬中国艺术，提倡审美教育，本为本校夙所抱负理想中之一项目。惟直至今年春季，始获创立一艺术专修科，暂定两年毕业。该科教授四人，仅于该科所得学费项下，酌支车马费。该专修科之开始，正与新亚之开始同一精神，乃仅有理想，而并无经济凭借者。

（二）科学实验室之筹设。本校所设各系，并不涉及理工科范围。但甚望授与学生以较普通之科学常识。故于第一期校舍建筑，即有科学实验室三间，及科学教室一所。目下正开始筹设生物实验室。于本年秋季，正式增列普通生物学一科。如经济许可，再增数学一科。并拟于再下年度继续筹设物理、化学两实验室，及增开普通物理学与普通化学两科。

（三）研究所丛书之编印。研究所除刊行学报外，其较巨篇幅之专著，拟另编丛书。目下第一种丛书已付印，暑假中可出版。其已有成稿，可编入丛书者，截至目下止，尚有两三种可付印。本校同人，除努力于日常教育工作外，实从未忽略在学术上继续作高深之研究。此亦为本校自创始以来所抱理想之一主要项目也。

上举十项，均属具体可指。第一，可证明本校事业，此数年来，实不断在进展中。第二，以少量之经济，完成多量之事业，此亦为本校同人共同之理想。就于此数年来学校规模及学校事业之具体进展，本校同人幸感对此理想，无甚大之内惭。

其次复当申述者，本校历年延聘教授，虽在极端困难之环境下，遴选无不审慎。不论专任或兼任，多数均系资历优深，在社会负有誉望，并多有著作或译述刊行。又本校历届毕业生，共计四十七人。本届三十五人不计在内。有赴国外留学者，有留本校服务者，有在香港、台湾及南洋各埠从事各项职业者。截至现在止，多数均有职业，并在社会上建立有信用。其在校学生，凡遇香港各专门学校之论文比赛，演讲比赛，及各社团之公开征文等，本校学生，名刊首选者，占十分六七以上。此等亦皆有具体事实可证也。

二、前瞻之部

此数年来，本校获有如许进步，其有赖于雅礼基金会之慷慨协助，本校同人同深感激。惟五年合作，转瞬已过其半。此后新亚方面仍有待于雅礼之继续协助，自亦为新亚方面一种极恳切之希望。今特就双方此后合作，重申新亚方面之意见如次：

新亚得与雅礼合作，开始于卢鼎教授之来港考察。当时卢鼎教授与鄙人，双方商有两项主要之默契。

（一）新亚方面，除雅礼基金会每年决定所能补助之数字外，不向雅礼作任何额外之申请。

（二）新亚之教育宗旨及学校行政，全由新亚自主，雅礼不作任何干涉。

此两项默契，于惠格尔教授来港考察后，双方并曾互换信件，对此两原则，重加肯定。新亚方面，认为此两原则，实有为此后双方继续合作再次提醒之必要。

新亚教育之一贯立场，主要在以中国自己的文化传统作中心，栽培中国青年，期望其能为中国社会服务。而有两点当申说者。

（一）对各宗各派的宗教信仰，将尽量保持公开与自由，但并不想使新亚成一教会学校。

（二）对学生外国语文之训练，将尽量提高其水准，但在课程比重上，将不使其超过于对中国本国文字训练之上。

其次，再略述此后五年所急切期望完成之事业。

（一）校舍方面。本校所请香港政府拨给之地面，及第一期校舍建筑，皆保留有第二期建筑之计划。因此，必待第二期建筑完成，本校校舍之全部设计始完成。

（二）图书方面。本校图书馆之已成建筑，共三书库，计划收藏中外文书籍二十万册。目下仅使用一书库，仅得藏书五万册。此后五年，至少盼再添图书十万册。

（三）教授待遇。本校原从极艰苦之经济状况下开始，教授待遇，根本无标准。此数年来，一切经费获得，大都使用在其他方面，教授薪给仍极微薄，仅堪与香港官立小学第二级以下之薪给相当。而教授任务，除繁重之课程外，尚各兼任学校其他职务。但各教授始终保持学校创始以来之刻苦精神，于自身待遇一项，从未计较。此实为新亚精神始终一贯之一项主要表现。但此种精神，究为可暂不可久。此后求学校继续发展进步，教授待遇之调整，实所必需。

一、当减轻任务。教课多，即不宜兼任职务。职务重，即不宜多兼教课。节省精力，庶可于教务职务上，更求上进。并望于教授自身之学术研究上，更有深造。

二、当增加薪给。最低限度，凡专任教授，当求与香港一般官立中学之薪给相等。兼任教授，亦当依此标准而调整。

三、住宅问题。在香港最感困难者，厥为住宅问题。目下新亚教授，所得薪给，其三分之一都花费在租赁住宅。而多数住宅，全是逼窄烦嚣，实与担任高等教育及从事学术研究者之生活要求，太不相称。

（四）关于研究所方面。基于本校之教育理想，于学校本部之上，添办一研究所。使有志中国文史哲方面之研究，而可资深造之青年，获得一继续进修之机会，实为一主要而不可缺者。就研究所现有成绩言，亦甚可使我们感到满意。但因香港一般中学中文程度之低落，大学四年，基础不够。升进研究所，两年毕业，仍嫌短促。为山九仞，功亏一篑，事至可惜。因此，研究所训练，实有延长一年之必要。盖此项对中国本国文史哲学有较高水准之后起青年，实为当前中国社会各方面所急切需要，而又无法仰赖外国教育机构代为培植。凡本校研究所之种种设计，实胥为针对此项使命而起也。

（五）关于艺术专修科。本于本校教育宗旨，及针对香港社会一般的精神需要，艺术审美教育，必当重视。此后五年内，希望此暂行办法下之艺术专修科，能发展成为正式一学系，加入本校原有六学系，共成为完整之七学系。又望能成立一艺术馆，与现有图书馆与正在筹备中之科学实验室，成为本校鼎足而立之三机构。

以上为本校此后五年，所急切盼望完成之较大计划。倘此诸计划，能次第实现，此后当就此规模，一意力求内部充实，而暂不再求学校规模之扩大。

雅礼方面，就于上述诸要端，或能酌量协助其某几部分之实现，或能代为向外募款，协助其他部分之次第实现。使在此第二次五年合作中，获得新亚理想规模之确立，则实为本校同人所深切希望也。

此项报告，由新亚董事会之同意而执笔。

（一九五七年）

附：校闻辑录

新校舍落成典礼

一九五六年十月十一日，这是一个可纪念的日子，因为我们的新校舍在这一天举行落成启钥典礼，正如教育司高诗雅所说："本院新校舍的落成是本港中文高等教育发展史上的一个重大里程碑。"也可以说，新亚的教育理想发展自今日起，将进入一新的阶段。这是自美国耶鲁大学之"中国雅礼协会"与本院合作后之重大建树之一，即协助我们建立一所新校舍。也正如雅礼代表费尔先生所说："雅礼与新亚之合作，冀求在中西文化间，促成更大之了解。"

增辟艺术专修科

为提倡我国固有文化艺术，培育绘画人才师资起见，本院自本学期起增辟艺术专修科。由陈士文教授任主任，其他教授有丁衍镛、王季迁、曾克崇等，分别担任绘画理论、中国画、西洋画、书法等课程。现有学生三十人，成绩优良，下期闻将扩大招生（详情另见艺专陈主任之专门报道）。又本院为使同学在科学上获得基本智识起见，下期决定设立理化、生物、数学等课程，为一年级必修课，现正积极购置科学仪器中。

日本亚细亚大学校长太田耕造氏访问本院

日本亚细亚大学校长太田耕造氏,今春来港,其主要任务为与本院商讨交换留学生事宜。本院由钱穆院长设茶会招待,到会者除太田耕造氏及本院钱院长、王书林教授、牟润孙教授、左舜生教授外,尚有本港文化界人士丁文渊、童冠贤诸先生及本港中等学校校长数十人。在此次会谈中,双方对中日文化之交流、亚大与本院之交换留学生,及本港中学毕业生赴日留学等问题,均有商讨。本院与亚大交换留学生事,已有具体决定,自明年起先行交换商学系三年级生各二人。

中国古代名画展览

此次本院艺术专科主办之中国古代名画展,在本院图画馆展出,会期自六月一日至五日止,五日内观众逾万,对本院此次展出之古代名画,极为赞美。查此次展出之名画计六十幅,包括宋、元、明、清各代,其中优品有宋刘道士"湖山清晓图"、赵孟頫"龙王礼佛图"、倪瓒"西园图"和"岸南双树图"、夏昶"清节高风图"、沈周"秋山读书图"、唐寅"南州借宿图"、文徵明"沧浪濯足图"、董其昌"山水"、丁云鹏"山水图"、释弘仁"山水图"、八大山人之"荷花小鸟图"、王翚"古木晴川图"等,均为不可多得之名作。此等展出作品,系蒙本港鉴藏家慨允借得者,计有王南屏、田溪书屋、马积祚、陈仁涛、张鼎臣、张碧寒、静好楼、燕笙波等各家。此次画展,本港文教界人士及书画家咸认为本港有史以来最盛大、最有意义价值之一次。教育司高诗雅先生于三日莅校观赏,港督葛量洪爵士伉俪亦于五日莅校,除观赏古画外,并巡视本院图书馆书库、研究所、艺术专科画室、科学馆、宿舍等，港督对本院各项建设之良好情形极为称道。

文化讲座

本院"文化讲座"自一九五〇年秋季开始举办，到一九五六年冬季，已先后举行了一百四十六次。此一自由的学术讲座，乃适应先后由各地来港之知识分子对思想与知识之要求。邀请各方面专家，作有系统的学术演讲，通常于星期日假本院举行，免费邀请各界听讲。所讲范围涉及人文科学、社会科学之各部门。本学期举行了九次，兹将各次主讲人及讲题录于后：

一百四十七：罗香林教授　法国汉学研究及其影响

一百四十八：达林博士（Di Dauid Dallin）　苏联与匈牙利

一百四十九：刘若愚教授　中国诗之"情""景""境"

一百五十：施高德（Scotte）教授　中国戏剧中丑角之地位

一百五十一：郑吉士博士　近代西方史学的趋向

一百五十二：休漠（Hulme）教授　The Writer The Bensorand Society

一百五十三：葛璧（Kirby）教授　今日大陆之经济趋势

一百五十四：董作宾教授　殷墟

一百五十五：康尔（Dr. Korn）博士　今日之美国外交政策

图书馆概况

图书馆位于本院西部，面对科学馆，恬静轩爽，光线融和，洵属一理想之读书胜地。馆之前部为阅览室，占地面积二千五百零八平方英尺，同时可容一百二十人。室中备有各种工具图书及各系普通参考用书，寻检极便。后部为书库及办公室。书库高下三层，上层占地面积一千七百五十五平方英尺，分藏外文图书及部分中文书籍。中层占地面积一千零五十七点五平方英尺，专储中文线装图书及善本书籍。下层占地面积一千四百三十八平方英尺，暂作存放报纸杂志之用。全部书库，可容书二十万册。

藏书统计，截至一九五七年六月中旬止，有中文书四万七千二百三十二册，外文书四千一百一十四册，总计五万一千三百三十六册。杂志报纸在整理装订中。按一九五五年六月藏书统计为一万八千七百六十册，两年来之增加三万二千五百七十六册。

关于图书分类，自一九五六年八月起，中文书改用刘国钧中国图书分类法，而加以修训。外文书则按杜威之十进分类法。其编目，中文书采用中文图书编目条例，并参酌中国图书编目法，编制卡片目录。外文书则参照美国国会图书馆编目的条例，编制卡片目录。

年来图书馆对于搜购中文线装书籍，艰苦颇多，又以购书经费有限，仍未趋于理想。至承中外人士及各界团体捐赠者，为数六千余册。目下图书馆工作极忙，除将已编目之书，随时提供阅览外，并加紧缮制卡片及添置书架，以期早日全部完成。

新亚研究所简讯

本院研究所之设立，旨在培养中国文史专才暨大学师资。其学制暂定为两年，研究生毕业后由教育部颁给硕士学位。自一九五三年开办以来，已有研究生多名。其出国者，余英时在美国哈佛攻读博士学位，萧世言在比利时攻读博士学位。留所者，章群、何佑森编纂清史稿索引。本年正式成立后第一届毕业计有：唐端正、柯荣欣、罗球庆、孙国栋、余秉权、石磊六位。关于渠等今后工作或留校或出国，闻校方已有所决定。

又研究所暑期招生在即，凡曾在大学或独立学院（不包括专科学校）毕业，年龄在三十岁以内者，均可报名投考。考试科目照去年规定有：国文、英文、中国历史、中国思想史、中国文学史、中国社会经济史、中国史学史及文字学等。招生日期大约将在八月中旬，科目有无变动，现尚无所闻。据云与去年之规定恐无大出入。

学生人数统计

本院学生人数，历年颇有变动，以下为各年学生注册人数：

年　份	注册人数
一九四九年秋季	四十二人
一九五〇年秋季	四十八人
一九五一年秋季	三十五人
一九五二年秋季	六十三人
一九五四年秋季	一百二十九人
一九五五年春季	一百三十五人
一九五六年春季	一百九十人
一九五六年秋季	二百四十九人
一九五七年春季	二百九十九人

第六届毕业典礼讲词

今日是本院大学部第六届毕业典礼,也是本院研究所正式成立以来,第一届毕业典礼,并且将正式颁授硕士学位。

今天每位毕业同学,已在大学中完成了学业阶段,将由学校时的青年时代进为社会的成年时代。各位将来进入社会做事,无论在哪一岗位,都应具有愉快心情及活泼生气,去迎接当前任务。尽自己最大的力量,去努力担负你的责任。

俗语说:"做一天和尚撞一天钟。"这句俗语普通人只看其消极的方面,认为是过一天,算一天,敷衍过去就算了。其实此话有其积极的意义,即是一天在职位上,就当牢守一天的岗位,尽量把事情干好。

俗语又说:"一个和尚挑水吃,两个和尚抬水吃,三个和尚没水吃。"此话说出了一般人依赖推诿的心理。但如我们人人各在自己岗位上尽力,那么三个和尚不但不会没水吃,而且将会有六桶水了。

俗语又说:"各人自扫门前雪,哪管他人瓦上霜。"一般人以为这是自私自利的行为。但从另一方来讲,却是积极的,本分负责。试想,他人瓦上霜有多少?如果连自己门前的雪都没有扫,难道还有力量去管别人吗?霜是在瓦上的,留着无大碍。雪是在门前的,留着是会阻路。如果人人把自己门前的雪扫清了,就会打开一条四通八达的大路,对人人都有利益。

其次希望各位踏入社会做事，当力求上进。有些人在没有谋得职业前，什么事都愿意干。谋得了，就发怨言，对所处的人事环境都不满意，这种心理要不得。我们不应该计较名誉地位，不应三心两意，我们当努力于当前的事业岗位，带着好像初进大学第一天的那种活泼、热诚、兴奋、鼓舞的心情，就会觉得干什么事都有意义了。

一个人最怕是没志气没活力，意志消沉颓唐，做事敷衍塞责，那就什么都完了。我们不应贪小利小便宜，当脚踏实地地做去。所谓上进，并不指求天天有更高的职位与名利，而是不断地完成充实自我。不要老批评别人不好，当反省自己的缺点。求学与做事，齐头并进，人人都易上进，这社会就好了。我们当知，社会不好，责任在我，那么社会自然上轨道了。

我顺便讲一件故事，当四十余年前，即一九一三年，我在无锡一座家乡小学任教，有一位我所喜爱的学生毕业了，又去上海读书。中学毕业回来，我请他同我一起在小学教书，但他不肯。他说："我今年教小学，明年教小学，一辈子教小学，这不是我的好前途，有什么意义呢？"这种意见是错误的，我们只应把当前的事尽力办好，牢守岗位，力求上进。

至于前途，不必太计较。要知道一个人的升迁际遇，有时是靠机会，个人不能勉强。但是我们亦当知道，如果我们尽责任，力求上进，那么社会也就决不会让我们永远吃亏。要紧的是我们当抱赤子之心，以迎接一切。我们不要以为社会是黑暗的。而我们应该用眼睛照亮这社会。光明是从我们每个人的眼中发出去的。

各位不要以为这是老生常谈，当记得我这一番话，十年二十年以后仍然有用，并知道其好处，及当如何处世做一个人。

（一九五七年七月十五日，香港《华侨日报》）

第九届开学典礼讲词

今天是第九届开学典礼。本院在香港是流亡人士创办的第一所私立专科以上学校。在时代的大变动中产生,也可说负有时代的使命。

新亚创办迄今已有九年,现在可说已非一所流亡学校了。但我们仍应认识,我们应对国家民族与社会作一番贡献。近年来,新亚在物质上可说有了进步,如有了新校舍,有了像样的图书馆,有了更多的教授,增加了新的课程等。但在精神条件上来说,我们是否也有了进步呢?近几届的毕业同学在各方面比较起来是不是比上几届同学更进步呢?其实仍是差不多。

又如过去学校在桂林街时期,每年新同学进校来,常感愉快满意。而且旧同学们在学风上,常有影响新同学的力量。现在物质条件进步了,而这方面的精神就不见得比以前进步。

我常说,一间学校要办得好,乃师生共同的责任,非单方面的事。一间好的学校,物质上的进步是不可恃的。新校舍,它会一年旧似一年。今年是新的,明年就旧了。但在学业上言,可使它一年比一年的提高。我们当各自思量,我们同学的程度是否有一般大学的水准?是否比得上今日世界上的一般大学呢?相信只要努力上进,那也是可能的。即学校的校风,亦可以天天提高。

照事实看,我们同学的水准,并不如理想那么进步得快。例如英文程度，虽比过去几年提高了，但是否合得上标准，则仍难说。就国文言，几年来亦没有很明显的进步。一位大学生，应搞通本国文，字也应该写得像样些。现在一般大学生，文理通否不论，即连字也多数写不好。故一位大学生，国文要够水准，首先要会写通顺的文章，其次要能读书。现在的大学生，只能读五十年来的近人作品。但我们应该能懂三百年甚至二千年以前的古人作品。

讲到英文，不妨降低一些标准，但至少也得能讲普通的英语及流利阅读有关各科的原文书籍，这是作为一个大学生应该具有的水准。

我们自建新校舍开始，就把重心放在建立一个充实的图书馆上，现在已有藏书六万册以上，希望以后几年内能达二十万册，这是我们最低的理想。我们现在每天能平均增新书近百册，这已尽了校方最大的努力，希望同学们能尽量地利用这个图书馆，找你所想看的书去读，至少每人能每周看一本书。其次，盼望同学们，除了进图书馆、研究及课堂所授功课外，在生活上使同学间，尤其是新同学与旧同学间，有亲密的活泼的团聚，有正当的团体活动，造成有生气的良好校风。过去好的一切，我们保留它。过去没有的，我们来提倡。总之，要使这个团体有活泼愉快的生气。

我再重复说，请同学们多去图书馆自修阅读，其次便是除了正课以外，多做些有益身心的课外活动。

（一九五七年九月十一日）

孔子诞辰纪念讲词

今天是孔子第二千五百零八年的诞辰纪念日。我们称孔子为"大成至圣先师",因为孔子是我国第一位为国人所崇敬的标准的老师。

可以说,孔子为我们师,并非是学问上、知识上的,乃是指人格上的。因为孔子最主要的是以人格来教导陶冶我们。所以称他"大成"和"至圣",是因为孔子在人格上,已经达到了理想标准圆满的境界。

孔子的伟大人格,不但为我们国人所崇敬,而且也为我们亚洲东方民族所共同崇敬。如日本、韩国、越南,凡是曾受我国文化所陶冶的东方民族,他们都一致对孔子有共同的敬仰与崇拜。例如此次越南领袖赴韩,是去参加韩国的祭孔大典。今日他们又赶去台北,参加祭孔盛会。同样地,日本也尊敬崇奉孔子。故崇敬孔子的不仅是中国,也是亚洲东方民族所共同的。而且也可说是全世界所共同的。因为今日世界上,西方人也崇敬孔子。

一般人将孔子、耶稣、释迦牟尼与穆罕默德相提并论,称为四大教主。其实孔子与他们三位不同。他们都是由信仰而各形成一种宗教。孔子则并非一教主,也没有形成一种宗教。第一,孔子无庙或礼拜堂,孔庙与耶、佛的寺院教堂不同。我国各省、各府、各县均有孔庙,但并不举行日常礼拜,只是有重要的祭祀大典时才行礼,与各宗教的教堂不同。第二,不论佛教、基督教、回教,他们均有特别的信徒,如和尚、神父、牧师等,用以专门宣扬其宗教教义。但崇奉孔子的,并无一批特别的信徒专门从事宣传。故就形式上言,信仰孔子的人,并不比信仰别的宗教为少。除了我们五万万以上的中国人外,尚有日、韩、越诸东方民族,且有了二千多年的历史。

何以崇奉的人会如此之多,且迄今不衰?这完全由于孔子本身的伟大人格精神感召,且孔子的教义亦实有一能普遍深入广大人心的力量。力量在哪里呢?今天不能尽述,我现在只举出《论语》一书,乃其平常讲话经人整理而编成。今日《论语》已被译成世界各国语文,只要是关心世界文化人生思想的人,无有不读。各位同学如尚未读,则赶快读。如已经读过,则还得反复再去详细读。

在《论语》中,可看出孔子教义的全体。孔子并不注重如何教,而是重视如何学。故我们称孔子为教主是不妥的。其根本精神不在教人,而在自学。但他并非只学某种学问或知识,而更重要乃在如何做人。

《论语》开首第一篇第一章即说:"学而时习之,不亦说乎?"其第一字即为"学"字,是要常常学,时时学,永远地学,一辈子去学。孔子说:"吾十有五而志于学,三十而立,四十而不惑,五十而知天命,六十而耳顺,七十而从心所欲不逾矩。"他的一生,就一直是在学。不仅自己学,并且希望大家来同学。故说:"有朋自远方来,不亦乐乎?"意即共学。又说:"吾非生而知之者,好古敏以求之者也。"又说:"十室之邑,必有忠信如丘者焉,不如丘之好学也。"即自称好学。

孔子一生,即是学的人生。他教人亦希望别人与他同样去学,并非有其他一套高深哲理。故孔子在《论语》中给人的教训,也并非千篇一律,大都是教人实践去学。也并非教训全体人,只用一句话表达。故孔子回答学生同一问题时,也常有不同。如问"仁",孔子回答亦并非用理论去解释,而是告诉学生们如何去实践、去学。孔子答颜渊问仁,曰:"克己复礼。"意即如何自两者去学,去下功夫,即可懂仁了。孔子再答其具体的细目为"非礼勿视,非礼勿听,非礼勿言,非礼勿动。"又如孔子答仲弓问仁曰:"出门如见大宾,使民如承大祭。己所不欲,勿施于人。在邦无怨,在家无怨。"总之,教人在日常生活中去实行。

后人称孔子是大成至圣,但他当时很谦虚地对子贡说:"圣则我不能,我学不厌而教不倦。"子贡曰:"学不厌,智也;教不倦,仁也。仁且智,夫子既圣矣。"其实仁且智,就是圣善的至高境界。总之,孔子教我们最重要的就是要一辈子去学如何做人。

子贡问曰:"有一言而可以终身行之者乎?"子曰:"其恕乎!己所不欲,勿施于人。"其实孔子无法用一字回答终身可行的问题的,他只是非肯定地说:"或许是恕吧!"恕者,即是己所不欲,勿施于人。即子贡之引申义:"我不欲人之加诸我也,吾亦欲无加诸人。"这是消极的,是不可做的,但孔子亦没有讲别的字,可见其谨慎与谦虚。

孔子又说:"有鄙夫问于我,空空如也。"甚至还说:"吾不如老农,吾不如老圃。"孔子能虚心地接受,踏实地学习,所以有无限的造就。在宇宙人生界中,能超越的涵盖持载一切,成为伟大的学者。孔子认为没有什么可以教人的,最重要的在乎学。所以孔子非教主,并没有一种私人教条让世人去奉行,并作为一种宗教信仰。孔子讲仁,亦只说:"仁者,人也。"做人做到如此,可算一人矣。故孔子对仁的解说，也有各种不同的说法。并非如西方哲学上的假设与定义，而只是要我们努力地去学与做。

孔子认为，实行即是仁，即是要在社会中与人们一起生活，相处得好，并非要脱离这社会。是入世的，而非出世的。单是这一点就很难。因为我们在社会上将遭遇到各式各样的人，为要处处实行做人的道理，故孔子主张"毋意、毋必、毋固、毋我"。不知命，便不免要臆测，要期必，要执滞，要私己。这些不可必得，而害仁。绝此四端，才能安命，才能成仁。孔子并不主张一定要固执地去硬做，只要牢守恕的原则就可以。

孔子并非一定要为人师，他说："三人行，必有我师焉。择其善者而从之，其不善者而改之。"三人中，即有其他两人可相比较，处处有可供学习的地方。自消极处讲，即别人有不善的，亦可作为自己的警惕。孔子无常师，而是一学人，因此我们均应学孔子的学。

中国最特别的，就是可容纳任何宗教，不受排斥，不相冲突，这即是中国民族的伟大处。恕则道并行而不悖。己所不欲，勿施于人，于是才有了思想、言论、信仰等等的自由，这才是真正的百家争鸣，百花齐放。我们普通称"孔庙"，那是俗话。其实应称"学宫"，这才充分表示出学的精神。

各位中，有信仰基督教的，也有信仰天主教的，也有信仰佛教的。但任何信仰，都不与孔子之学有冲突。故你读了佛经或是基督教的新旧约全书，你仍可读《论语》。《论语》可说是中国人的圣经，是东方民族的圣经。现在希望大家回去以后，能去读这部宝贵的书。可从《论语》中，得到宝贵的教训与启示。

(一九五七年九月十一日，香港《华侨日报》)

天才技艺大会开幕词摘要

今晚本院举行技艺大会是一种新花样,因为过去虽时有表演,但非专门性的。希望以后的第二次、第三次技艺大会,更能有进步。

今晚的会称为"天才"表演,诸位以为天才是了不得的字眼。其实天才人人均有,且每一人可不止仅有一项天才。只是有时各人将自己的天才埋没了,或者我们太看重现实功利,以致忽略了。各位今晚参加表演的,均可称为天才。天才并非要比别人高明,只是天赋予我以某项特有的技能。至于技能高低,则是另一问题。

人生有小圈子,如谋求一职业。人生又有大圈子,如去寻求广博的学识,以达成一事业。但亦只是人生的一小部分。人生又是多姿多彩的,有各项的技能。去学习何项,则要看各人兴趣习性之所好。人常有各种潜在的能力,只是有时放弃或埋没了。现在社会上的人,有很多不知道怎样去发挥自己潜在的能力,寻求正当的娱乐,于是养成不良嗜好,如打麻将就是。要之,也不过去坐咖啡馆,去看电影而已。但这些只是被动的。我们所需要的是正当的娱乐,希望各位都能"游于艺",此即要做到各人都能有天才的表现。上天赐予我们一切所具有的,我们即当充分利用发挥。

新亚不仅是研求学问之所,还当学做人。人生不是单调的、呆板的,而应是新鲜的、活泼的。不但当富有教育意义,亦当富有人生情味。希望大家能在技艺表现中,发现更多的天才。

(一九五七年十一月三十日,香港《华侨日报》)

第一次月会讲词摘要

此次征文比赛得奖同学计有二十二名；前七名有奖金及赠书，其余得奖者则不分名次，各赠本人所著《国学概论》及唐君毅先生著《人文精神之重建》两册。此项征文之优点，是各位同学能广泛地去找材料，于思想研究、历史探讨及学术考据等各方面，均有写成论文。其缺点则因侧重内容，而忽略了文章之技巧，如修辞布局等。

本院此后将对征文办法有所调整，不致使经济学系及商学系之同学有所吃亏。此次得奖者，除其中三位外，其余均为以前未得过奖的同学，这是可喜的现象，希望每一位同学均能努力。

这次为本院第一次月会，目的是因为本校扩大了，师生聚会时间少，因此造成了每位同学只有为自己求学的观点，只想到"我读书"，而没有想到"我是在新亚书院读书"。但是发扬新亚精神是每一位师长和同学们所应该共同努力来完成的。现在我们所要谈到的虽然过去讲过，但仍极重要。具体说，表现新亚精神可分两方面。

一为学风方面。本院向来注重中国文化，我们是中国人，将来当然也须为自己的国家社会服务。先能认清自己的目标，将来才能对社会有所贡献。要想造就有用的青年，当然首先须对本国文字有良好的基础。过去本院同学所表现的成绩是好的，校方也每学期举行论文赛，并规定必修国文为两年，社会上各界对本院文史方面有好的赞誉。我们是否能继续保存下去，并更能进一步地发扬呢？自从港大的中文系开办以来，有优良的成绩与进步，且本港的各专上学校也在倡导重视中国文化，故欲保持本校的优良成绩，有待我们不断地努力。

本院向来提倡通才教育，因为学问是不能分隔的，应该互相融会贯通。求学问的门户当阔，基础宜广。过去本港各界所举办的各项学术比赛，本院同学常能获最高奖，这也与本院过去所倡导的通才教育有关。因为新亚的同学智识领域较广，而且学国文的不能像三家村的老学究那样只懂写文章。过去欧美学者访港参观新亚时，他们都称赞本院为一所成熟的学院，同学所表现的成绩优良。又如有一次日本京都大学校长来校参观，还说新亚与京都大学的成就有很多相似之处。

第二点是校风方面，各位同学来校求学，除了不缺课、勤学及考试及格外，还得学做人，以成一品格完整的人。今日我们急需提倡的即为"义利之辨"。我们做一件事，当问应不应去做，不必用功利的观念去计较。学校所公布的法则，同学也得遵守，这就是奉公守法。同学们做一件事，当重公义而轻私利，以爱护学校作为建立私人道德的标准。不然即会发生不可想像之事。至少同学们当公私兼顾。希望本院的校风更有长足的进步。

(一九五七年十二月三日，香港《华侨日报》)

第四次月会讲词摘要

本院的文史研究所,其实并不单为本院而设,而是为了吸收各地各校的优秀大学毕业生。例如我们很欢迎台湾方面的青年来考,可是由于近年来台湾青年来港不方便,因此有的考取了本院研究所,仍无法来港就读。至于本港的,我们也希望别的大专学校的同学来投考。本所决无门户之见,只凭考试成绩。由于有的不愿来考,来考的又未必能录取,因此最近两届公开招考取录的,均以本院毕业生为多数。其缺点是各位因此失去了竞争心。

至于本所过去毕业生,是由台湾教育主管部门承认颁发硕士学位的。所送论文的成绩,这次我去台湾讲学时,教育主管部门的负责人对我说,新亚研究生的论文特别好。甚至还要我们新亚设立博士学位的研究生。这是有关经费等问题的,只好留待将来再说。但鉴于本所研究生成绩好,教育主管部门是希望我们能申请设立博士学位的。

我们希望新亚的校友将来能在新亚任教,能负担继起教育的责任。总之,造就本所研究生的目的,一方面使中学有优良的中文文史教员,一方面是能培育出大学任教的人才,希望大家能做出优良的成绩,以取得社会的信任。也希望准备投考的历届毕业生,努力准备学业。我们希望研究生的成绩能日益提高。

关于研究所出版的《新亚学报》，已受各国学术界的重视，希望以后刊登研究生的论文，能逐渐占多数的篇幅。

讲到出国留学的同学，本院过去留美的已不下十人，也有去欧洲各国的，希望他们能切实地学些东西回来，以贡献于本国。

最后还要提出的一点，就是诸位当知道作为一个中国青年，当尊重并了解中国的文化。新亚所特别重视的亦即着重在对中国文化的陶冶与训练，这是我们的理想和目标。

最近有位新闻记者与我谈及许多有关本港大专教育的问题，并特别赞许新亚能以最少额的经费，表现最良好的成绩，而培植出优秀的大学生。我听了不免觉得很沉重，我们当反省我们每一位是否都是优秀的大学生呢？诸位更当努力求学。尤要者，诸位更千万不可忘记我是一中国的青年，我当尊重并爱护中国的文化。

(一九五八年三月六日，香港《华侨日报》)

发刊词

任何一个团体,要希望它有前途,首先该为它创造一个"心"。这是个团体心,我们又称之为团体精神。

如要创造此一个团体心,便得这团体中每一分子,各自把他们的心,贡献出一部分给那团体。各自对此团体,由关切而了解,而爱护,真把他自己个人交出成为此团体之一分子,也把那团体认为是他自己生活和事业中之一部分。如此,由于那团体中各分子之心之交流,心之互映,才会真有一个团体心,逐步呈露。待到此一个团体心真实呈露而成为客体化了,那一团体,才始是正式成立,才始有它的前途希望。

新亚书院创办迄今,已近九足年,快将踏入它第十个年头了。我们常喊"新亚精神",但我们若真要一个新亚精神,便得先为新亚创造一个心。那是一个"新亚心",要在我们新亚每一分子的心里来创造。有了"新亚心",才能有"新亚生活"。但我们也可以从新亚生活中来锻炼出一"新亚心"来。

我们这一份《新亚生活双周刊》,便想把新亚生活之各部门,各方面,尽量汇集披露出来。这是我们新亚现实的一面镜子,各人照着这面镜子,可以认识我们的新亚来。这是我们新亚将来的一部历史。这份双周刊,继续着三年五年,八年十年,将来要了解新亚如何生长,如何成熟,如何发展,以及新亚生活中究竟包藏了些什么,所谓"新亚精神"究竟具体表现了些什么,便要凭这份刊物来察看,来推寻。

我愿乘此刊物创始,来祝贺我们新亚之前途。让我们新亚这一团体中之各分子,各自贡献出他一分心力来共同创造"新亚心"。让我们新亚这一团体中之各分子,各自交出他一部分生活,来共同发皇充实新亚的生活。让这一份刊物来时时考验我们和督促我们,向此目标而前进。

(《新亚生活双周刊》一卷一期,一九五八年五月)

惜别和欢送

一九五八年七月二日欢送郎家恒先生离校致词

新亚与雅礼的合作，在中美两民族的教育史上，实在是一个创例。雅礼在经济方面，逐年支援着新亚，而从不过问新亚之内政。只有一个代表，从雅礼来新亚，负责双方之联系。郎家恒先生，即是衔着这个使命而来驻新亚的第一人。

郎先生来新亚，转瞬已过四年了。他以雅礼代表名义而参加新亚之董事会，他是新亚董事会的执行秘书，又兼任了学校的课务。新亚的校务，随着郎先生之来而不断发展。起先由桂林街推扩到嘉林边道，随后又转移到农圃道的新校舍。郎先生是新校舍的建筑委员之一，他对此新校舍建筑，贡献了不少的精力。

他在学校课务上，起先负责一二年级普通英文课程之整顿。随后又代理了一年外文系主任。这几年来，新亚同学英文程度之普遍提高，和外文系之迅速成长，郎先生有莫大之功绩。

郎先生因为在学校任课的关系，他不仅参加了董事会，又参加了学校的校务会议。因此，在名义上，郎先生原只是雅礼的代表，但在实际上，郎先生已切实成为新亚之一分子。新亚的教授同人和学生们，对郎先生个人，莫不表示亲切之友情和敬意。郎先生对新亚之恪尽职责，较之新亚其他同人，可谓是有过之而无不及。

尤其是郎太太,一样抽身来新亚任课,若非是第二位小郎先生出世,郎太太在新亚的课程,也会继续不断地担任下去的。

下学年的新亚,正在继续发展的途程中,第二期新校舍之建筑,附属中学之创办,艺术馆之成立,这几个大项目,郎先生都曾预闻过,但郎先生已不及见其一一实现,在下月初,便要离去了。就我个人言,因于学校的职务关系,和郎先生接触往回的机会特别多,对郎先生之为人,有一番更深切的了解,于郎先生这几年来对新亚之贡献,更所感激。因此我十分自信,我是最有资格来代表新亚全体师生向郎先生表达我们这一番惜别之情的。

中国古人云:"四时之行,功成者去。"郎先生在新亚,可说是功成而去了。因此我们于惜别之中,还兼带有欢送之情。敬祝郎先生郎太太前途无量。敬祝郎先生郎太太和他们一家小妹妹小弟弟们健康快乐。还希望郎先生在离开新亚之后,他的心上常会记念到新亚,正如新亚的师生们常会记念到郎先生一般。

(一卷五期)

责任和希望

给本届毕业生

学校的希望，主要在学生们身上。学校的责任，主要也在学生们身上。

每逢学年开始，学校招收新生，总会引起我们一番新希望，希望这一届的新生全是优秀有前途，能为学校增声光，能对社会有贡献。但在每一届学年终结，学校将快举行毕业典礼时，也总会引起我们一番责任感。我们要详细检讨，这一届的毕业生，究竟成绩如何？他们平日的生活训练乃及学业修养，究竟在他们毕业离校之后，能不能服务社会，胜任愉快？是否我们确已为社会培植了一批新人才？一面是是否已完全达到了我们学校四年教育所抱的理想？一面是对那批毕业生，将来立身处世，是否已能放心信托，觉得他们确已备具了高飞远走，离开学校，进入社会，有他们各自独立，奋斗向前的能力？

所以每一届的毕业生离校而去，在一方面讲来，学校对他们所负的教育责任算是结束了。此后则有待于他们之各自努力，各奔前程了。但在另一方面讲来，学校对他们的责任感却正在开始。他们此后涉足社会，所表现的，是好是坏，为成为败，却正是我们学校这几年中，对他们所施的那一番教育成绩之开始受考验，开始待批评。

学问和事业，人格和修养，总是永远无止境的。在学校方面，对每年那一批批离校而去的毕业生，总该增加刺激起我们身负教育之责的一番责任感。回想当他们在学受教的那一段时间内，我们是否确已善尽了我们最大的努力，达成了我们在他们身上所应有的最大可能之期望？我们之对他们，是否尚有心力未尽之处？我们之对他们，是否可以有更大贡献之处？这一层，总会引起我们每年一次的内心自省。

每一个家庭，为父母的，总希望他们的每一个子女，都成为理想中最好的子女。每一所学校，当教师的，也同样地总希望他们每一个学生，都成为理想中最好的学生。每一社会机构，也何尝不想他们所任用的各职员，所包容的各分子，尽成为理想中最好的分子呢？其实每一个人，也同样地在希望他自己能成为社会上一个理想中最好的人。正因为希望无尽，所以责任无尽。人类社会之演进，人类文化之向上，也完全寄托在那一番希望无尽，责任无尽的心灵感觉上。

我们对于这一届的毕业同学，因为你们之快将离校而去，又会重新再引起我们对你们四年来在校时之无尽的责任感，但同时又引起我们对你们离校后之一番新的无穷希望。敬祝你们各自努力，前途无量。

(一卷六期，一九五八年七月)

第七届毕业典礼讲词

今天是本院举行研究所第二届、大学部第七届毕业典礼。本院创办研究所已有两届,成绩很令人满意。

我们感到今日中国四十岁以下的青年人,已很少能继承中国文化遗产的。如果一个国家没有人能担负起他自己国家的文化,实是一件可悲的事。我们创办研究所的目的,即在此。两年来,毕业的研究生,他们都能独立运用思想,并作高深的研究,且有一部分的成绩,已在《新亚学报》中发表了。

与研究所相辅而行的,就是图书馆的创立。因为研究学习,不但要靠老师,而且更要靠书本。

过去一般社会人士,总觉得新亚只注重文史,而忽略了外文。然而,这一届有了正式外文系的毕业生,他们的成绩,已达到一般人所要求的水准,令人告慰。故新亚几年来,对英语系的造诣,已可能赶上了中文各系。此外,我们还设有法文、德文、日文各科。今日的世界,将不再是壁垒分明,而且该是互相沟通的。所以每一位同学当懂得两种以上的语言,除了中文,他当熟习英文或他种语言。

其次,我们当感谢艺术科陈士文先生及诸艺专教授的牺牲精神,不久我们将正式成立四年制的艺术系。

下学期开始,为了适应本港社会环境的需要,我们增设了工商管理系，聘请了陈静民先生为系主任。此外，我们也希望能在最近的将来，开设一所附属中学，兴建第二期大学部的校舍，并建筑艺术馆。这虽是物质上、经济上有了进步，但这不是惟一的进步，我们亦当在精神上更求长进。

同时我又将在这里再次提到，新亚办学的宗旨是要各位学做人，而且是学做一个中国人。各位求智识，求一种专门的智识。各位求职业，事先亦必选择自己所喜好、所适合的职业。各位做人，在今日世界尚未达到大同以前，我们当做一个像样的中国人。我们过去的失败，并不在体力上、知识上、智慧上比外国人差，而是不知道怎样做一个当前理想中国人。

(一九五八年七月十五日，香港《华侨日报》)

附：本院南洋侨生申请免试入学办法

（一）侨生申请免试入学资格：

一、高中毕业会考及格具有证件者，得申请免试入学。

二、具有高中毕业资格毕业年度之平均成绩在七十分以上，由原校特别保送者，得予免试入学。

三、高中毕业未参加会考，及未得原校特别保荐者，得申请免试为试读生，试读期间成绩及格，得升为正式生。

四、高中肄业二年以上，并曾自修一年，具有证件者，得以同等学力申请免试为试读生。

（二）申请手续：填具申请书保证书（以原校校长保证为合格），连同学历证件，挂号寄本校教务处。

（三）申请日期即日起至八月底止。

（四）费用：本校设有男生宿舍，侨生得优先寄住，每月宿费港币二十至二十五元，膳费每月四十元，学费每学期三百元，分五次缴纳。

（五）纪律：学生须严格遵守新亚学规及学则规定，并不得参加任何政治活动，违者依章议处。

（六）奖助学金及工读：本校为救济清贫子弟，设有各种奖学金助学金及工读，凡家境确实清贫而第一学年考试成绩在七十分以上者，得行申请。

（七）学位：学生须在校攻读四年，修足各该系规定课程，总学分达一百三十二学分，并呈缴毕业论文，经审查合格，方准毕业。毕业生学位之授予，依教育部规定办理之。

（一卷六期，一九五八年七月十四日）

告本届新同学

每一届学校的新生入学,等于是为学校灌输了新血,增长了新的精神,激起了新的希望。我愿诚恳而郑重地告诉我们本年度的新亚新生几句话。

新亚是一所随着民族的苦难而诞生的学校,诸位进这一所学校来,应该先明了这一所学校的时代使命和其创构精神。

诸位都是在这民族的苦难中诞生而成长,诸位必先明了,民族的前途,即是诸位的前途。民族的命运,即是诸位的命运。诸位莫认为,只在目前求得些知识,只在将来获得一职业,便可解决诸位之前途,便可主宰将来诸位自己之命运。

诸位当善尽各自的时代使命,诸位首先当懂得,该为民族而献身。诸位目前所寻求的知识,将来所担任的职务,应该系于此一大使命之下,而始有其意义与价值的。诸位!莫为你个人的自私,莫为你当前的短视,而忽略了这一大使命。

这一使命,自然是艰巨的,是又困难而又重大的。然而我们不该为此自馁,不该为此退缩,不该自己躲在一旁,只让别人来担任。

远的从近处做起,大的从小处做起。群众的、团体的由各自个人做起。困难的、复杂的从易简处做起。只要具此志愿,立定此方向,一人人,一步步,一念念,一事事,朝着此方向而努力。积微可以成著,众志可以成城。微茫之尘,可以堆成泰岳。

涓滴之水，可以汇为沧海。基础只建筑在各自心上立刻之一念，工程只开始在各自脚下当前之一步。诸位！努力吧！

我们这一所学校，成立以来，已踏进第十个年头了。在创始时，大概正是诸位初进小学的时候，那真像是一个街头流浪的穷小孩，既是无亲无眷，又是无依无靠，衣不蔽体，食不充腹，酸辛孤苦，熬着挨着，现在是像快成人了。

我们这一所学校，正好是时代一象征。我们要把这一所学校的历史，来作时代历史之缩影。我们要把这一所学校之精神，来作时代精神之反映。我们要把这一所学校之意义，来阐发时代意义。我们要把这一所学校之使命，来参加时代使命。我们希望，我们这一所学校的教育，将为时代而教育。我们希望，我们这一所学校的青年，都能成为一个时代的青年。

诸位！请你们各自激发自己的良知，各自开张自己的聪明。诸位当知，在我们时代的内里，还有许多盘根错节。在我们时代之前面，还有许多惊风骇浪。我们的时代是如此，我们的学校也如此。诸位各自的前途和命运，也莫不都如此。

我们希望，由于我们这一所学校，让你们能认识时代，认识自己。让你们能贡献给时代，让时代能拥有了你们。

诸位第一天踏进这学校，盼望你们各自具备一副轩昂的志气，各自保持一番沉重的心情，各自开展一个宽广的意识，来各自担负一个伟大的使命吧！

新亚的新同学们，请你们大家来唱新亚的校歌，请你们大家来读新亚的学规。

(一卷八期，一九五八年九月)

孔子思想和世界现实问题

一九五八年为纪念孔子圣诞
二千五百〇九年作

前几天,有一位美国朋友来学校,他问起,孔子思想如何引用到世界现实问题上来。

我想这问题,是极有意义的。或许有人会想,孔子远在两千五百年以前,他的思想,对现代世界,可能是无所用之了。但我们也得想,这世界,跨进了二十世纪,学术思想,日新月异。门类愈添愈多,科别愈分愈细。任何一专家,几乎无不针对着人类现实问题求解答,求应用。然而此五十年来,人类问题,却愈变愈复杂,愈来愈纠纷。因有太多问题积压着,解决不了,才引起大战争。战争仍然不能解决问题,于是第一次世界大战之后,接踵而来第二次。两次世界大战之后,人类问题,益更严重了。到如今,几乎有时时爆发第三次大战可能之威胁,使人心惶惶,若不可以终日,这又为何呢?

本来,世界是整个的,人类是全体的。各项学术思想,分析太细,钻研太狭,针对着甲,可能损碍了乙。注意在目下,可能抵触到将来。人类当前最需要的,还该有一个更综合、更普遍、更恒久的指导原则,来作解决一切问题的共同基准。若没有了这个更高原则与共同基准,人类社会,将终不免于治丝益棼,欲解还结的。

说到这里，令人会想起哲学来，是否该由哲学家来担此责任呢？所不幸的，我们通读人类的哲学史，似乎所谓哲学家们的兴趣，是在提出问题上，而并不在解决问题上。因此在人类现实问题之外，乃别有所谓哲学问题，这已够哲学家们的麻烦了。

于是又令人想起宗教，是否宗教家宜肩此职务呢？所不幸的，人类可以在同一信仰之下，而信仰了两个不同的上帝。又可在同一上帝之下，而展衍出两个不同的信仰。而一部人类史，因于宗教问题而引起难解难分，甚至于大流血、大屠杀的惨剧的，已是屡见不一见。若我们认为宗教信仰可以为指导人生的最高原则，则势必在现有的各项宗教中间先引起一番剧烈的大斗争。

其次，要说到科学。科学纵然已为人生作出种种用，但科学并不能指导人生解决问题，这一层，似乎可以不烦深论。

现在让我们说到孔子。孔子既不是一位科学家，又不是一位专门的哲学家。这些都不论，而同时孔子也不成为一个哲学家。因孔子思想，既无一套完整的形而上学，又没有一套严密的思想方法，如逻辑与辩证法之类，又没有一套鲜明的认识论。若要硬派孔子为一位哲学家，实在有些拟不于伦。他又并不是一个大教主，他的思想学说，并不建立在叫人信仰上。

然则孔子思想究竟重点何在？其价值又何在？窃谓孔子思想之重点与价值，正在要替人类提出一个解决种种问题之共同原则来。此原则絜何？用现在话说来，只"道德"二字便是。

何谓道德？这也不需像一般哲学家的特有概念般，先要把来作一明确的界说。孔子所讲的道德，只是人们同有之一种心情，同能之一种行为，所谓直指人心，当下即是，只求如此这般，在人生实践中一经指点便够了的。

现在且举几个实例来说。即如"忠恕",便是一种道德。只要以忠恕待人,受者决不会拒绝或不欢迎。在施者的心情上,也决不会感到不愉快或不满足。又如"爱敬",这也是一种道德。只要以爱敬对人,受者也决不会拒绝或不欢迎。施者的心情上,也决不会感到不愉快或不满足。

一个人人忠恕与相互爱敬的社会,种种问题,总可有办法解决。不忠,不恕,无爱,无敬,那样的社会,无法解决的问题,自会不断地产生。

科学与专家知识,是超道德的。在道德基础上,一切科学与各门专家知识全有用。在无道德与不道德的基础上,一切科学各门专家知识,不仅会变成没有用,而且还会有害了。如科学家发明了原子能,岂不可在和平的场合使用,也可在大量杀人的战争场合使用吗?

宗教固然也应以道德为主体,但一进入宗教信仰,便先要上帝呀!天国呀!灵魂呀!创世呀!尽从那些远处去兜圈子。而宗教信仰上的种种争论,则正在那远处。远处争论不休,近处却搁在一旁了。

哲学家除却极少数,也并不在主张反道德和不道德。但一进入哲学思辨,又是逻辑呀!认识论呀!形上学呀!牵而益远,道德问题则成为曲终奏雅,强弩之末了。

只有孔子思想,是单刀直入,直凑单微的。他主要只在人类道德上建基,然后再扩而充之,由修身而齐家,而治国,而平天下,以达于全人类。再引而申之,由明心见性而万物一体,而天人合一,以达于全宇宙。

在一切科学各门专家乃及宗教信仰以至哲学思辨中,若要在人类社会发生好影响,生起好作用,全少不了道德一味。而道德又是人人可知，人人能行的。不像一切科学与各门专家，便叫人有知有不知，有能有不能。又不像宗教信仰与哲学思辨，彼此有异同，相互有派别，而人类道德则应该推之四海，树之百世，无彼此异同可争的。

孔子言道德，扼要言之，可说有三本原：

一、本之于人类之心性。这并不是说人类心性全是合乎道德的，只说一切道德亦皆出于人类之心性。

二、本之于社会。道德只是人生实践，由社会观察而悟，由心性修养而得。人事相交，只要合乎道德的，便和而顺。只要不合道德的，便不和又不顺。察乎外，反乎心，便知人生道德是什么了。

三、本之于历史经验。一部人类史，有了道德，便会有进步，种种问题也可寻求解决的办法。没有道德，便会无进步，种种问题，便愈出愈多而永难解决了。

因此，孔子思想，是最为近人而务实的。

孔子之学，向后展衍，有两条路。一条是简易的，直捷的，三言两语，可以当下指点，可以终身奉行。这一条路，发展于象山与阳明。另一条路，是细密的，繁复的，千门万户，阶级层次井然，要学者循序渐进。这一条路，发展于二程与朱子。前一条路，可以普遍大众化。后一条路，可以特殊学术化。但其从三大本原而归于道德中心，则是并无二致的。

根据上述，孔子思想应该仍可以引用到世界现实问题上来，自是无疑义的。至于如何具体而实际地把来应用，则正有待于我们之努力了。

(一卷九期)

变动中的进步

第十届月会报告摘要

俗语说："五年一小变,十年一大变。"新亚今天已进入它生命史的第十年,正是要有重要变化的阶段。当然这并非说我们好大喜功或是要突飞猛进。我们只是脚踏实地地一步步向前做去,从时间的积累上,造成进步。回想新亚过去,每一学年,可说都有新的进展。以上学期为例,就有几件值得指出的新进步。

第一,本院与日本亚细亚大学交换留学生办法,已开始实行,今夏两校已互派学生两人就读。此外尚有日本青年数人及韩国青年一人,到本院研究所深造。另外约四十位的南洋侨生申请入学。又美国方面,有人建议,派青年学者,前来研究汉学。这些情形,是表示我们同学来自远方异国的开始。

第二,"英语视听教育班"是本院的新创举。

第三,在张丕介教授主持下的《新亚生活双周刊》,给予本港及海外各地以良好的印象。

第四,增置"工商管理学系"。

第五,筹办"新亚附属中学",现已获得港府立案,并已请得建校基地,校舍即将兴建,明年此时可以开学。

第六,大学部增建第二期新校舍,即将动工。

我希望大家在求学期中,努力打好中文与英文,及其他外文的基础。过去社会人士认为新亚同学的中文程度较好,英文水准较差。几年以来,经外文系各教授的努力施教与督责,外文的训练上已有进步,故希望中文方面也有同样的进步。凡进入新亚任何一系的同学,必修中文与英文各二年。一个现代的中国青年,国文要好,外文也要好。拿学习英文的方法来学习中文,收效必将更大。

还有一件特别要向诸位报告的事。五年以来,新亚与雅礼合作,过去五年,雅礼代表是郎家恒先生。今年七月郎氏奉命他调,现改由罗维德博士继任雅礼代表,并兼本院教授。罗先生致力大学教育多年,已届七十高龄。他不但是耶鲁大学的一位名教授,而且在全美国学术界,也享有盛誉。罗先生过去在耶鲁曾得广大的爱戴与敬仰,相信他在新亚也必能有同样的成就。

(一九五八年九月十三日)

附：建校九年大事记

亚洲文商专科夜校成立，开学	一九四九年十月十日
新亚书院改组，开学	一九五〇年三月一日
本院第一次校庆	一九五〇年十月十日
文化讲座首次讲演	一九五〇年十一月
校刊第一期出版	一九五二年六月一日
第一届毕业典礼	一九五二年七月十二日
毕业同学会成立	一九五三年一月二十九日
本院获准香港高等法院登记	一九五三年七月七日
本院研究所成立	一九五三年十月一日
本院与美国雅礼协会合作开始	一九五四年五月一日
新亚社员大会第一次全体会议	一九五四年十月十六日
董事会改组后第一次会议	一九五四年十一月十六日
《新亚学报》第一期出版	一九五五年六月三十日
增设外文系	一九五五年八月一日
农圃道校舍奠基典礼	一九五六年一月十七日
农圃道校舍启钥礼	一九五六年七月一日
文史系分为中文及历史系	一九五六年八月一日
增设二年制艺术专修科	一九五七年二月一日
第一届研究生毕业	一九五七年七月十五日
增设英语视听班	一九五七年十二月四日
雅礼代表郎家恒先生离校	一九五八年七月五日
增设工商管理系	一九五八年八月一日
雅礼代表罗维德博士到校	一九五八年九月十二日

孔道要旨

一九五八年九月二十八日孔子圣诞日讲词

诸位先生诸位同学：今天是二千五百零九年的孔子诞辰。我写有《孔子思想和世界现实问题》一文，登载第九期《新亚生活双周刊》上，今天我再略加补充。

中国文化已历五千年，孔子生在中国文化已产生了二千五百年之后。如果没有前半期的二千五百年的文化，中国就产生不出孔子。孔子是从中国文化中陶冶出来的，上接二千五百年之文化传统，下开新规模、新局面，至今又是二千五百余年了。

孔子在中国，一向被尊为"至圣先师"。"圣"是中国人一种人格之称。什么人格可称为圣？可以说圣是一种最崇高、最完美、最伟大的人格。而孔子是这种人格中更伟大、更崇高、更完美者，所以被称为"至圣"。

"师"是老师，在小学、中学或大学中，教授任何一门课程的先生，同可称"师"。但孔子之"师"是"为人师表"，做一切人的模范榜样，做一切人之师。

孔子凭什么来为人师表？做到如此伟大人格的呢？这很难讲。孔子既不是一位哲学家，也不是一位在某一方面特别见长的专门学者，又不是一位社会改革家，或是一位宗教家、大教主，同时也不能只称为是一位教育家。因今天我们所谓的"教育家"，涵义仍与孔子人格有些不相称。

孔子之伟大处，正在教我们以人道，即人与人相处之道，即教我们如何立身处世，在社会上做一人。孔子的教训，以道德始，也以道德终。

孔子所讲的道德，却并无甚深玄义，人人能懂、能说、能做。孔子之道之大，正因此道乃人人所能知、能行者。

也许有人要问：孔子所讲已是旧道德，能否继续应用在今天？

我们且看，曾子说的："夫子之道，忠恕而已矣。"怎样叫作"忠"？忠就是自尽己心。如我们进学校来读书，大家可以扪心自问是否已经尽了自己的心，这只有自己才知道，别人却不能知。若进了学校，不能用全心求学，这就是对自己不忠。我们做任何一件事，都该尽我十分之十的心，若仅用到七八分，那就是于己心有不尽，那便是不忠。这样说来，又有什么新旧之分呢？你交一个朋友，做一件事，自己都可问一问自己，是否用了你全心？这便是忠与不忠之辨了。

又，何谓"恕"？恕是推己及人。若别人对我如此，我会不高兴，我为何可以如此对人呢？

"忠恕"二字，只是孔子在他的做人经验中觉得应如此，只是在其与人相处时体会得应如此。孔子只是一先觉者，他是以先觉觉后觉。我们若要接受孔子教训，仍赖我们各自内心之自觉。我们生在孔子以后二千五百年，但我们却可与孔子同有此心与此觉，正为我们和孔子大家是人，所谓人同此心，心同此理呀！

孔子又常讲"孝"。"五四"以来，一般人批评孝是封建的，有阶级性的。但如果我们自己做了父母，又盼子女如何呢？"己所不欲，勿施于人。"我们懂得这个道理，却早已是孝道了。

因此孔子所讲的道德，既不是一种法律，也不是一种理论，又不是一种神秘的启示，只是普通人共有的一种内心之觉。故孔门教人又重反省。曾子又说："吾日三省吾身。为人谋而不忠乎？与朋友交而不信乎？传不习乎？"你自己总不喜欢别人对你不忠不信，你自不该以不忠不信对人。可见讲忠信，便是讲恕道。想来当时曾子所得孔门之传，主要亦就在此。曾子在孔门见称为愚，然而后人谓曾子得孔门之传，实因孔子的道理讲来本属非常简单，即就曾子的忠恕二字也就够了。

孟子是很推敬曾子的，他在忠恕以外，又提出了两个字：曰"爱"、曰"敬"。人谁不喜欢人家爱、人家敬？所以我也该爱人、敬人。这与人该忠恕，是一样的道理。孟子曰："爱人者人恒爱之，敬人者人恒敬之。"一个人若能得到大家的爱、敬，岂不就是人生最高幸福吗？

但如果遇到一个人，我以爱敬待他，他不以爱敬待我，这又将如何呢？孟子说："我们该反身自省，怕是我们的爱敬之心尚未全尽吧！"若我全心爱敬待他，而他仍不以爱敬待我，则又将如何呢？孟子说："那么此人与我像是异类了，我也好不必计较了。"可见孟子主张以爱敬待人的态度，是不可更改的。

我们新亚的校训是"诚明"二字，此两字出典在《中庸》。何谓"诚"？拿出你十分的心就是诚。何谓"明"？懂得推己及人，一切道理也就都明了。可见就浅近处讲，"诚"还就是"忠"，"明"还就是"恕"。

从上所讲，孔子之道重在原则上。怎么样叫作孝呢？在今天，家庭、社会、经济情况、人事关系，全都变了。自然今天讲孝，内容也该变。只是心不变，便是道不变。还是请大家来各自反省吧！

我们也可说，孔子的学问，是一种人类的心理学。这一种心理学，是在社会交际上、在人生实践上，得到了解。接下来便成历史与文化了。若使人类全成不忠不恕，不爱不敬，不诚不明，这一社会便必将被毁灭，也就没有历史文化可言了。

中国历史上，三国时有一大人物曹操，他在政治上、军事上、文学上，都有绝大聪明，绝大能干。只他不佩服孔子。他说："宁我负人，毋人负我。"这实在是违背了人与人相处之道了。故曹操之人格，并不受后人敬仰，这是有理由的。

现在，我们如果觉得孔子的话是对的，我们就应该照他的话去实践。

孔子曰："吾十有五而志于学，三十而立，四十而不惑，五十而知天命，六十而耳顺，七十而从心所欲不逾矩。"孔子一生学问，自立"志"始。我们只要有孔子之志，便可学孔子之学。

孔子之道，是本原于心理的、社会的、历史的，人人能知，人人能行。只要你有志，你肯跟他学就行了。这是孔子之道之伟大处。

我们今天听到孔子的话，若我们今天就去做，那今天便是一有道德的人。明天再如此做，明天仍是一有道德的人。天天如此做，便是下学而上达，可以直上达天德。

孔子之道，若从简易平直处讲：在古代是孟子，后代是阳明。若从复杂周备处讲：在古代是荀子，后代是朱子。

孔子只是从先知觉后知，先觉觉后觉。孔子之道，还是在人身上，在人心中。但孔子之道，正贵人由身由心去实践。孔子之道，必要配上活的人，才见其为道的。

讲到中国历史，中国文化，便会想到孔子。中国的历史文化，也都是从孔子这种道德精神而来的。

孔子之道，又该是世界的，我们应将孔道与中国文化宣扬光大，使之昌明在人类世界。这是我们的责任。

新亚书院概况序言

　　新亚书院是一所随着民族之苦难而俱来的学校。当一九四九年的秋季，一辈教授和一辈学生们，临时租赁一所中学之教室两间，以夜学校开始。翌年春，遂正式成立新亚书院，到今已满九个年头。其先是赤手空拳，艰难备尝。此后陆续获得外来援助，自己兴建了新校舍，有了藏书六万册以上的图书馆，并添办了研究所，最近并拟添办中学，总算有了一个草创的规模。历届毕业生，出国留学的，也已分布到美、英、西德、日本、菲律宾、西班牙、比利时诸邦，总数将近三十人。来学者，除却港、台及南洋各埠，并有日本、韩国的青年，前来留学。回溯此九年来，获得如许成就，诚非始料所及。古人云："十年树木，百年树人"，要培植一棵像样的木材，也得至少十年以上的工夫。而况是一个作育人才的学府，在短短未满十年的时期之内，处在此风雨飘摇，人心惶惑之时代，又是托庇在异国政令之下，曲折以赴。同人等徒抱区区之微愿，而自知绵薄，力不从心。最近现况，罗载此册。得荷览者之矜察，而赐以匡辅而教进之，则诚同人等所深望也。

一九五八年八月钱穆识

（一卷十二期）

介绍张君劢先生讲词

新亚的文化讲座已有百余次,但今天却是最盛大的一次。今天特请张君劢先生演讲。他的大名各位早已知道,用不着我来介绍。但我要特别一说的是,张先生不但是一位现代的学者,将来在中国学术史上必有其地位。各位所接触的是现代学者,书本上读到的是历史学者。诸位今天在这里可以见到一位活的历史学者,他的声音笑貌活现在诸位眼前。

刚才我在楼下,听到几位先生谈论关于那次张先生亲身参加的"玄科之争",使我有所感想。现在我就对这点约略讲几句。约当一九二一年,张先生在清华大学讲学。那时正是"五四"运动以后,许多人专讲"科学"与"民主",要推翻中国传统文化,引起了一场"玄""科"大争辩。当时胡适之、丁文江等先生曾高喊"打倒玄学鬼!"这五个字,既非学术,又非思想,而只是一个口号,一种标语。其性质,不在讨论,而在攻击。"玄学鬼"三字,则更含有轻薄之意。又如他们的另一口号是:"打倒孔家店",也同样是一句轻薄而富有攻击性的口号。学术而出之于以轻薄的口号,则学术不能有前途。但君劢先生在这三十多年来,仍照常讲他的孔子思想与中国文化。他今日所讲的是"儒家思想之复兴"。诸位应当注意,这是讲学术思想,大家可以来研究、讨论、批评,也可以提出异见,但却不应该用轻薄的标语口号来攻击。

学术思想并非口号，并非群众运动。如果称为学术运动，也应该在各人思想里运动，在讲坛上运动，在图书馆中埋头研究，在学术著作上去运动。断不可学街头群众，摇旗呐喊，喊"打倒"、"拥护"等口号去运动。

今日仍有许多青年人问张先生说："那么，你用什么来领导我们呢？你所创造的新风气是什么呢？"须知要参加学术运动，是一件终身事业，要将整个的生命投进去。要形成一个独立思想，要创造一个独立学说，往往要三五十年的深潜功夫。张先生就是这样的人物。他已年逾七十高龄，仍不断继续研究著作。他的精神和著作，就是上面一个问题最好的答复。

张先生这次旅行欧亚，在西德讲学，途经香港。本来这里的友人希望他在港多留些时日，我们也希望他为新亚作十次八次有系统的讲演，让大家可以知道张先生近年来做的学问，和他达到的更高境界。可惜因为旅程限制，不得如愿。我们今天仍然很难得地请到他来这里演讲，所以我要代表新亚师生与来宾，向张先生表示我们的敬意与谢意。

（一卷十三期，一九五八年十一月四日）

中国史学之特点

一九五八年十一月二十五日
应中德文化协会演讲

一

若要指陈中国文化之特点，其人民对于历史之重视，以及其史学之成就，亦当为主要一项目。

中国拥有关于其人民活动及文化演进之悠长历史，已达五千年。而且此项历史，自始即在广大地面上展出。一部中国史，论其所包疆域之广袤，亦为世界任何各民族之历史所莫逮。

中国历史，一开始，便绝少神话成分。此即充分表现其人民所天赋之清明的理智。中国古史传说，在五帝以前有三皇。燧人氏，庖牺氏，神农氏，此正代表初民社会文化演进之三阶段。燧人氏代表此时代人民始知用火及熟食，庖牺氏代表此时代人民已知畜牧，神农氏代表此时代人民已知耕稼。此三个时代文化之演进，主要都由人类中一位或少数杰出圣人之发明。此后中国文化注重人本位精神，即在此种古史传说中已露出端倪。

三皇之后为五帝。汉时大史学家司马迁著《史记》，认为三皇传说非信史，故其书自五帝开端。五帝中尧舜，以及此下夏、商、周三代之禹、汤、文、武诸王，综合其在历史上所记录下之事业而言，可说他们之所以搏成此民族，创建各王朝，都全凭人类所能表现之一种最高道德，而不尚财富与武力。我们纵说此等故事中，亦有传说成分，非可尽认为是信史，但此后中国文化特别注重道德文治精神，不尚财富积聚与武力征服，亦已在此等古史传说中透露。

近代殷墟甲骨出土，证明了司马迁《史记》所载《殷本纪》诸帝王世系大体可信。《史记·夏本纪》，正与甲骨文中商代的先王先公同一时期，亦可证其当同样地可信。下及周初，已有《诗》《书》传后，在《诗》《书》中所表现者，不仅多数可视为当时之信史，而且亦极充分地表现了中国人之清明的理智，及其人本的，道德的，文治的文化传统精神。

西周中叶，共和行政，下及宣王中兴，那时已开始有逐年记载的历史。从此直迄现代，两千八百余年，中国历史便从来没有一年中断，此事为举世各民族所稀有。

二

至晚当即在周宣王时，政府已单独设置了史官。从中央王朝外及诸侯列国，均有史官分驻。按年按月，各地有重要事件发生，那些史官，均须互相报告，待把这些报告汇集起来，各地便各自有他们一部编年的历史记载了。可说那时已建立了一个颇为完密的历史纲。所以各国的历史，虽是地方中心，而同时却又是全国性的。也竟可说已经是世界通史了。

而且史官在政府中，其地位是超然独立的。春秋时，齐太史为直记"崔杼弑其君"，崔杼把他杀了，其弟二人续书，都被杀了。又一弟仍续书崔杼弑其君，崔杼无奈，只好罢手不杀。在齐国南部另有一史官，听说齐国史官都被杀了，他执简而往，预备由他来据直记载。他听到这条据实记载的史文业已写定，才回他原驻地去。这一故事，正可十足表现出中国人自始即重视历史记载的精神。我们又据"崔杼弑其君"一语中之"其"字，也可推想那时史官地位是超然于当地政府之外的了。

春秋时，又有晋太史董狐书"赵盾弑其君"。时赵盾正出亡在外。董狐说："你是晋国正卿，逃亡没有出国境，回来又不讨贼，那能说不是你弑君呢？"赵盾也就由他了。后来孔子极赞赏董狐，说他是古之良史。那便是中国史学上之所谓笔法了。用现代人观念来说，记录历史，不仅要据事直书，而且当记出那事件之内里的实情来，此始谓之良史。

三

以上是说当时的官史。待到孔子，他根据当时鲁国史记来重行写定一部《春秋》。那是中国由私家写史的第一部，也是孔子毕生仅有的一部著作，这又是中国人一向重视历史之一证。以下中国历史，遂永远有官史与私史之两类。

孔子《春秋》，共仅两百四十二年，分三世，一称"所见世"，一称"所闻世"，一称"所传闻世"。再往上，孔子便不写入《春秋》，这是孔子写史之谨严处。

孔子以下，中国第一个史学大家便要轮到汉代的司马迁，他所写《史记》，虽远从五帝开始，但春秋以前，他只根据旧文略加整理，他所着意写的，也只是战国以下迄于他的当年，约略两百几十年的一段时期，正和孔子《春秋》的所见世、所闻世、所传闻世，大体相似。

司马迁虽是汉朝的史官，但他那部《史记》，也是师法孔子的一部私家著述。他书中对当时的汉武帝，以及武帝一朝文武大臣和他同时的，都能据事直书，并有许多严厉的批评。但此下汉代君臣，还是十分看重此书，保留其本来面目，不加以更动，这亦是中国传统文化重视历史之一种特有精神。

司马迁以下，不断有继续《史记》来写史的。到东汉初年，班固把此各家汇集来整理成一部《汉书》。《汉书》前后，也只共两百多年。此下每一朝代亡了，便有人来把此一代史事整理成编。或出政府或由私人，公私虽异，其注重据事直书之精神则大体如一。直到近代，共有了二十五史，这也可说一直是保留着孔子作《春秋》的精神。因每一部新写的历史，最多也不过三四百年，正是所见、所闻、所传闻，时代接近，因此记载也比较切实而谨严。

而且中国历代政府，也一直都保留有史官之设置。把每年每月每日大事，随时记下。唐太宗时，他曾向史官讨他们的记录看，但史官拒而不许。说："史官所记，是供给后人看的，你是当事人，不便看。"唐太宗也没法定要看了。可见中国史官之超然独立地位，大体上还始终保持着。

四

中国历史，正因为注重逐年逐月记录，不待事后追述，所以比较近于科学客观精神。而且历史是由人创造的，中国历史记载，又特别注重在人物一项，此所谓纪传体。此体乃司马迁所创，这也是中国传统文化重在人本精神之一种表现。

中国历史记载人物又是颇重客观精神的。只要在某事件里有某人物参加，只要某人物在当时表现了某事件，便替他们人人分别作传。譬如汉高祖、唐太宗得天下，这不是汉高祖、唐太宗一人之事，乃是当时一批人之事。有相随汉、唐得天下之人物，有与汉、唐争天下之人物。中国史家便把这些人一一分别列传，不论其人贤奸智愚成败得失，只要和当时历史发生了关系的，便全有他们的传。初看中国史，好像头绪纷繁，一人一人地分列着。但若看熟了这一代的历史，便易对当时所发生的事情了如指掌了。

中国历史主要分上述两类。一是编年，逐年的记载。一是纪传，分人的传述。这不仅比较更近于科学客观精神，而且中国历史，因其注重人物，故能兼具了教育的意义与功能。

在历史中有不能分年分人写的，如天文、地理、物产、经济、社会、礼俗、制度、法律、文艺、学术、宗教信仰等，在中国史书中又有书与志之一体，把此等来分类记载。此一体亦由司马迁首创，而后代史家加以变通活用。不仅在二十五史中，各有志与书，而且有专就此体来写专书的，这就变成各项分类的专史了。这一类在中国史书中，极为繁复，不便详述。

五

上面所提，中国史中的编年和纪传，可说是记录了历史之动态。书和志，可说是记录了历史之静态。至于分著事件来写历史的，中国亦有此体，后来称为纪事本末。此体在中国史学上发展较晚，而且较不受重视。这又为何呢？历史本来应该注重记载事件的，但历史事件有如长流之水，难可割截。不仅每一事之先后起讫，没有一定的界线。而且同时此事与彼事之间，实际是相互有关，相互通透，很难明确地划分的。所谓历史事件，正可把中国儒家相传两句话来形容，一如孟子所说之"必有事焉"，此谓无地无时而无事。一如宋程子所说之"本来无一事"，因此事那事实属一事。此一事之外，则更无别事。只因写史者各凭方便来分立题目，随宜叙述，遂像历史上真有这事与那事之分别了。

因此，若专偏重事件来写史，便更易多带进了写史者之主观成分，而与历史之真实经过之全体情态走样了。写史者先认定了这件事与那件事，便有许多事转会遗漏忽略。而且写史者对其每一事之描写，又必在无意中先认定了此一事之前因后果，于是其叙述时之取舍详略，又易先有了一标准。骤看像是扼要而明备，但只要时代变了，后人对历史的看法变了，于是写历史的题目也随之而变了。换言之，却像历史上的已往事件，一切会随而变了。于是以前所记录下的史料，到那时会感到不适合，不够用。

六

中国历史的写法，重要在不分事题，逐年记载，分人记载，分类记载，骤看好像仅是一堆材料，而主要价值，也正在其是一堆材料上。正在其不把那些材料来分立题目。因此中国历史，颇少成体成段对某一事件作有条理之叙述。而那些事实，则亦同样包罗无遗。这正是中国史之长处，也正是中国史学之谨严处，正是其更易接近于历史全体之客观真实处。只要有此一堆堆的材料，便易使人对此等材料继续去自由探讨，便于使人对历史不断有新鲜活泼之观点与发现，易于使人对历史有新体悟。因此说中国历史是极富于清明的理智的，正因于此项历史记录方法之得体，而更易使读史者对于已往人事考察，更增长其清明的理智。

换言之，分事写史是叙述的，分年分人分类写史是记录的。记录的接近客观，而叙述的则较易于羼进主观成分，这是此两种写史法之大分别。

而且写史若以事件为主，则无意中便把人物附属于事件。写史者易于把此事件，就其个人所认为之前因后果，都刻意搜罗，表而出之，好像使人读了易生兴趣。但却易使人生起一种观念，认为那事件之本身，自具有一种发展的内在规律，所谓事有必至，理有固然。而把人物在历史进展中之主动力量忽略了，这易于使人发生出一种历史的命定观。

而且写史若以事件为主，又易使历史有时脱节。因这一事与彼一事之间，未必紧相连接。于是每一事件，就都像是骤然突起似的。这又易使人生起另一种的历史命定观。只是前一种命定观，决定在事件之本身。而后一种命定观，决定在事件之外面。前一种像是可知的，后一种像是不可知的，而其为一种历史的命定观则一。历史成为命定，则人物便退处无力了。

又若写史以事件为主，则往往使人容易去挑选那些耸动耳目的特出事件，像大战争大革命等。在此等事件中，又易使人引起两种不正确的历史观。一种是英雄观，认为历史常为几个杰出非常的人物所激起。一种是群众观，认为历史常为一群乱糟糟的群众一时盲目冲动而造成。

七

中国历史正因为是按年记录的，所以易于使人了解历史是一个整体，其间更无间歇与中断。又因为中国历史是分人立传的，把一切事件全分散到各有关的人物的传里去，所以易于使人了解历史由人主动，乃由人的共业所形成。纵使在此许多人物中间，也有少数杰出的英雄，又有多数无名无传的群众。但在这两端之中层，却还有不少人物，各有作用，各有影响。其作用影响，或大或小，或正或负，相反相成，而始得成此一共业。历史乃由人类之共同业迹而造成，既非盲无目的，亦非一二人所能操纵。这一看法，更近于历史演进之真相，而中国史正着眼在这一点上来描写。

而且中国历史上之人物列传,往往对每一人物,总是由生到死一线的记载下。其文体乃是人为主而附见以事,因此容易使人明了到每一人的个性与人格,才智与德行。乃是由各色各样的人来共同参加这一事,乃是事由人而决定,并非由事来决定人。

而且,历史上总有衰微与黑暗的时代。那些时,似乎无事可述,但一样有人物。那些人物,则一样有事业。因此分年分人来写史,历史便成为一贯的,而不致脱节与中断。抑且在时代与事件之整个失败中,仍可有许多人物。论其本身,却有他本身的完成。有人说,中国人崇拜失败的英雄,这正因中国历史注重人物记载,因此在衰微黑暗失败的时代下,却见有许多人物存在。而且因于时代之整个失败而更见此等人物之精彩。如此则更易使人了解到人类历史永远有其光明面,更易使人了解如何由人力来潜移默运,把历史的颓趋扭转上正轨。

而且,以事件为主来写史,则有些人物和历史大事件像是无关了。以人物为主体来写史,则一应人物,都和历史有关,都成为历史人物,都成为历史的主人。而像若不成为事件之事件,也成为历史中有作用有影响的事件了。因此,中国人遇到社会腐败,政治崩溃的乱世和衰世,常能回过头来,在自己本身上努力。好像此人退出了历史,其实正是向历史而奋斗。因时代事业可以有失败,而人物本身则可以永远有成就。只要人物有成就,失败的历史,又会重走上成功的道路,这是人类历史所以能永远绵延的大真理。只有中国历史的写法,却把这一历史大真理明白揭示出来了。

让我再重加申述上面的话。历史是一个整体的,但若专以事件为主来写史,便易使人把历史当作一条线一条线来看。历史是有人类自由意志的,但若专以事件为主来写史,又易使人认为人常为外面事件所主宰而只随之为移转。即是人在命定之中了。而其实所谓历史事件，却是由人类意象所虚构而出的，由人把历史整体加以重新组织而成的。历史本身则只是一大事件，在此一大事件之内，由人挑选出某一段落之某一部分来认为历史事件，那些事件便一条线一条线似的，却把历史本身遮掩了。中国历史之写法，不过分注重在事件上，那正是中国史学一特点。

八

中国历史除上述编年、纪传、纪事本末诸体之外，又有一门甚重要的，则为地方志，那是一种分著地域来记录历史之一类。这是上述分类史中之一体，却是中国史书中最后起之一体了。直到清代，省有省志，府有府志，县有县志，只要有此一地域划分，便有专对此一地域之历史记载。也有专载山川的，专载名胜古迹的，甚至某一城市，某一寺庙，某一著名书院等，均有专史记载了。把历史平铺在地面上，正和把历史分载在各个年月，各个人身上一样的精神了。

中国历史除地方志外，又有专记某一家族的，这是所谓氏族谱牒之学了。这一类，也是中国历史之一大支。几乎在中国，每一个较有社会地位的家庭，都可从历史记载中来查考这一家之最古由来，及其分支蔓延，乃及其迁徙流动，直到这一家之目前情况为止。

这里最可用来作代表的，便是孔子的一家。直从两千五百年前孔子之当身起，到现代，共已传了七十七代，每一代的人名都可稽查。有事业的，当然还记载其事业。因此孔子一家之史，便足足绵历两千五百年而直到现在。

不仅惟是，从孔子往上追溯，还是历代有名字可稽。孔子生在鲁国,但可追溯到自宋迁鲁之远祖。其在宋国,本是宋国国君之分支,便可追溯到宋国之初封。又可从宋溯殷,直到商汤,乃及商汤以前。于是由孔子向前,他的家庭来源,尚可追溯一千几百年。孔子一家,直上直下,便有了将近四千年可稽考的家史了。这实在可说是全世界更没有这样第二部的家庭历史的。

至于别的家庭,枝叶繁茂,远胜过孔家的还多。大概在中国,有一千年以上可详细追溯的家族,可说遍地皆是。

由家庭再转到个人,中国有年谱一体。只要其人在历史上有贡献,有地位,后人把他的一生,从生到死按年排列,这是个人的编年史。中国也曾有过长篇大部的传记体,但终于年谱盛行而长篇传记则后无嗣响。这应有两个原因。一是中国传统向不喜把个人渲染得太过分。二是分年记载,比较朴实可靠。以近代观念言,比较更客观,更近于科学精神。故此体更为中国人所乐用。

九

兹再将上述综括言之。中国人极看重历史,极看重历史记录,并注重随时记录,随时整理。政府与社会同样注意此事,可说不断有新的近代史出现。积累两三千年,而从未间断过。其记录方法,又注重分年、分人、分地、分类,把历史上一切经过,都分在几个较自然、较显见的体系下记录。而尤所注重者,则为人物一项。因此中国史可说是一种人本位的客观的记录。骤看像是一堆堆的史料,而已往历史的全貌,可说已尽可能地记录保留下来了。因此时代变了,观念变了,后代人要把一种新观念来对古代史重新加以探寻研究,而那些史料仍会感得适用。中国的历代史籍,尽量地保存到如今,而仍值得新史家之重视,其故在此。

中国可说是一个史料积集最富的国家。这一民族,这一文化,其各方面活动的分配,各时代生活的演变,可供此后全世界有意研究已往人类文化演进,作一最精细最完备最好的样子与标本用,此即中国史学一最值得重视之特点。

(一卷十五期,已收入《历史与文化论丛》)

知识、技能与理想人格之完成

一九五九年三月二日第十七次月会举行
艺术专修科第一届毕业授凭讲词

今天是本院第十七次月会,同时为本院艺术专修科第一届毕业诸君授凭。回想两年前,本校开始创办艺术专修科,那时是一无凭借,困难重重。我常说,本校艺术专修科之创设,正如本校开始创办时同一精神。此两年来,幸陈主任和各位教授,本着提倡艺术,纯为教育而服务的精神,把开创时期的种种困难,逐渐克服。到如今,居然已有第一届同学毕业,不仅艺术专修科已稍具基础,薄有成绩,而且从本学期起,能在艺术专修科之外,更正式成立了艺术系,那真是值得我们大家欣慰的。

古人说:"事非经过不知难。"这句话,确可玩味。但事情经过了,事后回想,那些难处,也就不觉得真难了。因若真难了,就无法得经过。现在既得经过,便证实非真难。事业无穷,路途遥远,我们只该一意向前。当知任何事,总有难,一步难过了,便有另一步难关当前。我们不该因于经历了前一难关而自满自足,正该面对着后一难关而再加警惕。而且行百里者半九十。譬如登山,从平地上迤逦前进固有难,到崇高绝顶在望处更是难。我们当把经历了前一难来鼓励自己更向后一难,才不致自我陶醉,中途自划。本校自创始到现在,已历九个年头。常有人说，我们学校创始时那些艰难困苦，已逐渐为现在的同学们所遗忘，而无法再在他们心中活现了。我想，此亦事理宜然。让我们把怀旧的心情解淡些，来鼓励我们努力再前吧。

说到艺术专修科此两年创始，固多困难，但成立了艺术系，此后如何逐步再进而完成我们的理想，那将会更难的。学校教育，纵说抱有如何般的理想，但就实施上言，主要还只是传授知识与训练技能。使来学的人，不知的知了，不能的能了，那便是教育功能。《论语》里子夏说："日知其所无，月无忘其所能，可谓好学也已矣。"不知求知，不能求能，学问之事，大体说来，如此也就完了。但诸位当知，此知与能之背后，必有一主体，此主体便是那学者，便是诸位之自身。诸位来学校，日有长，月有进。从前不知的，现在是知了。从前不能的，现在是能了。诸位当知，一切新知新能，是全会影响到那知与能者之主体，全会无形中变换那求知求能者之全人格的境界与内涵的。换言之，一人之知能增进，便该是那人之品格提高。

新亚的教育宗旨，常以提倡人文精神为主。试问人文精神何尝能离开了知识与技能？哪里有无知无能的人文精神？诸位来校学艺术，讲堂教授，只是教诸位知道些画理与画法，训练诸位如何下笔画中画与西画。但学校的教育精神，则并不在这些上，更要则在诸位各自之全人格上。学校不仅希望诸位懂画能画，更主要在求诸位各自能成为一理想上完美的人。就诸位之所学言，亦可说，乃在希望诸位能成为一理想上完美的艺术家。但试问，哪有不懂艺术不能艺术的艺术家呢？

近几年来，各系教授都要在提高各科的程度和加严各科的训练上认真努力。盼诸位仔细了解此中的意义，莫认为传授知识和训练技能是一件可轻视的事。

但知识技能，范围极广，势需各就才性所近，各自向一较为专门的目标而前进，庶可期其有成。学校分科用意便在此。但诸位又当知，各门学问，其实是相通的，并非可以分门别类，不相照应的。而且任何一门学问之背后那一个主体，则同样是一人，那更是相通的。任何人，生长在同一的社会中，呼吸沉浸在同一的文化体系中，则更是相通的。因此包围在各项专门知能之外，渗透在各项专门知能之内，是有一个共通的大境界大原理的。我们学校的教育宗旨，一面常讲人文精神，一面又总要提到文化意识，也就为此。

诸位了解得此意义，便知学问之困难处。而那些困难，则待诸位自己去克服。从前有一故事说，仙人吕洞宾，能点铁成金。他遇到一乞丐，把一块泥土用手指一点成了金，给那乞丐。但乞丐不要那金，却要吕洞宾那手指。诸位来学校，学校所能尽的责任，则只在传授知识和训练技能上，那些知能，纵有价值，也仅像一块块黄金。什么是能点铁成金的那手指呢？诸位当知，诸位之自身，诸位自己所修养锻炼出的诸位之品格，才是那点铁成金的手指呀！

人常说，因他有好的艺术作品，他才出名成为一艺术家了。因他有好的文学作品，他才出名成为一文学家了。但就实际言，正因他先有了文学艺术的修养，才能有好的文学艺术作品之完成。换言之，先该有此品格，才能有此成就与表现。从一切知识与技能来训练出一个人。有了这一人，才能再从这一人的身上来发现出新知识与新技能。我们不能盼望从知识生知识，从技能生技能，主要中心还在人。再就艺术言，从艺术之欣赏，到鉴别，到批评，到创造，一切关于艺术之知与能之背后，会有一人之存在。若没有了那人，试问有何艺术可言？有好些青年，在学校中，未尝没有好的成绩，但一出了学校，就平常了。也有好些青年，在学校时，像是平常，但出了学校，却逐渐露头角，显得与众不同了。正因有些青年，在学校时，只知道接受吕洞宾所给予的那黄金，而有些青年，则懂得讨乞吕洞宾那手指。

因此，每一个青年在学校，应知有四件重要的法宝。首先第一件是知识，此一件法宝，一半得自教授之传授，另一半须由自己去探讨。第二件法宝是技能，此一件法宝，则几乎全须赖自己练习。第三件法宝是自己的品格，这一法宝，更需要自己修养，自己锻炼，而且与第二法宝不同，因其不能与人以共见，只藏在自己内心自知之。第四件法宝是自己的人生理想。这一件法宝，更无凭据，无把握，有待于出了学校以后之逐步努力、逐步完成。诸位要能建立理想，便该从广大的知识中觅取。诸位当知，任何一专门学者乃及一普通人之有意义有价值的人生理想乃及学术理想，全需在社会大群之现实境况与夫文化大体系之繁复机构中，而有其意义与价值的。我们学校之教育宗旨，重在人文精神，便是要诸位从认识第一件第二件法宝知识与技能之修习外，进而获得第三第四件法宝，即自己人格之锻炼，与自己理想之建立。

所谓人生理想，虽是各别的，仍是共通的。主要不过要大家好好地做一人，做一能在社会人群文化体系中，尽自己的职分，能对社会人群文化大体有贡献的人。从这一层说来，职业即是事业，事业即是出路，私人生活不成为问题。当知知识、技能乃至品格、理想，这四件法宝，是全不能把经济价值来加以衡量的。出了学校以后各人的经济情况，那全是些机缘与际遇，那些是全不可以预见预测的。因此诸位来入学校，选习课程，全该各就自己才性所近，由各自的兴趣来完成各自的志愿，这才是一条可以达到的途程。若先横梗了一种经济计较，认为某种知识技能可以有好出路，可以获得好报酬，期望好待遇，那就大错特错了。

艺术这一门，尤易见得我上面所提出的种种理论，所以我特别要乘今天这一机会来讲这些话。尤其是我们所以必要在学校中来添设艺术这一门，必要在两年的艺术专修科之外，来增设四年完整的艺术系之用意所在。我很希望我们全体同学共同能了解这一番话。

现在再就我们学校所已有之各学分课程来讲，大体可分两大部门，一部门是中外文学、历史、哲学与教育，再加上艺术，另一部门是商学、经济与工商管理三系。这两大部门，实在都是属于人文方面的。诸位当知，无论修习哪一系哪一科，总之该从知识之获得，与技能之训练，来培养自己的品格，来建立自己的理想，那是一以贯之的。人文教育与职业教育是同本共源，相得益彰的。

将来学校逐步再有发展，我们很想把艺术那一支再扩大，把文哲、经济和艺术，成为我们学校课程之三大支。换言之，即是正式成为文学院、商学院和艺术学院。我们并想把此三支的课程和兴趣，尽量互相渗透，互相润剂。学文哲艺术的，不要忽略了将来置身社会时之实际事务干练。学商学经济的，也不要忽略了各人应有的文哲艺术修养。我们在最近期内，更想把艺术兴趣普遍到全校，设法来增添课外各项游艺活动。我今天深切希望，我们学校此两年来艺术专修科之创立，以及此后艺术系之正式成立，能为我们学校增添出一番新光彩，来充实发扬我们学校教育宗旨中，有关于艺术教育一方面之意义与使命。

（一卷十八期）

介绍董之英先生讲词

一九五九年四月八日本院第十八次月会

董之英先生是今日香港的成功企业家。他极重视我国传统的道德,对社会公益事业,更是非常热心。尤其可贵的是,董先生虽然尽力于社会公益事业,但不居功,不求人知。四年以前,香港教育司曾表示,希望本院添办一所合标准的中文中学,但要本院先筹经费二十万元。这当然不是一件容易事。于是有友人介绍我与董先生见面。那是我与董先生第一次的会晤。

见面后,董先生开始就问我:"想办中文中学,还是英文中学?办中学之动机是不是为了赚钱?"当时我回答:"我们想办的是一间中文中学,并且,本着新亚一贯的作风,决不是以牟利为目的。"董先生对我们的政策,立即表示满意,并且很慷慨地应承,代为筹措这笔经费。他说得十分坦率:"二十万块钱没问题。"

另外一个大难题,就是要找一个理想的校址。等到校址有眉目时,教育司认为二十万元的开办费还不够。全部建筑设备费要一百多万元,教育司可协助四分之三,本院必须筹出二十八万元。于是,董先生又在原先答应的二十万之外,再增加八万。这是一个不小的数目,而董先生竟毫不犹豫地应允了,这种热心教育事业的人,在今天真是少见的。董先生的热诚,使我十分感动。董事会决定邀请他作本院董事,而他再三谦辞,方才同意。现在我们董事会中增加了董先生这样一个热心教育事业的人,对于本院的发展,将会有很大的帮助。我希望我们的阵容中,再多几个董先生,可以给今天这个只重私利少顾公益的社会,促成一种新风气。

董先生是一个成功的企业家,他今天的演讲,对诸位将来之献身于社会服务,必将大有裨益。

(一卷二十期)

择术与辨志

一九五九年四月十一日香港大专学生学术研究会成立典礼讲演词

（一）

今天我所讲的题目，为"择术与辨志"，这是我们走向学问道路的两大先决问题。

学问如大海，一条船驶入大海中，先要有方向和目标。所谓"择术"，便是选择走哪条路。所谓"辨志"，便是决定向哪里去。"术"是各项学问之途径，"志"是学者自己的志向。

诸位进入大学，首先便是院系课程之选择。或进文学院，或进理学院，选定学院之后再选系，在每一系中再选课。

当知每一项学问，都有前人所已到达之园地，乃及前人所未到达之境界。凡属前人所已到达之园地，其所从到达之路程及其到达之方法，皆已客观存在，此乃以前学者之经验与成绩，后来从事这门学问的人，都该接受遵循，俾能到达前人之所到达。

继此则当继续向前，开创新园地，求能到达前人所未到达者。学问境界，以此愈辟而愈广。学问路程，以此愈走而愈远。当知目前大学科程，在先本无此种种科，尽由后人陆续创辟。待学问走进了新境界，于是又增添出新方法与新路程，而形成为一门新学科。

直到现在，学问分类日细，路向歧中有歧，各人之所到达，已成互不相知。但回溯其最先原始，实由同一路径而出发。比如各海轮，由同一港口驶进了渺茫的大洋中。又如各飞机，由同一跑道而翱翔于辽阔的太空中，转瞬间，便各奔前程，互相散开了。

又如一大树，乃由同一根干而分条分枝。现在成立的各学科，正如在此大树上各处花开缤纷，果实累累，但此大树根干，却是那些花实之共同生命，共同源泉。

近人论学，有所谓通才与专家之争。其实不通则不能专，通了则仍须专。诸位进入大学，必有全校的，乃及各院的共同必修科，进而有各系的共同必修科，更进而有各自专门的分科选修学程，便是这道理。

故从事学问，必当先历通途，再入专门，由本达末，乃为正趋。学问之道，歧之中复有歧，专之上犹有专，至于如何来各自选择一条路，则贵各就自己才性所近，庶可望将来之深造。

现在一般青年，其选择科程，都注重在某一科程之出路上，及其将来所能获得之报酬上。当知此乃一种目光短浅的功利观点，最是要不得。各门科程，有各门科程之意义与价值，在科程本身上，无法衡评其高下。至要分别，则在学者各人所经行道路之远近，与其所到达境界之深浅。

譬如你若具有音乐天才，你能成为一个第一流的音乐家，其意义价值，便远胜于你勉强所难，而成为一个第二流或第三流甚至更以下的医生或律师。医生与律师，同样对社会有贡献，但你不能把你自己内在的最高可能表现发挥出来，在你是埋没了你的音乐天才，而在社会又无端损失了一位大音乐家，那才是大可惋惜的一件事。

（二）

以上这些话，已有很多人讲过，现在我再想进一层来阐述我此番讲演所要提供给诸位的另一些意见。

任何一门学问，都有许多被称为定论的，那是前人从事此项学问者，在其所已到达的境地中，所开出的已成熟的花果。但除此以外，每一门学问，仍必有许多待解决之问题存在着。我们求了解此许多定论之由来，是知识。我们进而试求对此许多未解决之问题谋解决，此始称为研究。

任何一门学问，其最先则莫不由于某些问题而来。人类开始，殆可谓毫无知识。横梗在人类面前的，则无非是一堆问题而已。待某项问题解决了，便成为人类之某项知识了。但问题无限，整个宇宙和人生，便是一大问题。大问题中有小问题，小问题中则又有小问题，其经人类所已解决者，实是有限之中又有限。知识有限，而问题无穷，人类中有肯献身于学问研究方面者，其意义之可贵便在此。

今试就于此无限待解决之问题而略为分析，则应可分为两大类。

一类当称为内在的问题，即种种问题均出生在此项学科本身之内者。另一类当称为外在的问题，即种种问题，并不出生在此项学科之内部，而实发动在此项学科之外部者。

此两大类问题之分别，则正与两大类之学术分别相当。一切学问，就其对象言，亦可分为两大类。一是对物之学，另一类则是对人之学。此即所谓自然学科与人文学科之分别。

自然学科对物之学之一切问题起于物，人文学科对人之学之一切问题则起于人。

物质界则永远是此物质界,比较少变动。如地球环绕太阳而运行,此一现象,永远如是,自有人类几十万年来,几乎全认为乃太阳环绕地球而运行。直至近代天文学开始,乃知其真相。但自此一问题解决,人类获得了对于此一问题之新知识,而连带关于天文学上之种种其他问题,也逐渐一步步地发现,又一步步地求解决。当前的天文学,便是由此发展而来。

其他如物理学、化学、地质学、生物学等,亦莫不如此。凡属自然科学方面,则全是如此愈钻愈深,愈跑愈远的。问题是一个挨一个,早都存在着。只是人类知识,逐步向前,那些问题才逐步显现。你能向那一学科之内部钻进去,便自知新问题所在,所以说此一方面之问题,则全都内在者。凡粗具科学常识的人,当无不首肯吾此说。

但一涉到人文科学便不同了。不仅五十万年前的人类,与当前有不同。即五百年前,五十年前的人类,亦已和当前不同了。即就每一位个人言,五十年前之我,所见所闻,和五十年后此刻之我,所见所闻,全不同了。大而至于一个国家,一个民族,即就中国言,五十年来,在国际上,经过了第一次第二次世界大战,而全世界的形势大变了。就国内言,自中华民国创建,而国民革命军北伐,而共产政权出现,又都大变了。在此许多大变中,意想不到的新问题,层见叠出。这全为研究人文学者所当注意。今试问此等新变化,新问题,何一是能在某一项学科之内预先存在着的呢?因此说,人文学科方面之问题,则全是外在的。

(三)

正因为自然科学方面的问题,都是预先存在着,所以研究自然科学方面的学者,尽可隔绝人世,埋头在他的实验室中,来大胆假设，小心求证，别有他自己的天地。但研究人文科学者则不然，他们正须时时向外通气，正须在万变日新的人生大社会中求新呼吸，正须面对人群当前现实需要，把握人生当前现实问题，而使彼所研究之这一项学科，不断有新生命，有新创辟。

因此，研究人文学和研究自然学，其间存有甚大差异，为选择从学途径者所当知。要言之，研究自然学，应能有志献身于学问。而研究人文学，则应能有志献身于社会。换言之，研究自然学，其可贵即在其所学。而研究人文学，则可贵更在从事此学之人。牛顿之所以不朽，因其发明了动学三定律。爱因斯坦之所以不朽，因其发明了相对论。而孔子、耶稣之所以不朽，主要更在其本身人格之伟大。

用中国人观念来分别述说之。研究自然学的条件，应是一智者。而研究人文学之条件，则必然应是一仁者。惟其是一智者，才能于别人想不到处提出新假说，于别人见不到处寻觅新证据。惟其是一仁者，他才会对社会人群有敏锐的直觉，有深厚的同情，能在大处深处，发掘出人类普遍的，潜伏的，真问题之痛痒处，及其症结处。

研究自然科学，可以逐步向前，逐步上进，前人所不知而后人知得了。前人所未解决的问题，而后人解决了。后人胜过了前人，所以见其为智者。研究人文学，不能如此用心。爱因斯坦可以比牛顿前进了，但谁又比孔子、耶稣更前进了呢？当知研究人文学，只求对当前人群社会有贡献，说不上前进与否的话，所以见其为仁者。

研究自然科学的，最先可以发源于一时的某种好奇心。他之所研究，可以与人类痛痒漠不相关，其存心本不在求实际之应用。即如首先研究电学的人，何尝先着意到以后种种的实用，如电灯、电话、电线、电影等种种发明上面去？因此，可以说他是为学术而学术的。他的一种冷静的、纯理智的，专在知识上求真理的，所谓纯理论的纯粹科学，虽为种种应用科学之本源，而其探讨精神，则并不在人类之实际应用上。

然而此种态度，若移用到人文学方面来，也把图书馆作为其藏身之所，一如自然学者之埋头实验室中般，专在学科自身之内部作研究。则其自身最多仅成一学究，其所得之知识，将仅是一种书本上的死知识。经学之流为训诂与章句，文学之流为词章，史学之流为考订与纂辑，全用心在前人所已有的学业上，却与自己身世不相干。如此用心，则绝不能成为一济世导群的大学者。

（四）

昔朱子曾提出"格物""穷理"两大纲，窃谓此可奉为从事自然科学者之最高最大的目标与宗旨。顾亭林先生又提出"明道""救世"两大纲，窃谓此可奉为从事人文科学者之最高最大的目标与宗旨。此两途，其共同精神，则厥为能献身。献身必具有大勇。有大勇于献身者，尤贵能不失其身。故学问择术，贵能自审其一己才性之所近。仁与智，则为人类才性之两大区分。必具大仁大智，乃能有大学问。亦为其有了大学问，才见其为大仁与大智。人之德性与学问，乃于此而结合。

说到此，可见择术之上，尤要者，贵能辨志。所谓献身，便是把你的全部生命都交出来，全部精力都用上了，此非先有决心不可，此非先能立志不可。然而所谓立志献身，也不过把你那一分天赋的才性之最高可能尽量地让它发展而成熟，那又于你何损呢？

今不此之图，而反把你的那一分天赋才性隐藏了，埋没了。

把你的整个生命，全部精力，来随便使用，随便浪费了，仅仅换得一些私人的金钱报酬与职业出路。试问有了真学问，哪会无出路？如此打算，实是既不仁，又不智，且无勇。以如此之人来投身学问，试问其价值意义何在呢？

(一卷二十一期，已收入《中国学术通义》)

家庭母爱与孝道

一九五九年五月母亲节演说词摘要

任何一个社会，希望获得和平与快乐，安定与繁荣。这些，并不能靠赖在此社会的财力或强力上，而需靠赖在此社会各分子相互间的善意，即道德心情上。

此理可资历史为证。世界各民族，尽有在历史上富强过人煊赫一时的，但只为它凭仗富强，把人类相互间应有的善意抛弃了，道德心情堕落了，此一社会便可不久而腐败，而崩溃。富强美景，只如昙花一现。甚至此一社会，根本在历史上消失，而更无踪影可寻的，也不少。

就近取譬，据人人目前可见事来说。家庭正是一个社会之雏形，正是一小社会。若此家庭中各分子，全萦心着意在财力强力上，把相互间各自应有之善意全遗忘了，此一家人相处，根本没有一种道德心情作维系，试问此一家庭，从何处觅和平，求快乐，更从何处得安定，有前途呢？

中国社会，在全世界人类所组成之各色社会中，绵延最久，展扩最广。亦只有中国社会，一向最看重家庭，人人懂得把处家之道来处世。在中国社会里，那一番人与人相互间各自应有之善意最真挚，最洋溢。亦只有在中国社会里，道德心情，流露得最深厚，最自然。以此中国社会才能长久存在，广大散布。

我们也可说,中国社会是比较最和平,最快乐的,又是比较最安定,而最有前途的。此中涵有甚深真理,却莫要单凭一时财力强力来衡量。

今天在香港,大家真诚热烈地来举行这一个母亲节,正可把来为我上面那番涵有甚深真理的话作见证。

哪一人无母而生?母爱正是表现着人类最深厚的善意,最高贵的道德心情。无论是孔子、释迦、耶稣、穆罕默德,乃及世界人类中其他大教主,只要成为一大教,必然将宣扬人类间仁爱慈悲那一番大道理。而那一番大道理,则在每一人的母亲身上,正在不断地用最自然、最平凡、最真切、最具体的人生实践来重复表现,重复阐扬了。

中国《诗经》上说:"哀哀父母,生我劬劳,欲报之恩,昊天罔极。"正因为人间世有此一番深挚真切的母爱,才激发起为人子者之孝心。孝只为求报恩,报恩也正是人类相互间一种值得重视之善意,一种高贵的道德心情。中国社会一向提倡孝道,那是寓有一番甚深真理的。也可说,中国社会之所以得绵延久而展扩大,其主要因缘即在此。但若无施则何来报?施是主动而积极的,报已是被动而消极了。而且孝道常要有人来提倡,母爱则是不烦提倡而亘古皆然的。在不懂得提倡孝道的社会里,母爱依然存在。母爱之伟大处正在此,而中国社会之常常懂得来提倡孝道,其中实寓有甚深真理,堪称为人类社会一种高度的文化表现者,其理由亦在此了。

今天又是香港社会大家在真诚热烈地举行此一年一度的母亲节,敬献此辞,让我们大家来珍重此一番心情,来发扬此一番文化,来各自反省,各求报答我们人人所具有的那一番昊天罔极的大恩吧!

(二卷一期)

研究生报告指导摘要

一九五九年四月二十一日研究所
月会金中枢同学报告"董仲舒的思想"

"董仲舒的思想",这个题目很不好讲。因为在讲一个人的思想时,很难抓住它的重点,何况董仲舒的思想又甚复杂。

西汉人特重《春秋》,因此亦看重董仲舒的思想。至东汉,转而尊郑康成。宋人讲思想,甚看重董仲舒所说的:"夫仁者,正其谊,不谋其利;明其道,不计其功。"清人陈兰甫,在他的《东塾读书记》中,将朱子与郑康成相提并论,对董仲舒未见尊崇。董仲舒成为一个近代所注意的思想家,始于康有为今文学家。所以重倡董仲舒,基于下列二因:

(一)康氏是今文学派,讲公羊者。

(二)康氏主张变法,不看重革命。

反对康氏者章太炎,是古文学派。不过他有些地方难免有偏见,他极力地批驳康氏,甚至诋驳董仲舒为"大巫"。实是过分。

清末,中国初与西方接触,遇到了耶稣教,中国人民就认出宗教之重要性。于是康有为提倡董仲舒,孙诒让提倡墨子。当时夏曾佑写了一部中国历史教科书,推尊今文学家,以为汉代今文学家是在宗教观念上讲孔子。"五四"之后,大家又来反宗教。因此对董氏亦喜依太炎讲法,视之为专涉迷信。

思想随着时代而变，批评思想的亦随着时代而变。金同学这篇报告有一点甚好，即是并未偏重在"通三统"或公羊学的传统上来讲。或是他并未注意到现代。有时书读的少，反可无门户之见，多读书反而能入不能出，受了拘束。读书应能见其大，不要钻牛角尖，如此可不受束缚。今晚金同学讲，董仲舒因不得已，故讲"天"，用来压在当时政府之上。此说亦有理，然亦可换一说法。

汉代确开中国历史上向所未有之新局面。古代各国皆远有渊源，即秦亦然。惟汉独否，无端由平民为天子，此是中国历史上向所未有的。此一点，当时的人便想加以解说。最流行的，就是"受命于天"之说了。太史公为董仲舒弟子。当时人又极力推尊邹衍，太史公却不肯用邹衍说法。可是讲到汉高祖，毕竟也不得不采用了"受命而王"的说法。可见"受命"之说，亦是当时人用来解说历史上之新局面的。董仲舒亦接受此观念，可说是应时代的需要，来解答一个历史上之新问题，总比主张该用武力征服天下的说法好。因此，邹衍说法加上了五德终始、通三统等，遂大盛于汉代。此一观念之盛行，吾人应加以原谅。金同学自此观念轻轻接下去，便落到人生、社会上。此种讲法却无大病。

董仲舒以前有贾谊，贾谊的《过秦论》甚好，他讲秦之亡是："仁义不施"，这四字是儒家的。又云："攻守之势异也"，则是从军事上讲了。贾氏并未讲及"天道"。如说秦亡是"仁义不施"，则秦孝公至秦始皇一段之富强，亦并非仁义使然，这又该如何解释呢？《过秦论》后面写的似乎有些不好。

董仲舒之伟大处在反对秦人之尚法，因此要复古更化，此与贾谊的讲法同。如果将贾、董讲法对比，贾谊是根据历史、利害、人事来讲，董仲舒却能自最高原理"道"来讲。"道原于天"，汉人推尊此一说。

可是原于天之道,落下来应到何处?在董仲舒的理论中,讲的是"礼乐教化"。礼乐教化作为国家之政治制度,其大本在天,而由皇帝来接受。如此讲,仍是从上到下,不大好。贾谊《治安策》本于历史经验、历史教训。此条路本好,可是有一最大问题,即是无法讲汉代别开一新天地之事实。

即如近代法国卢梭的《民约论》,实际讲,历史亦并非如此,也不过随便找出一个说法而已。当时中产阶级兴起,借此一理论,结果造成了法国大革命。

中国人在汉代无法用选举,而且当时又毋须革命。道原于天,天无法表现道,天只能表现灾异祥瑞。依董仲舒讲法,礼乐教化其实仍找不到一根本所在,董仲舒理论的缺点却在此。

礼乐教化的根本,应在孟子"性善论"中去找。荀子讲"性恶论",人要战胜天,结果造成了后日之法家。董仲舒另配上汉代大一统政府,一切礼乐教化全在政府,他的政治主张成为汉代所定之法度。董仲舒对当时政治上诚有贡献,但在思想上却不能与孟子及以后宋儒相比。

中国儒家一定要讲"性善论"。依董仲舒讲法,便要讲成神权政治。此套理论直讲到王莽时代,至《白虎通》成书,即不再讲了。《白虎通》不讲五德终始,今文经学的大题目便失落了。于是东汉时古文学派兴起。后来曹氏、司马氏篡位,仍要根据五德终始说。这只有更失信用,终至无人肯信。隋、唐后,遂至再无人讲此一套学说了。

既不讲"天",宋儒遂出来讲"理"。即使贵如皇帝,亦得遵"理",于是把董仲舒的缺点去掉了。但董氏并非存心要讲专制,若如此批评董氏,似乎不应该。惟道原于天,天子受命而王,此说终有毛病。但宋儒说法也有病。戴东原曾云：上面人（统治者）讲"理"，则下边人将毫无办法。戴氏此语又甚有理。如今日在大陆上，凡有父子、夫妇、子女、家庭伦理观念者，则必被加上一"温情主义"，"小资产阶级意识"的罪名。一定要为社会、为大众。这也就是一"理"字。也是拿"理"来杀人，人将莫奈之何，这就符合戴氏所言了。戴氏用意实是在指斥清廷之大兴文字狱，及颁布《大义觉迷录》等，故有感而发也。

可见每一时代之思想，皆是针对此一时代的。董仲舒思想，有其缺点。孟子不失为儒家之大正统。后来王阳明讲"良知"，一字不识，仍可做圣人。这一讲法，亦有毛病。讲自由的讲到极端时，天下之罪即皆假之以行。可见批评他人思想之不容易。

（二卷二期）

通情达理　敬业乐群

一九五九年六月一日第二十一次月会讲词

今天或许是这一学期最后一次的月会，我想将我们学校这一学期之经过来作一检讨。

首先，我要提到，我们这一所学校，是从艰难困苦的环境中奋斗出来的。我们创办这学校，自认有一个理想。希望能透过一个艰难困苦的境界，来达成我们的理想，这也可说是我们的新亚精神。

诸位进学校，或许是为了求得一张文凭，以便毕业离校后，可谋得一职业。这种想法也并不是错了。可是我们办这一所学校的宗旨，只是为了要培植人才。任何一种职业，均得由人才来充当。如果你是一个人才的话，就不怕在社会上无职业，无贡献。人才教育与职业教育，是相辅而行的。我希望每一位同学，一定要把自己做成一"有用之才"的理想放入心中。

再换一面说，无论讲人才，或职业，我们所栽培的是中国的青年，希望他们成为一中国的人才，将来在中国社会谋职业，对中国社会有贡献。因此，要求诸位能了解中国文化的意义，受中国文化陶冶。

我们学校又注重文化教育。文化教育，人才教育，职业教育，这三个目标实系相通，等如一个，这是我们学校教育的宗旨。新亚的校歌和学规，申明了我们的精神和宗旨，希望诸位常常在念，深加了解。

可是新亚自成立至今已九年。我们的理想，究竟完成了多少呢？这不得不时常地检讨。或许我们所表现的，与我们日常所谈的精神、理想，距离得太远了。这更要我们认真来检讨。

下面试分四点来检讨本院此半年来之成就。

（一）物质建设：新亚初创时，物质方面是我们最大最难克服的困境。到现在，我们总算有了一座自己的校舍。去年我曾说，要开始第二期的建筑了。但由于各种的原因，荏苒一年，迄未开始。因此对于南洋同学来校的住宿问题，未能获得圆满的解决，这里面的情节也不再在此述说了。好在今年的暑假，第二期校舍建筑准可动工。第三期校舍建筑也已在计划中。至于是否能有第四、五期的建筑接着来，那是将来的事了。依照学校目前的校舍规模而论，我们可算已经脱离了艰难的阶段。其他如关于物理、生物、化学等实验室，我们早曾有计划。前年已拟添设生物室，可是今年连生物室的地方都被挤去了。可见即在物质建设这一条路上，也就很曲折，只能一步步地向前走。不过这终不算是太困难，只要有经费，问题就简单。

（二）事业发展：去年中，我们增设了工商管理系和艺术系。下学年是否又可有新计划，那则很难说。其次说到创办中学的事，地是领到了，建筑经费也已筹到，中学校长也早经聘定了。大概要在暑假期间才能开始建筑，明年春是否能开学，此层在目前尚无把握。总之，此一事在发动中，可算已走上了大半的路程了。

（三）学业进步：这一点，我想应该是我们最大希望之所在。我们同学的一般学业水准，是否能逐年在进步呢？我们至少希望我们一般同学的学业水准该与国内外大学，如台湾，或英、美、日各国的著名大学，达到相等的程度。这一层，要待我们有更大的努力。社会上对我们薄有称道，那只可说是虚名吧。外人总认为本院提倡中国文化，所以在中国文史方面的课程，应较其他学校好。其实也并不然，我曾屡次在讲堂上对大家说：外面称道全只是虚名。我们切莫认为是自己的实情呀！但这一种虚名也是有其来历的。

回溯本院在桂林街时，学生总数不到一百人。有一次，《中国学生周报》举办首次征文，初选十名，新亚就占了五六名之多，第一名就是新亚的同学。此后凡有那些比赛，新亚总是名列前茅。即如前年中国文化协会举办大专院校辩论和论文比赛，我记得似乎新亚同学又得了两个第一名。社会上都说新亚中文确比他校好，是由此等事而来的。可是日前这次辩论比赛，新亚国语组失败，而英语组胜利了。外人一般批评，都认为是意外。他们说，新亚的国语组不应失败，这似乎好像英语组也不应胜利似的。其实本院在中国文史方面虽拥有虚名，也不过是我们率先开了风气。实际上，我们的中国文史水准，也不比他人超过得太多。我每年都批阅港大中文系各年级的试卷，这几年港大中文系也历年有进步，到今天，他们的程度也并不比新亚差。最近我又评阅了港大的硕士论文，我认为在这方面，似乎还不如新亚。但或许再过一两年，他们也将不比我们差。这些，我是在很客观地检讨着。如说我们的中文程度比人家特别好，这是未必的。

从去年起，本院国文系做了很多改进工作，至今已有一年。如要抄书，不许写别字，督促看参考书等。诸位也许觉得很麻烦，很辛苦。但诸位要知道，担任国文课的先生们，他们的责任也加重了，他们要比诸位花费更多的精力。关于这方面，学校的大方针是正确的。工夫上不可马虎。希望每一个同学能在一两年内，把国文程度能达到一水准。至少不再写别字，能多读课外书。即如《诗经》、《史记》等，骤然看像很沉闷，但在文化的、人才的教育意义上，是应该注重的。对诸位将来造诣亦将大有帮助。我要求诸位，多多鼓励明年一年级的新同学能在国文课上努力，帮助校方阐明我们这一番宗旨。我们希望能慢慢走向这一个理想。

现在再谈谈本院的外文系。最开始，外文系隶属于文史系。本院最先几届的毕业同学中，有仅识英文字母的。这些同学从大陆流亡出来，由于以前种种经过，使他们没机会学英文。但他们毕业后，在社会上也都能胜任他们的工作。我们学校，自迁入新校舍后，开始注重英文。我曾屡次公开地说：我们同学们的外文是有进步了。我们希望中文系也像外文系一样向前更进。本院外文系，现已有了二三年的历史，我们确是把它当件事来办。而外界并不知道我们是在努力中。这次比赛，我们的国语组怕是犯了自骄的毛病，而英语组比较虚心。做人是该要虚心的。这次英文组之胜利，并非侥幸所致。而国语组之失败，则是我们的教训。

我们虽不敢说我们的中文、外文都好，但我们实在是历年在进步中。本院是一间文学院，同学们无论读哪一学系，中英文都要好才行。要能直接看中英文的参考书，能口讲笔写。一般水准盼能继续提高。

照我们学校的宗旨来讲，我们所希望的人才、文化的教育，一定要注重中英文。在今日之世界中，若不通外文，这是苦痛的，不方便的。若在中国人的社会中而不通中文，这将是一种奇耻大辱。所以希望我们全体同学，要努力在此两课上注意。

本院的文史研究所，在国内外声誉都很好。但研究所也并不能经常维持一高水准。现在第三四两届，就未能较第一二两届更好些。希望今年下半年研究所方面，能有更满意的新成绩。今年文史系的毕业同学中，听说有几篇颇好的毕业论文，不过我尚未看到。总之，同学们的学业，今年好，或明年坏，这是有种种理由的。但是我们总希望诸位的学业，尤其是中英文，能逐步向上。平心而论，我们的中英文程度是尚不够一标准大学的水准的，所以我特别希望诸位能积极地努力。

（四）学风陶冶：学业水准固然重要，可是学校的一般风气更重要。譬如本院的图书馆，常常丢书，这是不应该的。我前几天见台湾东海大学的学生刊物中，刊载有一篇由他们同学所写的文章，指责他们图书馆丢书的事。我看了甚为激动，我深感那种现象是甚为不好的。而且本院不但图书馆丢书，同学们还有在学校中丢钱的事。

再就同学的服务精神言，在校同学，千方百计请求免费。有些是经济困难，有些则并不然。又如在校工读生和毕业后留校做职员的，也不免有"遇义不先，见利恐后"的意态。这不论是讲职业，或讲人才，都谈不上标准。我希望同学们能"通情达理"，"敬业乐群"。诸位当知，学校是一公的机关，一切都该从公的方面着想。诸位在学校，都该通情达理。偷东西是无情无理的，全是不堪恕的。诸位平日对各人自己功课要当一件事情看，这是"敬业"。对先生、对同学要快乐和平相处，这是"乐群"。

一个学校的校风，是很难养成的。有了短缺之处，是很难纠正转移的。我不知我们学校上面所说那些不良风气，何日才能转好？《诗》云："高山仰止，景行行止，虽不能至，心向往之。"我总希望我们新亚能有一良好的学风。学校固然无法注意到每一位同学，但每一位同学，各该自己警惕，自己勉励。那丢书的风气则总是不对的。丢一本书,像是小事,但可使整个学校之精神因此而降低。此等事,反映在各人心中,都要觉得有羞耻。每个人的向上精神都会有损失。诸位当知,你们将来离校走进社会,做任何一件事,任何一个职,你的一举一动,无论好坏,都对整个团体的精神上有影响。当然我们不能说新亚同学都不好,但事实不容否认,不能说像失窃的事,全是校外人干的,这里面总有校内人在做。在我们学校里,容有如此类的人,这将使我们精神沮丧。各自在内心上贬低了我们学校全体的价值,而连我们自己各个私人也在内。我们当知,任我们做一件好事或坏事,都足以鼓动团体,或打击团体,无形中都有其影响力。

我们创办这学校,是怀有一番理想的,是想对社会有一番好的影响的。希望诸位在校,在学业上要求上进,对公共的校风及对各自的日常生活,要"通情达理","敬业乐群"。我们总希望我们的学校,能蒸蒸日上,至少须把我们的有些丑恶面,能尽量洗刷去。

(二卷三期)

为学与做人

一九五九年五月二十六日香港苏浙公学讲演词

今天我第一次到贵校来,看到有这样宏大规模的新校舍,一个新创办的学校,一开始就有很好的气象。诸位同学能在此读书,我想是一定非常高兴的。

今天我所要讲的题目是:"为学与做人"。诸位入学校读书,由小学到中学,中学毕业后或许进入大学。那么我要问诸位,进学校有什么意义?为什么一定要进学校呢?诸位或许是想学一点知识和技能。以前所不知、所不能的,进学校后知了、能了。将来毕业后进入社会,就可以谋有一职业。不知道诸位是否如此想?我认为这样的想法也并不是不对。因为每一个人都应有一职业。人生活在社会,该对这一社会有贡献。我们贡献给这社会的,就是我们的职业。任何一种职业,都需要有一定的知识和技能。我们入学所得的资格或文凭,便是表示我们的知识、技能,已经达到了某一程度、某一阶段。诸位进学校来求知识和技能,以备他日到社会上去得一职业,这是十分应该的。

但是选择职业却有一个重要的条件,就是我们该要有自由。为什么选职业要有自由呢?我们每一个人,对于社会的贡献是多方面的,而各种职业又有不同。在挑选职业时,我们应该有两个标准:

第一个是选我最喜欢的,最高兴担当的。即是我们每一个人的性之所近,也可说是天性所爱。譬如说:我喜欢文学,你喜欢科学,或者爱好运动,或音乐,各人所好不同。但每一种职业,对于社会都有其贡献,有其需要。因此,我们尽可挑选自己喜欢的来学。

第二个标准是,要选我最能尽职,最可有成绩,和最能表现我自己的。如学医的可以做医生,学法律的可以当律师。我们应该考虑哪一种职业最能表现我自己最好的成绩,那就决定挑选哪一种。

这两个标准,实在就是一个。自己所喜欢的,就一定能学得好、做得好。不喜欢的,则情形就相反。所以一定要选与自己天性所近的,自己所最喜欢的,将来也可以是自己所最自信最能干的。因此,选择职业应该让各人有自由。选择的条件并不在外而在内。如问什么事情可得到较高的待遇,或者哪项职业容易找等等,这是在外面的。所谓在内的是,选择的标准要是自己所喜欢的。诸位进学校后,要慢慢能认识自己,要知道自己的性情近于哪一方面。如此,将来诸位方可挑选、决定自己的出路。如果我们挑选的职业,恰是自己所最喜欢的,做起来当然是最能干,最出色,最有把握的。这样,人生才会有幸福,对社会也会有贡献。

职业是我们的义务,人进入社会后,应替社会服务。但是我们选择职业,同时就有一权利,就是选我最喜欢,最能表现我自己的。诸位不要认为职业是一项负担,或者是令人痛苦的。反之,职业是我们人的生命之表现。人总要有一职业,或者做教育家,或者做实业家,这就要在教育事业上,或者实业界中来表现你自己。人总是希望能拿出自己最有把握的给人家看,当知这绝不是苦痛，乃是快乐呀！

今天诸位在学校，将来要走进社会，担当职业，这背后有一极重要的因素，就是诸位自己这个"人"。无论是知识、技能或职业，这都是属于每一个人的。

人并不是天生就如此的，知识、技能都要学。而更要紧的，我自己将来要做何等样一个人，这更要学，这是一整套的。要做何等样一个人，这也是各位的自由。人不是一架机器，机器只会工作。但人有他一套整个的性情和整个的生活。在整个生命中，拿出一部分时间来做职业方面的工作。即如诸位入学校，岂不也是拿出一部分时间来用功读书吗？另外的时间呢？诸位上课听讲，下课写笔记，这只是诸位日常生活中的一部分。遇到了星期日或放假日，诸位就觉自由轻松了。但是不要忘了，你还要在那里做人呀！功课有一定的程序，走路有一定的目标，那么做人呢？诸位是不是认为人是要"做"的呢？若认为是的，便也就该学。诸位读书成绩有好有坏，我要问诸位，做人有没有好坏的呢？社会上有没有不及格的人，或甚至不算是人的人呢？我说是有的，我想诸位也会说是有的。人有好有坏，甚至有不及格的，不算是人的，但也有优级的，超等的。一切的知识和技能都要学，做人的道理也就该学。

应该如何做人，这也是知识。能否如此做，这也是技能。任何职业由你这个人去做，却不是纯由你的知识在做。即如老师教你们书，并非只凭知识在教书，而是他整个的"人"在做你们的老师呀！所以在一切的知识、技能中，做人的知识和技能应该是第一等的。

我们常说某人能干或聪明，可是他做人不好。诸位在读书时，先生教你们这样是好，那样是不好。然而做人是不是也要知道好与不好的呢？这一种知识重要不重要呢？诸位除了上讲堂之外，还应该有讲堂以外的生活。做一好学生，不但要功课好，而且还有许多其他条件。在学校中要做一个好学生，在家中要做一个好子弟，将来在社会上也要做一个高贵的、有价值的、好的人，不要做一个坏人，或不及格、不算是人的人。

诸位读书成绩的好坏，不过仅是一端而已，做人则并不仅限此一端。做人要我们在日常生活上，起居饮食，坐立言行，一切的一切，都有一规矩。这不是赞成和不赞成的问题，而是应该想一想，究竟有没有这一个道理之存在。什么叫规矩呢？圆的叫规，方的叫矩。圆的是自中心至四边的距离都相等，方的是四个角都成为直角。如果圆的不圆，方的不方，这就不像样子，这是不及格。

做人要规矩，诸位一定想那是外面对你加上了束缚，其实不然。诸位当知，规矩乃是一种艺术。圆的应是圆，方的应是方。写一个字，画一幅画，要像字像画。人也要是一个像样的人，怎么可以不像样呢？诸位在家对父兄，应该要像一个子弟。在学校对师长，应该要像一个学生。将来离开学校踏入社会，谋到了一项职业，做什么应该像什么，应该各有各的规矩，各有各的模范。人有人的样子，也便是有规矩了，这是人生最高的艺术。如此说来，人要有最高的艺术精神，才能做一像样的人。

如何是像样，诸位正该学。所以科学是对物的，而艺术则是对人的。西方文化主要是在科学，而中国文化主要则在艺术。科学一点不能马虎，艺术亦然，同样不能马虎，都有一定规矩的。比方说：穿衣服多了就觉得热，少了就觉得冷，应该穿得恰好才舒服。我们的饮食起居言行，也都应有一恰好的程度。从外言之是科学，从内言之是艺术。亦可说艺术实即是道德。故科学与艺术，同样有一标准。人能合乎这标准，这是一件最快乐的事。我们所谓"人品"，这就是做人的内在标准。合标准，方是合理想，也就是品格高有道德的人，其实则是一艺术人。

又如要倒一杯茶来喝，所用茶杯的质地，一定有好坏之分。如果那茶杯是稀世之宝的古瓷，拿那杯的人内心就会肃然起敬，十分地谨慎。做人也如此，人是有品格的。在社会上做了一个不够规矩没有品格的人，社会就要把他丢在一旁，轻视冷落他。倘是一个品格高尚的人，别人对待他也就会肃然起敬的。如今社会上不幸是好品格的少，坏品格的多。大家不互相看重，像那破茶杯不值钱，老被人家随意丢。

在我临结束这番讲话之前，贡献诸位四个字，曰："敬业乐群"。

"敬"是当心，要把事当事看。诸位在学校有师长同学，在家里有父母、兄弟、亲戚、乡邻，如果在社会上服务，就有同事，这都不止你一个人，这就是"群"。"群"是在你之外还有别人存在着。职业由你自己喜欢，自己挑拣，他人不该强迫你，这是你的自由。但做人则应有一个做人的共同标准。一个人可以失业，也可以没有职业，但一个人终不能无群。纵使你眼前无群，然而在你脑中仍不能无群。假若世上全没有别人，只有你自己，在这样的情形下，今天的你，也还要替明天的你负起一个责任。否则，对不起明天的你了。仅是一个人，尚且如此，故在社会上处群，不得不当真看重，那便是"敬业"了。同时更须有一快乐的心情。对父母、师长、同学，甚至对职业、对社会，全该有此一番快乐，即便是"敬业乐群"。

人又有"喜、怒、哀、乐、爱、恶、欲"七情。你现在入学读书，他未入学读书。这并不能说，你是人，他不是人了。七情是人所共有，却也是做人的条件，我们称之曰"性情"。性情都该有修养，有合艺术的、道德的规矩。性情的价值，就是人的品格的高下所在了。若深一层言之，诸位当知，做人的条件，可以是知识技能不在内，职业高下不在内，而主要即在性情上。诸位要懂得一个做人的道理，无论起居饮食，一言一行，对待家庭、学校、社会，这一切都有你内在性情的表现。最主要还是要敬业乐群。能知敬业乐群，便使为学与做人，一以贯之了。

我以上所讲，诸位或者会认为很普通，可是真要照所讲去做，可也就很难。孔子曰："学而时习之，不亦乐乎。"一个人自小至老，时时在学，最快乐的就是学"做人"。这是人生下来第一个职业，也是我们人最伟大、最高贵的知识和技能。今天我所要贡献给诸位的，就是那"敬业乐群"四个字。必"一天人合内外"。倘或仅敬业而不乐群，中国人则不奉以为性命之正宗。

（二卷四期）

研究生报告指导摘要

一九五九年六月二十二日,研究所月会,
某研究生报告"陆象山思想研究"

最近几次的月会报告,有一个共通的长处,就是大家都很守时,都能以一小时讲毕。由于时间的限定,所讲的内容就应该朝向深入精彩方面走。不可枝蔓,范围要缩紧,精神思想要集中。人所熟知的,可以不讲,只需说出心得。

就以刚才所报告的象山思想举例,如果在这一小时内,还要附带提出周、程、张、朱许多思想家来批评,就不易讲得好。如果读书功夫不到,便很容易讲错。其次,别人所知道的,我们不必用来作客套式的平铺直叙,免得浪费时间。但我们仍须知道,以当作研究时的参考。同时进一步,就得就某方面或几个问题作深入的发挥。譬如报告象山思想为例,我们单说象山不喜伊川思想,这便太肤浅。如果我们能进一步,用心在象山何以不喜伊川思想?及以象山对明道的看法,研究作发挥,那就有意义价值得多。那才算是成功的读书报告。

又如杨慈湖、王阳明、李穆堂,这是最重视象山思想的三位不同时代的人物。如能把他们对象山思想的看法与偏重点,作一分析与比较,便成一好论题。又如欲以象山的实践精神为中心的话,则可自他的治家及治国(至少是治一地方)方法处入手,作深入的研究，则又为一好论题。又如就象山对王安石新政的批评，如何自其心学落实到对现实社会的看法，作一研究，这又不失为一好题目。又如人说象山不重读书，其实他读经学很多，我们看其精读的着重点何在？读经学目的的偏重点又何在？那么这也将是一个容易发挥的题目。如果我们只说象山重精读，也重师友，那么朱子及其他学者又何尝不如此？这样讲便太肤浅了。

读书时应该深入地去找问题，不可走马看花，不然等于水手游历世界，无所用心，也就无从发生心得和意见了。所以报告时首先要有好的命题，避免"今天天气很好"这一类的客套语，尽量略去别人所熟知的不讲，要变换方式，及就其重点讲。最好是发挥引申前人所未讲过的，才是有所见。

我们看太史公的《史记》所以伟大，就是他在表面上看来只是一篇平铺直叙的历史报道，但骨子里却是一本有深刻见地的思想论文集。又如我们读《孟子·梁惠王》章，首节是用论辩的体裁，详细地举实例道出孟子的轻利重义思想。这番话读来固可使人兴会淋漓，但比起《论语》的"君子喻于义，小人喻于利"两句，意境究竟低得多了。故并非说平铺直叙不好，而是说，要深刻而有见地的思想，能寓于平凡的文句中，那才是最伟大的。

我今晚所讲的，并非专就今晚的报告来批评，而是指出大家通常均所疏忽的地方，希望以后报告的同学均能注意及此。

(香港《华侨日报》)

第八届毕业同学录序

代毕业训词

新亚书院第八届毕业诸君印毕业同学录既竣事,来索序。余惟古人临别赠言,于情于义,皆不可已。然临别之赠,亦何容易。惟其临别,故所赠贵于要而不烦,尤贵于人人时时处处事事而皆适。则余将何所言以塞诸君之意。计惟有仍举平日之所常言者,以昭余之郑重,而期诸君之毋相忘。

吾侪共生于此苦难之时代,新亚乃在苦难中产生,而诸君亦于苦难中来学。诸君之来,已挟苦难而俱来。诸君之去,亦将挟苦难而俱去。则诸君之所学,莫贵于能认识此苦难,能善处此苦难,能于苦难中求如何完成诸君生命之意义与使命。诸君在校,常唱校歌,曰:"手空空,无一物。路遥遥,无止境。"此十二字,实足象征吾侪之时代,亦以象征吾侪之学校,亦将以象征诸君前途之生命。果使诸君常能保存此十二字之意象,常能真切了解此十二字之内涵实相,铭心刻骨,勿使忘怀,则前途将无往而不顺。

《中庸》有言:"君子素其位而行。素富贵行乎富贵,素贫贱行乎贫贱,素夷狄行乎夷狄,素患难行乎患难,君子无入而不自得。"今日吾国家,吾民族,正值一贫贱患难之素,素其位而行,是谓常行,是谓庸行,是谓中道之行。否然则素隐而行怪,鲜不为小人之归矣。

何谓素隐，处贫贱而妄欲自掩其贫贱，处患难而妄欲自讳其患难。不惟掩讳于其外，抑亦掩讳于其心。是谓无认识，无担当，则其所行必失常，而终见为怪行矣。举国举族而莫不素隐行怪是务，斯所以贫贱之日甚，而患难之日深也。

天地一真常，生命一真常。人生大道，则亦一真常。惟其是一真常，故无往而不自由，无往而不平等。惟我行我素，乃无往而不得。"手空空，无一物"，乃是大富有。"路遥遥，无止境"，乃是大歇脚。窃愿揭举此义以赠诸君。然诸君真欲了此义，具此行，则自此以往，乃大有事在。《论语》之首章曰："学而时习之，不亦说乎。"惟此学最宜时习，惟时习于此学，乃见有大悦。苟大悦生于心，则贫贱患难亦复何有于我乎？

一九五九年七月三日钱穆序

（二卷五期）

开学致词

一九五九年九月十六日

诸位先生、同学：

今天是本校的开学典礼，我想先报告一下我们这一学期几点新的变动。

首先是关于新校舍的事：第二期校舍打桩工程现已结束，即将开始建筑，希望在半年内完成。

其次谈到新亚中学：大家都知道，中学的建校地址，在去年即已看定，不过因为种种手续上的麻烦，始终未能正式领到。今天开会后，就要去与政府正式办理接收土地的手续，我们希望经平地、测量、建筑诸过程后，能在下学年正式开始招生。

我们学校一向讲做学和做人，二者相通一贯，兼重并进。基于这一点，所以本校教授们，不仅担任课程，并多兼行政工作。而本校同学，亦尽设法多留机会在校工读，兼习做人做事。在毕业后，亦有很多同学留校服务。然而一个理想，总不能十全十美，可能在某几方面有它的缺点。经过数年来的实施结果，发现了此项理想仍是与事实有着一段距离。教授兼管行政工作，每每妨碍了教授们自己的治学，且对行政工作亦不能全力以赴。所以自本学期起，学校内部的行政与教学，盼能渐次分开。这仍是在一个大理想之下，期求能加以一些修正。

本年度学校在行政上分教务、训导、总务三处。教务长管理同学们的课程和学业，仍请唐君毅先生担任。自本校创办以来，唐先生即已任此职。

总务长请雅礼协会代表萧约先生担任。萧约先生是本校的客人，而且他事务亦相当忙，现在请他担任总务长，在学校方面也有一理想。

我常觉得关于社会、团体、公众的事情，西方人治理似较东方人好一点，这也许是我们的缺点。我们似乎尚未有一种经训练的现代群体生活。本校一天天地扩大，对事务方面似乎始终未上轨道。我们一向讲儒家思想，对依法理办事，普通目之为法家而轻视之。

一般自以为追随新潮流者，看到西方人讲自由，亦随之讲自由。我们应知，自由是有其意义与限度的。譬如随地吐痰，是否是自由呢？大家应该知道，这并非是在自由范围之内的。此数十年来，一般知识青年，每每自以为是"青年"，便该要求多一分的自由。个人如此，二三十人的集体行动更甚，要求特权，逾越规律。这些不烦举例，诸位自可知道。西方人奉公守法的精神，确较东方人强。民主社会所讲的自由，实并不如我们一般的想像。我们希望学校在事务方面能上轨道，同学们亦可无形中受到一分宝贵的教育。

人们常说：中国社会是一个现实社会，实则有些处中国人并不讲现实。中国人有时不大看重经济，西方人则不然。这并不是爱钱贪财的意思，而是一种严肃认真的态度。譬如中国人上馆子吃饭，遇见熟人多是争着付账。西方人则尽亲热也还各自付账。乍视之，每觉西方人不近情理。实在说，西方人在此等处是严肃的，并不马虎，这是在精神上和道德上的两种不同态度。中国社会现在越来越穷，我们要每一文钱都用在恰好处，不要再马虎。以前我在北大、燕大教书时，北大用钱就比燕大浪费。北大工友多，燕大工友少，然而燕大院舍反较整洁。中国社会若长此随便浪费，它的经济问题将永无办法。我十分希望诸位同学要奉公守法，对公众经济要严肃认真。中国人本有节俭的美德，可是对待公物就无此习惯了。萧约先生是一位文学家，请一个文学家来管事务，恐是违其所好，然而我想这也许是期望中西文化交流之一个具体事例。

本校原有生活辅导组，本学年则另聘程兆熊先生为训导长。程先生曾在本校任教，本校第一、二、三届毕业同学都熟识他，有好几位同学至今还和程先生通讯。程先生是台湾台中农学院园艺系主任兼台大教授，又在农复会任职。程先生虽是学园艺的，可是对于中国文化思想道德精神各方面，都有甚高的认识与修养。他著书很多，其中尤以对于《论语》和禅宗的研究极为深湛。在台湾，程先生曾花几年工夫进入山地考察，历尽艰辛，一度失踪。我许多友人都说：程先生的书固可爱，但其人更可爱。程先生不喜多言，他是一个感情内敛的人。我希望诸位同学与程先生多接近，对人格修养上必有大益处。师生之间本是双方的，学生要自先生处有所感受，这一分责任却该由学生们负其半。程先生来，我希望他能将儒家的活的人格来示教。但亦希望同学们能好好领教得益。程先生前在新亚任教时，家居沙田，每日远途跋涉来校上课，但从不误课。程先生能克服外境之艰苦，而其内心则极平和，在艰困中更不忘著述。即此一点，已够作同学们的极好模范了。

萧约先生可说是代表西方文化，写的多是描述中国社会的文学书籍。程先生可说是代表中国文化，他留学外国，对西方了解甚深。希望二位先生之来任此新职,能使本校之理想,有更进一步的实现。

对于今年入学的新同学,校方内心有不愉快之处。首先是外面需要升学者甚多,可是由于受了三院联合招生之诸多限制,本学期已报到之新生人数不如理想。我凭良心说,新亚确聘有好的教授,在教学上亦极认真。我们希望能多收容优秀的青年,关于这点,本校殊感歉意。有一部分新同学,在填写志愿时,第一志愿本不是新亚,这类新同学来校,或许抱有委屈的心情,对本校来说,无异是多负了一个使其能安心向学之责任。此次三院联合招生,为了提高程度,要中学会考合格始得应考。此一限制,使很多学生裹足了。又录取标准,亦与本校往年所采者不同。例如:考中文系者,国文课考得甚好,数理考得不好,在过去是无问题的。然在此次三院联合招生试中,即不能合格。又这次投考人数也未如所预料者之多,因此录取标准亦并不比过去一定高。我们的理想是希望能提高程度,但本年度同学不知真能比去年更好否。大学程度本是很难有一客观水准的,我们只希望好了可以更好。盼本校新旧同学,都能加倍努力为是。

下学年本院的校舍更宽敞了,教授阵容也加强了。可是照高标准讲,现在同学们的程度,实并不比过去更佳,或许仅可说是较整齐而已。这一层,盼同学们大家注意。

我们希望新亚从此以后能有一良好的学风,更重要的是要培养校风,这是先生与同学们都要负责任的。有好的学生,才是新亚办学的真成绩。希望新旧同学都能体谅此意,和学校共同来负起此责任。

(二卷六期,一九五九年九月十六日)

友情的交流

一九五九年九月五日欢送雅礼代表
罗维德博士夫妇暨欢迎萧约先生

罗维德博士、罗维德太太、萧约先生、诸位先生、诸位同学：

今天我们的心情非常激动，因为我们学校中一位最受敬爱的先生将要离开我们。我虽不能用英语表达我内心的话，但即使用中国话，也无法完全表达我内心的意思。

罗维德先生对我们学校的贡献实在太大，这种助人的精神，真使我们全体师生感动。就过去一年来说，如新校舍的建筑，院务的推进及教学上的发展等，罗维德先生都予极大的帮助，现在我试举出几点来加以说明。

第一，我们第二期校舍开始动工了，我想明年的今天，工程将会完成。跟着第三、四期工程也会开始。这新校舍的建筑，罗维德先生帮了不少忙。

第二，我们学校原有的艺术专修科，在罗维德先生的赞助下，已正式成立一学系。

第三，在过去，我们的教授们除授课外，仍须负学校的行政工作，这样便牺牲了对学生的指导及个人的研究。从下学期起，教学与行政分开，各自独立地去从事有系统的工作。我们从前只有学生生活辅导组，从下年度我们将要实施训导、教导及总务三种制度，这个制度的建立，也是罗维德先生提供给我们的。

第四，我们学校原来没有理学院，现在我们正计划在二三年内，能增建一所理学院，包括物理、化学及生物等学系，同时也希望有各该系之实验室。这个计划也得到罗维德先生的赞助。

这些都是罗维德先生在过去一年来，对我们学校的贡献。

最近香港政府，表示承认我们学校，及其他各校共同组成一所香港中文大学。这件事的进行筹划，也大多由罗维德先生代表我们学校出席商洽的。据我所知，罗维德先生几乎每日不停地辛勤地为我们工作。

记得有一天，我们在四楼开会，罗维德先生问我们说："你们能听见我所说的话吗？"起初我们都不明白罗维德先生问这话的意思，后来才知道，罗维德先生由于工作过劳，而甚至不能听到自己所说的话。虽然如此，罗维德先生第二天经医生检查后，仍然照常工作。

在我们学校里，罗维德先生的年龄算是最大，而且是我们的客人。然而在这半年来，他却最忙最勤劳。如帮助计划院务之兴革与发展，筹募基金等，各项事务上所耗费的时间，比我们都多。罗维德先生这种忘我助人的精神，我愿代表学校向罗维德先生致敬意。同时我个人，亦敬佩罗先生之高贵品德。

有一天，我到罗维德先生家，问及他能否留在香港时，他说："首先，我心底的意思是希望留在香港，俾能予新亚书院作更多的贡献。问题是，假如我回到美国，比留在香港对新亚书院的贡献更大的话，那我还是回去的好。"我们也曾致函雅礼协会要求挽留，可是罗维德先生终于决定最近回去了。我们希望罗维德先生回去后，能好好地休息一下。然而，罗维德先生却仍愿继续为新亚书院辛苦。罗先生比我年龄大，又非学校的正式负责人，可是他不辞劳苦，忘我地为新亚工作。诸位同学都是不到三十岁的人，趁着罗维德先生仍在这里的时候，我们要想想，这应该是我们的好榜样。

我们学校一向主张中西文化交流。我也常听诸位说："雅礼协会对我们的帮助是耶稣精神，而新亚所提倡的是孔子精神。"我想孔子精神与耶稣精神虽若互异，却是可以相结合的。罗维德先生在校一年，从未向我说过一句宗教的话，可是他的确代表着耶稣的精神。用中国的话来说，罗维德先生可以是一个贤者。在我们的校歌中，有这样几句："东海，西海，南海，北海有圣人"，这是陆象山先生所说的话，说明了全球无论什么地方，此心此理，总可相通的。罗维德先生不仅是一个耶稣的信徒，同时和孔子的道理相符，可见中西圣人的道理是可一致的。比如罗太太，她来此不到一年，便能画很好的中国画，而且能够深切地了解中国的艺术，这更充分地说明了全世界各民族的文化、艺术、文学、哲学，皆可互通。其所不通者，在于语言的阻隔而已。

罗维德先生即将离开我们，他对我说："我再三考虑后，才将萧约先生推荐给你们。"萧约先生是代表雅礼协会到新亚书院的第一位外国人，也是我们学校最先接触的第二位外国人。当时我们的学校很穷，我还记得我与郎家恒先生的见面，还是在萧先生的家中。萧先生是一位杰出的文学家，擅长以中国的事物用外国文字表达出来。

前几天，有一位耶鲁大学物理教授到我们学校来，说："中国人长于埋头读书，却短于手脑并用。"我觉得他批评并不大错。记得我从前在北京大学以及在燕京大学教书的时候，北大校役甚多，但地下的清洁总比不上燕大。这次我们请萧约先生做我们的总务长，相信我们的事务行政一定能整整有条的。

今天我们觉得十分抱歉,因为我们不知道怎样报答罗维德先生在过去一年对我们的贡献。同时我们也感觉到对萧先生抱歉,因为我们将给他更多的麻烦。现在我只好在这里结束,因为即使说得再多一点,也无法完全表达我心中所要说的话。

珍重我们的教育宗旨

新亚书院成立十周年纪念演讲词

今天是我们新亚书院成立十周年纪念日,回忆在十年前的"双十国庆"日,我们新亚书院在那天正式举行开学典礼。那时我们结合着好几位由大陆来香港的学者,鉴于许多大专学生流亡失学,而决心创办此学校。我们最先是绝无丝毫经济凭借的,来学的青年又是只身流亡,衣食无着。进了学校,还得想法帮他们解决生活。我们的免费学额,最多时,占了全部学生名额百分之八十。我们这学校,最先从佐顿道伟晴街租了一所中学的两间教室,从夜校开始。半年后,才迁到深水埗桂林街,租得三间教室,改成为日校。在万分艰难中苦撑过五年,开始获得美国耶鲁大学雅礼协会之合作,同时又获亚洲基金会协助添办研究所,此后又获得美国哈佛燕京社对研究所之协助。到今天,我们已建筑了一所新校舍,第二期的建筑正在开始。我们又有了一所中外书籍超过了六万册的图书馆,我们并有了八届的毕业生,和三届的研究所毕业生。我们在今天来回想此十年的经过,真所谓感慨万状,一言难尽。

此学校十年来仍获存在,而且不断获有长进,得像今天这样的一个规模,这全由学校外面各方的同情和援助。我得趁此机会,代表新亚师生全体向十年来同情我们援助我们的各方,致万分诚恳的谢意。

说到此学校十年来之成绩,大部分亦多是关于物质方面的,多是学校外面人的力量。说到学校内部,如校风之培养与学风之策进,关于学校自身理想方面精神方面者,实在很惭愧。我们总感觉,我们学校自身之进步,我们学校同人自己所尽力的,较之学校外面人所给予我们的同情与援助,是相形有愧了。这一层,我也愿趁此机会来鞭策鼓励我们全校师生,继今以后,加倍努力,使学校能继续蒸蒸日上,庶不负了此一学校艰难创始的原本精神,与夫中外各界对此学校之同情与援助之深切厚意。

我们开始创办此学校,自问对于教育宗旨方面,有一番理想与抱负。我们鉴于整个世界动荡不安之局势,鉴于我们自身当前所受之苦难,我们认为,当前的大学教育,至少有两项目标该注意:一是人类的文化价值,一是个人的生活理想。此两项目标,该使来学青年都能深切感到其重要性,都能对此两项目标懂得追求,懂得探讨,懂得身体力行,懂得为此而献身。

我们是中国人,我们是为着栽培中国青年而创办此学校。中国文化有其五千年的悠长传统,必有其内在可宝贵之价值。我们该使中国青年,懂得爱护此传统,懂得了解此传统之内在价值而能继续加以发扬与光大。

但我们亦该知道,今天的中国人,正是受尽磨折,历尽辛酸,陷在奋拔无从的深阱中。中年老年人,只有随分挣扎。青年们更加如迷途羔羊,要在迷惘的路程上摸黑前进。即就新亚书院的同学们说,有些是在饥饿线的边缘上,有些是流亡的苦味永远占据着心头,大多数是今天过了不知道明天。这样处境的青年们,若我们不能给予他们以一个正确而明朗的人生理想,那在青年们的内心上,可以泛起连他们也不自知的种种异样变态的心情来。

我们常认为,若非对中国自己的文化传统有一肯定的价值之认识,中国青年们终难找到他们的人生出路。反过来说,若使这一代的中国青年们,各自找不到他们的人生出路,所谓文化传统便将变成一个历史名词,如一团影子般,会渐淡渐失。

我们自知,我们所抱的教育宗旨是正确的,但也是艰巨的。但若不把握紧这个宗旨向前迈进,则种种物质上经济上的发展,将全会失却其意义。在香港社会上少去这一所学校和增多这一所学校,将会无甚价值可言。以上这一番话,我更愿乘今天这机会郑重提出,来鼓励我们全校师生共同向此目标而前进。并恳切盼望,凡属同情我们援助我们的中外各界,能同在此一宗旨上,来加深他们的同情,和加强他们的援助。

(二卷七期,一九五九年十月九日)

中国传统思想中几项共通的特点

一九五九年十月六日十周年
校庆学术讲座演讲词

中国传统思想，以儒家为主干。然先秦时儒、道抗衡，即《中庸》、《易传》，已是融会儒、道两家思想而成书。此下在中国思想界，儒、道两家可谓平分秋色。佛教来中国，儒、道思想不断渗入，及隋唐天台、华严、禅三宗兴起，正式成立中国的佛学。宋明理学家则又是融会先秦儒、道两家及隋唐中国佛学思想而成立。此讲所谓中国传统思想，大要根据上述诸流派而言。

此诸学派，对象各别，内容相异，所谓共通点，乃指各学派之思想方法及求智态度言。所谓特点，则系指对印欧西方思想界而言。此等共通特点，乃属中国人心情与智慧之自然流露，亦可谓是中国传统文化之主要渊泉，及核心所在。

此下当分七项陈说：

一、知识论：

知识论在西方哲学中甚为重要，但此名称亦到康德时始正式成立。在中国，并无所谓知识论，但中国传统思想对此问题实有一共同的态度。孔子云："知之为知之，不知为不知，是知也。"人类知识自有一限度，人能知道有不可知，并能知道哪些当属于不可知，此实为一种极重要的知识。正犹行路人知道此路不通，便可不再往前多走冤枉路。

孔子自称："五十而知天命。"天命有所不可知，知天命亦即是知有不可知。孟子说："尽心知性，尽性知天。"自己的心及性可知，但天终是不可知。孟子又说："莫之为而为者谓之天"，此即认天为不可知。但能走尽可知的路，到尽头处，前面始是不可知的境界，此即司马迁所谓"天人之际"。故中国人态度，贵能尽其在我。

道家思想亦常保留此一不可知。庄子只在"化"上求知，老子只在"象"上求知，象是化之有轨迹可寻者。老庄亦似并不认天为可知。

《中庸》、《易传》亦同样保留此一不可知。故《中庸》自愚夫愚妇与知与能讲起，直到圣人亦有所不知不能处。《易经》讲阴阳，讲死生昼夜之道，亦是可知与不可知同时存在。

佛法来中国，其思想态度显然不同。佛法并不重视天，佛法所求到达之终极境界称"涅槃"。但涅槃究竟是如何一种境界，在中国人想法中，似乎仍属不可知。天台宗讲空、假、中一心三观，华严宗讲理事无碍法界到事事无碍法界，则全属可知了。禅宗不立文字，语言道断，心行路绝，只从行中觅悟。天台宗近似《中庸》，华严宗近似《易传》，禅宗则近似《孟子》。此三宗之所以成其为中国佛学者，主要正为其能把佛学中不可知部分抽去了，而多讲些在中国人智慧中所认为可知的部分。

宋、明理学家虽直承先秦孔孟传统，但有许多与孔孟之说不相同处。如朱子注《论语》云："天即理也。"他把一"理"字来替代了"天"字，正因天不可知而理属可知。宋儒又云："理一分殊"，分殊之理易知，而理之终极到达于一的境界，则仍属不易知。朱子主张即物穷理，莫不因其已知之理而益穷之，以求至乎其极。此一途程，仍属遥远。因此程朱讲"性即理"，而陆王定要讲"心即理"，亦是要从更易知更有把握处去讲。

因此，在中国传统思想中，不易产生如西方哲学界所讨论的起源论、目的论等，种种不易解决的问题。也不易产生如西方般的宗教信仰，更不易接受如马克思等等历史命定的哲学。中国孔孟传统的知天命，正是要人知道理虽可知，而宇宙人生一切事变有不可知。

二、宇宙论：

在中国传统思想中，亦无专一讨究宇宙论之圆密著作。但中国人对宇宙，实有一共同信仰，即共同信仰此宇宙乃是一个整全体。所谓整全体，乃指其浑然不可分割言。故宋儒喜言浑然一体，因其有同一主宰，即天。又有同一原则，即理。而所能观察而承认此同一主宰与同一原则之存在者，又见人类心智之同一。故信宇宙必属一整全体，即是并不由相异各不同之部分组织而成，而乃系浑然成其为一体。故曰："万物一太极，物物一太极。"如是则一可以代表多，部分可以代表全体，人生可以代表宇宙，而个人可以代表全人类。而刹那间之一念，亦可代表过、来、今三世之无穷之心念。故曰："人皆可以为尧舜。"又曰："人人皆具佛性。"又曰："当下即是。"盖中国人智慧，常主从易简中见繁赜，从无限中觅具足，于实践中证真理。

三、本体论：

中国传统思想，即信宇宙乃属浑然一体，故不喜再作现象与本体之分别。中国人常认为天即在人之中，理即在事之中，道即在器之中，形而上即在形而下之中，即是本体即在现象中。因此亦不易发展像西方哲学中形而上学这一部门之研究。

四、实践论：

中国人既认此宇宙乃浑然一体，同时又认其是变动不居。既属变动不居，故宇宙真理乃即在变动中见，而人生真理则应在行为中见。故主"学思并进"，又主"知行合一"。中国人所称道之圣贤及有道之士及佛门中之高僧大德及祖师们，其主要精神，皆在其信修行证，在从其生活之实际经验中来体悟真理。若如西方所谓哲学家或思想家，从纯思辨中来探讨真理者，在中国不易遇见。因此，在中国并未有纯思辨的哲学著作，亦并未有在思想上求系统、求组织之思想家。中国思想乃多属实际生活中内心体验之一种如实报道，而且多一鳞片爪。惟其一鳞片爪，故乃尽真尽实。其间惟天台、华严两家，著书立说，比较还带印度佛学规模。至如禅宗语录，后人都谓其下开宋明理学家语录体裁，实则亦可谓其上承《论》、《孟》记言之传统。

五、体用观念：

体用二字，始用自王弼，然此一观念，在中国传统思想中，实是直上直下，无往而不见其存在。体不可见而用可见。

中国儒家言"命"，道家言"化"言"象"，《易传》、《中庸》亦言"化"言"象"，其实在"命"与"化"与"象"之中，即可见宇宙之用。至《大乘起信论》言"真如""生灭"两门，亦主本体现象合一，亦是代表中国人观点，然究与言体用有别。

宋明儒常言佛家有体无用。宋儒言体用一源，显微无间。一源则无先后之辨，无间则无彼此之异。至明儒乃谓即流行即本体，又言即工夫即本体。如此则宇宙人生相通合一，即以人生大用来证宇宙本体。此条可与前第四条合参。

六、理欲问题：

中国人言全体大用，亦可谓宇宙即全体，而道是其用。亦可谓人人所同然之性是全体，而个人自我之内心即其用。心贵能自知,又贵能自主,此能自知又能自主之心即道心,即天理。若心陷溺于不自知不自主之境界中,则为人心,为人欲。

禅宗亦言常惺惺,言主人公,即求此心之能自知自主,与宋儒主敬工夫无大差别。惟儒家言体用终自与佛门传统不同。道心与天理是体,而修身、齐家、治国、平天下始是用。必到达于修、齐、治、平之境界,始可说是天人合一,始是全体无不尽,而大用无不达,此乃儒家思想终为中国传统思想主干之所在。此条可与前第三条合参。

七、理气问题:

就于上述,故程子虽言体用一源,显微无间,而朱子论理气,则终必言理先而气后。因必如此主张,始见人由天来,事由理来,用由体来。此乃一终极信仰,仍与孔孟言天命之深旨相合。如此始可对宇宙对人生有信心,有乐观。故事事无碍,仍是天命之一片流行。而一切行道修心工夫,乃颇偏向于消极。即是只要减一点,不须要增一点。去其害心者而心体自呈露,去其害道者而道体自流行。《中庸》所谓"由明诚"与"由诚明",两者更无异致。故佛家言悟,而孟子、阳明言良知良能,此仍是一种天人合一,信仰与知识亦终极合一。而道家对人生之一种艺术情调,所以终为后来儒家所袭取而不废。而西方科学知识亦遂不能在中国传统思想下自由发展。此条可与前第二条合参。

上述七条,仍是勉强分说,必会合而观,庶可于中国传统思想中之共同特点有心知其意,相视莫逆之乐。

(二卷九期,已收入《世界局势与中国文化》)

欢迎英国大学委员会代表福尔顿博士访问本院讲词

一九五九年十月十六日

福尔顿先生来香港,是负着香港在最近将来将设立一所中文大学之使命而来的。

我们今天代表两种身份表示欢迎福尔顿先生,一站在香港教育界立场来欢迎,二站在新亚书院立场来欢迎。

先就站在香港教育界立场言,我们认为香港应该有一所中文大学,可分三方面来说:

第一方面,就香港社会言,香港现有三百万以上之人口,而仅有一所香港大学,又是学额有限,理应再添一所大学。又香港乃是一个中国社会,因此理应增添一所中文大学。

第二方面,就中英两民族之关系言,从前的香港居民,我们亦可称之为香港人。十年以来,情形变了,此刻的香港居民,我们已不能仅称之为香港人,而应改称为中国人。香港政府能用香港社会中国纳税人之钱,来帮助中国教育界人士自办一所中文大学,以培植中国青年为目标,将来此辈青年,逐渐成为中国社会中之优秀分子,对将来中英两民族之感情与友谊,必可有好影响。

第三方面,就世界人类文化前途言,中国民族拥有五千年优良文化传统,在香港办一所中文大学,应以注重阐扬此一文化传统为主,而再以谋求中西两大文化系统之沟通,此对世界人类和平前途必有大贡献。

其次,我们将站在新亚书院之立场说几句话。新亚是十年来香港首先成立的第一所流亡学校。新亚创立,无政治背景,无经济凭借,纯由于一种教育理想之抱负,即就上述之三需要而创办此学校。

新亚此十年来,不敢说有何成就,只是凭此理想,十年来艰苦奋斗,这一段精神,我们自认为值得要请校外人士之了解与同情。

我们此十年来,自认为是在办一所大学,而且是在办一所有理想有抱负的大学。经此十年奋斗,现在已蒙香港政府正式把此学校也列入为将来可能被承认为大学中之一分子,在我们自感快慰。

若我们此下能继续发展,我们至少有三个目标,将继续努力:

一、网罗第一流的好教授;

二、完成一个像样的完备的图书馆;

三、提倡专门性的高深的学术研究。

我们自有种种困难待克服,有种种缺点待改进。但我们今天蒙福尔顿先生之光临,我们所急切想知道的,在于一所学校究须到达如何般的水准,才能得被正式承认为大学这一问题上。

今天我们欢迎福尔顿先生,一面是热切希望在香港之最近将来,能真有一所中文大学之出现;一面是热切盼望福尔顿先生能坦白直率地对新亚前途应有之种种改进作指教。

校务概况

钱校长致董事会报告书摘要

本院一九五八——一九五九年度之校务发展情形，与上年度大致相同，而呈稳定的进展状态。本年度之重要成就，计有艺术系之设立，教授之增聘，课程之增开，学生人数之增加，图书设备之添置，研究计划之开展，奖助学金范围之扩大，新注册手续之进行，第二期建筑计划之开展，与新亚中学校地之接收，此其荦荦大者，兹分别说明如下：

一　艺术系之成立

本校于一九五七年春季，设有艺术专修科（为两年制）。兹为适应香港社会之需要，及提高学生程度，与发扬中国艺术起见，经于本年二月，成立艺术系，并定为四年制之正式学系。聘陈士文教授为系主任。原有艺术专修科于一九五九年七月，宣告结束。现有艺术系学生人数为三十六人，男生二十二人，女生十四人。

二　教授之增聘

本校教授分为专任与兼任两种，专任教授除担任全时间之课程外，多兼任一部分行政职务。兼任教授则以教课为主，待遇按上课时数计算。本年度聘有专任人员十八人，包括教授十人，副教授二人，讲师五人，助教一人，兼任教授四十人，总数为五十八人。其中中国籍者四十七人，美国籍者十人，日本籍者一人。一九五九——一九六〇年度，专任增至二十三人，兼任为三十九人，兹将过去三年来，本校专任兼任教授之数字列下：

年度	专任	兼任
一九五六——一九五七	十三	二十七
一九五七——一九五八	十三	四十一
一九五八——一九五九	十八	四十

三 课程之增开

本年度所开设之课程，计九十四种，共三百三十二周时，较之上年度，有显著之增加，兹按其分配情形列表如下：

系别	课程	周时
一二年级共同必修课	二十	一百三十
中国文学系	七	一十九
历史学系	七	一十九
外国语文学系	一十	二十九
哲学教育学系	八	二十一
经济学系	六	一十七
商学系	九	二十四
工商管理系	一	三
艺术系	一十七	五十二
研究所	九	一十八
合计	九十四	三百三十二

一九五九——一九六〇年度所开课程为一百零七种，兹将过

去三年来所开课程列表如下：

年　度	课　程
一九五六――一九五七	六十二
一九五七――一九五八	七十七
一九五八――一九五九	九十四

四　学生人数之增加

本年度学生注册人数共四百五十六人，包括大学部及研究所在内。其分配情形如下：

系　别	人　数
中国文学系	一百零三
历史学系	三十六
外国语文学系	五十九
哲学教育学系	八十二
经济学系	三十八
商学系	六十二
工商管理学系	一十八
艺术学系	四十三
研究所	一十五
合计	四百五十六

兹将过去三年来学生人数列表如下：

年　度	学生人数
一九五六――一九五七	二百五十六
一九五七――一九五八	三百二十五
一九五八――一九五九	四百五十六

五　奖助学金名额之扩充

本年度学生所获得之奖学金，共一十三种，包括香港政府、孟氏基金会、西雅图、雅礼同学会、青年商会、李氏、孟氏特别、扶轮会、留美同学会、欧德利、联青会、国际大厦，及本校奖学金共十三种。获得奖金之人数共五十四人，金额由每年六百元至二千五百元不等。

助学金方面，本年度本校学生，所获得之助学金共有四种，计孙氏助学金、政府助学金、孟氏助学金及本校助学金。助学金额，由每年六百元至一千五百元不等。获得人数共一百一十四名。

六　交换学生

本校与亚细亚大学，订有交换留学生办法，每年交换名额为两名，膳宿学杂等费，全部由学校供应。第一期交换计划，暂定两年，为试办期间。现此项计划，业于本年七月期满，经教务会议，及校务会议检讨结果，认为有继续实施之必要。至交换名额，则仍照原案办理，惟须通知亚细亚大学，应注意交换学生中英文程度。

七　图书设备

本年度中西图书之增加，现有中西图书七万七千四百五十九册，其中中文图书为七万零四百七十八册，英文图书六千九百八十一册，兹将过去三年来图书增加册数列下：

年　度	中　文	英　文
一九五六——一九五七	五万零六百三十一	四千五百五十八
一九五七——一九五八	五万二千八百五十九	五千二百二十七
一九五八——一九五九	七万零四百七十八	六千九百八十一

八　研究所

本院研究所成立于一九五三年，截至目前，毕业研究生，共二十一人，兹将本年度研究所发展要点列下：

（A）导师研究员及助理研究员：本年度聘有导师、研究员七人，及助理研究员八人，分别担任指导及研究工作。

（B）课程：本年度所开课程计论语、孟子、通鉴、中国文学、朱子、诗经、史学名著、中国思想、经学史。

（C）研究生：本年度共有研究生十五人，其中男生十四人，女生一人。一年级生六人，二年级生九人。本年夏季毕业者七人，一九五九年考入新生为八人，现有人数为十四人。

（D）出版：《新亚学报》已出版至七期，大部分刊载导师、研究员、助理研究员、研究生之论文。此外并编印研究丛书，本年出版者，计有钱所长著《两汉经学今古文评议》及《学籥》。其在编写中者，尚有二三种。

九　建筑计划

第二期校舍建筑图则，业经教育司及工务局正式批准，刻正公开招标。一俟决定，即可开工。打桩工作，业已于本年八月完成，本期建筑经费约港币一百万元，尚缺设备费约港币拾万元，已向政府申请补助。

第三期建筑计划，亦已拟就，所需建筑经费港币一百零三万六千二百七十元,设备费港币六万八千三百八十五元及修缮费六万元,已向政府申请补助中。

十　新亚中学

新亚中学之校地,业经政府正式拨给,面积为九万二千平方英尺,于本年九月十六日,正式接收。目前正进行绘图及划界等工作,建筑经费定为一百四十万元,除由董之英董事捐助港币二十八万元外,其余一百一十二万元,刻正向教育司接洽贷款。

十一　重办专上学校注册

本校为适应将来中文大学之需要,经遵照一九五九年专上学校法令规定重新注册,并进行新立法手续,及通过新组织章程。

（二卷十期）

新亚书院十年来的回顾与前瞻

一九六〇年一月四日第二十六次月会

诸位先生、同学:

今天我在此月会讲话后,不久即要暂离学校,恐怕要在十个月后,方能再和诸位见面。前几天同学们举行除夕联欢晚会,并欢送我。当时我曾讲过一番话,不过有一部分同学没来,未曾听到,所以我现借此月会再讲一次。我今天的讲题是:"新亚书院十年来的回顾与前瞻"。

前天研究所同学们约我同赴新界旅行,有几位桂林街时期的老同学,与我谈到过去新亚的情形,引起了我今天作这番讲话的动机。

新亚书院十年来的发展,可分为三阶段。开始在桂林街,可说是学校最艰难困苦的时期。一个月前,我和唐君毅先生陪着雅礼协会摄电影人员,去桂林街旧校舍。街道房屋依然如昔,教室又小、又低、又黑、又脏。我们已习惯了现居校舍,再回那边,不禁令人缅想过去,感慨良深。

我想起在桂林街举行第一次开学典礼时,先生同学们局处一室的情形。直到现在,我还记得很清楚。那时同学人数从未超过一百名,校舍极不像样,然而师生们却有一光明的远景,无限的希望,并有一种无所畏惧、奋斗向前的精神。此外什么都不想,也是什么都没有。那时我们常讲:"新亚是一个大家庭","师生合作"等话,事实上亦确是如此。师生们朝夕相见,每一先生皆熟知每一同学的姓名、状况,彼此间极其亲切。而每一同学的心目中,亦都将新亚的理想前途,作为自己的理想前途。此种精神,今日想来,极值得回念。那时我们的希望很简单,只想何时才有自己的一所校舍,地方可大一点,同学可多一点,以为如此便足。此一想法,亦可说甚空洞而幼稚。可是此一空洞、幼稚的理想,实具有无限价值,极可留恋。此一时期至少有四年之久。

后来学校与雅礼合作,又得亚洲基金会、哈佛燕京社帮助。开始自桂林街时期,进入建有今日之新校舍时期。此时之发展,突飞猛进。理想与希望在具体实现中,遇到了新刺激,而至一新阶段。但亦可说,此段时期比较前四年更艰难,当时我们学校遭遇到种种危机。因在此时,学校面临着开创以来的最大变动,亦可说是翻了一个身。在大变动中,必有种种危机潜伏着。犹如诸位离开家庭进入学校读书,由小学、中学而大学,这是一步步的。一旦毕业后,进入社会,正式是一个成人了,此中变动极大,下一步如何?不但是你的家庭和学校,甚至你本人亦都不知。现在我们幸而跨过了重重危机。诸位或只见学校在一步步地向前,而不知其经过实况,今天我特地提出来讲一讲。

自桂林街至农圃道,此一时期,简言之,是理想与事实发生了冲突。从前只有一简单空洞的理想,当此一空洞的理想逐步进入事实时,就不简单了。犹如诸位现时在校读书,对职业、婚姻等问题皆有一理想,及至面临事实,将发现无法与原来理想完全切合。本校在初期数年,亦是只有一理想,及至此时,理想与事实相夹杂。如雅礼帮助新亚,雅礼亦自有其理想,且与我们的理想有些处并不一致。任何两套理想，要融成为一套后，方能美满。不止雅礼如此，即如亚洲基金会、哈佛燕京社等，凡属援助我们的，皆亦各有其理想。新亚最可宝贵之处，则为自己有一套理想，并始终坚持此一理想，来迎接外面种种的事变。

新亚自接获外界帮助后，教授同学日增，各系扩展，内部日趋复杂。在此情形下，将来究如何？我们并不知，且亦无把握。例如当初办研究所，即曾经过一长时期之辩论。如要不要办？如何办法等？其他学系的增设等亦均如此。

从前学校犹如一大家庭，在桂林街时，我下课以后，可与任何一位同学交谈。现在我不但不知同学们之姓名，甚至不敢确认某一同学是否为新亚学生。今日我们学校已不再似一大家庭。同学之间，因此亦有了各种不同意见。已毕业同学和新进学校的同学，各自有一套想法。我记得在一九五六年夏，借协恩女中礼堂举行大学部第五届毕业典礼时，曾说：希望同学们对学校要多爱护，不要多批评。即使有批评，亦应自爱护学校之本原上出发。但那时，事实上批评渐渐超过了爱护。并且各方面意见不同，好像只听见一片批评。尽管说是爱护学校，总是对学校有不满，此乃危机之一。

在教授方面，亦有了新旧之分。比如一个大家庭分了家，各系同学仅与本系教授保有亲切关系，如此逐渐有系与系间之界限。例如以前学校全体师生，每年至少旅行两次。我个人也从没有一次不参加。到后来同学多了，无法联合在一起，各系皆单独举办，以致我每有无所适从之感。在去年，我们曾有一次全校师生旅行，然而一至目的地，各系仍自分开。实际上，亦无法不分。又如最近这次除夕晚会之摊位游戏，亦是各系自为一单位。其势如斯，不得不尔。不过此一情形，仍自过去之大家庭精神蜕变而来。

另一方面，新旧同学间亦显有隔阂。例如在过去每逢过旧历新年时，同学们多至先生家中拜年。现在新同学日多，不可能仍保旧风。在此等处，新旧同学间也会互有批评。此因学校当发展时期，我们并不知下面将如何变。空洞的理想变复杂了，于是师生们的精神自会稍嫌涣散。那时我曾再三要求大家，对学校要多爱护而少批评。我总觉得当时学校相当危险，潜伏有种种离析之可能性。

新校舍建成后，我曾讲过，经过了一段发展，应能有一段安定的时期。上次除夕晚会中，我又告诉诸位，我们希望能稳定一时期。第一步站稳了，再开始第二步，不可跳跃前进。那第二段时期约有三年，此三年中实是相当艰险。因此第一个四年是困难期，第二个三年是艰险期，最近的三年幸而日趋稳定，危险期幸已度过。雅礼与新亚之合作，也已日趋融洽。此外援助我们的，如亚洲基金会，或哈佛燕京社等，亦都有此情形。双方关系之增进，应是自然而然的，不能勉强，求其一步登天。现在已是危险期后走上了一稳定期，能稳定了，然后再求扩展，是较省力的。

我现在勉强将新亚十年来之发展，分成为三个时期：

一、生长时期：亦即创始期。在此期内，新亚一日一日长大，渐得各方面看重和帮助。

二、转变时期：亦即发展期。此时有了自己的校舍，日趋发展。犹如植物之开花期，开花期也是一危险期，人在得意时亦每易有危机。

三、成熟时期：成为今日之新亚，渐已定型。

但若将过去十年合起来看，仍应只算是一开创期，下一十年将是危险期，而再下一十年方可预想为新亚之稳固期。

每一件事，在开始时总觉空洞幼稚，但此时期却最可宝贵。例如研究所创始，固然令人时刻担心，然总是在日日长大中。但今天的研究所，能否再如开始时之日见长大呢？又如艺术系，在创办时是勇往前进的，但到现在也会觉到渐渐与各系无甚差异了。因此我们的事业在日益稳固后，应自加倍警惕。一如逆水行舟，若停留在目前阶段，认为满意，则必然会退步。

我们的校歌"手空空，无一物"的情形，现已渐成过去，新亚在物质上已有了些基础。然而前面正是"路遥遥，无止境"的阶段了。我首先要求诸位都要自我警惕，不要停留退步，要勿忘最先所有理想，日日向前。其次，明年我们的学校或许又可能到一转变期，面临许多新的困难。我们在形式上虽不能再与桂林街时代相似，但总要保留新亚大家庭之原来精神，要师生合作。再一点，我希望诸位同学对学校要爱护多于批评。若批评过多，则将成为对学校的不满，此是一危机。今日同学们似仍有两大缺点：一是对学校之不关切。二是无生气，不活跃，不往前。

十年来，我们只可说是建立了一个新亚书院。明年起，新亚将面临另一时期。我这次赴美将要在十个月后才回来，此十个月内之变化必定很大。我希望诸位能和衷共济，努力向前。学校一切均能照常，并且蒸蒸日上。

中国经学家讲《公羊春秋》的说有三世：一是拨乱世，二是升平世，三是太平世。新亚在香港十年而能有今日，这是拨乱世。开创难，守成更不易。拨乱世比较简单，因只要冲开一条路。其后慢慢向前，却更难。以后十年的新亚，希望是一升平世，逐步稳定发展。至于太平世，其实永远只是一理想，或许永远不能真有此一世。对于新亚来说，也该是路遥遥、无止境，永无太平世。我们只能把太平世的理想,安放在拨乱世与升平世的过程中。今后十年,我们又会有一个新时期,大家要小心翼翼向前发展。我在此临别前,谨祝福诸位能同心协力,将此一事业向一更理想之境界迈进。

(二卷十四期)

本校今后的理想与制度

一九六〇年一月十六日欢迎吴副校长、
程训导长、研究所谢教务长、
研究所潘导师大会讲词

诸位先生、同学：

今天我们在临大考之前，周末的下午开会来欢迎副校长吴俊升先生，训导长程兆熊先生，研究所教务长谢幼伟先生，和研究所导师潘重规先生。此一欢迎会，可说是对新亚前途充满着光明和希望，并且有极大的意义。此四位先生中，潘先生本在南洋大学执教，那边聘约是在本学年告终。我们现在是预聘他从下学期起开始授课，所以我以前未曾向诸位谈过。而程、谢二先生，则原是希望在本学期初来校，在开学典礼时，我已向诸位作过介绍。至于吴先生，我们早已和他接触洽聘。因他有一研究计划，须到美国考察访问，不知道需时多久，因此未能决定。自吴先生至美两个月后，始答应重回新亚。本校在桂林街时，吴先生早已参加，所以新亚亦可说是他的老家。但吴先生允应重回后，不久又要重作考虑，在此期间我不好对诸位讲。因吴先生来担任的职务责任重大，他若不来，我先讲了，恐使诸位失望。所以我在去年除夕晚会，和本学期最后一次月会中，皆未提及聘吴先生事。最后吴先生才电告决来。吴先生所以中途迟迟不决再三考虑者,并不是关于他个人之出处,而只是考虑他若来新亚,对学校有无贡献?倘使他来对新亚无贡献,或反有碍,便不愿来。吴先生是一肯负责,能担当,且能精密考虑的人。他所考虑的不在新亚之内部,因他自己就是新亚的旧同事,今天许多旧同事仍在学校。即新同事中,他也有甚多熟识的。吴先生所考虑者,是在学校之外面,考虑学校的整个环境与对各方的关系。我常说我们学校虽小,但背景却甚大。也可说是各方面关系相当复杂。吴先生来新亚,须考虑到他所担当的职务与学校各方面的关系上。结果事实证明,他之来不仅对学校无碍,甚且有利,所以吴先生最后终于毅然决然答应来校。吴先生经过了两个月的精密考虑后,而作此决定,我想他对新亚定有一极大自信,必能对本校有甚大之贡献。

我现在接讲我们所希望于吴先生者,这是我个人的意见。吴先生决定来新亚前,他的来与不来,在我心中始终盘旋着。本学期最后一次月会时,我讲新亚的回顾与前瞻。过去十年来的回顾,我已讲了。前瞻一层,则并未讲到。今天我想借此机会来补讲这一方面的话。

我们学校今后所最需要者,亦即过去所最缺乏者,乃是学校之"制度化"。我们在桂林街时代,只抱有一个理想。从嘉林边道来农圃道后,理想渐与事实接近。理想要与事实相融会相配合,这是相当复杂艰难的。我们今后所当努力者,主要当使学校之制度化。即如今年所新聘的各位先生:研究所教务长从前由外文系主任张葆恒先生兼任。副校长、训导长根本是新添设的职位。研究所过去也并无专任的导师。本校日益发展,各部门也逐渐分开。现有文、商两学院,不久又要有理学院。在此情况下,学校之制度化是亟须的。制度即是一规模,亦可说是一局面。亦可说有了制度便是走上了轨道，从前只是崎岖前行。

孟子有两句话："徒善不足以为政，徒法不能以自行。"善是人生的最高理想，然而只有一理想，纵然高，却不能平白地在事业行为上表现。新亚在桂林街时，只有一理想，并未曾与事实交融为一体，可说是仅见精神未成局面。现在本校先生、同学日多，自要建立起一规模，此需一项活的学问来促使其实现。理想可从书本上得来，如修、齐、治、平之理论，诸位读了《大学》，即可获得此等理想与观念。然而我身非汝身，明日之我又与今日之我不同。家与国更是日日在变动中，明日将如何？我们并不知。若我们求把理想融入于明日之未知中，此即需要一种学问。而此种学问则是活的，并不能专在书本上获得。此须事上磨炼，有人生事业之真实经验，才能接触到此项学问之真实境界。

三十年前，我曾与吴先生同事，那时他是北京大学教育系主任。当时北大一个学系的学生至少有七八十至一百多，教授也可有二三十人，可谓相当庞大而复杂，吴先生在那时早已有了丰富的行政经验。抗战时，吴先生进入政府教育部，负责全国高等教育。不久以前，尚在台北教育部负责教育行政。因此吴先生早已有了此项活的学问修养。吴先生可说是始终致力于教育行政工作者。

法与制度是空洞的、呆板的，亦可说是死的，它自己迈不开步，不能自己往前。我见过许多大学有经费，有规模，局面大，各种设备亦齐全。好像是有了制度，却无精神、理想。此正如孟子所说："徒法不能以自行"，只是一空架子存在着，要它真向前却也难。诸位不要误会吴先生是一只会办事、能应付的人。吴先生是学教育的，又偏重在教育思想与行政方面。最近他赴美，即借杜威诞辰一百周年纪念，去参观访问各著名大学和学者。吴先生前在教育部时，曾有甚多关于我国教育制度上之建树，中国在此一时期的大学高等教育的立法，大部成于吴先生之手。不幸国家未能有一日之安顿，吴先生之精力可谓是浪费了。我想吴先生何不以其数十年之教育理想与经验，再回新亚老家来施展呢？吴先生不仅有经验，且在教育上有一套系统的理想。此与我们新亚各位先生之理想是大体相一致的。

新亚第一个十年是过去了。此下第二个十年，要将新亚理想加以具体化，即是一步步走向制度化。使新亚真像个样子，有规模、有局面。讲至此，我自己很抱歉。上面所提，孟子所言我是懂得的，然而我自知并无此项本领，因我无此项经验，或者是我的才性本不宜在此方面发展。因此我只能闭门读书，上堂教课，却不能实际从事学校行政。我想今天在座者，仍有桂林街时期的同学，大概还能记得在五年前，我曾公开讲过一番话，我说："以前的新亚是用了我的长处，以后恐怕要用上我的短处，今后我对学校的贡献将极有限。"

我最喜欢《论语》上的四句话，即是"笃信、好学、守死、善道"。我在年轻时，即常以此八字来反省、自勉。

关于"笃信"一项，我希望诸位能给我六十分。对于治学、处事，我能有笃信。如我深信中国一定有前途，我一生即从不曾放松了此一信念。"好学"我自信也勉强能及格。"守死"二字，以前我不深晓，后来历经艰困，才体会到此二字之真义。新亚在困难时，我决不逃遁，便是此二字的教训。但此后新亚有办法了，我自审才性，该是临当退避的时候了。倘使要我带兵的话，我想我最多只能做到曾文正公所谓"扎硬寨，打死仗"的一法。曾文正带兵绝不能与王阳明先生比，犹如诸葛孔明用兵不能与曹孟德相比一般。在用兵上，阳明似孟德，而曾文正则似孔明。

学校到了今天,四面八方逐渐呼应起来,应能在各方呼应中去找寻一条路,这是一个问题。这是不再要扎硬寨,打死仗的时候了。这时不是要"死守",而是要"善道",但我在此两字上实在是不及格的,绝拿不到六十分。在学校困难时,我可坚持苦斗。然而在今后学校对外之周旋、对内之策划上,则实非我之所长。吴先生若能在此数年前早来一步,学校或可更好。今天我们固然要稳健向前,但不能只有理想,而无做法。霍去病谓"用兵存乎一心",不用读兵书,此见他有军事天才。在军事方面,须有活的学问,不能如赵括般徒读父书。我相信吴先生在教育行政方面是有此天才的,而且有充足的经验与具体的成绩表现,已属人尽皆知了。今后本校对外的应付,对内的策划,使之如何走向制度化,我想此正是吴先生对今后学校之贡献所在。

我在欢迎训导长程兆熊先生的会上曾说:我们必须要有一制度。犹如一大家庭,亦必须有家法。新亚在过去是一小家庭,现在成了一大家庭,不能再无制度。

诸位要迎接此一新光明的来临。我们自今以后要逐步走向制度化,中国文化并不是不看重制度,无宁说更看重能有一大制度,即是能与理想配合的大制度。

我们的研究所也是前途有很大希望的,今天有谢、潘二位先生来,研究所也添了生力军。

今天我个人感到无限高兴,后天我即将离校赴美,待我回来时,希望学校有着无限的光明和新气象。不仅能保留过去长处,尤要在能逐步制度化,来补充以前短处,来创新我们学校的新生命,来奠定我们学校的新局面。我希望各位同学,也能在此学校一大目标之下,与各位老师充分合作,迈步向前。

今天此会，我要说，我们不只是来欢迎副校长吴先生，训导长程先生，研究所教务长谢先生，和研究所导师潘先生，而且是在欢迎我们下一十年的一个光明的、新的新亚书院。

（二卷十五期）

附：钱校长赴美欧行程

将顺道往日本，回程时考察欧洲各地高等教育，并与英国大学联会交换香港中文大学之筹设计划。

钱校长应美国耶鲁大学之聘赴美讲学，定本月十八日，乘泛美机经东京、檀香山、三藩市至纽约，转抵纽海文。

中途在日本作一星期之逗留，并将在日本东京大学、京都大学，及亚细亚大学等校作学术讲演，定一月二十三日飞赴檀香山，在该处停留两日，参观夏威夷大学，考察该校汉学研究情形，于二十五日，离檀香山经三藩市，预定于二十六日抵达纽约，转赴纽海文耶鲁大学。

此次钱校长所担任之特聘讲座，其专题为"汉学研究方法"、"中国经学"及"中国文学史"。讲演期间，预定自二月二日起至六月初止。讲演完毕，将赴美国各地考察各大学有关汉学之研究及其发展等情形。八月中旬转道英伦，参观牛津、剑桥、伦敦、威尔斯及其他各大学，并将与英国大学联会高级当局，交换香港中文大学之筹设计划，然后转道罗马、巴黎、波恩、雅典等地考察高等教育，约于十一月初旬返港云。

自美来函（一）

诸位同学：

我离开学校到今天，恰已十天了，但我心上天天忘不了学校。我去东京，新亚在亚大的五位同学，深夜到飞机场来接，又深夜到飞机场去送。我再三叮嘱，接了不要送，因亚大去飞机场路途十分遥远，但他们仍然全体来送行。我去亚大演讲，新亚五同学，又特地来会客室，围在一桌，在百忙中，谈了十分到一刻钟的话。

我来耶鲁，新亚同学孙述宇，在清晨四时即远从新港去纽约，同车的是雅礼去年离新亚的柯克先生。至于罗维德博士，他老人家已先一天到纽约。他们三人一清早六时左右已会集在机场，但飞机误时，我们在七时半始抵达。那天上午十一时，我们安抵寓所。我们新亚王佶先生的妹妹夏夫人，已先在我们抵达以前，替我们安排了许多瓶瓶罐罐，油盐瓜菜一应俱全地装叠在橱柜里，我内人可以立刻做一顿中国饭。

元旦那天，一清早，孙述宇便来拜新年。当晚，夏夫人又请我们上中国菜馆，也算在外国尝了少许中国新年的情味。还有新亚一位女同学赵玉立，她已在此结婚，生了两个小孩。这周末她要请我们到她家去吃晚饭。此刻雅礼在新亚的那几位先生，他们的家属知道我们到新港，都远道送礼物来，花呀果呀！我们收到了，还得打听那些礼物究是何地何人送来的，结果仍然是新亚的关系。又在我们新亚教课的胡大乐先生，知道我们来了，特地从纽约附近赶来，亲到我们寓所，约我们去他学校小住。去年离港的那位高国麟先生，他是在任职香港亚洲基金会时，尽力帮我们研究所的，也亲来我们住所。只有罗维德夫人因感冒，不能来，我们也还没空去，只通了几次电话。

你们看了我上面许多话，便知道我们在此十天内，仍然如在香港般，仍然多接触到有关新亚的人。至于谈话提到新亚的，我此处不想再提了。还有卢鼎教授，他是雅礼方面来香港的第一人，开始决定和新亚合作的。我已和他见了两次面。一次在餐席上，他回忆当年来香港的情形，告诉我许多我以前所不知道的经过。他曾和我们第二届的毕业同学奚会璋接谈过，他到今还记得。我们过夏威夷时，有许多人和我提起唐、谢两先生来此出席哲学会议的事。又曾和夏威夷大学一位校董长谈了一些此后两校交换教授的计划。因此，我此十天内，虽然离开了新亚，还是天天接触到有关新亚的人和事，这真使我十分高兴。我此次远在日本及美国，居然能到处遇见到新亚，想来你们闻此亦会高兴吧。

我初来，实在太忙了，匆匆写此几行，并诚恳感谢你们的除夕联欢会和许多同学到九龙机场的送行。在机场的照相，也有许多张已由伍先生寄来看到了。即此止笔，此后稍闲，当再续函。

一九六〇年一月二十九日晚十时
钱穆寄自新港

孙君鼎宸历代兵制考序

余识孙君鼎宸,在一九四八年冬,时君方膺苏州城防司令之职。余居娄门小新桥巷,其地三面环水,仅一路与外通,夜色初上,行人即稀。君来访,必于清晨或黄昏后。所谈皆历史文化学术界事,余窃心仪之,面告曰:"君少列戎行,能心不忘学,良不易得。"君谦逊若不堪。翌年秋,余来香港,重晤君,时余方创新亚书院。周末之夜,有文化讲座,僻街小室,仅容数十人,而每讲君必至。散座,辄殷殷有所询究,恋恋若不忍遽去。如是越五年,新亚始有研究所,君来请,曰:"自审年事已超格,资历亦不合,愿获一旁听席。"余曰:"君出席文化讲座前后逾百次,恐不能更有所益于君矣。"君请益坚,遂许之。每上午必上堂受课,下午,则埋首图书馆,日尽暮始离去。又告余,夜间则在寓攻读英文也。两载,毕其课业。君又造余,谓数年来,已粗知学问门径,愿授题试作一论文,为深造基。余曰:"君乃一军人,中年遭国难,潜心向学,志良可嘉。然当务求大义,庶他日重为国用,不必一意效书生。"君坚请,余曰:"无已,君其治历代兵制,他日当于君有助。"君欣然去,自此不复上讲堂,渐少相见。历两年,君抱稿盈箧,来谒曰:"兵制考已成稿,愿请改定。"余以冗杂,竟不遑。然念君在流离中,一意向学,十年如一日,猛进不已,而斐然能有所述作,其志可畏,其人可敬,其所造诣,亦已非寻常矣。今其书将付刊,余故为之序其始末焉。君方重有志治明儒之学,循此再有年,明体达用,国运将隆,君终必复出报国,而君自此益远矣,岂复是往日之孙君哉。

一九五九年己亥冬至前旬日钱穆序于新亚书院

(二卷十六期)

人

一九六〇年一月二十日在日本亚细亚大学讲词

新亚书院与贵校——亚细亚大学,虽然是建立在两个不同的地方,一个在日本,一个在香港,可是中日两民族是同文同种的。再说,贵校叫亚细亚大学,我校叫新亚书院,可说校名相同。记得一次在香港,与太田校长见面,我立即觉到太田先生是一位有崇高人格的人,这亦可说两校在精神方面先沟通了,才促成此后两校互相交换学生的协定。最近两年,交换学生每年暂定两名。我们希望中日人民更亲密地携手,将来对亚洲有所贡献。

我在四年半前曾来贵校,今天面目一新,这完全是太田校长苦心经营的结果。悬想四十年后,贵校的发展,当更难限量。四年半以前,我在一教室中与诸位见面。今天,在大礼堂,对着近千的同学说话。眼见贵校的发展,实使我感到无限高兴。

今天,我要讲的题目是一个"人"字。约在一千年前,中国有一本书叫《三字经》,每一个中国儿童开始读书时,都要先读这本书。《三字经》开卷的第一字就是"人"。近代中国,学校编的新教科书,初级第一年的第一个字,仍然是"人"。人字比较容易认识,你我同是人,小孩子对人字亦易懂。但我们进一步问,什么叫作人?人的意义是什么?不要说你我难以明白,可说从古来对此不明白的也真多。

我们通常说人生,指衣、食、住、行四项。吃饭、穿衣、住房、走路,这是人在生活,并非生活即是人。人为要生活,就得找职业。职业有士、农、工、商之别,但这是人在当职业,并非职业即是人。职业进一步而有事业,譬如政治、教育、经济、科学,各有专门,但也只能说这人成了一专家,专家也并不即是人的本身。人的职业、事业有不同,但同样由人来担当。若以国籍来分,有中国人、日本人、英国人、美国人、法国人等。用中国话来讲,便见其同样是人。若改用别种语言来讲,那同样是人的意义便不明显了。

正为中国人看重此"人"的观念,因此中国古谚说:"中国一人,天下一家。"这意思是说世界宛如一大家庭,譬如中国人为哥哥,其他各国人则如弟妹一样。可是要达到这理想,却不易。试从近代的交通、经济等各方面看,空间范围缩小,世界真像成为一家了。但若从人们的心理及精神方面来讲,相处愈密,冲突愈增。人与人,国与国,民族与民族,多为利害关系相冲突。我们当知,顾及自己,亦应顾及他人,心胸必须放开,才能达到"中国一人,天下一家"的理想。

前面提到过,贵校称"亚细亚大学",我校称"新亚",两校的命名,正欲使每一个青年知道,他们不仅是一个日本人或中国人,但同时同是亚洲人,也同是世界人。若要中日问题获得解决,必须先解决亚洲问题。若要解决亚洲问题,更非先解决世界问题不可。世界是一个,人类是一家,大家同是人,人类相同,应该共同来解决我们人类本身所共同面对的问题。知识不同,职业不同,可是人总是人。知识可以各有专门,职业可以分工合作,惟有人与人的问题虽分你我,而共同相通,易于一致的。

再说到大学,研究大学问的地方才叫大学。中国在二千年前，有一本书叫《大学》。我们刚才已讲过，由中国话讲，日本人、中国人、英国人、美国人、法国人，同是人。但人又可以分别为"大人"和"小人"。懂得研究，懂得解决人类的大问题的是大人。只以个人为主，只求解决个人一己生活的，这种人统称为小人。虽则人有贫、富、贵、贱，这些只是人的遭遇，不是人本身的区别。

中国人区别人，却不分中国人和日本人，也不分贫人与富人，但注重分别大人和小人。人之大小，观其心胸之大小。只顾一己，其心小。若能在一身以外，顾到自己的家庭，其心便较大。顾到国家与民族，心则更大。若能顾及全世界、全人类，那他的心更大了。中国《大学》一书中，讨论到修身、齐家、治国、平天下的道理。当知必要讲到平天下，人的问题才算有解决。必须天下平，然后国亦治，家亦齐，个人修身亦算达到最高的目的了。但为各个人的力量知识有限，不可能一下达到平天下的大目的。所以，我们只有一步步做去，由修身而齐家，而治国，而再到平天下。概括地讲，人类的问题是共同的。如何去解决的工夫，则由各个人各自做起。

中国人又把人分为：圣人、贤人、君子人、善人等。这和把人分为大小是同样意义的。中国向不把人的贫富或社会地位来分等级，如统治阶级，被统治阶级，资产阶级，无产阶级等。中国人注重的是人格，人格有高下，有大小。资产阶级的人不一定是大人，无产阶级的人不一定是小人。资产阶级的人也不一定是恶人，无产阶级的人也不一定是善人。看人不从外表看，乃以人的本质为准。但上面已说过，天地生人其本质则是同一的，而其生后修养有别，因此有圣人、贤人、君子人、大人、小人、善人、恶人之相异。

但中国人又认为每个人都可成为圣人的，人类最理想的社会，便是每个人都成为圣人的那一个社会了。前面讲过的《三字经》，它开卷第一句便说："人之初，性本善。"这是说圣人与普通人的天生本质是相等的，都是善良的。故中国人认为，每个人都可成圣人，即都可成为最高标准的人。如何达此目的，正是人类最大的问题。解决这一问题，必须循一途径。此途径，中国人称为"理"，即道理的理。

我们怎样能懂得理呢？这不能仅靠书本，或是仅从外面学。这该本于人之内心的。若人无能知理的心，便无法知得理。我们都是人，人相同，理亦相同。因此中国人说："人同此心，心同此理。"又云："东海有圣人，南海、西海、北海有圣人，此心同，此理同。"

那么人要达此理想，到此境界，是否都该受最高等教育呢？诸位当知，教育不只在学校中，也在社会人群中。所以不识字的人，亦可成为一堂堂的人。换言之，大学毕业，研究了高深的学问，获得了博士学位，著书立说，他的知识胜过人，但未必就可以堂堂地做个人。我们先要认识人的意义与价值，所以中国人才注重来分大人、小人、善人和恶人了。

记得四年半前到贵国，在京都大学曾与吉川幸次郎教授叙谈，讲到中日两国民族是同一文化的。吉川教授举一例说：日本人责骂自己的儿辈时，总爱用"你这样像一个人吗？"这句话只有日本人讲，中国人讲，其他各国人，似不讲这句话。人要怎样才算是人呢？人一定要是好人，才算是人。人为何定要做一个好人？人又如何能都做得一个好人？正为人的天性就是良善的。"性善"这一番理论，可以说是哲学，亦可说是宗教信仰，也只有东方中国及日本人才有此信仰。正如父母责备儿女，"你这样像个人吗？"儿女可以反驳："我怎么不算是人呢？"做父母的会告诉他，该如何才算是人。假如父母用此话来责骂儿女，儿女却说："那么你为何不送我进大学呢？"正因进学校不是做人的惟一条件。难道说，每一人进入大学就算是人了吗？又难道无法进入大学的，就不算是人了吗？当知要做真正的人，条件不在进学校。父母认为儿子做好人，是儿子当下的责任，他却不做，责任便在他自身了。故能责备他"你这样像个人吗？"这是中国道理，也可说这是中国文化。

一切文化从人创始。你我都是人，人主要在求解决人类共同的问题，那些问题不是杀一个人乃至杀千千万万人可以解决的。人与人间的问题，决不是用人杀人的手段能求解决的。国与国间的问题，也不是能凭原子弹或氢弹或任何武力来解决的。人的问题不解决，你我的问题，国家与国家间的问题，亦永远不解决。

从个人做一个善人开始，达到"中国一人，天下一家"的境界，这才是人生最大的学问，最大的理想，也是我们最大的责任。目前，世界上有很多问题待解决，知识日新月异，情形千变万化。但问题越来越多，而且越来越严重了。在此世界中，我以为最重要的是发扬文化，发挥做人的精神。刚才说到，亚细亚大学和新亚书院基于共同的目标，为达成一共同的理想而合作。这种合作是我第一次与太田耕造校长见面时，因为我敬仰他这人，而才产生此合作的。这是人与人，心与心的合作。我们两人虽然言语不同，又是初次相逢，然而造成两校合作的基础了。若此后有更大的合作，这是中日两民族文化精神的表现。不是一种理论，却要有信仰。

你是否相信人是同样的？你是否相信人有高下大小之分的？你是否相信人可以离开一切外在的条件，人人有做"大人"的可能?你若没有这种信仰,我想你的亲朋有一天会责骂你:"你还是个人吗?"这是一个最切身的问题。

今天,我这番话,只要大家明白,我是人,你是人,大家是人。再进一步问怎样算是人,怎样算大人。若是人不能为人,不能为一大人,一切学问知识会全无价值。人类将步入黑暗,任何问题都无法解决。这是今天我所要贡献诸位的话。话虽浅,但这是我个人的信仰。谢谢。

(二卷十七期)

何蒙夫诗境记

何子蒙夫名其读书作息之斋曰"诗境",而委余为之说。余曰:"有意哉!何子之名其居也。"盈天地一诗境也。《诗》三百,莫不有所比兴。比兴者,即物以寓心,象物以申心。天地万物与我为一。知诗人比兴之趣者,斯知天地之为一诗境矣。故孔子曰:"小子何莫学夫诗。诗,可以兴,可以观,可以群,可以怨。迩之事父,远之事君,多识于鸟兽草木之名。"夫鸟兽草木之名何足识?知所以兴与观,则知所以群与怨,而鸟兽草木亦与吾心相会,成为一天地,亦即见其为一诗境矣。夫岂天地为一诗境而已乎?即人生亦一诗境也。子在川上,曰:"逝者如斯夫!不舍昼夜。"夫子之叹,亦叹此诗境也。又曰:"饭疏食,饮水,曲肱而枕之,乐亦在其中矣。不义而富且贵,于我如浮云。"夫子之乐,亦乐于此诗境也。而群怨之深旨,亦胥不外是矣。故事父事君,皆诗境。夫子之为圣,亦圣于此诗境而已耳。何子名其居曰"诗境",其殆亦有取于此乎?姑为之说,还以请益于何子。

(二卷十八期)

曾何两先生哀辞

自我来美国，忽忽快已将三月。心闲无事时，常易想到学校。不断有学校中来讯，总说学校气象日新，师生欢乐，合作无间，不断在进步中。读了那些信，感到欣慰无似。最近所隐藏在心，时时会感到些怅然的，便是何福同教授的死讯了。我回想，何先生病久了，我在学校时，总是那么忙，何先生家和我家隔得不远，我好几次想去他家探问，但终没有去成。至今回想，我和何先生最后一面，究在何时，竟亦回想不起。只有这一事，几天来，在我心上泛起惆怅。哪知今天早晨，忽接程兆熊先生来信，说曾特先生在十四日忽然也过世了。程先生信上说，曾先生那天早上还去学校办公室，晚间九时起病，十时即不救。人生淹忽，乃有如此，真出意外。我们夫妇于晴日照窗之阳光下，骤展此信，俨如在此不到一月前之气候，好好在和煦天气下，一霎间阴云浮盖，霰雪纷飞，转瞬窗外皑皑然，室内也寒气侵袭，仿佛像两个天地了。我们骤得程先生信，一时心象，正是如此。

何、曾两先生，同是我们新亚的好好先生，古之所谓善人。不料短短在半月内，相继逝世。善人不寿，更觉可悯。尤其在学校正欣欣向荣时，他们两位，遽尔离开队伍，默默地走向另一世界去，这在我们新亚师生间，对此自然都抱有无限感伤。尤其是曾先生，这几年来，因担任学校训导工作，有许多事时时和我接触。他屡次来我家，有时和他夫人同来，我们夫妇亦时时去他家。他家几个子女，都曾在我们学校中，因此更添亲密。曾先生来我家时那些神态心情，一幅幅泛现在我眼前。我此刻回忆曾先生，也还如忆及新亚其他各位先生般，只觉是海天悬隔，哪能真切地感到曾先生果然已去别世了呢？

我常觉得人生只有抱着同样经验的，才是真相知，因此我常说，只有在同一事业中才易成真朋友。我们要找朋友，必须从事人群中。新亚此十年来，我和各位同仁，同此艰苦，同此奋斗。古人所谓"以文会友，以友辅仁"。教育事业，最是斯文之大者，亦最是仁道之著者。我感到我私人和曾特先生之友情，主要正为同事斯文，同在尽此一番仁心，而遂于此一段经过中深相结合。现在是死者已矣，生者不可不加勉。

程先生来信说，学校正为何、曾两先生捐款，开全校追悼会，又要为两先生出纪念刊，他信上说，盼我能写一短文寄去。我立刻放下正在手边做的事，彷徨嗟叹了一些时，立刻按下心，坐下写此文。想到两位先生之家况，何先生贫病交迫已久。曾先生一家，夫妇雍睦，他夫人亦在我们学校中任职，子女都孝友敏谨。在家是好子弟，在校是好学生。我又知其家中还有两老人，一家人口多，夫妇收入薄，生活过得极清苦，而曾先生夫妇怡然若不以为意，一心常在学校的职务上。此刻曾先生过世，他夫人要一人独自肩负上事老亲、下教子女之责。我因此又想到中国人之伦理道德，一切总使人要想到义当如此，便也只有说命也奈何了。

就我当前在美国之所见所闻，似乎死生之际，不会有此种心情和观感。何、曾两先生，同样可说是一个善人，正都是从中国文化中陶冶出来的人。两先生之家属，亦将在中国文化传统下处一种特有之景况与情味。我们对此两先生和他们两家家属所抱之同情,正亦是中国文化心之一种表现,而且也已同情到中国文化传统之幽深处。我想我们学校师生,必同有此感。特书此即速寄出,俾可如程先生所嘱,及时刊在纪念集中,以吊死者,以唁生者。哀哉!哀哉!

一九六〇年四月二十一日正午前钱穆书于美国新港耶鲁大学之寓所。

(二卷十九期)

自美来函（二）

兆熊吾兄惠鉴：

上月十七日来书，久置未答为歉。此间春假两周，各处人来，反而比上课时期冗杂。匆匆过去，甚为怅然。目下已开始上课了。明雍侄来港，曲折延迟，不知目前已得成行否？兄又写成了《学》《庸》讲义两种，真是笔健，羡极羡极。王西艾曾有来信，弟在此处，留至六月。七月当去西部。届时必过芝加哥。有许多新亚同学在彼处，亦已来信相约。令弟久未晤及，弟虽去纽约，到处随人，欲往访，颇不易。好在两地近，彼若能来，可得从容一叙耳。

此间气候多变，昨晨尚是下雪。春令迟迟，不知何时始到？或云须待弟行期，始见春到。然春来转瞬即逝。此间秋色佳，惟弟不能有缘欣赏矣。

前去纽约，见有蝴蝶兰展观，忆及舍间那几盆，不知兄曾否有暇去看过？明年尚可有一盆两盆有发花希望否？若兄有暇去，见到贯之夫妇，幸代道相念之意。在此无他事，然写信之忙，有胜于在港时。只是作答，懒于作向人问候之缄。惟心中则时时念到而已。弟在此杜门时多，出外应酬时少。客来，必先电话相约，极少久坐不走者。此种风气，弟极欣赏。在港多为无谓周旋，浪费时光，实大可惜。

每周必有一下午,有人来驾车出游,两三小时即返。所到只是附近数十里间,惟到处皆如在园林中。村落与都市无别,安富之感,令人回想祖国,乃如天壤相判。因念我们只讲义理,不问经济,终是一偏。如何教人从实际上,作富民功业,此乃一大事。衣食足,而后知荣辱。富而教,是人生一大顺序。中国人之贫,已到无可教之阶段,似尚远不能与两宋相较。弟去此间菜场,随内人购每日饮食所需,货品充物。来者无不有车,衣履皆必整洁,骤不知是农民,抑是工人?寓所附近,有黑人街,弟曾在黑人住宅区散步,彼辈居室,在港九亦已是中等住宅矣。亦不知此辈黑人,作何生活?来此之人,视若固然。试一细思,其富盛实大可惊羡也。

弟并不想多去大都市,只此等乡僻去处,实亦大可流连。一日下午,在僻处觅得一小池塘,环池高柳葱郁,大有江南风景。在一小咖啡馆坐下,玩赏窗外池柳。此等小去处,此一小咖啡馆,在港九亦已是上乘之选矣。三代汉唐,断无此盛。都市纵有腐化,然厚积深藏之处,非可忽视。此乃弟在此所得,聊述以当闲谈。匆颂近安。内人同候。弟穆。

(三卷一期,一九六〇年四月)

自美来函（三）

兆熊吾兄大鉴：

五月五日来函奉悉……关于与兄讨论世界宗教组织之美国女士，在此并未晤面。又普林斯顿哲学系有人去新亚，不知是否该校之教授，弟并未晤到。语言隔阂，与人讨论学问或事业，甚感困难。弟在此绝少与外人往还，职以此故。苟非有人专意来访，弟则绝少去访人，此亦一憾事。明雍侄能到港疗养，刻想已到，惟获早日康复为念。

弟自来此邦，已逾三月，接触渐多，感想日增。国人滞留此邦者，甚少佳况，然既不能安，亦不能决然舍去，宁忍心神上之苦痛，不甘放弃物质安乐之追求，此亦无可奈何者。此后教育，如何培植青年对祖国文化之自尊自信，如何提倡简单朴素之生活，如何能在此基础上接受世界潮流，能成一有体有用之才，此实大堪注意。

弟在此期间，亦深感到美国社会之种种缺点，以及美国前途之可虑，及西方文化之困难处。然以较之中国社会，无论如何，高出甚远。中国人如何推陈出新，于旧传统中觅新出路，此事实大不易。要西方人了解东方，更所难能。彼辈只能在自己范围内酌取少许东方意态而止。而东方人则全部忘却自己，结果亦甚难接受西方长处。人类悲剧，在短期内似无甚大光明。不知何时有人能出而担任此一大事因缘，为人类生活指示一新方向。吾侪则只有守先待后，能在此混浊中自保一分清醒，已大不易。所出愈远，所知愈少，弟在此过六月，即离此漫游，不知到欧陆后自己感想又如何？不知返港以后，自心安定，能否萌苗一些新知，抑或依然故我，全无长进？只觉离校以来，杂务日减，身心康健较胜，此乃惟一收获。

严冬已过，春令甚短，倏已初夏，繁花浓阴，到处可以留恋。无城市，无乡村，到处如一大园林。弟不喜去纽约，惟常在附近周围数十里内漫游，深感到一种流动的美，与从前所懂欣赏的静定美，各有胜场。公路上汽车来往，有如风驰电掣，转瞬间一切景色皆疾卷而去，然新景色纷至沓来，山阴道上，应接不暇，走马看花，另有佳趣。常欲写几首诗，惜乎为他事牵扰，终未下笔。惟游兴日增，常想多所领略。将来若能在此方面深入，可以告人在艺术上文学上如何调和中西，似乎比讲哲理较亲切，比讲历史较真实。偶感如此，敬请教示。

专颂近祺

弟穆拜上　一九六〇年五月十日

（三卷二期）

自美来函(四)

一九六〇年六月十三日雅礼大学赠送
人文学博士荣誉学位之经过

兆熊吾兄惠鉴:

昨读来缄,要弟将在此间获赠名誉学位时典礼经过情况,及有关照片等寄上,俾刊载于"新亚生活"中。弟昨函已婉言相辞。继思在此未必有人作此详细报告,而学校师生盼知此情况者必多,弟不应不亲自报告一番。

此事在弟来后未及半月,即由耶鲁秘书长Holden君亲交一缄,封面写有秘密二字,并嘱弟复书亦亲自面交云。书中即为赠予学位,征求同意。弟为此从未将此事向同人等提起,直至最近Holden君来告:"如有友好须参加观礼者,学校当局当特备席位。"但弟亦并未邀约任何人前来观礼。只翁君艅雨在新港,彼意欲一看耶鲁毕业典礼之情况。弟转托罗维德先生要一券位送去,却亦未告彼是日弟有获赠学位之事。惟雅礼协会早定于是日晚间举行一盛大餐会,为弟庆贺。芮扶书君自哈佛前来,彼转邀余君英时随车同行,途中余君谓:"随车去新港,重获与钱师见面畅谈之机会,固所心愿,但为了一顿晚餐,在新港住下三夜,殊所不耐。"芮扶书君不得已始告以实情。因此余君也在路途中始知。孙君述宇在此,亦未前知。彼是日获硕士学位,但并未出席，只去图书馆工作，始见本届获赠名誉学位之名单也。此间附设一东方语言学校，有不少中国人在此学校教书，并多在弟班上听讲，平常过从极密，但彼辈事前亦未获知，当天上午赴学校上课，始获消息。临时学校特为放假一天，俾许多先生们可来参加观礼。但学校并不有大量券位可以一一遍送，因此有些人急要想觅券位，有些人急要回家携取摄影机等，事先未有准备，不能为弟有计划地摄取镜头。

是日在连日阴雨中，忽遇晴朗，各地远道来参加观礼者极为踊跃，会场当在一万人以上。美国社会传统，重视此项典礼之热烈表示，出弟意想之外。当校长诵读对弟之 Citation 时，并由耶鲁远东系副教授李君田意在礼坛上翻译国语播送，此因弟不解英语，故学校特备此一节目。弟以一中国人，在此获赠名誉学位，据别人所告，已是二十年来所未有。至于在耶鲁毕业典礼中，有中国语播送 Citation 一节，则更属创举。

典礼方毕，有不少外国人走向内人面致贺意，大多数总说弟所获掌声为当日中最热烈最持久者，此是实情。彼辈事前并不知弟之名字，并多不知有新亚书院，只为中国人在此获赠学位者不多，而是日又有一中文播送，更属新鲜。彼辈之热烈鼓掌，只是为中国人表示同情，弟以一中国人在场作为一旁观人之心情，却不能不有一番深刻之感动。

同时获赠名誉学位者，连弟在内共十三人。前一晚在校长私邸欢宴，当日中午，又在学校办公厅有一盛大宴会。内中有老者，年事逾八十，前五十三年曾在耶鲁毕业，此次获赠名誉学位，远道自 Arigona 亲自驾车前来。当晚彼面告弟，彼有几位儿女、几位孙辈，及几位曾孙辈等。惜弟英语太不成，无法和他老人家畅谈。当日午宴，彼又邀他随来的许多家人，一一和弟夫妇握手见面。午宴既毕,此老人又在人丛中寻觅到弟夫妇握手道别。弟亲听他老人家在对别位向他道贺的人说,我特别喜爱那两位中国人,那一对中国夫妇。彼老人家亦不深知弟是一何等人,只知弟是一中国人。在我们参加游行行列时,他适和弟前后相随,他又向人说我们是老朋友。此老人在 Arigona 创办一博物院,弟夫妇此后旅行过 Arigona 时,不知能和彼重获一面否?

凡弟参加此典礼时之自己内心所感,只感到弟因是一中国人,而在此获人看重。当晚雅礼协会之欢宴,场面之大,感情之亲切与热烈,更使弟永感不忘。在场有雅礼董事长 Lauren Arnold 先生致辞,及罗维德先生之报告,主要均侧重在新亚与雅礼合作之经过及其前途之希望。并有耶鲁有名之中国史教授 Arthur F. Wright 先生致辞,彼历述自中日抗战以来中国学术界人士所处之环境及生活之艰难,与夫其奋斗不懈之精神,语极动人。此下由弟作一简短答辞,弟当时心情上实受莫大感动,若能由弟痛快发言,或能表达弟内心所感深处于万一。但演讲词已预先拟定,请李田意先生转读英文,因此不便临时随口讲,弟在当时甚感歉然。但弟此番短短演辞才毕,全场起立鼓掌,历久不断,弟屡张双手,请求停止,亦无用处。此次晚会,雅礼来新亚之 Bachelor 除赖孟端夫妇临时因事未到外,都来了。他们的父母家长及下学年两位新的 Bachelor 及他们的家长也都来了。演讲完,一番握手介绍,都是感情如一家人般。尤其是其他许多人,多半从远道来,在此至少须住宿一宵。晚餐照美国例,多由自己破费。他们并不曾和新亚有过直接关系,但他们对新亚之热情,则不待语言,已够表露。弟深感新亚接受此种异邦人之热烈支持,实在更增深了我们自己的一番责任。弟在当天晚上,又深感我是以新亚之一分子而在此受欢迎。弟深知此一日之种种被接待，完全是在我是一中国人，是新亚之一分子，若别人认为弟本人受此殊荣，实更加深弟内心之歉疚不安而已。信纸已尽，姑以此作报道，余不多及。即颂近安。

            弟穆上　六月十五日
             （三卷四期）

美新港雅礼协会公宴讲词

主席、诸位来宾：

今天我在此获得耶鲁大学的名誉学位，感到十分荣幸，而且认为这是我毕生极可纪念的一件事。不仅耶鲁是美国一所有悠长历史、有崇高地位的大学，更应该提起的，是耶鲁和中国的关系。第一，中国第一个留学生来美国，便是到耶鲁，远在一八四七年。容闳来美国，他是耶鲁的第一个中国留学生，在耶鲁攻读四年，一八五四年离耶鲁返中国，到今恰是一百一十年。此一百一十年的长时期中，中国接受西方文化的一个大运动，正由容闳在耶鲁开其端。

第二，应该提起的是雅礼协会了，他们创始于一九〇一年，在中国大陆从事教育乃及医药方面的工作，也已有半个世纪以上的历史。美国人在中国创办学校或建立医院，为数并不少，但由一个大学来发动主持其事的，似乎还并不多。雅礼虽并不全部代表着耶鲁，但雅礼这一个团体，产生在耶鲁，成长在耶鲁，他们这一团体之英文名称，用的"耶鲁在中国"，至少这一团体之精神与事业，亦可算得耶鲁的精神与事业之一部分。因此我们可以说，由于雅礼的关系，耶鲁对于中国教育事业有其极大的贡献。

第三，我要提及最近七年来雅礼协会与香港新亚书院合作之经过。新亚书院在香港创始，此是一九四九年的事。有一辈爱好自由，热心从事教育工作，而又尊重宝贵中国自己传统文化的学者，在极端困难中，创设这一所学校。这一学校万分艰苦的一切情况，这里卢鼎教授在一九五三年夏前去香港的时候，他都亲眼见到了。由于卢鼎教授之提议，雅礼协会在翌年，一九五四年，遂开始决定了雅礼与新亚合作的计划。这一计划也可说开创了中美两国教育文化事业双方合作的一个新面目。因雅礼完全尊重新亚教育宗旨与行政独立，而只在经济上从旁协助，那是史无前例的。向来只是美国人去中国办学校，却没有美国团体专来帮助中国人所自己主办的学校的。目下雅礼与新亚之合作，虽只经过着短短七年的时期，但在此七年中，已有了不少的进步。去年罗维德博士在香港，正是新亚获得英国方面承认，有于最近几年内正式成立为大学之可能，而罗维德博士在与英国方面关于此一问题之种种讨论，尽了他最大的努力。若使新亚能在此后，不断有进步，能在东方完成为在学术上在文化上能确有贡献的一所像样的大学，此不仅是雅礼协会对中国教育事业一绝大的贡献，而且此种合作方式，亦可说开了一新纪元，可在将来中美两邦教育文化合作事业之进程中，创辟了一新途径。

个人是新亚创始人中一分子，在去年新亚成立十周年纪念中，耶鲁校长格里司伍德先生有一函致个人，内谓："健全的不屈不挠的学风的高等教育，它之存在与持续，是代表人类保障东西文化最好的希望。"这一句话，提出了关于人类教育宗旨与文化理想极崇高极伟大的启示。谈到东西文化，无疑中国文化是代表着东方传统中之最久的，而美国文化则代表着西方传统中之最新的。但耶鲁已有了两百五十年以上的历史，雅礼的生命亦已超过了五十年，而新亚则是一新生的嫩芽，今年尚在它第十一个年头的幼稚期。转瞬间，新的转成为旧了，而旧之中仍可茁长出新的来，人类文化正在如此般演进。

本人来耶鲁，在此短短半年时期中，于授课之暇，写成了一部《论语新解》二十万字的初稿。孔子是中国两千五百年前的大圣人，新亚的教育宗旨，将以复兴新孔学为其使命中主要一项目。本人认为，孔子学说亦有在美国社会宣扬之必要。本人此一著作，乃求以近代人的新眼光，来解释中国两千五百年之文化旧传统中最主要的思想之真意义所在。本人希望回返香港以后，这一初稿能在一年之内写定。这是本人来耶鲁一件最可纪念之工作。若此稿出版后，有翻译成英文之机会，自谓对于西方人了解东方，可有稍微助益。本人愿将此书作为耶鲁赠予本人学位之一项报礼。

临了我内人和我谨敬感谢雅礼协会今晚给我们夫妇的盛大宴会和光宠。我并将代表新亚全校，乘便在此感谢雅礼协会所给予新亚的种种慷慨协助。谢谢诸位。

(一九六〇年六月十三日)

自美来函（五）

兆熊吾兄大鉴：

弟明晨离此赴纽约，住六日去华盛顿，住十天去芝加哥，住五天去三藩市。在华盛顿、芝加哥均预约演讲，须到纽约后预备华盛顿之讲词，又在华市预备芝加哥之讲词。所到须遇见之人，须游览之处，已甚忙迫，而天气已热，此间中午都至八十至九十度之间，闻华盛顿更热，此后一路恐难多写信。兄意能常以文字与新亚诸同学通气，此层当常存胸中，然恐不克有此机会。语言不通，总是有许多意外之麻烦。而在旅行中各地通信约晤，更属费时。不知到三藩市或西雅图后，能否有一天两天闲暇，略报行踪，供《双周刊》作资料。匆匆不尽。

顺颂近祺

弟穆拜　一九六〇年六月二十九日

（三卷五期）

自美来函（六）

鼎宸老弟大鉴：

五月四日来书，久已奉悉，未能即复为歉。大著《中国兵制史稿》已出版，闻之欣慰。承告一意潜心宋明理学，近方专读《明儒学案》，甚佳甚佳。能与程兆熊先生常相接触必得甚深启示。又告近方整理新亚文化讲座之笔记，此事若成，自对新亚有甚大关系，因借此可表示新亚最初几年之精神，长留一珍贵之史料参考。惟此项笔记年久，恐记忆不真，只就临时笔记整理，事极辛苦，若能完成，应费大力耳。窃意此稿成后，最好分送原讲人，在港者可以分别将自己所讲，加意润饰，俾成完篇。其有人已离港，无法请其亲自校读者，最好亦请与此讲演有关系之学者，过目一遍，庶免留有错失……如是或可少疵病，不知最近此项工作已否开始，究有实际困难与否为念？此事似不妨与唐君毅先生及张丕介先生等，时时商讨，若能成书亦大佳也。吾弟家务常累，仍能一心笔墨书册间，十年不倦不懈，为穆所仅见，不胜私心钦重，幸自勉力。在此流离辛苦中，为他人树立一榜样，此不仅吾弟一人之成就而已，亦可借此激发他人，影响之大，非可计算，故心盼吾弟之日就月将，更有进境，勿遽此止步，此自弟之夙愿，所以再道及者，亦鄙心不欲言不妨再言之耳。

匆此，顺颂近祺

穆一九六〇年六月四日

※　※　※

穆意整理笔记,不妨先就可整理者先整理之,其中有困难者,暂留后整理之,勿只一意依原讲先后次第为要。

(三卷六期)

附：钱校长伉俪讲学归来

本校校长钱宾四先生伉俪，前应美国雅礼大学之邀，于一九六〇年元月十八日飞美讲学。钱校长在美国雅礼大学授课历时五月，于六月三十日离新港，赴中、西部考察。中、西部地区漫游，时近两月，所经通都大邑，如芝加哥、纽约、华盛顿及三藩市等地，均应当地文化教育机关之请，作学术讲演。旋即飞赴欧洲，考察各国教育制度。计在英伦逗留二十日，巴黎十日，罗马五日。本月四日离罗马，搭泛美号航机返港，五日下午九时半抵达。

钱校长离港迄今已近九月，同仁、同学及各方友好深为怀念，其将于五日下午四时半抵达启德机场的消息传来，大家皆具欢欣的心情等候时间的到来，莫不以早瞻丰采为快。十月五日，适逢农历中秋佳节，依惯例，是晚当各有赏月酬酢节目；加以飞机一再误点：原为四时半，突改七时半，终至九时半；虽然如此，前往机场欢迎的仍极踊跃。计到机场迎迓的有：吴代校长、唐教务长、杨汝梅院长、萧约总务长、程训导长、各系主任、教职员、学生团体代表及文化教育界人士百余人。场面极为热烈。

飞机是九时五分着陆的，因旅客须经过海关检查，所以延迟到九时半，钱校长伉俪始步入迎机室。当他们二位露面时，一阵彻耳的掌声由人丛中响起，首先由学生代表邹慧玲同学趋前献花，接着钱校长伉俪与欢迎者一一握手问好，情至亲切。旋即驰车至新乐酒店下榻。

钱校长此次赴美欧讲学，其学术言论，极为国际人士所重视，对沟通中西文化贡献甚大。此不仅是钱校长个人之光荣，亦为我国我校之光荣。此次载誉归来，本校教职员特于六日下午七时假乐宫楼设宴,为之洗尘。是晚,席设十余桌,到者百余人。因久别重聚,席间自然是杯觥交错,别具欢愉的气氛。直至十时许始兴尽而归云。(若农)

(三卷七期)

三十四次月会讲词

我这次到美国去,离开了学校共有八个月。在这八个月中,不断接到学校教授们和同学们的来信,知道我们学校在各方面都很平稳地获得进步。现在回到学校,见到很多新教授、新职员、新图书、新课室、新设备,果然是各方面的进步都很大,使我觉得很高兴。

我在国外,见到了过去学校许多毕业同学。留学在外的,对学校还是很关怀很爱护。他们本身各自的努力与奋斗及其成就,也使我感到非常快慰。

只要是遇见中国人,几乎没有不知道有新亚的。他们对新亚也都很注意和关切,关切到新亚将来的发展。提到外国人方面,最值得报告的,是雅礼协会对我们学校的信心和热忱,尤其使我衷心感激。我今天特地提出要我们学校全体师生同仁,都因此有一番反省。所该反省的,是我们自己的努力与进步,是否足够配得上别人的关怀和援助。

我们不要以为接受别人援助是一件轻易的事。我初到耶鲁,即曾参加过一次雅礼的董事会,他们为设法募款援助我们,实在是煞费苦心,尽力为之的。在我临离耶鲁以前,雅礼协会又举行了一次盛大的公宴,参加的大概有四百人左右。他们中有大多数自远道而来,旅餐费都得自己花。这种精神,在中国社会里,就很不易见到。他们并不是都和新亚有什么关系的，他们之热忱援助，在精神上的，更远超在物质之上。

雅礼如此，别处亦然。如哈佛燕京社，也是帮助我们的一机关。我去哈佛，他们还特别放映了新亚的电影。事实上像新亚这么一间小小的学校，真是算不得什么。电影中的新亚，哪可和哈佛、耶鲁等规模相比，但他们都对新亚诚心加以赞美，且盼望新亚将来不断有进步。并不因我们规模简陋，瞧不起我们，这实在很难得。我到其他大学，有好几处都说曾在电影中见过新亚。我们学校虽小，最低限度已获得了国外人的注意和看重，这是我们值得欣慰，也值得时时将此情形来自我反省的。

我这次又去了欧洲，好多大学和学术机构，他们都知道有新亚的存在，并都付与以同情，这实在是很使我们堪自欣慰的。

只有两件事，使我心上感到不乐。

第一件事，就是我们学校三位教授的逝世。我在耶鲁时，接到学校来信说曾、何二先生去世了。在伦敦，又接到陈伯庄先生去世的消息。回忆当我在美国见到陈先生时，他还很健康。想不到回校来，竟不能再见他一面。我们失去了这三位教授，我相信我们全体先生和同学们，都是和我一样心下觉得难过的。

第二件事，就是"国庆"悬挂"国旗"的事。我为了这件事，特地提早一个月回来。我们过去"双十国庆"年年都挂着"国旗"，今年却因教育司署之不许可，而没有挂。这使我们心上都感到非常不快乐。这件事现在是过去了，但那心上的不乐却仍然留下。我想我们全校师生同仁，也都和我一样，会长留下此一份不乐的心情。

今天我不想把此事再提出讨论，我想把我心上为此事而引起的另一些感想，关于我们中国儒家书里面的几句格言教训，提出来讲一讲。

我们的校训,是"诚明"二字。此二字出于《中庸》。《中庸》说:"喜怒哀乐之未发谓之中,发而皆中节谓之和。"我们为着悬旗事,心上都感到了哀与怒。有了喜怒哀乐,则必然会发,而且也应该有所发。

《中庸》上说此四情之未发,叫作"中"。发而皆中节,叫作"和"。此"中节"二字,却值得我们注重。节,是一个限度。此种限度,也可说是在外而存在的。情发向外,外面便存了有此限。如我们离去了自己的故土,流浪到香港来,又何尝不有悲哀,不有愤怒。但为的那处境,那外在的节限,我们内情之发便都得要中节。若纯照我们内心情感,喜则是喜,怒则是怒。若必须中节,似乎不痛快,不圆满。但因发了即是外在化了,只有中节才能与外得一个和。逾限失节就不能和。儒家讲的"内外合一",这"和"字是很重要的。

有些同学对学校当天不"挂旗"感到非常愤激,这表现本是很好的。但愤激也不好不中节。我们为了要对外保持一个"和",有时就不得不认识此一"节"。喜怒哀乐是天生的,却惟有仁者方能使之发而皆中节。"中"是对内而言,"和"是对外而言。因有对外,才在中字之外又加上一和字。这是儒家所讲处世一项大道理。

《易经》六十四卦,为首是乾坤两卦,乾德主健,但坤德主顺。在坤卦上又有"直方大"之语。人生是该讲直道的,但我们在社会上要处处一直线向前,根本没有此可能。碰壁了,行不通又如何呢?我们该改变一方向再往前,但又得不废此直道,于是此一改道,就成为一直角了。经过几次的改道就成了一个方,方之四边全是直,没有一些委曲。虽说改了道,仍回到原位上,仍在原出发点上,如是则直线扩成方形而大了。我想这一讲法,是有深意存焉。

我们的校训是"诚明"二字，我想存于中的是"诚"，发于外而和便须要有"明"了。直道向前也是诚，但方而大则又须要有明了。诚是在内的，明是对外的。

一间学校不是一个人的力量所能办，也不是几位先生老师之力所能办，这需要全体师生大家共同努力。这话，我以前曾向诸位提起过。回想我们在桂林街的时代，那时，我们的学校还不能摆出来让人看，所谓新亚精神只是存于中，尚未发于外。今天，我们的学校是已经摆出来了，与人共见。就不能再关起门来，专是师生合作仍不够，更需要社会的多方帮助，使此学校变成为一社会的，世界的。此所谓"化私为公"。一切事业，只有公的，始是可大可久。试问若没有雅礼的帮助，我们哪得有今天？我还清楚记得在桂林街时的艰困，这种艰困实在也不可太久支撑的。自我们有了雅礼、亚洲协会、哈佛燕京社等机构之帮助，我们才有今日的发展。以前只是美国人帮忙，现在连英国人也来帮忙了。我们也不必把这些外面的帮助看作是耻辱，没有人能够独立自存的。我们办此一所学校，就须放开眼光，看远些，看大些，不要认为此事业可由一两人来办，须得放进大处公处，我们实在是不能关起门来自己办一间成功的学校的。

我们常说："新亚已没有了桂林街精神了。"当我们搬到嘉林边道时，便有人说我们没有了桂林街精神。现在搬到农圃道，更没有桂林街精神。但我们也须知道，我们不能够永远停留在桂林街阶段的。像一小孩呱呱坠地，不能永远是一个小孩。他要成长，要做大人，要有发展。事实上当我回想到桂林街时的情景，真像做了一场梦，不胜感慨。现在好多同学都未见过桂林街时的我们这所学校，是什么样子，而且也无法想像。只有我们身经其事的始能知道。我们实在不能，也不应永远留在那一个阶段。我们学校发展到今天这样子,也不过仍是一初步而已。我们还该有前途,到那时不是更变得厉害了吗?变,是必然的,无可避免的。我们不要害怕变。一个小孩子一定会变成大人,不能要他永远做小孩子。我们今天,可说那小孩子已由家中走了出来,进了小学。将来进中学,进大学,还要结婚,生儿女。我们当然要叫他不要把父母亲忘掉,但父母亲可也不能永远跟在他身边。他要离开父母是必然的。只心中不忘记他们就是了。

但这小孩渐渐长成,在他心中也该明白,他自己将来要成为一个什么样的人。由小学、中学、而大学、而出国留学,由学士而硕士而博士。但不能永远如此的,到他三十岁左右,就该有一个定型。此后的发展,也只是就此定型而发展了。

我们学校也一样,也得要有成长发展的。现在我们学校实在还未到定型的时候,我们也得想想,我们这新亚将该变成什么一样子。

但无论如何,她都得向前,不能后退。

而一直往前,究往何处去?这却是值得我们深思的。

这在事实上我们虽不能逆料,但我们一开始,便有一个宗旨,这宗旨却不可失。若失了,便如那小孩子已死去,更无存在与发展可言。

前途有大风大浪,是不可能完全避免的。我们不能要求天无风,海无浪。遇着大风大浪仍得向前。我们今天像是一条船已出了港,但距离大海却仍远,实在还未见过真正的大风浪。但大风浪就快要到来的,像我们今年"国庆"不许挂旗的那件事,据我想不过是个小风波而已,将来一定还有更大的风波。到时我们也不必害怕,只要能掌持那个舵,定下一个方向,奋勇直前,不断努力,就是了。

三十四次月会讲词

新亚之在变,不须我详细说。如以前同学们全由内地而来,现在的同学差不多全是香港的中学毕业生。以前在学校里见了面,人人认得。今天人很多,在学校里见了面,就有许多彼此不认得。这也是一种变。更大的,我们以前是关起门来办学,现在却和社会和国际都有来往,有交涉,不能老由我们几个人来办,这不是大变吗?

新亚是在变着,但无论其变成怎样,在变着而未定型的时候,在发展而未臻完全成长的时候,我们就得记住《中庸》上的话,使"喜怒哀乐发而皆中节",以求其得一"和"。这是应该的。小不忍,乱大谋,只从得不到和而起。

只要我们自己有一个理想,这是很重要的。不然的话,人向东,我也向东。人向西,我也向西。在小局面之下,似乎也无不可。但走到了大地方,人多了,有人向西,有人向东,那时候你该跟谁才好呀?我们得有宗旨,得有理想。纵使在现实中遇着艰困,碰了壁,仍得有自己的努力处。

守此"中",才能求此"和"。有此"诚",才能获此"明"。我们要存在,就得跑出来,求发展,不能永远都关在家里。无发展即无存在,而发展则必跟外界接触,就得注意那"和"了。

我这一次在外八个月,有一个极深的感想,就是我们国家民族不争气,千言万语只此一语。这是千真万确的现实。我们要有理想,但理想永远无法脱离现实。理想必须走进现实中,而理想与现实间又永远有一个距离。我们就只得一步步向前,这须大知大勇,须自己能时时反省,时时努力。

我今天这番话,请同学们大家好好去体味,去认识。

(三卷八期,一九六〇年十月二十五日)

中国史学之精神

本文为钱校长一九五〇年在新亚第一次文化讲座讲词,原为唐端正先生笔记,近经孙鼎宸先生加以整理。

诸位先生:

今天所讲的题目是"中国史学之精神",本人对此问题之研究,本很浅薄,现就粗浅所知,和各位谈谈。

人类的知识对象,大别可分为自然和人文两界,前者即成为自然科学,后者则成为人文科学。对自然界之研究,均从其量方面着手,故自然科学以数学为基础。对人文界之研究,须从人类的生活过程着手,故人文科学以历史为基础。中华文化,在今天整个世界的学术界里,能占一席地位,并对于人类文化有极大贡献者,正为中华之历史。为什么说中国的历史是世界各国中最辉煌的呢?其理由有三:

(一)中国把史学完成为一种专门学问之时间最早。

(二)中国人对史学兴趣比较其他国家民族为浓厚。

(三)就分量言,中国人的历史记载最称完备周详。

我们可以相信,当人文科学有较高的发展,而对人类生活过程要作深一步的研究时,只有在中国的史册中,才可以找到更满意的资料。它不独很完备地详载着人类悠久的史实,并包含有广大的地区和众多的人口为其对象。因此，这份宝贵的史料，我们必须为人类好好保留着。特别是我们中国人，更应该给予这份历史以广大与深厚之爱护和珍惜。

历史是记载人类过去生活史实的。虽然记载像是省力，但在记载以前，对史实的观察，却是吃力的。我们写历史，必须先经过一番主观的观察，即对此史实的看法，直到对此史实之意义有所了解以后，才能写成为历史，故世界上绝无有纯客观的历史。因我们决不能把过去史实全部记载下来，不能不经过主观的观察和了解而去写历史。若仅有观察而无了解，还是不能写历史。我们必须对史实之背景意义有所了解，并有了某种价值观，才能拿这一观点来写史。故从来的历史，必然得寓褒贬，别是非，绝不能做得所谓纯客观的记载。

历史不能和时间脱离，时间有过去现在和未来。一位理想的史学家，由其所观察而记载下来的历史，不独要与史实符合，且须与其所记载之一段历史之过去未来相贯通。若不能与过去未来相贯通，此项记载亦绝不能称为历史，而且也不能有此项之记载。若写史者观察错了，了解错了，因而记载的也错了。此将成为假历史，不能尽真历史之责任。写史有史法与史义，如何观察记载是法，如何了解历史之意义与价值为义。如何获得史义，则须有史心、史德、史识。惟其有史家之心智，才能洞观史实，而史心须与史德相配合，那样才能得到史识。

中国人向来所讲的史法和史义是怎样的呢？现在我们先讲几位中国历史上有名的史家，来做说明。第一我们讲到孔子。也许各位会奇怪，怎么孔子是中国的史家呢？其实，孔子自谓："我非生而知之者，好古敏以求之者也。"他就是由于研究古史之经纬，而集成一家之学问的。《论语》云："夏礼吾能言之，杞不足征也。殷礼吾能言之，宋不足征也。文献不足故也，足则吾能征之矣。"又云："子张问十世可知也。子曰，殷因于夏礼，所损益可知也。周因于殷礼，所损益可知也。其或继周者，虽百世可知也。"可见孔子历史眼光之深厚远大。孔子作《春秋》，"其文则史，其事则齐桓晋文，其义则丘窃取之矣。"孔子为鲁人，而他作《春秋》已能着重兼写齐、晋等国之历史，可见他早已从国别写史之范畴跃进，而以整个国际的眼光来写世界史了。这不是人类历史上一番惊天动地的伟大创作吗？孔子以一列国诸侯间平民的身份，僭越他当时天子之事而来作《春秋》。他自谓："知我者其惟《春秋》乎？罪我者其惟《春秋》乎？"其心底之所隐藏亦明矣。直到西汉司马迁，自承其写史乃学自孔子，又谓《春秋》"是非二百四十二年之中，以为天下仪表。贬天子，退诸侯，讨大夫，以达王事而已矣。拨乱世反之正，莫近于《春秋》。"孔子《春秋》是非二百四十余年，虽天子亦有贬，诸侯有退，大夫有讨，不问其上下尊卑，据义直书，为的是要达王事。《春秋》之义，司马迁此处说得极明白，故中国人作史之大义，实肇始于孔子。其后史迁作《史记》，不以孔子为列传，而特为世家以表尊异，是亦据史迁一家之史义而致之。

其次，如何才能写得客观之历史，这便是关于史法的问题。要得客观之历史，必须有客观之分析。此不独研究历史如是，即研究自然科学亦如是。中国史家对写史有编年、纪事、传人三体。《史记》分十二本纪、十表、八书、三十世家、七十列传。书体原自《尚书》，表和本纪学自《春秋》，世家、列传则为史迁所创。史迁自谓："究天人之际，通古今之变，成一家之言。"而他自己的史学修养，确能达到这三项目标。今人写史而能通古今之变，即已了不得。中国人理想中的写史，不仅要说明历史如何变，更要分析着年代、事迹、人物,而客观地苦心孤诣来写。所谓究天人之际,通古今之变,这已不仅是历史范畴,而且已超入哲学的范畴了。

今人写史多效西洋写法,又多藐视中国二十四史,谓是皇帝之家谱,此话实在太不确当了。因本纪只以皇帝来作纪年,所纪之事,则乃国家之事,非皇帝一身之事。凡有特别表现之人物,均有写一列传之可能。又如《史记》八书中所载河渠之事、封禅之事等,难道也只是皇帝家谱吗?班固著《汉书》,于八书外更加上了《地理志》和《艺文志》。《地理志》是讲地理的,《艺文志》是讲文艺的。把其时和以往的著作纂成目录,分类写出,说源流,明得失,难道这也是皇帝家谱吗?其后更有《通典》《通志》《通考》等。杜佑《通典》分食货、选举、职官、礼乐、兵刑、州郡、边防八门,实为一研究政治制度之完备史册。郑樵《通志》有二十略,即氏族、六书、七音、天文、地理、都邑、礼、谥、器服、乐、职官、选举、刑法、食货、艺文、校雠、图谱、金石、灾祥、草木昆虫。郑氏平生精力在此书中,有许多创见,其史识之卓越,即其所标举之二十略而可见,此诚世界仅有之伟大巨献。

近代西洋人写史,知从自然开始,先天文、地理、生物,然后再研究到人类之语言文化等。我们中华则一反其道,如郑樵《通志》,其所序列先依人生本身为中心,故首为氏族,而六书、七音,再及天文、地理、都邑。此即见中西史识观念之不同。我们史学发展,越后越盛。宋代人写史者最多。但明代人已很少能写史。清初人转而为考史。迄清代盛时,更转而讲经学。仅有章学诚写了一部《文史通义》,其中心思想为"善言天人性命,未有不切于人事者。人事之外,别无义理"(引《浙东学术篇》),

故谓"六经皆史"。章氏又谓:"史学所以经世,六经同出于孔子,先儒以为其功,莫大于《春秋》,正以切合当时人事耳。"此语亦可见中国之史学精神,在能经世明道,固非仅托空言。孔子谓:"未知生,焉知死。"治史即知生之学,能明史,自明天人之际,与古今之变矣。

(三卷九期,已收入《中国史学发微》)

第二期新校舍落成典礼讲词

诸位来宾、诸位同仁、诸位同学：

今天本校举行美国雅礼协会捐赠本校第二期校舍建筑落成典礼。我首先要代表本校全体师生，向美国雅礼协会表示我们诚恳的感谢。

新亚本是一所流亡的学校，在经济上绝无凭借。七年以前，美国雅礼协会代表卢鼎教授来香港，开始决定由雅礼协会按年对新亚给予一笔经常经费的援助，那时我们才能由桂林街扩展，物色新校舍，在嘉林边道成立了新亚书院之第二院。逾时两载，即由雅礼协会于按年之经常经费之补助外，又为我们另募款项，开始建筑我们此刻在农圃道的新校舍。于一九五六年落成，即于是年秋季始业，正式使用。我们由桂林街及嘉林边道转来农圃道，这是我们学校开始迈进新里程之第一步。今年是一九六〇年，距离我们第一期校舍落成仅隔四年，我们又见到第二期新校舍之落成。这一切，全是雅礼协会之美意乐助。我们学校得有今天之规模，可说完全是雅礼协会之所赐。倘使没有雅礼协会这几年来对我们之协助，我们将会仍在桂林街，这几年来之种种进步，可能全不能实现。

进一步，说到雅礼对协助新亚之精神与动机方面，更值得我们特别提起。雅礼之协助新亚，其主要动机，完全在同情新亚之教育理想与教育精神，而无条件地施与种种援助。这几年来，新亚虽靠雅礼之协助而获得发展,但雅礼对新亚,则绝不干涉其一切内政与向前之理想。换言之,种种事业是属于新亚的,而支持这一份事业的力量,则来自雅礼。雅礼协会只从旁协助,在雅礼似乎是只有施与,并无获得。在雅礼所获得者,似乎只是像今天般,听到我们说几句感谢的话而已。

我要在今天特别提起者,便是雅礼协会方面的这一种精神。这一种精神是至高无上的,其意义与价值是难可计量,难可言述的。我们知道雅礼方面的这一种精神,由于其宗教信仰而来,我们也可说这便是一种耶稣精神。在新亚,我们所悬为我们自己的教育宗旨与教育理想之主要方面,是想提倡中国文化,而更进一步来谋求中西文化之交流与调和。在中国传统文化里面,也正十分看重我上述的这一种精神。

因此,我要说,雅礼这历年来对新亚之种种协助,不仅在物质上表现了,在精神上也同样地表现了,而且更深切,更实在。雅礼方面之种种施与,实在便是雅礼精神之十足表现,十足完成了。

但回过来说到新亚,我们得人信任,受人协助,我们自身方面,对我们的教育宗旨与教育理想,究竟表现了几许?完成了几许?这是值得我们今天在向雅礼表示我们诚恳的感谢外,该反身自省,来切实检讨我们自己,鼓励我们自己的。

若我们对自己所标举的理想与宗旨,自己无所成就,只凭着我们几句空话来博人信任,获人援助,那在我们的内心上,将感到是何等的一种愧疚呀!

在雅礼可以只有施与,不求报答。但在我们,将何以自处?这是我们新亚全体师生所应时时互相警惕,时时互相鼓励的。

让我趁今天机会,欢祝雅礼精神不朽,欢祝新亚前途无量。

(三卷十期,一九六〇年十一月十二日)

从西方大学教育来看西方文化

一九六〇年十二月十一日应大专公社
邀请作学术讲演之讲词

诸位先生：

今天我本来要讲的题目是："对西方文化及其大学教育之观感"。我想这个题目太大，不好讲。所以改讲："从西方之大学教育来看西方文化"。

我们在讨论文化问题时，应具两种心理上的条件：一是平等，一是客观。我们对于一切文化，皆应有平等观与如实观。我们应知世界上各种存在之文化，必各有其意义与价值，不然如何得以存在？我们第一步应懂得承认它应有的意义与价值，第二步是来认识其意义与价值究竟是一些什么？此方为我们应有之态度。

任何一文化有长处，亦必有短处。在我们求认识讨论某一文化时，首应认识其长处，不必多注意或挑剔其短处。世界各文化当互将长处相调融发挥，如此方可有一新文化出现。即使要批评某一文化之短处，亦应自其长处去批评。例如：批评一音乐家，应自音乐上去批评，不应批评他不善于运动。其次两种文化相较，必有异同。我们应注意其相异处，不必太注意其相同处。

我们研究或讨论文化问题，应具此二条件，然后世界方能希望有新文化出现。不应主观地认为人家的不好，自己的才好。但是反过来像我们"五四"时代之认为人家都好,自己都不好,则荒唐之至。

我今天特别侧重讲西方的大学,并由之来看西方文化。

讲到西方大学,我们不得不承认西方大学之伟大。此可分两点来讲:一是其大学历史之长,一是其大学规模之大。

像美国的耶鲁与哈佛,英国的剑桥与牛津,它们的历史皆较其国家政府为长。美国耶鲁大学建校已有二百六十余年,哈佛更超过了三百年,但美国开国却尚未及二百年。英国之牛津、剑桥,则在西方中古时期即已建立。此乃我们应注意之第一点。

第二点是西方大学规模之大。如上举四大学,皆以其学校为中心,而成一"大学城"。亦即是,其大学本身即成为一很像样的城市了,此外乃附带于此大学而存在者。这种情形,在我们社会上不容易看到,此亦可算为欧美大学之特点。

如此历史悠久规模宏大之大学校,却都是私立的,在他们背后,并无政府或公家在支持。他们开始时,仅是少数几个人,附带着少数学生,那是小规模的,一个小团体。此少数创办人,亦并不是有名伟大的人物,只是抱有某些理想的一些普通人。先是成立了一个个不同的学院(College),后来才合并在一起,称作大学。University一字之本义即是:将一切合成为一个。此等大学在开始时是私人的,后来可称为团体的,乃是私人与私人间相结合而成为一集团。西方大学开始都是私立的,是在社会中之一个社团。而此一社团,其事业可维持下来一二百年,甚至五六百年。不仅不破败,抑且更进展。这是一件了不得的事。此种社团,其活动能维持下来,较诸国家政府尤为久远。国家政府变了,而大学仍然继续存在。此种情形,只要我们一读英美国家历史即可知。这一点我们平时不注意,只看到如此一个像样的大学,却不问其如何来的。

其次我们应知者，厥为西方大学开始时乃是宗教性的。略读西洋史的人，皆可知此一事实。中古时西方之修道院、礼拜堂与大学，乃三个性质极相近之宗教团体。西方人之所谓教育，乃从教堂中分出。在英国牛津或剑桥，每一学院即有一礼拜堂，礼拜堂是此学院之中心，附近四周围着许多建筑。直至今日，牛津、剑桥仍保留着他们几百年前的古旧原貌，并无多大变化。我最近至牛津时，牛津校方因英女皇要来参观，而其校舍建筑石砌的墙壁皆因年久，表面已呈剥蚀状，他们将石墙外风化层加以刮磨，重加粉饰。牛津、剑桥中人，每以其所保有历史悠久之古老建筑为荣。现牛津城设了一汽车厂，遂将此大学城一半变为工业城，牛津教授们觉得甚为讨厌。又在增建新学院时，校方有两派的意见争论着，一派坚持保存古貌，一派主张参用新式，彼此争持不下。美国耶鲁大学之建筑，亦都是中古式的。其新建筑尚未到一百年者，但亦模仿古老式样。西方人看重古老气氛与其旧的传统，特别在大学中表现尤显。

我在哈佛时，居住在该校之贵宾室。那是一个二层楼八间房之小型建筑。他们说：此屋极有历史价值。其贵宾签名簿上，极多美国或世界上之著名人物。此建筑最近曾依原样迁移一次，从街道那边迁到街道这边，耗资甚巨，而仍完全保留其古朴的式样，毫无改变。若使拆旧建新，至少可省一半经费，而且可更是摩登好看些。西方人们甚注意历史传统，至少在大学方面是如此。但中国今日则只知新的有价值，旧的全不要，这正可成一极端之对比。

美国大学中尊重历史传统，又可于下述一事看出：为了遵守学校原来规定，至今不准男女同校。乃于大学内另办一女校，以变通办法来收纳女生，此种情形亦可谓是甚可笑的。我们应知西方大学，乃自宗教开始。故于大学传统上，有其宗教精神，即是有一宗教信仰而创始。其后方渐发展成为今日之大学。近代中国大学，自开始时即与西方大学不同，故无法讲历史传统。

西方大学，第一是有其悠久的历史，第二是由私人自由结合而来。由于后者，故欧美大学皆保有一自由精神之传统。此一自由之集团，不依附于政府，不依附于社会任何一部门，此乃独立于政府及社会各社团之外，而自成一社团者。

另一方面，西方大学是极重职业性的。读西方教育史，可知西方大学在初期时最要有：神学、哲学、法律、医学等科。前二者可在教堂中服役，后二者可以走出教堂作谋生之用。青年们进入大学时，先有一宗教信仰。走出大学后，又有一专门职业。职业则必将是专门化的。教授在英文中是 Professor，这是专家的、职业性的，亦是一信仰的。为一信仰发言，或宣誓、决定，亦名为 Profession。故西方接受大学教育之青年，乃是一有信仰、有职业者。关于此信仰与职业之知识与技能之传授人，即称为 Professor。一般青年人跟从聚居，遂成为 College，后遂逐渐合并成为一大学。自此处，吾人亦可了解西方文化之某种特点所在。

西方大学中，因其规模宏大，致使一人进入大学，乃至无法能懂得或了解此一整个的大学。某一人骤然走进大学，其首先注意者，厥为此大学之建筑。其次所看到者，乃其里面之设备。如拥有规模宏大之图书馆、博物馆、科学馆、实验室、体育馆等，凡此种种，皆极像样。观其学校之建筑与设备，便可知此一事业绝非能于一短时期内建成。但是诸位须知，彼等仅是一集团，集团中人常是在变换的，而此事业却不断在进步。无一人能完全懂得此学校，但此学校各院科系俱全，能不断在各方面发展。此绝非一人之事，亦非一人之计划可成。此一事业乃是属于一团体，而此一团体之历史则绵延久远，乃出人想像之外。

我们可再看西方大学之规模，各个学院、学系之分张与配合。自其建筑、设备、规模观之，皆极复杂，何以能合成一大学？则我们非进而研究其组织不可。若无一健全之组织，即不可能有此分张发展之成绩。

西方人喜讲法律、制度，我们应知制度是死的，要尊重此制度，遵守此制度，此制度方可发生效力。故在制度之背后，我们必要讲及其精神。我对西方大学之看法，乃是从其建筑、设备、规模来研究其组织。又将其组织与其历史配合起来，而寻求其精神。我认为如此，乃了解西方大学之代表西方文化之所在。

在西方人或自认为极平常，但自我们视之，则见为不平常。反过来说，亦有中国人自己认为是极平常者，而在西方人眼中则认为不平常。我们研究文化，该从此等处着眼。我现在来讲他们的精神：前面已说过，今天西方大学从历史渊源言，是由一种宗教精神、自由组合与职业训练三者配合而来的。最先是私人的，私人结合成为集团，集团更扩大成为事业。此事业乃由集团所推动而主持者，而此一集团乃创始自几百年前，并可延续至几百年后。今日其集团中之人，已非昔日之人，集团亦成为一抽象名词。私人在此一事业、集团中，其地位确已微乎其微，每一人乃是属于此一集团、事业者。此是私人参加了此一事业，而绝非此事业是我的，或我们的。

我在耶鲁领受其名誉学位时，一美国友人某教授，他大声对我说："你今天是耶鲁的人了。"此在美国乃极普通的一句话。然此话涵义，正见：我是此事业的，而事业则不是我的。

许多人讲文化，都说中国文化向内，西方文化向外。此处所说，彼等所看重者，乃在其事业，而绝不是在某一私人。这亦可说是向外的。

在美国，工人阶级每月可得工资四百至五百美金，大学教授可得八百至一千美金，仅多一倍。中国抗战前，在北平的一个大学教授四百银元一个月，用一仆人月薪不过四元，相差几一百倍。这亦可解释为，中国社会有尊师重道的精神。美国大学中任何发展，尽先皆在建筑、设备上，而绝不用来增加教授们之薪金。此一精神，亦可说是他们看重事业不看重人。

我们又说，西方人是个人主义者，但此亦可说西方人主要只是在其事业、集团中，服从而自尽其职责。此亦是一种个人主义。

西方人在学业中之地位，亦正如其在事业中。每一教授，其所治之学，则只是学海中之一滴。各人只埋头在各人的一门专门知识上。故每一教授，在其大学全体事业与学业分张展开之大组织中，真是微乎其微，各人只自尽各职。此亦可谓是一种个人主义。

西方大学对于整个政府或整个国家，有时似乎并不很关心。而学校对于每一教授之言行，亦多认为是他的私人行动，与学校亦无关。此仍然是一种西方精神。中国留学西方的虽多，然上面所指出的西方精神方面，似乎未能学到。

今日英美大学最大之变，乃在其自宗教变而向科学。理工科方面贡献日大，而宗教精神则日见淡薄。于此情形下，科学日益专门化。但对于人文学科方面而言，我认为在西方大学中颇为吃亏。如文学、史学、哲学等，都是不能太严格区分的，愈分愈狭，则所得愈浅。昔梁任公尝提倡"窄而深"之研究。其实人文学科窄了绝不能深。自然科学，愈分而愈精。人文科学与自然科学不同。后者是前人之成绩，今人可学而接受之，而更自此向前。前者如文学、史学、哲学以及绘画、音乐、雕刻诸艺术，都不能说通晓了前人的，接受了以前成绩再前进一步。人文学科只求能懂得，慢慢地吸收、消化、汇通，却并不能继涨增高。进入大学中，学人文学科的学生，最理想是懂得前人的，却并不能要他定要再进一步，超过前人。物质世界可以日新月异，精神世界则否。西方大学中，将人文学科与自然学科等量并视，是会出毛病的。

尤其是进入了研究院读博士学位，必须写论文，而此项论文，必求其有新贡献。此一观念，实不妥当。学科学可以常有新发现，学人文学科却不然。既是分门别类太狭了，又要求新发现，在钻牛角尖之下，而所得的发现弊病实大，对社会却会毫无帮助。

美国最近有一团体，曾广泛调查了五十个大学的学生，来做一关于他们所有世界地理常识之测验，答案用百分比来统计。结果发现了今天的美国大学生，连美国五十个州都弄不清，他们对世界地理简直可说毫无所知。非仅对东方，即使对西方亦然。此见大学中各科系皆专门化了，便易造成普通常识之缺乏。在美国民主政治之下，而其最高知识分子，常识日见低落，此可谓危险之至。

又有一关于美国学生英文程度之测验，结果亦发现有逐年低落之现象。此因美国大学中，并无一普遍加深语文训练之课程，故其一般的英文水准亦日渐下降。此种不注重通才，只注重专家的大学教育，结果造成了许多没有一般性常识的青年，以及没有高瞻远瞩眼光的领袖人才。此乃西方大学之短处。

然此种短处何以不在西方社会中显现其严重性？此乃由于西方社会赖有四柱支持，即：一、宗教；二、法律；三、科学；四、民主政治。一个青年在学校中随便学一点专门知识，在进入社会后，社会另有一轨道，让他们依从。在学校中尽可自由，一进入社会，即有此四大柱子在范围着。至于所谓领导社会前进的领袖人才，美国大学似乎是漠不关心的。只待他们在进入社会后，自己表现。

诸位应注意，在我们则并无有如西方社会中之宗教、科学、法律与民主政治那四大柱。西方大学教育，乃由西方历史在西方社会中产出，来教育其本国青年者。今天中国青年至美国后，多能发现美国缺点，而大肆批评。此种情形，与前不同了。不仅中国人如此，其他所谓落后国家之青年也如此。或许他们对美国之批评，比中国青年更甚。此辈青年返国后，他们所学得之专门精细的科学，或许无施用之处。而在人文学科方面，也多不能适用于他本国的真实问题上。此乃大堪注意的问题。

倘使诸位到外国欲读人文学科，最好应先在国内多读几年书。先有了一个自己的根柢，到国外始知抉择。今天在美国几间大的著名大学中，欲一去便得全部奖学金是不容易的。中国留学生去美国，每借暑期几个月的假日来做工，以补助其日常生活费用之不足。我认为，若将在美国暑期时之辛劳工作精神与其所耗时间，能在国内发愤读书，所得成绩也决不会定差于到美国去留学。另一方面，我希望准备出国之中国青年，应懂得到外国该学些什么。我在美国时，曾遇见许多新亚学生，他们多请我劝告在香港的同学们，切勿急于想出国。这意见是很对的。

由于西方大学教育本非为中国社会而设，故昔日中国留学生返国后，多肆意批评中国社会。但今天的中国留学生，在美国长期居留了，又多批评美国。且中国人在美国，还多是聚居在一处，生活上虽然改头换面，实际上还是中国那一套。此乃由于中西双方文化不同，美国文化之长处未必都能配得上中国的情势。

至于我们是否应有一理想的教育环境,来培养自己的青年,这是一个值得我们研究的问题。

前几年,我到日本去,日本友人曾告诉我,他们的贫穷子弟多喜研究科学,盖于离校后可谋一职业。至家庭富有者,便可多学文学、史学、哲学等。在中国适相反,一般的中国青年,都对人文学科提不起兴趣。这事大可注意。我以为倘有兴趣学人文学科,与其赴美国,倒不如往西方人文科学肇始处之欧洲英、法、德诸国。不过亦有一位欧洲老留学生对我表示,中国学生素来自由散漫,应该令其赴美国学习他们的紧张生活,来西欧便连这一点可能希望也没有了。总之,只要自己能学,即到任何一国皆可,在本国亦何尝不可。若自己不能学,一味依赖他人来教,则西方大学并非专为适合教导中国青年者。固然西方文化长处甚多,但短处亦不少。

在日本,青年出国的较少,且在国外所得之学位,日本政府亦不予承认,非重行考试不可。此亦一可资模仿之点。

诸位若有欲出国留学而机会不许可者,应先学习国外留学生之工作勇气与刻苦精神。有此一勇气与精神,何处不可找工作?何处不可求学问?至于学人文学科者,则更不妨在国内好好地多读几年书,那一样可以充实自己的。

(三卷十二期)

让我们过过好日子

一九六〇年除夕师生联欢晚会上致词

诸位来宾，诸位先生，诸位同学：

我们新亚书院自从开创以来，每年除夕，照例都有一个联欢晚会，而且很重视这个联欢晚会。这是因为我们的教育宗旨，一向提倡为学做人兼顾并重的缘故。如何做人，如用浅白一点的话来讲，就是教你如何过日子。教你要学如何过好日子，如何做好学问。你得先学会了如何过好日子，才会能如何做好学问。再进一步说，如果我是各位的家长，各位不做好学问尚可；若不得过好日子，则我必心感十分难过。

诸位同学或者会说，好日子谁不会过？只要金钱物质条件充足，谁都会安排自己的生活，过得舒舒服服。但我要提醒各位同学，日子全都一样，只你会过便好，不在乎物质条件上。举例来说，我校当初在桂林街时，每年的联欢晚会，总玩得兴高采烈，气氛非常之好。而且有人亲口对我说，我校自桂林街迁到嘉林边道，又自嘉林边道迁到新校址，所过日子反不如从前。似乎以前那般好的气氛，好的情趣，都没有搬过来。这就证明，过好日子，不靠物质条件，端在你如何过法。

又譬如一些儿童们，每过一年，长了一岁，欣喜非常，急望做大人。而年长的人，又每每回想起儿时欢乐，不可复得。各位现在在校读书，常盼望毕业离校。但毕了业踏入社会的人，又回想到在校生活时的快乐幸福。人生不可能常做小孩，进学校读书也不可能老不毕业。至论过日子，也并不是童年与学生时代才能过得好。任何人，只要会过，便都有好日子。

今天我且谈谈如何过日子：我又要引《论语》上的话："子曰：志于道，据于德，依于仁，游于艺。"过日子，第一要懂得道理，不懂道理，是不能过好日子的。第二要根据德性修养，坏良心，坏脾气，也不能过好日子。第三是依于仁，人不能离群独居，不能单独一人过日子，在家有父母兄弟姊妹，出外有同学同事朋友。一个人不能偏爱己身，应开旷心胸，泛爱众而亲仁，而后才能过得好日子。第四是游于艺，过日子要多花样，要多才多艺，使日子过得多彩多姿。

本校此后将更多鼓励同学们课外游艺。除原有的不提，新近开始了太极拳班，明年又将添开中国古乐研究。希望今后各同学在毕业时，皆有一种课外游艺之专长，能有两三样更好。

一九六〇年将快过完，同学们想过好日子，请即从目前开始，并不一定要等待明年。能把捉住旧的，才能迎接那新的。

今晚的联欢晚会，节目很多，主持大会的同学，现将节目守秘不宣。诸位立刻有好戏看，我不再多说了。

（三卷十三期）

课程学术化　生活艺术化

一九六一年元月二十日本校
第三十七次月会

各位先生，各位同学：

我在未讲正题之前，先向各位报告一件事。即本校历年春季，皆曾加入一次济贫运动，今年又已经本校各同学团体联合发动了。前两天，又适逢红磡山谷道木屋区大火，千万灾民流离失所，我们救济的对象又增重了，一是贫民，一是灾民。我今天特在此月会上提出，希望各位先生、同学，慷慨解囊，比往年更踊跃。

今天，是本校一九六一年第一次月会，俗语说："一年之计在于春。"我们在这一年之首，应该对上年有一个总结，对本年作一个展望。

我记得去年此时，我正要离校，为欢迎吴副校长、程训导长、研究所谢教务长和导师潘重规先生，特地召开了一会。当时我曾说：希望此后本校能逐渐走上制度化。因学校扩大了，制度化最是需要。但此非一人之力所能，必赖全校师生的共同合作。

在去年一年中，旧的制度有修改，新的制度有增设，进步甚堪满意。今后盼循此基础，真使学校能达到制度化的目标。

当然，我们办学并不是为了要创设某些制度，制度只是帮助我们达成办学的目标。我们办学的目标是什么呢？那显然是为着教育了。我曾屡次说过，我们要有优良的校风与优良的学风。我们的校风尚好，学风则仍待改进。

我们所需要的制度，并不是单在行政方面，而须联系贯彻到全校上下，自校长、教授、职员、学生以至于校役，全体都配合上，要使制度能助成此优良之校风与学风。我们的行政要制度化，我们的课业则须学术化。譬如说，同学们选一门课，应该使这一门课成为一个研究集团，选课的同学，即是此集团中一研究员，是来研究这一门课程，这一门学问的。现在诸位上堂多数只是听课，等到考试时，便把听进去的搬出来应考。毕业以后，屡有人说，他以前所学的现在都还给先生了。这话也很对，因为他在学校时，只是把教授所讲的听了、记着，把来应考。毕业后不再要应考了，自然可以把以前听的还给先生了。因为他之所听只是先生的，不是他自己的。假如同学们能改变此习惯，都抱着研究的态度来上堂，来自做研究，而把所学消化成自己的，那就再也还不得先生了。

学问正要学要问，听了记着这不是学问，须自己在学、在问、在研究，有了心得，那学问便是自己的。因此同学们选课，须先改变心理，不是来听课，而是来做学问、做研究。如此在心理上改变了，始有好学风可冀。

我们学校初办时，行政教务力求合一，因此教授的精力，都分散在行政上。今天学校扩大了，开始要把教务行政分开，希望每一位先生都能用他自己的研究精神来领导同学做研究。每一位教授担任一课目，只是在此一研究集团中做领导。同学们在研究，先生自己也得在研究。须在精神上作感召，才能有深切的影响。

我们这两年来，出版了新亚书院的《学术年刊》，专为发表先生们的研究成绩，今年的第二期似比去年的第一期有了进步。此后盼望第三期、第四期，逐年能更好。这是表现本校先生们的研究精神与成绩的，也是先生们来提倡学校研究风气的一种具体表现。

去年开始，本校定了一个新制度，希望每位先生都有一定时间留在学校，方便同学们请益。在每位先生办公室门上都有一张卡片，写明某先生的在校时间，希望同学们都能利用这时间。这是向先生请益一绝好机会，诸位在课程中发生问题，多向先生请教。这样，先生除了上堂教课之外，在堂下又要花费一部分时间与精力，来指导同学研究。

今后并希望每位先生就其担任的每一门课，都须选定一本两本，或更多本参考书，指导同学们课外阅读。这事当然也有困难，以前我在大陆教书时，学生们总问该用何项参考书，但我总很难给他们满意的答复。例如：中国通史、中国文学史，在当时就找不到理想的参考书。只有变通办法，分别指定在某些书中阅读某些章节。如讲中国文学史，讲到杜甫，便指导学生去阅读有关杜甫的某些诗篇。我想这办法现在仍然可用。如一门课程找不到理想的参考书，不妨分别指定某书某章作参考。总之，盼望同学们能在课堂外，有自己寻求阅读的工夫。

为了配合全校师生们的研究，我们的图书馆不得不尽量想法扩充改良。这件事除了学校尽力之外，同学们也负有责任。就目前论，本校同学的看书风气仍然不很好，图书馆的阅览室很少满座。有时疏疏落落，像是空荡荡的，这不是一件好事。这两年来图书馆晚上也开放，但晚上看书的人数也不多。空言提倡不见效，只有想办法来逼逼我们同学们都去图书馆。学校自去年起,开始尽力执行借书逾期归还罚款的章程,那项章程,目的并不是为了钱,而是要逼同学们按期还书。如果一个同学借了一本书,久不归还,别的同学再去借,就借不到。如是经过几次借书碰壁,白跑之后,必然会扫兴,不耐烦再去图书馆。因此规定同学借书,必得定期归还,别的同学即使一时借不到,也可让他知道,这本书几时可以回到图书馆,几时可以由他来借去。

又,同学借书,应该当心爱惜,不应折角、涂污、做记号等。此事不仅保护了书本,亦是养成了看书人自己的德性。而且图书馆藏书常新,亦是鼓励后来同学们读书兴趣一方法。又如同学们借书遗失了,那更是不好。遗失一本书,要照补一本,这须浪费很多馆员的精力与时间。同学们千万不要认为遗失一本书,是等闲小事,只照价归还便算了。但试由同学们自己照样去买一本书还图书馆,便可了解,这样买一本书,除却买书的钱财外,要花多少的精力与时间了。我以上所说,便是告诉诸位,学校订制度,用意都在为诸位着想,都为诸位的学业着想。许多制度之用意,也只望学校能养成一番好学风。

此外,我更想此后同学们要注意养成表现的风气。如读书要记笔记、写报告,这亦是一种表现。此后学校诸位先生都要令学生交课外笔记及读书报告,或课外论文。这是同学们自己读书研究的心得与成绩,但却不是考试,也可不记分数。

我想,最好是每一系,每一课程,都能有读书报告,或课外论文习作。由任课先生择优送学校保存。如是几年之后,积存多了,每逢校庆日,可以开一个展览会,同学们可以互相观摩。这些成绩保留上五年十年,就可看出我们学校究是在进步或退步。年年有一比较,旧同学可以激励启发新同学。如是五十年、一百年,单是这项成绩,也可成一个图书馆。这图书馆中表现的便是新亚精神，便是新亚的学术精神。这不是要求人知，只是要有成绩，有具体表现。

除提倡同学们课外阅读与写作外，还须提倡由同学们来主动开会研究与讨论。望能先由一两个学系开头，把此风气传遍全校。

《新亚生活双周刊》，也希望多一些同学投稿，最希望在此生活双周刊中，能更多表现同学们的学术生活。以后本校更希望能有同学们的作品出版。毕业同学离校，都可想法出版一刊物，表现他们的在校成绩，这好过出通讯录或同学录一类的东西。

各系系会也该有出版物，篇幅尽少也无妨。学校此后当在可能时期成立出版部，总理全校师生出版印刷等业务。一切印刷品不求表面精美，但求内容充实。有了出版部，出版事业也可制度化，如必定要按期出版，莫逾期等。如是时间一长，学校里良好的学风养成，那时的学校才有真价值与真精神。

总之，各位来学校做一个大学生，并不是只来听几门课，考试及格便完了的。当求能自己研究你所爱的几门学问。能多读课外书，能写笔记，写报告，写课外论文，要有自己的心得，有做学问的良好习惯与良好基础。如是始是学校所盼望的一种学风了。本校原有毕业论文制度，现在因为学制改变，把毕业论文废止了。但同学可以把原来第四年级写论文的时间，分到四年时间中来写。这一事，实行时的详细办法，还需由学校诸位先生来详细讨论规定，也成为制度化。

总括上述，本校进入一九六一年之后的希望有三点：第一，行政制度化，此事由总务处负责。第二，教课学术化，此事由教务处负责。第三，生活艺术化，此事由训导处负责。

关于生活艺术化一点，几年来经训导处之努力，现已有若干成绩，但仍要求更多进步。当然，在实行中也有许多困难。例如提倡运动，而我们学校没有一个运动场。又如京剧的研究与排练，虽经三次公演，有相当成功，但此事要继续，还面临很多困难。现同学们又正想提倡话剧，此事也不易。其他如提倡下棋，提倡中西音乐，提倡太极拳，诸如此类，一切都在进行中。

我希望，此后学校能筹设一所像样的娱乐室，使同学们课外生活都能娱乐化。一切娱乐都能艺术化，以与课程学术化，行政制度化，三方会合，相互并进。这是学校在下学期起，想要着力做的事。今天提出来，盼望同学们了解此意，大家努力，来和学校配合，向此希望而前进。

(三卷十四期)

从新亚在美校友说到校友
对母校的重要性

一九六〇年十一月五日
校友会欢宴致词

这一次我参加校友会的聚餐，内心有与以前不同的感觉。一方面是，我在美国看到他们对校友会的重视情况。另一方面是，在美国各地的新亚校友，和我愉快会面，与他们的热情招待，实在使我难忘。因此使我更觉得校友们对母校关系之密切与重要。

首先让我约略一说在美新亚校友的读书与生活情形。一般说来，他们在那里的生活是很艰苦的。在美国读书，有的固然是有奖学金可免学费，也有的甚至可免食宿费，但他们至少还得赚些零用金。至于没有获得奖学金的更不必说，要靠工作来维持生活。所以他们每逢周末或假日，便得去找工作，最主要的是寒暑假耶稣诞假期等，大概一年中做工的日子占去四个月或不止。他们有的去餐室里洗碗碟，英语说得较流利的可担任招待，有的则去旅馆服侍客人；有的去农场或果园，例如包装水果等，也有些去应机关社团的临时工，例如图书馆等。但这些工作，无疑都是忙碌和辛苦的。他们规定你在若干时间内完成若干工作，是计算得十分精密的，容不得你有丝毫松懈和偷懒的机会。人们常说，在美国容易找工作，此语诚然。其实在香港，如果你也肯这样干，觉得做茶房也没有什么不好意思的话，那也何尝难找工作呢？

在美国的新亚校友，有的亲自告诉我，他们的工作情况，例如在旅馆中服务，所获正常工资是微薄的，全靠顾客小账。但是那里的人情，也同中国有相同处。有的旅客住满期就搬走了，如果你事前不知道，任你招待他们如何殷勤周到，你也无法拿到小账。所以你得预先探明他们离店的日期，以便守候他们，向之面索。有时这种场面是非常尴尬的。有一位女同学，一面索取小费，一面就掉转头来暗自饮泣，因为她在国内从未尝过这种滋味呀。

讲到这里，觉得一个人做学问，其实不一定要去外国。譬如在香港有职业了，也有晚间，有假期，不少空闲时光，大可以自己做学问。在美国，一年你得抽出四五个月拼命赚钱，用来维持生活。在这里，在你谋职业赚钱之余，大可以在一年中抽出几个月来读书，那不是一样吗？尤其是研究中国文史方面的，真可不必定要出国。你若去欧美研究英国文学，却易为他们所轻视。这等于一个西人到中国来学中文般，也不易为中国人所看重。但若你能写出一部像样的英国文学的著作来，你纵未出国，人家也会对你另眼相看，说不定会请你去当教授。我这话并不是反对大家去留学，只是说，一个人只要立定志向，肯努力，不必要机会，也不愁没有前途的。而且一个人在优越的环境条件下成功，那并不稀奇。惟有在无把握的状况下，能够持之以恒，奋斗不懈，那种成功才是更可宝贵的。当然诸位有机会出国去留学也好，但没有机会的话，也并不即算吃亏。如果有了机会，那首先也得准备能吃得起苦。

其次，再略讲欧美大学对校友的重视。就以耶鲁大学来说，他们每年定有校友日。今年的校友日，是规定有"五"字年号的校友回校，因为历届校友人数太多了，一起回校来，事实上不可能。这一次最年长的校友要推"一八九五"年的那一届，我正在这一年出生，所以对这一届的校友特别引起我的注意与兴趣。经我打听，才知那一届校友还有三位，都是九十以上的高龄了。我当时很想见到这三位耶鲁的老校友，有人告诉我，他们必定会来参观耶鲁的美术展览会的。后来我果然在会场中见到了他们中间的两位，第二天我在街上又偶然遇见了另一位。他们每一届的校友，都有规定的服装和标帜，那是年轻在校的玩意儿，像他们这样高龄，还穿着那校友服装回校，那也是了不起的。

欧美的大学，由于规模大，历史久，每校都能造就出不少的人才来。他们每以拥有地位的校友为荣。那些新进去的大学生，往往以那些校友的伟大成就，如在历史上有地位，如对国家社会有贡献的人物自期许，因而激发他们向前奋斗的信心。所以在欧美大学中，他们对历史上社会上的名人，哪些是他们的校友，往往如数家珍。因此，出了伟大的校友，才成其为伟大的母校。校友在社会上有成就、有贡献，其母校才有声望与基础。

我在美国时，有的新亚校友对我说：再过十年二十年，我们那时就有能力来扶持、发展我们的母校了。他们的热忱使我很感动，事实上也确需如此。学校的声誉与基础，是要靠校友们来树立的，所谓"十年树木，百年树人"。同学们在学校里求学，正如一粒粒种子受到灌溉与培育。四年后毕业了，等于长成了一棵棵的幼苗，要拔出来分别栽种在社会上的各部门里去，待他成材，可以大树成荫。到那时，这所学校的成绩才算真表现出来了。

我以为办一所好学校，固然要具备不少条件，譬如先得有校舍，但这是容易解决的，只要有钱，校舍一忽儿就盖成了。只要有钱，确可在短时期内盖起一所规模宏大的校舍来。有了校舍和设备，还要请好的教授。这比较困难些，但仍不算难。我认为最难的，则惟要有好校友。也惟有这一点，不是有钱就可办到的。所以校友对母校来说，关系是太大了，其重要性也就可想而知了。

新亚办到如今，只有十年光景，历史当然很短，也不能祈求马上就要出大人物。不过照现在历届校友们的情形看，各人都有工作，也能牢守岗位，成绩也都过得去。希望各位校友在社会上逐步上进，多回母校来，多与母校联络。更望校友在社会上为母校树立良好的声誉。这一希望，我并放远着在三十年五十年以上，那时新亚的校友会，诸位想应是什么一个样子呀！

关于新亚之评价

一九六一年二月二十二日本校春季开学
典礼暨第三十八次月会致词

各位先生、各位同学：

今天我借此机会，向各位贺新年。但新年匆匆已过，现在又开学了。去年最后一次月会，我曾向大家讲过，本学期起，学校进程重点盼能课程学术化。有关这一问题的细节，已在教务会议上讨论过，并已有所决定。今天我不想再讲此事，拟另找一题目——"新亚的评价问题"，来和诸同学谈谈。

在新亚发展过程中，曾有过两次，人们对新亚的评价问题，感到困惑。

第一次是本校接受雅礼协会帮助，迁入新校舍，那时本校师生多以本校能否保持其创办宗旨及固有精神为虑。这是过去的事了。

现在是第二次，本校接受香港政府津贴，又引起人们对新亚前途的忧虑。不仅本校师生，即社会人士亦对此问题同样关怀。即是：外界环境变了，新亚的内在精神是不是也会跟着变？

目前受津贴的几所学校，可能成为一间大学，与香港大学并立。于是社会人士又注意到，新亚与港大的比较，以及新亚与现在接受香港政府津贴的另两间学校的比较。

在此，我想向诸位略谈我对新亚的看法。我这看法，或许本校大部分先生、同学都会具同感。去年曾有数位毕业校友到我处小坐，谈话间，他们都说非常怀念母校，并觉新亚确与别校有许多不同处。这些感觉，或是他们踏进社会后，才更深深地体验到。他们所指出的新亚与别校不同之处，正是我们日常提倡，希望求得，希望保持的。这事令我深感欣慰，因可证明我们在接受雅礼协会帮助以后，仍能保持我们的"桂林街精神"。校歌上说："手空空，无一物。"诸位不要单想当时桂林街情况，认为校歌所云手空空无一物，是专指那时情况而言的。校歌此语，诸位须用哲学、文学的眼光与态度去欣赏，这是说我们应始终在创造进取中，不以小成就自满，不沾沾计较物质条件为有无。今天我们学校的物质条件，诚非桂林街时期所敢梦想，但我们依然还是手空空无一物。只是我们在桂林街时期，确实曾下了一颗种子，今天的成长与发皇，全由那颗种子来。这不是外在的条件，而是内在的生命。我们却须郑重珍惜。我们虽是前有雅礼帮助，后有港府津贴，这些外在有利因素的配合，我们自然欢迎。但我们所欲保持而发扬光大者，则是我们的内在精神。因此，校歌"手空空，无一物"之下，接着是"路遥遥，无止境"。但话又说回来，我们的前程虽遥，我们究已踏上了我们的征途了。我们该知我们之所谓路遥遥，无止境者，究是什么一条路。

每一学校应有其特点，正如每一人应有他的个性一样。新亚应该有新亚自己的特长，这并不是说新亚特别好过于他校。只是说，新亚与其他学校比，有其不同处而已。我望同学们，必须了解这一点，才能不自骄自满。更不该存心要以第一自居，把其他学校尽当成第二、第三，认为不如我们。这种观念，对自己前进也极为不利。将来你们踏进社会，要贡献你们自己的特长，但同时须知，社会是一个大集体，不可能由一人包办。我们只该希望社会上任何人皆有其特长，不应只知自己，抹杀他人。认为自己有了特长，便社会一切事尽可解决，那只是一种狂妄之见。

新亚自有新亚的特长，不必随波逐流，事事随人脚跟转，这是我们该当仁不让处。但人与人、团体与团体，各该用各自特长来向人群作贡献。至于其相互间，则并无一定的优劣与长短可比。人各有所长，亦各有所短。既不要我跟人脚跟转，也不能要人跟我的脚跟转。海阔天空，鸢飞鱼跃，才是一个平等自由、理想太和的社会。

再一点，我们该知，大家固该各有特长，做一个特殊的人。但又不能只做一个特殊的人，还该同时做一普通人。

人各有其个性，与各有特长。此项个性与特长，应求其尽量发展。但人与人间，尚有许多共同点，亦应大家郑重保持。例如诸位来校读文科或商科，自己的专修科目固然要好，而共同必修科亦不能不及格。我们应有长处，但不该有短处。所谓长处是指他个人专长言，短处则指共同的尺码言。你尽有长处，但大家共同的尺码，你不该不及格。不能因你自己有了长处，而原谅你自己的短处。这与轻视别人的长处，同样不应该。

我们学校现在所拟定推行的学术研究化，用意是，要同学们各以自动的精神，来发现和发展自己的长处。有些同学程度较差，亦务必依照程序，按部就班，努力读到及格以上。天资高，基础好的，自可求较高成就。但这方面全靠诸位各自努力。而程度太低的，不及格的，则须学校加紧鞭策。学校定下一项制度，只能顾到普通多数的需要。因此，在提倡学术研究化的背后，对少数优秀的，将尽量鼓励其自由上进，无限度地上进。对程度低落的，则须加紧督促，务求他能达到最低限度的水准。而中间多数的同学,反而学校像较少注意了。这一层,诸位须仔细了解,实在学校是最注意在多数方面的。

例如有些同学,各科成绩都好,但有一两科不及格,学校也须依章把他留级。学校并不能强求每位同学都做杰出人,不能要人人都是天才,成绩都优秀。学校只能希望,同学不把成绩做成最低、最坏。当然,我们希望同学,至少将来须好过现在你们的先生们,如是才是一种进步。倘同学永远不好过先生,人群将再不有进步,教育也将成为无意义。但不能奢望每一同学都能好过了先生,学校尽抱此希望,但不能把此来督促,这留待同学之自勉。学校只希望同学们能成绩不大坏。所谓行政制度化,便要从这方面来督促。所谓课程学术化,则是学校希望同学们能无限上进,凡属有希望、有造就的同学,都能有造就。但你成绩纵好,若有几门课程不及格,或在某些方面犯了校规,学校还是要处理。这在学校方面,是有其积极的意义在内的。因学校是为普通一般多数而着想的,只在多数普通之间,鼓励其长处,同时也该裁减其短处。

在我们新亚,我认为是会培养出人才的,这有以前几年成绩可证,我不能在此列举。但须注意者,所谓人才,有办事的人才,亦有做学问的人才。这都是人才,相互间却不可互相菲薄。新亚何以能培养人才?这要归功于我们学校的诸位先生。有时先生说一句话,可以开导学生一条路。这句话可能不在教科书上,也可能不是在课堂上所讲。他这一句话,也并不是每个同学都能领会,都能受用。但只要能领会的,就可受用无穷,甚而打开他终生的事业和做学问的大路向。先生之重要,就重要在此处。我认为,我们新亚的教授人选,是能具备此项标准的。因而本校已往历届毕业同学中,已有崭露头角的,并有很多在逐步上进中。

一个学校,只要培养出一个异常杰出人才来,已属了不起,已值得大家引以为荣。但学校所能尽力的,仍在大多数,只在大多数中开此一路,让此大多数来各自努力。我务请诸位紧紧记住此义,不要忽略了你自己的一分努力呀!

我们学校所努力的目标,应是在造就人才,并造就杰出的人才。外面物质条件之充实,与外在环境之变好,都得配上此一目标。此一目标是精神的,就此一目标而言,学校将永远是"手空空,无一物。路遥遥,无止境"。大家都得在此十二个字中细细体会,才能希望自己成才。否则,如以为新亚已有了新校舍,便心满意足了,那便是堕落。学校如此,个人亦然。人生本空空如,死亦空空如,一切空空如,何来那一条路?当知那一条路就是人生责任、人生理想,也便是人生大道。人生来虽手中无一物,但他两个肩膀上责任却重,因此人生必有大抱负、大胸怀。要能了解来去本无一物,可有可恋,而后此人才能有所担承,有所成就。

我们学校这一精神,是能造就人才的,但不知究是哪一位,这在同学们自己立志努力。诸位不要认为毕业了,进入社会谋得职业,前途便定了。那些只是献身社会开创事业的起始。

我们希望在本校同学中,没有一个落后的人。而在这些不落后的人中,复能有杰出人才拔萃而出。这不是先生们的责任,也不是学校的责任。学校和先生都不能指定,某些人有希望,某些人无希望,某些人是人才,而某些则否。这全在同学们各自立志向前,谁也决定不了谁。

同学固是要立志做第一等人,但须知,在社会上第一等人不限定一个。社会上可有、亦应有,各种各样的第一等人。陆象山先生曾说:"即使我不识一字,也要堂堂地做一个人。"但这只是哲学家言，不识字不害其堂堂地做一个圣人。从另一方面讲，不识字的即不得进新亚。诸位当知，做圣人不一定要进学校，但要进学校便不能不识字。学生进入学校后，他所修课程就不能不及格，也不能不守校规。这些全是制度。青年在求学时被学校开除，而以后做了大人物的也有。但同学们不能以此为训，不能以被开除来作为做伟人的准备。学校同样希望诸位做伟人、做圣人，但要求诸位遵守校规，遵循学校制度，进德修业，对各课程勉求及格。这在学校立场上也有其意义的，诸位该有了解。即如最近《大学生活》上有很多篇文章，由我校同学写的，内容多属批评我校的中文系。这些同学似乎大多是自恃本身小有长处，而欲逃避中文系所规定的课业，这是不对的。例如同学尽管有长处，但究不能写别字。我们中文系有些规定，是只训练一个同学具备在文字修养上有起码才能的办法，但并没有限止同学们之无限上进。

同时我也希望同学们要养成你们自己一种反抗的精神。譬如说：先生批评某同学不好，那同学便该偏要好给先生看。谁也不能估量别人的前途，孔子说："后生可畏，焉知来者之不如今也。"每一位先生，应该有一番"敬畏后生"的心地，才是一理想的好教师。每一学生，应该有"有为者亦若是"、"当仁不让"于师的想法。但我这话，并不是鼓励诸位忽视课程与忽视校规，这是两件事，而是并行不悖的两件事。

总而言之，行政制度化与学术研究化，两者须配合。而此一配合是积极的，不是消极的。前面路径放宽，让同学各自发展所长。后面督促严格，不准同学犯规，不准同学自暴自弃偷懒慢忽、成绩不及格。每一同学要立志做一杰出人才，但同时又要做一普通人，大家所有的共同标准，你不该轻视。历史上每一伟大人物，常是从最平常、最普通中间来的，所谓"极高明而道中庸"，同学要懂得"中庸之道"，要能从中庸中见高明。

今后我们学校外在环境之变化，固然不可预知，但同学们尽可不去注意这些。我们学校的价值，实不在这些上，不在外在环境之如何，而在能否保持我们本身内在的精神，及能否发展我们本身长处。诸位同学应明了，我们是一个普通学校，但我们有我们的特出之处。因我们有一些特长，有一些杰出之处，所以我们有价值，而社会也需要我们。但我们也不该忽略一般学校之共通点，我们更不该多生比较之心，常要求自己是第一位，要高出别人。

今天的话，可以补充去年最后一次月会的话。同学们要了解学校的想法，才能了解学校的做法。如果不了解学校的想法，就会对学校的做法有疑问，或有反感。总之，学校所希望的是，同学都能获得一最低的水准，要和别人家至少站在同一水准上。另一方面，我们希望同学中能有杰出人才。这在同学们各自勉励，各自向各自的特长发展。这里有竞争，但无比较。若一有比较之心，便失却远到之望。个人如此，团体亦然。外面人常喜把新亚和别校相比，但我望新亚同学不必存此念。我们要在无比中见特出。我盼新亚能如此，亦盼诸位同学都能如此。

（三卷十五期）

中国文学中的散文小品

一九六〇年十二月三日中文系
第一次学术演讲会讲词

各位先生、各位同学:

我们学校国文系举办学术演讲会,这是非常好的。我应黄主任之邀,来作第一个讲者。诸位知道,文学艺术是由简单开始的,演戏的头场也一样,都先来不紧要的。我们这一演讲会也盼如此,能愈来愈精彩。由于以后还有很多先生讲大题目,因此我今天就从简单开始,讲"中国文学中的散文小品"。

(一)

韵文和散文在中国文学史中,可说同等重要;一般看来,也可说散文还比韵文高。一部文学家集,都是诗与散文并收。中国文学中之韵文与散文,正如艺术上之字与画,有时书家也会更受重视过于画家的。

我今天讲散文中的小品文。所谓小品文者,不是长篇,不是大文章,也可说是不成体的。仅是一段一节。然而,在文学中,却有其颇高之价值。

（二）

中国的小品散文，应从《论语》说起，《论语》中就有很多散文小品。普通都认为《论语》是圣人之言，当经书看。但若照文学观点观之，亦有很高价值。

所谓《论语》中的散文小品，我想在这里举几个例来加以说明。譬如：

> 子曰："岁寒然后知松柏之后凋也。"

这仅一句话，却是文学的。此和"子曰：'学而时习之，不亦乐乎！'"不同，后者不得目为是文学。再如："子在川上，曰：'逝者如斯夫！不舍昼夜。'"这两句话也得算文学。为何呢？我们试看：中国此后的文学家，运用上面两章话为题材作诗的不知有多少。这两章可说是诗材，是诗体，又是诗人吐属。只用散文形式来表达，我们可称之为散文。诗中最重要的是比、兴，此乃中国文学中之主要技巧。"岁寒"章及"川上"章之所以为文学，乃因其是比、兴，话在此、意在彼。用比兴方法的，不论韵文或散文，都一样有文学的境界。

诗有赋、比、兴三体。赋者，直叙其事。把那事直直白白地写下，似乎便不是文学。所谓"左史记言，右史记事"，记言记事只是赋。而《论语》就是一本记言记事的书。记孔子之言行，照理本不是文学性的；但《论语》中也很多用赋的直叙方法，而很富文学情味的。如：

> 子曰："贤哉回也！一箪食，一瓢饮，在陋巷，人不堪其忧；回也不改其乐，贤哉回也！"

此非比兴，只是直说颜回之贤。全文只二十八字，其中"回也"二字重复三次，"贤哉"二字重复两次。而且，又多了"人不堪其忧"五字。为何说这五字多了呢？因这一章是赋体，只说"一箪食，一瓢饮，在陋巷，回也不改其乐，贤哉！"便可，何须说别人"不堪其忧"呢？但这五字也决不是随便多加的。如："岁寒然后知松柏之后凋"章，若亦加上数字说"岁寒草木皆枯，然后知松柏之后凋"，那便一点诗意也没有了。倘使更从春天百花盛开说起，再说到夏、秋，而后写到冬天之松柏，那就更无足观了。从前有位大史学家刘知几先生，说史书中有很多多余的话可省去，认为要下点烦工夫。若照他说法，则上章文字，便有十一个字可点去。然而，惟其有这些多了的字，才成了文学。此所谓"赞叹淫佚"，必如此才表现得赞叹之情足。少了一句，便不够表达出那一番赞叹之情来。"人不堪其忧"这五字，并不在说别人，而只用来衬托出回之贤。这就是所谓咏叹。

因为这一章，我又想到另一章：

> 子曰："饭疏食，饮水，曲肱而枕之，乐亦在其中矣。不义而富且贵，于我如浮云。"

"饭疏食，饮水，曲肱而枕之，乐亦在其中矣！"此几句正和上章"一箪食，一瓢饮，在陋巷，回也不改其乐"一样，同是直叙赋体。但本章是孔子自述，当然不能说"人不堪其忧"的话，更不能加上"贤哉"那种赞叹辞。下面"不义而富且贵，于我如浮云"，这一掉尾，就使本章也成为文学的了。用"浮云"二字最重要，因其是比兴。这一掉尾犹如画龙点睛，使全章生动，超脱象外，何等的神韵！俗说相传清代乾隆帝游江南，路遇雪景，一时高兴，唱起诗来，他唱道："一片一片又一片，两片三片四五片，六片七片八九片"，却没法接下。临时他的文学侍从接唱道："飞入芦花皆不见。"这也是画龙点睛，使前三句也从此生动。当然，这是略解文学的人造此故事。但我们不论故事真假，可以借来说明如何算文学，如何便算不得。

"于我如浮云"章，是我特别喜欢的，因它有诗境，有诗味。不仅是意境高，而且文境也高。又如：

> 颜渊死，子哭之恸。门人曰："子恸矣！"

孔子当时自己哭得很悲伤，但他自己不知，要由他学生在旁告诉他，那是何等描述，真好极了！往下"子曰：'有恸乎？'"这一句，问得更妙！孔子哭得悲伤，但孔子不自知，那便可见悲伤之甚。文学最伟大处，为能表现人内心的性情。人生即文学，文学即人生。只有圣人性情修养工夫到了最高处，自然描述他的言行，有时也就成为文学之上乘了。再往下一句："非夫人之为恸而谁为？"这一掉尾更好。孔子说我不是为了他哭成这样，又为谁呢？这章所表现出的感情，既真挚又沉痛。所谓沉痛者，因浮了就不能痛，因此哀伤的心情必用沉痛的笔调始能表达出。若要表达快乐的感情，则不能如此用笔。一须松快，一须沉着。

上述这一章，也可说是中国散文小品中一篇极顶上乘的作品，短短几个字，直可抵得上一篇最哀痛的剧本或小说。又如：

> 子曰："道不行，乘桴浮于海。从我者其由与！"子路闻之，喜。子曰："由也！好勇过我，无所取材。"

这一章不是沉痛，也不是轻快，而是一种慨叹。"无所取材"那四字，已转换了语气。你如读文章有经验，便知道从上一口气读下到"好勇过我"句，必须顿一顿。往下再读，已是换了气。但此四字究作何解呢？朱子说"材"是剪裁之"裁"。他解说此章，未免太重理学气。他意思认为：孔子并非真要乘桴避世，只是慨叹"道不行"而已，但子路认真了，以为孔子真要和他一同乘桴浮海去。听了老师称许他的话，不禁喜欢起来，实是没有涵养。于是孔子说："由呀！你好勇过我；但你这一块材料还须有所裁剪呀！"这说法也似说得通。但就文理言，此章既是慨叹，不会掉转头来忽然教训子路。一篇文章只该有一个作意，一个中心。清儒姚惜抱曾言：文章有"神、理、气、味、格、律、声、色"八字。若前面慨叹后面教训，自神言，这短短一章便是分了神。神不凝、散了，此非好文章。自理言，理者，文理。形而上为神，形而下为理，其实则一。上面慨叹，下面教训，一章就有了两条理路。说到气，本章最后一句应读向低，不应读向高。若是慨叹，便可低读。如是教训，便该高读了。故朱注此章，讲道理并不错，讲文章却不对。而且他没有细讲"无所"之"所"字。"所"字是一无定代名词。子路到孔子门下正求有所取裁，孔子又如何当面训他没处去剪裁呢！故知此处材字该作材料解，就是指的做桴的材料。孔子说："你肯跟我去，很好！可惜我们没有材料来做那桴又如何呢？"这是一种诙谐，亦即今人所谓幽默。在诙谐、幽默中，益见慨叹之深。所慨叹者，正是无所凭借以行道。这章语气，越沉越隐，连乘桴浮海也不行！在诙谐之后面有甚深之慨叹，由此，见其言之含蓄之深隐。故此章亦得为文学中最高一流。

论语中好文章当然不止上举这几章，上面只是举例而已。

现再举一条其题材绝不能成文学的，而亦与讲文学有关。

> 子曰："为命，裨谌草创之，世叔讨论之，行人子羽修饰之，东里子产润色之。"

这是说，郑国这一小国，所以能存在于晋、楚二大国间，而安然无事，乃由他们的外交工作做得好。即一外交辞命，也要经过四人的工夫来合力完成。"为命"，就是作一外交辞命，要先由裨谌草创项目，再由世叔讨论其详略、轻重、先后，这才算把内容弄好。再由子羽来修饰，又由子产来润色。草创与讨论属于内容，修饰与润色则是文采，这比较易分别。但修饰与润色分别何在呢？这最好能具体举例来说明。但凡属我们所能看到的文章，都已不是草稿而是曾经过了修饰与润色的，我们就看不到哪处是修饰，哪处是润色。我此刻把此二者间之区别，就用上章原文来试加说明。

上例列举四人之中，三人无官名，第三人却有。为何子羽特加上"行人"的官衔呢？加上一官衔又有什么意思呢？原来外交辞命主要是由行人之官来传达，而子羽就是一个行人之官，因此特举出"行人子羽"这官衔，说明就是他是要责成其"使于四方，不辱君命"的。故一项辞命草创、讨论之后，便由他来修饰。当知《论语》记者写这段文字，在子羽上特加"行人"二字，这就是一种修饰了。倘使把此二字删去，这就不行。试问当时谁是专掌辞命的外交官呢？故加上了"行人"二字，我们便知其他三人不是外交官，只是帮那"行人"子羽来完成此辞命的许多助手而已。

可是，亦因加了"行人"二字，而发生了文字上的困难。四人中只第三人有官名，正如四个人中一个有帽子，其他三个没有，走在一起不大好看。文章有实质、有文采，把实质说清楚之后，又应留意到文采。若第一、二人无帽，第三人有帽，第四人又无帽，便是不美观。于是，想在最后一人头上也戴一顶帽子，变作"东里子产"，便把四句文气平衡了。前二人无帽，后二人有帽，好看些。此一段在子产上加上"东里"二字，读起来也很自然、很顺口。"东里"，据说是子产之居处，这是无关系的，加了犹如不加。若亦照子羽例，加上官衔，便又不可。难道润色的工作定要给为政的人来做吗？不得已才加上"东里"二字。因此我们可说：在"子羽"之上加上"行人"官衔，是修饰，仍是属于内容方面的。在"子产"之上加上"东里"二字，则是润色，不属内容，仅是文采，即纯粹是文学上的修辞问题了。

在孔子当时口述之际，是绝没有替子产加上东里的居处的。后来弟子记载此章，经过一番考虑才替他加上。若使有人偏要问：那么其他三人又是在什么地方居住呢？那问的人便是不通文理的人，他的问题也只好置之不管了。

孔子告诉他的门弟子说："不学诗，无以言。"可见孔门弟子，都有一番文学修养。他们记载孔子言行，固不是存心要写好文章，但由上例"为命"这一章，可见《论语》里的文字纵或不是文学，但也绝不是"不文学"的，可说全部《论语》都是"不不文学"的。所以两千年来中国人，人人背诵《论语》，自幼到老口诵心维，总不觉得讨厌，正因《论语》没有一句不妥帖、不顺口、不合文学格律。诸位多读《论语》，自可体会到。其中固有很多可称为是文学的，有些却是"不不文学"，即是虽非文学，也没有"不文学"的。倘若我们要研究中国文学中的散文小品，首先从《论语》开始慢慢咀嚼，可得一入门。

（三）

《论语》之后，《小戴礼记》中的《檀弓》，也多文学小品。《檀弓》讲的都属与丧葬之礼有关的事。礼本已是呆板的，而丧礼又是太严肃、太枯槁，似乎非文学题材。但《檀弓篇》中，却不乏很多很好的小品文。这也是难能可贵的。

《孟子》书中，都是大文章，纵是短篇，仍用写大文章的笔法来写。《孟子》书中，也尽多极好的文学作品，但总是大的，不是小的。大体说来，《孟子》多的是大议论而少小品文，大概议论说理是很难作小品文的。只有像《齐人有一妻一妾》章等，字数虽不少，也算小品。但在《孟子》七篇中此等文字并不多。

由此说到庄子，他的文学天才实在了不得。他最擅长用比兴的手法，他书中许多神话小说故事，多成为比兴。把《庄子》各篇拆开来逐段看，都是上等的极妙小品文。一拼起来，却成了大文章。把小品拼成大文，《论语》中也有，如：《微子》、《乡党》两篇，便都是用小品拼成大文之先驱。《微子篇》中有许多章绝妙的小品，这事易晓。但《微子》一篇之中，各章可以先后配合，成一整篇，则懂得的便少了。又如：《乡党》篇，本来决不是文学的。但最后加上那《山梁雌雉》这一章，便全篇生动，把《乡党》全篇各节都文学化了。但我们必须读通了中国以后的散文，方可回头来读此两篇，领略它文学的意境。

《庄子》书中，如《逍遥游》很难懂，《齐物论》更难了。《庄子》全书几乎篇篇难懂。但我们不妨把它拆开来，一段一段都当小品文读，便比较易懂了。《庄子》是一部说理的书，我们已说过，说理文很难文学化。但庄子做到了把说理文来文学化之最高境界。他的秘诀，便是用比兴法来写小品文，再把小品汇合成大篇。《庄子》可说是中国文学中最高的散文，甚至是为纯文学的韵文亦难与之相比。假如拿中国古典文学作品来比较，《论语》可比《诗经》，而《论语》境界尤高。《庄子》可比《离骚》，而《离骚》的文学情味，其实也并不定比《庄子》高出。

《战国策》有许多小品文，亦很不错。只较《论语》、《庄子》，便低了。

至于《楚辞》，那是韵文，但其中如《卜居》、《渔父》，实是散文，也该列入我此刻所讲之散文小品中。《论语》中如《于我如浮云》章，我说它是散文诗，则如《卜居》、《渔父》等，也可说是散文赋。由此可知，中国文学本不必分韵、散。从文学论，技巧虽不同,境界则是一样的。

(四)

到了汉代,中国成为一个大一统的国家。汉人喜作大文章,如汉赋及汉人奏议等都是。当时大文学家像司马相如、扬雄等,皆喜作大文章。只有司马迁,却能做小品文。《史记》中各篇之"赞",都是散文小品,都为境界极高之作,像《孔子世家赞》就是。本来赞孔子是很难的,但史迁那篇赞,仍能写得有情调。诸位骤然读来,只见是平淡,但平淡即是文学中一种高境界,莫忽略了。太史公的大文章也和《庄子》一样。《庄子》是说理,《史记》是记事。但都是以小品拼成大文。即如《管晏列传》、《萧曹世家》等,都把几件小故事穿插其中,使全篇生动,有声有色,所以读《史记》也要懂得拆开一则则地读。由短篇小品而拼成一大篇,再一篇篇地把此一百三十篇全部一气读,竟是一篇大文章,那更难了。

可是,汉代也只得一司马迁能作散文小品,其他都是韵文作者。扬雄晚年虽目之为雕虫小技,曾自悔少作,但他晚年所写的散文却多不能算得是上乘的文学。故总括来说:汉代的文学是不算很高的,除了太史公一个。这便因汉人不懂得写小品。

(五)

这里面有一个大关系,正因中国古人,似乎并不太注重在纯文学方面。他们写的,如说理文,记事文,讨论政治问题等,都是些应用文。甚至如《诗经》、《离骚》,论其动机,亦在政治场合中触发,并非一种纯文学立场。而要在实际应用文中带进文学的情味,便走上了小品文穿插进大文章这一条路。

直至东汉末年,建安时期,始是文学极盛的时代,也是开始注意要纯文学独立地位的时代了。其时有新的韵文，如小赋和建安体的诗，那都是韵文方面的进步。而同时又有极精的散文小品，尤其如曹氏父子的书札，更是绝妙上品。再往下发展，又有在赋前面的小序，诸位一翻读《文选》，便知那些都是极好的散文小品。又如王羲之的《兰亭集序》，也算是好的小品，使我们觉得王氏不特书法好，文学也绝佳。

再下则如陶渊明之《桃花源记》和《五柳先生传》等，都为极高境界之散文小品。即如他的《归去来辞》，亦可说是小品的赋，亦都是甚高的文学境界。

说到《世说新语》，那里所收，都是散文小品上乘之作。还有《水经注》，虽是一部大书，但分开看，其中有描写极好，可当得散文小品的。

（六）

唐代，直到韩昌黎文起八代之衰，以及他同时的柳宗元，他们两人提倡古文，其实亦皆以散文小品为最成功。如韩之赠序、柳之杂记，那是古文中之新体，其实则是不成体的小品而已。韩、柳小品都写得很好，不像《原道》、《封建论》等大题目，反而在文学眼光中看来不很出色。诸位当知，写字有用写大字的方法来写小字的，又有用写小字的笔法来写大字的。韩、柳便懂得这方法，他们都能写小品。即如韩之大文，如《张中丞传后序》等，也都用小品堆成。这是他得《史记》之神髓处。

人称韩昌黎以文为诗，其实他更能以诗为文。如韩昌黎之赠序，其实都是以诗为文。又如其书札，《与孟东野书》，可说是小札。《与孟尚书书》，可说是大札。犹如太史公《报任安书》是大札，杨恽《报孙会宗书》是小札。杨恽模仿太史公，把写大信件的笔法来写小信件，遂成绝妙书札。韩愈懂得此巧妙，大信件、小信件，都写得很好，如其《与孟东野书》，便可称是一首散文诗。唐人喜欢写诗赠人，也没有韩的那些信札写得好。我常说韩文有些是散文诗，其实清代文学家早就说过。清人认为：韩愈的《题李生壁》，是一首无韵之诗，那便是说它是散文诗了。

如诸位到沙田欣赏风景，也可在树上题："某人来此一游"，或"某月某日到沙田"。至此就写不下去了。心中高兴，却不知道高兴些什么。连你自己心上的高兴事也写不出来，这是心情麻木了，岂不很苦痛？所以我们在日常生活中，不能不有文学修养。文学可使你感悟捉摸到痛在哪里，痒在哪里。自己心上痛痒，自己能清楚捉摸到，那是何等的痛快啊！这也不必定要写一首诗，能写几句散文小品也一样，即随处壁上题几字也一样。韩愈的很多作品，便都是无韵之诗。至于柳宗元之杂记，则可说是无韵之赋。

宋代能写小品文的，以欧阳修、苏东坡最佳。王荆公能写短文，但都是大文，不是小品。如其《伤仲永》之类，可算小品，但不多见。欧阳修大文章固好，其赠序、杂记一类小品文更佳。苏东坡小品最好的莫如《志林》，这是些随笔之作，篇幅有大有小，但均是绝妙的散文，又都是小品文。《志林》中有一二百字一篇的，也有数十字一篇的，都像只是轻描淡写随意下笔，不像用心要做好文章，这所以更好了。当然，文章中有些不能轻描淡写而定要严肃深沉的，正如做客人则必得庄严些，在家闲居就可比较随便些。

（七）

到了明朝，文人多喜欢作大文章，但很少懂得文学真趣。只有归有光，可谓获古人文学真传。他一生不得意，没有做大官，写文章逢不到大题目，因而多做了些小品文，只写些家庭琐事，却使他成为明代最好的一位散文家。

民国"五四"运动时，大家提倡白话文，高呼打倒孔家店等口号，但这些只是剑拔弩张的标语，不能成为文学。遂有林语堂提出写小品文的号召，那是对的。但他不知《论语》、《庄子》、韩、柳、欧、苏都有小品，明代归有光便是小品文大家，而他偏要人学晚明钟、袁诸人的小品。其实，小品是文学中极高境界。不应有意专要写小品。犹如一个人学装大样子，固不好看。故意装小样子，就更不行。钟、袁诸人只因有意写小品，故而写不好。但非文学真有修养者，也不易分别孰是有意，孰是无意呀！

清代，桐城三祖的方望溪，可作小品，但终嫌太规矩、太严肃了。刘海峰不能作小品文。姚惜抱小品文也很少，他的《古文辞类纂》用意多在大文章上。纵使里边选到许多小品，但给人忽略了，也当是大文章看。现在人读《古文辞类纂》的少了，但读《古文观止》的还很多。《古文观止》是通俗的，就因为《古文观止》里面多选小品。惜乎《古文观止》的编选人自己不懂文学，亦仅用通俗的眼光来选到这些小品而已。

桐城派中有吴敏树算能写小品，有几篇写得很好。但他自负颇高，他不肯自认是学归有光。至于曾国藩，不能写小品文，他说以前人都学《史记》，他认为要加读《汉书》，因《史记》行文是单的，《汉书》行文是偶的。《史记》正与《论语》同一笔调，《汉书》则与《孟子》笔调较近。用单、用偶，也可说即是大文与小品之一别。曾国藩看不起归有光一类的小品文，故而要教人学《汉书》与《文选》。

其他清人能写小品的有汪中、洪亮吉、汪缙诸人，格调皆甚高,惜不为桐城派文人所欣赏。龚定庵也能写小品。他们都从先秦或魏晋学来。

(八)

现在讲到民国"五四"时代。新文学运动起来,大家去读先秦诸子,但没有从文学上用心,无意中都走上作大文章、发大理论的路。他们高呼打倒孔家店、全盘西化等口号,此等全该做大文章。他们既无文学修养,亦少文学情味,因此都不能写小品。

文学本是表情达意的工具,如你们要写一封信,也得下些工夫。写信有写信的规矩,写给父母或老师、或朋友,体裁、字法、句法都各有不同。很多同学都不会写信,现在做学生,为人子女,觉得似乎不会写信也不大重要。将来为人父母、为人老师又怎么办呢?

"五四"以来,写文章一开口就骂人,不是你打倒我,就是我打倒你,满篇杀伐之气,否则是讥笑刻薄,因此全无好文章。即如小说、戏剧等文学作品,平心而论,至今亦尚无一本真好的。只有鲁迅还称得上。但鲁迅最好的就是小品文,像他的《呐喊》之类,这和西方小说不同,还是中国小品传统。周作人便不如鲁迅,他像要学苏东坡《志林》一类。但东拉西扯,只是掉书袋,很多尽是有意为之,甚少佳趣。如陈独秀,更不必说,文多杀伐之气,决不能成文学。至于胡适之,喜欢说俏皮话,亦非真文学。又如近人多喜欢读《红楼梦》、《水浒》,那也是大文章。如《聊斋志异》或《阅微草堂笔记》之类,内中却有很好的小品,但近人多不注意。

（九）

今天的文学气运，应是文体解放的时代，如以前《古文辞类纂》的所收十三体文章，规矩谨严，但现在都可以不论。那么，我们且先写些无题的小品文不好吗？韩昌黎的小品，就如无题诗一样。只要写得好，写一封书信也就是文学。在报章上写报道、通讯等，也都能成文学。现代人只在句子上用技巧、尚雕饰，用几个别人不用之字，或模仿外国句法写出，这都不一定就是好文学。

而且文体解放，也并不是说你想说什么就写什么，这不便是文学。没有文学，便没有了性情。没有性情，便亦没有修养。我们要恢复文学，该怎样呢？主要不在学西方，不须定要写小说、写戏剧，也不必定要把历史、哲学带进来，且望能轻轻松松写些小品，随便的，不成体的，却又走上文学道路。但千万别说想什么就写什么。当知在文学上也有该说的，有不该说的。有该如此说法、不该如彼说法的。不能说高兴写什么就写什么，是我们的自由。文学也得好好学，不能尽自由。

我们学古人，也并不是只学其文章。主要还是学其为人，学其说话。孔子在《论语》中所表现的，有各式各样的神情，由此可见孔子之真面目。太史公说："读孔氏书，想见其为人。"我们学文学，主要应如是。

我们日常写信，一时不能很好，但至少先不要潦草，要一笔一笔工整写。要轻轻松松，却不要匆匆忙忙。这些，都是现在青年人通病，所以我就很怕看青年们的书信。但目前的风气都像下里巴人一样，如果真有阳春白雪，如你们也真肯用心来写一封正正当当的信，或许别人反会笑你。

今天我讲的散文中的小品,可说是帮各位开一条路,由小品而大篇,渐成一大作家。归根来说,还是劝各位先读《论语》吧!不特其思想可贵,即以文学境界言,亦是很高之作呀!

(已收入《中国文学论丛》)

关于丁龙讲座

一九六一年三月二十七日第三十九次月会

诸位先生、诸位同学：

今天本来是请一位加州大学的哲学教授来讲"杜威的人文主义"的，临时他病了不能来，来不及请别一位先生讲演，只好由我填空。临时想不出讲题，因今天早上，有大批毕业文凭须签字，正忙着签，直到此刻还未签完。同时又接到两封信，一封是由台北寄来的。那位先生从别人处见了我们学校新出的《新亚心声》，非常欣赏，特地来书称许。那位先生本人的诗就很好，他竟能欣赏到我们，说大学学生能写诗，而且一般说来写得尚不错，又能集合成本，实在难得。他又说，我们本未送他此书，他是在别人处看到的，因此那位先生更想看我们其他的出版物。这一信使我很兴奋。

另一信是我们新亚第一届第一名毕业校友，由美国哈佛写来的。他在好几年前去哈佛，现在已专心在写论文，待暑假可得哈佛的博士学位。他信上所提，是为他返校服务之事。我去年在美国，早约定他学成回母校任课。但此刻哥伦比亚大学有一个"丁龙讲座"的席位，却要请他去担任。让我先交代丁龙讲座之来历。

远在美国南北战争时，有一位将军退休了，寓居纽约附近，那位将军独身不娶，性情相当怪，家中仆人都给他打骂跑了。丁龙是我们山东人，只身去美国当华工，他便投到那位将军家里。不几天，那位将军脾气又发，要打要骂，丁龙受不了，也跑了。过了几天，那位将军家里失火，乱七八糟，将军独个儿正没摆布，那丁龙却回来了。将军惊喜之余，俱问所以，丁龙说："听说你家失火，没人帮忙，所以复来。"那将军说："前几天我要打要骂，气跑了你。今天我正在无奈中，怎么你又肯来帮我？"丁龙道："这因我们中国有位孔夫子是讲忠恕之道的。你平常虽待我不好，但你为人也不全坏，我想我和你总有些缘分。你此刻需人帮助，我若不来，似乎就不合我们孔夫子所讲的忠恕之道了。"那将军听了，以为丁龙是位读书人，便起敬道："原来你是能读古书的，知道你们古圣人孔夫子的道理，我以前不知道，对你失礼了。"丁龙却说："我不是读书人，而且也不识字，我所讲那些孔夫子的道理，只是我小时由我父亲口授给我的。"将军听了，又以为他是个书香之家的子弟，父亲读了书教给儿子。谁知丁龙又分辩道："连我父亲也不识字，那些道理是我祖父讲给我父亲听的，而且连祖父也不识字。"原来他们丁家只是世代耕地，却一代代，祖教父，父教子，都讲些孔夫子的道理。将军听了，大为感动，便请他继续留下，从此主仆如朋友般，而且两人也都没结婚，竟如相依为命般。后来丁龙先病倒了，他对将军说："我在你这里做了几十年工，吃的、穿的、住的，都由你供给，还余留有你给我的工资，现在积存也有一万金。这些本都是你的钱，我死了，就把这一万金还给你，算我答谢你的厚德吧！"那位将军听了，十分感动。心想：中国一个不识字的苦工，尚有如此般的德性操守，这绝不是偶然。因此他一心敬重中国，发心要人来研究中国文化。遂把他晚年全部财产共二十几万块钱，加上丁龙的一万，送到哥伦比亚大学去，指定要设立一讲座，专来研究中国文化。这讲座便定名为"丁龙讲座"。这讲座一直到今日未中断。

我上次去美国，才听到了这事。我平常常讲，我们目前的知识界，担当不起来作中国文化的代表人。若要真讲中国文化，或许转在那辈愚夫愚妇一般老百姓身上。他们并不识字，也未曾受过新式教育，但他们身上却还保留得些中国文化。我素常如此说，我从前去台湾，听到了吴凤的故事，便逢人就讲这理论。现在又听到了丁龙的故事，这也就是我素常爱讲的那番理论的最好一个例子了。诸位同学，别看得这事简单，这事绝不简单，这是中国文化之真传统、真精神所在。一个中国青年到外国去获得博士学位，他所能对中国文化表现与宣扬，或许就不及这一个不识字的乡下人——山东苦力丁龙。

现在再讲到余英时校友的来信。余君是我们学校第一届毕业生，他现在在哈佛功课很好，今年他就要得博士学位。我去年去美国，要他回新亚来任教，他一口答应了，但最近却又生出了问题。哥大担任"丁龙讲座"的那位教授，现在年老该退休了。那位老教授虽是美国人，但他生长在中国，又在金陵大学任教多年。他老人家退休以后，哥大方面却考虑要请一位中国人来担任那讲座。他们多经考虑，从年老一辈的考虑到年轻一辈的，结果竟决定有意请我们的校友余英时君去担任。余君年事轻，资历浅，当然不能直当丁龙讲座的主持人。但他们决把此讲座虚悬着，待余君到哥大任教几年后，再正式任此讲座。现在余君来信，要我决定他的去留。他以前已答应回母校，他既应允在前，不便自主，所以要我作决定。从我想来，教授、系主任种种名位，我都不动心。但这个"丁龙讲座"的名义，却实在不同，我心下非常高兴，满想让他去。我此刻尚未作回信，也不论余君到底去不去，但此事在我想来，究是我们新亚的光荣。新亚不是一向说提倡中国文化吗？现在有我们新亚的同学去美国任丁龙讲座，实在使我闻之心喜，因此在这次月会上，脱口向诸位同学先报告。

讲完了今天恰恰收到的两封信，我还有余时要提起今天上午的另一件事。

正在这月会前，我读完了那两封信，又有两位南洋同学来我室中告别。其中一位说：他四年来在新亚，不敢说学到了些什么，但最低限度自信是多懂了些做人的道理。他这句话，实在说得非常得体，使我听了心上无限愉快。我们在学问才能方面，可以客气，可以谦虚说我没学到什么。但讲到做人之道，却是客气不得的，万不该说客气话。你可以说自己学问不好，但你总不能说读了四年书连人也不会做，连做人道理也不懂，那就荒唐极了。正如文章可以谦说写得不好，但却不能为了谦虚就说自己满纸都写了别字。别字是不该写的，做人的道理是不该不懂的。那两位南洋同学毕业而去，自承懂了些做人的道理，这话真使我高兴满意。

上面所讲，只是我今天上午，收到了两封信和接见了两位毕业同学的琐事，随口报告给同学们听，因我本没预备来讲演。今天所要讲演的本属东西文化和哲学问题，其实这些不讲也没有关系，因此等大题目，不能和人人讲，也不能求人人懂得。还是那起码的做人道理，让我们把丁龙作题材作榜样吧！这就是我们常说的，人文主义和中国文化。我盼望诸位同学先学做人，都能像那位南洋同学来跟我告别时所说的话一样。那就是我们新亚教育之成功，那就是我们新亚精神呀！

（三卷十六期）

本刊进入第四年

《新亚双周刊》已经办了三年，现届第四卷开始，我想借此说几句话。

这一份刊物，我们创办时的用意，不外两点：一是逐期报告学校师生们生活的实况，一是预备作将来校史之一份重要参考材料用。此两目标，我们这三年来总算是保守不失。我们在此刊物上，至少做到没有掩藏和没有夸大，这是我们所堪自信与自慰的。

但所谓我们师生的生活实况，究竟有何值得如此经常记录报道的意义和价值存在呢？此一问题，实在值得我们师生们共同深切地检讨和反省。

我们这一份刊物，已有三年的历史了，究竟在此三年内，我们学校之一切，曾有了几许进步？这些进步是否值得我们满意呢？我们也正好从头把此三年经过，凭借我们这一份刊物来作客观检讨之资料。这是我要提出之另一点。

又次，我们在此刊物内，经常发表师生们尤其是师长们的言论意见，有关新亚进展理想方面的并不少。我们究竟在哪些方面确能依照自己当时理想实际努力而又确有成绩表现的呢？这又是我们值得注意的又一点。

再就另一面讲，我们这刊物本身，如内容形式、取材、编排种种，究竟是否也能与年俱进呢？这又是我们值得注意之一点。

我们希望此刊物，不仅在实况上作报道，尤其在我们所抱负的理想与应有之精神上，更能尽一份职能，来作鼓吹与领导。

我们亦希望此一刊物，在全校师生心理上，更能有其亲密之关切。人人能把此刊物，当作学校师生共同生活上重要一项目，大家各尽所能，来求达此刊物所应有之功能，而求其不断之进展。

以上这些话，都是我对此刊物第四卷开始所恳切想说的，让我们大家努力以赴吧！

（四卷一期，一九六一年六月）

欢祝本届毕业同学

今天是我们新亚第十届的毕业典礼,并是新亚研究所第五届的毕业典礼,恰好一五、一十两个数字之配合,易于引起我们此后来纪念。更巧的是,今年是"中华民国"五十年,更易引起我们此后之纪念。

我提到此项数字,我将就此数字上来发表我一些意想。

五十年,在历史上讲来,似乎并不长。但若我们一加细思,便知不然。若从孔子时代算起,到今只是两千五百年,五十年已占全长五十分之一。此五十分之一之比数,也不能算小。即就周公时代算起,到今三千年,五十年已占全长六十分之一。即从中国文化之最长时期说,中国历史自古到今五千年,五十年也已占了百分一之比数。

何以我说五十分之一的比数不能算小呢?如把孔子、孟子下到朱子、阳明等,中国两千五百年历史上所有大圣大贤,举其最高标准之人物写下五十名,此五十年内应该占得一名。又如把两千五百年中之大文学家如屈原、司马迁、杜甫、韩愈等,举其最高标准之人物五十名,我们此五十年中也该占一名。又如大政治家、大军事家、大艺术家等各色各样人物,我们在此两千五百年内,各举最高标准者五十名,我们此五十年中照例也该各占有一名。依此类推,举凡历史上大事业、大著作、大成就,一切的一切,我们此五十年代若能各占其五十分之一的话,诸位试想,此五十年代岂不灿烂光明,大堪惊人吗?

现在说到我们这学校,自创办迄今,也已十有三年,在此五十年代中,也占了超过五与一之比数。若照我上面所说,此五十年代,在中国全历史中应占如何比量,应有如何成就,则我们这一所学校也已占有五十年代中五分之一强之比数了,那我们这一学校也该有些成就。而此刻说来,则使我们自感惭愧。

现在再说到诸位。我常说这一所学校,应是师生合作,共同负起此学校之前途的。学生对学校所负之责任,主要还在其毕业之后。我这番意思,曾对我们新亚校友会说起过。现在试想:倘此学校再经四十年,便有五十届毕业,而诸位今天便占了此五十分之一,研究所同学也占了四十五分之一之比数。诸位自今天毕业离开学校到社会,再过四十年,不过六十多。但诸位细思,在此四十年中,岂不对自己,对学校,尽可有极大成就,与极大比重的吗?

再就诸位个人说,今天的平均年龄是二十五岁,其实怕不到此数。我盼祷诸位能长寿百岁,但二十五岁实已占去了此长命之四分之一。如此说来,诸位或许会引起内心警惕,好像随便就过了二十五年。其实此二十五年在诸位之全生命过程中,是占着如何重要的地位和分量呀!但诸位也不必因此感觉怅惘,四分之一之比数固重要,诸位以下各自有四分之三之余数,岂不更重要!诸位如此想来,自知我今天告诉诸位的话之意义。

诸位莫认为个人是渺小的,生命是短促的。即如孔子,只活了七十多岁,但自孔子到今,虽有两千五百年,孔子一生也就占去了这段时期中三十五分之一之比数。诸位试想,孔子到今那段历史多长,孔子一人生命未到八十,不算高寿。而他对此一段历史之贡献，与其地位及分量，则不待我再说。

我当然不敢把诸位都希望比孔子，但历史上已往人物，可希可比者尚多，诸位也不当在此上怍谦，却当在此上立志。

我们以往五十年已算过去了，但在此下的五十年，正是诸位的时期。到再过五十年时，诸位有的已过七十，有的快到八十。所以此下五十年，诸位都该好好把握，善用你们那四分之三的生命，来好好努力。为个人、为学校、为国家、为历史文化、为人类，请诸位莫轻忽辜负了。

我盼望诸位在此下五十年中，能一五一十地常为人数说，那是何等光荣，何等值得欢畅，值得纪念呀！

即此欢祝诸位前途无量。

（四卷三期，一九六一年七月）

竞争比赛和奇才异能

一九六一年六月二十六日第四十二次月会讲词

各位先生、各位同学：

今天是本学期最后一次月会，因要颁奖，所以并没有像往常般请一位先生作专题讲演。我把下面一些剩余时间，来讲些此次颁奖有关人生及教育的意义。

到底在整个人生中，及教育意义中，竞争和比赛有没有提倡的必要呢？有的人很轻视竞争比赛，有的则很重视，也有些觉得是无所谓。我认为，人生是该有竞争比赛的。例如：我爱好围棋，但只是摆谱，不喜与人对弈，因此棋艺永无进步。为学做人亦同样，只有竞争比赛，才能真确了解到自己，使你自己真确得有进步。当然人生最高境界是超乎竞争比赛以上的，如云："曲高和寡。"可见音乐上最高境界，并不在比赛中见。又如云："文章千古事，得失寸心知。"可见文学上的最高境界，亦不是可由比赛中见的。但这些能达到最高境界者，其初时都得经过与人竞赛的历程，存心力争上游，才能成功。孔子所谓"见贤思齐"，所谓"三人行必有我师焉"，则有"竞"和"赛"之意义在内。为学做人都不是闭着门一人做的事，都需在社会朋友中磨炼做成。比赛竞争之事，也并不可忽。

其次，这次颁奖，似乎多属所谓奇才异能方面的。团体大了，必有奇才异能之士出乎其间。如浅水小池，只有平常的鱼虾之类。水大了，便鱼龙混杂。深山大泽，龙蛇生焉。山大了，则有麒麟。林深了，则有凤凰。天地生人，本各赋予一分奇才异能的。此种奇才异能，在整个人生中，亦是应该嘉奖鼓励的。今天，我们学校比赛项目尚少，以后应逐步加多，使各种奇才异能都得一展所长。

但做人总该做一个普通平实的人，不要把你的奇才异能来损害了你的普通平实。我曾看《梅兰芳舞台生活五十年》一书，使我对梅之为人更深钦佩。以前我以为梅兰芳不过一伶人，只是有他一套奇才异能而已。看过此书，方知他平日为人极普通，极平实。用一般标准言，至少是够得上普通平实，方显得他那套奇才异能更为可贵。其他有名伶人亦不少，但或有些做人的普通条件不够，只以其技艺骄人，则风格便低下了。

孔子曾说："周公之才之美，使骄且吝，其余不足观也矣。"周公可谓达到了奇才异能之最高峰，但若不普通、不平实，便不足观。此层务望同学注意。

我希望我们同学中，每一人都具备一套奇才异能，这比清一色好得多。天地生才，必有奇异。诸位读历史，便能见到许多奇才异能之士。我常爱读班固《汉书》的《儿宽传赞》，乃知汉武帝时，获得伟大辉煌之成就，是决非偶然的。诸位有暇，不妨翻来一读。

本来奇才异能之士，无时不有，但也须社会奖励提拔。一般普通平实人，有时看不起奇才异能，那也是错的。

如在我们学校，只要在开盛大的同学会，或在举行各项比赛时，便易显出奇才异能之重要来。奇才异能可使人生多彩多姿。不仅学问事业上贵奇才异能，一切奇才异能都可贵，只不要在自己一项奇才异能之上自骄自喜，忽略了普通平实一面便好。诸位当知，最伟大的奇才异能，便是最普通平实者。此事要我举例并不难，但要我说明其中道理，便有很深邃处，非几句话能说尽。不如留待诸位各自细细去参悟吧！

(四卷四期)

第十届毕业典礼致词

今天为新亚本校第十届毕业、研究所第五届毕业举行典礼。我已有专赠此两届毕业同学的一篇讲词,刊在本届毕业特刊上。今天乘此机会,再报告一些新亚最近的情况。

新亚办学宗旨:第一希望尽可能延聘好教授,第二充实教学设备,务使此校成为一所具有高深学术研究风气的教育机构。最近本校图书馆已拥有接近十万册的中西文书籍,并历年出版本校教授同仁及研究所员生之著作及论文,以及本科在校学生之优良成绩,约略统计当在五十种左右。若计算字数,至少已远超过了五百万字以上。我们不日当在图书馆,专编一份本校员生同仁之著作论文目录,及设置专柜陈列其出版物。并在不久将来,本校将特筹经费,成立一出版部,以适应学校以后对此方面之需要。

本校在下学年开始,并将正式成立理学院,连原有文、商两院,鼎足而三。创设理学院为本校历年计划之一,所以迟迟到今始获实现,因先有两条件当考虑:一是教授人选,二是实验室之设备。关于第一点,我们认为近代科学日新月异,应多延揽新进人才。但为理学院之通盘计划及行政需要上,又不得不延揽资历深、经验富、比较年事稍高之前辈学者来主持与领导。目下此一问题已解决。本校先已设有生物系与数学系,下年增设物理、化学两系,共成四系。除生物系已聘定任国荣先生为主任外,其余三系，新的主任人选，均已在最近延聘相当人充任。此三位新主任，不仅各自具有极高荣誉的学历，并均系担任其他有地位大学中之教务长、理学院长及兼任其本系主任之职位历有年数者。且又系在担任行政与教务工作外，仍不懈于自己岗位之研究，不断有高价值之论文著作刊布。惜乎他们应聘前来，在各该原校，必多加以慰留，我不便在此时先将各位之姓名宣布。至于实验室仪器设备方面，除生物系两年来已粗具规模外，物理化学两实验室，有本校董事会、雅礼基金会、亚洲基金会及世界大学服务会、教育司特别补助，又加热心科学教育之南洋华侨徐铭新先生一人慨捐巨资，在本学年内，本校所能花用在理化实验室设备方面者，已有港币二十五万元之巨。就目前创始情形论，本校以后之理学院，必可与原有文、商两院后先竞爽，说不定后来居上。新亚的理学院，可能成为新亚一支强劲的生力军。

有人说，新亚宗旨在提倡中国文化，何不专一经营文学院，却要分散精力来办理学院？但本校提倡中国文化，决非抱残守缺。文化内容理当日求创新，即本校文学院，文、史、哲、艺术各系一样中西并重，并不走上偏枯之路。工商实业与自然科学，在当前民主与极权两世界中，同样重视。只其运用之意义与途径，则显有不同。中国文化对世界人类之主要贡献，端在人文本位修、齐、治、平之大理想、大原则方面。因此本校教育理想，不仅是理科、商科方面之各种学术技能可以增进中国固有文化传统之内容，抑且重在发扬中国固有文化，可以对理科、商科各门学问，赋予以更新之使命，开创其更新之前途。本校常教诸同学为学、做人齐头并重。为学方面须能顺应世界现代潮流，须能具备世界现代规模。但做人方面，则须能承受自己文化传统，发扬自己文化传统精神。我们新亚前途，一面须能有世界性的学术地位，同时须不要忘了，这是一所中国人栽培中国青年的学术园地。这是我们的理想与抱负。

现在再说到本届毕业同学身上。本校另一注意点乃为毕业校友之前途。这十届以前九届的本科毕业同学，五届以前四届的研究所毕业同学，他们或投身社会，或继续在国外学校进修，他们中亦有极佳成绩表现的。我想本届毕业诸君应各自知之，我不想在此一一历指，迹近夸张。但愿诸同学离校以后，都热烈参加校友会，大家共同努力。当知新亚精神，一面固然表现在学校，另一方面则需表现在此后的校友会。如此分途并进，将来到举行第二十届、第三十届毕业典礼时，再看我们表现如何吧！

专此祝毕业诸君前途无量！

（一九六一年七月十五日）

《论语》读法

本校定孔子圣诞为校庆,用意在使同学能知尊重孔子,因知尊重中国文化传统。欲尊重孔子,必读《论语》。读《论语》,必兼读朱注。朱子注《论语》有三大长处:一、简明。古今注《论语》之书多矣,独朱注最为简单明白。二、朱注能深入浅出。初学可以浅读,成学可以深读,可以使人终身诵读不厌。三、朱注于义理、考据、辞章,三方面皆优。宋人长于义理固矣,然朱注于考据、训诂亦极精善。且又长于文理,能于《论语》之章法、句法、字法体会深微,故《论语》以朱注为最胜。

犹忆余在十七八岁时,偶在家中书架翻得清儒毛西河《四书改错》石印小字本,读之惊喜,不忍释手。迨黄昏,移就庭外立读。其书批驳朱注,分类分条,几于通体无完肤。余时愚陋无知,仅知朱子乃宋代大儒,又知读《论语》必兼读朱注。而毛氏何人则不知。又其分类,如有关天文、地理、宫室、衣服之属,凡所讨论,余皆一无所知。读其书,仅使余知学问之广大,若另见一新天地。

越后读书渐多,知有所谓汉学宋学之别。又久之,读书益多,乃知即论考据、训诂,清代治汉学诸儒未必是,朱注亦未必非。其后几二十年,在北平书肆又购得毛氏《四书改错》大字木刻本,再读之,乃知毛氏虽博辨,其书实不能如朱注之广大而精微。回忆少年时初读此书之心境，不觉怳然自失。

盖清儒治汉学，门户之见甚深，凡朱注错误处，积清儒二百数十年之搜剔抉发，几于尽加驳正，殆所谓："丘也幸，苟有过，人必知之矣。"然亦有朱注正确处，清儒存心立异，转以自陷。时余在北平，见学者群推刘宝楠《论语正义》，鄙薄朱注不读。心知其非。顾一时风气所趋，亦无法纠挽也。

及抗战时在成都，病中读《朱子语类》，一日仅能读数条而止，倦即放置不读，亦不读他书。约半年，读《朱子语类》始毕，乃知朱子注《论语》，于义理亦多错，并多错在性与天道等大纲节上。此乃程朱与孔孟学术思想分异所在，亦已多为清儒所纠弹。然自此以往，善言义理，当仍推朱注，断非清儒所及。故余数十年来，教人读《论语》，仍必教人兼读朱注。良以朱注所得，较之诸家，心知其为独多。

惟学者治《论语》，先于朱注立基础，乃可进而多窥诸家之异说。所谓诸家，有远在朱子之前，更多起于朱子之后。苟非多窥异说，将不知朱注之所误何在，更不知朱注之所为精善独出于诸家之上者何在也。从来解说《论语》者多矣，几于每字、每句、每章必有异说。每有异说，亦多在两说三说以上。惟学者治异说，切戒有好异心，切戒有好胜心，贵在能平心静气，以实事求是之心处之。每得一异说，于文理文气上孰当孰否？于考据训诂上孰得孰失？于义理阐发上孰精孰粗？贵能细心寻求。《论语》本文，惟若平淡易简，然学者能循此求之，一说之外，复有一说。众说纷纭，而各有所见，亦各有所据。正在此等处，可以长聪明，开思悟。闻见日广，识虑日精。仅于《论语》一书能如此求之，而义理、考据、辞章三方面之进益，有不知其然而然者，有日新月异，益深益远，已臻于为学之上乘而初不自觉者。

然治《论语》之异说，亦不贵贪多，不贵欲速，不贵在限定年月以内，必尽搜《论语》之异说而偏治之。只贵于朱注外，随时得一书，获一说，即取与朱注对比。通一说，即获通一说之进益。如此从容缓进，乃为可贵。

余自来香港，即有意为《论语》作一新解。虽尊朱注而不专守，遇异说胜朱注者，尽改以从。而亦欲仿朱注，力求简明，力求能深入而浅出，力求于义理、考据、辞章三方兼顾。务求自中学生以上皆能通读。尤望成学之士读我注，亦不以为鄙浅。怀此心已久，屡易稿而皆未惬。去年在美国，积半年之力获成初稿。返港以来，又再自校读，去冬通读一过，今夏又再读一过，迄今已过其半，又能多所改定，今冬当可付印。自问此书，虽不能取朱注而代之，然读朱注者必当再读吾书，然后于《论语》易于有入门益进之望。此则余之志愿所在。因于今年校庆，先草此文，以为吾同学告。倘吾新亚诸同学，今年能人手一编，先读《论语》及朱注。明年之春，再读吾书，其于吾心，将何快如之！

（四卷五期，一九六一年九月）

秋季开学典礼讲词

一九六一年九月十八日

各位先生,各位同学:

今天是本学年度的开学典礼,因为还有几位先生要讲话,我只撮要地向大家报告两点:

第一关于教务方面:从今年开始,我们学校的理学院正式成立了。上年我们已增设了生物与数学两系,今年又新开设物理系与化学系,现下理学院共有了四系。这是我们学校新成立的一院,与旧有的文学院、商学院鼎足而三。至于为何要设立理学院,去年在毕业典礼讲话中,我已详细说过,现在不再重复了。学校一天天在发展与扩大,但我们不要忘了学校的中心精神和学校的特有个性。我再简单说,我们学校希望能有两种精神:

(一)中国文化精神。诸位是中国人,这是绝对不该忘了的。无论在何处,在何事上,都要如此提醒自己。既然为一中国人,就必要尊重中国文化传统,从而督促自己要做一个像样的中国人。

(二)服务的精神。诸位来学校非仅为了拿一张文凭,谋一份职业。当然,我们也不是说要诸位完全不注意到这上去。但这只是一种最起码的条件而已。如果我们单是为了找一职业为谋生之途,那只是自私自利,并非诸位来学校求学之主要目的。诸位应能对社会乃至人类有贡献。父母生了我们这一个人,有手、有脚、有头脑、有聪明,更有机会受高等教育,完成了你一个人,总要记得将自己所学,对家庭、对社会、对国家、对人类服务有贡献。

以上两点,我曾一再提起,今天再特别把来提醒大家,千万不要忽略了。

第二关于校务方面:现在学校的校务,共分总务、教务、训导三处。今年的总务长,仍由萧约先生担任。我一向佩服外国人的办事精神,记得在一九三〇年我在燕京大学教书,有一件小事,却令我非常注意。即是:燕京学校里的路灯,它的开关迟早,天天依着天气阴晴和月亮圆缺而异。月初,路灯便开得早。若遇明月高照,路灯便开得迟。燕京是外国人在中国所办的最高学府,从这一件小事上,可以看出外国人的办事精神来。我们学校所以要请萧约先生来担任总务,也是希望他能把西方人的办事精神,灌输到我们学校。

我们的教务长由创校迄今十二载,都由唐君毅先生担任。但唐先生兼职甚多,他现任文学院院长,哲社系主任,又兼研究所导师,还要自己从事著作,实在太忙了。他历年来屡请辞职,我们今年已改请吴副校长担任。本来吴副校长也已很忙,但在教务职务逐渐分任的大原则之下,只有请吴副校长为学校多花这一分精力了。

训导长本由程兆熊先生担任,程先生在中文系教课,也忙着在课外从事著作,他亦请辞去训育兼职,所以今年就改请历史系教授陶振誉先生担任。

说到学校行政方面,我们盼望要能根据中国儒家人格教育与现代民主制度,两相配合推进。儒家教育理想,以尊重人格为主。在双方人格相互尊重下，就产生了中国传统的一种道德精神。这是我们一向所提倡的。无论在教务训导方面，学校当尽量尊重各同学的人格。但诸位同学，亦须了解学校的行政与课程方面之种种规章与制度。当知，学校每一制度的成立，都是一种师生相互人格尊重的表现。

讲到民主制度方面。诸位在学校是同学，到社会上服务，有团体，有同事，在国家同是公民。所谓尊重人格，首先须了解一点，人在这世界上，不仅是自己一个人的存在，每一人都只是人群中的一分子，都不能背公而顾私。只有人格是各人自己的，其他都在人群大公之内。做一公民，便该服从国家法律。当一学生，便该服从学校规章。而我们学校的一切设施，则盼望能采公的态度，采用民主的精神。只要关于公众的事，总要懂得少数服从多数。无论在学校的任何方面，都要懂得将公私分开。这并不是说要诸位公而忘私，诸位当知，我们各自的私，全赖在人群公共之中才能存在而表现。

例如现在我们学校有同学四百人，诸位就各是其中的四百分之一。你的一切，你该知道将在此三百九十九份放进去之后才能显出。就香港而言，则你只是三百万分之一了。就中国而言，你又只是六亿分之一了。假如将世界历史上的人类都加进去，简直不知我们该当得其中的多少分之一，这真是渺乎其小了。但虽小，总是有你们的一份。诸位当知，一与一是平等的。如果是一个三口之家，父母亲与儿女都各是三分之一。夫妇之间，相互各是二分之一。刎颈之交的好朋友，也只是二分之一。这里面有公亦有私。在人群大公之中，就有我的私。只不要因私而忘公。我们该懂得把这种精神来处家庭，处社会，处国家，而为人群服务。

孔子曾说:"克己复礼为仁。"仁不能在各人的私上见,必在人群之公上见。我们学校的训导、教务各方面的行政,都盼望能以儒家人格教育与现代民主精神为中心。特别是我们本届的新同学,你们进了新亚,就是新亚的一分子了。希望你们时时刻刻记得学校的精神与理想,来在此学校中做成一新分子。

(四卷六期)

孔诞与校庆讲词

一九六一年九月二十八日

各位先生，各位同学：

今天是学校建校十二周年的纪念日，回想过去，由于我们自己努力奋斗，与外界热烈支持援助，使我们学校有今天的规模。有几点是值得我们庆祝的。

第一，我校在极端动乱的时代开始。当我初来香港时，此间情形极为混乱。我们创办此学校，是在此间除香港大学外，现有各所大专学校之先。最初成立时，仅在晚上租佐敦道伟晴街华南中学的两间课室开始，那时名称"亚洲文商学院"。半年后，搬到桂林街，改为日校，始定今名。曾记有一位美国人来校参观，他说他在法国也曾见到过一所像这样的流亡学校，此外便没有像此般学校在他见闻所及了。我们在此极度动乱的时代创办此学校，所幸我们没有丧失了我们自己的理想，并不断努力向此目标而前进。由今想来，可知我们并不要怕外界动乱来影响到我们，只要我们能坚持，我们的理想仍有实现的可能。一颗种子埋在地下，纵使经历了暴风烈雨严霜寒冰的摧残，但它仍能萌芽生长。这一点是值得我们庆祝的。

第二，我们是在极艰难的状况下维持此学校。当初在桂林街时，我们只盼此学校能一日不关门，便决意一日不离去。或许今天在座中，有那时早期的同学，他们对我们学校当时的情形会很清楚。我们就在这今天不知明天的状况下，咬紧牙关，度过了漫长的五年。这又是值得我们今天来庆祝的。由今想来，我们也该说，我们不要怕外界的动乱，在动乱中仍可以建立基础。我们也不要怕自己的艰难，在艰难中仍可以实现理想。

第三，我们学校能有今天的规模，这要感谢各方面对我们学校的爱护与援助，否则迟早总会要关门的。外面首先来援助我们的是亚洲基金会，跟着有雅礼协会、哈佛燕京社、福特基金会、洛氏基金会等各机关。最近两年内，又得到香港政府补助。如此已有了七年的时间。如果在此七年内，没有外界助力，我们学校即不可能有发展，不可能有进步。例如一颗种子，定要它生根、长枝、开花、结果。若永远只是一颗种子埋在地下，它老不能抽芽发叶，也便不能算是一颗种子，因为它根本没有表现出它种子的能力来。这点也是值得我们今天来庆祝的。

第四，我们自从得到亚洲基金会、雅礼协会等各方援助，我们在此七年来，也幸而并没有辜负了他们的期望。每一年，我们必有长进，有发展。如果是三年前入学的同学，请你们回想此三年来的经过。如果是在校七年的同学，请你们回想此七年来之经过。我们在学校各方面实已尽力期求改进，而且也确是不断有进步。这也是值得我们庆祝的。

第五，十二年来，我们在校的先生们，不仅在教课方面，使同学们有长进，而且在教课余暇，还能完成发表不少著作。即是同学们，在研究学问方面，亦都有很好的表现。或撰写论文，或在其他方面见成绩。另一方面，说到离开学校的同学，也不断地有长进。虽然我们建校只有十二年的历史，但已有校友能在本校任课，并有在世界著名的大学任课的。例如在美国哈佛，在香港大学等，都有我们校友在那里任课了。我盼望提倡同学们在课程之外的研究。例如上学年中文系同学所写的诗，汇印了一本《新亚心声》，已得到了外界不少的赞许，这也是一好现象。我上面所讲学校发展，并不只是指着外表的建筑或图书馆之扩大与充实，以及增加新的院系等。更亦是内部的，先生同学在校内校外学术上都有所表现，这是值得我们来庆祝的。我们只在此短短的十二年中，自然不能期望过高，但在欧美各国知道新亚的已很多。我们学校的出版物，在国外亦有了地位。这虽不许我们因此自满，但也值得我们以此自慰。这又是我们今天值得庆祝的。

第六，我们学校的校庆，开始是定在"双十节"，因我们创办此学校是在"国庆"前几天。加以时局动乱，大家在乱离流亡之中，感慨更深。我们深觉得，我们各个人的生命与国家民族的盛衰息息相关，没有了国家也就会没有了我们，更会没有了我们的团体与事业，所以就将我们学校的校庆寄附在"国庆"那一天。从去年开始，我们把校庆日改定在孔子的诞辰。因我们感觉把"国庆"当校庆，容易引起外界误会，或以为我们的学校是太过富于政治性。我校理想以提倡中国文化为目标，我们更该侧重在文化教育性方面来庆祝，故把校庆日改在孔子诞辰。我们盼望国家有前途，必先盼望我们人民有希望。要人民有希望，必该靠重文化力量。孔子诞生至今已过二千五百年，孔子是中国文化的代表与象征。我们把校庆改定在今天，对我们学校理想，是再恰当不过了。我要郑重而诚恳地请我们各位同学，以及教职员们，都不要忘了我们自己是一个中国人。当知我们做一个中国人，并不是我们的羞耻，乃是我们的光荣。并不是我们的负担，而是我们的责任。中国文化有其悠久的历史，更有其崇高的价值。将来中国文化对世界人类前途，应有其贡献。我们每一人，应有一份责任心，不仅为国家民族，也是为世界全人类。我们该发扬我们中国的文化传统，我们是中国人，就应该尊重中国文化。要尊重中国文化，就该尊重孔子。尊重孔子，意义重大，今天不能详细讲述。但请诸位立志由进新亚开始，努力要做一个像样的理想的中国人。大家该知尊重中国文化，这就须我们表示对孔子的敬意，这一层应是大可庆祝的。

第七，我们学校或许很快会变成香港中文大学的一分子。但这却并不是一件十分了不起的事。最紧要的，还是不要忘了我们十二年前创校的理想，及十二年来这不断奋斗的传统精神。如果一旦成为中文大学了，就把我们的创始理想和传统精神遗弃了，正如一人去外国留学，得到了学位，就忘记了他自己是一个中国人，那是不值得我们称扬的。一个人无论如何该知不忘本。将来诸位再了不起，也不该忘了自己的父母。我们生为中国人，这可说是一种天意，或说是上帝的命令。诸位来新亚读书，乃是你们的自由意志。这些我们都不该忘。我们盼望我们学校将来任何演变，任何发展，都不要忘了新亚创校精神，这又是大可庆祝的。

第八，一切事都不能只求维持原样，也不能专一回头记念已往。我们只该向前，只该永远向前。我们希望新亚将来能在世界大学学府中独持一帜，我们不该以现在的情况为满足。我们创校只有十二年，比之英国牛津、剑桥，美国哈佛、耶鲁，他们有创校的悠长历史，把我们新亚作比，真是差得太远，无法作比。近如香港大学，它创始迄今，也已五十年了。我们这短短十二年，当然不能与五十年、五百年乃至五百年以上的相比。我们要希望新亚也能成为世界上一著名的大学，不是十年、二十年的事。恐怕再等五十年、一百年，是否才可和其他著名大学相比，也难说。但我们要照此做的。再过一个十二年，两个十二年，如此以往，是否真能变成一所世界著名的大学，是否能与世界第一流大学分庭抗礼，这一层要诸位悬存心中，这也大可庆祝了。

第九，在桂林街时，由于经济环境种种限制，我们学校连一个工友也没有，抹窗、扫地等，都由同学做。今天我们学校已有发展，我并不希望此刻四百位同学都来替学校抹窗扫地，只希望诸位努力为学做人，都做一个像样的中国人，都在文化学术上有成就有贡献。我们今天，仍是"手空空，无一物，路遥遥，无止境"。我希望以前各届毕业的同学们，以及将来络续毕业的同学们，都能参加校友会。诸位不要认为校友会无力量，再隔一个十二年，三个十二年以至无数个十二年，我们将会有多少校友呢？到那时，或许有很多校友都成为社会上的重要人物。我们学校的存在，必要有一团体来支持，这就是我们校友们的责任。待到校友会能来维护此学校，此学校才算真正的有基础。这是我们的事业，我们的理想。此种事业和理想，固非一日所能实现。但孔子当时所抱的理想，到今已经两千五百多年，而仍在不断发展。我常说，我们学校是一个大家庭，诸位都是这家庭中的一分子。今天我希望诸位能多进图书馆，多注意研究学问，将来能回头来维护此学校，发展此学校的理想。中国文化存在，我们此学校也存在，并能无穷无止地发展下去。这又是值得我们大大庆祝的。

第十，由桂林街到今十二年，这十二年间的发展，我们在前是做梦也想不到的。在桂林街时，我们并不曾想到有今天。我盼诸位试想十二年后、二十四年后、三十六年后，新亚会变成什么样子呢？我们的国家社会又将如何呢？我们要远望将来，不能只顾眼前。行百里者半九十，一百里路，跑了前面九十里只算是一半，后面的十里又是一半，这后面的一半才是真长远真艰难的，需要我们不断奋斗。但我们千万不要忘了开始时的精神。诸位在社会上，他日有所建树，而还不能忘做小孩时光景，那就很好了。我们要向前迈进，但也不要忘本，让我们能年年来庆祝这校庆吧！

上面讲了十点，值得我们在校庆日庆祝的。前面五点，属于已经过去的。我们不要因为小有成就而欣欣自满，我们还有更遥远的路程需要不断地奋斗。后面五点，是我们新亚师生每一个人的责任，各位都要努力肩负起这责任，使我们学校的理想得以发展，创校的精神得以保存，终有一日成为世界上最著名的一所大学。

（四卷七期）

欢迎罗维德先生

一九六一年十月二十四日第四十四次月会讲词

今天我们万分高兴欢迎罗维德先生重来新亚。我想：在座诸同仁与同学，大多数都是认识罗维德先生的。只有少数不认识罗维德先生，但对罗维德先生的名字和其为人，也都早知道，所以我今天不必特为罗维德先生个人作介绍。我今天所想说的是关于雅礼协会与新亚合作的这一事件之过去和现在及将来。

雅礼协会是在美国耶鲁大学之内的一个私人团体，这一团体由于有意到中国社会来推行医药与教育事业而创始的，到今已快近六十年的历史了。一个私人团体，专为别一个社会而努力，而能一批接一批的，继续维持到五十年以上的历史。这一种精神，已值我们敬佩和效法。

一九四九年以后，雅礼协会在中国内地所办的事业也停顿了。七年前，雅礼协会推派耶鲁大学历史系教授卢鼎博士来东方，他的使命是要在台湾、香港两地及菲律宾，重行设计雅礼协会所可能推进的新事业。卢鼎教授此行，决定了一个雅礼与新亚合作的意见，回去报告，获得了雅礼协会之全体同意，这便是新亚与雅礼合作的开始。

新亚是在万分艰难中创始而维持的，自从获得雅礼协会之合作，遂能打开新局面，得有今天的成就。新亚也是一个私人团体，由于抱有某一种的理想而创始成立的。这和五十多年前，雅礼协会之成立，正无二致。但此两团体所抱理想，就其大体言，都是为着人类社会之教育与福利求有贡献，这是相同的。而讲到双方理想之内容方面，则总有许多不同的存在。因此在开始几年的合作上，双方总是有一些隔膜，或说是不相了解处。

在雅礼与新亚合作之第五个年头上，罗维德先生由雅礼协会推派到新亚来作为雅礼的代表，同时也成为新亚的董事。罗维德先生在新亚虽然不过一年半的短时期，但从他来新亚以后，可说雅礼与新亚之合作，又迈进一新阶段，即是在双方的理想上，精神上，获得了更深一层的相互了解与相互信任。因此我常说，雅礼与新亚之合作，就新亚一方面的感想而言，创始这一个规模的是卢鼎教授，而奠定这一个基础的则是罗维德先生。

罗维德先生在新亚，正值新亚开始接受香港教育司津贴，成为将来成立中文大学之一员，这里面有种种讨论，种种决策，以及种种商谈，罗维德先生始终参与，而且是新亚方面为此事尽过最大努力，经受过最大辛劳的一人。照理说，我的年龄比罗维德先生小，我在新亚的责任比罗维德先生重，但在此事经过中，我所尽力的，远不如罗维德先生般辛劳而繁重。自冬迄暑，我和罗维德先生这一段共事的经过，将使我永远不能忘怀。

我很愿意罗维德先生多留在新亚，又怕他太辛劳了。但罗维德先生告诉我，能为新亚尽力，他都情愿。只若回美以后，能对新亚更多贡献，则他还以回去为是，因此我也不再多留。自从罗维德先生回美以后，我又接踵而去耶鲁，那时罗维德先生是担任雅礼协会的副主席之职，他为新亚所尽力的，一如他在新亚时，还是同样地辛劳，而罗维德先生总是乐此不疲尽力以赴。在我朋友中，能一心一意，全心全力为一件事，为一个理想，而努力以赴之的，像罗维德先生，可说是我心中最敬佩的一个了。

罗维德先生是一个虔诚的耶教徒，我在罗维德先生身上，更认识了耶教精神，更认识了西方文化之特有长处。我在罗维德先生身上，也更认识了雅礼与新亚之合作精神。

今天，罗维德先生重来新亚，计算他离去新亚，已是两个年头了。我不知新亚此两年来，倘有一些进步，能否合乎罗维德先生平日所念念不忘的对新亚的想像和希望。我常想，一些显著在外面的事业上的成就，总是发动于蕴藏在某一人或某几人的内心深处的一番真诚和热心的。但那些外面的成就，也总会抵不过那蕴藏在某一人或某几人内心深处的一番真诚和热心的。

此次罗维德先生之来，虽只短短的十天光阴，但我希望罗维德先生看了他离开新亚两年来的经过，多少能获得一些安慰。更希望罗维德先生在此十天之内，能多多给我们以指示和鼓励。更希望罗维德先生在短时期内，能第三次来新亚，能多住一些时。到那时，罗维德先生将会和他太太一同来，罗维德太太也是同样时时记念到新亚。而在新亚方面，凡认识罗太太的，也在此时时同样地记念到她的。

临了，我代表全体敬祝罗维德先生健康。接着我们请罗维德先生对我们全体讲话。

（四卷八期）

中国儒学与文化传统

一九六一年十月七日本校文化演讲会

（一）

讲到中国文化，便会联想到儒家学术。儒学为中国文化主要骨干，谁也承认。但现有两个问题须讨论：其一，为儒学之内容，即儒家学术究竟是些什么？其二，为儒家在中国文化中，其地位之比重究如何？吾人对此二问题，当以客观的历史事实作说明。因此本讲范围乃系有关中国文化史中之中国学术史部分，而又专就儒学史为本讲之题材者。惟如此，已嫌范围过宽。又且中国儒学史一题，在国内学人中，似尚未有人对此作过系统之研寻。本讲题只可谓对此问题作一开头，自有许多观点，在此讲演中，难作定论。只是提出此许多观点，以待此后有人继续就此纲要而探讨，或因此可有一部比较完整的中国儒学史出现，这却是一项饶有意义与价值的事。

要讲儒学内容，必须讲到儒学史，即中国儒学之演变历程。历史上任何事物，传递久远的，必有一番演变历程。儒学自孔子迄今，已逾两千五百年，自然有许多演变历程可讲。要讲演变历程，必先划分时期。此下将儒学演变，姑试划分为六时期。

（二）

一、儒学之"创始期"。此在先秦时代，自孔子下及孟子、荀子以及其他同时代儒者皆属之。此一时期，百家争鸣，儒家不仅最先起，且亦最盛行。韩非《显学篇》说："今之显学，儒、墨也。"又说："儒分为八，墨分为三。"可见当时儒学之盛，亦见在中国学术史上，儒学一开始，便就与众不同，巍然独出了。

接着讲第二期，此为两汉儒学。我姑名之为儒学之"奠定期"。也可说，儒学自先秦创始，到两汉而确立，奠定了此下基础。有人说，先秦学术至汉代已中断；或说自汉武帝表彰六经，罢黜百家，而儒学始定于一尊。此两说均有非是。其实儒家在晚周及汉初一段时间内，已将先秦各家学说，吸收融会，共冶一炉，组成一新系统。故说先秦各家学说到秦代统一已中断，并对此后历史无影响、无作用，实是一种无据臆说。至谓汉后学术定于一尊，此说之非，待后再提。

今讲两汉儒学，亦可说此时代之儒学实即是经学。只读《史记》、《汉书》中之《儒林传》，便见其时凡属儒林，都是些经学家。而凡属经生，也都入《儒林传》。此下二十四史中凡有《儒林传》，莫非如此。故说经学即儒学，此说乃根据历史，无可否认，而在两汉时为尤显。我们也可说，中国儒家则必通经学，不通经学，便不得为儒家。如此说之，亦决不为过。

现在试问为何儒家必通经学？此即就先秦儒家言，如孔子、孟、荀诸人所讲，即多是《诗》、《书》、《礼》、《乐》，属于后世所谓经学范围。两汉以下承继孔孟此一传统，自然经学即成儒学了。

其次论到两汉儒学对当时之贡献与作用。我们当说两汉时代一切政治制度、社会风气、教育宗旨及私人修养种种大纲节，无一非根据经学而来，故可说两汉经学实对此下中国文化传统有巨大之影响，此层亦属无可怀疑。至涉及经学内容，以非本讲范围，今姑不论。

（三）

兹再说及儒学之第三期，此指魏晋南北朝时代言。我姑将名之为儒学之"扩大期"。有人或将觉得此说奇怪，因大家习知魏晋南北朝人崇尚清谈，老庄玄学盛行，同时佛学传入，儒家在此时期，特见衰微，何以反说为儒学之扩大？然我此说，亦以历史事实作根据。其实此一时代之儒学，并不能说必不如佛学、玄学之盛，而较之两汉，亦非全无演进可言。

首先，且说此下的《十三经注疏》，此为中国经学上一大结集。而十三经注成于此一时代人之手者，却已占了一半。如：《易》为魏王弼注，《论语》为魏何晏集解，《左传》为晋杜预集解，《谷梁》为晋范宁集解，《尔雅》为晋郭璞注。至于《尚书》孔安国传，至今称之为伪孔传，实非出于西汉时之孔安国，而系出魏晋时人所伪托。其作伪者，或说是王肃，无论其是否，《尚书》伪孔传成于此一时代人之手，则无疑义。故全部十三经注中，由魏晋人作注者已占其六。且《尚书》有伪古文，在此下学术史上影响亦大，乃亦为魏晋时人之伪作。则此一时代之经学，较之汉儒，得失如何暂不论，而其对此下儒学之影响，则断不该轻视可知。

并在此一时代之经学中，又特创有义疏之学。惜至今此等著作皆不传，仅有皇侃《论语义疏》一部，此书在中国亡佚已久，清代始由日本得回，我们略可窥见此一时代人所谓义疏之学之一斑。而唐初孔颖达、贾公彦等作《五经正义》，即是根据此一时代人之材料而递禅作成者。故一部《十三经注疏》,关于注的部分,此一时代人所作已占其一半。而疏的部分,却占了十之八九。又如陆德明《经典释文》,其书创始于陈代,成书在未入隋之前,其所运用之材料,亦多出此一时代人之功绩。根据上述,可见此一时代人致力经学的,实不在少数。而且影响后代者亦大。我们若有意再研经学,仍须先透过此一时代人之业绩,亦至明显。然则又何能谓此一时代乃无经学或儒学可言!

我们且试一翻《隋书·经籍志》,就其所载此一时代人对六经有关著作之部数与卷数作一统计如下:

经籍名称	现存著作部数	现存著作卷数	连亡佚者在内之部数	连亡佚者在内之卷数
《易》	六十九	五百五十一	九十四	八百二十九
《尚书》	三十二	二百四十七	四十一	二百九十六
《诗》	三十九	四百四十二	七十六	六百八十三
《礼》	一百三十六	一千六百二十二	二百十一	二千一百八十六
《乐》	四十二	一百四十二	四十六	二百六十三
《春秋》	九十七	九百八十三	一百三十	一千一百九十

上表所载现存云云,乃指在作《隋书·经籍志》时所现存者。此等著作,在今言之,则已大部亡佚,所存无几。然观上表,亦可见此一时期之经学,即论其著作数量,亦已惊人。今若以著作数量之多寡,来作为衡量当时人对经学中某一部门之重视与否之标记,则知此时代人在经学中最重《礼》,次为《春秋》,《易》居第三位,《诗》、《书》占第四、第五位。此一简单之统计,实可揭发当时人对经学分别轻重之重大意义所在。又朱子谓"五经疏以《周礼》最佳,《诗》与《礼记》次之,《书》、《易》为下",亦足证明魏晋南北朝人对此诸经用力深浅之一斑。

中国儒学与文化传统

尤其在南北朝时，经学亦分为南北，所重各不同。北人研究主要尤重《周官》。《周官》虽是一部战国人作品，然其书提出一种理想的政治制度，尤其掺进了战国晚年突飞猛进的新的经济问题，此乃中国古代的一部乌托邦。由于北方政治不上轨道，故一辈经生，尤其集中钻研此书，俾能据以改进当时政治上之种种实际措施。在北周时，有苏绰与卢辩两人，相交甚笃，同有志于《周官》研究。其后苏绰上了政治舞台，西魏北周新的政制规模皆其所创建，直至隋唐仍因袭此一传统，遂以重开中国历史上之光昌盛运。卢辩则始终在野，为一纯粹学者，彼曾作《周官注》，与苏绰同受当时及后世之推重。又如北齐有熊安生，亦当时北方经学大师。北周灭北齐，熊氏知周君必来访，命童仆洒扫户庭以待，翌晨果如所言。西方拿破仑征德国，歌德以在路旁一睹拿翁风采为荣。较之中国熊氏故事，岂可同日而语！正因熊安生乃当时《周官》学之权威，而《周官》乃当时北方经学所重，北周即凭《周官》建制，故熊氏亦知北周君必来相访。我们单凭此一则轶事，便可想知当时北方政府之重视经学，与经学对当时政治上之实际贡献了。

南人所重，尤在《丧服》一门。如宋初雷次宗为当时丧服大师，乃与郑玄同名，一时有雷、郑之称。此因当时南方门第制度鼎盛，而此一时代之门第，亦实为当时文化命脉所寄。其所赖以维系此门第者，礼中之丧服占有重要地位。唐后门第制度渐坏，此一门学问，逐渐不为人所重。然唐代则门第制度尚在，故杜佑《通典》中所载魏晋南北朝人所讲丧服要点尚甚多。

由于上述，可见此时代人所讲经学，对当时贡献亦甚大，实与两汉儒生之通经致用，事无二致。虽此时期中，甚多人讲究出世之佛学或讲老庄玄学，但论中国文化存亡绝续之命脉所系，则主要仍在此辈儒生手中。若果如一般人所想像，魏晋南北朝四百年来只谈老庄玄学，只谈佛学出世，试问如何能继续中国文化遗绪以下开隋唐之盛？故知此一时代中，儒学基础实未破坏，而斡旋世运能自贞下而起元，亦端赖于此。

（四）

然我今天所以说魏晋南北朝为儒学之扩大期者，其重点尚不在此。我认为此一时期人讲儒学，已不专囿于经学一门，而又能扩及到史学方面来。史学本为经学之一部分，如《尚书》、《春秋》、《左传》均当属史学范围。唐刘知几作《史通》，分疏史书体例，即由《尚书》、《左传》两大派说下。我们若更进一步言之，亦可谓孔子之学本即是史学。孔子尝曰："甚矣，吾衰也！久矣，吾不复梦见周公。"又曰："吾非生而知之者，好古敏以求之者也。"又曰："周监于二代，郁郁乎文哉！吾从周。"《论语》上如此一类话尚多，可见孔子所学，也即是在孔子当时的历史。孔门由于其所讲习之《诗》、《书》、《礼》、《乐》，而获得其所从来之演变得失之全部知识，其与历史实无严格界限。故后人谓"六经皆史"，此说实难否认。下到汉武帝时，董仲舒提出复古更化之主张，其意即主不再近效秦代，而须上溯六经，复兴三代之盛运。更可见汉儒治经，亦求通史。若不治经，试问更何从上知三代？故谓汉儒之提倡经学，无异即是提倡史学，亦可不辩自明。

其次，再论到当时经学上所有今古文之争。刘歆提出的古文诸经，如《左传》、《周官》、《逸礼》、《毛诗》四者，更见偏重在史实方面。《左传》不必论，《周官》在当时目之为周公致太平之书。书中所载一切政治制度，当时人认为是古代真实的历史。《毛诗》因各诗之首有序，自较之三家诗更见有历史价值。以今传《韩诗外传》相比，岂不见《毛诗》更重历史性。故在汉代，由今文经学扩及古文经学，实是经学中之历史性愈趋浓重之证。其趋势至东汉而益显，即是在经学中根据古代史实的趋势，益胜过了凭空阐发义理的趋势之上。郑玄括囊大典，偏重早已在此方面。而王肃继起，显然更近于是一史学家。杜预作《春秋左氏集解》，显然亦偏重在史学。故可说经学即史学，史学亦即经学。二者间本难作严格分别。亦可说自经学中分出一支而成为史学，史学乃经学之旁支。如《史记·太史公自序》，自称即以孔子作《春秋》之精神而写《史记》，亦即是沿袭经学而发展出史学之一极好例证。班固《汉书·艺文志》，亦将《史记》列入六艺略中之春秋门。可见在当时人观念中，经学即包有史学，亦可说当时尚无史学独立观念。故班固作《汉书》，批评司马迁《史记》未能完全一本儒家立说。此项批评，当否且勿论，然可知班氏作《汉书》，其所自负，仍为一本于儒学。则马、班史学渊源，皆从儒学、经学来，事无可疑。

自马、班以后，史学特受重视。新史籍接踵繁兴。下至晋时，荀勖将古今著作分成甲、乙、丙、丁四部。经学列甲部，文学为乙部，历史则为丙部，至是史学已成一独立部门。更下至《隋书·经籍志》，经学仍列甲部，而史学改列乙部。斯其益受重视可知。其时著名之史籍，如宋范晔之《东汉书》及晋陈寿之《三国志》，与马、班《史》《汉》齐称为四史。其他知名的史学家与史书不胜枚举，其中如汉荀悦《前汉纪》及晋袁宏《后汉纪》，更为有名。又如《宋书》、《南齐书》、《魏书》等正史，亦均为此一时期人所撰。

《隋书·经籍志》史学部门所收共分了十三类，今再统计其所收经史两部书籍之部数、卷数作一比较，计经书有六百二十七部，五千三百七十一卷。连亡佚，则为九百五十部，七千二百九十卷。史书共八百十七部，一万三千二百六十四卷。连亡佚，共有八百七十四部，一万六千五百五十八卷。史学著作之卷帙总数已超过经学卷帙一倍以上。而上述经学著述中，其承袭两汉前人所遗下者为数尚巨，史书则多为东汉魏晋以下人新撰。即此可知，当时在史学方面一种突飞猛进之成绩。而史学实即儒学，此因经学即儒学，而史学又即经学也。

在此尤值得提起者，则为隋末大儒文中子王通，此人虽已在南北朝之后，然在此不妨兼述。他曾有意续经，如取汉以下人奏议诏令之佳者编为《尚书》之续，称"续书"。又取汉以下人之诗赋择其有关时代与足资教训者集为"续诗"。后人或讥其狂妄。其实六经皆史，清儒章学诚曾抉发其精义，可谓已成定论。反言之，则史即是经。经史既难严格划分，则王通观点，殊亦无可厚非。只由国人尊重经籍之心理沦浃已深，牢不可拔，而王通径用"续经"之名，故为后人所不满。今欲阐明经史同源之义，则王通见解正可用来作证。而王通河汾讲学，对此下隋唐盛运重开之影响，亦属尽人皆知，不烦多及了。

今再就史学内容言，儒学主要本在修、齐、治、平、人事实务方面。而史学所讲，主要亦不出治道隆污与人物贤奸之两途。前者即属治平之道，后者则为修齐之学。若史学家除却治道隆污，人物贤奸不辨，此外，更有何事可讲？又如依先秦道、墨、法诸家意见，试问如何能演变出后世史学来？其中惟墨家立论尚时引古史作证。老庄申韩立论，即全不重视史实。只取此诸家书与《论语》、《孟》、《荀》并看，便知其间异同。故谓史学即儒学，其说至明显。我们若把司马迁、班固、范晔、陈寿、荀悦、袁宏诸人，依照先秦学派，把他们分别归入，则大体上自当归属儒家无疑。而且此一时代之史学家，几乎都同时在经学方面有著作，此亦可以证我前说。最多我们只可说在他们中有的尚不得为醇儒，最多也只可说他们在儒学中地位不高，只是游、夏文学一途。然游、夏文学亦显在孔门四科之内。而且我们也绝不能说《左传》、《史》、《汉》之价值，便不如《公羊》《谷梁》。至于此一时期之史学书，甚多经乱亡失，也不能因此便谓其无价值。即如两汉十四博士各经章句岂非全部亡失了吗？但我们并不能因此说两汉经学不值重视。何况魏晋南北朝史学书籍之流传，还远多过两汉诸经之章句。因此我们说魏晋南北朝为儒学之扩大期，正因于经学外，又增进了史学。从此以后，常是经史并称，并有了"经史之学"一新名目。此后历代大儒，则罕不兼通经史。即此一节言，魏晋南北朝时代，儒学依然极盛，其贡献于当时及后世者亦极大，可不再多论。

（五）

下面述及儒学之第四期，即唐代儒学。我姑亦再为特起一名称，谓之为儒学之"转进期"。唐代经史之学，均盛在初唐，乃系承受魏晋南北朝人遗产而来。我们也可说，隋唐盛运，早在南北朝晚期培育，学术也不例外。经学上最著者，如陆德明《经典释文》，孔颖达等之《五经正义》。而后者尤为经学上一大结集，后来络续增成为《十三经注疏》。但一则盛极难继，二则《五经正义》作为此下科举制艺之准绳，功令所限，更使此下唐人在经学上少有新创。至论史学著述，如《晋书》、《梁书》、《陈书》、《北齐北周书》、《南北史》、《隋书》等，亦皆为唐初时人所撰。主要亦多是承袭魏晋南北朝人之遗绪。惟以前人写史，自马、班以来，多系一人独撰，唐后开始有集体编撰之例。然此不即是史学一进步，无宁可说是不如前人了。而且史学亦如经学般，中唐以后，即不见有初唐之盛况。

但唐代儒学，于经史之学以外，却另有一番转进。我此所谓转进，与前时期之所谓扩大稍有别。据我所见，唐代儒学之新贡献，却在其能把儒学与文学汇合，从此于经史之学之外，儒学范围内又包进了文学一门，这是一件值得特别阐发之事。

本来经学中，原有文学成分，如《诗经》便是。且群经诸史，不能不说它都有绝高绝大的文学价值。但就古代人观念言，则似乎并无文学独立的一观念。而且文学之与儒学，开始亦并无一种密切相关之联系。即如《楚辞》作者屈原，本非一儒家，只其所作《楚辞》《离骚》之内容却有与儒家暗合处，故为后来儒家所推崇，但在当时则断不能说《楚辞》即是一种儒家文学。下逮汉人，以赋名者如司马相如、扬雄之徒，明明与儒家经生不同，故班氏《艺文志》"六艺略"之外别有"辞赋略"，显然不能以司马迁《史记》列入春秋家为例。扬雄早年本效相如作赋，有意欲为一辞赋家。但晚而悔之，乃谓辞赋只是雕虫小技，壮夫不为。彼云："诗人之赋丽以则，辞人之赋丽以淫。如孔氏之门用赋，则贾谊升堂，相如入室矣。但如其不用何！"则扬子云亦已明明指出文学与儒学分途扬镳，不走同一轨辙了。故当其转变思想以后，遂改从文学转入儒学，模仿《论语》作《法言》，模仿《易经》撰《太玄》。从此一例，可见西汉人心中惟经学始是儒学，而辞赋家言则另是一套，与儒学不相涉。故范晔《东汉书》，于《儒林传》之外，又增设《文苑传》，亦证文苑与儒林有别，即在范晔当时，儒学中仍未包含有文学。

首先提出文学之独立价值者，应自汉末建安时代开始。魏文帝曹丕《典论》论文有云："文章，经国之大业，不朽之盛事。

年岁有时而尽，荣乐止乎其身，二者必至之常期，未若文章之无穷。"纯文学之独立价值之提出，当推始于此。然曹氏父子及建安诸子，亦均非儒家。此后梁昭明太子之《文选》，仍循建安路线，提倡纯文学，力求与经史分途。其时如陶渊明诗，亦如屈原《楚辞》《离骚》之例，只可谓其与儒家有暗合，却非有意把文学来纳入儒学中。根据上述，故说文学与儒学本非一途，专从儒学中亦推衍不出文学来。至以文学汇通于儒学者，此一工作，乃自唐代人开始。

韩昌黎诗云："国朝盛文章，子昂始高蹈。"唐诗人自陈子昂之后有李太白，此两人皆有意上本《诗经》来开唐代文学之新运。但此两人在唐代之复古运动，或开新运动中，仍未能达到明朗化，或说确切化。即所谓汇通儒学与文学之运动，即纳文学于儒学中之运动，其事须到杜甫，而始臻完成。杜诗称为诗史，其人亦被称为诗圣。杜诗之表现，同时亦即是一种儒学之表现。故说直到杜甫，才能真将儒学文学汇纳归一。换言之，即是把儒学来作文学之灵魂。此一运动，到韩愈又进一步。韩之古文运动，其实乃是将儒学与散体文学之合一化。韩愈散体文之真价值，一面能将魏晋以下之纯文学观念融入，一面又能将孔孟儒学融入。此是韩愈在文学史上一大贡献，亦是在儒学史上一大贡献。故韩氏自述其作文工夫，谓"当行之乎仁义之途，游之乎诗书之源"。又谓其"好古之文，乃由好古之道"。后人称其"约六经以为文，约风骚以成诗"。若明白阐述，即是把文学与儒学挽归一途。论其文之内容，则实莫非是儒家言，其集中如《原道》《谏迎佛骨表》等诸文固不可论，即随手就韩集中拈其任何一篇，固可谓无不根据儒学而立言，亦可谓无一非融摄孔孟之道以立言者。故自唐代起，自杜诗韩文始，儒学复进入了文学之新园地。自此以后，必须灌入儒家思想才始得成为大文章。此一新观点，实为以前所未有。必至此后，经学、史学与文学，均成为寄托儒学、发挥儒学之工具。于是四部中之集部，亦遂为儒学所包容。我特称唐代为儒学之"转进期"，意即在此。

（六）

以下再讲到儒学之第五期，即宋、元、明时代，我将称之为儒学之"综汇期与别出期"。此当分两面言：一说其综汇，乃指其综合汇通两汉魏晋南北朝，下迄隋唐之经史文学，以为儒学之发挥之一方面而言。此方面之代表人物，可举欧阳修为例。欧氏文宗昌黎，亦是粹然儒家言。但永叔除文学外，在史学、经学方面，造诣俱深，著述并富。我们固可说欧阳氏乃一文学家，同时亦可说其是一史学家与经学家。但欧阳氏乃一大儒，则无可异议。

北宋诸儒，大体全如此，他们都能在经、史、文学三方面兼通汇合，创造出宋儒一套新面目。其间所有差别，则不过于三者间，有时畸重畸轻偏长偏短。如王荆公偏重在经学，司马温公偏重在史学。荆公可说是儒家中之理想派，主要在讲六经三代，崇奉上古史。温公可说是儒家中之经验派，主要在讲汉唐中古史。北宋新旧党争，就儒家立场言，亦可谓是一种经学、史学之争。故新党执政时，太学诸生便群趋于研究经学。迨旧党得势，太学诸生又转而注重史学。此一种学风动荡，直到南宋尚受波及。其次再说到二程洛学，他们较近于经学派。苏东坡蜀学，则较近于史学派。但严格言之，苏氏父子正当时及后代，均不目为纯儒。即就他们的文章看，其中颇多杂有纵横家、老庄道家言。在司马温公以后之洛、蜀、朔三党分歧，若我们纯从学术立场上来看，大体当如我上之所指。因此三派间，学术立场本有不同，并不即就地区分党分派。

以上是说了北宋诸儒在综汇经、史、文学而成其为儒学之一面。但在另一面，则别有一种新儒家出现，我姑称之为"别出儒"，以别于上述之"综汇儒"。如周濂溪、张横渠、程明道、伊川诸儒皆是。他们与综汇儒之所异：一则他们都不大喜欢作诗文，似乎于文学颇轻视。另则他们亦似乎不大注意谈史学。即在经学方面，对两汉以下诸儒治理功绩，彼辈皆不甚重视。故他们之所学所创，后人又别称之为理学。我今乃就两汉以下儒学大传统言，故说宋代理学诸儒，乃系儒学中之别出派。

亦可说宋代理学诸儒与两汉以下儒学传统不同处即在此。然亦不宜过分作严格之划分。即如：周濂溪《通书》，与其《太极图说》，则根据于《易经》，而兼融之以《中庸》。横渠之学，亦以《易》为宗，以《中庸》为体，而于六经中礼之一部分尤所特重。其所作《西铭》，二程取以与《大学》同时开示学者。程子尝言"《西铭》此文，我虽有此意，惜无此笔力"。可见别出诸儒，未尝不注意到文章之重要，但却不能说他们亦有一种文学观。明道在荆公行新法时，曾有上神宗皇帝陈治法《十事疏》，可见明道亦未尝不注意历史往事与治平实迹。二程言义理，尤皆溯源六经，所谓反求于六经然后得之，决非是一种门面语。而伊川尤穷其一生精力，著为《易传》。可见宋儒中别出一派，未尝不于儒学旧传统中所重之经史文学同时注意。惟彼等更注意在与当时之方外道释争衡，换言之，则是更注重在思想义理方面，故对两汉以来儒学旧传统，比较不如其对此下儒学开新方面之更受重视。彼等意见，认为超乎此传统的经史文学之上，当另有一番甚深义理须阐发。因此遂成为理学，亦称道学，今人则称之为义理之学。元人修《宋史》，特为立《道学传》，以示别与从来之《儒林传》，此事颇滋后人非议。其实在当时人观念中，经学诸儒与理学新儒，确乎有一种分别存在，元人为之别立一传，其事未可厚非。只是必要尊道学而卑儒林，则落入门户之见，未得为平允而已。

自二程下传至南宋，有李延平，为朱子师，朱子于其师李延平之为学为人，描述甚备。我们即举李侗为例，便可想见我上面所谓理学别出之儒与经史文学综汇之儒之不同所在。但朱子虽出李氏门下，其学术门径又有一大变。朱子乃中国儒学史中一杰出之博通大儒，至今读其全书，便可窥见其学术路径之宏通博大，及其诗文辞章之渊雅典懿。朱子在此方面，可谓实是承续北宋欧阳一派综汇之儒之学脉而来。但朱子之特所宗主钦奉者，则在濂溪、横渠、二程，所谓别出之儒之一支。于二程，尤所推尊。其所著《伊洛渊源录》一书，即以孔孟道统直归二程。朱子之学，可谓是欲以综汇之功而完成其别出之大业者。因此其对经学传统，亦予以甚大之改变，彼将《小戴礼》中《大学》、《中庸》两篇抽出，合《论语》、《孟子》而定为四书。又另定五经读本，于《易》有本义；于《诗》有集传；《书经集传》则嘱咐其弟子蔡沈为之。史学方面，则承袭司马温公路向，认为司马氏之《资治通鉴》，即犹孔子当时之《春秋》，而特为加以纲目，此实远承王通续经之意见者。后人于王通则加轻视，于朱子则加推尊，此亦未为公允。于礼则有《仪礼经传通解》，以十七篇为主，取《大小戴》及他书传所载系于礼者附之，又自为《家礼》一书，以当时可通行者私定之。于文学，则有《韩文校异》、《楚辞集注》，所下工夫亦甚精湛。在经、史、文学三方面，皆有极深远之贡献，所影响于后来儒学者，可谓已远超北宋欧阳一派综汇诸儒之上。而观其《伊洛渊源录》一书，则知朱子所特尊奉，乃在二程、周、张别出之一支。

（七）

朱子学之大概如上述。然在朱子当时，即有与朱子极相反对之两学派出现。一派自朱子好友吕东莱之史学，下传而成浙东永嘉学派，如叶水心、陈龙川等。朱、吕两人曾合编《近思录》，朱子又特命其子从学于东莱。然朱、吕二人究自有分别。一偏经，一偏史，门户画然，不啻如王安石之与司马光。而叶、陈二人则明白反对朱子，他们所提出之意见亦极有力量。水心反对朱子所定《四书》，否认孔、曾、思、孟一线单传之观点。龙川则反对朱子《伊洛渊源录》之传统，认为汉唐儒学亦各有其地位，不得谓惟有宋代伊洛一派始为孔孟传人。此两种意见，实有使朱子难于自圆其说之处。

而当时反对朱子者，除浙东史学一派外，尚有江西心学一派，主要者为陆象山。象山亦朱子好友，论学贵于简易直截。尝有问其学术传统者，象山答云："我读《孟子》而自得之于心。"细观象山此语，所重实尚不在读《孟子》，而更重在"自得于心"之一语。故象山又曰："学苟有本，六经皆我注脚，尧舜以前曾读何书来？"又曰："即不识一字，亦将还我堂堂地做一个人。"儒学发展到了可以不读一书，甚至不识一字，可以自得于心，直接先圣真传，此诚可谓别出中之尤别出者。朱子欲令人先从事于泛观博览而后归之约。象山则欲先发明人之本心，而后再及于博览，所谓先立乎其大。故象山以朱子教人为支离，其赠诗有云："易简工夫终久大，支离事业竟浮沉。"两人之相异，于此可见。然象山对明道、濂溪仍极佩服。尤所佩服者，在明道。故曰："二程见周茂叔后吟风弄月而归，有吾与点也之意，后来明道此意却存。"故若谓濂溪、横渠、二程为儒学之别出，则象山实当为此别出派中之尤别出者。但此后儒学，终是朱子一派得势。抑且朱子后学，终是于经史文学即朱子之兼采于北宋综汇之儒之一派，即象山所讥为支离者，实为最有成绩。其著者，如金履祥、黄震、王应麟下及胡三省、马端临诸人皆是。他们都是兼通经史，亦不鄙视文学，虽承朱子上接伊洛，却与北宋综汇儒一派未见隔绝，抑且甚相近似。此一趋势，观《通志堂经解》，即可知其梗概。即陆学传人，到底也仍会归到这一条路上来。

以下讲到元代。近代国人讲学，似有两个时代有所偏忽：一为忽视了魏晋南北朝，此一时代人在经史儒学方面之贡献，已在上提过。另一为忽视了元代人之学问。元儒讲经史之学，多流衍自朱子，其成就亦可观，其所为诗文亦皆卓有渊源、有传绪可寻。明代开国规模，如政治制度、经济措施、社会改革、教育设计诸要项，实全有赖于元代人之学业遗绩。即如明初金华诸儒宋濂、刘基等，都在元代时孕育成才。此一情形，恰如隋唐盛运之有赖于南北朝时代之学术余绪，事同一律。中国儒学最大精神，正因其在衰乱之世而仍能守先待后，以开创下一时代，而显现其大用。此乃中国文化与中国儒学之特殊伟大处，吾人应郑重认取。

明初却有许多与唐初相似处：明人有《五经四书大全》，正如唐初之有《五经正义》。此乃根据元代朱学传衍，而此后即悬为功令。一次大结集之后，即不能急速再有新创辟，因此明代经学不见蓬勃，亦如唐代。史学则元儒本不曾在此方面有大贡献，如马端临、胡三省等皆偏在旧史整顿，而于新史撰述则极少概见，远不能与魏晋南北朝相比，因此明代史学更见不振。而且另有一点为唐、明两代之相似处。唐代自臻盛治，即轻视了南北朝。明人亦然，一入治平之境，也即轻视元人。唐、明两代人之兴趣与心力，多着眼到现实功业上去，因此对前一代人之学术传统转多忽过。

以下再略论明代之文学，主要为前后七子所倡导之"文必秦汉、诗必盛唐"之拟古主义。但他们没有把握到唐代杜甫、韩愈以儒学纳入诗文中之一种绝大主要精神。即说他们没有体会到韩、欧因文见道，以文归儒之新传统。因此前后七子提倡文学，只知模拟古人之躯壳与声貌，却未得古人之神髓。这一运动尚不如建安——虽无灵魂，却能自见性情。他们所开创之新文学，纵不与儒学合流，但仍还有在文学上自己的立场。前后七子之模古，较之杜、韩以下之复古运动，实是貌是神非，到头只落得一场大失败。迨嘉靖间，唐顺之起，始走回北宋欧、曾通顺之文体，以矫当时之俗弊。而唐顺之亦是一儒家，其学得自阳明门下之王龙溪，自谓对龙溪只少一拜，故到他手里，又能窥见了因文见道以文归儒之大统绪。他撰有《文编》，所选大体依于儒家之准绳。较前有真德秀选《古文正宗》，则太偏重在义理，而较忽略于辞章，重理不重文。荆川文理两重，实为有胜蓝之功。接起有茅坤、归有光。茅鹿门始著有《唐宋八大家文钞》，实递承于唐顺之之《文编》而专选唐宋人之文，八家之名于焉乃定。归有光亦是一儒家，兼通经史，沿续唐、茅一路，仍走上文学纳入儒学之新路向，下开清代之桐城派。然上述诸人，均起在嘉靖后，以下又未能有继起之人，故明代文学，实无足称，远难与唐宋相比。

论及明代之理学，自必提到王阳明。阳明推尊象山，主心即理，并提出良知之说，后人称之为陆王。陆王之学为理学中之别出，而阳明则可谓乃别出儒中之最是登峰造极者。因别出之儒，多喜凭一本或两本书，或凭一句或两句话作为宗主。如二程常以

《大学·西铭》开示学者。象山则专举孟子，又特提"先得乎其大"一语。而阳明则专拈孟子"良知"二字，后来又会通之于《大学》而提出"致良知"三字，作为学者之入门，同时亦是学者之止境，彻始彻终只此三字。后来王门大致全如此，只拈一字或一句来教人。直到明末刘蕺山又改提"诚意"二字。总之是如此，所谓终久大之易简工夫，已走到无可再易再简，故可谓之是登峰造极。然既已登峰造极，同时也即是前面无路。至于阳明在文学方面之成就，则王门各派都已摆弃，远不逮二程后有朱子，更可谓是王门别出儒中一大缺点。现在我们再总说明儒路子，可谓其只有别出儒，而无综汇儒。而到晚明，则又爆出大反动。

（八）

现在说到儒学之第六期，即清代儒学，我仍将名之为"儒学之综汇期与别出期"。虽取名与第五期相同，但论其内容则甚不同。最先如晚明三大儒顾亭林、黄梨洲、王船山，他们都又走上经史兼通即北宋综汇儒之一路，而都成为一代博通之大儒。此三人中，顾亭林大体一本程、朱，还是朱子学之路向。船山虽在理学方面有许多不同意程、朱而一尊横渠之处，但其为学路向，则仍还是朱子遗统。此三人中，最可注意者，乃是黄梨洲。梨洲学宗阳明，但他的学术路向实与亭林、船山相仿佛，亦主张多读书，亦博通经史，注重于文学，实亦极像北宋综汇儒一路。故他说："读书不博，无以证斯理之变化。博而不求于心，是谓俗学。"此两句中更重要者乃在上一句，因下一句乃当时别出儒之旧统绪，而上一句则另开了新方面，即是由别出重归到综汇，则和朱子学风实已无大分别。他的一部《明儒学案》，乃是一部极好的明代学术史，或说思想史。在他著此书前，他所须诵读之书，何止数百千卷。而且此书虽宗奉阳明，依然罗列各家，细大不捐。此一路向，显然与陆王当时意味有了甚大不同。我们正须在此等处看出学术之变化来。本来宋明讲学之风，主要是别出儒，尤其是陆、王一派所重，而梨洲特称之为讲堂锢习，可想当时学术路向转变之急剧了。

黄梨洲之后有李穆堂，他崇奉象山，但他读书之多，也堪惊人。穆堂同时友生有全谢山，上接梨洲父子有志未竟之稿而作《宋元学案》，此书之主要内容自在所谓别出儒理学之一面。但谢山此书，显然更是综汇儒之规辙，故他说："此书以濂洛之统，而综合诸家，如横渠之礼教，东莱之文献，艮斋、止斋之经制，水心之文章，莫不旁推而交通，联珠而合璧。"此种学风，与濂溪、二程以下理学精神显有歧出。而与朱子之崇奉伊洛而兼走综汇诸儒之路，有其极大的相似。

梨洲、谢山以后有章实斋，亦承黄、全学风，那时已是清代乾嘉盛时，他分析并时学派，谓梨洲以下为浙东之学，属史学。亭林以下为浙西之学，属经学。又谓浙东渊源阳明，浙西渊源朱子。此一分别，在彼亦谓是根据史实。惟此处须再指出者，厥为当时学风之转向。亭林尝言："古今安得别有所谓理学哉？经学即理学也。"我们若套用亭林此语来替实斋说话，亦可谓"古今安得别有所谓心学哉？史学即心学也"。由陆、王一派之心学，转出梨洲、谢山、实斋之史学来，此事大堪注意。故我谓清初诸儒之学，虽一面承接宋儒理学传统，而其实已由别出儒重回到综汇儒。而最可注意者，则正是由梨洲至实斋这一派所谓浙东史学。而同时他们亦都注重文学。他们自称承接陆、王，而学风之变如此，则浙西亭林一派渊源朱子的自可不问而知。

近人又常说清代史学不振，此亦未必全是。清人只于近代史方面以多所避忌，而少发展。但清儒在史学上仍有大贡献。即就浙东黄、全一派言，其最大贡献有两方面：一则为学术史与人物史方面，试读清人之《碑传集》，此实为一种创辟之新文体，不仅唐宋古文家昌黎、永叔无此造诣，即《史》《汉》以下各代正史列传亦不能范围其所成就。此一新文体实渊源于梨洲学案，迄于谢山《鲒埼亭集》中所为之新碑传而栋宇大启，规模始立。此为清儒在史学上一大贡献。清儒史学之又一贡献，则为章实斋所提倡之方志学，此为历史中之方域史或社会史，其渊源乃自谢山表彰乡土人物递禅而出。若更远溯之，则东汉及魏晋诸儒已开了此史学之两面，实已远有端绪。惟全、章新有创辟之功，也不该抹杀。

现在我们再转到清代经学方面，自亭林下至乾嘉盛时之戴东原，恰与实斋同时，经学之盛，如日中天。但最先是由儒学而治经学，其后则渐渐离于儒学而经学成为别出。又其后则渐渐离于经学而考据成为别出。此为清儒经学之三大变。最先经学尚未脱离儒学之一时期，如阎百诗之辨古文《尚书》，胡朏明之辨《易图》与考《禹贡》，顾栋高之治《春秋左传》，如此之例，莫非经史兼通，综汇包举，不失为一种有体有用之学。越后则经学脱离了儒学，他们说："训诂明然后义理明"，于是只讲训诂，而把义理转搁一旁。他们又要追溯两汉博士家法，专为两汉博士重立门户，于是变成经学独立，渐与儒学无关。又后则更不是经学了，而仅见为是一种考据之学。考据独立成为一种学问，经学亦仅视为一堆材料。他们把同样的目光来治史，史亦成为一堆材料。材料无尽，斯考据工作亦无尽。此后清儒论学，乃若惟有考据一途始可上接先圣真传，此实可谓考据学之别出。又于考据学中别出了一种训诂学，此即所谓小学。故清人乾嘉以下论学，乃若孔孟以下，特足重视者，惟有郑康成、许叔重两人。其后又超越了许、郑而特别重视汉博士中公羊一家，于是儒学传统中，只剩了董仲舒与何休。我无以名之，则只有仍名之为是一种别出之学，即宋儒别出之学之又一变相，而不免每下愈况了。宋代别出诸儒只尊孟子，此下即直接伊洛。清代别出之儒只尊六经，许、郑以下即直接清儒。下至晚清今文学公羊一派，此犹宋代理学中有陆、王，可谓亦已登峰造极，于六经中只尊《春秋》，于三传中只尊《公羊》，则又是别出中之别出了。

在此须连带提及清代之桐城文派，此派承续明代归有光，上接唐宋八家，主张因文见道，以文归儒这一路。其中心人物姚鼐，与同时经学大师戴震，均倡义理、考据、辞章三者不可偏废之说，应可说其均是综汇之儒之主张。可惜当时经学诸儒兴趣已太集中在考据、训诂方面，而桐城文派中亦少有大气魄人，真能从义理、考据、辞章三面用力。他们只在修辞方面，遵守宋儒义理，如不虚饰、不夸大、不失儒家矩矱，而论其文章内容，则颇嫌单薄，甚至空洞无物。直要到曾国藩湘乡派，由姚氏《古文辞类纂》扩大而为《经史百家杂钞》，又主于义理、考据、辞章以外，再增经济一目，可谓求于文学立基加进综汇功夫，可以上承北宋欧阳遗绪。而经学家中自阮元下逮陈澧，亦渐有主张经史兼通宋汉兼采之趋势，双方渐相接近。而陈澧亦极重韩文，但此双方之力量，依然抵不住今文学家之掩胁，而终于别出一派单独主持了一时的风尚。

（九）

此刻要谈到中国后半部儒学史中之所谓道统问题。因凡属别出之儒，则莫不以道统所归自负。此一观念，实由昌黎韩氏首先提出。《原道》云："尧以是传之舜，舜以是传之禹、汤、文、武、周公，文、武、周公传之孔子，孔子传之孟子，孟子之死，而不得其传。"韩氏则隐然以此道统自负。此一观念，显然自当时之禅宗来，盖惟禅宗才有此种一线单传之说法。而到儒家手里，所言道统，似乎尚不如禅宗之完美。因禅宗尚是一线相继，绳绳不绝。而儒家的道统则变成斩然中断，隔绝了千年以上，乃始有获得此不传之秘的人物突然出现。这样说来，总是不大好。因此宋儒虽承受昌黎此观念，但觉自孟子到昌黎，中间罅缝太大，遂为补进董仲舒、扬雄、王通数人。但仍还是数百年得一传人，中间忽断忽续，前后相望，寥若晨星，即求如千钧一发不绝如缕的情形而亦不可得。下至程伊川，又谓须至其兄明道始是直继孟子真传，中间更无别人插入。以此较之崇拜昌黎的一般说法，意态更严肃，而门户则更狭窄了。朱子始在二程同时又补进了濂溪与横渠。但以前那一段大罅缝，终是无可填补。那岂不是孟子死后，道统之传，已成一大秘密，而此世界，亦成一大黑暗！抑且孔孟之间亦早有一段脱节，于是朱子再根据二程意见，特为补进曾子、子思，于是总算自孔子起一线单传了四代，但亦总觉得太孤伶、太萧索了。当时叶水心即根本反对此说，认为孔子之学并非只传了曾子一人。即连孟子，也未必可说由他一人尽获得了孔子之真传。陈龙川则谓汉唐诸儒，也不能说他们全不得孔子之传。这中间一段长时期，也不能说全是黑暗，无丝毫光明。但到陆象山又要抛开濂溪、二程，把他自己来直接孟子。此后虽像程、朱传统较占了上风，而到明代王阳明，又是尊陆抑朱。此等争持，也绝似禅宗之有南能北秀，究是谁得了道统真传，其实并无证据，则争辩自可永无了局。此实又不如禅宗，一面尚还有衣钵信物作证，而曹溪以下不再把衣钵传人，则更为一项绝顶聪明之办法。此下禅学大盛，也可说六祖之摒弃衣钵亦是一大因缘。惜乎宋明道学诸公却不了解得此中意味。

关于宋、明两代所争持之道统，我们此刻则只可称之为是一种主观的道统，或说是一种一线单传的道统。此种道统又是截断众流，甚为孤立的。又是甚为脆弱，极易中断的。我们又可说它是一种易断的道统。此种主观的单传孤立的易断的道统观，其实纰缪甚多。若真道统则须从历史文化大传统言，当知此一整个文化大传统即是道统。如此说来，则比较客观，而且亦决不能只是一线单传，亦不能说它老有中断之虞。韩昌黎所谓"孔子之道大而能博，门弟子学焉而皆得其性之所近，其后源远而末益分"。此说可谓近于情实。故自孔孟以至今日，孔孟之道其实则何尝中断！亦可谓"孔孟之道未坠于地，在人，贤者识其大，不贤者识其小，何莫非有孔孟之道！"如此说来，好似把讲孔孟者的自己地位抑低些，但却把孔孟之道的地位更抬高了。若定要抬高自己身份，认为只有他乃始获得孔孟真传，如此则把孔孟之道反而抑低了。又且如宋儒，一面既是盛推曾点与漆雕开，像是别具只眼。其实如照此等说法推演，难道孔子复生，反不把荀卿、董仲舒、王通、韩愈诸人也当作他传人，而定要摈之门墙之外吗？故就历史文化大统言，宋儒此种道统论，实无是处。黄梨洲弟子万斯同，曾作《儒林宗派》一书，此书虽亦尽多可议，然把儒学门户广大开放，较之宋儒主观的、一线单传的、孤立的、易断的道统观，则确是开明多了。

此下清儒立意反宋学，却想不到又来高抬汉学，严立门户。似乎孔孟之学，到宋儒手里，反又中断了。不仅如此，即宋儒以前如《十三经注疏》等，清儒也看不起，就中只看重了郑康成一人。后来连康成也不信任，定要推到西汉董仲舒，但又不得不牵上了东汉之何休。这直可谓进退失据,而末流推衍所及,出来了一个康有为,自认只有他,才能再接上此一统绪。试问此种说法,岂不荒唐可笑!但推原其始作俑者,则不得不仍回到宋儒道学诸公的身上。固然,宋明道学诸儒在中国儒学传统里有其甚大之成就与贡献,但此一狭窄的道统观,却不能不说由他们创始。至于清代诸儒,存心要反对宋儒理学一路,而不知自己仍陷在理学家的道统圈里,依着别人家的墙壁,来建造自己的门户,那就更可笑了。

(一○)

以上分着六时期大体叙述中国的儒学演进史,到此已粗可完毕。若我们真要对中国文化传统有一真认识,关于上面所讲六时期之儒学演进,决不能搁置不理。若此后中国文化传统又能重获新生,则此一儒学演进必然会又有新途径出现。但此下的新儒学究该向哪一路前进?我想此一问题,只一回顾前面历史陈迹,也可让我们获得多少的启示。却不烦我们再来作一番具体的预言,或甚至是高唱一家一派式的强力指导。如韩愈所谓:"开其为此,禁其为彼。"总不是一很好办法,韩愈尚所不为,我们自可不走此绝路。昔邵雍临终,伊川与之永诀,雍举两手示伊川,曰:"面前路径须令宽,路窄则自无着身处,况能使人行。"我们今天来讲中国文化,也就不该只讲一儒家。又况在儒家中,标举出只此一家别无分出的一项严肃的、充满主观意见的又是孤立易断的道统来。这是我这一番讲演最终微意所在,盼在座诸君体取此意,各自努力去。

(四卷十期,已收入《中国学术通义》)

关于学问方面之智慧与功力

一九六一年十一月十日研究所
第六次学术演讲讨论会

（一）

今天所讲的题目，在我平日上课时，也常讲及，并非有什么新意见。只因近两年来我上课较少，且以前所讲多是零碎穿插，今次稍为作成系统，此可谓是我自己做学问的方法论，但大部分亦是古人治学之经验。

做学问第一要有智慧，第二要有功力。二者在学问上究竟孰轻孰重？普通当我们欣赏或批评一个人之学问成就时，多赞誉其智慧，但对于从事学问之后进，则率勉励其努力。如子贡称孔子"固天纵之将圣"，则是在天分上赞美。如《荀子·劝学篇》云："驽马十驾，功在不舍。"又如《中庸》所言："人一能之己百之，人十能之己千之。"则是在功力上奖劝。总之，对于已成功的大学者，每不会推崇其工夫。但对于后进年轻人，亦不会只夸其智慧。这里面，导扬学术，实有一番深意存在。

一般人之意见，每谓智慧乃属天赋，功力则应是自己所勉。若谓从事学问，只要自尽己力即可，而天赋则不能强求。实则此事并非如此简单。每一人之天赋智慧，往往甚难自知。譬如：欲知一山中有无矿藏，并非一望可知。须经专家勘测，又须有方法采发。采发以后，尚须有方法锻炼。我们每一人之天才，固然出之天赋，但亦须有方法勘测、采掘、锻炼，方能成才。而此事较之开发矿藏尤为艰难。

抑且智慧有广度，又有深度。每一人之聪明，不一定仅限于一方面。如能文学，不必即不能于历史、哲学或艺术等方面有成就。又其成就究可到达何等境界，亦甚难限量。因此，做学问人要能尽性尽才、天人兼尽，其事甚不易。但若不能尽性尽才、天人兼尽，而把天赋智慧埋没、浪费了，不能尽量发展，那岂不很可惜！

因此，做学问之伟大处，主要在能教人自我发现智慧，并从而发扬光大之，使能达于尽性尽才，天人兼尽之境。如台湾阿里山有神木，年寿多逾一两千年以上，至今仍生命健旺。但此等神木，亦须有良好条件护持。我觉得人也应可成为神人。但每一人率常埋没了自己的天赋与智慧，每一人之成就，很少能达到尽性尽才、天人兼尽之境。因此我说能发现与完成各自之智慧与天赋，而到达其可能之顶点者，乃是做学问人之最大目的所在。

讲到功力。譬如山中矿藏，非懂矿学即难发现。抑且但懂煤矿者，仅可发现有煤矿，其他矿藏，彼仍不知。且以采发煤矿之方法采掘石油，仍将毫无用处。可知我们之智慧固需以功力培养，而我们之功力亦需以智慧指导。《论语》上曾说："学而不思则罔，思而不学则殆。"我姑把"学"当作功力说，"思"当作智慧说。学而不思，等于仅知用功，却无智慧，到底脱不了是一种糊涂。如我们以研究文学方法来用功研究史学，亦将仍无用处。思而不学，则如仅凭智慧而不下功力，到底靠不住。因此，智慧与功力，二者须循环相辅前进。说至此，则请问究将如何去下手？

我今天的题目是:"关于学问方面之智慧与功力。""学问"二字,本应作动词讲。今试问我们向哪个人去学?向哪个人去问?又学些什么与问些什么?此应在外面有一对象。因此做学问同时必有两方面:一方面是自己,即学者与问者。另一方面则在外,一定有一个对象。学问必有师、弟子两方,必有先进与后进,前辈与后辈。从事学问,必须先懂得"从师"与"受业"。学者自己则犹如一个孩童,一切不能自主自立,先须依随人。因此学者自称为弟子,对方即是一长者,即学问上之前辈、先进,如此才算是在做学问。因此从事学问,贵能长保持一种子弟心情。最伟大之学者,正为其能毕生问学,永远不失其一分子弟心情之纯洁与诚挚。孟子说:"大人者,不失其赤子之心者也。"也可借来此处作说明。惟其永远在从师与受业之心情与景况中,故其学问可无止境。若我们专以"学问"二字当作一名词,如说你能这门学问,我能那门学问,则学问已成一死东西,再无进步可望。此是做学问的最先第一义,我们必先深切体会与了解。

(二)

现在再讲到以功力来培养智慧,与以智慧来指导功力之两方面。我想分为三阶段、六项目来讲。

第一阶段,做学问要先求能"入门",不致成为一门外汉。于此则必先要能从师与受业。如诸位进入学校读书,此亦是从师受业。但究属有限。我此所讲之学问,则不尽于此。因此我之所谓从师,亦非必当面觌对之师。诸位从事学问,要能自得师,要能上师古人,当知读书即就如从师。

诸位应懂得:"由前人之智慧来指导自己之功力。"因学问必有一传统,每一项学问皆是从古到今,不断承续而来。断不能说此项学问由我开始。诸位当知，从前人在此项学问上，早加上不少功力了。从前人既已成学成业，即可证其有可信之智慧。正为如此，所以从前人之智慧，可以来指导我自己之功力。接着第二层则是："由从前人之功力来培养我自己之智慧"。此因从前人之智慧，亦是由其功力所培养而成。故可借前人功力来培养自己智慧。此两层乃是学问之入门工夫。

现在先讲第一层：即我开始学问，功力应向何处用？最简单讲：第一步，诸位应懂得读书，又必读人人必读之书。换言之，即是去读学术传统方面所公认的第一流之书。此乃前人智慧之结晶，有作者、有述者，乃学问大传统所在。我们既不该随俗，亦不可自信，当知此皆非从事学问之正道。我自己且当先认为是一盲目人，只有依随此传统智慧之结晶而用我之功力，我则依墙摸壁，跟着人向前。如《论语》，二千五百年来任何一有智慧人，在学问上有成就者，皆曾读此书。《论语》既是孔子智慧之结晶，亦可说是经过了二千五百年来有智慧人所公认，成为儒学一大传统。自孟子、荀子、董仲舒、扬子云以来，皆曾读《论语》，因此我们今天也得读。此事决不能即说是盲从。而且学问之第一步，也可谓正从盲从开始。我已在先说过，从事学问，第一步应先自己具有一子弟之心情来从师受业，来亲师向学。此师即是在学问传统上已证明为一有智慧之前人，自己则犹如一盲者，犹如一不能特立独行之婴孩。我们定得跟随人，定得依墙附壁，一步步来锻炼我们自己的智慧。我们的功力之最先一步，则应自此处用。

从前人提出读书法，要在："存大体、玩经文"。此六字即是初学读书一好指导。任何一书之正文，也可说即是经文。我们要能懂得其大体，也就够了。如此，用心不杂、不旁骛，一部一部地读去，可以教我们轻松上路，不觉太费力。凡你所读书中一字、一句，训诂义解，即成为你自己之知识。做学问首先要有知识，无知无识，做何学问！从前人如何讲、如何说，我即应知。但其中也须有选择。我自己无智慧，好在从前有智慧人，已不断在此中选择过，我只依随着前人，遵此道路行去。读了一部又一部，求能"多学而识"。先要知得，又要记得。读后常置心中，即是"存"。读了再读，即是"玩"。此是初学入门工夫，万万不宜忽略。

每一人之聪明，不仅自己不易知，即为师者，亦未必能知。惟其人之天赋智慧不易知，故初学入门，最好读一书后，又读一书。学一项后，再学一项。所谓"转益多师是我师"，从此中可以发现自己才性所近。却莫早就自作聪明，反先把自己聪明窒塞了。如今大学制度，尽教人修习专门之学。一入了史学系，便尽向史学方面钻。但自己智慧不一定只在这方面。先把自己智慧宽度隔限了，自己智慧之深度，也将有害。不向更广大的基础上用力，常不易有更崇高之树立。这在学问上是最值得注意的。我们该先涉猎，先筑广大基础，先知学问之大体系与大格局。而能在此中发现自己智慧，此事更属重要。

（三）

我个人自幼读书幸而没有犯上随俗与自信之病。我最先只懂读文章，但不读俗陋的，如《古文观止》之类，而只依随着文学传统所重，读姚惜抱所选《古文辞类纂》。但我并不能懂得姚选妙处，我自想应扩大范围，读他所未选的，才能知其所选之用意。我乃转读《唐宋八家全集》，乃于王荆公集中发现有很多好文章为我所喜，而姚氏未选。因此悟得所谓"文人之文"，与"学者之文"之分别。我遂知姚氏所选重文不重学,我自己性近或是在学不在文。我遂由荆公转下读朱子与阳明两家,又上溯群经诸子。其时尚受桐城派诸家之影响,不懂得注意清儒考据。但读至墨子,又发觉有许多可疑及难通处,乃知参读清末人孙诒让之《墨子间诂》。从此起,再翻读清儒对其他诸子之训释校订。在此以前,我虽知姚、曾两人都主张义理、辞章、考据三者不可偏废之说,但我心中一向看不起训诂考据,认为一字经考证而衍成为三数百字,可谓繁琐之甚,故不加措意。至此才知我自己性之所好,不仅在文章,即义理、考据方面,粗亦能窥其门径、识其意趣。我之聪明,虽不敢自谓为义理、考据、辞章三者皆能,但我至少于此三者皆已能有所涉猎。若读书不多,仅限于一方面,仅限于几部书,则只能单线直前,在其他方面之智慧即不能开发。并且单线直前,太窄太艰难。有时也会走不通。因此,初学入门,涉猎工夫是重要的。但涉猎非粗疏之谓,只是读了一书又一书,走了这边又那边,且莫呆滞在一点上。

《论语》上孔子说:"十室之邑,必有忠信如丘者焉,不如丘之好学也。"此处"好学"一语,我们必须深细体会。自己的天赋聪明,切莫太自信,但亦不要太自怯。须知做学问应先有一广大基础,须从多方面涉猎,务使自己能心智开广。若一意研究史学,而先把文学方面忽了;又若一意研究文学,而先把史学方面忽了;又若一意研究思想,而不知历史,不通文章;如此又何能学得成?其实只是自己薄待了自己,开头先把自己限了。学与问,不一定便知、便能。何况自己决心不学不问,哪有自知、自能之理!

故知我们从事学问,开头定要放开脚步,教自己能眼光远大、心智开广。当知一切学问,并未如我们的想法,好像文学、史学、哲学,一切界限分明,可以互不相犯,或竟说互有抵触。当知从事学问,必该于各方面皆先有涉猎,如是才能懂得学问之大体。

(四)

继此,我们将讲到:"专精与兼通。"此两者间,正须更迭互进,却非有何冲突。如我们专心读一书,此即是专精。读完《论语》,再读《左传》,此即是兼通。先读经之专精,再治史是兼通。经学中先读《诗》,是专精;又读《春秋》,是兼通。如此两方面更迭而进,如治经学当兼通五经,兼通十三经;又当兼通汉、宋,兼通义理与考据,兼通今古文学派。治史学当兼通如制度、地理、经济、法律、社会、学术思想、宗教信仰、四裔民族等。治文学当兼通诗、赋、词、曲、骈文、散文等。又如兼通文史,兼通经史,兼通经子等。学问入门,正该从各方面都有一番探究。正因各人自己聪明天赋,谁也不能自知,应先由自己尽量探测。广度愈开阔,然后深度愈迈进。少一分功力,即少一分启悟,对自己将来远大前程,是一种大损失。

我们为学者首先要"多学而识",已如上述。次之即要懂得"一以贯之"。粗言之,如读《论语》、《孟子》后,要自问《论语》、《孟子》中所讲为何?读杜诗、韩文后,亦应自问杜诗、韩文其精彩在何处?诸位万勿忘却学问中之一"问"字。能在心中常常如此一问,便自有许多长进。此一步工夫决不可少。做学问定要一部一部书地读,在每一书之背后,应知其有一个个的"人"存在着。每一部书是一番"业",每一个人是一位"师",读书即是从师受业。又应问师如何成此业?这一问便开了我自己学的路。若诸位不肯如此用心,一意只想要写一专题,把自己学问早有所表现，如写唐代文学为题，则便把杜诗、韩文东窃西剽，一时像有成就，实在是无成就。纵多表现，像是自己学问，其实永不能成学问。固然初学人也须有表现，而此等表现，则只当看作是我工夫之练习。练习则贵在暗处，不贵在亮处。此是初学人用心最该自反处。

诸位真要从事学问，则先不可自高自大，应自居为"子弟"身份。要懂得如何从师受业，并要亲师、尊师，又贵能从师那一面照见出自身来。若连自己都不知，如何学得成！若真要完成自己，先应从多方面作探测观察，把自己内性可能尽量发挥。莫先以为自己智慧已是现成着，只把自己智慧来指导自己功力，便能自创自造。若如此，便走上了错路。因此，我们的用功方法主要应虚心读书，读了一部再一部，接触了一人再一人。又须懂得挑选第一流著作，即传统公认最大名家之著作，虚心阅读。如是入门，总不会错。

（五）

在第一阶段中之第二层工夫乃是："以前人之功力来培养自己之智慧"。如《论语》，从古到今，训诂义理，各家发挥尽有不同，即如宋、清两代人所讲，考据义理，显有相异。诸位当知：接触一家讲法，即可开展自己一分智慧。如此致力，自己智慧即可逐步发展。所谓："出我意外"，"入我心中"；诸位时时得此境界，便会心中暗自欢喜。自己智慧即自此逐步工夫中透出，所谓"温故而知新"，从前人数千年来智慧积累，一一由我承受，那是何等痛快事！

如象山讲《论语》便与朱子不同，王船山讲来又不同，从此处即可启我聪明。多见异说，自己心智便会不断开广。又如读

《史记》，若专从《史记》读《史记》，则有时自己智慧不够，将感困难。如初学人先读《史记菁华录》，便易引起兴趣。自此再进读《归、方评点史记》，便觉与《菁华录》不同。接触到更高一步之智慧，便像自己智慧也随着高一步。又若再进而读刘知几《史通》与章实斋《文史通义》，便觉眼前境界更高，又与读归、方诸家之圈点批注不同。再又如读清儒之《廿二史考异》、《十七史商榷》、《廿二史札记》诸书有关《史记》部分，以及如梁玉绳之《史记志疑》之类，我们的智慧又开一门路，走向考据一方面去。但如我们在读此诸书之后，再读如吕东莱之古史，便会眼前豁然又另开一新境界，懂得所谓史学家之智慧，看他能如何样地用心去体会古人、认识古代，然后乃知治史学应有史识，论史又与考史不同。吕东莱的古史，好像只就《史记》原文挑出寥寥数语，轻轻下笔，却能予人以一种极鲜明深刻之印象，使我们对当时史事有一番真切开悟。由他几句话，即可启发我甚大智慧。若我们尽读《史记》，不读他人读《史记》的书，也可能在我文学、史学各方面之聪明，老闷着不开。试问我有此一份天赋智慧，而让其窒塞埋没，永不发现，岂不甚可惜？

我上面所以提出要读人人必读之书，正因此等书已由许多人集中心力聪明研钻过。前人花上莫大功力，我只一翻阅，便可长我许多智慧。又如读《史记·贾谊传》，再读如苏东坡之《贾谊论》，也易引起一番心智开发。但若又读到王荆公《咏贾谊》的七绝诗，虽只短短二十八字，但荆公意见议论，又较东坡深入而允惬。如此读书，我之智慧自能逐步开广而深入。当知智慧非经挖掘，不易发现。非经锻炼，不易长进。学人大病，即在自作聪明，不多读书，便要想出一番自己道理来与他人争胜，却不肯虚心跟人学习。如此，终是断港绝潢，决非做学问之正道。诸位循此方向去读书，读一书自然会像又走到另一新境界，心智日开。如此读书，自能意味深长、"乐此不疲"。这是从来做学问人的入门正道，诸位须好好认取。

以上所讲入门之学，却非专为初学人讲。当知此一番入门之学，可以毕生行之。学问本是千门万户，入了此一门还得入那一门，入门工夫随时运用，自己学问基础自然会愈广大、愈笃实、愈高明。

（六）

现在继续讲第二阶段之第一步，乃由自己之智慧来体会前人之功力。上述第一阶段是借着前人引路来指导自己功力，培养自己智慧。现在是自己有智慧了，再回头来体会前人功力。起先是跟着别人，大家读此书，吾亦读此书。现在是读了此书，要进一步懂得前人如何般用功而成得此书。以前读书是不自觉的，至此可渐渐看出学问之深浅与甘苦来。从前人说："鸳鸯绣出持君看，莫把金针度与人。"每一部大著作，每一种大学问，尽是前人绣出的鸳鸯。我们要体会他鸳鸯绣成以前之针线，即要学得那金针之刺法。又如吕纯阳点石成金故事，那丐者不以获得其点成之金块为满足，却要吕纯阳那点石成金之指。此一故事，用来说明做学问工夫，大有意思。我们要像此乞丐，要注意到吕纯阳那指。否则学问浩如烟海，自己头出头没，将永远随人脚跟，永远做不出自己学问来。

孟子曾说："大匠能与人以规矩，不能与人以巧。"学问第一步要依随前人规矩。现在进入第二步，则要研究前人之巧。譬如黄梨洲作《明儒学案》，诸位读后，应知用心看其如何写成此书，要设想到他未写成书以前之一切。若你不懂得前人如何写书，试问你自己又如何忽然能写书？学著书先须了解前人著书之苦心。如顾亭林著《日知录》，彼自云一年中只写得二三条。试问缘何如此艰难？人人读《日知录》，但能懂得顾亭林如何写《日知录》的，实无几人。我们在此处，当懂得上窥古人用心。如你读《日知录》，又读《困学纪闻》、《黄氏日钞》诸书，便可看出《日知录》成书之体例与来源。又如读《明儒学案》，又读《理学宗传》、《圣学宗传》诸书，便知《明儒学案》之体例与来源。当知前人成学，亦各有来源，著书亦各有规矩。只是精益求精，逐步向前。如我们不读棋谱，只知自己下，则棋艺将无法得进。此所谓"思而不学则殆"。但此项工夫不易下，须能"心领神会"，却不能具体指点。

诸位当知做学问自然免不了要读书，读书的第一步，只是依随其书从头读下，此乃是"从业"阶段。但读书的进一步工夫，应懂得著书人之艰难困苦。又须体会到著书人之经营部署，匠心独运处。若懂得到此，便可谓乃与著书人成为"同道"，即是说自己能懂得与前人同样用功，走上同一道路了。如此读书，始成为一内行人，不复是一门外汉。做学问到此境界，自然对从前著书人之深浅、高下、曲折、精粗，在自己心下有一路数。当知学问则必然有一传统，决非每一学者尽在自我创造。若不明得此中深浅、高下、曲折、精粗，你自己又如何能下笔著书、自成学问！

（七）

以上是讲凭自己智慧来窥探前人功力，待于功力上有体悟，自己功力便可又进一步使用。现在再讲第二阶段之第二步：乃以自己之功力来体会前人之智慧。功力易见，智慧难窥。今欲再进一步看了前人功力之后，再来看前人之智慧，此非下大工夫不可。昔二程讲学，常教来学者不可只听我说话，此语极当注意。诸位当知，听人说话易，但听人说话，贵在能了解此说话人之智慧。诸位今天面对长年相处之先生们，上堂受课，依然还只是听说话。他所讲我好像懂了，但对面那讲话的人，其实在我是并无所知。试问对当面人尚是如此，将如何能凭读书来了解几百千年前人之智慧？但我若不了解其人，只听他讲话，试问有何用处？我们要从读韩、柳文章去体会了解韩、柳之智慧，去体会了解韩、柳之内心。当知学问都从活人做出，学问之背后则必然有其人存在。但人不易知，各人有各人的天赋不同，智慧不同，境界不同，性格不同。如司马迁与班固同是大史学家，章实斋论彼两人有云：一是"方以智"，一是"圆而神"。此乃讲到彼二人之智慧聪明不同，天赋性格不同。此等处骤听像是玄虚，但细参却是实事。又如欧阳修与司马光两人同是北宋大史学家，因其人之不同，而史学上之造诣与精神亦不同。诸位治史学，不懂得所谓史学家其人，试问如何自己做得一史学家？读古人书，须能如面对亲觌，心知其人。懂得了古人，像活生生地在我面前，我才能走进此学术园地。此所谓"把臂入林"，至少在我自己要感得是如此。也只有如此，才能了解到古人之血脉精神，以及他们间学问之传统源流。自己才能参加进此队伍，随着向前。否则读书虽多，所得仅为一堆材料，只增长了自己一些意见。古人是古人，传统是传统，与我全不相干。如此般做学问，尔为尔，我为我，各自拿到一堆材料，各自发挥一套意见，在人与人之间，则绝无关系，绝无内在精神之传递与贯彻，交流与影响。此种学问，其实全是假的，并非真学问。诸位今日治学，多蹈此弊，在学术传统上尚无知识可言。而尽忙着找材料，创意见，想自己出风头。那实在要不得！

讲学问则必讲其源流承接，此中有人与人之精神、血脉，务要臻于意气相投之境，此是学问入门后之事。徒知读书，只如听说话。听人说话，却不知那说话的人。读人所著书，却不知那著书的人，如此则仅成为死学问，死知识，只是一堆材料。如欧阳永叔与王荆公，其文皆学自韩昌黎，但欧、王两家文字精神意趣各不同。我们读韩、欧、王三家文，应能分别出此三家之异在何处，同在何处。欧、王两家之学韩，各由何处入，又各由何处出。应能从此三家文字想见其为人。应使韩、欧、王三家之精神笑貌意兴情趣，历历如在目前。虽在我口里说不出，却要在我心里深深确有此想像。又如读晚明三大儒著作，也须从其著作透过去了解其为人。于此三家之面目精神各不同处，须能活泼如呈现在我目前。当知学术有血脉，人物有个性，一家是一家，一人是一人。若不能明白分辨出，即证对彼无所知。学问到此境界，始能与古人神交于千载之上。否则交臂失之，当面不相识，只听人闲说话，哪里是学问！

我们的先一步是从别人之心来启发自己之心，此即上面所讲从前人之功力来启发我之智慧之一项。现在所讲则是要以自己之心来证发前人之心，即是以自己之功力来体会前人之智慧之一步。此一步工夫较难，必须沉潜反复，密意追寻。诸位当知：一本书之背后，有此一个人。一门学问之背后，有此一位专门名家之学者。学问倘至此步，始可谓懂得了做学问。到此已是"升堂"境界，已能神交古人，恰如与古人周旋揖让于一堂之上，宾主晤对，情意相接，那是何等地欢乐愉快呀！上述第一步是"从师治学"，现在第二步是"升堂"了，乃是"从学得师"。如此，才能说有了师承，才不是跟着前人走，而是与前人同道而行。诸位今日一心只是要创造，却不在想从师受学，从学得师。也不是要与人同道,只是想前无古人,别创一格。如此用心,则决非所谓学问之道。

(八)

此后,我们才能讲到学问之第三阶段。此一阶段,不仅升堂,抑且"入室",亦即是"成学"阶段了。至此阶段,学问始真为我有,我已为主而不为客,学问成为我之安宅,我可以自立门户,自成一家。于学问中到此才是自有地位,自有创造。故我上述之第一阶段可谓是"从学"阶段,第二阶段可谓是"知学"阶段,到此第三阶段则可谓是"成学"阶段了。

此阶段亦将分为两项来讲:

如读韩文,上述第二阶段是以我之智慧来窥看韩昌黎之功力,又以我之功力来窥看韩昌黎之智慧。现在是将我自己全心投入,与彼之精神相契合,使交融无间,而终达于忘我之境。到此境界,当我读韩文时,自己宛如韩昌黎,却像没有我之存在。我须能亲切投进,"沉浸其中"、"与古为一",此才是真学问,才是真欣赏。学问到此,始是学问之最高境界。然而当知此种境界,实不可多得。因各人才性天赋不同,古之学人,亦是人各不同。而我之为我,亦断不会与古人中任何一人相同。今要在古人中,觅得一两位和我自己精神意趣最相近者,然后才能下此工夫,达此境界,此事不易轻言,亦不可强求。在浩浩学海中,能获得有一两人同声相应,同气相投,精神意气,欢若平生,这自是一大快事,亦是一不易得事。孔子说:"德不孤,必有邻。"若我们真在学问上下工夫,此境界亦非决不可得。惟如孟子云:"乃我所愿,则学孔子。"当知孔子道大,即颜回亲炙,亦有"虽欲从之,末由也已"之叹。我们若想把我此刻所述来读《论语》,学孔子,此事恐终难能。然浩浩学海中，也断不会没有真能得我欣赏之人物。但亦断不能多得。当知：惟其似我，故能忘我。天赋性情中，自有此难能可贵之境界。

（九）

在第三阶段中之最后一步工夫，则是用自己之功力来完成自己之智慧。到此乃真是卓然成家，自见与众不同了。譬如欧阳永叔学韩昌黎，想像方其学时，在欧阳心中，则只有一韩昌黎，不仅没有别人，连他自己也忘了。但到他学成，自己写文章时，却又全不是昌黎，而确然是一欧阳修。任何学问都如此。到此时，在学术中方有了他自己之成就与地位。当然不论是文学、史学、哲学，或其他学问，只要真到成就，则必然是自成一家。"前不见古人，后不见来者，念天地之悠悠，独怆然而涕下。"学到成时，乃始知此怆然独立之感。然此种怆然独立之感，却正是其安身立命所在。学到如此，方是他的创造，创造了他一家独立之学问，同时亦创造了他此一独立之人格。在天地间，在学问中，乃是只此一家，只此一人而已。当然论学问，也并不能责之每人全都能创造、能成家。但我们不能不悬此一格，教人努力。亦因只此一格，始是真学问。我们纵说不能到达此一格，只要不在门外，能升堂、能跑进此学术圈中，在我也可满足。如此为学，自可有乐此不疲，心中暗自喜欢之境界。我们亦何苦而不为！而且我们只要到得入门升堂，亦可守先待后，把古人学术大传统传下，将来自有能创造者出世，凡事亦何必由我成之？此始是学术精神。一个真从事学问的人，则必须具有此心胸，却不要尽在成功上做计较。

（十）

现在再把古人讲到学问的话，和我上述来作一引证。《论语》上孔子说："吾十有五而志于学，三十而立，四十而不惑，五十而知天命，六十而耳顺，七十而从心所欲、不逾矩。"这一段经过：十有五而志于学，即是开始努力向学，礼、乐、射、御、书、数六艺，一样样地学，正合我所说入门之学之第一阶段。三十而立，即是升堂了，正当我所说之知学能学之第二阶段。四十而不惑，想孔子到此时，一切皆确然自信，这已是我所说成学之第三阶段了。至于此下五十、六十、七十，孔子圣学日跻，愈前愈远，此则为吾人所不可企及者，姑可置之不论。

又如韩昌黎《答李翊书》，自云："愈之所为，学之二十余年矣。始者，非三代两汉之书不敢观，非圣人之志不敢存。处若忘，行若遗，俨乎其若思，茫乎其若迷。当其取于心而注于手也，惟陈言之务去，戛戛乎其难哉！"在此时期，正是有志向学之第一阶段，犹如孔子之十有五而志于学。

到第二步，昌黎说："如是者亦有年，然后识古书之正伪，与虽正而不至焉者，昭昭然白黑分矣。当其取于心而注于手也，汩汩然来矣。"到此阶段，心中自有一底，自有一别择，自有一评判，即犹如孔子之三十而立，那已是升堂阶段了。

待到第三步，乃始"浩乎其沛然矣"，至此则是成学第三阶段了。惟昌黎亦并不自满足，此下仍有他继续用功处。孔子曰："十室之邑，必有忠信如丘者焉，不如丘之好学也。"可见虽圣人也得有一段学的经过。圣人之过于人者，也只在其好学。昌黎自述其致力为文，由志学到学成，几二十余年，也恰和孔子自志学到不惑，中间隔越二十五年相似。固然昌黎仅是一文学家，不能和孔子圣人相比。但我们若真有志从事于学，恐怕二十年工夫是都该要的。如诸位今年二十五岁，则至五十岁时，纵说不能成专门名家之业，但至少总可进至第二步，升进了学问之堂奥，那是谁也可以努力以希的。如此做学问，一面即是学做人，另一面又是最好一种自怡悦之道，又能守先待后，成己成物，我们又何惮而不为？

《中庸》上亦说："尊德性而道问学，致广大而尽精微，极高明而道中庸。"我此讲看重各自智慧，即是尊德性。当知做学问并不能只有一条路，正因天赋各别，人心之不同如其面，我们欲自有成就，便不能只守一先生之言，暧暧姝姝地自足自限。应懂得"从师求学"，"从学得师"。道问学即是你之功力，致广大是要泛求博取，尽精微则只是完成了一己之德性。换言之，致广大即是道问学，而尽精微则是尊德性。至于到达成学阶段，自为一家时，乃是极高明。而其所取途径，则实系遵从大家一向共走之道路。既无别出捷径，亦无旁门斜道，仍只是一个道中庸。这是人人所能，亦是尽人当然。

我希望我今天所讲，也能由此启发诸位一番聪明，使诸位知得做学问有此一些步骤与规矩。我今天所讲，务盼诸位亦能虚心接受。当知做学问并不难，并在此中有大快乐。只求有正道，有决心。先知"从师"，再知"尊师"。并望诸位能上尊古人为师。先从多师到择师，自尊师达亲师。逐步完成自己，不患到头不成一家。若一开始便无尊师、亲师之意，只把别人家学问当作材料看，急要自己独成一家，天下如何会有此等事？

今再复述一遍，今天所讲：要诸位从学术众流大海中，各自寻得自己才性而发展至尽。其前三项决然是诸位人人可以做到者。第四项已较难。五、六两项，则不必人人能到，但大家应心向往之。心中悬有此一境，急切纵不能至，不妨渐希乎其能至，也盼别人能至。此是我们做学问人，都该抱持的一种既谦谨又笃厚的好态度。我最后即以此为赠，来作我此番讲演之结束。

(四卷十三期，已收入《中国学术通义》)

学问与德性

一九六二年一月十二日研究所学术演讲讨论会

（一）

今天的讲题，是"学问与德性"。与上次所讲"关于学问方面之智慧与功力"一题互有关涉，不过换一方面讲，或可补充上次所讲之未及。

本讲题中"学问"一语，可作一种工夫看，如云如何"学"、如何"问"。亦可作一种成绩看，即已成功之学问，如史学、文学等。"德性"一语，亦可分两种看。一指禀赋，属于先天。一指修养，属于后天。凡此两义，本相通贯。此下引到学问与德性语，不再逐处加以分别。

要讲学问与德性之关系，该先从远处讲起。今且问人类现有各种学问，究系自何而来？人类历史在开始时尚无文字，亦无学问。后来渐有文字，有学问了。然此种种学问究何由起？依常识推想，学问并不是外在的，不能在人类外面先有此一门门、一套套的学问存在，而待人去探求、去追寻。学问乃由人类本身所创造。亦可说，学问是人之德性所需，亦为人之德性所能。倘使人类心性不需要此种种学问，则不可能有此种种学问。如宗教、如文学、如史学，皆可证其属于人类心性所需。但亦必是人类天赋心智自能创造此种种学问始可。否则纵属需要，亦将无法产生。

因此，就人之立场言，可谓德性在内，学问在外。自内向外，由德性发展出学问。如是则是先有了人之德性，而后始有学问之创造。人在学问前，学问跟人后。苟无人之存在，亦将无一切学问之存在。此与上讲《关于学问方面之智慧与功力》说法相似。上讲谓学问之背后必有人，必先有学者，后有学问。人之才性有不同，其所发展出之学问亦不同。故可谓人乃是一切学问之中心。一切学问皆自此中心展出，环拱此中心，而向四外发展。在开始时，一切学问都不远离此中心。倘我们又说德性属天，学问属人，则人由天生，一切学问亦皆由天性中自然演出。如人性好生恶死，因有种种学问自此出。人又好逸恶劳，因又有种种学问自此出。总言之，学问乃一种自然发展，由天到人，由德性到功力。学问创造仅是人类天赋德性之表现。一切学问，自其源头处讲，其简要概念应如此。

但人类文化日益进步，历史走过一段长远的途程以后，此情形渐不同。此所谓"源远而末益分"，各种学问，分道扬镳，相互间似乎愈离愈远，各自隔绝，甚至不见有相通处。到那时，学问遂变成为专门，每一学问各自有其门径，各自有其范围与境界。好像每一种学问各有一个天地，欲进入其中，则各有门户，非随便乱闯可进。我们固曾反对做学问牢守一种"门户之见"，如治史学者轻视哲学，学哲学者轻视文学等。然各项学问，实际上似乎确有各别之门户。由此门户入，仍有各别之范围与天地。此亦不可抹煞，谓一切学问总是一般，更无分别。此种分别，我们可称之为是"学问之分野"，或"学术之流派"。此等分野与流派，一分却不易再合。固然，人的中心，还是存在。而学问变化，却越后而离此中心越远。

由今天来看各项学问，俨然像有它们一种客观的存在，好像在人的天地之外，又另有一学问的天地。而且此学问之天地，似乎比起人的天地来，还远为浩渺广大。人的天地，反像包围在学问之天地中，而且藐乎小哉，有无可比拟之感。若一人从事学问，他只可从一门走进，以一项学问为中心。依此项学问之道路向前，愈远愈见其渺茫，愈深而愈感其不可测与无终极。人之聪明才力，不仅无法兼通几种学问，连某一项专门学问，也使其皓首终老，无法得有止境。结果是学问转成了中心，人只是围绕在每一项学问之特殊境地内，而向之作研究。学问为主，人为附，人像是跟随在学问之后面。

每一人只要能真对某一项学问作研究，便知每项学问，都有其一套甚严之规律，并各有一套特定之训练。此套训练，亦可谓即是此项学问之本身。由此训练而入门，而上路，而前进。从前是人创造出学问，现在是学问在指导训练人，限定人必得如此般向前。依现在情形言，似乎学问转是主，人只能跟着走，更不见人之特殊重要性。古代大学者如中国孔子之类，我们今天已无法向他学，只觉他可望而不可及。即如陆象山所谓："我不识一字，亦可堂堂地做一人。"当知做一人则可，若要做一项学问则断不可。在学问中，已没有如此简易之道可循，似乎学问距离人性的自然创造更远了。

苟若我们从事任何一种学问，而不肯承认其有种种规律、种种限制，或可说是种种法令，此乃务使吾人必得遵循者。若我们轻忽这一套，不加理会，认为有了聪明即可做学问，此将大谬不然。当知每一项学问，均在我们生世之前远有其传统，久已存在，各成规模。我们要从事此项学问，非先接受从前传统，依照从前规模不可。于是学问乃似成为不自然。在我们今天来做学问，已与上面所述历史上各项学问之开始时的情形大大不同。今天若真要做学问，先莫轻言创造，宜先知有传统，有师法。如我前一次所讲，自己只能譬如一盲者，或一婴孩，务先懂得如何跟随着前人脚步而行进。

（二）

现在再讲到学问分野，大要言之，一切学问，该可有二大分野：一自然学，一人文学。此二者，对象显然不同。自然学之对象，乃在人类自身之外面。而人文学所讲，则即是人类本身，或可说乃在人类自身之内部。

上面说过，人类开始有学问时，人在前，学问在后。后来文化演进，变成学问已在先，而人则仅作为一跟从学习者。依现在情形言，自然科学方面似乎更见是如此。自然科学之理想境界，应是只见学问不见人。似乎在自然科学中，人的地位已不存在。自然科学中任何一项知识，最多只可说，此为某人所发明，却不可说此为某人之学。因科学已不归属在人，而且像是应排除人在外。

自然科学中也可有派别，例如生物学讲遗传，固亦可有异说。但此乃一暂时现象，其终极境界则必该有一定论、有一公是，始算是得了一归宿。而人的个性，则不能在自然科学中存在。如喜、怒、哀、乐，在人文学中必不可去。但在自然科学中，则绝不可有。我有一时，尝喜读明末几位高僧之诗集。初读若颇可喜，久而感其不然。因彼等既为世外之人，其诗中乃少人间热烈情感。故知不食人间烟火食，即不得有好诗。如读杜工部诗，尤贵能编年排读，其一生之喜、怒、哀、乐，随时随地，随所遇而跃然呈现。故杜诗乃能使人百读不厌。史学亦不能脱离人之性情。纵说史学须能客观，然真成为一史学家，则无不有其私人之个性与其真情之流露。哲学似贵探求真理，但亦仍不免各见个性。如宋代二程、三陆，及明代东林二顾皆亲兄弟，并在同一学派门路中，研求同一真理，却仍见个性不同。正惟如此，故愈觉其学问之真而可贵。又如忠、孝、仁、义，此亦人类德性。喜、怒、哀、乐乃自然而发，忠、孝、仁、义由修养所成。若写一部文学，或史学，或哲学书，苟是不忠、不孝、不仁、不义，不可能成为一部理想可传诵留存之著作。然在自然科学中，则既不许有喜、怒、哀、乐，亦不须有忠、孝、仁、义。因自然科学所研究之对象，超然在人自身之外，故不宜有人自身之插入。

科学所要求于人者，乃须有一冷静之头脑，要能思虑缜密。似乎只要求有智慧与功力，却不需所谓德性，不需要学者之个人人格与各别性情。自然科学一成为定论，则只有一"公是"。此一公是，决不能随人随时随地而异。在研究未成熟时，在未臻定论时，前人说法可随时由后人修改。但亦决不是所谓异说并存。异说在人文学中，必不能避免，而且亦必然应有其存在。但在自然科学中，则必不许有此存在。抑且修正了前人之说，对此被修正之前人之地位，亦并无损害。因科学所重在学，不在人。人应全没入学之中，人的地位似在学中消失了。此一层可用来补充上次之所讲。

若论诗、文，则该自出机杼，各见性灵。但科学则数十人同做一实验，应须获同一结果始对。但我们若从此再进一步讲，自然科学背后依然仍有人在，无人则试问此各项科学又自何处而来？上面所讲"德性所能"、"德性所需"两语，自然科学亦仍不例外。抑且苟其成为一自然科学家，亦必有数项可敬佩之德性，而为其所必须具备者。下面试分举数项，略说为例。

（三）

一，"无我"、"忘我"之精神。研究自然科学，则必须有此境界。任何人不能带了喜、怒、哀、乐，与忠、孝、仁、义走进科学实验室，科学实验室中必先排除此一切。在中国古代《庄子》书中，却有许多话，可借来描写或发抒自然科学家之无我心情。如所谓"忘我观化，游乎物外"，或谓"游乎万物之所终始，以通乎物之所造"云云等语皆是。宋儒言："打叠心地干净。"此亦一科学家走进实验室获得成功之一种心理条件。我昔有一友人之女，进大学习医科，每于实习解剖之后，率不能进食，不能安睡，拟求退学。余告以入解剖室，应能修养一种无人、无我观。彼言下有悟，久而安之，终获卒业。总之是须只见物，不见人。要不见人，自须忘有我。因自然科学本不属人文界。然为要养成此等心习，有时反而大智若愚。如牛顿为其所蓄之二猫，同时开大小二洞，以便此二猫之出入。此种心智，盖因游心物外，久久成习，遂尔如此。又如爱因斯坦日常生活，有时天真如小儿童。此诚如《庄子》书中所云之"真人"。相传美国科学家爱迪生，排班领月薪时，忽而忘却自己姓名，需由旁人来提醒他。此等皆是一大科学家心习修养到一极高境界时，而有此状态。人之心习到达此状态，乃有所谓真"客观"。因他已没入在自然物界中，一切不再以我见人见来处理。此亦如清代考据学家所谓之"实事求是"，却不许有"我认为"等等主观意见与空论浮说。科学家之研究，实际有如庄子所谓之"心虚"，其心能虚，故能忘我无我。虚而待物，以顺物之变，而游心达观，乃能有得。此为科学家一种德性修养。

其次言之：科学实验即须步步踏实，又须耐心等待。须如荀子之说能"积累",又须如老子之说能"慎微"。谨小慎微,日积月累,即须有一种不欺功夫。不欺天、不欺人、认真、不苟且。欲速不得,虚伪不得。萧然物外,安以待之。试想如有一位天文学家,彼必每夜驱车到一距其家甚远之天文台,终夜一人,在望远镜下观测星球天象。如是积累,数十年如一日,苟有所见则记下。积年累月如此记录,以求有所发现。但纵积长期之观察记录,也未必准可有发现,抑或所发现者乃极细微。抑且有了发现,不可能定有解释,解释亦未必遽成定论。但此日积月累之观察记录工作,则终不可缺。诸位当知一切科学功夫全如此。然则岂非科学背后乃必然有人存在,并有人之德性存在乎?

科学家又须有服善精神。因科学只有公是无异说,经科学训练之人则无不知服善。一人发明,众人景从。即如中国人在外国研究科学,只要真有成绩,一样为彼邦人士所钦服。故科学无国界,惟有一公是。而且科学又是日新月异,不断有新发现。后来居上,纵使是一大科学家亦得服善。

在科学界中,又须有牺牲精神。今日科学界分工已日臻精细,每一人之一生精力,只放在某一细微点上,各方配合,逐渐成套。从事科学研究,正如在一大机器中当一螺旋钉。《庄子·达生篇》中有伛偻丈人用竿黏蜩,其方法即由逐渐训练积累而成。故曰:"五六月累丸二而不坠,则失者锱铢。累三而不坠,则失者十一。累五而不坠,则犹掇之矣。"又说:"虽天地之大,万物之多,而惟蜩翼之知。吾不反不侧,不以万物易蜩之翼。"孔子闻之,顾其弟子曰:"用志不分,乃凝于神,其伛偻丈人之谓乎。"研究科学正亦如此,必应除去喜、怒、哀、乐,除去其他一切思念。天地之大,万物之多,而我只用心在一极微小之项目上,正如此丈人之用心于蝉翼般,才可有结果。

今人又或疑科学只是从功利观点出发,其实亦不然。即如日随地转,抑或地随日转?此对几千万年来日出而作,日入而息之人生习惯,可谓并无大关系。此项新发现之功利意义,在当时乃不为人知。但今日之天文学中,实不知有多少大发现,皆随此而来。其他一切科学皆如此。可见科学本原,只为求真理,不为求实用。凡属科学上之大发现,其最先都似与人生实用无关。因此科学研究,其先实也是一种迂阔的。至其在人生实务上发生作用,乃是以后事。

《庄子·山木篇》有云:"少君之实,寡君之欲,虽无粮而乃足。君其涉于江、而浮于海,望之而不见其崖,愈往而不知其所穷。送君者皆自崖而反,君自此远矣。"此乃是一种"孤往"精神。从事科学研究,却非有此种精神不可。到今天科学范围日大,分科日细,此非祛除个人一切利害得失观念,具备此孤往精神,即不得在科学研究中有大成就。

即就上述,可见科学背后仍是有此人。而且此人又必须具有上述诸德性,必须能舍弃了我,才能深入作科学之研究。结果科学研究是有发现了,而发现此新知识之人,却反被舍弃,不在其内。如今讲天文学,只须讲地球绕太阳,不须讲哥白尼与伽利略其人。讲力学三定律,不须讲牛顿其人。讲相对论,不须讲爱因斯坦其人。主要是要知道地球绕日而转,不须定要知道此发明者之为人如何,其个性如何。一项学问之研究完成,而研究此项学问之人物,却远离此项学问而退出。在自然科学界最可见此现象。我常想,《庄子》书中有许多话,可以借来阐说近代科学精神,惜乎此处不能详举。

学问与德性

（四）

上面所说每一门科学背后仍必有一人，仍必有其人所必具之德性。惟科学愈见发展，遂若只见有学，不见其人。而细究之，则仍是有人之德性为科学作基址。

现在讲人文学，显然与自然科学不同。因人文学之完成，在每一完成之中，不仅定要有此人之存在。并要有其喜、怒、哀、乐，仍要有其忠、孝、仁、义。在自然科学中，此等皆不应加进，学者其人与其所从事之学问，若可分开无多关涉。但人文学则不然，必须学者与学问融铸合一。此义我在前一讲，"关于学问方面之智慧与功力"一题中，已屡屡提起。但此番所讲，如上述科学家应备之各条件，一个人文学者亦必具备，人文学之完成之困难即在此。即如"忘我"、"无我"一节，既须把自身抽离，更须把自身融进，其难正在此。如宋儒张横渠有云："为天地立心，为生民立命，为往圣继绝学，为万世开太平。"此四个"为"字，却全不为了他自己，岂非全把自己忘去了，此非一种无我精神而何？但要为天地立心，为生民立命者，无疑正是此一"我"。浅言之，如孔子曰："三年学，不至于谷，不易得也。"志不在谷，亦可说是一种忘我、无我精神。其人一意在学问上，不把自己打算放进，但同时又需要此一人自己能有感情，有抱负，不忘忠孝仁义，能有喜怒哀乐。此一种德性修养，此一种精神表现，殊甚不易。又如韩昌黎所云："处若忘，行若遗，俨乎其若思，茫乎其若迷。"此等形容，亦是一意在学，而忘了自己。到达了无我境界，可谓和科学家研究有所近似。

依次讲到第二层：人文学者亦应能实事求是，但较科学研究亦更难。若只在考据学上求是，所考据的远在身外，此与科学精神尚易近似,稍属省力。但若要在人类当前群体生活之内求一是,此却甚难。因人事日变,今日之所谓是,明日亦可成为不是。此地之所谓是,他处亦可成为不是。各人立场又不同,《庄子·齐物论》有云:"是亦一彼,彼亦一是。"又云:"此亦一是非,彼亦一是非。"此种情形,在人文学中绝难摆脱。因此在人文学中之实事求是的精神,实更有其难处。

其次再讲到积累工夫。人文学之完成,亦同样须长期积累。然从事人文学者,因无一显然外在客观之限制与标准,因此似乎易于自欺欺人,不是而自以为是,未达而自以为达,自满自足,他人亦一时无可加以指摘。因此又易迈大步、空论、浮言、我见,种种毛病,在自然科学中排除较易,而在人文学中则极难剔去。

因此讲到服善精神,更极不易。文人相轻,自古已然。所谓"人人自谓握灵蛇之珠,家家自谓抱荆山之玉",谁也不佩服谁,谁也无奈何得谁。又如云:"吾爱吾师,尤爱真理。"说来极堂皇,但所难者,是人文真理不能如自然真理之易于证验。因此治人文学者,每易过自期许。甚至高自位置,总觉得自己了不起,把别人不放在眼里。门户派别,出奴入主,甚至把学问来结党成阀,排除异己。如荀子所举少正卯之类,"心达而险,行僻而坚,言伪而辨,记丑而博,顺非而泽"。世上真有此等人,但一时甚难确然指出其不是。并不如自然科学可以实验、求证,有公是,不能有异说。人文学不能轻易付诸实验,不能把人类社会当作一实验室,以万物为刍狗,专把来当作实验材料看。

人文学既是急切难得一公认之是,又是各人爱好不同,因此人文学者之最高境界遂落到自心自信上。心有自信,便是不求人知。孔子曰:"人不知而不愠","不怨天,不尤人,知我者其天乎。"老子云:"知我者希,则在我者贵。"太史公亦云:"藏之名山，传之其人。"扬子云云："后世复有扬子云，必好之矣。"陈子昂诗："前不见古人，后不见来者；念天地之悠悠，独怆然而涕下。"杜工部诗："但觉高歌有鬼神，不知饿死填沟壑。"韩昌黎云："以俟知者知"，又曰："百世以俟圣人而不惑，质诸鬼神而无疑。"此皆是人文学修养一种自心自信不求人知之至高境界。而人文学之难讲，则正在此。因科学可征诸实验，人文学中之最高境界，一时实非他人所能共喻。哗众取宠固不是，特立独行又不易。惟须博学知服，又须下学上达，从虚心到自信，从好学到自负。这一段经过，却有无限层次，无限工夫。要人在不求人知之默默过程中，独自深造自得。此则非真有志者，鲜克能之。

作为一人文学者，如上所述固须自信自负，自有远志。但诸位又当知，今天的学问已是千门万户，一个人的聪明力量，管不了这么多。因此我们再不能抱野心要当教主，要在人文界作导师。所谓领导群伦，固是有此一境界。但一学者，普通却也只能在某一方面作贡献。学问不可能只有一条路，一方面，也不可能由一人一手来包办。今天岂不说是民主时代了吗？其实学问也是如此，也得民主，不可能再希望产生一位大教主，高出侪辈，来领导一切。任何一所大学中，亦不可能只有一院、一系。某一院、某一系亦不可能只有一教授。一切学问都得要分工合作。即就人文学论，人的地位亦已较学的地位为低了。此乃是人类文化演进大势如此，纵使孔子、释迦、耶稣复生，他们也只能做一现代学者。当然现代学者也有他的至高无上之地位，但情势却似乎已与古不同了。

（五）

现在再讲到"学以致用"一问题。我曾说过，科学本重在求真理，但人文学则主要求在社会上有用，否则又何需有此学！但用有大小远近。有的有大用，有的只可小用。有的只用在近，有的能用到远。而且纵在人文学方面，进到某一阶段后，亦不能专注意讲用。因学问本身已逐渐发展到一近似客观独立之境界。试举史学为例，司马温公撰《资治通鉴》，即就其书名论，可见其著书本意主于用。但在温公着手编撰之前，却预先作一《长编》，此乃史学之必然工作，则似与用无关了。温公在《长编》中，发现了许多问题，即如梁惠王迁都大梁，此一事之年代有问题，太史公《史记》所载并不确，温公乃将此时代移前十年，而又载其说于考异中。今试问此一年代问题，对于资治究有何等关系？但温公不能只录"孟子对梁惠王，王何必曰利，亦有仁义而已矣"几句话，便算了事。若只随手随意摘录古人几百千条有关治道之格言，用来资治，亦何不可。但说不到是史学。到温公时，史学已发展到有其独立的地位，不能不使温公要先作《长编》，而注意到此等小节。但此问题在温公时实未有解决，下至顾亭林《日知录》，始再旧案重提。顾氏以温公为是，以太史公《史记》为非。其后清代考据学大兴，对此问题争辩蜂起，仍然是议论纷纭，莫衷一是。我自信关于此问题，在我写《先秦诸子系年》一书中，始得了完全的解答。并由此而将整部战国史亦大大改观了。这亦是一种实事求是。但试问辨定此一年代，在实际人生界究有何用？但我们若放宽眼光，在人文学中不能无史学，在史学中不能不先把事情先后年代弄清楚，则许多麻烦考据，纵说无用，到底也不能免。

（六）

现在再综述我两次所讲。上讲似乎重在人，尤过乎其学。此讲似乎重在学，尤过乎其人。此两讲似有歧义，其间仍须有一更高之综合始是。而且学问之将来，势必愈分愈细，而庄子所谓"道术将为天下裂"，终不是一件好事。因此我想此下势必要出几位大学者，其工作应该来写一部《世界学术发展史》，对此作一综合研究。此刻由我姑妄言之。似乎西方人做学问，开始时便偏重在向外。中国人做学问，似乎一向乃是偏重在向内。近人也有说：西方尚智，中国崇仁。我想正是此意。此乃在学术进展之大体上，指其所偏重言。但我们不能不求在此两者间，有一更高之综合。此一要求，似乎宜从先写一部《世界学术发展史》入手，让人先得一综合之了解。但此工作，却也不易胜任愉快。

现在再综合言之。一切学问皆自人来，而且亦为人用，我们不妨称一切学问为"人学"。既是人学，实皆渊源于人之德性。但德性之一部分虽为自然禀赋，其另一部分则属人文修养。如中国古人所讲"心性之学"，乃是偏于人文修养的。而近代西方人所讲"心理学"，则可谓是偏于自然禀赋。即举此一例，便见中西双方学问趋向大势，有此一分歧，或偏轻偏重处。

总之，德性仍是一首要，而智慧与功力尚属其次。亦可谓智慧与功力，亦包含在德性中。我们此刻则应能注重在如何寻求出此两种学问背后之共通点。此后学术所趋，一面当注重在其共通精神点，一面则在注重其各别处，分途并进。有了此一套共通之学，却亦不能取消另一套各别之学。既有了此一套各别之学，却又不能不再求此一套共通之学。

诸位又应知，为学与做人，乃是一事之两面。若做人条件不够，则所做之学问，仍不能到达一种最高境界。但另一面言，训练他做学问，也即是训练他做人。如虚心，肯负责，有恒，能淡于功利，能服善，能忘我，能有孤往精神，能有极深之自信等，此等皆属人之德性。具备此种德性，方能做一理想人，方能做出理想的学问。真做学问，则必知同时须训练此种种德性。若忽略了此一面，便不能真到达那一面。

学问纵是高深博大，但人总还是人，人则总和人一般。不能说有了学问，那人便该超出了一般人的地位。只是在学问中必各有一天地。如研究天文学，天文即成其人之生命世界。如研究生物学，生物即是其人之生命世界。研究人文学，亦应如此。至少，在其心中，必另有他人，乃至常有古人。人文历史，即成为其人之生命世界。诸位若果了解于此，便知扬子云所谓"后世复有一扬子云，必好之矣"之精神。因如扬子云，亦已走进了能把此人文世界作为其生命世界了。故能"下帘寂寂"，有所安身立命。但诸位当知此事非易。我总望诸位先不要迈大步，更不可空论浮言，流入庸妄。当知最可训练我们做人者，即在刻实做学问。真要做学问，则非立大志不可。用现在话来说，非有大野心不可。诸位若能具此野心，逐步向前，各拼着三十年、五十年精力生命，必有所成。

诸位若领悟到此，便知做学问，不该把自己心胸越来越窄，自己脾气越来越暴躁。又不可有一种茫茫然、前途遥远之心情。如《论语》所谓："笃信好学，守死善道。"此是何等精神！让我再总结一句话，"德性"之学，实乃是在人文学与自然学之夹缝中，且是此两大学问分野之上之一种综合学问。望诸位郑重领取此意。

（四卷十七期，已收入《中国学术通义》）

中国历史上关于人生理想之四大转变

一九六二年四月十日研究所学术演讲讨论会

（一）

今天我的讲题是："从中国历史来讲中国人生理想中四个大的转变"。此题一部分是讲历史，另一部分则讲思想。若从思想来讲历史，则应一家一家各别阐述，再加贯串，而成为一种思想史。我此乃从历史来讲思想，因此并不重在各家之特殊点。如孔子、墨子之人生理想各如何，而只注重在同一时代中许多思想之共同点。固然于同一时代中各家思想，彼此之间尽有差别。如先秦时，孔、孟、庄、老各家思想，其相互间之特殊处，此讲题中暂置不管。而只讲其共同点，即其成为时代思想之特征者。下至魏晋南北朝，时代变了，思想亦随而变，显与先秦时代不同。在此讲题中，亦不讨论当时各家之差别处，而专讲其共同处。下及隋唐、宋明亦然。所谓四大转变，即指此而言。

其次讲到"人生理想"四字。关于人生问题，自大处分别，可有两种看法：一是自己站在人生之外来看此人生，今人谓此为客观。此种看法，势必将人生当作一外在自然看，势必讲人生何由来？又将于何归宿？循此以及人生之意义与价值究何在等。如此研讨，亦即今日所谓的人生哲学，或人生观。要之是思想家自己先站在人生之外，而将人生作为天地间一自然，而对之加以研寻与说明。其另一看法，是自己站在此人生圈子之内，自己早已是一人，即得承认此人生。诸如饮食、男女、生育等，所谓人生，已显然在此。此已是一现实，不得不承认。但承认了此一人生现实，在此现实中，吾人究可抱有何种理想？希望其明日、后日能有何种变化？果求其能有此变化，则吾侪处身此现实人生中，究应负何等责任？其主要点只在此。却不必再究人生何自来，其最后归宿将何所往。只问对此现实，有无加入吾人理想之可能？而对此等理想诚欲求其实现，吾人能尽何等职责？此种讲法，近似是一种主观，吾今不妨称之为是"人文的"。因其站在人文立场，不问其来龙去脉，不作原始要终之追寻。而仅在此人生中，对此一现实而思维，吾人究应加以何种理想与负起何种职责。

前一看法像是理智的，后一看法则带有情感性，不得谓纯理智。换言之：亦可谓前者是一种彻底的，而后者似不彻底。因其先承认了此现实，接受此人生，而仅讨论其理想之可能。此理想即在现实中，并须附带以行为，因此亦不是纯思想的。中国人向来讲法，似偏近于后者。当然在中国思想史里亦多有讲及前者处，但不害其所偏乃在此。我此所讲，则是专有关于人生理想部分者。因理想只在现实中，而又附带有一种行为与职责，故与历史关系更为接近。至谓中国历史上对于人生理想有四大转变，此亦只是一种大概的讲法。即如先秦以前有春秋时代，亦应大有可讲，而在此讲题中，则略去不谈了。

（二）

先秦时代应从孔子讲起。在《论语》中，似乎孔子并未正式讨论到人生之起源与归宿等问题。此可谓孔子乃不重在研讨人生哲学，即对人生作纯理智的客观研究。孔子《论语》中所讲，主要在先承认此人生。然后针对当时社会，就其所见、所知，而加进了某些理想。而此诸理想，孔子似只向少数人提出。盖因任何理想之实现，势必要有少数人肯挺身负责，而非可能期望于全人群。故《论语》乃似为社会一部分人宣述，而非面对全人群讲话。此一部分人，即《论语》中之所谓"士"。

根据历史，在孔子以前，中国尚是一封建社会，有贵族，有平民。贵族称君子，平民则属小人。逮至春秋末期，孔子出生，贵族阶级已渐趋崩溃。但在当时贵族阶级中，亦有不少觉悟分子，如鲁国叔孙豹所讲人生之三不朽，即是其一例。据叔孙豹看法：贵族世袭仅堪称为世禄，欲求不朽，即须立德、立功、立言。此三者始对人群有贡献，而皆属于人生之职责方面者。当时贵族阶级已多不能负起此一职责，在贵族平民间逐渐产生出"士"之一阶层。孔子亦是一"士"，孔子似乎希望由此士的一阶层来领导社会，发展理想。

近人读《论语》，多对《论语》中有关"君子"、"小人"之分别加以注意，而忽略了《论语》中对于"士"的教训。其实天子、君卿、大夫、贵族阶层皆可为君子。而理想之士亦可为君子。孔子教训则偏重在当时士之一阶层。孔子所讨论的，虽是任何人应如何做人的问题，但孔子似未注重到全人群皆能如彼所教训。孔子所偏重，乃在教人如何做一"士"，如何做一"理想的士"。换言之：即所谓士者，对此社会须能负起何种"职责"与"道义"，即是对此社会应有一番理想与其相应而起之一种责任感，而努力以求此项理想之实现。社会能有此一批理想之士，可使社会亦臻于理想。故孔子之教，实际上亦可说是一种"士教"。孔子之所以不成为一宗教主，不能与释迦、耶稣同开一宗教，其主要分别亦在此。

今姑略举《论语》孔门言士者，稍加说明。孔子云："士志于道，而耻恶衣恶食者，未足与议也。"此处"道"字，即指一种人生理想，而同时亦为士之职责。就现实人生言，几乎每一人无不希望能有美衣好食。孔子在此方面，似乎不作批评。只说：倘使你是一个"士"，而志于道，即不应耻恶衣恶食。此等处，显见孔子非对全体人群讲话，而只对人群中少数人说话。孔子并不曾针对全人群，主张人人须不耻恶衣恶食，而只专为士之志于道者言。可见在人生中能有美衣好食，孔子并不反对。孔子又曾云："饭疏食饮水，曲肱而枕之，乐亦在其中矣。不义而富且贵，于我如浮云。"显见孔子并不反对有富贵，只富贵应有条件。倘能合乎道义而富贵，孔子说："执鞭之士，我亦为之。"富与贵，人人都希望，而孔子之教则专为一般有志之士而说。孔子不敢自居为圣人，然勉励大家做君子，尤其希望此一辈理想之士都能为君子。

孔子弟子曾子亦云："士不可以不弘毅。"此语亦未说人人皆得要弘毅，而专侧重于对士而言。为何士则必要弘毅呢？此因士在人群中负有重任。求能负起此重任，又必有一段远道。曾子说："仁以为己任，不亦重乎？"此犹说以人类之理想与道义为其责任。孔子提出此"仁"字，亦即先承认了此人生、此社会。而仁乃是人道中一项理想，人生向此理想而前进，则需有人能来领导，此辈领导人即"士"。曾子续云："死而后已，不亦远乎。"人生为何必有死？宗教家、哲学家都爱讨论。但孔子教人，却不在此等处深究，只承认此现实便了。但负起此人群仁道之士，也须有死。今试问：彼死后又如何？此又应是一大问题，但孔门在此等处也不引申远去，只说此有志之士须死了其责任始免。今试问，孔门此种看法，是否可谓是属于悲观一方者？至少儒家乃侧重现实，我之责任及死而终，便是一现实。此下又有他人，人类既大体相同，我能抱此理想，尽此职责，此下岂必继起无人！佛家理想最后有一涅槃境界，耶教理想亦有一终极，即大家皆可上天堂。孔子思想似不重此一最后终局。故可言孔子为一悲观者、消极者，但亦可谓其是一乐观与积极者。故儒家在现实人生中，乃抱有一大同太平之境界。曾子此番说话，则确乎能发挥孔子之教。曾子也似乎并不希望每一人皆能牺牲为社会，死而后已。只希望有些人能如此，故可说是重现实。孔子之不成为一宗教主者即在此。因孔子不超出人生来作讨论，而只在当前现实人生中有一番理想与抱负而止。

孔子所讲之"仁"，即是一种理想的"人道"。孔门只希望每一理想之士，能就其一生来负起此责任，来领导社会走向此理想境界。此项责任，死而后已。自己不顾衣食生活，惟以志道为尚。更不计当前或将来之报酬。因此亦本无报酬可言，端视其人自己内心愿否如此。故孔子虽非一宗教主，然彼之教训，于此等处，却显见有一种宗教精神，似乎较之佛教耶教更为难能可贵。因佛家求超出轮回，耶教盼能死后上天堂，其教人皆有一报酬。而孔子之教则未作任何承诺，并无眼前或将来之报酬可言。孔子只提出一种人生理想，并不深究人生究是一什么，只讲人生当前该如何。此所谓该如何者，亦并非孔子个人意见，孔子只在提倡当前社会人人心中所希望，如：孝、弟、忠、恕、仁、义种种，为父母者必望其子女能孝，长者必望其幼辈能弟。儒家人生理想，只承认此现实人生中人人之所希望，而奉以为人生大道。但并不是人生是如此，而是人生能如此、该如此。在人生能如此、该如此之中，希望有些人能来提倡此一该如此之圆满实现。其能如此之人，即孔子心目中之所谓"士"。此为孔子及孔门诸子所最先提出的一番人生理想。诸位如欲深究，可仔细读《论语》。

孔子之后有墨子，墨子思想与孔子不同处，此讲暂不涉及。惟墨子有与孔子相同者，即墨子所讲亦可谓是一种士教。《墨子》书中分别有两种士：一曰"兼士"、一曰"别士"。至于一般普通人，墨子似亦存而不论。墨子提倡大家做一兼士，不要做别士。由兼士来领导社会走向兼爱。《墨子》书中有《贵义篇》，希望人能做一"义士"。义士即是肯自我牺牲，来负起此人类理想之责任者。若单注重此一方面讲，则墨子精神亦与孔子无异。

现接讲孟子。孟子云"士尚志"，以示别于从事农、工、商各业之平民。其实农工商各业亦皆有志，如志在丰衣足食，志在富贵利达，但此非孟子所谓之"志"。孟子所云之"士尚志"，仍是一种自我牺牲，仍是在现实社会中少数抱有理想之人，肯负起责任来领导社会走向此理想者。《孟子》书中提及士字处甚多。孟子又谓有"一邑之士"、"一乡之士"、"一国之士"及"天下之士"诸分别。又有所谓"豪杰之士，虽无文王犹兴"。在现实人生中，何尝不是人人皆望做一好人！但人人都诿卸此责任，认为在此社会上则无法做好人，做好人必先自吃亏。孟子对此一辈人并未加以责备。孟子意，只须文王一出、社会好转，则此辈人皆可成好人。但在文王未出以前，则不得不盼望要有少数豪杰之士肯挺身出担此重任。此少数豪杰之士，则必须出于自愿，必先自有此志。但孟子立教，亦并不希望每人都能如此。故曰："饮食男女，人之大欲存焉。"又曰："食、色，性也。"可见孔孟乃是承认此现实，而即就此现实来建立理想。而望能有少数人成为豪杰之士，来负起此责任。

孟子继起有荀子，《荀子》书中少言士而多言儒。因到荀时，士阶层中已甚复杂。荀子所讲之"儒"，亦即荀子心目中之理想之士应为一儒而已。《大学》一书，应是荀学后起之书。《大学》提出"在明明德，在亲民，在止于至善"三纲领。程子注曰："大学者，大人之学也。"可见大学之道仍非讲给一般人听，而系讲给有志从事于大人之学之少数人听。因此，孔、孟、荀等儒家，到底只可说其是一教育家，却不能承认其为一宗教家。宗教家如释如耶，逢人皆如此讲。而儒家则注重向少数人讲。我今不讨论儒、释、耶之内容方面之别异处，只提出此一相异，便可见中国先秦儒家，不得成为一宗教。

《大学》于三纲领之下有八条目，主要则讲修、齐、治、平之道。当知身、家、国、天下，此亦现实人生中之一种既有存在，儒家先承认此存在，却不须追问其何所来。若必追问到源头上去，则可有人出家甚至舍生，此便成为宗教或哲学问题。而儒家置此不问，只承认此现实，而提出一些理想。至于其究及将来，亦可不问。儒家所重，只是站在人文立场，而求解决当前问题者。当前有此身、家、国、天下，故须讲求修、齐、治、平之道。此即人生理想，亦是人生责任。

儒、墨乃先秦思想中两大派，在此方面立场甚相近。庄子道家则处于一种反儒、墨之立场。又如法家、阴阳家等，多在批评此立场。有些则走上歧途，如纵横家是。但无论如何，先秦各家中，讲及人生理想，应以儒、墨两家为代表，则属无可否认之事实。

（三）

下至汉代，士之一阶层，已正式代替了古代之贵族，而成为社会上之领导阶层。两汉时代之士，初看似无甚多人生理想发挥。实则当时之士，乃依着前人理想，而求善尽其职责。大体讲来，亦可谓其贡献实至巨。此辈士，进而在朝，则在治平实绩上用心；退而居乡，则敬宗恤族，注意到各自的家的一面。此下遂逐渐形成为"士族"。东汉以后，即有大门第出现。此时之士，其家庭在社会上皆已有一卓越地位。就孔孟之教言，敬宗恤族亦不算是坏事。吾人亦不能对此变迁多加责备。但东汉末期，政治进入一黑暗而无办法之状态中，党锢之祸，明明把"士"在治平实绩上之可能贡献之一条出路封闭了。当时的士人内心动摇，意态渐变，首先乃推尊颜渊。颜渊"一箪食，一瓢饮，在陋巷，人不堪其忧；回也不改其乐"。颜渊似对实际社会并未做出任何贡献。但孟子则谓："禹、稷、颜回同道；易地则皆然。"东汉士人在其内心苦闷中，似自认无法为禹、稷，乃专一推尊颜渊，这才真成其为悲观与消极。但当时之士，实已与孔孟时代不同，因当时已有士族存在，每一士各有一门第背景。就历史变动言，孔孟时代之士，其对方乃公卿、大夫。而今日之士，其对方则为庶人。士庶之分别对立，成为当时社会一新形态。因此若要在当时保留此士的身份，首须保留此一门第。此为中国历史上一大变动。

再就思想方面言。古之所谓士，其意义与价值，端视其能对实际社会治平大道有贡献。今则不然，士对治平实绩之贡献，已认为不可能。在此思想苦闷无出路之中一转变，遂认为其人纵对社会人群无贡献，而其人之本身价值仍可有存在。此一本身价值，即表现在其人之"德"，而更可不必论其"功"与"言"。如颜渊，即是有此"德"，而其对社会，则不必有功与言之贡献者。依孟子讲法，颜渊只因所居地位不同，故不得为禹、稷。现在却将禹、稷抛开，专从颜渊方面看。于是庄老思想从此渗入，而成为魏晋以下人生理想之一主流。《庄子》书中，亦甚佩服颜渊之为人，庄老道家屡讲到"德"字。其所谓德，乃属一种内在之德。而孔孟之所谓"道"，则必可行之于天下。今则认为颜渊之可贵，即在其有德。而孟子所谓颜渊与禹、稷同道，到东汉末期人则撇开此不论，把颜渊与禹、稷分开。此一转变，乃下开魏晋以下之名士风流。

名士亦有成为名士之条件，并非门第中人即尽属名士。名士之成其为名士，则因其有风流。"风流"二字，在当时究作何解？据我意见，风流乃指其可为人之楷模，为人所效法言。《论语》所谓："君子之德风，小人之德草。草上之风，必偃。"孟子所谓："流风余泽。"人能具德在身，得人景仰，为人慕效，其德即可以长传。此乃魏晋以下之人生理想所在。惟风流则必属于名士，而名士则又贵于有此门第。故魏晋南北朝人对门第之保持特所重视。他们要讲"门风"、"家法"、"礼教"，用以维持此门第。其实这些都从儒家传统来。只在门第中成一名士，风流自标，则夹杂了不少庄老道家意味。

近人讲魏晋南北朝士风，认为他们只重道，不重儒，此是一大误。又认为他们当时之门第，只凭借政治上之特殊地位，与经济上之特殊势力而维系，此又是一大误。当知魏晋南北朝时代之大家庭、大门第，乃各有其"门风"与"家法"，乃各有其同遵共守之"礼教"，此等大体乃源自儒家。今姑举其最显著最简易明者言：门第必尚"孝"、"弟"，因此必知尊祖德、教子弟。《文选》中有甚多篇当时著名文章，专在颂扬祖德及教导子弟方面者。故可谓当时士阶层之人生理想，主要乃在如何维持其家庭与门第。因此而有家法，有门风，有礼教。必使一门中人能孝弟，知尊祖德，能教子弟。能如此，其人始成一风流人物。但仅此仍不足，尚须其人在文艺方面有修养，并须善于"清谈"。当时所谓清谈,乃只谈哲学,只谈名理玄思,却不谈政治与道德。道德人所共守,礼法具在,无可谈。少谈政治,所以避祸。谈名理、谈玄、说道,则可表示各人之学养与智慧。当时遇大族婚宴,嘉宾群集,乃为举行清谈之好场合。既有高雅之风致,亦于谈论见情趣。当时名士,居家奉行儒礼,处世乃用庄老。谦虚、冲和、与人无争,亦是保持家门之一法。若真尚庄老,则何来又重视所谓家法与门风,更有何礼教可言!

最先正始玄谈,开始把庄老引入儒门,此一风气,大为后来所仰慕。然论其实际,固未能把庄老来代替了儒统。因此阮瞻得以"将无同"三语辟为掾。而郭象注《庄子》,处处违反庄书原旨,为孔子作回护,因此乃为一时之谈宗。实因当时所谓名士风流,处世固尚玄虚,而治家仍守礼教。再加以清谈玄思,诗文华藻,又须琴、棋、书、画,投壶、射箭,种种杂技,以表示门第中人高贵之学养与身份。在此等祈福避祸专望门第永保勿坠之心情下,又易对宗教生信心。即如王羲之一家信奉天师道,正是一例。其后门第中人多转奉释氏。当知佛教亦富玄谈,亦重礼法,正合当时门第风气。

大要言之:则魏晋南北朝时代之人生理想乃是消极的,包围在门第圈中,胸襟狭窄。主要只可谓有志洁身保家,却不比先秦乃及两汉多知立德、立功、立言,富有一番淑世精神。但中国历史文化传统,所以犹得维系不辍,当时门第亦不为无功。

(四)

下至唐代,佛教逐步中国化,又另开一理想。初时僧徒生活乃由帝王及门第供养,高僧大德多从事译经工作。入唐以后,寺庙僧侣乃多从事生产劳作,自给自足,不再要专靠宫廷与门第之护法。而自南朝竺道生提出"顿悟"及"人人皆可成佛"之义，下至唐代禅宗六祖慧能崛起，而大扬厥趣。其《坛经》有云："佛向性中作，莫向身外求。自性迷即是众生，自性觉即是佛。慈悲即是观音，喜舍名为势至，能净即释迦，平直即弥陀。"此寥寥数语，却是佛门中人一大转变。佛法本是宗教，至是乃全融入现实人生中来。把现实人生中人人所能，处处可遇之慈悲、喜舍、净家与平直，即成为是观音、势至、释迦与弥陀。此一来，佛法即是人生，人生亦即佛法，两边绾在一线上。故中国自有禅宗，而佛教遂现实人生化，乃与先秦人生理想异途合辙。

自有禅宗，而佛教之法门大开，不仅人皆可以成佛，抑且立地可以成佛。现实人生，即是佛法道场。从前人欲求成佛，不知要经过几度或几十度轮回。而佛法玄深，经典浩繁，欲穷究其义，俨如要通贯不知几何家派的哲学大理论。现在大可不理会这些。慧能说："佛之说法，乃为众生。苟无众生，即无佛法。"而且佛法既脱离不了现实人生，因此"出家在家都一般，运水搬柴，即是妙道神通"。只要"心中慈悲，便等于是观音菩萨了"。而且"烦恼即菩提"，无烦恼则何来有觉悟！释迦当时所看到者，也只是现实人生中之生、老、病、死，此等乃是人类之大烦恼。若无此等烦恼，何来有所谓觉悟。从前只求逃避此烦恼，现在教人面对此烦恼。从前是逃避了人生求成佛，现在则即在日常人生中可成佛。自有禅宗，遂把佛学的宗教精神冲淡了，重新挽回到人生日常方面来。即此可说是佛家理论上一大革命。

唐代在禅宗盛行之下，如何得成佛，变成人生之最高目标与最高理想。上自皇帝卿相，下至贩夫走卒，人人平等，各可成佛。佛法普遍广大，乃为每一人讲，非专为某一色人讲。而且讲来平等，不须作几样话讲。这是中国传统文化中本所自有的一种宗教精神之新影响。但从前中国传统所特加于某一色人之一种特殊职责，及其所应有之一种特殊精神，却亦不免随而冲淡消失了。

（五）

禅宗把佛法挽向现实人生化，但终不脱寺院束缚。宋人又从禅宗翻一身，由释归儒，把"人人皆得成佛"转回到"人人应作圣人"。后人甚至谓："不为圣人，便为禽兽。"此种意想，显与孔子又不同。孔子只勉人做"士"，他自己也不敢以圣自居。现在宋儒讲学，必以圣人为归，孔子以下则盛推孟子，较之东汉人尊颜渊更过之。程明道说："洒扫应对，即是形而上，可以直上达天德。"此种说法，显从"运水搬柴即是妙道神通"转来。盖非广开此路，则不能说人人皆可为圣人。明道又谓："尧舜事业，只如一点浮云过目。"此又与孔子意想不同。孔子盛推尧舜事业，称其"巍巍乎、堂堂乎！"今把尧舜事业看轻了，岂非治平实绩亦如浮云！此在先秦孔、墨、孟、荀，可谓绝无此意。

宋儒把事业看轻了，却掉换讲"气象"。明道根据《论语》："浴沂，风雩，咏而归，孔子叹而与之。"却说曾点："便是尧舜气象。"其实宋儒论气象，正犹如魏晋时人所云之"德操"与"风度"。魏晋人把外面世务撇开，只讲私人生活。宋儒也把外面世务撇开，只讲内心境界。明道之意，似乎认为尧舜虽为人群干了一番大事业，但尧舜心中亦如曾点般，并不曾把自己的个人事业看得太重了。在明道，或许为儒、释争人生理想之领导，禅宗既主人人可以成佛，儒家不能不说人人可以为圣。然此一门路开了，后来人便群思作圣，成为宋明两代之人生新理想。

南宋陆象山继明道有云："我不识一字，亦可堂堂地做个人。"此所谓堂堂地做个人,自然不是指做普通人,其意却即是做圣人。如此说来,不识一字,洒扫应对,浴沂风雩,歌咏一番,即此道路也可作圣。明儒王阳明继起,单拈自己一点良知,便是作圣真血脉。他说作圣只讲成色,不讲分量。他提出"拔本塞源"论,主张种田挖沟,亦与禹、稷同道。若在事业贡献大小上计较,便是功利观点。循此遂有满街都是圣人之说。一个端茶童子,也即是圣人了。若论事业与学问,此端茶童子决不能与尧舜孔子相比。但在当时风气下,必要主张人皆可以为圣人之理论,因此只可翻过来说:"若孔子做此端茶童子,岂非也只能做到一心庄敬,不泼不倒,恪尽厥职而止!"因此遂说此端茶童子也即是圣人了。本来是说人皆可以为圣人,现在说成让圣人来做我,也只能如此做。

上引孟子"禹、稷、颜回,易地则皆然"之说,魏晋以下是只做颜回不做禹稷。宋明儒之流弊,乃是教人且做曾点,便犹如做尧舜。风气所播,理学变成为一种通俗运动与平民教育。这可说是宋明理学自始即存在的主要一大趋势。

(六)

直到明末东林学派起来,首先反对此种风气。他们主张讲学不能不问政治。下至顾亭林、黄梨洲、王船山三大儒,主张要讲圣贤学问,便不能不读书。专从洒扫、应答、端茶、守门,乃及浴沂、风雩处来做圣人,岂非圣人尽多,而终亦无补于国家之兴亡。但既由心性研讨转向至治平实绩问题,即复不得不再转到经史实学方面来。

既侧重提倡经史实学,便又不能不暂时抛弃人皆可以为圣之高论。接着继起的一辈读书人,又慑于满洲异族政权之高压,乃转上训诂、考据、校勘，逃避现实，埋头书本，成为一种畸形发展。须待道咸以降，清政权威望堕落，那时一辈读书人始重新讨论到政治。于是于经学中专讲孔子《春秋》公羊一派，高谈变法，似乎又想重回到西汉儒士的路上来。

而魏晋以下只想做门第中贤父兄、佳子弟，与唐人只想成佛，宋明人只想做圣人等，那些人生理想，则均已搁下。这是在中国历史上来讲人生理想转变之几个大段落。

（七）

至于民国以来，则一时尚无显然的一种共同人生理想可说。大体说来：有一批人个别地在要求思想学术之自由，或主法律下人人平等，或在企业经济上争取自由发展。主要不外是一种个人主义，而偏偏国家不争气，社会不安定，个人自由又于何安顿。遂另有一批人出来提倡集体领导，要强力督策此社会向前。共产党所由能在中国得势，其最先，多少也注入了一些中国传统上所谓"士"的精神。有不少青年为共产思想所影响，宁肯不顾一己生命，从事地下活动，牺牲在所不惜。这不是中国传统上一向所佩服的有志之士吗？故在共产主义之背后，一面宣传民族主义、爱国主义，另一面沿用了志士成仁之传统精神为之撑腰。今天中国共产主义其中最先亦含有一部分精神力量，实为得自己文化传统者，则亦不可忽视。

我此所说，并不在讲论共产主义之是非得失，乃是讲及最先中国青年如何走向共产主义之内心，主要在指出社会上任何一大变动，都不能和以往传统完全脱节，而凭空突然地产生。但总结来讲：今天的中国人，实可谓并无一套共同的人生思想。摆在吾人面前者：一是西方耶教之宗教信仰。二是西方民主政治，所谓自由与平等。三是共产主义与集体领导。四是个人主义。此四大分趋，都来自西方，都不是我们自己的，而又彼此不相顾，各奔前程，互相冲突。此后中国是否能酝酿出自己的另一崭新之人生理想，此又是一问题。由我个人观点，则仍是欣赏孔子儒家那一套，似乎今日仍应该提倡一派新的儒学，来为中国社会、人生理想找一出路。此事说来话长，在此不能细谈了。

（四卷二十期，已收入《世界局势与中国文化》）

写在本刊五卷一期之前

第四卷的《双周刊》,已告结束,这是第五卷一期的开始。《双周刊》的编者,要我对此一年经过作一检讨。《双周刊》之用意,主要在报道学校生活。学校生活有进步,《双周刊》自可随之有进步。倘学校无进步,则《双周刊》内容,自亦难有进步可期。此一年来,学校共同生活和群体生活,似乎更有增进。而《双周刊》之报道,似乎亦益见丰富与充实。这至少是值得我们引以自慰的。

至于学校的教学成绩方面,《双周刊》篇幅有限,未能包罗。除却研究所的《学报》与学术专著,学校本部之《新亚学术年刊》均能照常继续外,这一年来,各学系同学之平日成绩,已络续由各系分别汇集刊行,如外文、艺术、经济、生物各系都有。这更是值得我们欣喜的。

但进步无止境,理想更无止境。我们决不能单就这一些进步,便沾沾自喜。我们该多方策励,进益求进。近来亦有一部分同仁和同学,关心到学校处境日趋复杂,认为学校本身的自由少了,进步会受阻碍或停滞。这也是有理由的。进步必与自由相辅,苟无自由,何来进步。但从另一角度看,有时专一向外争自由,并不即是自身的进步。而自身求进步,却可获得对外更多的自由。让我们平心来看学校之内部,岂不还留着甚宽之余地,好让我们来力求进步吗?

中国儒家传统一向主张"尽其在我"。所谓尽其在我,便是把我所能力求进步之自由,尽量发展。这一层,更值得我们大家警惕,大家体会。学校之进步,主要还在学校之自身。我们试一回想,我们学校当在桂林街初创时期,岂不在客观条件上给我们以种种限制吗?我们能在当时不受此种种限制而日求进步,断无今日处境反见不如理想。此层,盼我们反躬自省。大家能在所能尽力处善尽其力,以求学校之更益进步,这是我们的责任。我乘便在此提出这一意见,来为我们对此下一年的新亚,和此下一年的《双周刊》作恳切的希望。

(五卷一期,一九六二年六月)

回顾与前瞻

一九六二年六月十三日第五十二次月会

诸位先生、诸位同学：

今天是本学年度最后一次的月会。每年我都借此机会，讲一讲过去一年来我们学校是否有些新的进步，值得我们高兴，及下一学年我们当如何努力。换言之，即是我们学校此一年度之回顾与前瞻。希望我们每位先生和同学，都能在这一题目下，作一反省。个人宜如此，团体也宜如此。学校是一个团体，凡属此团体中之各分子，都该为此团体以及各分子各个人作一反省。

今年我们学校最值得纪念的一件事，是理学院正式成立了。在理学院的四个学系中，生物系成立最早。而此二年来，生物系在学校所表现的成绩已很好。虽然时间比较短，但与其他各学系相较，可以说并无逊色。生物系已成为我们学校极有前途、极有希望的一系了。我们更希望化学系、物理系和数学系，在最近的将来，同样会有极好的表现。设立理学院，本是我们一向的理想。但因种种限制，主要自然是经费问题，直到今年才开始完成了我们的第一步。我希望理学院的先生和同学们，大家能不断努力向前迈进。这是我们新亚一朵新的蓓蕾，一颗新的生命种子。

第二件值得我们提起的事，是在下学期可添一座新校舍，主要是作为礼堂之用的。本希望在下学期开学前完成，但因种种条件拖延了。目前预计，最早也要在暑假开学后两个月才能落成。但这一拖延的责任，则并不在学校，这是我希望各位知道的。

除了上述两事之外，还有什么新的进步值得我们回顾，和在将来的校史上记录的呢？我想，自从去年来，各位同学在课外研究的成绩表现，已络续出现了许多学系的刊物。例如经济学系，自从有壁报取名"社经"，开始至今，历年没有间断过。本学年开始择优付印。其他如中文系、外文系等，皆有定期性的刊物。中文系的《新亚心声》，专载中文系同学规定课程外的诗课，迄今已出了两期。在大学文科中，能由各同学自己写诗，那是一种新风气，亦是一种新表现。因此，自《新亚心声》出版以来，已颇得外界之好评。中文系又希望能出版一本有关课外研究的册子。其他各学系，有的有系的刊物，有的没有。但我想，此项风气一开，没有的慢慢也会有。这是一种规定课程之外的研究心得之表现。或许从严格的标准来讲，不能真正达到所谓学术研究的水准。但只要有了这种兴趣，这种表现，总可以说是一种学术研究的开始。这是我一向提倡的课程学术化。以后只要大家依此努力，在篇幅内容上求进步，我们盼望随后有更好的、更理想的成绩。

只要是一所有名的大学，真像样、真够水准的大学，定是一间具有学术性的大学。学生们来到此大学，一定会感染到一种研究精神。至于提倡此种学术研究，领导此种学术研究的，这是先生教授们的责任。一位合理想的大学教授，主要不只在讲堂上，而在其能主持和领导研究。我们新亚历年来已有《新亚学术年刊》，便是发表先生们的著作和研究成绩的。其他各位先生独自发表出版的著作，也是历年有增加。我希望同学们受此影响，大家都能努力在研究上，使新亚成为一所富有学术研究精神的学校。

再说到我们的研究所,从今年起,又创办了一个"南洋史地研究"的新单位。第一步以历史为对象,第二步凭着历史研究,再接触到南洋各地的现实问题。设立南洋研究,亦是我们好几年来的理想,而在今年才始获得初步的实现。现在我们已请得一位极合理想的导师来负责。目前是限于经费,谈不上规模。但我们整个学校不也是平地拔起的吗?稍待时日,我们要把自己的成绩来获得外面的注意和援助。我想这一工作,是极有意义,同时也是极有前途的。

以上各点,在目前所能说的,都不过是一个开始。将来成绩,则要赖各位师生们共同努力,并能继续不断地努力。这都不是任何一个人所能担此责任的,乃是整个团体长时间性的表现。诸位是新亚的分子,盼都能贡献诸位的精力、智慧,甚至生命,共同为此一理想而前进。

现在讲到我们学校在暑假后会有什么新的发展呢?即是对将来有什么盼望呢?若就建筑而言,我们已没有空地再盖房子了。当现在正建筑的那座礼堂完成之后,勉强约可容纳六百位同学吧,那已是我们最初理想的数字了。又以学系而言,现在已经有了三个学院、十二个学系。在短时间内,应不会再有其他别的新院系之产生。就是有,也不可能在很快的时间之内产生的。但是我们要问,理学院固是刚开始,文学院、商学院则已有了十几年的历史了,是否能不断地逐年有进步呢?有时我们所用的力量与所得的成绩,并不能成正比。例如爬山,爬得越高,阻力越大,越难上进。我们上面所提出的几点进步,那都是一种新的开始。新的开始固重要,但旧的不断上进更重要。若只能有新开始,而旧的不能有不断之上进,这又有什么意义呢?这是我要提出请诸位特别注意的。

或许诸位在关心着,下年度我们学校能否正式成为中文大学呢?此事大体上到七月或可有分晓,因英国派了五位委员来港视察,且待到时看他们的意见再说。这件事在香港社会上是人人关心的。除了香港大学外,若能在香港再有一所中文大学,这自然是很有意义的。但从我们学校立场来讲,我希望大家不要把此事看得太重。若我们换另一方面讲,这也可说不过是一招牌的问题。挂起了大学的招牌,还是这一所学校。不挂大学的招牌,也仍还是这样的一所学校。绝不可能因今日挂上了大学的招牌,就使我们的学校真跳上了一级。也不可能因其没有挂上一块大学招牌,便使我们学校后退了一级。我此所讲,是一名实问题,这是很重要的。

我们一切要重实际,不要徒尚虚名。我曾竭力劝诸位,到学校来,不要太重视一张文凭。每一位同学毕业都会有一张文凭的,但在此一张文凭之前后,都还是一个你。文凭之有与没有,得与不得,与你自己之进步与否,并不完全是一回事。拿成绩或分数论,有的六十分,有的八十分,中间尽有高下好坏。同有一张文凭,可能相差很远。诸位应放开一步想想,在今天香港社会上,能拿到一张文凭的,究是青年中少数之尤少数。拿不到文凭的,多的是。但他们各有他们本身的价值、前途与将来。不能说拿了文凭即有前途,拿不到文凭即没有前途。一切我们要问自己本身之实际,不要过分看重外面虚名。文凭和招牌,有时仅可算它是虚的。

就算我们新亚下年度真成为中文大学了,又如何呢?且看香港大学,已经有了五十年的历史,我们新亚则还没有到十五年。又如美国耶鲁大学,已有了二百六七十年的历史,新亚则连二十年都没有。大学与大学之间,亦尽有高下好坏。在任何环境中,我们都要重实际,站定自我的立场。当然在环境上,我们各方面的条件会比不上别人。但人也不是种种条件便可能把他限制的。如我们力求上进,这决不是外面环境和条件所能阻。即如我们学校,由桂林街到现在,短短不到十五年,但我们的同学也可拿着新亚文凭直接进外国研究所。我们的毕业生,除却在本校、在香港大学任教的以外,已经有人在美国大学正式教书,而且不止一人,又是在美国有名的大学教书。可见外在条件实在限制不了我们。新亚规模虽小,但在学术界,各处知道我们新亚这个名字的已不少。无论在美国,在欧洲,新亚的名字对他们并不太陌生。我们在短短时期之内,在极艰困之条件下,我们能有此成绩,也是我们可以自慰的。

现在我试再作一浅譬,如我们坐上飞机就能飞。飞机是实在的,飞也是实在的。但一块招牌是虚的,一张文凭也是虚的。手上拿到一张文凭,这不比飞机,不能使你方便到处飞。文凭之于个人,招牌之于全学校,同是一样。我劝诸位,不要太重视虚名与外在条件。个人与团体之成功与失败,全须在实际上用心。要能脚踏实地,要能货真价实。若只重视文凭和招牌,重视社会虚名,这并不能真正帮你的忙。反过来说,没有招牌,没有文凭,应该照样有办法。我这番话,说得像浅,但诸位应该把此浅言作深思,且勿忽略才是。

最近我在《双周刊》五卷的首期,曾写了一篇短文,希望没有留心看此短文的同学,再仔细去看一看。我们有很多先生都深切地感到,以前我们是关着门办学校,现在是开着门办学校。外面有热心帮助我们的,我们不能放弃此机会。否则我们就永远停留在桂林街时代。我们纵说有我们的精神,但精神的表现也一定要寄托在物质上。这正如人的灵魂，一定要寄托在肉体上一样。又如花草的种子，埋在土里，才能长。但埋在此地下，便只能在此地长，这也是一限制。上帝给了我们人类以灵魂，但一定要寄托在肉身上。而人又一定要跑进社会，生命才有归宿。正如一颗种子，一定要埋下土，又要太阳晒、雨淋，才会生长。否则便会枯死。条件不能限制我们，我已在上面说过。但我们不能要求一切须是无条件。比如灵魂进入了肉体以后，肉体便成为灵魂之限制条件。但灵魂仍有其自由。灵魂凭借肉体，而使四肢各尽其功能。因此，我们应懂得如何来运用条件。在运用条件上，则须要有我们自己的精神。也可以说，条件愈有限制，而精神愈见发旺。理想必投进于现实，必凭借此现实来完成。世界就是如此般进步的。理想无穷，条件也无尽。纵使我们上了天堂，我们在天堂里仍该有理想。否则不再奋进就完了。

现在我们说回本题。若我们学校有一天挂上了大学招牌，我们要有进步。今天不挂大学招牌，我们同样要有进步。我们学校之现有成绩，比上不足，比下有余。我们本不该专一用心与人比。我们主要在能把今天的我与昨天的我比，要能反问自己，我今年是否比去年有了进步？纵有了进步，还得问，我是否已尽了自己的聪明与智慧？而我此一年来的进步，是否已满足了我自己的理想？若我能更多加一倍工夫的话，是否仍还是今天的我呢？我们在校的先生们，也要如此自问，是否已尽了自己的力量呢？若我能更多加一分心力，是否在教导上能比今天更好一些？我们且可不必责备到学校，也不必责备到别人，只要各自自我责备。学校不必责备学生，学生也不必责备学校。遇到不够理想的，在我可能范围内，多尽我一分力量，试问是否会更进一步呢？或是我的责任已尽，不必再责备自己呢？所以同学在校的，只该责备自己努力不够，却不必责备先生或学校，当然更不必责备学校以外的社会。如说香港是一个工商业社会，文化水准不够，学术空气淡薄。当知此等话，并不能把我们的责任交卸。纵是大沙漠，亦一样有生命。我们更不必怪到乱世，说生在乱世没有意义。我们只应反问自己，即在目前状况下，我是否用力已尽？亦有的怪父母生我不好，使我身体不壮健、脑筋不活泼，比不上人。不要怪父母，其实一切不必比，只要把自己与自己比，把我今天和昨天比。当知学理科的，不一定全要做爱因斯坦。读文科的，不一定全要做莎士比亚。读商科的，不一定全要做什么大王。只要自己不断有进步，这才是真能比。从学校方面讲，或有许多对不起同学的。但同学也可想到有很多对不住学校的。如此想法，在学校，在同学，便能各自求进，却不至互相责怪，当然更不必多来怪外面环境与时代。

我们当知，各有各的不同条件。我们也不能期求外面没有任何条件来限制我们，我们也不必以各人的条件来相比。人人各有一可能，并有其最高可能，正贵各自努力。以上是讲的所谓内外之辨。此与名实之辨同样重要。无论做人和做事，只求向内务实便是。

现在学校可说是到了一个最艰难的阶段，外面条件尽多，我只盼我们此后一切都能注重内部。求学校进步是大家团体的事，希望我们师生各能尽量拿出自己的聪明才智来，同心合力一意向前，专在实际的事务上着力，这才是所谓新亚精神。精神是内部的，但内部真能不断上进，这是最不容易的。我希望大家能一致记取我言，在下学年大家努力，向前迈进。

（五卷三期）

对十一届毕业诸君临别赠言

历届毕业同学离校,校方诸师长,照例或用文字,或由讲演,或取谈话方式,总有许多临别的赠言。其实那些赠言,都是老生常谈。若说有用,即一句一字,也可使受者毕生运用不尽。若说无用,则虽多亦奚以为?只是照例有此一套,其关键主要在受者,不在赠者。

从前中国禅宗祖师,曾有一譬喻说:"恰如载一车宝剑相似,将一柄出了又将一柄出,只要搬尽,那有什么意思。若是本分手段,拈得一柄便杀人去。哪里只管将出来弄?"诸位在校四年,所习所修,十八般武艺真像是都弄过了。只要真使得一件作看家本领,便可仗此防身御敌,并不要件件武器都能使。至于那些临别赠言,更属多余。所以那祖师又说:"如龙得半盏水,便能兴云起雾,降注大雨。那里只管大海里鲲,谓我有许多水也。又如会相杀人,持一条枪,才见贼马,便知那个定是我底。近前一枪,杀了贼,跳上马背,便杀人去。须是恁么始得。"

但例行事总还是例行事。今年毕业诸君,又要我写几句临别赠言,那也情不可却,理当有赠。让我再试举宗门一故事,聊以应例。

有一僧,一夕在某祖师处侍立。祖师说:"更深了,何不去?"那僧人珍重便去。却回,曰:"外面黑。"祖师点纸烛度与僧，僧拟接，祖师复把来吹灭了。那僧于此大悟，便礼拜。今试问：那祖师究竟指点了些什么？那僧人究竟悟了些什么？此一故事，却值得诸位深思。

依照宗门规矩，我不该对上面这节故事更有多说。多说了不仅是废话，而且会愈说愈远了。说远了，会对诸君反而有害。但目前的世法，则总要人多说，好像愈多说愈好。我自然亦当循此世法，不免在此一节故事之后，仍再说几句。

诸位此时毕业离校，正如那僧人夜深宜下。但外面漆黑，那是诸位初进社会会有此感的。所以诸位当离校而去之际，总会要诸师长有些赠言，正如那僧人珍重出去了却又回一般。那祖师点与他纸烛，却又一口吹了，这正是一番最亲切的大教训。其实外面虽黑，那僧人岂不保此一心，具有两眼两脚？大可小心放胆直行而去，不必疑惧却回。或许此僧人所悟，便悟在这上。因此直从他内心感激，要向祖师深深礼拜了。

诸位读我此番话，或许会别生疑情，说我教人总好举孔孟儒家格言，此番为何一变常态，拈出禅门机锋来。其实也如上举，一车宝剑，任拈一柄即得。十八般武艺由你使，使枪也好，使刀也好。那僧人便只在祖师吹灭纸烛时得了大悟。可见关键还在诸位自己身边。争儒、释异同，辨中西文化得失，此等都会愈说愈远。且不如先问诸位切身受用在哪里？

我姑拈此义，作为对本届毕业诸君的临别赠言吧。

（五卷四期，一九六二年七月十四日）

新亚书院文化讲座录序

新亚书院之创始,艰窘达于极度。同仁心力无所展布,乃于日常授课之余,周末之夜,特设文化讲座。除同仁主讲外,并邀在港学者参加,以社会人士为听讲对象,而新亚学生亦参列焉。其时,新亚校舍在桂林街,隘巷秽浊,楼梯窄而黝,盘旋而上,每不得踏足处。讲室设座,无凭无靠,危坐不能容百席。而寒暑风雨,听者常满,新亚学生仅能环立于旁。并有每讲必至,历数年不缺席者,孙君鼎宸即其一人。孙君于每讲必有笔记,藏之有年,有意整理印行,此亦新亚早年一份至可宝贵之史料。唐君毅先生长新亚教务,始终主其事。匪唐先生不能有此讲座,匪孙君不能有此记录。孙君整理既竟,爰为序其端。

壬寅夏至钱穆序

有关学问之道与术

一九六二年五月十八日研究所学术演讲讨论会

（一）

今天的讲题是："有关学问之道与术"。

"道"、"术"二字联用，乃是同义词，犹云"路"。《庄子·天下篇》有云："古之所谓道术者"，又曰："道术将为天下裂"，皆指学问言。此即合用之例。若分别用，则义训有别，道指义理，术训方法。凡有关从事学问之方向，及其所应到达之目标等，应属"道"。即是说，凡讨论该做何等样学问，或讨论学问之意义与价值等，皆属之。但依此方向，达此目标，亦非简单一步可冀。此中尽有层次、步骤、曲折、艰难，此属方法问题，是即学问之"术"。简言之，该做何等学问是道，应如何去做是术。

（二）

试举一浅显之例，如明儒王阳明先生幼年读书，塾师勉其为第一等人，问："何为第一等人？"塾师答以"应科举，中状元"。阳明谓"恐做圣贤始是第一等人"。此所辩论，即属道。但如何去应举中状元？如何去做一圣人？此必有方法与步骤，是即所谓术。可见道固当重，术亦不可轻。凡属讨论或指导学问，最高应是道术兼尽。其次不免各有偏倚，或偏道，或偏术。

自古论学,惟孔子能道术兼尽。孟、荀以下,便不免各有偏重。孟子似偏重道,荀子似偏重术。我们若根据此一看法,来寻求古人讨论或指点学问之异同,何者偏于道?何者偏于术?分别而观,必能使我们对治学门路,有更深之了解。

(三)

何以谓孔子教人能道术兼尽?试举《论语》为例:"颜渊喟然叹曰:'仰之弥高,钻之弥坚,瞻之在前,忽焉在后。'"此四句即指道。颜渊自述所了解于孔子之道者,亦可谓即是颜渊所了解于孔子之为人与其学者。下云:"夫子循循然善诱人,博我以文,约我以礼。"此三句,乃指术。"循循善诱",乃是依着层次、步骤、浅深、曲折来教人。"博我以文,约我以礼。"具体讲,亦属总括讲。孔门以六艺教人,凡见之于文字、书籍,或社会、行事、政治、礼乐各方面者,皆属文一方面事。礼,体也、履也,指躬行实践。学问是一大体、一客观体,做学问必求能落实到学者个人方面来,此即约我以礼。此下又云:"欲罢不能,既竭吾才,如有所立卓尔。"此又指道。所谓"所立卓尔"者,即指孔子之道,亦可谓指孔子之学与人。下又云:"虽欲从之,末由也已。"此又指术。颜渊说己虽欲罢而不能,然心力已尽,本领已穷,而孔子之为人与其学,仍似卓立在前,可望而不可即。此见孔子之道之高,颜渊欲从末由,无法再前。孔门弟子惟颜渊对孔子之教之体悟为最深,故此番述说亦最亲切。我们即据颜渊此章,可证孔子教人乃是"道""术"兼尽者。

惟其孔子教人能道术兼尽,故能因材施教,使各有入门,各有成就。试观孔门弟子问仁、问孝、问政、问学,所问同,而孔子所答各不同,此即孔子循循善诱之一例。又孔门有"德行、言语、政事、文学"四科。孔门弟子各因才性所近,分科成才,此见孔子之道大,而又能善尽其教人之术,故其成就有如此。四科中,文学、政事、言语皆易见,惟德行一科最难讲。此非不能文学,不能政事、言语,而独成为德行之一科。德行应是学问中一最高境界,应能会通此三科而又超而上之。颜渊为德行之首,后人称"颜渊于孔子具体而微"。此言颜渊与孔子仅是分量上不同,而非体质上有别。正犹如阳明所云,同是黄金,成色相同,而仅是轻重不同而已。

然则孔子纵善教,孔子门下则未能再有一孔子。无怪子贡要说孔子"犹天之不可阶而升矣"。但子贡之赞孔子,终不如上引颜渊《喟然》一章之亲切。孔子亦自云:"下学而上达,知我者其天乎。"当知孔子仍由下学而来,下学即是"术",上达乃是"道"。欲求上达,必自下学。而从事下学,必求上达。如是始是道术兼尽,方可到达最后境界。下学开始,应是人人可同。上达之极,始是各有境界。下学是尽人事,上达是尽天赋。人事已竭,而天不可几,此亦无法。故子贡又说孔子"固天纵之将圣"。然则我们从事学问,纵不能尽求如孔子之上达于道,却不能不依循孔子所教之术而下学,庶期能各有所至,其义至显。我们若依此观点去读《论语》,即可明孔子教人之道术兼尽处。

《中庸》云:"行远必自迩,登高必自卑。"行远、登高是目标,属于"道"。自迩、自卑则是方法,属于"术"。《中庸》又云:"君子之道,费而隐。夫妇之愚,可以与知焉。及其至也,虽圣人亦有所不知焉。夫妇之不肖,可以能行焉。及其至也,虽圣人亦有所不能焉。"此处正是说明下学尽人可同,上达则止境难求。我们从事学问,当从最卑、最近处,一夫一妇可知可行处入门下手。若论最高境界,即圣人亦有所不知不能,在我们则只有虽不能至,心向往之而已。

(四)

现在讲到孟子。孟子教人,似乎偏重在"道",而不免忽略于"术"。孟子有云:"耳目之官,不思而蔽于物。物交物,则引之而已矣。心之官则思,思则得之,不思则不得也。"此等处,似乎只在原理上讲,只教人去思,却不教人如何思法。孟子又曰:"此天之所与我者,先立乎其大者,则其小者弗能夺也,此为大人而已矣。"此亦从原理上讲。但如何先立其大,孟子亦不详说。

孟子又云:"人皆可以为尧舜。"为尧舜自然是学问之道已到了最高处。但孟子又云:"力不能胜一匹雏,则为无力人矣。今曰举百钧,则为有力人矣。然则举乌获之任,是亦为乌获而已矣。夫人岂以不胜为患哉?弗为耳。除行后长者谓之弟,疾行先长者谓之不弟。夫徐行者,岂人所不能哉?所不为也。"孟子以非不能乃不为责备人。此种责备,在原则上讲,当然叫人只有俯首接受。但若真依孟子言去做,直从徐行后长者做到尧舜境界,那一段路程,却并不简单,中间大有步骤、层次、曲折、艰难。固不能因有步骤、层次、曲折、艰难,便谓孟子话错了。

其实孟子话并不错,仍只是《中庸》"行远自迩","登高自卑"之意。孟子只鼓舞人向前。"行千里者,起于足下。"近自足下,岂不可远达千里?然又有说"行百里者半九十",此话也不错。上引颜渊《喟然》一章,正因那后面十里极难走,故有终不能达者。可知上一句是论道,就原理言;下一句是辨术,就事实言。既是各有所指,我们大可不必在此上起争辩,主要应予以分别的了解。

孟子又云："道若大路然，岂难知哉？人病不求耳。子归而求之，有余师。"孟子教人回家靠自己，不必出外求师。此话也不错。试问：此世若无孔子、孟子，难道此世便成无人、无道了吗？陆象山也曾说："尧舜以前曾读何书来？"此语也不错。可是我们不能专听孟子、象山说法，便不去从师读书。

孟子又云："奕之为数，小数也。不专心致志，则不得也。奕秋，通国之善奕者也。使奕秋诲二人奕，其一人专心致志，惟奕秋之为听。一人虽听之，一心以为有鸿鹄将至，思援弓缴而射之，虽与之俱学，弗若之矣。为是其智弗若与？曰：非然也。"孟子责备人不要一心以为有鸿鹄将至，孟子鼓励人该专心致志，此并不错。但即论奕道，虽遇国手传授，虽尽专心致志，其人却不必即成国手，此亦是事实。孟子又云："有为者譬若掘井，掘井九仞，而不及泉，犹为弃井也。"掘井必须掘到泉，做人则必须为尧舜。孟子高悬此一目标，教人要有志、有勇气，坚决向前。孟子教人，可谓句句鞭辟入里。但若与孔子《论语》中教人语相比，终嫌似多讲在高处。

孟子又云："君子深造之以道，欲其自得之也。自得之，则居之安。居之安，则资之深。资之深，则取之左右逢其原。故君子欲其自得之也。"道要我们自得，此语颠扑不破。纵有名师，仍待自得，做学问永远不能舍却自得而有得。可是如何而能有自得？此一境界却仍有步骤、层次、曲折、艰难，孟子在此处也似不曾细讲。

孟子弟子公孙丑尝问："道则高矣、美矣，宜若登天然，似不可及也。何不使彼为可几及，而日孳孳也。"公孙丑此问，正盼孟子肯俯就学者，循循善诱之意。但孟子则答曰："大匠不为拙工改废绳墨，羿不为拙射变其彀率。君子引而不发，跃如也：

中道而立，能者从之。"此谓不因学者之不能，而改变教者之原则与标准。君子立在大道上，能从者自来。故孟子又说："梓匠轮舆，能与人规矩，不能使人巧。"规矩是道，教者只指示人此道。至于如何能成方圆，必有巧，此即所谓术，则是学者自己的事。故孟子又云："大匠诲人，必以规矩。学者亦必以规矩。"此皆孟子教人偏重道不及术之证。孟子只从最先立志上，最后标准上，提携激励。至于中间一段应有之层次步骤、方法技巧，孟子似不甚多及。孟子只教人向前，要人自得。孟子重在原理原则上提携激励人，可使百世之下闻者兴起。

宋人叶水心评孟子，谓其"开德广，语治骤"。此语亦有理。所谓"开德广"，如孟子语齐王好色、好货之类。所谓"语治骤"，如孟子谓不嗜杀人，可以一天下之类。秦、楚之坚甲利兵，在孟子意想中，似乎摧之甚易。但此中亦尽有曲折、步骤，孟子则略而不论。故公孙丑谓其高矣、美矣，而若登天之不可及也。

（五）

现再讲荀子。韩昌黎有言："孟子醇乎其醇，荀子大醇而小疵。"荀子论"道"，实未能如孟子之高明。但荀子在论学问之"术"处，却多可取。《论语》首章"学而时习之"，此乃指示人以一生治学之三阶段。《荀子》首篇即为《劝学》，亦有许多指导人做学问关于方法方面的话。《孟子》首章"何必曰利，亦有仁义而已矣"，则专在道上讲。《论》《孟》《荀》三书篇章次第，固由后人编辑，但由此可窥三家讲学，确有不同。

孟子距杨墨，只说："杨氏为我，是无君也；墨氏兼爱，是无父也。无父无君，是禽兽也。……杨墨之道不息，孔子之道不著；是邪说诬民，充塞仁义也。仁义充塞，则率兽食人。人将相食，吾为此惧。……我亦欲正人心，息邪说，距诐行，放淫辞。……予岂好辩哉？予不得已也。能言距杨墨者，圣人之徒也。"其语爽朗高越，正是泰山岩岩气象。但《荀子·解蔽篇》批评当时各家学问，一一指出其病在何处，病从何来。所论极深刻细密。从儒家立场言，荀子为功亦不小。又如《荀子》有《议兵篇》，将当时各国军事利病，作一番详细的分析与比较，当下可以指示人一种整军经武之入门下手处。又有《富国篇》，所论委析。亦非如孟子所谓"五亩之宅，树之以桑，五十者可以衣帛矣。鸡豚狗彘之畜，无失其时，七十者可以食肉矣。百亩之田，勿夺其时，八口之家，可以无饥矣"那样的简单。

我们似乎可以说，孟子所讲只重在基本功夫与最高目标上，而忽略了中间之步骤与曲折。而荀子所长，则正在此中间一段。学问途径甚遥，曲折甚多，中间一段亦不可不注意。但若只在方法上用心，只逗留在那中间一段，而使基址渐圮，目标昧失，为病正是不小。惟荀子论学，究亦有其长处，则不可不知。

孟子弟子为后世知名者，除公孙丑、万章数人外，几无高手。但荀子门下则成才甚多。汉儒传经，渊源多自荀子。似乎孟子讲话甚高，但其弟子在学问上不见有切实立足点。因此孟子之功，在激发人，在大处立高论，在先立乎其大者，在能以颜渊所叹"如有所立卓尔"之一番精神境界。明白揭示，孟子之有功于学术界，在远处大处。而荀子则似卑之无甚高论，但亦自有其贡献，不能一笔抹煞。

在《周官》书中，本有师儒之分。今若比读孟荀两家书，孟子显以师道自尊，而荀子则以儒术自负。若就后代人观念言，孟子可谓是一"人师"，而荀子则只是一"经师"。后人所谓"经师易得，人师难求"。似乎是人师更可贵。依照孟子一路，能提出一篇大道理，能讲到"虽不识一字，亦可堂堂地做一人"。此是人师标的。但大道理固该讲，读书为学、切实方法亦不该忽。即如我们从师求学，所从岂不多是经师，所求亦只在方法上。教你如何识字，如何读书，把这些文字书本学问曲折，一代代传下，此事终为不可废。亦可谓，孟子教人偏重在做人，而荀子教人则偏重在做学问。此后历代大师指导人，便未免依此两路各有所偏。要如孔子之"道术兼尽"，则难之尤难。此层我们不可不知。

（六）

两汉经学，大体渊源自荀子，虽无大义发见，然训诂、章句，使六经犹获保存，流传至于今日，其功正不可没。魏晋清谈，所重转在讲庄老。实则庄老教人，亦是偏重在做人方面，故分别出"至人"、"真人"、"大人"、"神人"诸色人等，教人有一趋向。又称"绝学无忧"，读书所得，只是古人之糟粕。可见庄老教人重做人，不重为学。做人则贵有原则，必偏重于讲道。做学问则不得不注意到细节目上去，并有层次步骤。陶渊明曾云："读书不求甚解。"此一态度，偏在道的一面讲是对的。读书得其大意，可为做人之用。若论做学问，一字即是一字，一句即是一句，却不宜不求解。但一意逐字逐句解下，便应是经师，不得为人师。我们若从此一分别讲来，则魏晋清谈，大体却是近在孟子一边。

（七）

下面谈及佛教东来。佛教本是外来的，因此与中国固有传统，有其不同处。如先秦孔、孟、庄、老，都重在教人如何做人。法家、兵家、纵横家等，则教人如何应事。讲做人，其道尚简，因在原则上应是大家一般。讲应事，其道繁，因在实际上贵乎因时因地而制宜。佛家教义既不教人做人，亦不教人应事，佛家主要乃在教人出世。教人出世，应讲一所以应出世之道，其语则繁。至于如何出世，及出世后如何，其事则简。因此初期佛家经典翻译来中国，所重多偏在讲"道"，即讲究一所以应出世之道理。此道决非片言只语可尽，因此一切经典皆极繁委详析。而初期僧人亦多注重在义解上，要究明阐释人类所以要出世之理之所在。迨至隋唐之际，中国人自己传统精神进入佛家思想之内，而佛家内容所重亦因此有变。此下所重乃在如何成一佛，此则转变成为一种方法论，即偏在"术"的一边去。

达摩东来，言成佛有"理入"、"行入"二大法门。我将借此两语来说明中国的佛学。我认为，唐以后之佛学中国化，乃是重"行入"者。而从前之印度佛学与经典翻译，则多重于"理入"。亦可说前尚义解，后重修持。天台宗最先引发此趋向，智者大师言："教理既明，非观行无以复性。"于是提出他的"一心三观"之主要方法，将佛家从来所讨论之"空"、"假"、"中"三派大道理汇归合一。只用"观"的方法，亦兼用"止"的方法。所谓"止与观"只是实际修持，亦即是行入。所以说：此乃别教之行相。又说：亦即圆教之行相。

佛家本讲"戒"、"定"、"慧"。但从前所讲是由戒得定，由定得慧。禅定固是一种方法，但仅属次要。必待由定得慧之后，才能对佛法有真知解。当南北朝时，一辈义学僧人，主要在讲通佛经中理论，即属于道之一边。而定则仅是一方法、一阶梯，属第二级。坐禅入定，在求得慧。必待得慧以后，才可有知解，才能理入，理入始是第一级。不幸而佛理愈讲愈繁琐，分派愈多，究竟莫衷一是。从孔子教法来讲，那时所重，只在博学于文，但忽略了约之以礼。

由天台宗开始下及唐代禅宗兴起，他们乃转讲"定慧不二"。定在慧中，即慧之时定在慧。慧亦在定中，即定之时慧在定。乃有所谓"寂寂惺惺"，"惺惺寂寂"。"寂寂"是定，"惺惺"是慧。如此讲来，"理入"、"行入"，始打归一门。华严宗所提出的"理事不二"，其实也是此意。总而言之，是由理入门转向行入门。亦可说，是由博文转向到约礼。惟禅宗对此倾向更为鲜明，而推衍所及，学佛人竟可不读佛经，不必打坐入定，只须"见性"即得。此在佛家经典中亦有依据，如《涅槃经》云："一切众生皆有佛性。"《法华经》云："一切众生悉皆成佛。"佛经到中国人手里，尽削枝叶，独寻根本，认为只凭此两语即得。若问如何见性？则"直指人心"即是。六祖以下之禅宗，主要只是要见性，乃由"静定禅"转入"见性禅"。不论坐与不坐，动静合一，知行双修。行、住、坐、卧、语、默、动、静都是禅，皆可于此见性。于是平常心即是道，只求在日用光中物物头头上现前而无间隙。此岂不即是华严之事事无碍，主要则在自己一心善观即得。如此一来，遂为佛法开了无穷法门。

因此说佛教到了天台、禅、华严三宗，即已着重在修持及方法方面。而禅宗，则达到了方法论之极巅。其后禅净合流，方法归于简化，要之是行入。若远溯到达摩，则达摩主苦行，并不主顿悟。六祖种种说法，还应上溯到竺道生。"定""慧"齐修，"止""观"双运，此是中国传统进入了佛学。故禅宗有些处极近孟子。但孟子所讲重在道，而禅宗所讲重在术，此则其不同。

（八）

今就上述，再开放一步略说之。似乎中国人讲道，因其贵"同"贵"常"，故若无多话可说。而中国人讲术，讲方法，实较西方人为细密。此处所谓西方,可兼指印度与近代西方言。即举经济学为例,西欧经济思想如亚当·斯密之《原富》,主张"自由经济"。马克思之《资本论》,主张"阶级斗争"。皆在理论处即论道方面用力。一到实际践行方面,反而简单。而在中国,则向无专门经济学及经济学家,造不出一套繁复详密之经济理论。在中国人看来,若讲理论,简单几句话即可。实际方面,则须因时因地,斟情酌理,变动不居,绝非几句话可了。此亦是中西文化一不同点。

佛学从印度东来,亦如西欧般,理论繁而实行简。禅宗虽若繁变,其实亦是无多话可说。主要在予人一"巧",使人得"悟"。"棒喝"与"参话头"等等,皆重在行为上教人悟入,其实这些多属方法,无甚义理可讲。故说南北朝佛学是理入,唐代禅宗以下是行入。因此佛教自印度东来,讲道则细密,讲实践则易简。在此处,正与中国传统相反。于是佛教遂称为"教",而禅宗则称为"宗",谓之教外别传。"教"则必在理论上成一系统,思想细密,逐步深入,逐步开展。若言"宗",则只跟随一人,从之修入,此一人即是禅宗之祖师,所宗即宗此祖师。如此岂不变成了依人不依法?我们必得明白此一层,方可讲到此下宋人之理学。

(九)

宋代理学即承禅宗而来,但宋代理学明是中国传统。论宋儒思想入微,应自程明道始。明道讲学直指内心,近似孟子。其《识仁篇》云:"学者须先识仁,……识得此理,以诚敬存之而已。"整个作圣成贤之大道,由明道说来,只此两句已尽。又云:"此理至约,惟患不能守。"又续云:"既能体之而乐,亦不患不能守也。"此正是孟子"是不为也,非不能也"之真传统。但究竟如何识仁？明道并未细言,只说："《西铭》备言此体。只以此意存之,更有何事？"故从学于明道者,多只授读《大学》与《西铭》两篇,其易简可知。

其后朱子尝与吕东莱合撰《近思录》,不收明道之《识仁篇》。朱子以为此篇乃"地位高者之事"。朱子只承认"诚敬存之"四字,自是中道而立。当知诚敬存之已近了"术"一边,故朱子特取此四字。但朱子又说"诚敬为力,乃是无着力处",则朱子对于明道之《识仁篇》,到底未感满意。主要应在嫌其对方法方面太疏了。故朱子又云："明道说话浑沦,然太高,学者难看。程门高弟如谢上蔡、游定夫、杨龟山等,下梢皆逃入禅学去。必是程先生当初说得高了,他们只睬见上一截,少下面着实工夫,故流弊如此。"可见朱子批评明道,正在其说话尽高,而少下面着实工夫。就本篇讲演之用语,亦可谓明道所讲重在道,而所缺则在术。故我谓明道近孟子,亦由此着眼。

上面说过：宋儒理学承禅宗来,又说禅宗偏在术,此刻何以又谓明道所缺正在术？此亦有说。应知禅宗所讲乃在出世成佛。理学家不主张出世,要在世做圣人。要做一淑世之圣人,则自然在方法上更宜有一套落实入细处。所以朱子要批评明道说话少下面着实工夫了。后来黄梨洲则说："引而不发,以俟能者。若必鱼筌兔迹,以俟学人,则匠斫有时而改变绳墨殼率矣。朱子得力于伊川,故于明道之学,未必尽其传。"此处可见偏道偏术,双方确有异同。

近人喜把西方哲学来治宋儒之理学,但西方哲学重批判、重逻辑、重思辨、重理智,正是繁在理论方面,而极少谈实践工夫。此则与明道朱子均不合。故知中国人讲学,有些处究不宜与西方哲学同类等视。

近人又每说："大胆假设，小心求证。"认为此是科学方法。亦有人说假设不必要大胆，而求证当然宜小心。其实一科学家提出假设，乃是其科学修养已到高深处始能。上面讲过："行百步者半九十。"在科学上能提出一假设，譬之是已行了九十步，而后才有此能力。哪里能一开始即从假设入门！若由假设作入门，则必为科学一门外汉。尽有假设，亦将无法求证。此等假设，亦只是门外之假设而已。此是说近人论学亦有重视方法，而却未得真方法。因此其流弊亦不浅。但却不能因噎废食，即谓从事学问不必有方法。

程明道又云："圣人千言万语，只须收回已放之心，约之使反复入身来，自能寻向上去，下学而上达也。自洒扫应对上便了到圣人事。洒扫应对，便是形而上者，理无大小故也。"此一番话，极似禅宗，亦可谓即是孟子"徐行后长者"，"可以为尧舜"之说之嫡传。由做人言，自可有此理，但不必有此事。若偏向实践方面，如论政事、语言、文学，以及修、齐、治、平，种种事为，皆须专门知识，实际措施，岂能如此简易，一语括尽。程子以"理无大小"四字，把一切人事全涵盖了，谓"洒扫应对，即是下学上达"。固不能说他话错了。但朱子年轻时，在延平山中即尝为此一番话深思，彻夜不寐，静听杜鹃啼。此后朱子并屡在此问题上思索。自言每听杜鹃啼，即回忆到往年延平山中深夜情况。朱子对明道此一番话，似乎也不表示十分信受。这正如说从二加二等于四直寻上去，便可到爱因斯坦之"相对论"。此语亦无可批评，但中间许多层次、步骤、艰难、曲折终是缺了。若一一要人去自得，谓自能寻向上去，此事谈何容易。

程子又云："大抵学不求而自得者，乃自得也。有安排布置者，皆非自得。"此处提"自得"字，也是孟子传统。但要不求自得，又要没有安排布置，此又教人无着力处。程子又说："吾学虽有所受授，天理二字却是自家体贴出来。"此亦仍是说自得。学问能由自心体贴出天理，此在宋儒言，可谓已是登峰造极。但明道这些话终似太高，没有明白指示人着力处。

其弟程伊川说话则颇想兼顾及两面，他说："涵养须用敬，进学在致知。"此两语，为后来又另辟了一条新路。伊川在教人致知上，曾说了许多话。朱子格物穷理之教，即承伊川来。故朱子说："明道宏大，伊川亲切。"宏大指其论道，亲切则指其辨术。但陆象山则只佩服明道，对伊川颇有异议。这里便见朱陆之异同。

(十)

现在讲到朱子。朱子做学问似乎是力求能道术兼尽。朱子并重二程，即见其欲道术兼尽之意。朱子论道有甚多处承续二程，但其指示人从事学问之方法方面，即在学问之术的一面，似乎较伊川更详细、更亲切。陆象山自言其学谓："乃读《孟子》而自得之。"又主张孟子之"先立乎其大"。所谓读《孟子》而自得之，显然更重在自得。读《孟子》只是教人自得一方便法门。朱子则教人如何穷经、论史、学文，如何读书穷理，几乎细大不捐，直可谓他教人之话嫌过多了。故说陆偏于"尊德性"，朱偏于"道问学"。朱子弟子陈北溪尝云："先生平日教人，尊德性、道问学，固不偏废。而着力处，却多在道问学上。"亦可谓尊德性是约之以礼，道问学则是博学于文。尊德性是宗旨、是道，道问学是方法、是术。在孔子教法之下，朱陆像是各偏在一边，而朱子则比较能兼顾到两边。

当时二程不尚著书，伊川尚有一部《易传》，明道除上举《识仁篇》外，几乎连整篇文字也少见。如其《定性书》，则只是一信札，其余尽是些语录。朱子年轻时师事李延平。延平亦系二程传统，平日屏居山间，不著书，不作文，好像一田夫野老。终日无疾言遽色，正襟危坐，而神采精明。寻常人去近处必徐行，出远处行稍急。延平无远近皆从容缓步，安详不变。延平常教人"默坐澄心"。大抵二程传统，还是承袭明道多过承袭伊川，自谢上蔡、杨龟山下迄李延平皆是。朱子初对李延平极表敬佩，后来却认为没有关着门不做事的圣人，乃云："李先生不出仕，故做得此工夫。若是仕宦，须出来理会事。"此一段话，却是朱子学问之大转变处。亦可说，若要理会事，则不得看轻了知识。要多知识，则不得不博学于文。不能把"理无大小"四字包括净尽。朱子后来成就后学最多，其学术之流衍与展布亦极大极广，绵延亦最久。若专就这一面讲，朱子虽论道尊孟子，而论术则似近于荀子。

因此朱子虽讲格物穷理，但不似明道，不大爱讲理无大小，而多讲"理一分殊"。所谓穷理，即是穷此分殊之理。佛家主出世，不须理会事，因此重"理一"，不重"分殊"。儒家于人事贵无不尽，有修、齐、治、平种种责任，故理虽简，而行则多方。不学无术，道不虚行。一切人事都该注意，有落实用力之处。这是朱子讲学，多着力在道问学上之用意所在。

（十一）

现在讲到王阳明。阳明承象山学统，与朱子路径有别。但细看阳明成学经过，在他年十五时，曾出塞逐胡儿驰射，慨然有经略四方之志。深慕建功立业，作豪杰行径。二十一岁时，志为圣贤。依朱子格物说，试格庭前竹子。历七日，卒卧病，未能格通，爽然自失，遂又转治辞章文学。二十六岁感于边警，留心武事，尽读兵家秘书。二十七岁厌倦于辞章艺能，烦闷致病，乃转谈养生。三十一岁习导引术，持守静默，一洗历年沉郁。已至可以预知之境。杂念尽消，只不能忘其祖母与父，此心一时终不能放下。阳明忽而大悟，奋然曰："此念生自孩提，此念可去，是断灭种性矣。"明年乃又跳脱静境，重在入世功业上致力。三十七岁远谪至贵州龙场驿，处境险恶，备尝艰险。世间得失荣辱，至此皆已一一超脱。惟生死一念未除。遂自卧石椁中，端居静默，以求净化。忽一日，豁然贯通，中夜大悟，呼跃而起，从者皆惊。自此乃提倡彼之"良知学"与其"格物致知"的新说。后人言宋明儒学，皆以陆王与程朱对立。

今试观阳明成学前之一番经历，岂不是今日格一物，明日格一物，一旦豁然贯通，仍是朱子大学格物补传之路径？阳明亦尝语其弟子云："某于此良知之说，从百死千难中得来，不得已与人一口说尽。只恐学者得之容易，把作一种光景玩弄，不落实用功，负此知耳。"阳明提倡良知，可谓是偏在道一边。但要人落实用功，则一步步脚踏实地，便须有许多层次、步骤、曲折、艰难，那就转上术的一边了。

我们也可说，阳明还是博学于文，约之以礼，两面经尝的。龙场一悟，可谓是阳明之由博返约。但阳明门下，终是偏重其师龙场悟后之一段，而把阳明早年经尝之百死千难忽略了。

（十二）

现在讲到清儒。顾亭林提出"博学于文，行己有耻"两语。黄梨洲则云："读书不多，无以证斯理之变化。多而不求于心，则为俗学。"他们似乎又转回身来提倡孔子博学于文之教。从博学再切就己身，即是约礼。亭林重"行己"，梨洲重"求于心"皆是。我们亦可说亭林、梨洲皆承朱子，乃求道术兼尽者。但此下则终不免仍偏重在一边。讲方法，略宗旨；尚博文，忽约礼。其流弊成为书本纸片上学问，有术而无道。

其后戴东原出，他虽为一考据学大师，但他并未全忽了道的一边，他说："训诂明，而后义理明。"可见所重仍在义理。因此他著《孟子字义疏证》，专在义理方面发抒己见，可见戴氏还是懂得要由"术"明"道"。同时章实斋讲史学经世，其论学颇讲方法。而实斋所讲之治学方法，尤能不限于训诂、考据、校勘，而更求博大会通，读其《文史通义》自可见。我们若把戴、章两人作比，东原似乎还是板着面孔，有经学家理学家气味。实斋则似更亲切，他指示的方面较广，门路亦较宽，可以让人各就自己才性所近，各自孜孜以求成业。实斋尝说，戴学承自朱子，而彼自己则沿袭阳明。

其实戴、章二人之异同，就我此讲之立场言，亦可谓东原单标直指，有些近陆王。而实斋广开门径，反而融通，较近朱子。因此我们也可以说清儒学术，实际是受朱子影响者更大。因朱子指示为学之门径与方法，易为多数人取法。但讲学虽不可忽略了方法，却不能即以此为已足。此层则仍须再三提揭。

（十三）

今试再略论到最近之学术界。若就本讲思路，则可谓最近学术界乃是重于明道，而疏于辨术。即如"五四"以来之"打倒孔家店"、"以科学方法整理国故"、"中国本位文化"，及"全盘西化"等等流行意见，所争皆在宗旨与目标上，所提出的尽是些理论，亦可说其所争者乃是"道"。但大家并不曾有一套方法来亲切指导人，使人注意到落实用力之一面，因此只是徒争门面，绝少内容。竟可说尽是提出意见，却无真实的学问成绩。即所谓科学方法，亦只是一句口号。换言之，"科学方法"四字，亦成为一"道"。凡所不喜欢的，都可说其不合科学方法，犹如昔人之言离经叛道一般。凭此来打倒人，却很少真在此方面落实用力的。记得我在旧著《中国近三百年学术史》一书中，曾有过一段预言，说：晚清以下中国学术界将会走上"新陆王学"之路上去。即是说，讲学者将只标宗旨，不用真功夫，目标纵高，却不指点人道路。甚至连自己也并无道路可循，那是近代学术界一大病。

若论近代人论学，能有亲切指点者，在前清有湘乡曾氏。近人多只目曾氏仅是一文学家。其实曾氏于教人做学问方面，主张义理、考据、辞章、经济四方面兼顾，道路尽开阔。又能做人、治学并重，经师、人师，不偏倚在一边。在其家书、家训中，有不少方法指点。虽若卑之无高论，却极亲切有味。即如曾氏说"治学贵有恒"，一本书必须从头到尾通体读。此语岂不只是老生常谈，似不成为一种学术专家之指示。其实读书若不能一书从头到尾通体读，无论是讲科学方法也好，提倡本位文化也好，总之是空论，非实学。

民国以来，我认为梁任公讲学，亦尚有亲切指点语。任公本人之学之所成就，在此不多论。但彼颇有亲切近人语，可以开示后学，却并非专重唱高调、讲大道理、发大意见者可比。目前学风多不喜此，不肯落实用功。尽喜讲大理论，争大道理，却不认真向学，把起码入门上路的小地方都忽略了。

任公论学，纵有粗疏处，但其对于做人、治学两方面，亦常有浅近明白之指导。即如其劝人学曾文正、王阳明便是。虽然曾治程朱,梁主陆王,似乎学术路径不同。但此却无甚关系。要之,他们所言,都还能领人走上一条路,此一影响却可甚大。我曾在所著《学籥》一书中有《近百年来诸儒论读书》一篇,讲及此层,诸位可参读。

(十四)

鞭策人、鼓励人、讲大话、发高论,此亦有其作用。如龚定庵所云:"但开风气不为师。"开风气亦是一大事,但总得有真能为人师者,无论经师人师,皆不可缺。教人治学,固贵指示一大道,亦贵有方法。方法有高有低,有深有浅。有志治学,更不宜看轻其低处、浅处。近人每云:"不要给人家牵着鼻子走。"我想,初学人还是应循规蹈矩,姑先让人牵着鼻子走一段,能入门上路了再说,也不迟。但我并非专来讲传统,要束缚人专走一条路。

宋儒邵康节临终,程伊川往探之,伊川问:"从此永诀,更有见告乎?"康节举两手示之。伊川曰:"何谓也?"曰:"面前路径须令宽,路窄则自无着身处,况能使人行也?"邵氏虽非理学中正统,但他此番话却极开通,并亦落实。人人能处处为异时异地之别人留余地,这便是路径宽。须知学问乃大家公共事,非放宽路径,则一家之言,成就终有限。

就今日在座诸位言,可能有上智,但大部分恐只是中人。我们从事学问,立志固要高,但路径要亲切落实。又须知,并非只此一路。若只讲道不辨术,一则容易有门户之见,二则不能希望有甚多人各能在一事、一职、一套学问上,各有贡献。当知学问之事,或大或小,或广或狭,皆须有门径、有方法。一条条路平放在前,非一家一派一条路所能包办,所能囊括而无遗。

今天我所讲,乃分别说明学问方面有道与术之两部分。中国人讲道尚简易,讲术却谨严,此乃中国学问之高明处。因此中国人对实际事物能活看,能圆通不固执。若懂得此意,来治中国学术史,应可另有一番新体会。

(五卷五期,已收入《中国学术通义》,改题名为《泛论学术与师道》)

英国文化协会赠书仪式中致词

此次英国文化协会赠我们三千英镑的巨款，我们得以购买有关各科参考的英国著作，并又获得大英博物馆所藏中国敦煌古写本之全部影片。在我们图书馆平添了一大宗珍宝。我今天乘此机会，特别要向英国文化协会致谢意。

说到敦煌，在中国唐代，是中西交通一个陆路站。因此在此僻小地区，还保留下许多当时的钞本书籍，以及绘图和雕刻等有关宗教方面之艺术品。这些钞本，此刻已分散到全世界，而大部分则分别收藏在伦敦和巴黎两处。在伦敦的这些钞本，则已全部摄成影片。

此项古钞本，近几十年来，已为全世界学术界所注意。中间有许多为研究中国唐代文化和社会各方面之重要资料。尤其是关于佛教经典及民间文学之两项，已引起了当前学术界之普遍重视。有不少中国学人及其他各国之学人，不断前往伦敦巴黎参考研究。此次我们能获得伦敦收藏之全部影片，更值欣喜。

我们今天处在香港，这是近一百多年来中西交通一港口，恰和唐代时的敦煌，一南一北，一水一陆，古今遥遥相对。我们处在这里，瞻念前人遗业，更应该对当前中西文化交流此一巨大职责，有所奋发。这是我在今天的仪式中，尤其要特别提起的。

谢谢英国文化协会，并谢谢诸位来宾。

（一九六二年七月五日）

校庆日劝同学读《论语》
并及《论语》之读法

（一）

《论语》应该是一部中国人人人必读的书。不仅中国，将来此书，应成为一部世界人类的人人必读书。

读《论语》并不难，一个高级中文中学的学生，平直读其大义，应可通十分之四乃至十分之五。

读《论语》并可分章读，通一章即有一章之用。遇不懂处暂时跳过，俟读了一遍再读第二遍，从前不懂的逐渐可懂。如是反复读过十遍八遍以上，一个普通人，应可通其十分之六七。如是也就够了。

任何人，倘能每天抽出几分钟时间，不论枕上、厕上、舟车上，任何处，可拿出《论语》，读其一章或两章。整部《论语》，共四百九十八章，但有重复的。有甚多是一句一章，两句一章的。再把读不懂的暂时跳过，至少每年可读《论语》一遍。自二十岁起到六十岁，应可读《论语》四十遍。

若其人生活，和书本文字隔离不太远，能在每星期抽出一小时工夫，应可读《论语》一篇。整部《论语》共二十篇，一年以五十一星期计，两年应可读《论语》五遍。自二十到六十，应可读《论语》一百遍。

若使中国人，只要有读中学的程度，每人到六十岁，都读过《论语》四十遍到一百遍，那都成圣人之徒，那时的社会也会彻底变样子。

因此，我认为，今天的中国读书人，应负两大责任：一是自己读《论语》，一是劝人读《论语》。

（二）

上面一段话，我是为每一个识字读书人而说。下面将为有志深读精读《论语》的人说，所说则仍有关于如何读《论语》的方法问题。

读《论语》兼须读注。《论语》注有三部可读：一是魏《何晏集解》，一是宋《朱熹集注》，一是清《刘宝楠正义》。普通读《论语》，都读朱子注。若要深读精读，读了朱注，最好能读何晏所集的古注，然后再读刘宝楠编撰的清儒注。不读何、刘两家注，不知朱注错误处，亦将不知朱注之精善处。

最先应分开读，先读朱注，再读何、刘两家。其次应合读，每一章同时兼读何、朱、刘三书，分别比较，自然精义显露。

（三）

清儒曾说："考据、义理、辞章，三者不可偏废。"读《论语》亦该从此三方面用心。或疑读《论语》应重义理，何必注意到考据、辞章，以下我将举少数几条例来解释此疑。

第一，读《论语》不可忽略了考据。如：

> 子曰："人而无信，不知其可也。大车无輗，小车无軏，其何以行之哉？"

读这一章，便须有考据名物的工夫。古代的大车小车，体制如何分别，輗和軏是车上什么零件？若这些不明白，只说孔子认为人不可无信，但为何人不可以无信，不懂孔子这番譬喻，究竟没有懂得孔子真义所在。好在此等，在旧注中都已交代明白。如读朱注嫌其简略，便应读古注和清儒注。务求对此项名物知道清楚了，本章涵义也就清楚。万不宜先横一意见，说这些是考据名物，不值得注意。

又如：

> 子曰："禘自既灌而往者，吾不欲观之矣。"
>
> 或问禘之说。子曰："不知也。知其说者之于天下也，其如示诸斯乎！"指其掌。

这两章，孔子论及禘礼，那是有关制度方面的事。"禘"究是个什么礼？"灌"是此礼中如何一个项目？为何孔子看禘礼到灌以下便不愿再看？那必有一番道理。孔子弟子们，正为有不明白孔子心中这一番道理的，所以紧接有下一章，有人问孔子关于禘的说法。但孔子又闪开不肯说，说我也不知呀！下面又接着说知道了这番道理，治天下便像运诸掌。可见这番道理，在孔子心中，并不小看，而且极重视。现在我们只能说，孔子讲政治是极重礼治主义。但孔子主张礼治之内容及其意义，我们无法说。若只牵引《荀子》及《小戴礼》等书来说，那只是说明《荀子》和《小戴礼》，没有说明孔子自己的意见。

若要考据禘礼，那不像大车小车輗和軏般简单。古人对此，聚讼纷纭，莫衷一是。似乎非专治考据，无法来解决此难题。其实也并不然。前人引经据典，提出的说法，最多也不过四五种。我们只要肯细心耐心，把此四五种异同之说，平心研讨，自然也可明白一大概。坏是坏在我们先有一存心，说这些是考据，和义理不相关。其实这两章的考据不明，则义理终亦无法明。

（四）

现在再说，读《论语》不可忽略了辞章。

我此处所说的辞章，包括字义、句法、章法等，即纯文学观点下之所谓辞章，亦包括在内。如：

> 子曰："晏平仲善与人交，久而敬之。"

此章似乎甚为明白易解。但中间发生了问题，问题发生在"之"字上，究是晏子敬人呢？还是人敬晏子呢？"之"字解法不同，下面引申出的义理可以甚不同。朱子是解的人敬晏子，古注解作晏子敬人。现在我们且莫辨这两番义理谁是谁好，我们且先问孔子自己究如何说。这不是一义理问题，而是一辞章问题，即是在句法上，此"之"字究应指晏子或他人。就句法论，自然这之字该指的晏子。但又另有问题发生，即《论语》的本子有不同，有一本却明作："晏平仲善与人交，久而人敬之。"下句多了一"人"字。若下句原来真有一人字，自然又是古注对。此处便又牵涉到考据学上的校勘问题了。

牵涉到校勘，便要问这两个不同之本，究竟哪一个本更有价值些？郑玄本是不多一人字的，《皇侃义疏》本是多一人字的。但皇侃本在其他处也多与相传《论语》有不同字句，而颇多不可信，则此处多一人字，也不值得过信。至于其他本多一人字的还多，但皆承袭皇本，更就无足轻重。因多一人字始见是人敬晏子。则少一人字，自当解作晏子敬人。而多一人字之本又不值信据，则此问题也自然解决了。朱子注《论语》，岂有不参考古注异本的？但朱子只依郑玄本，知在此等处，已用过抉择功夫。

（五）

又如：

> 子见南子，子路不说，夫子矢之曰："予所否者，天厌之，天厌之。"

这一章的问题，较之上引一章，复杂而重大得多了。从来读《论语》的，对此章不知发生过几多疑辨。直到民国初年新文化运动掀起打倒孔家店的浪潮，有人把此章编了子见南子的话剧，在孔子家乡曲阜某中学演出，引起了全国报章宣传注意。可见读《论语》，不能不注意到此章。讨论孔子为人，不能不注意到此章。但研究此章，断不能不先从字义句法上入手，这即是辞章之学了。

孔子做了此事，他弟子心感不悦，孔子没有好好陈说他所以要做此事之理由，却对天发誓，那岂不奇怪吗？所以从来注家，都对此章"矢"字作别解，不说是发誓。独朱子注明白说："矢，誓也。"朱子何以作此断定？因下文是古人常用的誓辞。朱注又说："所，誓辞也。如云所不与崔庆者之类。"可见此处朱子也用了考据功夫。其实朱子此注，如改为"凡上用'所'字下用'者'字之句，是古人之誓辞"，就更清楚了。其后清儒阎若璩在《四书释地》中把关于此种语法之例都详举了。近人《马氏文通》也曾详举一番，可证明朱注之确实可信。

朱子既根据这一判定，下面"予所否者，天厌之，天厌之"三句，解作"若我所行不合于礼，不由其道，则天将厌弃我"。这一解法，也确实可信了。许多对"矢"字作曲解的，对下面"否"字也另作曲解，那都不值讨论了。

照字义语法讲，朱注既是确切不移，但仍然不能使人明白这全章之意义。南子是一位有淫行的女人，孔子见之，却说合礼由道，这是什么意义呢？朱子在此处，特别添进一句，说："古者仕于其国，有见其小君之礼。"此一条又是考据。若我们明白了这一层，子见南子这一件事，也无足多疑了。

《论语》中像此之例还多。如阳货欲见孔子，孔子不见。阳货馈孔子豚，孔子便不得不去见阳货。朱子注此章亦引据古礼，说："大夫有赐于士，不得受于其家，则往拜其门。"经朱子加进了这一番考据，情事跃然，如在目前了。现在孔子在卫国受禄，卫君的夫人要见他，照礼他不得不往见。近代社交，也尽有像此类的情节，那有什么可疑的呢？

清儒说："训诂明而后义理明，考据明而后义理明。"朱注此章，真做到了。清儒对此章之训诂考据，则反有不如朱子的。

但这里仍有问题。清儒是肯认真读书的。朱子所说那条古礼，究竟根据何书呢？清儒毛奇龄曾遍翻古籍，却不见朱子所说的那一条。于是再翻朱子的书，原来朱子也曾自己说"是于礼无所见"，因说朱子是杜撰。但这里至少可见朱子也曾为此事而遍翻古礼，才说"于礼无所见"。朱子也知要明白这一章的情节，不得不乞灵于考据，于是才遍查古籍的。但古籍中虽无仕于其国必见其小君之一条，也并无仕于其国必不得见其小君之一条。如卫封人欲见孔子，说了一番话，孔子也就见他了。南子欲见孔子，也说了一番话，这番话《史记》曾载下，说："四方之君不辱，欲与寡君为兄弟者，必见寡小君，寡小君愿见。"是南子欲见孔子之请辞，十分郑重，而又恳切。《史记》又说："孔子辞谢，不得已而见之。"是孔子辞而不获，乃去见的。《史记》又记其相见时之礼节云："孔子入门，北面稽首。夫人在绤帷中再拜，环佩玉声璆然。"我想朱子根据《史记》此一段记载，说古者仕于其国，有见其小君之礼，不能说他完全是杜撰。清儒硬要说无此礼，反见是拘碍不通了。古代的礼文,哪能逐条保存,尽流传到后世。而且社会上的礼节,又哪里是件件要写下正式的条文的呢?可见我们读书,需要考据。但考据也解决不了一切的问题。又考据也有高明与不高明之别。朱子此条,在我认为是极高明的了。近人认宋儒轻视考据,或不懂考据,那都是门户偏见。

但这里仍有问题,若果如朱子解法,孔子何不直截了当把此番话告诉子路,却要急得对天发誓呢?朱注对此层,仍未交代明白,所以清儒仍不免要多生曲解。此处让我依据朱注再来补充说一番。

说到这里,便该注意到本章中子路不说之"不说"两字上。今且问:子路不悦,是不悦在心中,还是不悦在面上,还是把心中不悦向孔子直说了?依照本章上下文的文理和神情,子路定是把他心中的不悦向孔子直说了。子路如何说法,《论语》记者没有记下来,但一定牵涉到南子淫行,是可想而知了。而且南子原本不是一位正式夫人,如何叫孔子去受委屈。这些话,都是无可否认的。孔子若针对子路话作答,则只有像朱注般说,我只依礼不该拒绝不去见。至于她的一切,那是她的事,我何能管得这许多。在此又有人提出古礼,说:"礼在其国,不非其大夫。"现在南子是君夫人,地位更在大夫之上。她请见孔子,辞令又很郑重有礼,孔子不愿针对子路话作答,因为这样便太直率了。于是说:"我若错了,天自会厌弃我。"这样说来,孔子之以天自誓,并不是愤激语,反见是婉委语。细寻本章文理,如此说,并非说不通,而且在文章神情上,岂不更好吗?就行事言,孟子说:"仲尼不为已甚。"就应对言,孔子说:"不学诗,无以言。"孔子此处对子路的誓辞,却反而有诗意了。

以上这段话,是我根据朱注,再依或人之说,而自加以阐发,自谓于考据、辞章、义理三方面都能兼顾到,说得通。但不知如此说来，究说到《论语》本章之真义与否？总之，要研寻《论语》义理，不能不兼顾考据、辞章。举此为例，也可说明此意了。

（六）

现在再继续举一章说之：

> 子贡曰："我不欲人之加诸我也，吾亦欲无加诸人。"子曰："赐也！非尔所及也。"

朱子注：

> 子贡言："我所不欲人加于我之事，我亦不欲以此加之于人。"此仁者之事，不待勉强。故夫子以为非子贡所及。

朱子在圈外注中又引程子说，谓：

> 我不欲人之加诸我，吾亦欲无加诸人，仁也。施诸己而不愿，亦勿施于人，恕也。恕则子贡或能勉之，仁则非所及矣。

朱子又自加发挥，说：

> 愚谓无者自然而然，勿者禁止之谓，此所以为仁恕之别。

大家说程朱善言义理，但此章解释极勉强。朱子说："无者自然而然，勿者禁止之辞。"其实本章明言"欲无加诸人"，所重在"欲"字，欲即非自然而然。欲无加诸人之"无"字，亦非自然而无。乃是亦欲不加诸人。因此此章程朱把仁恕分说，实不可靠。

古注孔安国说："非尔所及，言不能止人使不加非义于己。"此解乃为得之。何以说孔安国说得之？仍须从本章的句法上去研求。本章句法是平行对列的，我不欲人把非礼加我，我亦欲不把非礼加人。下句有一亦字，显然是两句分开作两件事说的。若说己所不欲，勿施于人，此等句法是直承偏注，只是说一句话，一件事。细究两处文法,自见不同。若把握住此点,朱注"子贡言我所不欲人加于我之事",这一句也错了。只应说"我不欲人加于我,我也欲我不把来加于人"。朱注"我所不欲人加于我之事",此语只可移作"己所不欲"四字之注解,朱注"之事"二字,即所不欲之"所"字,但本章则句法不同。孔安国看准了,故说:"别人要加非义于你,你何能禁止呀!"孔子所谓"非尔所及",只承上一句,不关下一句。

我举此例,仍只是要说明欲通《论语》之义理,必须先通《论语》之文法。若文法不通,所讲的义理,只是你自己的,不和《论语》本文相关。

(七)

此下我想再举一例。

> 子曰:"饭疏食,饮水,曲肱而枕之,乐亦在其中矣。不义而富且贵,于我如浮云。"

我常爱诵此章,认为大有诗意,可当作一首散文诗读。此章之深富诗意,尤其在末尾那一掉,"不义而富且贵,于我如浮云"十一字。其实在"于我如浮云"那五字,尤在"如浮云"那三字。若省去此一掉,或在掉尾中换去"如浮云"三字,只说于我有什么相干呀!那便绝无诗意可言了。但我们读《论语》,固可欣赏其文辞,主要还在研寻其义理。难道《论语》记者无端在本章平添此一掉尾,也像后世辞章之士之所为吗?因此我们在此掉尾之十一字中,仍该深求其义理所在。

若在此十一字中来深求其义理所在,则"不义而"三字,便见吃紧了。素富贵行乎富贵,富贵并非要不得。孔子又曾说:"富与贵,是人之所欲也;不以其道得之,不处也。"不以其道而得富贵，还不是不义而富且贵吗？今且问：你若不行不义，哪有不义的富贵逼人而来？富贵逼人而来，是可有的。不义的富贵，则待我们行了不义才会来。倘我绝不行不义，那不义而富且贵之事，绝不会干扰到我身上，那真如天上浮云，和我绝不相干了。因此，我们若没有本章下半节"于我如浮云"这一番心胸，便也不能真有本章上半节乐亦在其中这一番情趣。关于本章下半节的那种心胸，在《孟子》书里屡屡提到，此不详引。我此所说，只是说明要真了解《论语》各章之真意义，贵在能从《论语》各章逐字逐句，在考据、训诂、文理、辞章各方面去仔细推求，不要忽略了一字，不要抛弃了一句。至于把《论语》原文逐字逐句反到自己身心方面来真实践履，亲切体会，那自不待再说了。

（八）

或有人会怀疑我上文所说，只重在考据、辞章方面来寻求义理。却不教人径从义理方面作寻求，如孔子论仁论智，论道论命，论一贯忠恕，论孝弟忠信之类。这一层，我在上文已说到，读《论语》贵于读一章即得一章之益。即如《论语》说："巧言令色鲜矣仁。"又说："刚毅木讷近仁。"又说："仁者其言也切。"又说："仁者先难而后获。"这些话，逐字逐句求解，解得一句，即明白得此一句之义理，即可有此一句之受用。若解释得多了，凡属《论语》论仁处，我都解得了。《论语》不提到仁字处，我亦解得了。孔子论仁论道的真意义，我自然也解得了。此是一种会通之学。义理在分别处，亦在会通处。会通即是会通其所分别。若《论语》各章各节，一句一字，不去理会求确解，专拈几个重要字面，写出几个大题目，如"孔子论仁"，"孔子论道"之类，随便引申发挥，这只发挥了自己意见，并不会使自己真了解《论语》，亦不会使自己对《论语》一书有真实的受用。那是自欺欺人,又何必呢?

所以我劝人读《论语》,可以分散读,即一章一章地读。又可以跳着读,即先读自己懂得的,不懂的,且放一旁。你若要精读深读,仍该如此读,把每一章各别分散开来,逐字逐句,用考据、训诂、校勘乃及文章之神理气味,格律声色,面面俱到地逐一分求,会通合求。明得一字是一字,明得一句是一句,明得一章是一章。且莫先横梗着一番大道理,一项大题目在胸中,认为不值得如此细碎去理会。子贡说:"回也闻一而知十,赐也闻一以知二。"颜渊、子贡都是孔门高第弟子,但他们也只一件件,一项项,逐一在孔子处听受。现在我们不敢希望自己如颜渊,也不敢希望自己是子贡。我们读《论语》,也只一章一章地读,能读一章懂一章之义理,已很不差了。即使我们读两章懂一章,读十章懂一章,也已不差。全部《论语》五百章,我们真懂得五十章,已尽够受用。其实照我办法,只要真懂得五十章,其余四百五十章,也就迎刃而解了。

(九)

今天是我们学校的校庆,同时也是孔子诞辰。我们能把读《论语》来纪念孔子,那是最有意义的。同时,我们学校能有更多学生喜欢读《论语》,那亦是我们学校一件最大可庆祝的事。所以我特地写此一篇来劝大家读《论语》,来教大家如何读《论语》。至于篇中举例,那是随便举来的。举一隅而反之三,则待我们同学的各自努力了。

(五卷七期,已收入《孔子与论语》)

秋季开学典礼讲词

一九六二年九月十日

诸位先生、诸位同学：

今天是本校第十三年的开学典礼，我们首先将表示欢迎从今年起的新先生与新同学。今年的新先生下面将由副校长介绍报告。现在说到新同学方面，本年统一入学试录取共超过了五百位，但到本校报到的只有一百二十余人，较本校原定录取名额一百六十人，尚缺三十位。其他两间补助专上学院崇基与联合，听说报到亦未足额。三校合计应尚有一百个缺额。但那些录取的人，究竟不知何处去了。香港的中小学都嫌学额不够，但我们这三间专上学校，今年人数反而收不足，岂非是一件怪事。诚然，香港社会一般人，对我们此三间专上学校的地位，仍然不重视。所以能进入港大的，以及有能力远赴英美留学的，又有去台湾的，此外香港尚有三间师范学校，留下来有志到三校的学生，自然也不一定很踊跃了。

当然主要的第一点，是这三校还未正式成为中文大学，因此社会对此三校比较漠视。我为此事，经常告诉我们新亚的同学们，进入学校读书，不要太过看重那一张文凭。只要有真才实学，将来不怕没有出路。所以选择进入大学，主要应选择此大学之内容，莫要只注重那招牌。从前国内学生投考大学，却懂得这一层。当时国内大学虽多，大家争先恐后去投考的，则只有少数几校。诸位当知，你们进入一学校，会影响诸位将来的一生。也可说诸位的将来，已在此刻进入某大学时，早决定了百分之四十以上。或诸位今天不进新亚，而转入其他学校，在名义上是差不多，在实际上则各校所给诸位之影响各不同。我们负责教育的人，自应警惕这一点，当知我们所负责任实甚重大。虽然诸位将来离校而去，好的不一定会感激学校，坏的亦不一定会责备学校。但学校的责任总是非常大的，我们不得不反心自问，警惕着这一重大的责任。

说到有关中文大学的事，此刻福尔顿先生所领导的那个调查团已回伦敦去，他们将在十一月中旬有一正式报告。据非正式的消息，这个报告中，或将建议在明春或暑假后，即成立中文大学，此三间学院均可在内。惟今年的新生，是否可以获有正式大学文凭，此刻尚不可知。至于今年的四年级、三年级、二年级生，会不会有大学文凭，这就更不可知了。我现在附带告诉诸位，关于这些问题，我们可不必太重视。我在上学年最后一次月会中曾讲过，一旦挂上大学招牌，新亚仍是那新亚。若不挂上大学招牌，新亚也仍是那新亚。主要在学校自身能不断自求进步。

说到学生方面也一样。诸位须深切了解，学校有了招牌，学生有了文凭，固然好，但主要不在此。诸位不能专从文凭上来估量出路，出路不一定专靠那文凭。尤其是为长久计，当知一个人在社会上的出路，不专限在明天，主要在我们能有不断的奋斗精神。我上面所说，也就是我们新亚教育精神最重要的一点，我曾屡为诸位讲起。今天的新同学，可说已上了新亚的第一课，此下盼能在真才实学上各自锻炼你自己。

每一年，我们学校必要有一次或一次以上的检讨，现在我要重复上学期最后一次月会所讲，约略检讨我们学校之过去与将来。现在我们学校中重要的学院和学系，大致都完成。只有理学院生物系、数学系尚有一年，物理系、化学系尚有二年，始有毕业生。这几系的课程与教师，尚需增添。其余各系则大体都已定了。说到学校组织方面，教务、训导、总务三处，也已各有规模了。我们的校舍，到年假新礼堂落成，亦即告一段落。而我们的大学招牌，不久亦将可能挂出。如是说来，我们学校的一切，到此已有一个小小的段落了。此下我们的新希望，该注意在哪一方面呢？

我想引孟子的一段话来说，孟子说：

> 可欲之谓善，有诸己之谓信，充实之谓美，充实而有光辉之谓大。

我们学校在桂林街时，一切都真是在可欲的时期，现在经此十三年，颇多是有诸己的了。此下的一段，我将请大家注意孟子的"充实"二字，我们学校正该刻意去求充实。在我们的教授先生们，我盼望能以身作则，在学术上不断有新贡献、新发现。对同学课程上亦要更负起责任，不断在课程内容方面求充实，求革新。而同学们也应努力追随学校此一宗旨，来充实自己。

关于"充实"二字，我想有一神话故事，可以作譬。此神话说：有一道士，放鹅入笼，从一鹅装至十鹅，同样装下了。乃至二十、三十、一百头鹅也装下了。而那笼却依然。其实那故事即可以如今的香港作证。香港此十几年来，从几十万人到数百万，扩大了六七倍，犹如此道士之笼内之鹅，逐次装进去，而香港还是一香港。若论我们的脑子和心胸，更不知可装进几多，而此脑子此心胸依然如旧不觉。我所讲之充实，简单是如此。让我们不要专在外面量上看，转从内面质上看，如是充实不已，便可有光辉。

　　说到一个学校要有光辉，那谈何容易。世界有名大学如美国之耶鲁、哈佛，英国之牛津、剑桥等，可谓是有光辉了。那是经过几百年之充实而来。光辉是从外面人看来的，充实却靠自己。新亚若说到要有光辉，那是距离太远了。但凭良心说：新亚还是太不充实，不充实哪会有光辉。我盼望各位先生同学，不断充实自己，俾能使新亚真成为一富有学术性、研究性的学校。不断在我们内容上精神上求充实，我们学校终有在别人眼中见到光辉的一天。这是我们今后最该注意的一点，我特在今天提起。我们将悬此目标，在此后五年、十年中，不断用此目标来检讨。这是我今天所要向诸位讲的话。

（五卷八期）

孔诞、校庆及教师节讲词

一九六二年九月二十八日

诸位来宾、诸位先生、诸位同学：

今天我们在此庆祝孔子圣诞、校庆及教师节，关于学校方面，我在上学期最后一次月会及本年度开学典礼上，已讲了许多，不拟再在此多讲。关于孔诞方面，我特地写了一篇文章，在今天出版的《新亚生活》上刊载，题目是《校庆日劝同学读〈论语〉并及〈论语〉之读法》。我并在去年校庆日亦写有一篇《〈论语〉读法》。两篇文章写法不同，意思却是一样，各位可以把我去年一篇重新参读。在今天所刊出的一文，最后第二段排印两错字，我得在此提出。我在这一段里告诉诸位，做学问要一点一滴做起，读《论语》也该一字一句地读。《论语》载：有一次孔子问子贡，"你与颜渊孰贤？"子贡回答说："回也闻一而知十，赐也闻一以知二。"颜渊与子贡都是孔门高第弟子，但他们也只能一件件、一项项，逐一在孔子处听受。所以我们做学问也应该今天知道一件，明天知道一件，逐一地累积，然后求会通。读《论语》自然亦要一章一节，一字一句，逐一去读。不应先横梗着一番大道理、一项大题目在胸中，认为不值得如此细碎去理会。诸位读《论语》，若能读一章懂一章固然是好，若不能时，即使读两章懂一章，甚至读十章懂一章，也已不差了。全部《论语》共不到五百章，若我们能真懂得五十章,也已尽够毕生受用。

关于教师节,孔子为万世师表,中国自孔子建立师道以后,至今尚没有一个比孔子更伟大的教师出现。中国社会常说"天地君亲师",可见对师道之重视。我还记得幼年时,七岁开始上学,第一天父亲亲自送我到学校,先拜孔子像,再拜先生。当时社会一般人对先生的尊敬,由今说来,几已是不可想像的了。在家庭中,父母兄弟姊妹,都对学校先生怀着敬意。因此入学的学生,自然不会对先生不尊敬。

我在一九一二年自己开始做先生,那时社会上尊师之风仍保持。我当时仅十八岁,学生有比我年龄大的,但他们对我一样表示十分尊敬。若见到学生家长,即或街坊中人,他们亦必恭敬称呼"先生"而不名,自然很多人根本不知此先生之姓名,但其恭敬之态度与心情,令人十分感动。

时间慢慢过去,先生渐不为社会所尊重,甚至也渐不为先生们自身所尊重。这里原因极多,时代变了,社会变了,一切也随之而变。但有些则其过在做师长的自己身上。犹忆一九二八年,我自无锡一师范转到苏州一中学去教书,到校约一月之后,有一晚,有六七个学生到我房间来,谈话间问起:"先生来校已有一月之久,为何不见你告假?"我说:"我无病,又无其他事故,自然不告假。"但我心中甚奇怪,因反问学生,"你们是否希望先生告假呀?"他们初时面面相觑,后来才说出其中原委。乃因一九二七、二八年间,政治动乱,学校经济受影响,教员薪水发不下来,只发些生活补助费,所以先生大都告假。大致学生们更佩服的先生,告假也更多。告假多少,转成为那位先生学问和地位高下之一种表示。他们见我不告假,因而感到奇怪,故此相问。当时我就对他们说:"我来的责任是教学生,薪水是我职务之报酬，我自己不该不尽职，而且不发薪水也非学校之过，乃是政府发不下来，但你们的光阴却不该由我来浪掷。"

在这一件事上，我深深体验到一般社会心理的转变。做教师的顺着社会潮流，也把教书当作一种职业，和其他谋生手段并没有什么不同。教师领不到薪水就请假，在别人看来，也没有什么不对处。这种观念，到今三十多年，已经是一种极普遍极正常的观念了。

回忆在民国初年，凡学校请先生，或由校长，或是学校委托人，必亲向先生表明礼聘之意，经答应后，再致送聘书。至于薪水多少，请先生的与被请的，都不会提起，直要到正式教课后，再由介绍人或其他有关人，转达说明薪水数目。这是一种心理，表示聘先生不该重在经济报酬上。换言之，即是师道之尊，不能用薪给来估计和衡量。但到后来，必先讲明薪水，一般人认为这是天经地义，无可厚非。

有一年，我在小学教书，当时学校开学仅一个多月。大约中秋节前十天模样，我忽然收到一间中学的电报，请我到该中学任教。我心里很愿意去，但已接受了小学一年聘书，中途辞职于心不安。去向校长谈起，校长一口劝阻，只有将辞职一事搁置下来。后与另一同事谈起此事，他力主我辞职，并劝我再次向校长请辞。结果得到他的同意了。他那次挽留我，绝不谈到学校等级和薪给高下，那位校长实是遵守着一向很典型的旧礼貌，使我至今还记在心。后来在中学，某年接到中山大学的来信和电报，请我到中大去教书。当我持信电去向校长请辞时，校长说："你在中学教书，本是委屈的。但我仍请先生留下，隔一年两年，我们一起走吧。"我因他这一留，把中大聘书退回了。

我谈及这些往事，是说当初做教师的转换学校，斟酌去就，

孔诞、校庆及教师节讲词　**461**

至少在经济待遇上,是不能提出作为正式理由的。但现在做教师的,已经认为待遇、钟点等,是最重要的考虑条件了。若在现在,如像我们学校有一位先生,被其他学校用较高薪俸礼聘时,我只能对他说:"我们很不愿意先生离开,但那边待遇高,我们不能阻止先生的高就。"

这几十年来的变迁,教师完全变成为职业性,而且也和其他职业一般,不能说当教师便特别清高些。而教师待遇却比其他职业低,所以教师益不为社会看重,而且也不为教师本身所重,只成为一种不得已而为之的职业而已。又在抗战期间,开始有"公教人员"一名词,将政府公务员与学校教员放在一起,其意也在薪给问题上。开始一般教师听此名词,好像怪不自然,但后来也就习以为常了。这些,都可指出在近几十年来,由于社会之变,而教师地位也随而变。这好像是很自然,而且也是无可奈何的。

但我们若细读《论语》,孔子当时也非可以没有职业的。他教他门下弟子如何做一"士",士在当时即是职业。孔子《论语》中讲到如何来尽职从业,至少也可得有百条上下。《孟子》也然,书中所论辞受取与、出处进退,都与职业有关。孔子弟子,大多数有职业,有些生活甚清苦,连孔子本身也如是。颜渊是孔门最得意的学生,颜渊死时,他父亲想要卖去孔子的车来为颜渊做一棺材套,孔子没有答应。因为孔子之子伯鱼死,也是有棺无套。而且孔子有时要见国君卿大夫,也不能无车。他们生活如此清苦,焉得不重视职业。但他们从事职业,也非专一在生活上打算。因此他们的生活依然如此清苦。

现在的问题是,我们能否在重视职业之外,还保留一点师道呢?师道与教书职业,是否是相互抵触,不可两全呢?诸位毕业之后,必须谋一职业,这自不用说。但诸位也很可能在学校中教书,那时你们认为师道之尊要不要保持呢?就是不教书,或做其他职业,但每一职业,也必有一"道"。如到银行中工作,至少必依时上班下班,办事要谨慎负责。若如有机会给你舞弊贪污,或牵涉到政治立场,这些处都有"道"。哪里可以像一般想法,职业便是职业,专在私人的生活条件上打算,一切便不顾到道义了呢?

今天我们纪念孔子,第一要讲到师道。纵说教师也是一职业,但此项职业与我此刻所谈之师道并不相冲突、相违背。现代社会各项职业情形固是较之以往有极大的改变,但各项职业中仍该有道,此一原则仍是不能变。

让我再讲一件孔子的故事。孔子是一大圣人了,他平常爱讲礼,《论语·子罕篇》记载着:孔子有一时病重将死,他那时的社会地位只是一士,他的一辈学生为他预备丧礼。当时学生中年纪最长的是子路,他指挥着同学们来当孔子的家臣,想要用当时卿大夫的丧礼来安排孔子的丧事。他的意思自然是在尊敬孔子,但却违背了孔子平常讲礼的意思。孔子为中国社会创立师道,他的身份哪在官位上?孔子心中觉得,死在几个学生手里,那是何等好。而他的门人却以为,孔子能照当时卿大夫礼,由许多家臣来办丧事,那是一种荣耀。后来孔子病好了,得知此情,就说:"久矣哉!由之行诈也。"子路是孔子门下一位最有信用的人,哪里会行诈?但此事却像是行诈,这因子路当时没有懂得孔子创立师道之一番大道理,因此仍要一般学生来权作家臣。后来孔子的门人,才知道他们该如何来尊重孔子。到了孔子真逝世时,他的门人再也不装扮作孔子家臣来行丧礼。他们只是心丧三年,各人在孔子坟上搭一茅棚住下来守丧。又每人在孔子坟上植一株树作为纪念,遂成为一林,即后世所谓的孔林。他们守孝三年后,才各回家去。只剩下当时最年长的子贡一人,又继续在坟上守孝三年。

这一故事,说明了孔子当时建立师道,连他的学生也不知道那深长意义所在。至少孔子并不以做官为荣,而以当一教师为重。他心中,只希望有几个好学生,并不想有几个像样有派头的当差家臣。我们今天来纪念孔子,亦当懂得师道,并当从建立师道做起。尊师重道,这是中国文化传统。或有人仍以为当一教师并没有什么值得尊重之处,但我们要提起,人总是最可贵的,教人为人的人,岂不更可贵吗?岂不更值得尊敬吗?你自己也是人,你不觉你自己可贵吗?现在那几位教导你的师长,不应该为你所尊重吗?诸位要自尊,自该要尊师。由此想下去,那一位为中国社会创立师道的大圣人孔子,不是该值得我们尊敬吗?

(五卷九期)

有关学问之系统

一九六二年九月二十一日研究所
第二十四次学术演讲讨论会

（一）

今天的讲题是："有关学问之系统"。所谓学问，并非将一堆零碎知识拼凑即成。只要成为一门学问，或一个人之专家之学，皆必有一系统。今且讲：什么是学问之系统？次说如何完成一学问之系统？此下所讲，乃根据中国人之旧传统、旧观念，将中国学术史上之各项学术系统，作一扼要的叙述。然后再拿来和现代观念，即承袭自西方人对学问系统的观念作一比较。

"系统"二字亦是一新名词。若把中国传统旧观念来说，中国人常讲"体系"及"体统"。故此"系统"二字，实可用中国人常讲的一个"体"字来加以说明。我们也可说：学问成体，即指其学问系统之完成。"体"应可分为三大类：

一是自然体。中国旧讲法：有所谓金、木、水、火、土五行。但火既非体。严格言之：金、木、水、土亦均不成体，只当称之为"质"。但如矿物有结晶，此即成了体，因其有结构。近代物理学研究到原子、核子阶段，始知凡属物质，分析至最后，都确有体。但在今日之科学界则称之为"能"。此处也正合中国人旧观念，因凡体必有用，用即是能。由于上述，可说凡成一体，必有结构，也必有用、有能。至于中国人诗文画家中之山水一体，多属艺术上之一种想像体，其间寓有人的意象经营，又与自然实在体微有不同。

二是生命体。此乃自然体中之一部分。凡属生物，如植物、动物、人类，每一生命必有一体。就生物学所研究，每一生命体之结构之每一部分，则必有其特定之用与能。此种用与能，则均属于生命意义者。

三是创作体。全由人类创造所成。与自然及生命体属于自然所创造者不同。远自石器时代以至今日，一切器物、一切机械，皆属此类。此类诸器物，亦各有结构，并亦各有其用与能。此种用与能，则皆属于人生实用者。

由于上述，"体"字应含有两意义：一是其结构，亦称为"组织"。另一为其作用，亦称为功能。每一体必各有其作用，一切体之构造皆由此作用为前提，亦皆以此作用为中心。即如眼前桌、椅、电扇、电灯诸物，莫不各有作用。其所以有如此之结构者，则为显现此作用，完成此作用。故作用亦可称为属于此体之意义。

（二）

今再论此结构与作用之来历。根据上述，可知一则来自自然，一则来自意志。此意志亦可称创造意志。如每一生命体之背后，即有一生命之创造意志存在。此一创造意志，即成为此体之领导作用，亦可称此体之创造原则。如一桌、一椅，在其创始时，必有创造此桌此椅之某种意志为之发动。直至近代如火箭、人造卫星等种种新发明，其背后，亦必先有一创造意志作领导。生命体之创造，乃由生命意志作领导而渐臻于完成。此在生物学上已大体阐发，可无疑义。至于自然体，由宗教家言，则一切来自上帝，上帝由此创造意志而后创造出此宇宙。此一说法可信否，且勿论。我们不妨如此说：在一切创造之背后则各有一意志，先有"天心"，后有"人意"。天心创造出自然与生命，生命则显是有意志者。亦可说生命本身即是一意志，由此一意志而形成此种种"体"，故生命体乃系一有计划者。

但此中亦有甚多条件限制，如做一张桌子，不能以水做，只能以木做，此即是限制。说到创造原则领导作用，是指其积极方面言，而限制条件则指其消极方面言。人类之创造诸物，固是出于人类之智慧，但人智亦必与天工相配合，先有此创造意志，再配上自然方面之种种限制条件，方可真实形成一新体。然纵使外面一切条件具备，而无此创造意志领导原则，则仍必无成。

（三）

我在上次曾讲过《学问上之道与术》（该文收入《学籥》）一题，今将此讲与前讲配合，则此讲所谓之创造意志与领导原则，即约略相当于上讲中之"道"，此创造意志配合上外面种种限制条件则有所谓"术"。

学问亦是一种创作体，要学问成一系统，即应有结构，即组织。有作用，即意义。先由创造意志来作领导原则而决定其形成计划，此即是求学之志与为学之方。若仅在讲堂或图书馆中听讲、读书，而自己心中并没有浮现或成立一意志，此即没有领导之原则。无原则就无方法可言。有了志向，才有方法。方法只是针对外面种种限制条件而起，如读一书，必有许多限制条件存在。此等限制条件，一面须能避免，一面须能运用。必先打开此限制，始能有创造。故任何一门学问，一面要有组织、有意义。

此原自学者之创造意志。又必配合上外在的条件限制,而后始有实际的形成计划。学问系统即由此而完成。

(四)

依照中国传统,应说学问有三大系统。因其创造意志有不同,故其形成计划亦不同。

第一系统是"人统"。其系统中心是一人,中国人说:"学者所以学为人也。"一切学问,主要用意在学如何做一人,如何做一理想有价值的人。此乃吾人从事学问之一种创造意志与领导原则。因此,其所成之学问,亦以如何做人为中心,为系统。换言之,即是以此学者个人自身之完成为中心为系统。此种学问之目标即在人。此种学问之结构,亦即在从事此学之人。忽略了此人,即不见此人之学问之目标与其结构。故说:此种学问,乃是以人为统者。

第二系统是"事统"。即以事业为其学问系统之中心者。此即所谓"学以致用"。人之本身,必然期有用。吾人之所以从事于学、学为人,其主要动机及其终极意义,乃在对社会人群有用、有贡献。故其所完成之学问,以人生为中心者,必连带及于事业。惟事业之范围甚广,而人之才性有异,智力有限,机缘亦别,有专于某一项或某几项事业有兴趣、有抱负,而从事于学者,遂成为学问之第二系统。因其为学之中心在事业,故亦惟就其事业,始能见其学问之大体。

第三系统是"学统"。此即以学问本身为系统者。近代中国人常讲"为学问而学问",即属此系统。如治史学,治哲学,好像每一套学问,各有其客观的外在,在于人之完成与社会人群事业之实际应用之外,而别有此一套学问体系之存在。于是学问遂若与人与事分离而自成一系统。此与前两系统之分别,一在由人来做出此学问,而此则是学问超然于人之外,乃由学问而来产生出学人。但学问亦是一事业,任何一项学问之在人群社会中,亦各有其贡献。因此,第三系统在人统事统之意义上言,则仍是一贯递下,可认为是事统之一分支。

(五)

上面将学问分成如是的三系统,恰与中国人一向传述的所谓"立德、立功、立言"三不朽相呼应。有志立德,自然走上第一系统。有志立功,则走上第二系统。有志立言,以著述文章传世,则走上第三系统。

但此三系统亦只是姑为之分类而已。在中国学术史上的开始阶段,似乎中国人只看重了第一、第二系统。在中国人之观念中,似乎并不曾很早便认为有一种客观外在之学术系统之存在。

孔子尝说:"古之学者为己,今之学者为人。"由我想来,孔子说的"为己",是指第一系统之学而言。孔子说的"为人",是指第二系统之学而言。孔门学分四科:"德行",有颜渊、闵子骞、冉伯牛、仲弓等,此属第一系统。"言语",有宰我、子贡。"政事",有冉有、季路。此皆专注重在政治社会之实际应用上,所学必求为人用。此项学问乃似为人而有,故称之为为人之学。第四"文学"一科,有子游、子夏。就近代观念言,似乎此一科近于为学问而学问。但在孔门当时实无此想法。文学只是博学于文。在学问意义上,则只似一项准备功夫。论其究极用意,则仍还在立德或立功上。当然孔子所讲的立德,决非是一种无用之德,决非是不能为用于人。所以说:"用之则行,舍之则藏。"可见第二系统亦已包括在第一系统之内。而子路、子贡诸人,其所学问之背后，皆有一理想人格在做主。因此，儒家讲学则必然是注重在第一、第二系统者。《论语》开首第一句话即曰："学而时习之。"此一"学"字，可谓是只指第一、第二系统之学言，并不如现代人观念中所谓之"为学问而学问"之学，即我所谓之第三系统。

我们也可说孔子为学之创造意志乃是"仁"，其形成计划乃是"智"。中国人传统观念中之理想人格即是"圣"，圣之一目标，主要在求完成自己所具之"德"。所谓"内圣外王"，自可由其所学而发挥出大作用。至孔子所云"好古敏求"，其所好所求之对象，虽必穿过典章文籍，即孔门所谓之文学，而善下其博文功夫，但其所好所求之最终目标，则仍不出于为己为人，即立德与立功之两途。显然是属于上述之第一、第二系统者。故可说在当时，实无一种为学问而学问之想法。换言之，学问则只是一工具，其本身不成一目标。

（六）

现在我想试依曾国藩《圣哲画像记》中所列举之三十二人，来分别指出其学问之系统。就曾氏此文之题目言，"圣"、"哲"二字，即属第一系统。可见曾氏此文之主要意义重要在此三十二个人，其次才是此三十二人之所学。我们做学问之主要目标，则在由其学以企其人。此三十二人是："文、周、孔、孟、班、马、左、庄、葛、陆、范、马、周、程、朱、张、韩、柳、欧、曾、李、杜、苏、黄、许、郑、杜、马、顾、秦、姚、王。"

文、周、孔、孟，显属第一系统。孔子曰："甚矣，吾衰也，久矣吾不复梦见周公。"又曰："文王既殁，文不在兹乎？"可见孔子平日之好古敏求，其心目中必常有文王、周公二人，因其人而及其道。孔子之求行道于天下，亦求如文王、周公之行道于天下而已。我们若用"体"、"用"观念来述说，亦可谓：做人是体，行道是用。为学则由第一系统以达于第二系统。在孟子心目中则是一孔子，故曰："乃我所愿，则学孔子。"若非其人，其道亦即无所依存。而且深言之，则是由其人而始创此道。故学贵重道，尤贵重人。第二系统之学重在用世，用世自必重道。然正因学者本身的人格力量不足，故由人而见之道，亦必有限。故古人为学则必以第一系统为之立本。

其次班、马、左、庄。就今日言之，史学、文学、哲学，都已各成为一项专门学问，此似应属第三类。但司马子长作《史记》，其意实欲学孔子，上绍《春秋》。彼所谓："通天人之际，明古今之变，成一家之言。"此绝非纯然为史学而史学。彼意所在，至少应属第二系统。故讲中国人之史学，其最先之创造意志，乃在道，更在人。如司马氏之作《史记》，乃在学孔子之明道救世，其主要目标仍在求用。而第二系统之学之本原所在，则仍须上溯及于第一系统。故司马氏《孔子世家赞》有谓："高山仰止，景行行止，虽不能至，心向往之。"可见司马氏心中仍是向往孔子其人。惟力不能至，则成就其为第二系统之学而已。

庄子就今日言，彼乃先秦诸子中之一家。先秦诸家中最显要者，儒家以外应推道、墨两家。其实，此两家之学，都应归入第一、第二系统之内。因在彼辈心中，决非想要发现一套真理，发明一套哲学，如今人所想像之为哲学而哲学而止。在彼辈心中，主要问题，亦只在如何做一人。如《老子》书中，随处见其有一理想之圣人。庄子则更显然。《庄子》一书，主要仍只在教人如何做一人，如何做一理想人，如天人、至人、真人等。即墨子亦然，试读《墨子》书，主要仍是在教人做人，做一兼爱之士，做一像大禹般的人。中国人所以一向看重此三家，在当时此三家所以得最为显学者，正因其所学乃属于第一系统之故。

至如法家，只讲如何治国。名家，只重在求正名，辨名实。余如农家、纵横家、阴阳家等，此等皆当归入第二系统。在彼辈心中，亦全有一套治平理想，全有一项学以致用之观念。但不能如前三家之广大而深邃，不大注重到自己如何做人，教人如何做人，因此只陷在第二系统中。此下子学流变，如《四库全书》子部所收，包括有天文、医学、农、工各科，初一看之，像甚杂碎，与先秦诸子之学有不同。其实此等亦皆可归入第二系统中，因其皆所以致用者。故后人收之入子部，亦寓此意。子夏所谓："虽小道，必有可观。"中国后代都把子部之学认为是小道，其故亦由此。若如近代人观念，专把先秦诸子当作哲学或思想家看，则此下《四库全书》中子部所收，即无法讲通。此乃一种古今人之观念之变。在中国古人所以把天文、医药、农、工诸类，全归入子部者，亦自有其一套想法。惟与我们近代人所想有其不同而已。

再说葛、陆、范、马此四人，显然在第二系统中。诸葛年轻时高卧隆中，即自比管、乐。范仲淹为秀才时，即以天下为己任。后来他又说："先天下之忧而忧，后天下之乐而乐。"可见彼二人之学问皆从有志用世来，因此即走上了第二系统。如陆贽，只看他的奏议，自然知他乃是一极有学问之人。但他为学之主要目的，自然是偏在政治实用上。又如司马光著《资治通鉴》，虽是一部史学书，而特地要为此书加上"资治"二字，岂不亦是一种学以致用之观念之明白表示吗？但此四人，人品光洁，大节皎然，其学问境界必然能上透到第一系统，亦是无疑。

再说周、程、朱、张，此无疑应属第一系统。彼辈之学，主要在教人如何做人，此是他们的学问中心。我们若求明了孔、孟、程、朱之学问，则断然应从"人"之中心而着眼，断然应从做人的大体作研究。若不知孔、孟、程、朱其人，焉能懂得孔、孟、程、朱之学！若我们改从西方哲学观点来寻求，对此诸家之学，总嫌有不恰当处。不仅如此，而且必然把此诸家为学之最吃紧、最重要、最真实处忽略了。如孔子断不能仅称其为某一部门之学者，或一思想家，或说他的一套学问是哲学。周、程、朱、张亦然。我此所讲，虽不过只是大体上作此分别，但此一分别却甚不可忽。

周濂溪、程明道二人，更显然应属第一系统之下。周濂溪尝教二程寻孔颜乐处，又曰："志伊尹之所志，学颜渊之所学。"可见他指导人为学，其主要目标，其中心对象，都是一个人。如孔子，如颜渊，如伊尹。二程即受濂溪影响。而同时张横渠则稍有不同，彼著《正蒙》，用思深刻，似乎是有意在著述上。彼之思想亦甚有组织。比较说来，比濂溪二程，他似乎更近似一哲学家，可说他正是有一些近似于为学问而学问的气味。故二程有时批评横渠，说他学非自得。所谓自得，则正指其学问必从其自身真实生活中出发而完成。这样的学问，始是活的，所谓活泼泼的，亦即是所谓有德之言。此皆从第一系统来。而横渠则好像根据一题目，加以不断思索推演而得。这样的学问，便会移至生活之外面，向外寻求。因此，其所得也不称之为自得。此处二程意见，当知并不在批评横渠的哲学思想，乃是批评其治学方法。

至于朱子，他的学问，不仅和二程有不同，也和横渠有不同。他对一切学问都有兴趣、都理会。虽论其大系，仍和周、张、二程一路。但朱子在孔门，似乎像更多接近子游、子夏文学的一科。他在博学于文那一条路上，像是走得更认真。因此同时陆象山要起来反对他，说他支离。象山之学，吃紧在专讲做人，故他说："我虽不识一字，亦可堂堂地做一人。"象山显然是注重第一系统的。他不仅反对朱子，有时也反对伊川，他只认许了濂溪和明道。其异同处正在此。

但象山也只能反对伊川与朱子之学问方面，却不能反对到伊川与朱子之做人方面。大体言之，宋代的理学家都可归入第一系统。我们要了解宋人之理学，必要先了解宋人理学之创造意志，必须能对他们的实际生活、实际做人方面去求体悟。现代中国人对待传统文化常喜欢用一种予取予求的态度，截取古人枝节来自立新解。对于古人原来做学问的整个体系，与其创造此一套学问之血脉精神，却都忽略不理会。譬如讲宋明理学，也都举出一两个论点，只作一项哲学问题来衡量、来探讨。这正如将一桌子劈了作柴烧，可惜那桌子却为他破坏不复存在了。

此下"韩、柳、欧、曾、李、杜、苏、黄、许、郑、杜、马、顾、秦、姚、王"十六人，似乎都应归入第三系统。如杜佑、马端临考据历史制度，许慎、郑玄讲求经籍训诂，顾亭林、秦蕙田（撰《五礼通考》）亦都是考据之学，但他们也可说都从第二系统转入。经史之学，原本都重在用世。又如韩昌黎主以文明道，他自谓："好古之文，乃好古之道也。"又每以孟子自比。杜工部则心慕稷、契，而欲致君于尧舜。我们也可说韩志在传道，杜志在致治。虽然后人都把他两人奉为诗古文之大师，但他们之为学，亦还是从第一、第二系统转来。清儒如姚鼐，专治古文，但也说为学必义理、考据、辞章三者兼顾。王引之专精小学，而其所撰之《经传释词》，在训诂范围之内又专一注意来讲一些"虚字"。此可谓是专门之尤专门者，但此书极受当时人推崇。如此为学，像可谓真是为学问而学问，确然成其为专家之学的了。但论王引之著书本意，则仍在教人读"经"、读"传"，其心中所重视的应仍在第一系统。只其做出来的成绩，则显属第三系统而已。

我们根据上述，可见中国人学术传统实在是始终逃不出第一、第二系统之精神渊源。即如上引曾氏之《圣哲画像记》，也只是佩服此三十二位哲人和圣人，其主要目标仍在人，仍从第一系统来。若如近代人治学，接受西方观点，似乎学问自有系统，可以与人无关，乃把第三系统视为学问之正宗。这和中国以前旧观念大不同，故此提出，好教大家注意。

（七）

倘若我们除上举三十二人外，要再另找例证，则如：战国时屈原，他本是一政治家，忠君爱国，所志不遂，最后才写了一篇《离骚》。《离骚》虽为后来文学界推崇，然在屈原当时，他本人并非有志于文学，想要作一文学家。后人重其作品，但同样重此作者。我们读他的作品，并可知其学问之广博。他对中原文化、周孔传统，致力实深。可见他的学问，绝非第三系统文学一门可限。惟如汉代之司马相如，自以为其所作赋乃上承雅颂，好像也要把自己作品归入第二系统之内。但他实在只是一文人，除却他的文章外，其余无足取。如彼乃可说是为文学而文学之一位道地文人。他如贾谊、晁错，他们治学，显属第二系统。贾谊虽通经，但时人评其："不得为醇儒。"这就是说：他不得列入德行之科，并异于孔孟之第一系统的学问了。若依此看法，西汉一般经学家，自伏生、申公以下，都不过是第二系统。故"通经致用"四字，特为西汉人所重。

至东汉，跑出郭林宗一流新人物来，他们似乎较看轻经学，而更讲究做人，这乃自第二系统要翻回到第一系统去的一种运动。此项新风气，直下到魏晋南北朝人讲庄老，其实一般动机乃在学庄老之做人，仍是注重讲人生，仍当属第一系统。不过他们的生活环境实与庄老不同。所以魏晋清谈人物自成一格，不能与先秦庄老相比。此下转入佛教，佛教之主要精神，自然也在教人做人。但只是教人如何做一出家人而已。其后禅宗大兴，把此一条路走得最彻底，把如何做一出家人转成为如何成佛。就大体言之，彼辈所讲亦可谓是第一系统者。

隋末王通在河汾讲学，所讲则只是一套治平之学，其意欲学孔子。惟所学之对象则重在第二系统。北周苏绰亦通经学、佛学，为北周兴起制度。其学亦当列入第二系统中。唐初如房玄龄、杜如晦、魏征诸人，皆是学者。此诸人可谓与诸葛亮等相近，均偏在学以致用方面，都应归入第二系统。惟后人论学，却把此一类人忽略了。治史的，则只重其人物与功业。论学的，则把他们搁置一旁。其实如诸葛，如苏绰，如唐初诸贤，苟其无学，如何能成此人物、建此功业？这正如宋儒以下论孔门人物，都忽略了子路、子贡等人一般。若如此，则孔门四科，岂不只有德行、文学两科堪称学问吗？此与本题所讲着眼不同，请大家注意。

至如宋儒讲理学，其实受禅宗影响甚大，禅宗与理学皆应归入第一系统。惟宋儒除理学家外，第二、第三系统之学问亦甚发达。元、明人治学，亦以第二、三系统者为多。惟陈白沙、王阳明一般理学家，仍属第一系统。

（八）

入清以后，顾亭林提出"行己有耻，博学于文"之口号。其所为《日知录》自谓："以待王者兴。"则其治学精神，显然渊源于第一系统而应列入第二系统者。此外如黄梨洲、王船山，皆不能专目之为史学家或哲学家。彼等心中皆各有一做人标准，并各有一番"淑世"精神，仍与亭林一般，出入在第一、第二系统之间。其后汉学家辈出，当时人做学问遂似明显地走上了为学问而学问之途径。清儒之经学与考据，乃显然成为应属第三系统方面之学问。在清代学术中，才始更透出了我们今天所看重的专家分科精神。在他们的学问上，各自有一套严肃之方法与态度。故近人谓清学近似于西方之科学方法，此语自亦有理。即如王引之撰《经传释词》，又如段玉裁穷毕生之力为《说文解字》一书作注，可见在学问上之专家分科精神，到清儒手里，是更见完成了。

惟近人喜称清学是一种"故纸堆中之学问"。此种批评，却有不公平处。其实在当时汉学正统如苏州惠派，相传其家中有一联云："六经师许郑，百行法程朱。"可见在他们心中，仍不失中国传统精神，仍还是看重在做人上，并未割断了第一系统之血脉。他们所谓"训诂明而后义理明"，何尝撇弃了义理，来专治训诂。若我们单从清儒做人方面，就其日常生活及私人道德方面来平心审察，清儒要为不失前人矩矱。即如江藩《汉学师承记》一书，虽其叙述重在各人之治学，但亦时时提及他们的私人道德，其中不少值得我们仰敬。可知清儒并不曾把此传统一路放弃不管。在我旧著《近三百年学术史》一书中，曾特地提出如毛西河、阎百诗诸人，而批评其人格之缺欠处。但终不能以此少数人为代表，而全部把清儒之人品立德方面一概抹杀了。如戴东原，就其私人道德言，或不无可议。然如钱竹汀，则为人光洁平实，殊无隙可击。

其实清儒并非只钻故纸堆，只讲考据名物训诂，只着重做一专家学者。他们亦还不失旧传统，仍讲究做人。至少他们能一生安心为学，相尚以朴学为号召，不希荣遇，不务闻达，确然皆有以自守。即此便是受传统之赐。尤其如高邮王氏父子,虽为高官,而敦品修行,始终不脱书生本色。段玉裁仅任一县令。钱竹汀中年即弃官不就,专任一书院山长,把毕生精力尽贡献于学术。清儒中负不朽盛业的,皆不在政治上求进显。而在政治上得意的,又多能不忘学问,不仅其自身有成就,而对同时学术界,尤能尽其奖拔诱进之能事。直到晚清如陈兰甫等,其学脉精神,均显然与我上说第一系统有渊源,有血脉相通。大体说来,在中国学术史上之一辈学者们,都和我们此刻所想像之所谓专家学者、为学问而学问之纯然应入第三系统者有其不同。此层极属重要,姑在此提出。但恨不能精细详说了。

(九)

现在试根据上述,再来和近代渊源于西方的学术观点作一约略的对比。

似乎西方人一向认为学问乃有一外面客观的存在,有其本身自有之疆境与范围。所谓学问,则只是探究此客观之外在,而又宜各分疆界范围以为探究。如讲宗教,主要对象乃是上帝与天国,即客观外在者。宗教之信仰,即信仰此外在。宗教徒所研寻,亦即研寻此外在。又如云"凯撒之事由凯撒管",则把人世社会事另划出一范围,宗教家避不过问。而政治社会上一切事,在西方人看来,仍像是一种外面的客观存在,只是其范围对象各不同而已。西方哲学家则想综合此一切外面存在,而会通研寻此一外在之整体,或此一综合之真理。此一整体之与真理,实是超越于人群社会种种事态之外者。故此一存在,可称之为"超越的存在"。超越的存在,则必然是抽象的。西方的宗教、哲学与自然科学,所研寻者都属在外,都先应超越于人事,此处不具论。

即在西方之人文学方面,亦复分门别类,如政治、经济、法律等,都是各有疆域,各有范围,皆可各别研寻。甚至如文学、史学、艺术等,就西方学术观念言,亦颇似各有一客观外在之学问疆域,仍可各别研寻。在此向外研寻中,获得了一理论,再回头来在人生实务中求实现。故西方人做学问,主要在寻求真理。而寻求真理,事先即抱一超然事外之心情。因此其学问遂走向分科专门化之路。而每一门学问,则必要到达一超越抽象之境界。

即如当年马克思在伦敦研究他的经济学,发现了资本家之利润所得,乃来自劳动剩余价值。由此发展,造成他一番超越抽象之理论,成为他自己的一套历史哲学。此套哲学之最高原理,即是由存在决定了意识,讲历史依循着阶级斗争之必然法则而前进。然后马克思及其信徒,把他那一套最高真理要求落实,表现在实际社会上。则此社会必须革命,成为无可避免之事。其实不仅马克思一家学说为然,即如亚当·斯密之自由经济理论何莫不然。又如在政治学上,如孟德斯鸠之《法意》、卢梭之《契约论》等亦然。彼等都能在学问疆界中建立起一个抽象超越而概括性的理论,于是回过头来,要求社会现实与之配合,则自然会引起法国大革命。西方人此种研究学问的态度,在中国传统中比较少见。

固然此种研究,亦为人类社会开辟了许多的境界,提供了许多新意见。但也可说有两项易见之弊:一则各自分道扬镳,把实际人生勉强地划开了。如研究经济的可不问政治,研究文学的可不问历史等。第二,各别的研寻,尽量推衍引申,在各自的系统上好像言之成理、持之有故,但到底则每一项学问,其本身之系统愈完密,其脱离人生现实亦将愈显著。如此一来,再要把各项

有关学问之系统

学问研寻所得来在人生实际社会上应用，自然会有很多困难和不可预防的病害出现。因此我们可把中西方学术系统之建立，分作如下的分别：中国人乃是先有了一"用"的观念，而始形成其学术上种种之"体"者。西方人则似先肯定了此种种之"体"，而后始求其发为种种之"用"者。实因"明体"与"达用"之两种创造意志之不同，而始有循此以下之分歧。

若把西方学问的大体来和中国传统相比，似乎西方人最缺乏中国传统中之第一系统，即他们并不注意到如何做人的这一门学问。在西方人做人的理想中，似乎只想到如何做一宗教徒，如何做一国家公民。做学问的，则只问如何做成一学者，如哲学家、文学家等。其他则如做一政治家、律师、医生，及各种行业中的人物等，他们却似乎没有一个共通的做人理想。除却此种种分别外，是否有一做人的共通大原则、共通大道理，他们似乎没有像中国传统如上所述学问的第一系统之所注意而讨究。因此，中国学问都自第一系统递进而至第二、第三系统。而西方则似正相反，可谓乃是以第三系统为主，乃自第三系统而逆归至第二、第一系统者。

在中国传统学术中只有佛学，其先本自印度传入，比较和中国原有传统有不同。但到隋唐时代，天台、华严、禅宗中国化的佛学出现，佛学精神也便逐步接近了中国旧传统。尤其可见者是禅宗。此层已在上提及。

惟其中国学问传统有如此一特点，所以中国人讲学问常说："道不远人"，"理即事见"。不太远超越了实际人事来向外研寻，不重在学问自身来寻求系统。若如在中国出了一个马克思，他看到当时资本主义之流弊，必会提出许多实际改革方案，来求在人事上逐步矫正，其学即走入了第二系统。却不致因此推寻愈远，发挥出一套距离现实太远的阶级斗争与唯物史观的理论来。这因中国人做学问,主要在求如何做人、做事,即在现实人事中来寻求其合理改进之可能。不像西方般先在人事之外来寻求一项终极最高真理,再把这一项真理来衡量一切人事。如是,则只有革命一途。革命则是根据真理来改造事实。而真理则是超越于事实而外在者。此一观念,在中国学术史上很少发挥。

到今天,西方各门学问演进到几乎难以综合的地步了。而人事也不能时时处处要革命。其实革命实在也本不是一理想,只是一不得已。而且在落后社会中要求发生革命尚较易,待此国家社会进步到某一阶段,到那时再求革命,实很难。而且革命所得,其实也往往不如革命前的理想所期望。今天的西方学问,似乎已无可会通。而革命改造在他们的现实状况下,也无法痛快实现。于是乃至陷入于一种进退维谷、一筹莫展之困境。于是在此境况下,要求有能推倒一世豪杰,开拓万古心胸的大哲学家、大文学家出现,也已不可能。然而这又何尝定是人类文化前途之一种可悲观的消息。说不定在这里,正是西方学术文化新生一契机所在呀!

(十)

中国人做学问,主要即在讲"做人",尤其主要在求改进他自己,所谓:"三人行,必有我师焉,择其善者而从之,其不善者而改之。"此乃是一种极具体,极现实,逐步向前,人尽可行的大道,绝非一种超越抽象之谈。自做人之共通理想进一步,遂有所谓"道"。道亦指人生实事言。人生实事之改进,则亦是极现实,极具体,自近及远,自卑登高,惟求其逐步向前,而无所谓彻底改造。故曰:"天理不外人情""忠恕为道不远"。"忠恕"是中国人所讲人生共通一大道。但若真讲忠恕,则此社会便很难有革命。因此中国人讲人道,注重在教育与教化。尤贵尽其在我。"君子思不出其位",虽若是各就自己个人分内尽力,但也有一共同目标,共同方向,共同步骤。在这里,人人能知能行,而又不易出大毛病。此即是中国人之所谓"道"。学问主要目的,正在明道行道。而道亦可以变,可以进。但其变其进,却不必要革命。

今天要来讲明中国学问之传统精神,此事实不易。因其非可自书本上作研求,更非短篇演讲所能尽意。诸位应先各自具有一番创造意志,自此创造意志来决定自己学问之形成计划。今天的中国社会,已是近一百年来深受西方影响,而日趋于现代化的社会。换言之,中国社会早已走上了西方路子。际此形势之下,我们应如何以古学为今人?即是如何把中国自己传统精神与现实需要相配合,这一层却大可有研究。我想我们且莫放大步,倡言革新。我们且不妨跟从清代学人入手。因清代学术实际上已发展完成了我上述之第三系统,其学问方法与其规模较近现代化,较可与西方学术接近。若越此而上,时代愈远,和我们今天的社会愈不一样,愈难追寻。轻言学术传统,谈何容易。探本穷源,心知其意,此一境界,实难骤企。诸位且不如先从事一门专家之学,求其可与现代社会相融洽。然后由此上溯,希望能接受到中国之旧传统。而循此往下,亦并不违背世界之新潮流。将来如何把此传统与新潮流汇合为一,则在诸位此下之努力。

(五卷十三期,已收入《中国学术通义》)

读书与做人

一九六二年十二月二日对慕德中学师生演讲词

今天在这讲堂里有年轻的同学，有中年人，更有老年人，真是一次很有价值、很有意义的盛会。如按年岁来排，便可分为三班。所以讲话就比较难。因为所讲如是年轻人比较喜欢的，可能年长的不大爱听。反之亦然。现在我准备所讲将以年长人为主，因为年轻人将来还得做大人。但年老了，却不能复为年轻人。并且年幼的都当敬重年长的，这好让将来的年轻人也敬重你们。至于年老的人，都抱着羡慕你们年轻人的心情，自然已值得年轻人骄傲了。

我今天的讲题是"读书与做人"，实在对年轻人也有关。婴孩一出世，就是一个人，但还不是我们理想中要做的一个人。我们也不能因为日渐长大成人了，就认为满足。人仍该要自己做。所谓做人，是要做一个理想标准高的人。这须自年幼时即学做。即使已届垂暮之年，仍当继续勉力学、努力做。所谓"学到老，做到老"，做人工夫无止境。学生在学校读书，有毕业时期，但做人却永不毕业。临终一息尚存，他仍是一人，即仍该做。所以做人须至死才已。

现在讲到读书。因为只有在书上可以告诉我们如何去做一个有理想高标准的人。诸位在学校读书，主要就是要学做人。即如做教师的亦然。固然做教师可当是一职业，但我们千万不要以为职业仅是为谋生，当知职业也在做人道理中。做人理当有职业，以此贡献于社会。人生不能无职业，这是从古到今皆然的。但做一职业，并不即是做人之全体，而只是其一部分。学生在校求学，为的是为他将来职业作准备。然而除在课堂以外，如在宿舍中，或是在运动场上，也都是在做人，亦当学。在课堂读书求学，那只是学做人的一部分。将来出了学校，有了职业，还得要做人。做人圈子大，职业圈子小。做人当有理想，有志愿。这种理想与志愿，藏在各人内心，别人不能见，只有他自己才知道。因此，读书先要有志。其次，当能养成习惯，离开了学校还能自己不断读书。读书亦就是做人之一部分，因从读书可懂得做人的道理，可使自己人格上进。

惟在离开了学校以后的读书，实与在学校里读书有不同。在学校里读书，由学校课程硬性规定，要笔记，要考试，战战兢兢，担心不及格，不能升级，不能毕业，好像是在为老师而读书，没有自己的自由。至于离了学校，有了职业，此时再也没有讲堂，也没有老师了，此时再读书，全是自由的，各人尽可读各人自己喜欢的书。当知：在学校中读书，只是为离学校求职业作准备。这种读书并不算真读书。如果想做一位专门学者，这是他想以读书为职业。当知此种读书，亦是做人中一小圈子。我们并不希望，而且亦不大可能要人人尽成为学者。我此所讲，乃指我们离开学校后，不论任何职业、任何环境而读书，这是一种业余读书。这种读书，始是属于人生的大圈子中尽人应有之一事。必需的，但又是自由的。今问此种读书应如何读法？下面我想提出两个最大的理想、最共同的目标来：

一、是培养情趣。人生要过得愉快、有趣味，这需用功夫去培养。社会上甚至有很多人怕做人了，他觉得人生乏味，对人生发生厌倦，甚至于感到苦痛。譬如我们当教师，有人觉得当教师是不得已，只是为谋生，只是枯燥沉闷，挨着过日子。但当知：这非教师做不得，只是他失了人生的情趣了。今试问：要如何才能扭转这心理，使他觉得人生还是有意义有价值？这便得先培养他对人生的情趣。而这一种培养人生情趣的功夫，莫如好读书。

二、是提高境界。所谓境界者，例如这讲堂，在调景岭村中，所处地势，既高又宽敞，背山面海。如此刻晴空万里，海面归帆遥驶，或海鸥三五，飞翔碧波之上。如开窗远眺，便觉眼前呈露的，乃是一片优美境界，令人心旷神怡。即或朗日已匿，阴雨晦冥，大雾迷蒙，亦仍别有一番好景。若说是风景好，当知亦从境界中得来。若换一境界，此种风景也便不可得。居住有境界，人生亦有境界。此两种境界并不同。并非住高楼华屋的便一定有高的、好的人生境界，住陋室茅舍的便没有。也许住高楼华屋，他的居住境界好，但他的人生境界并不好。或许住陋室茅舍，他的居住境界不好，而他的人生境界却尽好。要知人生境界别有存在。这一层，或许对年轻人讲，一时不易领会，要待年纪大了、经验多、读书多，才能体会到此。我们不是总喜欢过舒服快乐的日子吗？当知人生有了好的高的境界，他做人自会多情趣，觉得快活舒适。若我们希望能到此境界，便该好好学做人。要学做人，便得要读书。

为什么读书便能学得做一个高境界的人呢？因为在书中可碰到很多人，这些人的人生境界高、人生情味深，好做你的榜样。目前在香港固然有三百几十万人之多，然而我们大家的做人境界却不一定能高，人生情味也不一定能深。我们都是普通人。但在书中遇见的人可不同，他们是由千百万人中选出，又经得起长时间考验而保留以至于今日。像孔子，距今已有二千六百年，试问中国能有几个孔子呢？又如耶稣，也快达二千年。他如释迦牟尼、穆罕默德等人。为什么我们敬仰崇拜他们呢？便是由于他们的做人。当然，历史上有不少人物，他们都因做人有独到处，所以为后世人所记忆，而流传下来了。世间绝没有中了一张马票，成为百万富翁而能流传后世的。即使做大总统或皇帝，亦没有很多人能流传让人记忆，令人向往。中国历代不是有很多皇帝吗？但其中大多数，全不为人们所记忆，只是历史上有他一名字而已。哪里有读书专来记人姓名的呢？做皇帝亦尚无价值，其余可知。中马票固是不足道，一心想去外国留学，得学位，那又价值何在、意义何在呀？当知论做人，应别有其重要之所在。假如我们诚心想做一人，"培养情趣、提高境界"，只此八个字，便可一生受用不尽。只要我们肯读书，能遵循此八个字来读，便可获得一种新情趣，进入一个新境界。各位如能在各自业余每天不断读书，持之以恒，那么长则十年二十年，短或三年五年，便能培养出人生情趣，提高了人生境界。那即是人生之最大幸福与最高享受了。

说到此，我们当再进一层来谈一谈读书的选择。究竟当读哪些书好？我认为，业余读书，大致当分下列数类：

第一是修养类的书。所谓修养，犹如我们栽种一盆花，需要时常修剪枝叶，又得施肥浇水。如果偶有三五天不当心照顾，便绝不会开出好花来，甚至根本不开花，或竟至枯死了。栽花尚然，何况做人！当然更须加倍修养。

中国有关人生修养的几部书是人人必读的。首先是《论语》。切不可以为我从前读过了，现在毋须再读。正如天天吃饭一样，不能说今天吃了，明天便不吃。好书也该时时读。再次是《孟子》。《论》《孟》这两部书，最简单，但也最宝贵。如能把此两书经常放在身边，一天读一二条，不过花上三五分钟，但可得益无穷。此时的读书，是各人自愿的，不必硬求记得，也不为应考试，亦不是为着要做学问专家或是写博士论文，这是极轻松自由的，只如孔子所言"默而识之"便得。只这样一天天读下，不要以为没有什么用。如像诸位每天吃下许多食品，不必也不能时时去计算出在里面含有多少维他命、多少卡路里，只吃了便有益。读书也是一样。这只是我们一种私生活，同时却是一种高尚享受。

孟子曾说过："君子有三乐，而王天下不与存焉。"连做皇帝王天下都不算乐事，那么，看电影、中马票，又算得什么？但究竟孟子所说的那三件乐事是什么？我们不妨翻读一下《孟子》，把他的话仔细想一想，那实在是有意义的。人生欲望是永远不会满足的，有人以为月入二百元能加至二百五十元就会有快乐。哪知等到你如愿以偿，你仍然觉到不快乐。即使王天下，也一样会不快乐。我们试读历史，便知很多帝王比普通人活得更不快乐。做人确会有不快乐，但我们不能就此便罢，我们仍想寻求快乐。人生的真快乐，我劝诸位能从书本中去找。只花三两块钱到书店中去，便可买到《论语》、《孟子》，即使一天读一条，久之也可有无上享受。

还有一部《老子》，全书只五千字。一部《庄子》，篇幅较巨，文字较深，读来比较难。但我说的是业余读书，尽可不必求全懂。要知：即是一大学者，他读书也会有不懂的。何况我们是业余读书，等于放眼看窗外风景，或坐在巴士、渡轮中欣赏四周景物，随你高兴看什么都好，不一定要全把外景看尽了，何况是谁也看不尽。还有一部佛教禅宗的《六祖坛经》，是用语体文写的，内中故事极生动,道理极深邃,花几小时就可一口气读完,但也可时常精读。其次,还有朱子的《近思录》与阳明先生的《传习录》。这两部书,篇幅均不多,而且均可一条条分开读,爱读几条便几条。我常劝国人能常读上述七部书。中国传统所讲修养精义,已尽在其内。而且此七书不论你做何职业,生活如何忙,都可读。今天在座年幼的同学们,只盼你们记住这几部书名,亦可准备将来长大了读。如果大家都能每天抽出些时间来,有恒地去读这七部书,准可叫我们脱胎换骨,走上新人生的大道去。

第二是欣赏类的书。风景可以欣赏,电影也可以欣赏,甚至品茶喝咖啡,都可有一种欣赏。我们对人生本身也需要欣赏,而且需要能从高处去欣赏。最有效的莫如读文学作品,尤要在读诗。这并非要求大家都做一个文学家,只是要能欣赏。谚语有云:"熟读唐诗三百首,不会作诗也会吟。"诗中境界,包罗万象。不论是自然部分,不论是人生部分,中国诗里可谓无所不包。一年四季,天时节令,一切气候景物,乃至飞潜动植,一枝柳、一瓣花,甚至一条村狗或一只令人讨厌的老鼠,都进入诗境,经过诗人笔下渲染,都显出一番甚深情意,趣味无穷。进至人生所遇喜、怒、哀、乐,全在诗家作品中。当我们读诗时,便可培养我们欣赏自然,欣赏人生,让诗中境界成为我们心灵欣赏的境界。如能将我们的人生投放沉浸在诗中,那真趣味无穷。

如陶渊明诗:

犬吠深巷中,鸡鸣桑树颠。

这十个字,岂非我们在穷乡僻壤随时随地可遇到!但我们却忽略了其中情趣。经陶诗一描写,却把一幅富有风味的乡村闲逸景象,活在我们眼前了。我们能读陶诗,尽在农村中过活,却可把我们带进人生最高境界中去,使你如在诗境中过活,那不好吗?

又如王维诗：

> 雨中山果落，灯下草虫鸣。

诸位此刻住山中，或许也会接触到这种光景。下雨了，宅旁果树上，一个个熟透了的果子掉下来，可以听到"扑""扑"的声音。草堆里小青虫经着雨潜进窗户来了，在灯下唧唧地鸣叫着。这是一个萧瑟幽静的山中雨夜，但这诗中有人。上面所引陶诗，背后也有人。只是一在山中，一在村中。一在白天，一在晚上。诸位多读诗，不论在任何境遇中，都可唤起一种文学境界，使你像生活在诗中，这不好吗？

纵使我们也有不能亲历其境的，但也可以移情神游，于诗中得到一番另外境界。如唐诗：

> 松下问童子，言师采药去；
> 只在此山中，云深不知处。

那不是一幅活的人生画像吗？那不是画的人，却是画的人生。那一幅人生画像，活映在我们眼前，让我们去欣赏。在我想，欣赏一首诗，应比欣赏一出电影片有味。因其更可使我们长日神游，无尽玩味。不仅诗如此，即中国散文亦然。诸位纵使只读一本《唐诗三百首》，只读一本《古文观止》也好。当知我们学文学，并不为自己要做文学家。因此，不懂诗韵平仄，仍可读诗。读散文更自由。学文学乃为自己人生享受之用，在享受中仍有提高自己人生之收获，那真是人生一秘诀。

第三是博闻类。这类书也没有硬性规定。只求自己爱读，史传也好，游记也好，科学也好，哲学也好，性之所近，自会乐读不倦。增加学识，广博见闻，年代一久，自不寻常。

第四是新知类。我们生在这时代，应该随时在这时代中求新知。这类知识，可从现代出版的期刊杂志上，乃至报章上找到。

这一类更不必详说了。

第五是消遣类。其实广义说来，上面所提，均可作为消遣。因为这根本就是业余读书，也可说即是业余消遣。但就狭义说之，如小说、剧本、传奇等，这些书便属这一类。如诸位读《水浒传》、《三国演义》、《红楼梦》，可作是消遣。

上面已大致分类说了业余所当读的书。但诸位或说生活忙迫，能在什么时候读呢？其实人生忙，也是应该的。只在能利用空闲，如欧阳修的"三上"，即枕上、厕上和马上。上床了，可有十分一刻钟睡不着。上洗手间，也可顺便带本书看看。今人不骑骡马，但在舟车上读书，实比在马上更舒适。古人又说"三余"：冬者岁之余，夜者日之余，阴雨时之余。现在我们生活和古人不同，但每人必会有很多零碎时间，如：清晨早餐前，傍晚天黑前，又如临睡前，一天便有三段零碎时间了。恰如一整块布，裁一套衣服以后，余下的零头，大可派作别的用场。另外，还有周末礼拜天，乃及节日和假期。尤其是做教师的，还有寒暑假。这些都可充分利用，作为业余读书时间的。假如每日能节余一小时，十年便可有三千六百个小时。又如一个人自三十岁就业算起，到七十岁，便可节余一万四千四百个小时，这不是一笔了不得的大数目吗？现在并不是叫你去吃苦做学问，只是以读书为娱乐和消遣，亦像打麻雀，看电影，哪会说没有时间的！如果我们读书也如打麻雀看电影般有兴趣，有习惯，在任何环境任何情况下都可读书。这样，便有高的享受，有好的娱乐，岂非人生一大佳事！读书只要有恒心，自能培养出兴趣，自能养成为习惯，从此可以提高人生境界。这是任何数量的金钱所买不到的。

今日香港社会读书风气实在太不够，中年以上的人，有了职业，便不再想到要进修，也不再想到业余还可再读书。我希望诸位能看重此事,也不妨大家合作,有书不妨交换读,有意见可互相倾谈。如此,更易培养出兴趣,只消一年时间,习惯也可养成。我希望中年以上有职业的人能如此,在校的青年们他日离了学校亦当能如此,那真是无上大佳事。循此以往,自然人生境界都会高,人生情味都会厚。人人如此,社会也自成为一好社会。我今天所讲,并不是一番空泛的理论,只是我个人的实际经验。今天贡献给各位,愿与大家都分享这一份人生的无上宝贵乐趣。

(五卷十五期,已收入《历史与文化论丛》)

衡量一间学校的三个标准

一九六三年二月二十二日春季开学
典礼及五十八次月会

各位先生、各位同学：

在每学期开学典礼和结业礼中，我总讲一些关于半年来学校的进步，和对下半年的希望。此即我常所讲之回顾与前瞻。去年最后一次月会，我因身体不适，没有出席，已由吴副校长对此半年之回顾与前瞻约略讲了。我今天所讲，则仍将是针对过去半年的检讨。但许多副校长已讲的，不再提。

今天我的讲题，可称为："衡量一间学校的三个标准"。我将把此三个标准来衡量我们新亚之已往。

衡量一间学校的第一个标准是物质上的，包括建筑和设备，那是具体摆在那里，可以与人共见的。

此刻我们第三期校舍建筑已完成，香港政府今晨正派员来查验，已予通过，下星期便可正式使用。记得我在第二次校舍落成典礼和以后好几次月会中，都曾再三说过："待第三期校舍落成后，我们学校在建筑方面，暂时将不会再增加。"到今天，第三期校舍落成了，我们也确可认为在校舍建筑上已粗具一规模，可以暂告一段落了。

除建筑外，更重要的，则属内部设备。如图书馆和理学院各科实验室等，此刻也在日求充实中。回想我们学校在桂林街以前，曾有半年，只借人家一所中学的两个课室，夜间上课。以后搬到桂林街，又扩充到嘉林边道，最后始在此地自建校舍，至今已经过三期的建筑。在最初，真是连做梦也没有想到的。今天的"新亚"，总算已成为一间小规模的学校，已算奠定了一个相当的基础，值得我们满意。

衡量一间学校的第二个标准，我们要问那间学校拥有多少教授和开设几多课程？乃至这间学校的学生在学业上的成就究如何？在桂林街时，我们只有极少几位教授。到今天，我们教授人数，专任兼任，比较当时，何啻增加了十倍二十倍。关于我们学校诸位教授在学术上的地位，我们固不便自吹自许。但诸位既是来此就学，在诸位心里，也自应明白。至少在我本人，可以借此机会告诉大家。我们历年聘教授都不是随便的，各教授的学历资历和其学术成就如著作论文等，这些也都是具体可以与人共见的。至少我们学校的教授人选，应不会比别的大学太差了。这也不单是把来和香港一地相比，即把来和目前乃至以前国内的大学和世界各国大学相比也如此。我们的教授们，有些在学术上有地位、有名誉，他们有著作、创造，而且大多数并不单是一位专一从事讲堂教课的教书先生，而同时是一位继续从事研究的学者。当然，我也不好说我们的教授每一位都如此。我们只是一间五百学生的学校，论我们的教授阵容，就其比数言，定可说决不比国内和国际大学的教授阵容过于相差了，这是我至少可以说的。因此我们当前所拥有的教授阵容，也该值得我们看重。而且诸位更应知道，一位教授只要在学术上真有成就、有地位，则其成就与地位不仅限于今天，至少该有十年二十年以上的继续价值。因此，也可说他们的成就不单是今天的，而还是明天的。这层诸位应该郑重认识。

其次,学校所开课程,一部分亦可代表教授们的成就。我们在桂林街时,虽然设有文、商两学院,但所开课程,却简陋得可笑。如文学院,文学、历史、外文只合设一个文史系。商学院情形也如此。到今天,我们络续增设有十二个学系,共有了三个学院。诸位当知,一间大学要添多一学系,增辟一学院,那不是一件轻易的事。如我们文学院添设艺术系,开始甚困难,我们既无经济准备,在校务会议和校董会议上,都引起了很多辩论,才获通过设立。当时我曾说:"我们的艺术系真是从无到有,恰如新亚的缩形。"虽然到今天,我们艺术系的成绩仍不够理想,但总是我们新亚一特色,社会上各方面也都很看重这一系。至于此后我们能否扩大成立一艺术学院,乃至有一所像样的艺术馆等,这正待我们的努力。又如商学院添设工商管理系,也曾经过很大的困难和讨论。但到今天,工管系已有了一届毕业生,而且也有了颇好的成绩表现。我们在创办这一系时,我们的理想,求能予当地香港实业界工商社会以贡献,或说是能予以一种学术上之指导。当然,这是理想。在今天,我们仍未能达到,但总算已有一开端。

关于理学院方面,我们学校一开始,本即有此一理想。外边人都说:新亚是注重讲中国文化的,为何要办理学院?我们也深知此事不易。首先,要有良好的实验室。因限于经济,急切难解决。其次,教授人选更不易。科学日新月异,一九四九年以后以前在国内大学任教的老教授们,出来的不多,而且若没有继续作研究,可说在科学上是已落后了。而要请年轻一辈的,第一,在国外作科学深造的青年,都有出路,很少肯回来。第二,专作精深研究,而没有广博的科学知识和行政经验,也不适合我们的需要。我们的理想，要能请到那些具有广博的科学知识和在行政上有经验的老教授们来计划、来主持，而又能加以年轻的一辈，能和新潮流接近，如是互相配合。这些考虑，使我们的理学院，难于创始。到现在，我们理学院四学系中，还只请到了三位主任。另一位花了很大力气，因种种关系仍然未请到。但请来的，总是合理想的。不止有很高的学位和悠长的行政经验，而且更重要的，都能在学术上仍然继续不断在研究，不仅以教书为专业。这一层，诸位理学院同学该知道，不是理学院的同学也该知道。我们的理学院总算奠定了一个很好的基矿，以后能不断加上年轻新血新进教授之协助，我想不要几年，理学院的发展必然很可观。

我们若用第二个标准来衡量现在的新亚，把来回比在桂林街时的情形，我想我们学校在这方面的进步，也并不比在校舍建筑和图书仪器设备方面的增加，特别慢了些。

其次要讲到学生的表现。

新亚从开办以来，同学们的读书风气可说一路都很好，这是值得我们庆幸的。如我们研究所的成绩，可作为一个很好的例证。我们研究所所出《学报》，最早开始，多数是外边人写文章。到今天，已减到极少了。大部作品，都是本所导师和助理研究员的成绩，显见这是进步。又如：学校的《学术年刊》，那是代表全校各系教授们的研究成绩的。虽较《学报》为后起，但也已有其同等的价值和进步。另如：《生活双周刊》，报道学校同学们的团体活动，又刊登一些先生和同学的讲演或文章。又如经济、外文、中文、艺术各系，都已出版或在筹备中，有各系自己的刊物，而且也都有很充实的内容，这也是代表成绩的。

至于毕业离校的校友，已有十一届，在国外大学深造的比数相当高。我们全校学生，每年不超过五百个，但在海外的，到现在不止五十人,且能在最有名的国际学府获得最高学位,而在国内外大学正式任教的也已不少,已有了五六人以上。虽然数字像不算多,但论比数,则决不算少了。

我们若以第一标准,即物质方面的标准来衡量新亚,从无到有,短短十三年,现有成绩差可自慰。若用第二标准,即在学术研究上来说,我们幸运地能请到很多好教授,也有很多好学生,凭他们的学术成绩为新亚争光,此十三年来,实在也可使人满意。只是学术上的标准,不易看。如外边有人来参观,只看建筑,看图书仪器设备。纵说我们有《学报》,有《年刊》,有教授著作等,匆匆不易看。也不是只我们有,别人家没有。这一标准固重要,而衡量却不易。我们不好自己尽说自己好,要等别的识货人说,才算有意义。

这一假期内,吴副校长赴美出席杜威年会,顺道去耶鲁、哈佛等好多所和我们有关系的著名学府。他来信说:他接触到很多我们毕业的校友,和那边关心我们新亚的人。他所得印象,也很使我们得一些安慰。有几所大学,他们提起希望和我们能在学术上有紧密的合作,许多则愿在经济上帮助我们。诸位须知:我们只是一间十三年历史、只有五百学生的一所小学校,我们可能与具有十倍以上的历史,二三十倍以上学生的大学在学术上有合作,这是何等值得安慰的事!这层,待副校长回来,我想请他与诸位详细作一番谈话,让他告诉诸位。

回想我们在桂林街时,当时只希望能租有十间二十间房间作校舍,已很不易。今天我们有了三期的建筑,这真是大进步。但这种进步究不是了不得,只要有钱,就能有建筑。而且学校价值也不在建筑上。换言之,没有大建筑,甚至没有建筑,纵使是租屋设校,也可不失为一所有价值的学校。而且校舍建筑,也有个止境，再往前建筑尽多，价值却不免要递减。又如图书和仪器等设备，这种扩充，应是没有底止。但仍不是一个学校所最值重视的。所最值重视的，还是我们的成绩。此十三年来，究竟我们在此方面进步了多少？如教授们固然不断在研究，不断有新著述出版，但在学术上究竟有多少进步？那是不易言的。我们此十三年中，校舍可以从无到有，图书可从一本添到十万本，只要有经费，那些都容易。但求学术进步则甚难。甚至不但不进步，可能有退步。至少就我个人说，这几年在学问上，实是退步了。实因没有时间，潜心学问。遇执笔为文，总不比以前那般从容探讨，精心结构。现在写文章，往往竟是逼来的。我常因此自惭。就我们学校论，教授阵容是充实了，课程编排也扩大了。但如把最近几届毕业同学的成绩来看，难道也比前几届有很大进步吗？又难道可以说定没有退步吗？

我们当知，建筑和设备有了可以延续，教授阵容和课程开设也如此。但学业成绩却常变动，我们总希望它进步，而且进步无止境。我们不能说，今天新亚的学术水准已到了最高峰。我们不能自满自懈。不仅要虚心，又要明白自知。我们实不能真和世界上几个有名大学比。岂止不可比，也可说相差甚远呀！关于此方面，我们该求有大进步，而且还须时时提防可能有退步。

因此，我们在物质上可说该满足了，至少不要在这方面多奢望。而我们的学业成绩却万不能自满，要求天天向上，求能在国际学术水准上有份。若说校舍，不及哈佛、耶鲁，不及港大，甚至不及崇基，这些都可不论。但我们的学术水准，则决不可不论。只因此一标准衡量不易，也可说我们自己了不起，关起门来自称王，由我们自己夸张，别人也难辩。正因这方面的标准很难定，因此我们更该虚心，更该求上进。其实我们能用一个很高的水准来作衡量的话，那就十分容易了。

我们讲学问，万不可你我彼此相比。若讲历史，来和司马迁相比，或司马光相比。讲哲学，来和朱子、王阳明相比，不是很易知道自己的渺小吗？只有知道自己渺小，才能奋进，叫你有希望够标准。

我们在此标准上，即第二项学术标准上来说，我们实该时时警惕。我们需要一种做学问的胸襟和气度，不要比较学年分数，比较所得学位高下，比较毕业后职业。该在学术上把标准尽量提高，应以此一门学问中最高成就者来比。应知：他们也和我们一般，我们应该有志和他们作比。如我们理学院的同学们，大家和不久以前获得诺贝尔科学奖金的我们两位中国青年学者来作比，便知道我们新亚目前的学业水准太不够。

可是我们评论一间学校，仍有第三标准，这就是我们校歌里所唱的"新亚精神"。所谓精神，这标准则更是难说了。

如何叫作新亚精神？让我从浅显易明处说去。犹记我们第一期校舍落成，捐助我们建筑的某基金会适有人来参观，他表示很满意。我问他满意在哪里？他说：他知道香港房租贵，但我们的校舍全不在此着想，不仅无教授宿舍，连学校办公室地位也很小，而图书馆和课室却大。我想，这也就是我们的新亚精神了。精神，本应能随处流露，也可流露在建筑方面的。

去年有一位哈佛燕京社的先生，来看我们研究所。我说："我们的研究室太小了。"但他道："我们的更小呀！"这是确实的，我去哈佛时，确看到他们的导师室并不比我们的大。

我们学校建筑占地面积虽小，但拿我们的图书馆和教授研究室来讲，在整所建筑中，比例实在不小，也可说很大了。因此只从我们的校舍看，也可看出一部分新亚精神来。

当我们第一期校舍落成，曾有一位日本京都大学的前任校长来参观，他说新亚很有些处像京都大学。我不知道他说那句话时，在哪一方面欣赏着我们，而把新亚和京都大学比。无论从历史上，从现实上，像是无可相比。我想：那位校长所欣赏于我们的，也即是一种我们的精神流露吧。

但何谓精神？仍难讲，我将改说是一种气象吧。诸位学哲学文学的，都知道宋代大儒喜欢讲气象。我想艺术系的同学们，也该知道这"气象"二字。我从前在北平时，北大的气象是这样，清华的是那样，燕京的又是另一样。一校有一校的气象，常在学生们身上显露出。因教授可以同时在几间学府里兼课，就很难在他们身上显露出某一间大学的气象来。但从学生身上则很易见。每间大学各有其特殊的气氛，即如美国哈佛与耶鲁不同，英国牛津也与剑桥有不同。衡量一间学校，能注意到他们的特有气象，那是更不易的了。其实学校气象，主要还从学生身上见。学生在不同的学校，会有他们不同的风度和格调。如说：读书人有读书人的风度和格调，商人和官僚也有商人和官僚之风度和格调，军人艺术家各有他们各自的风度与格调。同样，作为一个大学生，他亦该有大学生的风度与格调，然后才有风度与格调上之不同处。以前在内地，一个青年跑进大学，尤其是进了那些有名的大学，他自会觉得他走进了另外一个新天地。他所接触到的都是新，不到一年两年，在不知不觉间，他自会具有一个大学生的风度与格调。可是在今天此地，我实在没有见过真正具有某种风度与格调的大学生。老实说，在殖民地统治下的大学教育，也不容易培养出我所谓的有风度格调的大学生。诸位有机会到外国去，便知道我此刻所说的真确性。

现在我再说，要拿教授水准和课程内容来衡量一间大学，已是困难了。若要把大学生的风度和格调来衡量,那便更困难。新亚在此方面,也实在最可惭愧。从此一标准来讲,我觉我们新亚还不像是一间大学。

诸位或要问:所谓大学生的气象和格调究是怎样来的呢?我想有两点可以说:一是每一个大学生应有一个人生理想。一个青年跑进大学,至少应培养出他个人的一个人生理想来。如他看到大学里面的教授们,有哲学家,有科学家,总会引起他一番羡慕向学之心,这就把他的人生理想提高了。至于他在课程方面所接触到的种种人生境界,那自然更广大更高深。诸位来此就学,注册上课,所接触的只是些课程和分数单,可能对一位教授学问人格上的高低深浅,一切莫名其妙。如此般的印象,怎会提起理想,接触到新境界?

我曾屡次告诉诸位:诸位来学校不可只重文凭和学分,要紧的是,能有一个人生理想,一番人生向往。一个宗教徒,他懂得向往天堂和上帝。你且问他天堂的情况,上帝的高矮肥瘦究怎样?他自然不知道,但他总有了这一番向往。我上面说我们要有人生理想,这也并非有具体内容可说。只要有此一向往,有此一想像,就是了。倘若一个人真能具有了如此的向往和想像,他的气象自会不同,他的格调也自会不同。接着第二步他的待人接物的态度也会因此而不同了。

我幼年曾在一中学读书,有一位体操先生,他给我印象很深。他是一日本留学生。有一天,我们上体操课,他跑到操场后说:"你们真不像样。"跟着他说起他在日本时,曾听人说:有一位大将临出军前检阅军队,那位大将一跑到检阅场,便说:"这样的军队不行,出去定会打败仗。"他退下,号召部属,叮咛教诫。过了几天,再去检阅。这一次,他满意了。他说:"像样了,可以临阵打仗了。"我常觉得，走进我们新亚，似乎缺了些什么似的。我虽说不出来，但也可说在精神方面，在气象方面，总有些不够。诸位若是信教的，当你走进一所教堂，自会觉得和教堂外面有不同。进到一所理想的大学，简单说，也该有些和外边不同才是。

我们又常说中国文化，究竟中国文化最要处在哪里？前几年，曾有人提起此语问我。我总回答说："中国文化最要处，是它的道德精神。"但到现在，我觉得此话不够鲜明。我想，中国文化之最重要、最特殊处，乃在其能看重学做人，在其能看出人的理想和境界，可以日新月异地上进。这种向上和前进，乃是人格的表现，但不一定便是道德的表现。由外面看来，像是平平常常的，并没有道德和不道德的鲜明界线之存在。但在其内心人格上，是可日有上进，实不平常的。信上帝，进天堂，是死后事。但是讲到孔子之道，中国文化之所重，则全在我们未死之前这一生，全在当下平常日用间。朱子曾说："读《论语》。今日读一章，明日便该觉得自己像换了一个人。"这已说到中国人讲学问之最高深、同时最切近处。诸位今天进大学，要能在明天也觉像是换了一个人。而且日日该如此。一日复一日，学无止境。"行年五十，而知四十九年之非"。在我们内心境界上，有一个天天上达、欲罢不能之境，这始是中国文化中独有的学问和独有的精神。

这种精神，不是要表露给人家看，所以说"古之学者为己"，又说："下学而上达，知我者其天乎！"孔子曾说，他"十有五而志于学，三十而立，四十而不惑，五十而知天命，六十而耳顺，七十而从心所欲不逾矩"。他的内心境界，真是天天在进步。又如颜渊，"一箪食，一瓢饮，在陋巷，人不堪其忧；回也不改其乐。"当知：箪食、瓢饮、陋巷，在外面的人尽可见，看来好像总如此。但讲到里面，颜子的内心方面，则天天在进步，所以他觉得是可乐。孔子亦说："我见其进，未见其止。"

我前面曾说：我在新亚此十三年中，学问是退步了。或许诸位可以说，我虚心，或能谦。但我总不能说我的做人退步了。因每一人之学问，可以停滞不长进。但论人格，却只能进，不能退。又且此种进步，只有自己一人知，不能为别人知。浅言之，如诸位毕业后，去当一小学教师，每月得薪二百元，如此一年复一年，可以老做一小学教师，老得月薪二百，这也无所谓。但论做人，便不能老如此无长进。我们要能活在一个精神境界里，要在自己人格上，不断有上进。一个人从童稚到白发，那只是身体物质上变化。这种变化，一切禽兽生物都有，却不是上进。我们做人，从幼到老，也不是上进。上进则在精神上。

物质上的，只关外面幸运，与人的内在价值无关。孔子所讲的道理，即中国文化之最独特、最有价值处，是要懂得人之一生，在他内心应能天天有进步。每一人有他一分最高可能的理想与境界。诸位若知道这一点，人生乐趣与人生大道都在此。并可由此知道中国文化之高深独特处。我们新亚在这一层上，似乎还是缺乏的。所以我今天要特地提出，使诸位知道，这便是中国文化精神，也该是我们新亚精神。

我希望诸位以后能从具体的学术研究，慢慢走上路，各从自己内心能酝酿出一番理想，一番向往来。又能由此培养成一种学者风度和学者的格调来。人人如此，便成为新亚一校之气象与精神。到那时，新亚才始有与其他学府之确实不同处。将来要能到这一步，新亚才算成功了。但此事不易，我现在只能把此意告诉诸位，让大家有此一番想像、希望便是。

至于有人批评说：从前新亚像是个大家庭，现在师生间关系不像从前般好。但要知道一个家庭中,子女长大了,气象也会有不同,不可让孩子老是像孩子。所以在这一点上,我们不必太拘泥。又有人说:从前新亚同学,都向外称赞新亚好,鼓励大家来新亚。现在同学有在外面批评学校,说学校的缺点。我想这也没有关系。正如一个贫家子弟,怕人家说他家穷。但一个富家子弟,却又怕人家说他家富。他常会说我们经济并不宽裕呀!或许说我们还得借债度日呀!从前外面不知道新亚,所以同学们尽向外说新亚好。现在外面知道新亚,我们的同学们却觉得其实也不过如此吧。那是人情,不足为怪的。其他许多讲从前新亚好,现在新亚不如从前的,在我想来,那都不尽然。若把我今天所讲第三标准来说,可说从前到今天,都还不够格,都不符理想,这一层却待我们大家努力的。

这是我今天特别提出来勉励大家,要能共同向往去追求的。

(五卷十六期)

历史与地理

一九六二年十二月七日历史系学术讲座

（一）

今天所讲的题目是："历史与地理"。

从前的读书人，把地理当作是历史的附属。现在大学中设有的地理系，照性质来说，应该隶属于理学院。我今天所讲的地理，仍属前一类。一个大学生应具有一些必须知道的地理知识，而学历史的更必须兼学地理。我们学校到现在还没有找到一位先生来担任地理课，一因经费上无法容许我们找专人来担任，二因不易找到理想的好教授。

今天我简单地讲一讲学历史的人应如何学地理，以及地理和历史的关系究怎样。学地理首先要懂得查看地图。最先要注意山川，第二看疆域，第三看都邑，然后再从都邑回溯到山川。第四要注意交通。这些都是普通常识，只查地图便知。若连这些都不知道，便不易懂历史。

诸位在学校念历史，一定要对上述诸项地理知识有一粗浅的概念。读历史读到地名，一定要查看地图。只是在香港，地图不易得，旧的如《大清一统图》，较新的如丁文江、翁文灏等所编《中国地图》等，都不易找。但即有这些地图仍不够，因仍不知古代地名所在。因此，我们又须知道地理沿革，这一层却非常麻烦。

如我是江苏无锡人，但我生在前清，也可说是金匮人。因在前清时，无锡、金匮是分县同城的。如何有分县同城的制度？那要牵涉到制度问题上去，此处且不讲。但到民国后，分县同城的制度取消了，于是金匮并入无锡，因此我只是无锡人。又如元代胡三省注《资治通鉴》，凡遇地名都注上。但他注里所说的"今"，是指元代言。因此他注中所举出的"今地"，现在仍不一定有。清代学者遂有《通鉴地名今释》一书。但清儒的今释，到我们此刻仍然是古的了。由此可知，要通沿革地理，其事甚不易。于是要看历史地图。以前都看清末杨守敬的《历代舆图》，此书不仅不易得，而且到现在仍感不适用。可见在这一方面，正待我们学历史的人，继续去下工夫。

我以前在北平教历史，不仅备有普通地图和历史地图等，又还备有邮政地图及军事地图等，那些就更难得。又有许多特别应用的地图，如此刻中印相争，那一方面边界的详细情形究如何，自必待参考地图。古人说："左图右史。"而我们此刻又不能多备地图，要来讲地理，那就很困难。回忆在中日战争时，日本人用兵路线有些处他们很懂得中国历史上的战争经过，他们在此一方面占了许多便宜。那时我们一方，似乎反而对这些知识不如他们。那是深可慨叹的。

（二）

但我们只讲查看地图或地名大辞典等，这样来求地理知识，只求能记忆，依然是死知识，没有大用处。我们一定要把地理知识活用到历史上来，由此而加深我们对历史之了解。这问题更复杂。让我就自己经验再讲一些入门方法。

历史与地理

诸位最好不要先有一存心，以为自己是学历史的，或是学文学的，不关这一方面的书便不看。我开始能懂历史地理，却是从读经学书入门的，因我早年曾用功读过了《皇清经解》。

其中有一部阎若璩的《四书释地》。他把《四书》地名一一查考。例如"子路宿于石门"，好像石门只是一地名，不烦探究。但阎书把此石门究在何处仔细考订，因此这一章的情迹，才得透露无遗，使我们因此获得了很多新知识。我因读了《四书释地》，才懂得考据之学，才懂得地理知识之有用，才懂得如何在历史上活用地理知识的方法。这是我要介绍的第一书。

第二部是胡渭的《禹贡锥指》。《禹贡》所讲都是古代的山川疆域，而胡渭《禹贡锥指》却不仅专讲古代，更重要的在讲述黄河在中国历史上之重要演变。我们常以为黄河是中国之害，其实黄河在古代中国，有如埃及的尼罗河，巴比伦的两河，印度的恒河，同为世界四大文明古国文化发源地的重要河流，应说黄河为中国之利才对。胡氏《禹贡锥指》把古代直到清代黄河历次水患情形，以及各时代治河的意见与办法，一一叙述。我在他书中获得了甚大启示。我在很早以前写了一篇《水害与水利》的文章，当时很受一辈治史朋友们重视。后来写《国史大纲》时，特有《南北经济与文化之转移》一章，中有许多创见，完全因我受了胡渭《禹贡锥指》的启发。

诸位又莫以为：《四书》地名，黄河沿革，已经有人研究过，他们的书不值得我们再注意。当知做学问，最先便是要了解从前人的甘苦，和接受从前人的成绩，否则便没法再创新。诸位读《四书释地》、《禹贡锥指》，至少可把此两书作为自己将来作新研究的示范。不看别人如何研究，便不能懂得自己当如何研究呀！

我要介绍的第三部是顾栋高《春秋大事表》。这本书将春秋二百四十年十二大国间之军事、外交种种关系详细说明，这中间全有地理背景。我读了此书，始懂得关于中国北方黄河流域这一地区之山川向背，疆域形势，都邑交通，种种地理方面之知识与当时历史情态间的紧密关联。诸位莫认为我正在研究历史，且莫管地理方面的知识。诸位又莫谓我正在研究汉、唐、宋、明，且莫管春秋时代之一切。当知你若能懂得春秋时代，自有许多足以帮助你了解此下各时代的问题，在地理方面也如此。我所著《国史大纲》中有许多方面是讲地理的，许多时代的史事都把地理背景配上作说明，最先是受此书的影响。

还有一部书，就是顾祖禹的《读史方舆纪要》。此书不在《皇清经解》内。但在我幼时，此书似乎获得广泛的读者，尤其是关于十八省之总论方面。但随后读此书的人便少了。当我在北平时曾在某篇文章中讲过：日本学人注意此书，这一意义之背景甚值得我们之注意。后来"九一八"事变发生，日本进军侵略中国，有许多行军方略，似乎正用此书作向导。我后来到昆明，在西南联大授课，有一位毕业生要到江西前线去做随军记者，临行时要我对他有些指示。我说：要做随军记者，该懂些军事地理。他说他从来没注意。我就指点他读《读史方舆纪要》。但在昆明买不到此书，因此我决心在下学期特开"中国军事地理"一科。但我那年暑后临时离开了昆明，此科终于没有开。

我对地理知识乃在《皇清经解》中开始获得了入门，已在上面讲过。现在再讲一本书。那是梁任公的《欧洲战役史论》。在第一次世界大战时，读了此书，对欧洲地理可以获得许多知识。此项知识，并多与历史紧密相关联。当然梁任公必是读过如《春秋大事表》一类的书。因此，说到近代欧洲战略地理这一类新知识，可谓在我们中国，春秋时就有人懂得了。下至汉高祖，虽然和项羽划鸿沟为界,但跟着从另外两面包抄项羽。一面派韩信渡河侧击,一面派彭越在项羽后方捣乱,结果是刘胜项败了。此下历史上的兵争,有大部分都牵动到全国的大局面。此类兵争,均须知道有战略地学之运用。直到清末,曾国藩湘军和太平天国作战,也有一套全盘战略,都和地理形势相配合。胡林翼在当时,曾特著了《读史兵略》一书,为实际应用作参考。所谓《读史兵略》,其实仍是一部地理书。而太平天国诸将不了解到这里,所以终于失败了。

我想诸位若亦能从上述诸书试加浏览,或可获得从地理讲历史一个入门的途径。

(三)

其次讲地理,重要在能到各地去游历。

即如最近有"北京漫游"的电影,中间介绍到卢沟桥。此桥如此著名,其实也不在它有如许多的桥洞,与如许多对石狮子。专论桥的建筑本身,是不会了解到此桥的历史意义的。我当年曾和一位同是学历史的朋友亲到卢沟桥去畅游了整半天,我才体会到所谓卢沟晓月的意义所在。晓月到处可见,为何卢沟晓月独能如此著名?因在清代,建都北平,全国政治知识分子,出京进京,绝大部分都须经过卢沟桥。出京时第一站,进京时最后一站,都得在卢沟桥住宿。一清早起程,那时的晓月,对中国一般士大夫知识分子心理上的印象是特别深刻的。这正如唐代长安之灞桥折柳,虽和卢沟晓月时地不同,昼夜景色不同,但同有一番很深微很广泛的情调,与此一时代之历史,有内在相通之呼吸。举此一例,可见我们要从地理来了解历史,而求能获得此两者间一番深微内在、活泼生动的想像和意义,最好而且必然应从亲身的游历去摄取。

近一百年来的中国人，心中只想去外国，绝少有对中国内地游历发生兴趣的。我们说："秀才不出门，而知天下事。"其实彼之所知，多少是不真切不确实的。近代的中国人，纵使他遍历五大洲，但就其对本国言，则多少只是一位不出门的秀才。彼之所知，只是一位秀才之知。因其不懂地理，所以也不懂历史，不懂真情实况。若使全国知识分子都如此，全对其国家民族之已往和现在无知识，这岂不是等于亡了国！现在我们耽在这地方，没法到内地去游历考察，这还情有可原。可是从前在国内的青年，他们对于国内各地山川都邑全都引不起兴趣，一心只想去外国，这亦是一件使人感到非常痛心的事。

又如诸位读到唐初王勃《滕王阁序》，其中有"落霞与孤鹜齐飞，秋水共长天一色"等美丽句子，传诵百代。但滕王阁在那时，所以如此出名，却不就是为了王勃的文章。若我们要了解滕王阁在当时的地位和情形，我们就会考论到唐朝的文化、经济、交通等种种情形。江西在唐时，是南北交通要道，行旅往来不绝，而滕王阁适当其冲。这就要牵涉到所谓"经济地理"与"文化地理"之范围。

若我们空讲中国传统文化，却不明白文化地理之演变，如洛阳，先在魏、晋，后在北宋时都很重要，因其是当时文化文物的荟萃集中点。至于杭州、苏州，要到宋以后才慢慢地像样。而到清朝五口通商以后，上海遂成重要商埠，驾过了以前历史上扬州的地位。又如今天的香港，其地位重要，又超过了百年来的上海。我们若不明白文化地理，也就不易真明白文化历史呀！

（四）

从文化地理再说到宗教地理。譬如问：为何自汉以下历代帝王都到泰山去封禅？泰山并不是中国境内一个了不起的高山，泰山在宗教信仰上何以得此崇高地位？我曾亲到过泰山，才约略体悟到其中一部分之所以然。中国名山虽多，如江西庐山、陕西华山等，我都去过，才知道这些山都不合帝王封禅使用。华山宜于道家住，庐山宜于佛家住，这里面最好用地理知识去解答。

诸位如能读郦道元的《水经注》，他书中记载着很多山川、都邑、名胜，以及在他以前的文化遗迹。这对于学地理有益处，对学历史同样重要。

在中国，因其历史演变久，每一地方都有其深长的历史性，都有其丰厚的历史遗迹。即以山论，华山有华山的历史，泰山有泰山的历史，庐山有庐山的历史。不仅在政治史、宗教史上有关，在艺术史、文学史上也有关。诸位各自的家乡若能用历史眼光去研究，便知都有其长远的历史，都有深厚的文化遗迹存留。如我家在无锡之梅里，相传自西周初吴泰伯避地来此直到现在，这一地方已有三千年可考可述的历史了。有一部书名《梅里志》，几乎把我家附近每一乡村每一角落都装进历史里去。我小时即很喜欢看这本书，因看这本书几乎如读三千年历史，而此三千年的历史又近在我家乡呀！我想诸位各自的家乡或多或少，或大或小，都有类此的情形。因此中国每一县有县志，每一省有省志。可惜中国各地志书此刻大部分多被外国人搜购去。但他们买了去，只摆在那里，很少人真能利用。而我们此刻在香港，要见这些书便很困难。我今天虽讲了这许多话，也不能真要诸位在此方面去用功，这也是痛心事。

现在我们姑且说,学地理可以帮助我们去研究历史的。而如能亲到各地游历,更可发现许多为前人所不注意的新问题。地面上实有许多新鲜的历史材料和历史涵义,待我们去发掘和体会。

即如艺术及建筑等,便有许多要待我们去游历考察。因此不仅是普通史,即如各门专门史,尤贵有亲切的地理知识。我曾这样想:若有人能把《全唐诗》来分着地域作研究,其中也必有许多新发现。

中国实是一个大国家,又历史悠久。因此研究中国地理,最好是由合而分,四面凑合,绝不能由一人来包办。诸位今天有志研究史学、文学,要做一个理想的、像样的中国人,对中国的地理如何能不知道?此理极显明。但阐发则话长,姑此发端,以待诸君将来去努力吧!

(五卷十七期,收入《学籥》)

学术与风气

一九六二年十一月二日研究所
第三十九次学术演讲讨论会

（一）

今天的讲题是："学术与风气"。首先讲"风气"二字。前清湘乡曾文正有《原才》篇，大意说：人才来自风气，而风气则源自心术。往往由于一二人心之所向而形成为一时之风气，而陶铸出一时之人才。曾文虽是短短一小篇，而涵义却极为深宏。在历史上常可看到某一时期人才蜂起，而某一时期则人才寥落。各时期所出人才，其规模格局亦各不同，此皆风气使然。孟子说："非天之降才尔殊。"人才应是时时有之，处处有之。而且各式各样的人才，该是无所不有。其成才与不成才，则全赖于风气之陶冶。风气必由少数人提倡，得多数人响应，逮于众之所趋，势之所归，蔚然成风。乃莫知其所以然，而靡然争归，而终至于不可御。一切人才皆由此出，学术人才自不例外。

学术亦随风气而变。章实斋《文史通义》，关于此方面，特有发挥。试就学术史论，亦可见有时学术兴盛，人才辈起。有时则萧条寂寞，无学术、无人才。此一关键，亦系于当时的风气。章氏谓：学术上有开风气之人，亦有追随风气、主持风气之人。但风气积久，必见弊害。因此又必有矫风气之人。但当知，矫风气不一定即是开风气。实斋在当时，亦只有志矫风气。只因当时学风皆趋向经学，过分注重古经典之训诂与考订。彼力主研治史学，注重近代，提出"经世致用"之新观点，用以补偏救弊。但当时经学既成风气，并未发生根本摇动。继此后起之今文学派，实是跟随章氏主张而产生。故实斋对晚清学术界影响贡献实甚大。即如曾文正提倡于义理、考据、辞章三者之外，再加上经济一项，学问应由此四方面配合，以冀造成一种新风气。除章、曾二人外，稍后如陈兰甫，主张汉、宋兼采，亦是一种矫风气。此三人皆非仅是追随风气之人，因此在学术上各有一番成就，值得我们注意。但此三人亦皆未能开风气，对当时学风未能有一番大振起，因而不能在学术界开一新局面。

龚定庵在晚清学术界被目为一怪杰，梁启超喻之为当时一彗星。龚氏颇有意开风气，其诗有云："但开风气不为师。"可见其意气与抱负。然定庵之今文经学，实从章实斋史学转来。此层我在旧著《近三百年学术史》中，已详细指出。若论真对学术界有贡献，则定庵实较章、曾、陈三人为逊。可见有志开风气，未必即比仅在矫风气上用心者贡献成就大，此层我们亦该注意。

再远溯到晚明诸大儒如顾亭林、黄梨洲，应可谓是开风气者。此下清代学术，即由晚明诸大儒开出。清学至乾嘉时期，已臻鼎盛。而流弊亦曝露，不能不求改进。章、曾、陈三氏，皆欲矫此风气之偏颇。然他们亦仍在当时学术传统牢笼之下，终未能真开出一番新风气。比较说来，实斋之学，接近有开风气之可能。然此下如龚定庵、魏默深诸人，依然仍在经学圈子中，只稍微采用章氏一些看法，略有变动，并未能真开出一派新学术。下到康有为，今文学派已走到极端尽头处。此下则必然将变，再不能依循此三百年来的一条老路。此层我亦在旧著《近三百年学术史》中

学术与风气　513

明白提过。

（二）

风气既随时代而变，现在我来讲学术风气，自然该先定一时代之限断。此下所讲乃是从清代道光二十二年即公元一八四二年开始，直到目前公元一九六二年。此段期间，恰是一百二十年。中国人向来以三十年为一世，因每人通常至三十岁时多已娶妻生子，有了第二代。而每人自向学到老，论他的学问寿命，亦不过六十年左右。如此算来，一百二十年间，所谓学人恰已换了一代。故此一百二十年，应可分为两个时代加以述说。

我此讲为何要自一八四二年开始？因是年南京条约签订，中国国运正式走进一新时代。前一年正是龚定庵之卒年。龚氏在当时学术界，亦可说是一极具眼光的人，他已预料到此后中国时运必变，他又有意为学术界开风气。自有龚定庵，确乎清代学术也可说走上一新路。故我此刻，暂把他死后之一年，作为此两个六十年之开始。但自五口通商至清代之亡，近七十年，中华民国成立到今始过五十年。我们暂时把民国以前的作为前一期，民国以来作为后一期。我们要讲民国以来之学术风气，自然不能不提前看一看前一代之学者。

此处又须作另一交代，如我此刻所讲曾文正、陈兰甫诸人，彼等著作之完成，多仍在民国前一时期。但他们之成学基础，则应在更前一时期，故将不列在此一百二十年中讨论。我所著《近三百年学术史》，其中正式可认为此一时期之人物者，则只有《康有为》一章。故此一时期，亦可认为是学术史上一段寂寞冷落的时期。

在我《近三百年学术史》书后有一《附表》，表中将我们前一时期之学者，虽非专章论列，而亦举其姓名及其生卒年。其卒年已到民国以后者，则仅列生年。此诸学者，似乎无甚可讲。依中国全部学术史论，此诸学者，亦可谓其无何大成就，无重要地位可言。但若专就此一百二十年论，则此诸学者，仍有值得我们注意推重处。即如王先谦，诚然不是在学术上有重要地位，但其所著如《汉书补注》、《后汉书集解》、《水经注集注》、《荀子集解》及《续古文辞类纂》等书，若以与民国以下此五十年来之学术成绩相比，岂不仍见其卓越。又如郭庆藩有《庄子集释》，陶方琦著《说文通释》，朱一新有《无邪堂答问》，在史学方面颇能辟一新路。黄遵宪之新体诗，仍为此一时代人所传诵推许。其所撰《日本国志》，在今日虽不受重视，但五十年来，出使和留学外国的虽多，无论在亚、欧、美、非大国小国，但没有人能把他所到国家的国情和历史来作著作对象，遂使黄遵宪这部《日本国志》，在此五十年中成为广陵散，更无嗣响。无怪梁任公要对黄遵宪甚加推崇。又如孙诒让，可谓是清代考据学一位最后殿军大师，所著《墨子间诂》及《周礼正义》，体大思精，卓然不朽。皮锡瑞著《经学历史》与《经学通论》，这是他在湖南中学校任教时的两本教科书，但此五十年来，一般大学教授自撰教本，恐难与相拟。柯凤荪著《新元史》，现已列入二十五史。此书极为日本人重视，特赠以博士学位。沈曾植著作虽不多，但其学精博，多创辟，在同时及民初学者，几乎无人不加以崇敬。简竹居与康有为同门并称，其著作数量之巨，亦为不可及。至康有为在今文经学方面之甚多见解，多得自川人廖平。林纾介绍西方文学，翻译小说不下一二百种，对当时影响极大。其文笔，即今人读之，亦一样会受其感兴。若文言文暂不绝迹，林译仍将流传。严复译西方学术著作，在当时中国产生巨大影响。所译如《天演论》、《原富》、《群学肄言》、《自由论》、《穆勒名学》、《孟德斯鸠法意》、《社会通诠》等，皆极雅正谨严。采用一字，往往有考虑经年者。民国以下，大家争推西洋文化，然在哲学、文学上，能如严、林两人之翻译成绩，实无几人。范当世、易顺鼎之诗，自提倡白话诗后，彼辈遭受排斥，自属当然。然平心论之，彼二人诗之造诣，实亦非我们这一代提倡作白话诗者所能与之相提并论。又如康有为、章炳麟、梁启超、王国维、刘师培等，皆在入民国后为大师，然彼等之成学阶段则仍在前一时期。若如我上述曾文正、陈兰甫诸人，不作上一时期之学术人才论，则康、章诸人，亦不得归入下一时期。

我们平常总说清代学术至乾嘉以后即盛极转衰，鸦片战争太平天国以下，更如由高峰迤逦下达平地，学术衰落，无甚足言。就有清一代学术之高标准言，自可如此说。若转换一立场，就此五十年与此一时期相比，则不仅相形见绌，且属瞠乎其后。由我们此一时期回视他们那一时期，正犹如峨眉天半，使人有急切无可攀登之感。试问：在我们此一时期，谁复有此功力来写一部像《汉书补注》那样的书？谁复有此规模来写一部像《新元史》那样的书？更何人有此精力来写一部像《墨子间诂》，或《周礼正义》那样的书？

只要我们真实在做学问，真实肯平心静气讲公道话，便知鸦片战争、太平天国以下一段时期，实在比我们这一时期，在学问成就方面强得多。我们应再问，晚清一段时期的人才和功力，何以此五十年来竟再看不见？我们不妨自问，我们这一时代，在学术上究竟有几许成绩，能与前一时代人相比？我们今天提倡西方文学已久，赴国外学西方文学的多如过江之鲫，但如《莎士比亚集》，何人能通体译出？在"五四"时代以下，尽有人在指谪林译之错误，但不可否认，林纾译笔，至今只要有人肯读，仍会手不忍释。《莎士比亚集》结果总算有人译出了，但我们尽加忽视，尽不当是一成绩贡献看。又如"五四"以下尽力提倡西方文化，但又有几人能像严复般忠实地做翻译工作，把西方大著作、大理论，肯如从前南北朝时代一辈高僧般，诚恳介绍与忠实传播？那样的人也非全没有，但只是些住上海亭子间，埋头翻译马克思一派唯物史观理论的。我们尽可不承认他们在学术界有地位，但他们究竟在社会上发生了影响。

而且我上所举，亦只就生于此一时代之学者言。若如我上所分析，尚有生在此一时代前十五年以下者，其成学全在此一时代，照理当列入此时代中。今再自一八二八年起，就我《近三百年学术史》附表摘录其姓名，如：黄以周、李慈铭、谭献、王闿运、李文田、陆心源、吴大澄、戴望、黎庶昌、杨文会、薛福成、刘寿曾、洪钧、杨守敬、萧穆、吴汝纶等，此辈人在学术上之成就及其著作，亦当归入此一时代中。

而且我《近三百年学术史》的附表，关于晚清一段学术人才尚多未经提及的，如屠寄撰《蒙兀儿史记》，此书贡献或尚在《新元史》之上。姚振宗著《隋书经籍志考证》，吴士鉴著《晋书斠注》，最后如卢弼之《三国志集解》，我在附表中都未列。又如辜鸿铭，民国以下此五十年中，论到博通西方学术文化的人，恐很少能及。又如王半塘、朱古微、况夔笙诸人，在词的方面之造诣与贡献。又如陈三立以诗名，马其昶以古文名。黄节办《国粹学报》，欧阳竟无创设支那内学院，乃至佛界高僧，如印光、虚云、太虚等，皆当归属前一时代。此外我一时遗漏未及者必还多。然即此已可知我们此五十年来就学问成绩论，确不能与上一时期相比。清末这一时代之学术界，较诸今日实是高高在上。至少我们

学术与风气

此一时代人,万不应对他们轻视。

(三)

今要问,为何前一时期中学问上还能有如此多的人才和贡献,而近五十年来竟至无人才、无成就?至少那些人才和成就,已不能与前一期相比,而且相差很远。此非我故意抑扬。诸位真做学问,一进图书馆,前一时代人之书,便知不可不理会。他们的著作,恰如当道而立,只要我们走上路,便会遇到他们。我们尽可率意批评,恣情诬蔑,说他们全是过时代落伍了,老朽无价值。但我们这一时代中,究竟连那样的人才和成就也没有。纵有,也少得可怜。真可谓萧条已极,寂寞太甚。此前一期人才,固不能与乾嘉时代诸大师相比,他们不过承乾嘉之绪余,循规蹈矩,无所创新。然究竟他们还是高出在我们之上。即如康有为、章太炎、梁启超、刘师培、王国维诸人,岂不是我们这一时代之大师!但实由前一时代所培植。我们这一时代,若无此数人,将会更感黯淡,更无光彩。

我在前清时代,尚属年幼无知,然已听到康、梁、章、刘诸人之名字,已开始读到他们的文章。我还认为他们是古人。稍后才出乎意外,知他们还在人世,还是和我同一时代的人。我总想,我们此一时代,实是向他们借光不少。但稍后,却听人说,此数人都落伍了。甚至有人说:章炳麟如一头死老虎,不值得再打,打虎该打活的。然章炳麟在学术界究竟是一头老虎,此刻那老虎真死了,但他的著作,他的学术地位,依然存在,他仍是一头老虎。至于不屑打那死老虎的人,在学术地位上论,实也够不上能打那虎。我这许多话,只要大家且莫看轻前一时代之学人,不妨平心静气将近五十年来学术界人物,与前一时代作一比较,自知谁高谁下。我们一开口便说要开风气,其实此种只要开风气,不问真成就的风气,却值得我们再检讨。

我并不反对开风气。我们为要使下一时代之学术界真能创辟新路,创造新学术,兴起新时代,故乃回溯到上一代,来对我们自身这一代作比较,好让我们得一些反省。或许我们此一时代之缺憾,正在于我们的学术风气上。或许诸位会说:此时代之学术凋丧,乃受时代动乱之影响。此实不尽然。如南宋末与明末两时代,动乱已极,较之鸦片战争、太平天国所给与社会之动乱,有过之而无不及。其时动乱之剧烈与深广,还远在我们此一时代之上。然宋末有如王应麟、吴澄、马端临、胡三省,明末有如顾亭林、黄梨洲、王船山、陆桴亭,人才辈出,学术坚久。我们实不能把时代动乱作借口,有时时代动乱反可促进学术开创。

今再将清末乃及我们此一时代与宋、明之末的学术界作一比较。当知元初、清初,许多学者都能在中国自己学术传统里找寻新出路。在他们手里,旧传统并未放失。只因时代刺激,内心苦闷,以及当时各种问题,在在促使他们要作深细的研求,切实的解答。又因他们自知生路已绝,更难向外活动。故皆闭户蛰居,毕生腐心于学问。此所谓闭户,也不如字面上或想像中那般清闲自在。如顾亭林下半生即周行四方,在骡车上,在旅店中,随地治学。王船山之著述文稿,皆书于草纸上。此种颠沛艰苦,我们这一时代的人似乎并未遇到。我们此一时代之学者,处心积虑所要做的,一是反传统,旧的全不要。因此学问失去本原,只有向外国去拾取。此一层,我也不反对。但无论如何,种子应栽在自己园地上,要使其能在中国社会生长成熟。二是我们的学者们,仅一味讲国家、讲民族、讲革命、讲新文化等等大问题,似乎一心想要经世致用,现吃现卖,而并无一种沉潜埋头的治学精神。

在思想理论上，在政治社会事功上，只想立刻有表现，有进取。在其内心深处，实似并不看得起学问。至少是自己民族的文化传统，一切都遭吐弃。因此我们此一时代，提起学人，总要提到康有为、章炳麟、梁启超。实则此三人也非埋头沉潜治学的人，但他们在前一时代中，至少已接受了些中国自己传统，在学问上总还有一本原。但继起的却更不成。

与康、梁同时有张之洞，他是一官僚。但他也还有《书目答问》一书。一时学人，案头几乎无不有此书。虽有人说此书由他人代撰，但此五十年来从事政治的达官贵人中，更无像此类代撰学术上有价值书之事出现了。而且张氏在当时曾提出"中学为体，西学为用"八字。此一口号，至今仍为人引论。在此一时代之官僚中，可知要觅一张之洞，亦复不易。至如柯凤荪、王国维诸人，他们上承乾嘉学风，关门埋头做学问，不理会外面事。但实际并不为我们此一时代人所重。我们此一时代所倾心想望者，其实不在此辈学术中人。一切学术评价，亦都依附于他们的向外活动作衡量。

如康有为、章炳麟、梁启超，正因他们在政治界有活动，故犹能引起时代之仰慕。至于他们是否有真实学问，则很少人理会。但他们究还能讲及一些中国学术传统，而即此已为"五四"以下人不满，认为他们已陈旧落伍了。其实如康氏所著《大同书》，较之今日共产党主张，尤远为偏激。此等意见，可以引起革命，虽似仍守旧传统，并非真革命，亦不能凭此救时。章炳麟早年著《訄言》，有《订孔》篇，首开此一时代人批孔之先声。章氏晚年，始将该文删去。然在其《检论》一书中，仍未变旧意态，仍然保留许多批孔排孔的意见。他还讲刘歆贤于孔子，又说东汉出一王充，可为中国学术界雪耻。由此可见章氏排斥孔子鄙弃中国学术旧传统之一斑。倘谓章氏在学术上有贡献，其所影响于社会者，则转在其早年之批孔处，与康氏尊孔正相反。康氏犹得为中国文化正统之末流，而章氏则已自居化外。但自袁世凯执政，章氏自日本返国，有意参加本国政治，乃又一反故态，不再崇佛，转以讲究中国儒学自居，俨然如一经学家。世人遂以康氏为今文学家，章氏为古文学家，以为章氏讲论经学，与康氏持相反之意见。实则康氏为要尊孔，讲出他一套今文学之新考据。如《孔子改制考》、《新学伪经考》等，在考据学上可称极端谬误。并首先破坏此一时代之学术风气，援《春秋》责备贤者之义，康氏不得辞其咎。但康氏地位，始终应犹在自民族之文化传统中。而章氏则转向印度佛学，早已存心违反中华文化之传统。而国人乃犹以康、章并举，认为在清末时代同为国学大师，斯则诚不学荒谬之尤。

（四）

自清末至最近此五十年来之最大问题，厥为如何救国。政治上之救国运动，分成康、梁之维新派，与孙中山先生之革命派。不幸革命党人中，颇少学者。当国民革命军北伐成功，奠都南京，当时立法院院长胡汉民召开立法会议，吴稚晖、蔡孑民诸人皆预。会中首先讨论婚姻法，夫妇结合是否应定一期限，应否以三年为期，到第四年或离或否，再订新约。此项会议纪录，载在当时上海各大报纸。此后潘光旦曾将此资料收入其所著某书中，至今尚可检出。此诸人皆当时党国元老，在定都之初，首先急切讨论者，乃为此类问题，诚可谓反传统之至。举此一端，可见当时党内之无人。

若说学术可以影响政治，则当时之政治前途，自可想像。在革命时期，本不觉得有学术需要。但革命完成，要在政治上求建设，便不能无学术。而当时国民党内部，正苦无此准备。胡、蔡、吴诸人，所以会提起此项婚姻法之讨论，无疑是受了康氏《大同书》影响。康、梁保皇党，在政治上失败了，但他们的学术影响却仍大。不仅如上举，即"五四"以下之疑古运动，实亦不得不谓其同受康氏《新学伪经考》影响。至于影响之好坏，则是另一事。

我们读历史，每逢改朝换代，当政者必然会尽力罗致一辈老儒宿学，使其参与政治。当时北洋军阀如袁世凯也懂得此，他曾延致王闿运、柯凤荪、梁启超，乃至洪宪六君子等。但仅求利用，反成摧残。而国民政府高唱革命，忽视学术界，则亦是一事实。

政府高唱革命与学术界脱节。而在学术界中则追随政府，另起了两种革命呼号。一是文化革命，一是社会革命。皆由"五四"运动开其端。由于"五四"运动而惊醒了当时的国民党，他们亦注意到争取青年，争取社会大众。于是政治界与学术界遂混成一流，而大家都以革命为号召。革命必有对象。国民革命之对象，为满洲政权乃及君主政体。文化革命之对象，则转移到中国五千年来之文化传统。社会革命之对象，则为整个中国社会，当时则称之为封建社会。革命又须有徒众，又必有组织。社会革命阵线不久即组成共产党，与国民党对立。文化革命阵线虽未组成政党，但亦同样有类似于党的运用，有人称之为学阀。他们的口号是废止汉学，打倒孔家店，乃及全盘西化等。他们的地盘则在几所大学，渐次推扩到当时的所谓研究院。他们的宣传机关，则为各种期刊与报章。此三方面所求争取之共同对象，则同为青年与群众。于是学术政客化、学术大众化，党同伐异与哗众取宠，成为这一时代学术界之新风气。

讨论文学,有所谓"选学妖孽"与"桐城谬种"。讨论哲学,有所谓"打倒玄学鬼"与"哲学关门"。宣扬学术之能事,只在推翻与打倒。学术界中人相互谈论,只讲某一人之思想该如何打倒,不问某一人之学问是如何成立。并只论思想,不论学问。纵使有学问,若思想内容不同,不仅不被重视,而且也必在打倒推翻之列。因此当时的学术界,至少并不看重为学功夫。即如读书,乃有"读死书"、"死读书"与"读书死"之嘲讽。冢中枯骨之喻,较之庄周之言糟粕,尤为激昂。党国元老如吴稚晖,有"线装书当扔茅厕"之名言,一时传诵,群目为思想界之前进。其实当时人不仅不读中国书,即外国书亦然。因此只叫"全盘西化",却没有人肯埋头从事翻译介绍。当时学术界所重在自我表现,在从头创造。报章杂志,以及种种小册子,乃是表现此种新思想与激荡此种新风气之惟一新园地。报纸一日一刊行,杂志或是双日刊,或是周刊,或是月报与季刊。小册子亦指日可成。一切都是速成与短命。只求向社会作暂时传布,并不要积年累月在图书馆中使读者花真功夫。亦不作传世久远之想。可说大家认为学术则必是短命的,只听人说某人思想已过时,已落伍,死老虎不再打,冢中枯骨不值再留恋。至于新思想之价值,则以能获得一时多数人拥护为衡量的标准。所谓一时多数,则只在青年与群众,尽是暂时的。引致学术通俗化、速成化、浅薄化、轻狂化。只求能争取到一时人之拥护,其人即成为一代之大师。大师之下必须有徒党,常为之揄扬,常加以拥护,以求达到争取青年与大众之目标。此种学风,用来革命,确可有推翻与打倒的一时之效。所惜是不能凭此来建立一个真的新的学术界。

（五）

上面说过，近代学术界，最先激于心切救时，因此早不免趋向于世俗功利化。由于救时而要求革命，由于革命而要求向内有组织，向外有宣传。但此等究不是学术界的事。真是心切救时，有志实际从事革命活动的青年与群众，到底不免于菲薄学问，另有趋向。

今再综此三方面言之，国民党最先提出革命口号，但最后则最右倾、最保守。文化革命派言论意态激烈得多，而活动能力最薄弱。他们的活动表现，只限在学术圈子中排除异己，说不上能真救时、真革命。因此凡受文化革命思想熏陶的人，都会转入社会革命的一面去。留下的只是些有气无力，专一于疑古、考古，乃及以科学方法整理国故，模效西方所谓的汉学家，困守于大学及研究院之残垒中。其实他们之立身，早已脱离群众，甚至脱离了青年。他们的最后残垒，所以犹能固守，则仍赖于有党的结合及其向政治实力之投靠与依附。但他们之号召，则仍然为文化革命。他们以一种挟恐见破之私心，排除异己，高自位置，下结徒党，上推领袖，仍从青年及群众之团聚结合一面着意活动。而学问著作，仅成为门面之装点。于是学术另有一正统，他们封闭于门户私见之内，蔑视旧传统，尊崇新正统。而新正统之保持，则惟赖隐谋倾轧，以排除异己为能事。

若我们真求学术界在社会上能起领导作用，在传统上起革命作用，首要急务，则该先振起学风，在学问以外之种种活动须求有节限，心境须求能纯静，须求在学术上有真深入。如是，则暂时不能不从社会实际活动中抽身远离，然后才能返身来领导此社会。暂时不能不在传统中潜心，始能回头来改进此传统。学术界必该真成一学术界,而此学术界也该是千门万户,不能只此一家。尽可群鼙争秀,却不能存心定由谁来打倒了谁。此种打倒之风,极浅薄也极可怕。就我所接触,在此五十年中,并非没有埋头潜心在学术上有成就及可望有成就的。但全受派系排斥打倒。此等人在学术界似乎可有可无,若存若亡。今天的学术界,则只有门户,别无标准。排挤斗争,厥为今天学术界惟一风气。打倒了别人,而终于建立不起他自己来。

即言西方,远的如康德、黑格尔,他们一生,岂不仅在大学讲堂中讲学,退则著书立说。此是西方型的学者。直到近代,也如此。学术传统,究与政治传统有不同。学问事业,究与社会事业有不同。我们学术界若真要刻意西化,至少该学到这一点。又该懂得分工合作。在学术圈子外,尽有活动、有事业,不能由学术界一手包办。在学术圈子内,也可各有研寻,各有成就,不能由一个人作惟一的领导,也不能由一个派系作惟一的霸占。

(六)

此五十年来,由于政治社会不断变动,把学术风气冲散了。但也因学术界变动,而增添了不少社会政治上之变动。若我们真要为学术界开新风气,此事谈何容易!让我们且退一步来矫风气,且使学术界能在学术圈子里安下心来。能深知从事学术不比从事政治,更不比从事革命。能开放门户,解淡斗争。莫太看重地盘与声势,莫太认真交结与排挤。让学术界真成一学术界,让从事学问的,可以埋头潜心,可以平流竞进,可以孤芳自赏,亦可以抱残守缺。在各求猛进中,对别人抱宽容,务使学术界空气稍宁静,天地较宽阔。这是今天最低限度一要求。

在我们学术界,若能自我安定,至少可以不增添政治社会上之不安。至于如何使学术影响政治，影响社会，此须有真功实力，亦须有外面机缘，种种条件配合，始可有此期望。否则空言学术救时，学术革命，究不能如开银行支票般立时兑现。让我们且把那些救时革命的大担子卸下，大呼号停止，真跑进学术界。等待学术界新风气出现，才可有新人才、新学术。到那时，不愁它对社会国家不发生新作用。

我此番演讲，不在存心攻击人，我实无攻击任何一人之存心。我也非对当前学术界抱消极意态，我实无丝毫消极意态之存在。此刻诸位进入大学，立刻即有数十位教授环绕。当知古人为学，获从一师尚难。诸位即此一节，已占了便宜。其次，过去学者欲得一本书，亦复艰难之极。今日每一学校必有一颇具规模之图书馆，诸位可以恣意翻寻。而且今日世界大通，空间缩小了，诸位大可放开心胸与国际学术界接触比较。又没有像过去一般的科举考试束缚人。至于国运艰难，社会困穷，那些正可激发诸位远大的志趣。诸位应是下一时代的人物了。我们此一时代已过去，我望诸位莫再追随此一时代之习尚与风气。孟子说："待文王而后兴者，庶民也。豪杰之士，虽无文王犹兴。"诸位应为下一时代学术界中之豪杰。当知依草附木要不得，不甘寂寞同样要不得。诸位至少应懂得"守先待后"。学术自有传统，旧的且莫丢弃，假以时日，将来自有新成就。诸位要能"信道笃"而"自知明"。各用数十年精力工夫，埋头潜心，使旧传统能与新时代相配合。诸位固不可关门自守，但亦不能开着门尽在十字街头去徘徊。我只盼此下六十年能有一番新风气出来，此责任则在今天诸位身上。

我在上次演讲中，曾劝诸位不要看轻清代的学人。今天又劝诸位不要轻视清末同、光以下，似乎调子愈唱愈低。但诸位应知:"行远自迩,登高自卑。""退可以守,而后进可以战。"若短视只看当前此五十年代,作为自己的标准,怕前途未可乐观。当然,连我自身在内,都是此五十年代中人物,实无足为诸位取法之处。我在此也没有什么大提倡、大创见。高视阔步,放言高论,到头一无真实成就,这是此五十年来一大病痛,亦是此五十年来一坏风气。我此举出,盼诸君各自警惕!这是我此番讲演之宗旨。

(五卷十八期,已收入《中国学术通义》)

第三期新校舍落成典礼讲演词

一九六三年四月二十七日

唐露晓先生，各位来宾，各位先生及各位同学：

今天我们庆祝第三期校舍建筑礼堂落成，我特地要代表全校同人向香港政府和教育司唐露晓先生敬致谢意。因为这一期的建筑经费，完全由政府透过教育司拨助。今天，又蒙唐露晓先生在百忙中拨冗前来为此典礼致辞，我们实在衷心感谢。

在中国孔子的《论语》里有一段话：

> 子路问成人。子曰："若臧武仲之知，公绰之不欲，卞庄子之勇，冉求之艺，文之以礼乐，亦可以为成人矣。"

我今天要乘此机会，对这一段话稍加阐释。

首先是这"成人"二字。依照中国人向来看法，人应可分两类，一是天生的自然人，亦即是动物人。从生物学上讲，人是与其他动物同类的。二是经过教育的文化人。人类有了教育，创造出文化，这才与自然人、动物人不同。所以中国古人说："人为万物之灵。"人必经过教育与文化之陶冶，始能发展其灵性，完成其人格，此即子路所问之"成人"。人若不经过教育文化陶冶，则仅是一自然人，无人格可言，亦可谓是不成人。

中国人一向有一套崇高的教育理想，并有深厚的文化传统，因此极重视人格之陶冶与完成。纵使是一不识字人，而具有完美人格的，在中国现社会上仍是到处可见。

教育的功效，在最粗处说是传授技能，此即如冉求之"艺"。进则培养智慧，此则如臧武仲之"知"。更要再修炼品德，此则如孟公绰之"不欲"，卞庄子之"勇"。但有技能、有智慧、有品德，仍不是孔子理想中之完人。孔子理想中之完人，则须于技能、智慧、德行之上，更有礼乐一项。惟有礼乐人生，始是经过教育文化陶冶的人生中之最高境界。礼乐，非技能，非智慧，亦非品德。乃在三者之上，而亦在三者之内。若使人类日常生活没有了礼乐，纵使各人都能具备才艺、智慧与品德，仍不理想。未经礼乐陶冶的个人，不得为成人。无礼乐的社会，将是一个不安的社会。无礼乐的天下，将是一个不安的天下。

技能、智慧、品德具体可见，又复实际有用。礼乐则好像是人生中一装饰品，所以孔子称之曰："文"。但人生不能有实无文。在人类社会中，一项最有价值、最理想的装饰品，便是礼乐了。

我们学校的三期建筑，最后一期始轮到礼堂的建筑。建筑校舍，不能一开始便先建筑一礼堂。但没有礼堂，这学校的体制终是不完备。好像一个人，不能文之以礼乐，便不得为成人，是同一道理。我盼望我学校同人深体此意，我们莫要忽略了礼乐陶冶这一层。而且技能、智慧、品德之传授与培养，可以在各个人身上分别指导。只有礼乐陶冶属于群体，隔离了群体，礼乐便不存在。若我们要发扬新亚教育理想，乃及新亚教育精神，今天的礼堂落成，是最值得我们深切体会，郑重纪念的。所以我特别趁着今天的机会，提出此义，盼我们新亚师生同人，能在这一方面大家努力。

(五卷二十期)

新亚艺术第二集序

新亚艺术系自创始以来,每学期必作展览一次。除学生平日成绩外,亦偶有教师作品参加。所以促进修,便观摩,并求外界之批评与指导。去岁,始择优摄影,取名《新亚艺术》。此为第二集,陈子士文重促予为序弁其首。尝窃论之:中国人之于艺术,必贵其技而进乎道。故于绘画,亦不专尚形似,而特重意境。若以文学为喻,形似者画之赋,意境则其所比兴。故中画以山水为主,盖因山水之用于比兴,其道多方,可以任其意之所寄而一于画出之。而画家又贵作题。画之有题,亦以补申其所比兴而已。又必以画道通诸书法。书法专仗线条,最为抽象。惟其属于抽象,故能尽比兴之能事。书家之意境,乃可于其运笔与结体之种种变化中,曲折精微,无所不到。中国人作画,则又以书家运笔与结体之妙寓其间。故其人苟无意境,即不足以作画。其人苟不通诗之比兴与夫书家运笔结体之妙,亦不足以善用其意境以入画。要而言之:画之背后有人,画之高下,则一以其人之高下为衡准。画之意境在其人,而人之意境则初不在于画,而别有其所在,此中大有修养。有此修养,又必习技能。技能又不专在画,又必兼通之于诗词与书法。由此论之,欲成一中国画家之理想条件,亦可谓甚难能而大可贵矣。今诸生以青年来学校,短者仅一两年,达四年,即毕业已去,何能即企此境。然即从学画中，亦可默体此意，知有此一境，而潜心果力以赴之。则作画即所以学做人，此亦由技而进乎道之一术矣。予不能画，姑以此应陈子，不知陈子亦以其言为有当于画道之一二乎否耶？

壬寅端午序

礼乐人生

为《新亚双周刊》六卷首期作

《新亚生活双周刊》转瞬已是六卷开始了。在每一卷的首期前页，双周刊的编者，照例要我写几句话作引端。这一刊物，本意要反映我们新亚群体生活的。我适在最近礼堂落成提出了在群体生活中礼乐之重要性，但语焉不详，正好趁此机会作一番补充。

孔子《论语》说："礼云礼云，玉帛云乎哉？乐云乐云，钟鼓云乎哉？"可见礼乐之重要性，并不在其外面所用以表现的某些器物，乃至行事上。主要还在人之内心，在一切群体生活中，感于要用器物和行事来表现礼乐之本原的心情上。

我将称此种心情为礼乐心情。中国儒家对此不断有阐释，举其最浅显易明者言：礼是一种节制心，乐是一种和顺心。由于有此节制与和顺的心情之内蕴，而始引生出礼乐。钟鼓玉帛，则只是表现此类心情之工具，而非其本真。

此种心情，即节制与和顺的心情，主要必在群体生活中始有。亦必在群体生活中，乃见此类心情之意义与价值。《论语》中又说："人而不仁如礼何，人而不仁如乐何。"这是说，人若没有群体生活的心情，便不能有礼乐的心情。也可说，人若没有群体生活，便不能有礼乐生活。中国道家如庄老，非不知人之心情应有节制及和顺之重要。但道家思想之最大缺点，在轻忽群体生活。他们想能远避或脱离此群体生活，而来保持吾心之节制与和顺。如读庄子、老子书，他们也常在教人有节制能和顺。但他们似乎认为，人类的群体生活，乃是导致人心无节制与不和顺的主因。因此，他们想望追求一种隐避的、孤独的，乃至山林的生活，甚至是一种远古的、原始的、自然的生活。明言之，他们似乎害怕有群体生活，希望此群体范围愈缩小愈好。但人类生活，必然趋向于此群体之日扩而日大，此乃一种自然趋势。而庄老，则想违逆自然来崇重自然，此是道家思想内在一矛盾。

人在群体生活中，必然须对己有节制，对外能和顺，然后己安而群亦安。若在此群中，各无节制，互不和顺，则群不安而己亦不安。凭法律与权势来束缚人、管辖人，如中国有法家，他们心中亦知有群，而不知群中仍当有人，即个人之存在。岂能使人生仅有群性，而无个性。人不能安，终于群亦不安。此之反动，则高呼自由。不自由，毋宁死，亦人情所有。重自由，则重各自之表现与发泄。但如此，依然是无节制，不相和顺。群体不安，己亦难安。在中国，法家思想迄未得势，因此自由呼声亦不激烈。但今天的中国人，则只在个人自由与极权统治之两极端上相对抗，相争持。其实双方，距中国儒家的人生理想都很远。因此，在今天要来提倡儒家，终是困难。

但亦有人似乎主张礼乐生活只须在人的内心上求，只求自己心有节制能和顺，便即是礼乐。此等意见，亦落在一偏。他们虽不如道家正式反对礼乐，但他们亦似过重个人内心生活，而忽视了外面群体生活。此一点，实含有道家情味。宋儒有时即不免于此。如程明道说："己立后，自能了当得天下万物。"但己之立，则必然得立在群体生活中。离却群体生活，如何来辨别己之立与

礼乐人生

不立。此一层，宋儒少发挥。

上面一番话，再扼要简单说之。人应该从群体生活中，来寻觅各自的个别人生，来完成其各自的个人人生，这是主要第一义。幼年期的主要群体生活在家庭，青年期的主要群体生活在学校。人能从家庭学校的群体生活中，培养学成各人的个人人生，然后进入社会大群，始为一成人，而对社会有贡献。这略近于孔子所谓三十而立的阶段。

"不学礼，无以立"，立便立在礼乐上，立在自己心有节制能和顺上。但此必从群体生活中来。诸位且莫从字义上来解释此节制与和顺，诸位应从群体生活中来体认各自之内心，如何是节制，如何是和顺。若各自心上无节制，不和顺，便在其个人生活中，不可能有此群体之存在。此层当深深体会。

"出必告，反必面"，即是礼，而微带有乐。和气、愉色、婉容，即是乐，而亦带有礼。中国古代礼乐，一切规定，有些是年久失传了，有些是时隔境迁，不再适用了。但中国古人所言礼乐精义，及中国社会一向所遵行的礼乐人生之实践，则迄今仍存，所谓"礼失而求诸野"。我们固不易在乡野见到钟鼓玉帛，但我们在乡野却易遇到节制和顺。有了节制和顺，便是礼乐人生尚存在。只要礼乐人生存在，则钟鼓玉帛自会随时而起，不愁没有。

我们学校，一向提倡中国传统文化，一向重视人生最高哲理之探究与实践，一向鼓励同学们自主自发的团体活动。绾合此三者，而求揭示出一项统一原则，我想首举此"礼乐"二字。

我现在再连带说及我们新亚的校训"诚明"二字。此二字见于《中庸》，中庸也是中国古代一篇讲究礼的文章。"中庸"二字亦当在群体生活中去体会，去寻求。若远避了群体，便无所谓诚与伪。人没有了群，根本不成其为人，只在天地间为自然万物之一物。"明"字、"诚"字，乃是人分上的字，非物分上的字。因此在物分上，说不到明与诚。

死生利害，则是人与物的分上所都有。人有生死，物亦有生死。人有利害，物亦有利害。当然有些物，连利害生死都轮不到它分上，那就是物之尤下者。人既在万物之上，则应有一些在人分上有，而他物所不同有的，如礼乐与明诚皆是。

若论知，则禽兽也有知。但"明"与"知"不同，明诚同属德。知属性，属能，不兼属德。西方人重能不重德，中国人则重能更重德。现代西方发明电脑，此亦属能，不属德。故西方人仅言能力，而中国人则必言德行。此一德行观念，乃为西方人所无。物有性，但不能说有德。德亦必显于人类之群体生活中。道家离了群体生活而言德，遂有所谓之"至德"。其实，至德便等于无德，所以老子也只有说"至德不德"了。

要修明诚之德也不难，只要在群体生活中，明诚之德便可修而致。如庄子只想远避群体来完成他理想的人生，又如老子更想隐然高居人群之上而来完成他理想的人生，那只可说此等人有"大知"，却不能说他们有"明德"。《大学》言："明明德"，必然是亲民的。能亲民，始是明德，始能止于至善。试问：无明德、不亲民，又哪里是人生中的至善呢？《大学》也是中国古代一篇讲礼乐的文章，和《中庸》同收在《小戴礼记》中。

诸位进学校，若一意寻求知识，知识尽专门、尽精、尽高深，诸位虽不学庄老，却想躲藏在此群体中，只为谋求个人自私自利作打算。此如木中有蠹，粪中有蛆，蠹与蛆皆是虫，赖此木与粪而生，但不与木与粪同体。今有人赖此群而生，他本身内心却不属此群。这是说，在他内心，不认此群和他是一体。若在如此情况下，此人若果诚是人，则只得称为一个人，终不得与群为一体。而今亦称为群，则此群与那群终非一群。因此专讲功利思想，便会转向唯物哲学，正是此道理。

在唯物哲学中，必然会发明出斗争哲学来。我们也可说，在此世上有大众的个人，各为本身功利起见，来在此群中斗争夺取，那此群亦自然只是一堆物。此群既是一堆物，在此群中之那些大众个人岂不也尽是一堆物。物与物相争，纵使有组织，相互间也只是各为工具，也终难于和平共存。

我们也可说，发明此一套唯物哲学乃及斗争哲学的，当然有"大知"，但并不有"大德"。彼之所知，却是既不诚又不明。因此，推极其知之所至，也决见不到有至善。

西方人生亦有礼，亦有乐，但礼与乐必互相分别。中国人生贵和合，礼乐亦相和合。礼中必有乐，乐中亦必有礼。和合凝成，融为一体。一分一合，便成为一和一争，此亦中西文化一大分别所在。

我认为，礼乐人生可以救此世，亦只有礼乐人生可以救此世。在礼乐中生活的人，自具有明诚之德。具有明诚之德，自可进入礼乐人生。此道不难，主要只在能从群体生活中去寻求，去体认。

孔子说："我非斯人之徒与而谁与？"《中庸》也说："道不远人。"礼乐则只是不远人，能与人为徒。诸位若能从此向前，中国文化传统的大道理，自能在各自心上逐步呈现。我们《新亚双周刊》所欲反映的生活，应该以此种生活为目标而向往。我此所说，或许包括太大，意蕴亦许嫌太深，但盼诸位各自好好去认取。

（六卷一期，一九六三年五月）

对十二届毕业同学之临别赠言

每逢学校毕业同学离去,我必作赠言一篇。常苦所欲言者多,言之不能尽。然细思,此事主要在受者,不在赠者。若善受,虽赠少,亦可贵。若不善受,多赠何益!

人生常在受教育之途程中,实无毕业可言。要言之,当分三期。幼稚、童年期,主要在家庭教育。少年、青年期,主要在学校教育。壮年、中年、老年期,主要在社会教育。

家庭教育之主要在于爱。人生呱呱堕地,赤身外,无一物,无知无能,但以自成一生命,惟赖家庭之有爱。环顾莫非爱我之人,父母兄姊诸长上皆是。人人爱我,我爱人人,我之生命,乃在此爱中获成长。

学校教育主要在于知。师长所授,同学所习,莫非人生所需之一切知识与技能。进而及于学得此知识技能之方法与途径,更进而及于创成此知识技能之理论与规律。故受学校教育,所贵者,不仅能承袭其所旧有,更贵在益进而能创辟其所未有。此为学校教育之主旨。

青年毕业离校,投身社会,首先所感,社会与家庭不同。社会未必人人对彼有爱,彼亦不必感到社会人人之可爱。既是人不爱己,亦复己不爱人,而长年集居群处,乃若处身社会成为一大苦事。又次将感到社会与学校不同,学校意在培养人,社会则意在使用人。知能大得大用,知能小得小用,不知不能则不用。社会乃若极冷酷,惟求使用人,对人无同情。抑且不仅于此,有大知大能而反遗弃不用者,无知无能而转高踞大位,以妨人之用。社会不仅冷酷,抑且无知。人之投身社会,岂不将更见为苦事。

于是一人投身入社会,乃需另受一番新教育。社会教育之主要在于磨炼人之意志。人孰无志,然必经社会之磨炼,使其志能坚定不退转,曲折求完成,乃可谓之有志。人自家庭中来,必先知有此爱。人自学校中来,必先获有此知与能。人果本此爱心与其知能以投身入社会,则必有其一己之所志与所愿。己之所志所愿,概而言之,亦在于尽己之所知所能以爱人立人,能以此己贡献于社会。若一人能如此,此一人即为社会中一好人。若人人能如此,此一社会即成为一好社会。

若其人进入社会中,初无所志,亦无所愿,仅求社会之收容,仅从社会乞温饱。社会既形形色色,复杂散乱。社会本身,既无爱,亦无知,并无所谓志与愿。人之进身社会,将仅见为社会之某一部门某一方面所支配,所奴役,所压迫,及所遗忘。一处如此,在处处亦无不然。藐然一己,将无力以与此复杂散乱之大社会相抗,则惟有俯首听命,一任其支配、奴役、压迫、遗忘而止。循至于怨天尤人,认此社会为冷酷、愚昧、无人道,不可一日安。而终亦无法脱逃,毕生在此社会中,此为人生一最大苦事。而深求之,则并不然。一切所见其为此一大苦事之一大因缘,主要实在于己之无志愿。

人在家庭为子弟为婴孩,其时则惟求家庭对彼之爱。在学校为学生,其时则惟求学校对彼之教。但入社会,则成为组织此社会之一分子,虽若惟求社会之用,同时亦为此社会之主。社会所用者乃一人,人则必有一己,此一己之求用于社会,亦必先有此一己之所志与所愿。若在己无志无愿，惟求社会之用，则先已无己，亦惟有一任社会之随意使用，而乃绝无所谓自主与自由。

人求自主，则必自主在其志与愿。人求自由，亦必自由在其志与愿。惟其社会之复杂与散乱，惟其自己亦为社会之一主，故其志有愿者，终必能获得与其志愿相符合之事业与职位。然而此则有待于其志愿之坚定不退转，始能曲折求完成。故曰社会教育主要在于磨炼其人之意志。

西方心理学家旧有知、情、意三分法。家庭教育为爱的教育，即情感教育。学校教育为知识技能的教育，即知的教育。社会教育则为人格训练，为意志的教育。人之一生，亦在此知、情、意三方之能不断受教育以完成其一理想之人格。

孔子设教，有知、仁、勇三达德。家庭所以教仁，学校所以教知，社会则重在教勇。惟有大志大愿，始能有大勇。惟有大勇，乃能表达其仁与知，以贡献于社会。达乎其极，则为圣人。

今诸君方离学校以投身入社会，特举此义，以为今年对毕业诸君临别之赠言。

（六卷五期，一九六三年七月八日）

月会讲词

一九六三年六月十九日第六十一次月会

各位先生,各位同学:

今天我要借这月会向诸位报告一项消息,便是中文大学将会在下学期正式成立。自从去年福尔顿调查团的正式报告书最近发表以后,根据这报告书所要进行的:一、是组织一选聘委员会来为这大学选聘一位副校长。二、是在副校长未聘定前,组织一临时校务会议,为新大学的一切推动进行。依据政府最近所表示的情形看来,本年九月三十日以前,正式宣布大学成立,大致是一件可能的事。

以前我常告诉诸位,不必对此事太重视。因大学成立后,新亚仍是新亚,诸位也仍是诸位。我常告诉诸位,不要太看重在名义与招牌上,主要应在自己心意上实质上不断求进步。但从学校方面讲,却不能不说这是一个极大的变化。从前我们学校是私立的,虽然外面在经费上对我们有帮助,但我们是自己在办这一间学校。大学成立后,新亚成为大学之一分子,这就变成为一间官立的学校了。这是一大变。从前我们是独立的,将来却要与其他两间学院联合,而成为大学之一分子。这又是一大变。如此说来,诸位也许要问:我们岂不是把这间学校交给政府了吗?从某一种角度讲,这话也不算错。我们学校独立奋斗了十三个年头,也实在应该把它交出。正如儿女们成长了，总要离开家庭。学校栽培学生，总要有一毕业年限，不能长期留校。一个私人、一个团体，乃及一项事业，都得逐步成长。我们该顾虑到它的成长，不能把它老封闭在旧的格局中。

远在嘉林边道时，我们便已与崇基、联合两校共同要求政府承认我们三校毕业生的资格。此后一路发展，从举行统一招生、统一文凭试，乃至即将成为大学的一个成员。在这一段过程中，我们首先时常考虑到的，便是同学们毕业后在香港的资格问题。其次，我们想要在同学中栽培出好人才，一定要多方延聘教授，同时充实仪器、图书等设备。这一切都要靠经费。以前我们常为学校经费担忧，此后经费问题可不必时常担忧了。我们在此几年来，请到了很多好教授，增加了很多设备，这便是学校必得接纳政府津贴的一个缘由。再深说一层，一个团体，一项事业，总希望它能持久延续下去。一间学校，不是一两年甚至十年二十年，可能完其使命，而让它归于结束的。我们每个人年岁精力总有限，单靠几个人苦撑，学校永无一稳定的基础，这是不行的。而且学校规模日扩，事务日烦，经济负担日重，而这几个人的精力却愈见其有限。向外筹募经费，当知门路有限，不会随着年岁而递增。甚至往往今年不知明年是否有把握，是否仍能继续不断地向前。这样的事业，试问能持久吗？接受了公家津贴，一切便不同。

或者诸位要问：我们不是有我们自己的理想吗？现在为了经费问题，把学校交出，岂不和我们创办时原意相违吗？

我告诉诸位，我刚才说，一个人总是要成长的。小孩子到了一定年龄便要进学校，但也不是一进学校便会忘弃家庭的。到他在学校毕业，又得进入社会去工作，但他也不会定要忘了学校和以前在学校所受的一切教训。纵使他也曾恋恋不舍自己的家庭或学校，但无论如何，他仍得进入社会去。从大处讲，一个人生下来，本是为社会而生，不是为他个人而生。正如父母生子女，原是为家庭添新分子，把此家庭绵延持续。至于生下来的是男是女，是长是短，父母并管不得。换言之，私的只为了公的而存在。所以每一人都要长大，都要进入社会，化私为公，把自己献身社会，作为社会之一分子。团体事业、教育事业何尝不然。教育事业之尊严与伟大，其意义正在此。我们制造一张桌子，一架机器，固是有用，但绝不能和学校造就一个人相比。每一位教师从事教育事业，都有他一个独立的人格，而且都有他小小的一个独立王国，那即是他的讲堂了。教师在讲堂，是最尊严而伟大的，也是最自由而独立的。因此，教师也尽有高下好坏之分，好学校里可能有坏教师，坏学校里也可能有好教师，学校是并不能限制教师的。教师在学校中，有其独立与自由，谁也剥夺不了他教育青年之自由志愿与独立精神，他有一分奋斗的可能。

拿我们学校来说，从三个学系发展到此刻有十二系，哪一系比较好些，哪一系比较差些，其间也总有个分别比较。在每系中各位教师之努力与贡献，也总有个分别比较。正为教育事业是自由的，每一教师是有其独立人格的，学校不能限制某一系的发展，不能限制某一位教师在教育事业上之自由精神，及其在学术上的独特成就。每一个教师，都是把他们的整个人格来教育下一代，以活的人来教活的人。他在品德上，学术上，总有他自己的一分。这不仅是理想，同时也是事实。如此说来，一个学系不能限制一位教授，一间学院不能限制一个学系。何以说中文大学成立，便会限制到我们新亚？依我想，在将来的发展中，此三间学院尽可各有各的风貌，各有各的成就。只看各自的努力，谁也不用担忧的。

总而言之，我认为外面力量将不能限制着我们。

或许诸位又要问：我们不是要提倡中国文化吗？加入了大学怕会损害及我们的理想。

这也不然。如我们办商学院、理学院，也有人怀疑，说这与提倡中国文化无关。其实大不然，难道中国人经商做科学家便违背了中国文化吗？我们此刻正要创造推进中国文化走向一新境界，既需新的科学家，也需新的商人与企业家。难道只是一些人文学方面，只读几本中国书，才始是代表了中国文化吗？我请诸位把眼光放大，我们学校的主要目的，在栽培中国青年，在中国社会中生活，对中国社会有贡献。这并不是关着门讲此话便算，该实事求是，在实际生活中求表现。而且提倡中国文化也并非某一群、某一团体所能包办或拥为私有，崇基和联合不同样也要讲中国文化吗？诸位当知，提倡中国文化决不能由新亚一家独占。我们盼望将来的中文大学，将会同大家走这条路。而且这也不仅是希望，应该是一种自然的趋势，谁也阻挡不得。

诸位在新亚求学，将来毕业到社会上，该把此力量放开，放射到社会各部门、各阶层中间去。若认为只在新亚这环境内，才能讲中国文化，离开新亚到外边去，或如三校联合来办一大学便不能讲中国文化了，如此般地来讲中国文化，试问又有何用？正如我们在温室中栽花，尽管水分、阳光都充足，但仍要迁植到空旷的大自然中去，它的生命才能真旺盛、真壮健。又如诸位一定要从家庭跑到学校，又从学校跑进社会，然后诸位的生命才能开展。学校也是如此。

从今以后，新亚的责任将会更重大。若说外面有力量要来改造我们，这只应促进我们之更努力，不应便能约束我们之更前进。学校犹如一私人般，总要开了门，跑向较大的场合中去。这一转变，可说其意义为私也为公。尽为公，也不可把私抹杀了。抹杀了那私，又是谁来为那公呢？但尽为私，也只能在公里去发挥。公私相成，而非相灭相消。若我们必要躲开公来完成私，其实无公也就无私可成。

今天的我们，正不必担忧到外面，我们要担忧的还是在我们内部之不够健全与不够理想。诸位在学校，只要能注意自己品德、学业、身体方面之锻炼，将来进入社会自可无往不利。个人如此，团体亦然。我们亦许会碰到困难，但我们不是常说吗？生命愈奋斗，将愈见有价值。无奋斗的生命，终将萎枯而死。生命必然要奋斗，个人、团体皆然。纵使一个人死了，或如说我们学校关门了，难道就算一切完了吗？人死还得留给别人来批评。不是我们今日尚还批评到许多历史人物、历史事件吗？人物愈大，所遇困难也愈大。如孔子、释迦死了，他们当身及时的问题，至今仍未获解决。他们死了，自然无法再奋斗，但不断继起有人来接续他们的奋斗，争着为他们求问题之解决。我们由大推小，若我们能自信新亚这十三四年来确有其意义与价值之存在，我们纵遇困难，纵说有些不能由我们自己及时解决，在后面，也会有人来继续我们之奋斗，代我们求解决。

也有人曾问我，是否新亚以前的毕业同学比现在的成绩更好些？我否认这一说。我们在桂林街、嘉林边道时，确也有些成绩。在毕业校友中，现在在美国大学任教的已有两位。在这里，港大一位，本校一位。暑假后，将有一位从耶鲁回来在我们外文系任教，一位赴马来亚大学，另一位去南洋大学。可见我们以前的新亚，虽没有挂上大学招牌，并没有现在的新校舍，也没有现在这么多教授，但的确栽培了一些好人才。现在，我们环境转好，教授阵容加强，我们应该可有更多的表现。譬如今天在此要颁发的奖品中，有一项作诗优胜奖，得奖同学的作品，今天在报上也发表了。诗的好坏留给外人批评，但这也是我们新亚的一种表现。大学生能在讲堂上即席赋诗，而且不是偶尔一两人如此，乃是一班一级都能如此，此在以往国内大学亦极难有。可见青年人本来应该什么事都能做，他们每一人正如一大宝藏，而负责教导他们的教师，便是指导开发那宝藏的人。因此使我只想到我们当教师的责任之重大，以及教育事业之有意义与价值。只要我们真能自尽职责，我不感觉有什么其他可悲观处。

我今天报告诸位，说我们到此刻已有七位毕业同学在各地大学中任教，这并不意存夸张，无非要勉励今天在座诸位将来对社会、对学术有贡献，继续为新亚争光荣。我盼望在十年、二十年后，或许我们会说某某一文学家、史学家，或科学家，或某某一大人物是我们新亚栽培的。这些全在我们学校里面人自己努力，却不会有外面力量来禁止我们这样做。

或许诸位要说：现在学科主要变成应文凭试，哪有时间再来研究学问呀！这一层我也将告诉诸位，有办法的总是有办法。加上我们一番困难，应加强我们一番努力。难道不考文凭试，我们人人都可成学者，考了文凭试，便会一切绝望吗？诸位且莫把一切责任都放在从外面来的影响上，我们该懂得反求诸己，尽其在我。这也是孔子教训，也是中国文化传统精神一大要目。新亚将来之希望，仍会在新亚内部之自身。此层仍盼诸位深切体认之。

漫谈《论语新解》

一九六三年九月为庆祝孔诞校庆与教师节而作

去年的孔诞校庆与教师节我正忙校读《论语新解》，抽空写了一篇《校庆日劝同学读〈论语〉并及〈论语〉之读法》，刊于《双周刊》五卷七期。转瞬一年，《双周刊》编辑人又来催我为孔诞校庆教师节写文章。我去年预期我的《论语新解》，应可在今年的孔诞前出版，但此刻又正忙为《新解》排样校字，出版是误期了。我再抽空写此篇，上半叙述我撰写《新解》之经过，下半讲一些读我《新解》所应注意处。

（上）

我开始写《新解》，是在一九五二年之春末。那时学校在桂林街，我开讲《论语》一课，讲堂上有许多旁听的，此刻我们图书馆馆长沈燕谋老先生，也是其中之一。沈先生携有一本美国新出版某氏的《论语》译本作参考。他说：他将逐条笔记下我所讲与此译本不同处，将来汇齐寄与原译人资其改正。但听过几月，沈先生的笔记停了。他说：相异处太多，除非从头另译。我为此，打动了我作《新解》的念头。

普通读《论语》，总是读朱注。但《朱子集注》成书，距今已七百余年，有些我们应该用现时代的语言和观念来为《论语》

作新解，好使人读了亲切有味，易于体会，此其一。清代汉学盛兴，校勘、训诂、考据各方面，超越前代甚远，朱注误处经改正的不少，我们不应仍墨守朱注，此其二。各家改订朱注，亦复异说分歧，我们应折中和调以归一是，此其三。我立意作新解，主要用心，不外此三点。

我刻意想写一通俗本，用最浅近的白话来写，好使初中以上学生，人人能读。为求简要，把汉学家繁称博引的旧格套摆脱了。虽亦博综诸家，兼采群说，但只把结论写出，没有枝叶烦琐。我又模仿西方人翻译《新旧约》，把《论语》各章全用白话翻出，好使读者看了一目了然，再无疑义。这是我写《新解》的体例。先列《论语》原文，其次逐字逐句分释，又其次总述一章大义，最后是《论语》本文的白话翻译。

王贯之先生知道我草创《新解》，每两周便来把我写出的几章要去，分期刊载在他主编的《人生杂志》上。但我写了些时便停止了，一则没有整段的闲暇时间供我撰写，时作时辍，精力浪费，亦甚苦痛。二则我开始感到著书力求通俗，也有弊病。遇义理精微处，定要用通俗白话来写，势难简洁，而且亦势难恰当。文字冗长，反不能开人思路，引人入胜。又不能把精微处扼要确切表达。我想不如改用平易浅近的文言，收效会更好些。好在能读《论语》，其人了解文字之水准，亦必有相当基础，我不应在力求通俗上着意。因此我想待把捉得一段假期清闲，竟体改写。然而这一搁却搁下几年，我的冗杂有增无减，始终没有一段清闲的假期。

直到一九六〇年，我有机会去美国，在耶鲁讲学半年。我事先计划，这半年，或许能使我继续撰写《论语新解》，但事前没有把握。我想若不能继续此一工作，我正好乘此机会学习说英语和看英文书。

我在一月二十六日抵达新港,隔一日,二十八日,正是阴历除夕,但在国外,全没有过年气氛。我和内人当天上街去逛书铺,选到一本《现代历史哲学》的论文选集,我匆匆看其序文和目录,深感兴趣,便买了。在二月六日上午开始阅读,八日开始授课,在十分冗忙不安定的生活中,到二月二十日,把那本《现代历史哲学》读完了。我又想看西方哲学书,从头顺着次序择要阅览。又到书铺买了《苏格拉底》和《柏拉图》两集,络续翻看。但我感到生活已逐渐上轨道,与其当小学生学读西书,还不如改变计划完成我的《论语新解》,对己对人,或许较有意义,较有贡献。如此心中往返打算,终于把这一问题决定下来。从三月一日起,把阅读西书的计划全放弃了,来继续《论语新解》的撰述。

《论语》全书二十篇,共四百九十八章。我先计算:倘每天能最低限度写出新解六章,每周以五天计;因周末和星期日,一则多应酬,二则我要拨出时间出门到处游览。如是每一月作四星期算,每星期作五天算,每天写新解六章,一月当可写出新解一百二十章。我预计在新港尚有四个月停留,到六月底,岂不把全部工作可告一结束了!但我又怕事先预定,并不能如此般乐观。因把在一九五二年所成旧稿,共一百零二章,尽快先校读一过,略事修改,即直从第一百零三章开始。如是一面可以逐渐集中精神,把我的兴趣和注意力引起一头绪,一面又可减轻我工作分量四分之一,那就准不致有失败。

我在三月一号和二号两天,打开旧稿,一面读,一面改,尽两日夜之力,把此一百零二章约略改过。三月三日起,正式继续写新稿。那天正逢大雪,竟日彻夜没有停。我已整整十二个年头没有见过下雪了。只有一九五四年,在日本东京,临走前的一下午,寒雨中夹着下过些微薄雪片。今天见此大雪,心情十分愉快。窗外隔一马路,是一大停车场,到薄暮时分,近百辆汽车全没入大雪堆里去。近窗有两枝矮树,到深夜也全给大雪淹没了。自晨至夜,门外冷清清没见人过。我夜间,学校本有两堂课,也借此告了假。那是我开始写此新稿,最值得纪念的第一天。

那天,我上午写成《新解》六章,下午续成四章,夜后又续成一章,一整天共得十一章。已超出我预定计划几乎一倍。此后我在日记里,把每天所写《新解》,上午几章,下午几章,夜几章,必详细记下。每周一结算,本周共写《新解》几章,来督促我自己莫把此工作懈怠了。自然也有一天写不到六章的,也有整整一天或连续几天不写的。但我越往后,精神越集中,时间安排越能活泼有条理。有因当天有事,赶一清晨,在早餐前写出一两章。有因有应酬,或出门游览,而归后尚有余力熬一深夜,补写上一两章的。最多的一周,写过六十二章。最少的一周,只写九章。到五月二十八日起程去哈佛,我已只剩《尧曰》一篇,但无论如何是赶不完了。待哈佛归来,在六月十三那天,算把《尧曰》篇也补完了。但我把上论《乡党》一篇跳过没有解。十四日起,再补解《乡党》篇,到十八日竟体完毕。合计新旧稿共得一千四十三页。以篇幅计,当得二十五万字。在新港所成,当合二十万字。实算字数,全部应该不超出二十万字。新港所成,约合十五万字上下。幸而我的全稿到此完成,此下在离新港前,又是一大段忙乱,实也再无从下笔了。

我在七月一号离新港,漫游美国东西部,又去加拿大,再赴欧洲,于十月上旬,改变了全部游程,径返香港。我知道一返香港,生活又会冗杂。因此只有将《新解》的全部初稿,在美国一气赶成,留待返港后再零碎络续修订。

我在是年十一月，卜居沙田，地僻较易得闲，到寒假，又把《新解》全稿拿出再整理。我写《新解》，虽说是义理、考据、辞章三方兼顾，主要自以解释义理为重。虽说不墨守朱注，主要还是以朱注为重。我此次补订，先把《朱子语类》关于《论语》的几卷，通体细读一过。因《语类》在朱子注《论语》以后，有些处和他初注《论语》时见解有不同。有些见解不断有改变，但可惜有许多重要异同，不能放进我的《新解》里面去，这是为著书体例所限。我为《论语》作新解，只重在解释《论语》原文之本义。其引申义、发挥义、相通义，乃及其他问题，并非不重要，但不能阑入我《新解》书中。我逢初稿应修改处逐条修改以外，其余意见，曾写了一篇《从论语朱注论孔孟程朱思想异同》一篇，刊载在美出版的《清华学报》上。

我读完《朱子语类》《论语》之部，将我《新解》有关各章，再有所修改外，又将我《新解》全稿，逐篇逐章细读一过。觉得我全稿前后文体尚有不纯，尤其是最先完成的一百零二章，在美国只匆匆修改了两天，显与此下文体有不类。而一百零二章以下之最先几十章，其文体也和前一百零二章较近。较后则文体较为简净，因此又把全稿的前半部在文字上多加了一番删润。

据我经验，著作草创固不易，而成稿后要自己修改则更难。因人有成见，总认为自己写的又对又好，要发见自己的不对不好处，岂是容易之事！只有一法，且把自己成稿暂搁下，待时久淡忘，再取来，如看别人著作般平心细读，庶可发现出自己一些毛病。我自将《新解》全稿通体阅读一过之后，又把来搁在一旁，约摸过了半年多，我想再读一过。此次再读，我把王船山的《四书大全说》中《论语》的一部分先读，因船山阐说义理，颇有能超出宋明儒之外的，而又为此下清儒所未见。但可惜我读船山

《四书大全说》也如读《朱子语类》般，所获许多意见无法插进我《新解》中，我只逢可修改处修改一些。我又乘兴读了船山《四书大全说》中《孟子》、《大学》、《中庸》之部，写了一篇《王船山的孟子性善义》，刊载在香港大学金禧典礼东方文化研究所之论文集。

如是我又把《新解》全稿搁置。适逢杨联陞先生自美国哈佛来，我在新港时，他早知道我在写此稿，我到哈佛也曾和他畅谈过。因此把全稿请他在旅馆中为我看一遍，遇有意见，我嘱他批注在眉端。我们学校潘重规先生也知我写此稿，他说能先睹为快。杨先生离港，我即将此稿交潘先生，也嘱其把意见批注在眉端，那是去年四月五月间事。

杨先生自香港去日本，我开一书单，托他在日本代买几部日本学者的《论语》注作参考。杨先生把书寄来了，正值暑假忙过了一阵，我又想再把我的《新解》全稿细细再读一过。其时已值八月下旬，我把家中书房和客厅对调了一下，书房扩大了，我好静下做功夫。哪知九月一日的大飓风来了，沙田受灾最重，我家大门吹开了，大门旁的新客厅，风雨纵横，受打击最重。新书房的屋顶也掀破了，大雨直注，我冒着险，从走廊冲进书房，把我的《新解》全稿抢救了。幸而我事前把客厅和书房对调布置过，否则若我把此稿放在原先旧书房，可能风吹漫天飞，全散失了。可能雨打成烂纸，钢笔原稿和原子笔的改稿，全模糊不易辨认了。

经此飓风为灾，我家搬下楼去，在别院住，我放一大书桌在楼上原来卧室中，桌上只放我《新解》全稿，及从日本买来的几部新的参考书。我只要不到学校办公，便一人踱上楼，静心做我对此稿最后一次的校阅。这是我三年前离开新港后，又一次意外获得了一个好环境。至今回想，一九六〇年三月三日在新港的大雪，一九六二年九月一日在沙田的大飓风，和我从事撰著此书先后结不解缘，正好遥相映照，留作我私人的一番回想和纪念。

我从日本买回来的三部书，第一部是伊藤仁斋的《论语古义》，第二部是物茂卿的《论语征》，第三部是安井息轩的《论语集说》。这三部书，正好代表着日本学者治《论语》学的三阶段。东瀛学风，本和我大陆息息相通。伊藤仁斋的书，笃守程朱理学家言。物茂卿的书，则相当于我们自王船山下至毛奇龄与戴东原，有意批驳宋儒，力创新义。到安井息轩则受清代乾嘉以下汉学家影响，实事求是，在训诂考据上用力，而重返到汉唐注疏古学上去。我按着三书先后次序，逐章分看，正如把朱注《论语》下到近代此数百年来，中国学术界汉宋之争的旧公案，重新在心头温一遍。我如此般读过一章之后，在我心中对此一章自然会浮现出一番见解来。然后我再把自己原稿翻出再读，有的是我此刻心上所浮现出的新见解，和原稿见解还是相同，那就算把我原稿通过了。也有的是新旧见解大体相近，只要在字句上稍加增删便可过去的。也有时发现我原稿见解，或许因当时参考材料出此三书之外，或许我当时思索较之当前更细密，更周详，而认为原稿意见实是胜过了我此刻的意见的，那真是一番喜悦，而且是喜出意外似的叫我高兴。但也有时，我发觉原稿旧见解和我此刻的新见解正处在相反之两端，那就为难了，不得不为此一章从头再作深思。本来《论语》尽多异解，我以前是主从甲说的，现在又想从乙说，其间取舍抉择，煞是不易。有的经过内心私下再三思辨，终于舍弃了旧见解改从新见解了。亦有的经过再三思辨，终于决定仍从旧见解，而放弃了新见解。但也有已从新解，再经几天思考，又改从旧说的。也有已留旧说，再经几天思考，又改从新见的。也有几章，在自己新旧见解冲突，异说分歧，十分难解之际，而忽然悟出一番新义，自谓能超出以往旧见，更有新得的，那又是一番喜出意外的喜悦。直从九月十月到十一月，那三个月中，我常一人，或半天，或全天，独坐空楼，已凉天气未寒时，下帘寂寂，至今回味，仍感到乐趣无穷。

到十二月，破楼修理完竣，我们把家再迁回楼居，但那时我的《新解》全稿，早已校读完毕了。照理，我该可把全稿付排了。但我想，此稿付排，我仍有最后一次的校字工作可做，或许到那时又可能发现几许错误应改正处。若此刻即去付排，我正满怀欢喜，怕不易发现自己错处来。因此决定将此稿再压几个月，待我对此稿的心情冷一些。在今年暑假前开始发排，果然，仍发觉有许多文字义理未妥须修改。中间我去台北一个半月，此稿的排样亦邮寄台北去。这一个半月，台北天气极热，我在旅居生活中，又极忙乱。但校此稿，又有两章，彻头彻尾改动了。直至此刻，全稿已校过十分之八，尚余十分之二未校。但因前面改动，牵涉到后面，至少后面有一章未校的，临校时，我将添进两句，而此两句则是颇关重要的。默计全稿，我在此次最后校字时，又已改动了十章左右。可见过些时，说不定，又会发现需改动处。但对此稿，我总算已尽我心力。一待正式出版，我想再要由我自己来发现错误，其事当更不易，则只有希望读我书的多了，自会有好意见络续来告诉我，我且留待此稿再版三版时，再有所订正吧！

（下）

以上叙述《论语新解》完成之经过，以下略告读者所应注意之一点。去年我写《论语》读法，已将读《论语》应注意处约略提及。此下则专就一点言。

王贯之先生知道我《新解》已付排，他来要一份清样，他说将择要分期刊载于《人生杂志》，为吾书作介绍。我想书已付排，出版在即，何必再浪费《人生》宝贵之篇幅。但贯之意极诚，来索再三，不得不应。待《人生》各期把《新解》择录刊出，我也按期翻阅，一面心佩贯之做事不苟，所摘录的确也花了一番心。但另一方面，我却别有感想，便是此下所欲申述者。

一般人总爱说儒家思想或孔子哲学，当然《论语》是关于此方面一部最重要的书。但我常感到中国思想，其从入之途及其表达方法，总与西方的有不同。西方一位大哲学家的思想，总见其有线索，有条理，有系统，有组织。他们提出一问题，关于其所用之名辞与观念，必先有一番明确的界说。他们讨论此问题，千回百折，必有一项明确的结论。读中国书便不然。即如《论语》，颇不见孔子有提出问题，反复思辨，而获得结论的痕迹。若我们依着研究西方哲学的心习来向《论语》中寻求，往往会失望。

读《论语》的，都认为孔子思想主要在讲"仁"与"礼"。但孔子对此两名辞根本不见有何明确的界说。直要待朱子作注，才为此两名辞定下界说来。朱子说："仁者，爱之理，心之德。"又说："礼者，天理之节文，人事之仪则。"朱子是经千锤百炼而始定下此两个界说的，虽非无当于《论语》原文之本义，然而朱注所下界说，实比《论语》本文使读者有更难体会之苦痛。若我们真要把此"爱之理，心之德，天理之节文，人事之仪则"十六字，细细咀嚼，便会发觉其中比《论语》本文所论远为深广。由此十六字，可以引生出更多问题。而此等问题，在我们读《论语》时，实暂可不必理会。而且若非细读朱子书，对此十六字之内涵意义，亦实难确切了解。我们为一书作注，其用意本为使读者对我所注书之本文增加其简易明白之感。而朱注则有时却似为《论语》增添出许多晦涩艰深反而难理解处。要之,在宋代理学盛行时,不能无朱注。在我们此时,时代变了,则不能不在朱注外来另作一新注。

我们若要问:《论语》中对"仁"字"礼"字,究竟提出了何项问题,获得了何项结论?那就更模糊了。似乎孔子平日讲仁讲礼,根本上没有提出什么问题,因而也不见有什么结论之获得。我们读《论语》,似乎其每章每句,都像是一种结论。试问在西方一个思想家,哪有如此轻易获得结论的?如此般的思想,又哪得成为一套哲学的思想?

但上面这许多话,其实对《论语》是无伤的。我们把研究西方人哲学思想的头脑来研究《论语》,则每易于《论语》中提出许多不是问题的问题来。主要在于中西双方思想其从入之途不同,因而其表达方法也不同。读《论语》,应该依照孔子的思路来读,才能于孔子有了解。今试问,孔子思想究从何路入?这一问题,其实在《论语》里是表现得明白可见的。只因思想从入之路不同,因此其表达方法也不同。孔子思想之表达方法,自然也即在《论语》里明白可见了。因此我们只该从《论语》本书来了解孔子思想,不该先自束缚在西方哲学之格套中来寻求。

让我们从最浅显处看,则《论语》中孔子论仁,有许多话只是就人论,就事论。孔子只就人事来论仁,并不见有超越人与事而另提出一套近似于哲学玄思的仁的问题来。如云:"殷有三仁,微子、箕子、比干。"又说伯夷叔齐,"求仁而得仁"。又说:桓公九合诸侯,不以兵车,即是管仲之仁。管仲相桓公,一匡天下,民到于今受其赐,也即是管仲之仁。又有人问管仲,孔子曰:"人也,夺伯氏骈邑三百,饭疏食,没齿无怨言。"本章"人"字,解者亦有说即是"仁"字的。又如说令尹子文是忠不是仁,

漫谈《论语新解》

陈文子是清不是仁，子路、冉求、公西赤皆不得为仁。宰我欲短丧，是不仁。凡此之类，皆专指某一人而分辨其仁与不仁。今若问：何以微子、箕子、比干、伯夷、叔齐、管仲都是仁？何以令尹子文、陈文子、子路、冉求、公西赤、宰我都不得谓是仁？我们要在此等处研究，便知对此诸人，至少该略有所知，不能说此等处只是孔子在批评人物，与其哲学思想无关，可以搁置不理。

又如孔子答弟子问仁，告颜渊则曰"克己复礼为仁"，告仲弓则曰"出门如见大宾，使民如临大祭，己所不欲，勿施于人，在邦无怨，在家无怨"为仁。告司马牛则曰："仁者其言也讱。"告樊迟，则曰："仁者，先难而后获。"又曰："仁者居处恭，执事敬，与人忠。"告子张则曰"能行恭、宽、信、敏、惠五者为仁"；告子贡，则曰"居是邦，事其大夫之贤者，友其士之仁者"为仁。这些处，都是说如此行事乃为仁。不如此行事，则为非仁，或不是仁。其实就事而论，也如就人而论，义实相通，无大分别。因在行事之背后必然有一人，孔子批评人，也只就其行事而批评。在此处，可见我们要了解孔子"仁"字的真义，应该从那许多行事上去体会。如我亦能居处恭，执事敬，那我也可依稀仿佛想像到孔子教人以此仁字的一番体段一番境界了。

又如孔子平日论仁，说："唯仁者，能好人，能恶人"，"仁者乐山"，"仁者静"，"仁者寿"，"仁者，己欲立而立人，己欲达而达人"，"仁者不忧"。又说："刚毅木讷近仁"，"克、伐、怨、欲、不行焉，可以为仁矣"。又说："仁能守之。"又曰："巧言令色鲜矣仁。"此等亦都是就事而论，只不是具体专指一事而已。但我们总不能舍却人生实际行事来求了解孔子这许多话。

以上专举仁字言，若礼字则更不用多举。如何行事始是礼，如何行事即非礼。何人算能知礼守礼，何人便是不知礼不守礼。

凡属《论语》中讲礼处，全从具体的实人实事来讲，更是显而易知了。

我们今再从此推说，便知全部《论语》，最多是在讲具体的实人和实事。若忽略了《论语》中所讨论到的具体的实人和实事，则全部《论语》所剩无几。我们尽可说，全部《论语》则都为讨论这些具体的实人和实事所包括了。因此我们可以说，中国儒家思想主要是在具体的人和事，而孔子《论语》则为此下儒家思想之大本大源所在。即如宋明儒言义理，其实也只紧扣于具体的人和事上而来讨论其义理所在。若抽离了具体的人和事，超越了具体的人和事，凭空来讨论思索，那便近于西方哲学思想的格套。

因此，我们可以说：中国思想，尤其是儒家思想，主要是从具体的实人和实事上思入的。及其表达出来，亦仍大体不脱离于具体的实人和实事。先秦儒家如是，汉唐诸儒亦如是。后来宋明理学家言，大体还是如此。而大本大源则在孔子之《论语》。

我们若明白得此意，来读《论语》，自应更多注意到《论语》中所提到的许多具体的实人和实事，却不应凭空思索去求了解。因此讲求孔子思想，不宜脱离人事。我们自己思想，若要遵从孔子道路，也该从具体人事作为出发点。近人都已说中国思想是一种人文思想，也便是此意了。

正因为如此，所以我们读《论语》，若在解说其义理或思想上有争辩，势必牵涉到考据。考据工夫，正为要确切明白得《论语》中那些实际的人事。此乃孔子思想及其所指示的义理之具体背境与主要对象。清儒反对朱子的《论语》注，最先也是在义理上争辩，但精而求之，便不得不转入于考据。此亦是一种大势，自然会走上这条路。其实朱注《论语》也何尝不经一种考据。如今硬要把义理分作两项，认为考据便无当于义理，那就又是一条差路，不可不辨。

现在再进一步说：既然是孔子的思想和义理，都扣紧在人事上，因此读《论语》，也并不能专注意仁字礼字等许多字眼便够。换言之：《论语》中凡牵涉到具体人和事的，都有义理寓乎其间，都是孔子思想之着精神处。要懂得如此平铺用心，逐章逐句去读《论语》之全部，才见孔子思想也有线索，有条理，有系统，有组织。只是其线索、条理、系统、组织与西方哲学有不同。

因此我的《论语新解》，逐章、逐句、逐字都要解，任何一字、一句、一章，都不敢轻易放松过。我作《新解》的用意，只在求能帮助读者去了解《论语》本文获得些方便，并不是要自创一说，或自成一家言。若能离开了《论语》原文，我的《新解》便更无少许剩余的独立价值可言了，那便是我的成功，那便是我作《新解》时所要到达的一个理想境界。当然我知道我还未能到达此境界。尤其在一章后综述大意，总难免有浮辞删削未尽之感，但我总算是向此理想而努力的。

其实我此一种解《论语》的方法，乃完全遵依朱子成法。从来注《论语》，善言义理，莫过于朱子。但朱注中的剩余独立价值则嫌太丰富了。此亦不得怪朱子，因朱子时代，乃是一个理学盛行的时代。朱子之学，近承二程，乃由二程而远溯到孔孟。因此遇二程有与孔孟分歧处，好像朱子总不肯抛开二程来直解孔孟。其注《论语》，如"获罪于天"，如"性相近"，如"孝弟为仁之本"诸语，本是极平易，而解成极艰深。又如"吾与点也"一语，本可不烦多解，而朱注化去了近四百字，发挥出一番大理论。后儒从此等处来批驳朱注是应该的。但朱注终不失为善言义理。朱子之善言义理，并不在乎此等凭空独标新义处，也不在我上举如其解仁字礼字十六字之千锤百炼处。朱注之所以为善言义理者，则在其遇《论语》所及实人实事，其中所涵义理，朱子最能阐发得细腻而熨帖。但朱子终是带有宋代理学一番极浓的气息。我不是说宋代理学无当于孔孟原意，我之作《新解》，乃是要冲淡宋代理学气息来直白作解，好让不研究宋代理学的人，也能直白了解《论语》，由此再研究到宋代理学，便可以迎刃而解，更易契悟。

朱注对《论语》所牵涉到的实人实事，也有些处考据不及清儒之细密，因此其所阐发的内涵义理也便不免有差失了。但清儒说《论语》，又太求在考据上见长，而忽略了《论语》本文中所涵之义理。因此读清儒说《论语》，乃只见有考据，不见有义理。既近买椟还珠之诮，亦陷于歧途亡羊之失。

《论语》中最难读者，有些处，虽亦是实人实事，而考据功夫则用不上。因此其内涵义理，亦更难把捉。臆测无准，异解歧说，多由此而起。我上半篇自述作《新解》，有改了再改，终难决夺的，亦以在此等处者为多。

今试举数例略说之。如"射不主皮"章，此显属一实事，古注及清儒，都注意在考据上。惟朱子独侧重在义理上，再从义理来另作考据，遂使朱注对此一章独为卓越。又如"鲁人为长府"章，此又属一实事。孔子盛赞闵子骞言必有中，可见此章中，必涵有一番义理。但朱子未曾将鲁人为长府一事细考，则注文所阐发，近是望文生义，有类臆测。而清儒所以胜过朱注，有不可不加意采纳者，则多在此等处。又如"阙党童子将命"章，究竟是孔子使此童子将命，抑是阙党之他人使此童子将命？此属一琐事，无从考据。但孔子使此童子将命，与阙党之他人使此童子将命，究有别。因其事不同，故事中所蕴义理亦不同。故要阐述本章义理，势必先肯定本章之事实。朱注说此章，乃肯定其为孔子使此童子将命,朱子本此而阐说,其所说义理自佳。后儒遵朱注再加发挥的亦有。然亦有异说,认为乃阙党他人使此童子将命。所以持此异说,自亦有其一番理由。于是为求解说此章之真义,乃不得不由作注者胸中自有一番义理作抉择。此章虽属小节,然他章有不是小节而与此章类似的,那就更费斟酌了。

又如"子路问成人"章,孔子意究是须兼有臧武仲、孟公绰、卞庄子、冉求,此四人之长,而再加以礼乐之文,而始可以谓之成人否?朱注是如此说。然或说则谓下文亦可以为成人,从"亦可以"三字,谓可见只具一人之长已足,不必要兼四人之长。然朱注亦未尝不注意到此"亦可以"三字,故曰:"亦之为言,非其至者。若论其至,则非圣人不足以语此。"此章实极关大义,非"童子将命"章可比。然欲定此章之真义,考据训诂之为用皆有限,非作注者自有一番义理作抉择不可。朱注之所以独出古今者正在此。由此可知我们固是要读《论语》来通义理,但亦要通了义理再来读《论语》。读了《论语》再来读群书,此是初学者的门路如此。但又要读了群书再来读《论语》,此则是成学者之所当务。此层尤不可不知。

故知读《论语》,每章各有一番义理可寻,不得谓遇孔子论仁论礼诸章始有义理,其他各章可以搁置不问。而每章尽多异说,多见一异说,即多触发自己一番义理见解,切不当暖暖姝姝于一先生之言。但异说亦当定于一是,此所谓一是,则指《论语》原文之本义言。然求《论语》本义,则主要须用考据训诂功夫。否则尽说得义理高明,却可与《论语》本义有背。然亦有时,考据训诂无可用,非用读者自己识见不可。否则终无以通《论语》之本义。故读《论语》,有易读处,有难读处,学者贵能由易及难。但今为《论语》作解,则难处易处全解了,此则贵学者之善自研寻。我作此《新解》，每多存异说，而于异说中必抉择一是。我之识见果足以胜此任否，惟有更待读吾书者之再作辨认。我所谓读《论语》必义理、考据、辞章三者兼顾，而义理则更其要者，其用意亦在此。决非谓不顾考据辞章而可以凭空求得其义理之所在。更不谓求义理者，只挑读《论语》某几章已足。此意极关紧要，不得不在此郑重提出。

今贯之先生为我选载于《人生杂志》之诸章，似乎都选载些近似于凭空发论者，又多载我在此一章之后综述其大义者。择要诵读，亦是读书之一法。专心先求大义，且置考据辞章之琐末，此皆未可谓非。但若专一从此路进，则又近于只要讨究孔子所抱之一番哲学思想，而非研寻孔子所提示之人生义理。如是则似乎也把孔子看成一西方哲学家般，此处差之毫厘，是会谬以千里的。读《论语》者不可不戒。程子说："如读《论语》，未读时是此等人，读了后又只是此等人，便是不曾读。"又说："读《论语》，有读了后全然无事者，有读了后其中得一两句喜者，有读了后知好者，有读了后直有不知手之舞之足之蹈之者。"程子此两番话，只有从人生义理上去读《论语》，始可了解得。若真了解得须从人生义理上去读《论语》，则自然会遵从朱子所说，平铺读，循序一章一句读。且莫认为《论语》说到仁字处在讲仁，不说到仁字处即与仁无关。更莫认为训诂考据功夫，便就与义理无关。至于我之《新解》，则只求为读《论语》者开一方便，那些全只是筌蹄而已，实不足重。我怕读者把我的《新解》太重视了，那就罪过之极。因此特郑重在此提及。

(六卷八期，已收入《孔子与论语》)

秋季开学典礼讲词

一九六三年九月九日

各位先生、各位同学：

今天我要趁这开学典礼的机会向诸位报告几件事。

第一件要报告的，就是我们新的中文大学快要正式成立了。香港是英国的殖民地，但却是中国社会，四百万居民，绝大多数是中国人。五十年来，这里只有一间香港大学，她所造就的人才和学问，都有限。而且中国青年，学问事业，也该贡献给中国社会。因此，不论从哪一角度看，香港办一间中文大学，实在应该。

第二件要报告的，是关于新大学的组织。

香港中文大学，并不是新创的，而是将原有的崇基、新亚、联合三间私立学校合并而成。但是，这间大学成立后，我们要注意到新亚的地位。从前我们是一间独立学校，今后将变成中文大学的一部分，变成为中文大学的新亚书院了。从前是私立，将来是公立，其间有很大的分别。

新亚既与其他二校组织成中文大学，慢慢地，随着一年年时间的过去，大家的想法会与从前不同。现在诸位想的是三校联合成一中文大学，将来则变成中文大学中有这三间学校，此是一定的事。譬如今年我们新同学，参加的入学试，是由三校联合招生的。明年将是中文大学的入学试，取录后再分配到三校。今夏刚毕业的同学，参加了三校统一文凭试，明年毕业的，将要参加中文大学的学位试。考试合格后，将具有两项资格，一是新亚的毕业生，一是中文大学的毕业生。较重要的，自然是中文大学的资格，只是他在中文大学中的新亚书院毕业。从这一点，可知将来我们在学校之上，有了一个与其他二校共同的组织。譬如现在中文大学要请一位副校长，一如香港大学般。自然，他日也会有大学本部、校务会、教务会等行政部门，此乃在新亚之上，这是一点。

另外一点，将来三校的教授，慢慢地会变成中文大学的教授了，只是分别在崇基、新亚、联合任教而已。

从前我常告诉诸位说，成立中文大学与诸位没有多大关系。今天我要告诉诸位新旧同学，要了解将来学校的性质，以及诸位的双重身份，即是中文大学的学生和中文大学新亚书院的学生。学校从前是新亚，将来则是中文大学的一分子。换一句话说，今天以后的新亚，将走上一条新的道路，亦将是另外的一个新亚了。关于这件事，我们可分两部分来说：

第一，是关于同学的。

诸位来学校求学，固然不是在一纸文凭，而在学业和事业。新亚不挂上中文大学的招牌，亦可以讲学业求事业，这是我再三讲过的。然若努力学业，同时可以获得大学文凭，使将来进社会较方便，则我们何乐而不为？为考虑同学的出路，是新亚不得不参加大学组织的一原因。

第二，是关于学校的。

从前学校是私立的，今后将成公立的。所谓公私立之分，全系乎经济的来源上。新亚初开办时，只有四个人，每人拿出二百元，合八百元来创办此学校。按月经济来源，好许时只有三千元。这数目还不及今天一位教师一个月的薪金，试问学校如何能老如此般支持下去？学校惟一出路，只在外边找人帮忙，从桂林街到嘉林边道，再到此地，由第一期、第二期、第三期的校舍建筑，图书馆、实验室种种设备，一直到今天都是在毫无把握中碰机会。今后若无机会可碰，无新的经济力量支持，学校岂不是要关门？私立学校一定要有充足的经费，而我们却是两手空空。幸得美国雅礼协会帮助我们整整七年了。然他们的钱亦是每年捐来，今天有钱，明天可以无钱。我们的经费始终没有一稳定的基础。今后通过香港政府的法律，全港的居民支持这间大学，新亚的基础比较稳定，不要我们再用大部分精力来向外筹经费。为学校长久打算，我们只好把此学校送给公家办。

或许诸位因此会问，我们既变成为中文大学之一部分，地位与其他二校相同，上面又有大学本部统制着，则我们常说的新亚精神仍能存在吗？刚才诸位唱校歌，其中有所谓"新亚精神"。精神不比物质，可以长期拥有，经过十年、二十年、三十年，可以不朽不坏，日新创造。但今天精神好，明天可能不好。诸位若能怀念以前的新亚精神，要延续它，就不能不时时努力来创造新新亚精神。从前我们的精神，表现在拿八百块钱来办一间学校，用三千块钱来支持它。外边人说："他们用这么少的钱来办学，真够精神。"现在我们的物质条件增强了，经济来源充裕了，是否我们就会没有精神表现呢？我来说一个譬喻：隆冬的天气，风雪交加，一个人能在这样的天气下穿很少衣服，吃很少东西，一样做事，别人说他有精神。一旦把他放进一间暖气间里，穿上温暖的华服，给他吃丰美的大餐，他会说："啊！我现在没有精神了。"这岂不是怪事，只是自欺欺人。把没精神的罪过，诿之于外面的环境。在我想,此人若真有精神,饥寒交迫中,固可有精神,温饱了一样可有精神。而且他的精神,只该更好,不该转坏。

诸位或许又会问,然则新亚的理想会受影响吗?"栽培中国青年,来贡献给中国社会",这是我以上所说中文大学的目标。我们的学规中也说:"爱家庭,爱师友,爱国家,爱民族,爱人类,为求学做人的中心基础。对人类文化有了解,对社会事业有贡献,为求学做人之向往目标。"这是我们的理想,这中间并没有冲突。我们讲理想,更要讲理想之实现。以前我们用八百元租两层楼作课室,来创办一学校,正因我们有理想。但理想必求实现。在未实现前,不得不向人把自己理想表现。如一青年,中学毕业,其家人要他找一份职业。但他说,我的理想是要进大学,或大学毕业后要去外国留学。或其父母希望他进理科,他说他的理想是进文科。或其父母希望他进港大,他说他的理想是在进中文大学。我们向人讲理想,是要别人原谅我。到我有机会真走上实现理想的路了,则贵践行,不贵口说。今天我们新亚,若真有一番理想,应正在逐步实现途中。从前只是我们一间学校在提倡,今天以后却要在一间大学中求实现,说不上理想会受影响被毁灭。

诸位今天以后所要注意的,精神要天天创造,理想要步步实现。果能如此,并不妨碍今后的新亚。

要创造我们的精神,实现我们的理想,我仍要重复我常说的三句话:

第一,一切行政制度化。

从前我们只是一间小规模学校,可以不讲制度。现在规模一天天扩大,必要有制度,一切学校行政都要制度化。对同学来说，必要修满学校规定所有应修的课程，通过考试，才可毕业，一点也不得含糊。制度是自律的，律人的。此后学校进展，必是在制度中进展。现有制度当然可以随时修改，但不该加以蔑视。这是我首先要提出的第一点。

第二，课程学术化。

学校的课程，固然要应付考试，诸位念完四年，考试合格，便可获得文凭学位。然我们进学校，并非只为文凭学位，更要的是为真正的学问。若无真学问，只是应付考试，一切也是徒然。今后的新亚，既已走上一条新路程，不须再为经费担忧，每位先生对他所授课程都会更用力，每位同学也应一心向学，务使新亚要在学术上有成就。若无学术成就，那即是新亚之失败。从前我们学校既无钱又无学生，不免多用心要钱要学生。今天的学校，不烦再在此等处用心，一切学术的追求和成就，便要寄托在我们先生与同学间的研究和切磋。

新亚有一位毕业同学，我们认为他是一位好学生，他到一间中学里教国文。那中学的校长，有一天碰见我们的一位先生，说："我原先以为新亚的毕业生一定很好，怎知是不成啊！"原来这位同学跑上课室讲坛，对一班初中学生大讲其中国文化和道德观念，却不注意课本和作业。他本是一好学生，但他教书却失败了。在此我要提醒诸位，所谓学校的理想和精神，不是常悬在口上作话柄的。我们总不能担着一面大旗，四处宣传说："我们新亚是讲中国文化的。"中国文化一样脱离不了学问的真成绩。

我说课程学术化，是诸位在课堂上，课堂外，都能培养独立研究的精神，自己寻向上去。先生在课室讲二十分钟，我们便要在课外研究一小时到两小时。师生之间，不但在课室内应合作，课室外也要有谈论切磋，以求培养出学术风气。这才真是此下新亚的精神和理想。

第三，生活艺术化。

所谓艺术化的人生，就是要有礼乐的人生。上次新礼堂落成，我曾说过，希望我们在学术研究外，能有礼乐生活。惟有这样，人生才能美满。

我们要在这三件事上，实现我们的理想，所谓"手空空，无一物，路遥遥，无止境"。我们学校从此仍在一条"路遥遥，无止境"的新路上，仍是"手空空，无一物"。但正在这里，可以表现我们的理想，创造我们的精神，让我们在此三方面继续努力吧。

（六卷九期）

庆祝中文大学成立

一九六三年十月十七日

港九社会三百几十万民众所共同热切盼望的一所中文大学，经过好几年的曲折酝酿，终于在今天正式宣告成立了。

中国人有句古话说："作始也简，将毕也巨。"这一所大学，在今天，只如一婴孩，呱呱堕地。他的生命正在开始，我们对他不该有什么批评，什么责备。我们只有善颂善祷，庆祝他的将来。

尤其是我们新亚，是此大学之一部分。此大学是一所联合性的，新亚是此大学基本三学院中之一学院。若使新亚能办得好，至少此大学之三分之一的部分是办好了。若使新亚办不好，至少此大学之三分之一的部分没有能办好。因此，我们在今天来庆祝中文大学的成立，不得不对我们自己有一分责任之警惕。

回想我们新亚，从桂林街开始，到今十四年。此十四年中，不能说我们没有变化，没有进步，没有成就。若我们能照以往般继续努力，继续进步，再过十四年，那时新亚之成就，较之目前，应该又是一番景象，又是一番规模。到那时，新亚之进步与成就，便都是中文大学之进步与成就之一部分。

岁月悠长，十年二十年，对一事业说来，真如一刹那。所以只要此事业开始，只要此事业能维持永久，只要参加此一事业的大家能为此事业而努力，此事业必会带给我们社会以无限之希望与无限之贡献的。我谨以此来庆祝中文大学之成立，并以此来策励我们新亚的同仁与同学。

孔诞暨校庆纪念会讲词

一九六三年九月二十八日

各位先生,各位同学:

今天是孔子诞辰,我们中国社会定这天为教师节,我们学校同时定这天为校庆日。我们希望学校能具有孔子的教育理想和精神,拿孔子之道来做我们做人最大的目标和方向。

去年今日,我写了一篇文章登载在双周刊上,劝我们同学读《论语》。那时我的《论语新解》还未付印。当时我满以为今年今日我的《论语新解》准可出版,但由于印刷延期,出版也延期了。今天我又写了一篇文章登载在双周刊第六卷第八期,略记我写《论语新解》的经过,及关于此书之读法。我希望此书出版,诸位能人手一册,大家好好去读它,这是我们庆祝孔子圣诞一件最有意义的工作。

今天我再讲一些别的话。前几天,有几位德国青年学人来香港,是特地来研究中国文化和中国学术的。他们在此见过好些人,离开香港还要去台湾。他们也来学校见我,向我提出几个问题。我认为这些问题或者诸位也会想要问,因此我今天把我给他们的答复,再约略重述给诸位。

首先他们问:"我们此次来香港,知道此间有很多人在提倡孔子,但不知此项提倡的态度,是要复古呢?还是要另外创一个新的孔子思想来和此时代相配合？"我回答说：我们提倡孔子，既非要复古，亦不是要创造一个新的孔子思想来配合此时代。孔子到现在已经过了二千五百多年，中国社会实经过了几度很大的变化。孔子是春秋时代人，从春秋到战国，中国社会已有一大变迁。从战国到秦汉，又是一大变迁。以下从两汉到魏晋南北朝，到隋唐，到今天，中国社会都在不断地变迁中，但孔子一直被尊敬。从来讲孔子之道的人，既不是一意要复古，亦无创造一新孔子与新孔学之想念。今天中国社会虽亦临到一大变迁的局面，但此项变迁实不比春秋到战国、战国到现代的变迁更大些。所以我们认为提倡孔子，既不在复古，亦不是创新。孔子是"圣之时者"，在孔子思想里有它的主要原则，仍可运用来适应我们的今天。

接着他们提出第二个问题说："你们讲孔子有些什么内容？希望能扼要举出。"

我回答说：孔子所讲的道理很简单，若要用一两句话来概括，孔子所讲只是关于我们做人的道理。一是我们各个人如何般做人。二是大家如何般做人。这是一而二、二而一的，在孔子思想里，并没有个人与集体之严格区分。

孔子所讲做人的道理，约略说来，可分四项：一家庭，二社会，三政治，四教育。生下即在家庭里。到长大后，便进入社会，有邻里，有朋友，有职业团体，此等皆可包括在社会一项目内。每一社会也必有政府。又必有先一辈的如何来教导年轻的后一辈。此四项，是孔子所讲做人道理中比较最重要的。

他们继续问第三个问题说："孔子所讲的道理，什么是今天可适用的，什么是不适用的？"

其实此一问题，还和第一问题差不多。我的回答，也和回答他们的第一问题差不多。我举例说：孔子讲家庭，在当时，尚是封建社会的贵族家庭。但到东汉以后，出现门第家庭。唐以后，直到清末，中国是一科举社会发展成小家庭。虽然历代家庭不同，但主要还是一家庭。孔子所讲关于如何处家庭的道理，今天我们仍还遵行着。孔子所讲的家庭，其中心不在夫妇，而更要在父母与子女。如看重了夫妇关系，而忽视了父母和子女的关系，这便要变成为今天西方的家庭了。在中国，夫妇关系并非不重要，但夫妇比较近似于朋友一伦。其在家庭中，则父母的意义胜过了夫妇意义，那就不同了。在中国社会里，有一夫一妻、一夫多妻之分别。古代多离婚，直到宋代尚多寡妇再嫁，如宋代最有名的大人物范文正公，他母亲便是再嫁的。我家乡苏州，尽知范文正有两父，本生父姓范，后父姓朱，并不认为是异事，而且认为是佳话。因此知道在中国，夫妇一伦虽有变化，其间变化也不可谓不大，但实际上并不影响到家庭。直到今天，中国社会婚姻制度又有了更大的变化，但只要夫妇关系的变化不致使家庭组织破坏，便够了。换言之，即是新的婚姻，并不破坏了旧的家庭。只要家庭存在，其次的一些变化是可以的。若把中国家庭和西方家庭相比，西方人似乎看夫妇关系重要过于东方的父子关系，此即双方之不同点。

又如今天，中国社会有很多新的工厂组织，一工厂里的工人可多至数千人，似是以前所无。孔子自然不曾讲到这些上面去。但孔子讲的政府与社会的道理，仍可把来移用于工厂上面去。一个工厂中的资本家，像是上层政府，劳工便是下层民众。孔子的政治理想，是极富人道主义的。所以中国的工厂，也绝不会发生像一百几十年前，马克思在伦敦所见的工厂般。可能今天西方的劳工薪酬高，工作时间短，又有种种保障，胜过今天中国社会之现状。但这些都是小节目，随着环境与条件而改善，是极为容易的。因在中国，工厂里的资本家，知有孔子所讲的做人道理，工厂里的劳工，也知有孔子所讲的做人道理，劳资纠纷不易滋长。若真照孔子的道理，中国将永不会走上西方资本主义的路线，更不会有共产主义与阶级斗争的演进。

再讲到师生关系，从前一人一辈子只有一两位老师。宋明时代的书院制度，亦只是一人讲学。如朱子在白鹿洞，陆九渊在象山，都是如此。今天一间学校里有几十百位教师，一人从小学到大学，也追随过几十百位老师。可说是朱子、象山在同一校教授，甚至是孔子、墨子在同一校教授。师生关系已大变，但中国青年多少还有以往尊师传统观念之存在。就教师来讲，其生活虽极清苦，也还有从前为人师表的一套自尊自觉。在中国社会上的教育精神，多少还抱有些孔子所讲的师道。

举此家庭、社会、学校三方面为例，可说孔子之道，纵是时代变了而仍可用。此因孔子思想，不像西方一宗教主，也不像西方一哲学家。孔子思想是极富常识性，又是极富实践性的。孔子只就实际人生中推籀出一番人生道理来，还是此人生大体。所以虽是时代变，而孔子之道，还可提倡，还可遵行。

接着，他们提出第四个问题，专关政治方面。他们说："中国从孔子以来，永远一个皇帝高高在上。现在是没有皇帝，要推行民主政治了，则孔子之道是否仍能配上？"

我答道：这问题该从两方面来说。西方民主政治乃从西方历史中演变来，历史因素不同，故美国与英国的民主不同，也复与法国、德国不同。中国将来理想的民主政治，也决然不会和美、英、法、德任何一国相同。中国将来的民主政治，则必然仍是中国的。

不仅是历史演变不同,更重要的,则在中国有一个孔子。孔子的政治理想,本来是极重人道主义和民本精神的,所以中国历史上虽永远有一个皇帝,也和西方传统中的帝王专制不同。将来中国人运用孔子之道来配合现代民主政治,必然会另创一种新民主。这一层,只有孙中山先生早已见到。他所讲的三民主义和五权宪法,便是要创造一个以中国历史和孔子思想来配合现代西方民主政治而成立一新民主的理想与制度的。将来中国的新民主制度,是否即是孙先生所讲的一套,我此刻不敢断言。但必不会远离孔子的思想,则是显然的。若远离了孔子思想,即与整个中国历史、中国社会脱节,仍然是不行。

至此,他们提出第五个问题来,他们说:"你们将如何来培养此下社会上的领导人才呢?"这问题,其实仍是承接上面的政治问题而来的。

我答他们说:今天西方的学术界,正是盛行专家学者的风气。科学方面注重专家不必说,即人文学方面亦重专家,如哲学家、文学家、史学家、艺术家等,于是从事政治活动来领导社会的人,便成为另外一派人,并须另外培养。如是,则那一派人岂不也就等于是另一项的专家吗?

但在孔子的思想和教训里,没有讲到社会上应有一些专门在上层领导别人,和专门在下层服侍别人的领袖与群众之严格分别。只要他是一君子,他便可有领导别人的资格。而君子又不一定要在上层领导人,也可在下层服侍人。所以孔子所讲,只注重如何做人,能做人便能处人群,不论是领导或服从都一样。若把此配合近代学风,不论是哪一项专家,或是科学家,或是艺术家,或是经济家,只要他是一君子,便有资格做社会人群中之领袖来领导人。但孔子所要教导的君子,却和近代西方人所说的公民或教徒各类专家都不同。

于是他们又问:"若如你所说,你们将来会另有一套民主政治,这和现代西方的不同究在哪里呢?"我说:这层很难说,因为现在我们尚未表现出一套真的理想的新的民主政治来,这须待以后才可有表现。但有一点是可知的,便是西方较重"法",而中国较重"人",或说较重"礼"。这应该是双方的不同点。

于是他们又问:"在中国历史上,似乎太看重学问。必有很好的学问修养,才能登上政治舞台。但如西方社会,则多平地拔起而做政治领袖与政治人物的。这层又会发生何种影响呢?"

我回答说:这也对中国历史真相有误会。在中国政府里,只有君主是世袭的,其他自宰相以下,尽多平地拔起。从前如此,将来自必更如此,不能说政治人物与社会下层有隔离。

于是他们又提出最后一个问题说:"今天的社会已渐趋于世界性,将来中国的孔子能对世界有什么贡献呢?"

我说:这问题也可分别言之。孔子思想本讲大同太平,本具世界性,如今天的政治只要从联合国组织逐步向前,国际界限可以逐步解决,而成为一世界性的国际而走近孔子的大同思想的。其他如交通与工商业,又如学校与各项学术研究,都可逐步走向世界性,这都不成问题。但有一件事,怕甚难表现世界性的,那便是宗教。西方人信耶稣,信天主,但亦有新旧教之分。其他尚有回教,印度教,佛教等。彼此皆各有壁垒,极难融化为一。只有在中国,孔子之教本具世界性,他向人说道,近似一宗教。但孔子之教,没有像其他宗教之排他性。很多中国人尊重孔子,但同时亦信耶稣或信佛教,不相冲突。因此任何宗教来中国,都可和平相处。若是在外国,一个人要同时信耶稣,又信佛教,就很难。一个社会要佛教、回教、耶教同时流行也很难。将来世走向大同,只有宗教壁垒打不破,那是一大问题。我想惟有我们的孔子,他的教训自可普遍教训全世界人类,像一大教主,但同时又可以融和各教使互相不致发生大冲突,那应是中国孔子对此后世界一大贡献。

任何学问可以有专门,如学历史的可以不研究物理、化学。如学物理、化学的,同样可以不过问历史。任何一项宗教,也可各别信仰。如信了耶稣,可以不信释迦与穆罕默德,信了穆罕默德,也可不信释迦与耶稣。但孔子教的是我们做人的道理,只要你在做人,便同样该接受孔子的教训。如孔子说:"言忠信,行笃敬。"这两句话六个字,不管你是什么人,信哪一宗教,学哪一门学科,都得照着行。你是耶稣教徒,你能言不忠信行不笃敬吗?你是佛教徒,你能言不忠信行不笃敬吗?你是学科学物理的,你能言不忠信行不笃敬吗?你是学文学史学的,你能言不忠信行不笃敬吗?孔子只教你应该怎样做人,怎样去履行做人的道理。所以无论是耶稣或释迦的信徒,无论是自然学或人文学的专家,孔子道理,他们同样可接受。也只有孔子道理,一方面可以为人人所接受,另方面可和每一人的宗教信仰与其学问修养无冲突。那将是孔子之道对将来世界的一项大贡献。

以上这些问题,可能是他们早已预备好,不是随便临时提出的。在我虽是临时随他们提出问题而答,但我所回答的,也非临时信口而说,也是我平时所抱有的意见。我想诸位,也许会有这许多问题在心中,所以我不嫌重复,借此机会,向诸位再重复报告一遍,来作为我们今天庆祝孔诞的讲话。

最后,我希望过了一月之后,人人能读我的《论语新解》,更希望今天诸位听我这一席话,即莫忘了"言忠信,行笃敬"这两句话六个字。当知讲孔子并不要只在大处讲,却更贵能从小处照他话躬行实践，自可悟出甚深甚大的道理来。诸位学做人，不要忘了先学做一个小的人，然后再去学做大的人。如我们生下，不是一个小的人吗？诸位能在家做一孝子，到学校做一好学生，这才是将来做大人物的阶梯。读《论语》也如是，不要尽去讨论大理论，且先从小节可以日常切实践履处，如"言忠信，行笃敬"之类的教训去注意便好。这是我今天所要贡献诸位的一点，诸位也莫认为其言小而忽了。

（六卷十期）

中国文化与中国人

一

今天我的讲题定为"中国文化与中国人"。我只能从某一方面对此题讲些话。本来是由中国人创造了中国文化,但也可说中国文化创造了中国人。总之,中国文化就在中国人身上。因此我们要研究中国文化,应该从历史上来看中国的人,亦就是说看中国史上历来的人生与人物,即中国人怎样地生活?中国人怎样地做人?

人生应可分两方面看:一外在的,即人生之表现在外者。一内在的,即人生之蕴藏在内者。表现在外的人生又可分两大项目:一是人所创造的物,一是人所经营的事。《易经》上谓之"开物成务"。无此物、创此物,是为"开物"。干此事、成此事,是为"成务"。《易经》把"开物""成务"两项都归属于圣人之功绩,可见中国古人对此两项之看重。但此两项则都是人生之表现在外的。

现在人讲文化,主要都从这方面讲,如:旧石器时代、新石器时代、铜器时代、铁器时代等分法,是从开物观念上来讲的。又如:渔猎社会、畜牧社会、耕稼社会、工商社会等分法,是从成务观念上来讲的。

但这些多是人类怎样生存在社会乃至在天地间的一些手段,实不能认为即是人生之理想与目的。人生该有理想,有目的。既已生存在此天地间，究应怎样生、怎样做一人？这始属于理想目的方面，此之谓"文化人生"。自然人生只求生存，文化人生则在生存之上有向往、有标准，这就讲到了人生的内在面。这一面，中国人向称之为"道"。中国人用这道字，就如现在人讲文化。不过现在人讲文化，多从外面开物成务方面讲。而中国人的传统观念，则定要在文化本身内部讨论其意义与价值。亦可谓文化中之有意义价值者始称"道"，而此项意义与价值，则往往不表现在外面，而只蕴藏在人生之内部。

如我们讲古代文化，一定会提到埃及的金字塔。埃及人创造金字塔，亦是所谓开物。金字塔之伟大，诚然无可否认。由于此项建筑，我们可以连带想到古代埃及人的智慧聪明，和当时运用物质的能力。若非这些都有一甚高水准，试问怎会创出那些金字塔？但我们也该进一步问：那些金字塔对于埃及的社会人生，究竟价值何在？意义又何在？

古的不提，且论现代。如我们提及太空人，提及把人类送上月球，不是当前一项惊天动地的壮举吗？这也十足可以说明近代人之智慧聪明及其运用物质的能力，到达了那样高的水准。但我们不免又要问：这样一项伟大工作，究竟对于现世界、现人生，实际贡献在哪里？其价值何在？意义又何在？

像古代埃及的金字塔，乃及近代西方的太空人，都属于开物成务方面，都只表现在人生的外部。中国古人讲"正德"、"利用"、"厚生"。开物、成务，是有关利用、厚生的。但在此两项之上，还有正德一目标。而且利用、厚生也不是为着争奇斗胜。不论你我在太空轨迹中能绕多少圈，谁能先送一人上月球，但人生理想，究不为要送人上月球。送人上了月球，依然解决不了当前世界有关人生的种种问题。换言之，此仍非人生理想以及人生的意义价值所在。照中国人讲法,智力及财力表现并不即是道。中国人讲道,重在修身、齐家、治国、平天下。修、齐、治、平始是人生理想、人生大道,决不在乎送人上月球,当然也更不是要造几座更大的金字塔。从这一层,可以来阐说中国的传统文化观。

二

我此刻,暂把人类文化分作两类型来讲:一是向外的,我称之为外倾性的文化。一是向内的,我称之为内倾性的文化。中国文化较之西方似是偏重在内倾方面。如讲文学,西方人常说,在某一文学作品中创造了某一个性,或说创造了某一人物。但此等人物与个性,只存在于他的小说或戏剧中,并不是在此世界真有那一人与此一个性之存在,而且也并不是他作者之自己。如莎士比亚剧本里创造了多少特殊个性,乃及特殊人物。然而此等皆属子虚乌有。至于莎士比亚究是哪样一个人,到现在仍不为人所知。我们可以说,只因有了莎士比亚的戏剧,他才成为一个莎士比亚。也是说,他乃以他的文学作品而完成为一文学家。因此说,莎士比亚文学作品之意义价值都即表现在其文学里,亦可说即是表现在外。这犹如有了金字塔,才表现出埃及的古文化来。也犹如有了太空人,才表现出近代人的新文化来。

但我们中国则不然。中国文学里,如《水浒传》有宋江、武松、李逵等人物,《红楼梦》有林黛玉、贾宝玉、王凤姐等人物。这些人物,全都由作家创造出来,并非世间真有此人。但这些作品实不为中国人所重视,至少不认为是文学中最上乘的作品。在中国所谓文学最上乘的作品,不在作品中创造了人物和个性,乃是由作者本人之人物和个性而创造出他的文学作品来。如:《离骚》由屈原所创造,表现在《离骚》中的人物和个性,主要的便是屈原他自己。陶渊明创造了陶诗，陶诗中所表现的，也是陶渊明自己；杜工部创造了杜诗，杜诗中所表现的，也是杜甫他自己。由此说来，并不是为屈原创造了一部文学，遂成其为屈原。正因为他是屈原，所以才创造出这一部文学来。陶渊明、杜甫也如此。在中国是先有了此作者，而后有此作品的。作品的价值，即紧系在作者之本人。中国诗人很多，而屈原、陶渊明、杜甫最受后人崇拜。这不仅是崇拜其作品，尤所崇拜的，则在作家自身的人格和个性。若如莎士比亚生在中国，则犹如施耐庵、曹雪芹，除其文学所表现在外的以外，其自身更无成就，应亦不为中国人重视，不能和屈原、陶渊明、杜甫相比。这正因中国文学精神是内倾的。要成一文学家，其精神先向内，不向外。中国人常说"文以载道"，这句话的意义也应从此去阐发。中国文学之最高理想，须此作者本身就是一个"道"。文以载道，即是文以传人，即是作品与作者之合一。这始是中国第一等理想的文学与文学家。

再讲到艺术，中国艺术也同样富于内倾性。如绘画，西方人主要在求这幅画能和他所欲画的对象近似而逼真，其精神仍是向外，外倾的。中国人绘画则不然。画山不一定要像这座山，画树不一定要像这棵树。乃是要在他画中，这座山、这棵树，能表现出他画家自己的意境和胸襟。或者作画送人，却要这幅画能像他所欲送的人之意境和胸襟。所以在作画之前，尽管对一山，今天这样看，明天那样看，但总感这山不能完全像我自己的意境。待慢慢看熟了，把我自己对此山所发生的各种意象并合起来，才是我心里所希望所欲画出的这座山。在山里又添上一棵树，这树也并不是真由山中写生得来，仍是他意境中一棵树，而把来加在这山中，使此画更近我意境。所以中国画所要求的，重在近似于画家之本人，更甚于近似于所画的对象。学西洋画，精神必然一路向外，但要做一中国画家，却要把精神先向内。

把文学与艺术结合，就是中国的戏剧。西方人演剧，必有时间、空间的特殊规定，因而有一番特殊的布景，剧中人亦必有他一套特殊的个性。总言之，表现在这一幕剧中的，则只有在这一时间、这一空间、这一种特殊的条件下，又因有这样一个或两个特殊的人，而始有这样一件特殊的事。此事在此世界则可一而不可二。只碰到这一次，不能碰到第二次。他们编剧的意象结构，惨淡经营的，都着重在外面。中国戏剧里，便没有时间、空间限制，也没有特殊布景，所要表现的，不是在外面某些特殊条件之下，某一人或某几人的特性上。中国戏剧所要表现的，毋宁可说是重在人的共性方面，这又即是中国人所谓之"道"。单独一人之特殊性格特殊行径，可一不可二者，不就成为道。人有共性，大家如此，所谓易地则皆然者始是道。道是超时空而独立存在的。如演"苏三起解"，近人把来放进电影里演，装上布景，剧中意味便受拘束而变了。中国戏台是空荡荡的，台下观众所集中注意的只是台上苏三那一个人。若配上布景，则情味全别。如见苏三一人在路上跑，愈逼真，便愈走失了中国戏剧所涵有的真情味。试问一人在路上跑，哪有中国舞台上那种亦歌亦舞的情景？当知中国戏剧用意，只要描写出苏三这个人，而苏三也可不必有她特殊的个性，只要表演出一项人的共性，为每个观众所欣赏。

深一层言之，中国戏剧也不重在描写人，而只重于描写其人内在之一番心情，这番心情表现在剧里的，也可说其即是"道"。因此中国戏剧里所表现的多是些忠、孝、节、义，可歌可泣的情节。这些人物，虽说是小说人物，或戏剧人物，实际上则全是教育人物，都从人类心情之共同要求与人生理想之共同标准里表现出来。这正如中国的诗和散文，也都同样注重在人生要求之共同点。中国人画座山,只是画家心里藏的山,而一画出来,则成为人人心所共想看的山。戏剧里演出一人,也只是作剧家理想中的人,而一演出来,则成为人心所共同欣赏的人。西方的文学艺术,注重向外,都要逼真,好叫你看了像在什么地方真有这么一个人、一座山。而中国文学艺术中那个人那座山,则由我们的理想要求而有。这其间一向外,一向内,双方不同之处显然可见。所以说中国文化是内倾的,西方文化是外倾的。

三

外倾文化,只是中国《易经》上所谓"开物成务"的文化。在我们东方人看来,这种文化,偏重在物质功利,不脱自然性。中国文化之内倾,主要在从理想上创造人、完成人,要使人生符于理想,有意义、有价值、有道。这样的人,则必然要具有一人格,中国人谓之"德性"。中国传统文化最看重这些有理想与德性的人。

从字面讲"文化"二字,也见在中国《易经》里,有曰:"人文化成。"现在我们以"人文"与"自然"对称,今且问"人文"二字怎讲?从中国文字之原义说之,"文"是一些花样,像红的绿的,并起来就成了花样,这叫文。又如男的女的,结为夫妇,这也是一番花样,这叫作人文。又如老人小孩,前代后代,结合在一起,成为父母子女,这也叫作人文。在这些人文里面,就会化出许多其他花样来。像化学上两元素溶合,便化出另外一些东西般。在中国人则认为,从人文里面化出来的应是"道"。故有"夫妇之道","父子之道","修身"、"齐家"、"治国"、"平天下"之道。道都由"人文化成",此即中国人传统观念中所看重的文化。

中国《小戴礼》中又见有"文明"二字，说："情深文明。"上面说过，文只是一些色彩或一些花样。花样色彩配合得鲜明，使人看着易生刺激，生感动，这就是文明。如夫妇情深，在他们生活中所配合出的花样，叫别人看了觉得很鲜明，很感动。父子情深，在他们生活中所配合出的花样，也叫人看了觉得很鲜明，很感动。若使父子、夫妇相互间无真挚情感，无深切关系，那就花样模糊，色彩黯淡，情不深就文不明。这是中国古书里讲到的"文化"、"文明"这两项字眼的原义。此刻用来翻译近代西方人所讲的"文化"、"文明"，也一样可以看出中国人所讲偏重其内在，而西方人则偏重于外在，双方显然有不同。

人与人间的花样，本极复杂，有种种不同。如大舜，他父亲母亲都这样地坏，他一弟又是这样坏，可说是一个最不理想的家庭。然在这最不理想的环境与条件之下，却化出舜的一番大孝之道来。夫妇也一样，中国古诗有"上山采蘼芜，下山逢故夫"一首。那故夫自是不够理想，但那位上山采蘼芜的女子，却化成为永远值得人同情欣赏与怀念的人。可见社会尽复杂，人与人配合的花样尽多，尽无准，但由此化合而成的人文，在理想中却可永远有一"道"。因此中国传统文化理想，必以每一个人之内心情感作核心。有此核心，始有人文化成与情深文明之可能。然而亦并非如西方人所谓的"个人主义"。在个人与个人间相平等，各有各的自由与权利，此乃西方人想法。中国社会里的个人，乃与其家庭、社会、国家、天下重重结合相配，而始成为此人者。人必在群中始有道，必与人相配成伦始见理。离开对方与大群，亦就不见有个人。因此个人必配合进对方与大群，而一切道与理，则表显在个人各自的身份上。

因此中国传统文化理想中之每一人，可不问其外在环境，与其一切所遭遇之社会条件，而可以无往而不自得。换言之，只要他跑进人群中，则必有一个道，而这道则就在他自身。己立而后立人，己达而后达人，尽己之性而后可以尽人之性，尽物之性。自己先求合道，始可望人人各合于道。这一理想，照理应该是人人能达，但实际则能达此境界理想者终不多，此即中国人所谓之圣人。但照理论，又还是人皆可以为尧舜，人人皆可为圣人的。

中国传统文化理想，既以个人为核心，又以圣人为核心之核心。孟子说"圣人名世"，这是说这一时代出了一圣人，这圣人就代表了这时代。等如我们讲埃及文化，就拿金字塔作代表。讲中国古代文化，并不见有金字塔，却有许多传说中的圣人像尧舜。中国之有尧舜，也如埃及之有金字塔，各可为其文化之象征与代表。

在孟子书中，又曾举出三个圣人来说："伊尹圣之任者也，伯夷圣之清者也，柳下惠圣之和者也。"人处社会，总不外此三态度。一是积极向前，负责任，领导奋斗，这就如伊尹。一是什么都不管，躲在一旁，与人不相闻问，只求一身干净，这就如伯夷。还有一种态度，在人群中既不像伯夷般避在一旁，也不像伊尹般积极尽向前，只是一味随和，但在随和中也不失却他自己，这就如柳下惠。以上所举"任""清""和"三项，乃是每一人处世处群所离不开的三态度。在此三种态度中，能达到一理想境界的，则都得称圣人。只有孔子，他一人可以兼做伊尹、伯夷、柳下惠，所以孟子称孔子为"圣之时"。因孔子能合此三德，随时随宜而活用，故孔子独被尊为"大圣"，为"百世师"。

现在再说伊尹。他所处时代并不理想，那时正是夏、商交替的时代。传说伊尹曾五就桀，五就汤，他一心要尧舜其君，使天下人民共享治平之乐，而他也终于成功了。伯夷当周武王得了天下，天下正庆重得太平之际，但他却不赞成周武王之所为，饿死首阳山，一尘不染，独成其清。柳下惠则在鲁国当一小官，还曾三度受黜，但他满不在乎。他虽随和处群，但也完成了他独特的人格。

在《论语》里，孔子也曾举了三个人。孔子说："殷有三仁焉？箕子去之，比干谏而死，微子为之奴。"孟子云："仁者，人也。"此所谓三仁，也即是处群得其道之人，也可说其是三完人，即三个人格完整之人。当商、周之际，商纣亡国了，但在朝却有三个完人，也可说他们都是理想的人，也可说他们都是圣人。此三人性格不同，遭遇也不同。

我以为比干较近伊尹，大约他是一个负责向前的，不管怎样也要谏，乃至谏而死。箕子则有些像伯夷，看来没办法，自己脱身跑了，跑得很远，直跑到韩国去。微子则有些像柳下惠，他还是留在那里，忍受屈辱，近于像当一奴隶，后来周武王得天下，封他在宋国，他也就在宋国安住了。

此刻我们以《论语》、《孟子》合阐，可说人之处世，大体有三条路。此三条路则都是大道，而走此三条路的，也都可为圣人，为仁者。我刚才提到的三位大文学家，屈原就有些近伊尹，忠君爱国，肯担责任，结果沉湘而死，却与比干相似。陶渊明就如伯夷，又如箕子去之，归去来兮，田园将芜胡不归？他就洁身而去了。杜甫就如微子，也如柳下惠，给他一小官他也做，逢什么人可靠他都靠，流离奔亡，什么环境都处。他不像陶渊明这般清高，也不像屈原那般忠愤积极，然而他同样也是一完人。数唐代人物，决不会不数到杜甫。

但如上所举这些人，尤其是清的和的，往往可以说他们多不是一个历史舞台上人物。他们在历史舞台上，似乎并不表现出什么来。只有"任"一路的人必求有表现,但亦有成功、有失败。失败的,有些也不成为历史人物了。但无论如何,这些人都是文化传统中的大人物。他们承先启后,从文化传统来讲,各有他们不可磨灭的意义和价值。

四

我往年曾在耶鲁讲历史,主张历史必以人来作中心。有一位史学教授,和我讨论,他说我的说法固不错,历史诚然应拿人来作中心,但人也得有事业表现,才够资格上历史,倘使没有事业表现,则仍不是历史上的人。他这番话,其实仍是主张历史中心在事不在人。我和他意见不同,却也表示出双方文化观念之不同。在西方人看来:一个哲学家,必因其在哲学上有表现。一位宗教家,必因其在宗教上有表现。一位艺术家,则必在艺术上有表现。一位科学家,则必在科学上有表现。在事业表现上有他一份,才在历史记载上也有他一份。若无事业表现,这人如何能参加进历史?然而在中国人观念中,往往有并无事业表现,而其人实是十分重要的。即如孔子门下:冉有、子路的军政、财政,宰我、子贡的言语、外交,子游、子夏的文学著作,都在外面有表现。但孔门弟子中,更高的是颜渊、闵子骞、冉伯牛、仲弓,称为德行,列孔门四科之首,而实际却反像无表现。

今且问:无表现的人物其意义在哪里?价值又在哪里呢?此一问题深值探讨。儒家思想正侧重在这一边。试读中国历史,无表现的人物所占篇幅极多。即如司马迁《史记》七十列传第一篇便是《伯夷叔齐》,这两人并无事业表现。太史公独挑此两人列为列传之第一篇,正因他认为这类人在历史上有大意义大价值与大贡献。又如读陈寿《三国志》,曹操、诸葛亮、孙权、周瑜、鲁肃、司马懿人物甚多，后人却说三国人物必以管宁为首。管宁独无事业表现，他从中国远避去辽东，曹操特地请他回来。他回来了，也没干什么事，何以独被认为三国时代的第一人物呢？中国历史上所载人物，像伯夷、管宁般无所表现的列代都有，而且都极为后人所重视。正因认为他们在历史上各有他们的莫大意义价值与贡献。我不是说人不应有表现，人是应该有所表现的。但人的意义和价值，却不尽在外面表现上。倘使他没有表现，也仍会不失其意义与价值之所在。那些无表现的人，若说他们有表现，则也只表现在他们内在的心情与德行上。中国古人说三不朽，立德为上，立功立言次之。功与言必表现在外，立德则尽可无表现，尽可只表现在其内在之心情与德行上。

历史事变，如水流之波浪，此起彼伏，但仅浮现在水流之上层。文化大传统自有一定趋向，这是大流之本身。文化大流之本身就是我们人，人是大流本身而沉在下层。人事如波浪浮在上面。风一吹，波浪作了。风一停，波浪息了。而大流本身则依然是此大流。正因中国文化传统看重此本身，所以到今天，中国历史传统也还没有断。商亡有周，周亡有秦、汉，秦、汉亡了有唐、宋，有元、明、清以至现在。历史命脉显然只靠人。政治可以腐败，财富可以困竭，军队武力可以崩溃，最后靠什么来维持此国家与民族？就因为有人。从中国历史上看，不论治乱兴亡，不断地有一批批人永远在维持着这道，这便是中国历史精神。西方人只看重人在外面的表现，没有注重到它内在的意义与价值。如看埃及，看巴比伦，看希腊，看罗马，乃至看近代欧洲，他们所表现在外的，尽辉煌，尽壮阔，但似乎都未免看重了外面而忽略了人本身的内在意义与价值，因此不免太偏重讲物质，讲事业。但物质备人运用，事业由人干济，而人则自有人的内容和定义。

即就语言文字论，西方人在此方面亦重外面分别，而没有把握其内在之共同点。他们有少数人（Man）、多数人（Men），男人（Man）、女人（Woman），却没有一大同的"人"字。又把人分成国别，如中国人（Chinese）、日本人（Japanese），英国人（English），美国人（American）；如此脱口而出，却忽略了他们同样是个人。用中国语言文字说来，如男人、女人、大人、小人，黄人、白人、黑人、红人，中国人、日本人、英国人、美国人、亚洲人、欧洲人，总之一视同仁，都是人。这是中国文化中最伟大的第一点。可惜是被人忽略了。

话虽如此，中国人却又在人里面分类分等级。由西方人讲来，人在法律之下是平等的。但在中国传统文化观念之下，虽同样是人，却尽有其不平等。因此有好人、有坏人，有善人、有恶人，有大人、有小人，有贤人、有圣人。又骂人不是人，说你这样算不得是个人。今且试问，人又怎样不算人？从生物学上讲，五官四肢齐全便是人。从西方法律上讲，人同等有其权利和地位，谁也取消不了谁。从西方宗教上讲，人又都是上帝的儿子。但中国人对这个"人"字，却另有一套特别定义。人家尽加分别，中国人不加以分别。人家尽不加以分别，中国人独加以分别。此处实寓有甚深意义，值得我们注意和研究。

五

现在我将讲到中国文化中一最伟大的所在。再从历史讲起，如上面讲到商朝末年，以及三国时代，或者像我们今天，这都算是十分衰乱之世。但无论如何，人则总可以成一人。不问任何环境、任何条件，人则都可各自完成为一人，即完成其为一个有意义、有价值、合理想、合标准的人。换言之，人各可为一君子，不论在任何环境条件之下，都可以为君子。有人砍了我头，我死了，但我仍可不失为一君子。或有人囚我为奴，但我也仍得为一君子。我或见机而作，脱身远飏，逃避到外国去。自然，逃避到外国，也仍得成为一君子。今天的中国人，一心都想去美国。若我们能懂得中国文化传统，像箕子去韩国，管宁去辽东，朱舜水去日本，则多有几个中国人去美国岂不好？所惜的，只是目前的中国人一到美国，便不想再做中国人。或者他没有去美国，也早已存心不想做中国人了。好像做一中国人，无价值意义可言。这种想法，也无非从外面环境条件作衡量。我并不想提倡狭义的国家民族观念，如说生在中国土，死为中国鬼，我定该做一中国人。

上面讲过，中国人讲到人字，本来另有意义，在中国传统文化之下，任何人在任何环境、任何条件下，都可堂堂地做个人，本无中国、美国之分别。而且做人，可以每天有进步。若一个人能生活得每天有进步，岂不是一个最快乐的人生吗？而且纵说每天有进步，进步无止境，又是当下即是，即此刻便可是一完人。在当下，可以完成我最高的理想、最完美的人格，而不必等待到以后，自然也不必等待死后升到上帝的天国，才算是究竟。就在这世间、这家庭、这社会里，我当下便可成一完人。而又可苟日新，日日新，又日新，日新其德，做新民，在其内心自觉上，有日进无已之快乐。一步一步地向前，同时即是一步一步地完成，这样的人生岂不是最标准、最理想、最有意义、最有价值吗？孔子说："贤哉回也，吾见其进，未见其止。"颜渊正是一天天在那里往前进，没有见他停下来。颜子同门冉有，他是那时一位大财政家，多艺多能，很了不起。然他内在人格方面，却没有能像颜渊般一步步地向前。若仅就表现在外的看，似乎颜渊不如冉有。但从蕴藏在内处的看，则冉有远逊于颜子。这一意见，在中国一向早成定论，更无可疑的。

因此今天我们要来提倡中国文化，莫如各自努力先学做人，做一中国人，一理想的中国人。若真要如此，必然得研究中国历史，看历史上的古人是如何样生活。这一番研究，仍该把我们各人自己的当前做人作中心。旋乾转坤，也只在我内心当下这一念。君子无入而不自得，可以苟日新，日日新，又日新，有进无止。而且匹夫匹妇之愚，也同样可以如此修行而获得其完成。中国这一套人生哲学，可以不需任何宗教信仰，而当下有其无上的鼓励和满足。只可惜我在这里，只能提示此大纲，不及深阐其意蕴。但这是中国文化传统精义所在，其实是人人易知，不烦详说的。

今试问，如此一套的哲学，若我们真要履行实践，在我们今天这社会上，和我们所要努力的事业上，有什么妨碍呢？我想这显然没丝毫的妨碍。不论我们要做的是大事或小事，乃至处任何社会，在任何环境与条件之下，上面一套哲学，总之不会给与我们以妨碍，而只给与我们以成功。我们纵使信仰了任何宗教，亦不会与此有冲突。它是一个最真实最积极的人生哲理，而又简单明白，人人可以了解，可以践行。

我们今天总喜欢讲西洋观念，像说进步，试问如我上述中国儒家那一套日新其德的理论，不也是进步吗？又如说创造，那么在我们传统文化里，也曾创造出如我上举之伊尹、伯夷、柳下惠、屈原、陶潜、杜甫等数不清的人物了。在今天我也可以日新其德，自求进步，终于创造出一个理想的我来。说自由，这又是最自由的，在此世上做任何事，试问有比我自己要做一个"理想我"这一事那样的自由吗？说平等，这又是最平等的，人人在此一套理论下，谁也可以自由，谁也可以各自做一个人，而做到最理想的境地。若说博爱,这道理可说是最博爱的,人人有分,不好吗?此所谓苟日新,日日新,又日新,做新民,从各自的修身作起点,而终极境界则达于天下平,使人人各得其所,还不算是博爱之至吗?

可惜是我们这一套哲学,西洋人不讲,所以我们也不自信,不肯讲。但西方人的贡献,究竟在向外方面多了些,开物成务是向外的,他们的宗教、法律、文艺、哲学等成就,主要精神都向外。正因其向外,一旦在外面遭逢阻碍挫折,便会感到无法。而中国传统文化则重向内,中国社会可以不要宗教、法律而维持其和平与安定。中国人生哲理可以不论治乱兴衰,而仍然各有以自全。在历史上,不断有走上衰运的时期,像是天下黑暗,光明不见了,但还是一样有人,一样有完人。就凭这一点,中国文化能维持到今天,中国民族及其国家亦能维持到今天。我们在今天要来认识中国文化,要来提倡中国文化,则莫如各人都从这方面下工夫。困难吗?实在是丝毫也不困难。

我这十几年来,到台湾,始知有一吴凤。到美国,始知有一丁龙。吴凤也如伊尹,而丁龙则如柳下惠。吴凤、丁龙都是中国人,是在中国传统文化里陶铸出来的人。纵使他们在历史上似乎没有地位,没有表现,但使我们今天又出一个太史公来写新《史记》,像吴凤、丁龙,定会有一段篇幅留与他们的。诸位当知:中国社会、中国文化,乃至中国民族与中国历史,就在像吴凤、丁龙那样做人的精神上建立而维持。我们只深信得这一层,可以救自己,可以救别人,可以救国家与民族,中国的文化传统可以长辉永耀在天地间。这是我今天讲这题目主要的大义。

(六卷十五期,一九六三年,已收入《历史与文化论丛》)

关于我的辞职

我此次向董事会提出辞职申请，学校同仁同学，有些感得很突然。其实此事我存心已久，理由也极简单。我性近讲堂教课和私人研究，不喜行政工作及人事处理。回忆十四年前，流亡来港，当时在不寻常的心理状态下，经几位朋友迫促，答应担任校长名义来创办此学校，也只是暂时事，认为过些时，便可交卸让别人担当。不料此学校一开始，艰难万状，不好中途卸肩。我常说，只要新亚能不关门，我必然奋斗下去。待新亚略有基础，那时才有我其他想法。这些我们学校最早几位老同事是知道的。后来新亚获得了雅礼的合作，我想我摆脱行政职务的机会快来了。有一次，学校举行毕业典礼，借协恩中学的礼堂，我在讲演中说过一段话，大意说：以前学校用着我长处，以后学校将用我的短处。所谓长处，在我年轻时，即服膺前清曾文正公"扎硬寨、打死仗"这两句话。我幼年做学问，即用曾文正此六字诀。我在新亚，也用此六字打熬。此下情形渐渐不同，而行政职务日增，人事问题也日趋复杂，我不善处理，此是我之所短。我曾和一位代表雅礼来香港访问的，剀切议到雅礼协助新亚，不要以我个人进退为条件，他同意我说法。隔一年，我又和另一位雅礼代表来访问的，正式提起我辞职的打算，他也同意了。这两次谈话，代我翻译的，一位尚在学校，一位离开学校，但仍在香港。但我未能调排妥帖，终于没有正式提出辞职的事。后来学校决定接受教育司津贴，我那时便心下内定，一俟中文大学成立，这是我辞去校长职务一最适当的阶段了。我这一番打算，也向此刻学校同仁中某几位乃及校外朋友中某几位提过。不料中文大学正式成立，又经历了漫长一段时期。直到今年春，福尔顿报告书已来香港，内定中文大学必于秋季开始，我即和校内几位同仁商洽我辞职的手续。又直到中文大学正式成立后一个月又十天，我才提出我的辞职书。因此，此事在我说来，并不是突然。

我常想：一个人求对社会有贡献，应该善用自己的长处，善藏自己的短处。由我个人来说，讲课教学和私人研究，比较是我之所长。处理行政事务和应付人事问题，比较是我之所短。直从一九三七年抗战军兴，奔波流离，我在学术研究方面，久已荒疏。在西南联大时，我一人独居宜良山上一僧寺中，一礼拜只去昆明上两晚的课，穷一年之力，算写下了一部《国史大纲》。离开昆明，我在苏州杜门隐居一年，又写了一部《史记地名考》。胜利后，在无锡太湖边江南大学，比较清闲，又写了一部《庄子纂笺》。自来香港，再没有闲时间、闲精神。在桂林街时曾开始写《论语新解》，终于半途停下，一搁七八年，直到去美国，有了一整段有把握的空闲，才再动笔，竭半年之力写了一初稿。但回来后，再自校阅，却又过了三年，始完成。此下我精力日退，想要研究的方面还多。最想的，是要写一部有关朱子学术思想的综合研究，不仅牵涉的方面广，而且有了材料，还得长时间审慎思考，不能轻易下笔。至少我想有三年到五年时间，让我静静地下工夫，始能完成此工作。我并不想偷懒，只想对学术上更有些贡献。在我讲来，或许比坐办公室出席开会，应付人事，意义更大些。这是我渴想辞去现职惟一的心情。外面人不了解，种种猜测，全和我自己打算不相干。我想我此次辞职，累得学校内同仁同学心情不安，我总该详细说出我所以要辞职的缘由来，也可稍减我对学校内部同仁同学一番歉疚。

现蒙各方挽留，要辞又急切辞不掉，如何在我现状下，还能分出精力探索我所想要探索的问题，我实在无把握。而且一路用我所短，使学校无形中受损害，更使我心不安。从前有人说孔子，"知其不可而为之"。我今天，乃是知其不能而为之呀！那真要不得。不得已，借《双周刊》篇幅来沥述我那一分不安的心情，也盼大家同情我，使我此后对自己终于有一更好的安排。

(一九六四年一月)

校风与学风

一九六四年一月十日第六十四次月会讲词

诸位先生、同学：

每逢学期将结束时，我总要讲一些有关这学期的反省，和下学期的期望。今天，我又借此机会来和各位讲几句话。本学期最大的事情，是我们参加了中文大学。至今已有十四年的新亚，从此进入了一个新的环境。让我们从头来回想一下以前的十四年，再来看我们参加了中文大学以后的新亚吧！

十四年来，我们新亚是否仅有的是一块招牌、一座建筑或一群人？或者除此以外，我们还有这学校某种特殊的性格和特殊的精神呢？这件事最重要，最值得我们作一番严格的反省。好几年前我曾说过：新亚的良好校风是我们引以为荣的，但希望我们也能有良好的学风。一个学校的价值，主要即在其校风与学风上。但风是一种流动的，其来无踪，其去无影，不可捉摸。而风又是一种无微不入的，只要有了风，其所感染，既深且广，又是不可揣测、不可衡量的。惟其如此，所以在中国人常用的字眼里，有所谓"风度"和"风格"。度是一种尺度，格是一种格式，风而有了格度，才成为一种固定的、不变的。虽属看不见，但它吹来时，我们会感受到，而且会受它影响，相与融凝为同一的格度，又可继续推广，影响到各方面。

现在我们试问，此十四年来，我们新亚是不是形成了有那么一种风了呢？若使有，每一同学甚至每一教师，只要他跑进新亚，他自能在无形中，在不自觉中，都受了此种风的影响，而成其为新亚的一员。这便又是所谓的"风化"。就一个国家言，应有所谓国风。就一个家庭言，也有所谓家风。一代代地保留下去，使生在此国中、此家中的每一人，都无形中受其影响，而同时又来影响别的人。不然，便将不成其为一个国与一个家。一所学校，也应如此，所以说校风之重要。一个人，应有他独特的风度与风格。一所学校亦然，有了校风，才算真成了一所学校了。

从前我说我们新亚的校风好，大率是指两点言。一、是新亚的学生都懂得爱护学校，因为他们了解学校创造的艰难和支持之不易，而愿意和学校共同奋斗，共同向前。二、是敬重师长，因为爱护学校而牵连到对学校的先生有发自内心的尊敬，师生之间有如家人父子，所以当时有一句口头禅，说新亚像是一个大家庭。但我平心说，那时此种校风，到今天若说还没有消失，至少已经打了一大大的折扣。此后能否继续维持此一种校风，实属疑问。这就是说，我们的校风至少尚未养成。

有些先生说：只要让同学们把全部精神都集中放在书本上，对其他方面便容易管制。这一层，在我本人并不很同意。我一向总劝诸位，不要太看重学科的分数，和毕业后的那一张文凭。若仅懂得重视分数和文凭，纵使全校同学无日无夜都埋头在书本里，也不得称之为好学风。我所要提倡的学风，其意义与精神，决不是要大家争分数抢文凭。当知我们来学校，尚有远超乎分数文凭之上的当追求。我所想像的好学风，也应包括有好校风。我所想像中之好学，应包括在做人之内。只要他是一好人，自知好学。若其人本身不好，尽向学，也徒然。

从前我们没有校舍，没有图书馆，现在我们都有了。从前我们文、商两院，没有艺术系，没有工管系，更没有理学院，没有理学院各系的实验室，现在都有了。可见没有的，我们可以叫他有。在我们参加了中文大学之后，逐年一切的进展，此刻尚未可知。然而这些纵属重要，我认为更重要的，则是要有一种良好的校风与学风。有了这一种良好校风和学风，我们才算有了精神，有了理想。我们又要能永远保持此一种特殊的风俗。旧同学走了，新同学来了，内部人员虽变，仍然是这一个新亚。已毕业的校友跑进社会上，要使社会上人能说，"这是新亚的学生"，这才是新亚之正式成立。否则新亚岂不仅是一块招牌、一所建筑和一群人之集合。那是徒具躯壳，没有灵魂的。那是徒属物质，不见精神的。

此刻中文大学成立了，大家都很热烈地庆祝。但是在此大学中，要有我们新亚这一份，要有我自己，要不失我自己。此刻我们究竟好不好说已有了一个新亚呢？纵说有，恐怕亦只在孩童时期，尚未能形成一种新亚的特殊风格。如是则看见人家做什么，我亦做什么，有一新亚和没有一新亚岂不差不多。我不是说，新亚一定要比别人强。但我们应该自立，自成为一新亚。这需要我们创造我们一个特色，使新亚能确有其所以为新亚者。这是我们远在十四年前，创造新亚时所本具的理想，所本有的精神。此刻还是我对新亚所抱持的期望，让我们在参加进中文大学后，再从头做起吧！我因此希望大家不要太看重外面的物质，而忽略了内在精神。大家振奋团结起来，爱护学校，敬重师长，共同向此一目标而迈进。

（六卷十六期）

事业与职业

一九六四年二月二十一日下学期开学典礼讲词

诸位先生、同学：

今天是我们本学年第二学期的开学典礼，也是我们参加了中文大学后，第二学期的开始。此后校中定有许多变动，然而有些事是可变的，有些事却希望其不变。新亚应有一些特殊的地方，即新亚之所以为新亚，此事乃我们之所希望其不变者。现在大学李校长已抵达，我们于最近将来，将可看出中文大学此下所要走的方向，此刻则无法先作预测。但有一事，我在此先要提出，因与诸位有密切关系，这就是有关考试的问题。诸如三院联合入学试、文凭考试以及学位考试，都已经三院联合会议有过详细的审察及讨论，以后诸位将会得到具体的报道。我也并不说是注重考试和文凭颁给会与培植人才之大目标有何冲突，但若仅仅在注重考试和文凭上，至少决不能即谓已尽了培植人才之责任。我所以要特别提出此问题，因有一层我必须连带声明，我认为一所大学，其主要的理想，决不在颁发文凭，而是要培植社会后起人才，为来学青年创造一个理想将来。

什么叫作人才呢？人才的标准应该是纯客观的。其人对社会有贡献、有作用，才可被称为人才。若对社会无贡献、无作用，断不能由他自己或少数私人私自捧他当人才。或许诸位说，使我在社会谋一职业，此一职业即是我对社会之贡献。此语也有理，并不错。但诸位须知，人生在职业外，又该有事业。职业与事业，又从何处作区别？诸位当知，职业往往是社会所要求于我的，而事业则是我在此职业上善尽责任外，又能自我贡献于社会。一是职业为主，而另一则是我为主。譬如：一间工厂招聘一位工程师，这工厂所要求于此工程师者，其实只是些当前一般工程师所应尽的责任，如何指导使用各项机器，或保护各项机器等。此是工厂所要求于此工程师的，也可说是工程师在其职业本分上所应尽的责任。但他可能于各项机器中有新发现，有新理想，能设法去改良或创造。工厂虽是对他没有此要求，他却自动自发地作此贡献。当知此非他的职业本分上所要求于他的，而是他对此工厂乃至对整个社会与工业上有此贡献，这便是他的一项事业了。

又譬如学校请一位先生担任某一课程，他所教的学生对此课程能考试及格，似乎此先生的责任已尽了。然而这位先生除却督促学生在本课程之进修外，他还能使青年在理想上、精神上、人格上，有所感召，有所启示，有所扶掖，有所奖成。这样的一位先生，他不仅是经师，更成为人师。不仅是一位教授，同时更成为一教育家。教育则决不仅是一职业，而显然是一种事业了。

在社会上，每个人都可以在职业外有事业，并可即在他所担任之职业内有事业。诸位能在新亚毕业，当然我们首先希望诸位各能得到一份相当的职业。其次，便该希望诸位能有一番事业，对社会有贡献。但在学校的考察上，则只能凭他的考试分数定等级，给文凭，却不能定要在有关事业贡献的一面督促他。诸位当知，诸位在学校毕业，拿到一张文凭，要在社会上谋一份职业，实也不是一大难事。到此学校责任已尽，而社会对诸位要求的，也止于此了。诸位似乎尽可在本分职业上尽了责任，便于心无愧，不再多管。然而论到社会本身，则决不能就此作罢。社会需要能不停地改革，不停地进步。因此社会上不能专有职业人而无事业人。若此社会人人只知有职业，不知有事业，此社会自会不断堕落，不断破坏，到后来，连各人职业也发生问题了。但社会是盲目的，只要人当职业，不要人干事业。因此事业必待人自发自动，有志愿，有理想，有抱负，自主地向社会有贡献。此等人和此等志愿之培养，则最好应在青年期。因那时，其人尚未进入社会，对于社会之种种人事未有了解，易于从纯理想方面激发他，使他抱有远大的理想。若他已进了社会，懂得社会一切，他将认为社会所要求于我的，也只是一张文凭。有一张文凭，便可向社会换一份职业，那就一切完了。青年之可爱可贵，正因他不懂，不知天多高，地多厚，壮志凌云，勇往直前。待他年纪一大，经验多了，私人的经济负担重了，青年时期所能有的远大理想与宏阔抱负，也就消逝不见了。

如此说来，学校教育，岂不是要利用青年天真纯洁，世故未深，来诱导他当傻瓜吗？这又不然。关于此一层，我还要告诉诸位：专知有职业，其实是人生一痛苦。必待有事业，才是快乐的人生。这并非说，职业只得收入一百元，而事业可有五百元。其间差别，乃在内心上，精神上。譬如在学校当把教书当作职业，上课多少钟点，办公又多少钟点，计算起来已经头痛，还要使学生一一能好好通过考试，那负担就更重。一位先生也仅等于一零件，学校是整个一部机器，学校要你做什么，你便做什么。扩大言之，社会如一机器，人人都等于一零件，机器转动，要仗零件。但零件实无自由，亦无意义。只是社会要用你，你得听社会用。现在是要人来用社会，这就大大不同了。譬如一位先生对学生有期望，他一心要学生尽成才，他自会觉得学校里派他担任的几个钟点还不够，他一天到晚精神全花在那辈学生身上，而他也乐此而不疲。在他看，在学校上堂任课，不是把钟点换薪水，他是在参加社会的教育事业。他的精神生命，尽用来贡献于此社会、此事业，这岂能把金钱来衡量其价值？所以教育事业，是崇高的。但社会不知，社会对此职业，报酬永远低，社会对于一切文化事业，是永远欠账的。真要回此债负，也永远回不清。所以在社会上，学校的地位是最高的，教师的尊严，也是最高的。无法论报酬，反使此项职业报酬永远是最低。论金钱，一位先生总是所得不多。但若有一位学生将来有了成就，在他心上，却是无上愉快。他在精神上的那份快乐，也就是他无比的报酬了。当然社会事业决不止教育一项，我此刻是以大家易于了解的来举例。其实深一层言之，社会各项职业，其报酬也多是刻薄的、亏待于人的，把一些金钱来换取你一段生命，不是吗？因此我说诸位能有理想，有抱负，能知于职业之上有事业，那才会使诸位的前途光明、愉快。我希望诸位选择在你们面前的道路，不要仅为社会用，而要能用社会。不要认职业为主，而要认你自己为主。这双方距离相差太远，诸位宜细辨。

说到事业，也不是要诸位都能惊天动地干一番，或者赚取大量的金钱，百万与千万，或爬上政治上最高地位，高踞人上。若我当一位小学先生，拿一百元月薪，生活尽艰苦，而我心中觉得我在此干教育事业，我要教导此一批穷苦孩童，使他们懂得做人道理，将来对社会有用，这就是我的事业了。事业决不能把一应外面的物质条件来衡量。

我们新亚决意参加中文大学，其中一理由，也是为诸位毕业后的出路着想。拿到了政府认许的文凭，便可换得社会上一份较好的职业。这也是学校的苦心。但政府往往另有计算，目前社会需要多少人，空有多少职位，政府常想照此来发多少文凭。文凭发多了，拿着文凭找不到职业，会对政府增麻烦。文凭只如一张饭票，拿此饭票去换饭吃。有了饭票，不给你饭吃，那还了得！所以文凭愈多，有时会社会愈乱。

讲到欧洲大学，最初本就是职业的，如传教徒与律师及医生，都是一项职业。后来工商业逐步发展，各式各样的学生越来越多，大学课程也愈来愈繁。如今天美国，由于社会繁荣各种需要，连旅馆业、广告业也都成为大学中一门专科。拿了文凭，便可当此职业，这是大家知道的。在东方的国家，羡慕西方，也拼命求发展教育。然而社会的工商业处处落后，于是学生出路成了大问题。但又不能学校关门，禁止青年受教育，这岂不成了一严重的问题吗？但我想，文凭多，可能成问题。人才多，却不会有问题。我从未听过社会上人才多，会发生问题的。社会正需要大量的人才。最理想的社会，希望全社会人人是人才。我们只要培养出来的真是人才，可不计较职业，而求完成事业。若他真是一人才，也不会对社会增麻烦。但我们若仅知有职业教育，不知有人生教育，那问题就麻烦了。

西方大学教育，职业意义超过人生意义。大学重传授知识，讲做人道理的则在教堂。其先西方大学本从教堂分出，在传授知识中，本带有宗教意味。现在西方社会的教堂，也还可以弥补他们学校教育之偏缺。但在中国，一向是教学合一的，学校教育中兼带有宗教情味。今天东方的教育，在知识传授上赶不上西方，而又没有崇高的理想与信仰，多开学校，多发文凭，便多增加失业与失望。但若我们的教育，能直接上中国文化传统，先生不只是经师，而又是人师。不以谋职求生为教，而以立德、立功、立言为教。教育发挥，自可适合中国社会，也能赶上西方境界。多发文凭也尽无碍。因来受教育的，其志向本在事业上，能干事业，哪愁没有职业？只不要专在职业的物质报酬上相争便好了。我们一向说要提倡中国文化，这里也是一大关节，诸位宜细细体会。

我曾再三向诸位讲，莫要太重视了那张文凭。我们新亚各位教授，在其任课方面之学识外，都还有其他值得诸位学习处。诸位在学科外，务须懂得精神、志向方面的培养。这是我今天所要特别提出的。诸位当知，事业应是平平实实的，别人看不见，而对社会有真贡献。而且事业又是人人能做，又可以无入而不自得。或许诸位的经验少，听我今天这番话，仍有不易了解处。但诸位可从自己接触到的学校先生以至社会上人，去审察，去评论，哪些只是职业人，哪些才是事业人？诸位就可渐渐知道职业与事业之分别。此一分别，却对诸位毕生前途，有莫大关系，务请诸位注意。

（六卷十七期）

述乐记大意

为新亚国乐会作

孔子以礼、乐、射、御、书、数六艺为教，读《论语》，孔门之重视于乐，可以想见。迄于西汉，六艺以称古籍，然仅得《诗》、《书》、《礼》、《春秋》、《易》五经，而《乐》经则缺。惟《小戴礼》有《乐记篇》，相传为孝武时河间献王采周官及诸子言乐事所为。则距今当逾两千年。或曰：《乐记》乃公孙尼子作。余为《先秦诸子系年》，考定公孙尼子为荀子弟子，则在战国晚世。

《乐记》为中国言乐理最古之书，其主要论点，谓音乐起于人心，故曰："情动于中故形于声。其哀心感者，其声噍以杀。其乐心感者，其声啴以缓。其喜心感者，其声发以散。其怒心感者，其声粗以厉。其敬心感者，其声直以廉。其爱心感者，其声和以柔。"惟其音乐原于人心之情感，故音乐亦可以感召人心，有培养性情，移风易俗之效。故曰："民有血气心知之性，而无哀乐喜怒之常，应感起物而动，然后心术形焉。是故志微噍杀之音作，而民思忧。啴谐慢易繁文简节之音作，而民康乐。粗厉猛起奋末广贲之音作，而民刚毅。廉直劲正庄诚之音作，而民肃敬。宽裕肉好顺成和动之音作，而民慈爱。流辟邪散狄成涤滥之音作，而民淫乱。"于是而言音乐与世道之相通，故曰："治世之音安以乐，其政和。乱世之音怨以怒，其政乖。亡国之音哀以思,其民困。声音之道与政通。"故中国古人之言乐,其重要意义,乃在人之德性修养,风俗陶冶,与教育政治相关联,而并不注重音乐之艺术独立性。此乃中国传统文化以人文精神为中心之一种表现。

惟音乐在中国,自汉以下,实不能有合理想之发展。盖因论乐理者,既以音乐归属于德性修养风俗陶冶之意,士大夫之从事于政治教育事业者,不免失其急与大,后其缓与小,而不视音乐为首要之重务。于是递降递衰,音乐仅流为民间之一技,而士大夫之厝心政教大道者,每忽于此,循至音乐不于中国社会占一重要位置,亦固其宜矣。

朱子之论《乐记》曰:"看《乐记》,大段形容得乐之气象,当时许多名物度数,人人晓得,不须说出,故止说乐之理如此其妙。今许多度数都没了,只有许多乐之意思是好,只是没顿放处。"又曰:"今礼乐之书皆亡,学者但言其义,至于器数,则不复晓,盖失其本矣。"此见后之儒者,仅能言乐之义理,而不复明乐之器数。器数不明,乐即不传,虽有妙理,无顿放处,故曰失其本。至于今日,则学者于本国文化传统,一切慢弃。慢弃之不足,又继之以讥诃抨击,古人所言乐之义理,已无复能言之者,更何论于器数之考索!故中国音乐之在今日,更为人所忽视,势亦无足怪矣。

新亚同学有国乐会之组织,于课务之暇,各择所好,习其一器,以此言技尚不足,若曰以是而求保存国乐,最多亦是告朔之牺羊,夫何足言。

然《乐记》有曰:"德者,性之端也。乐者,德之华也。金石丝竹,乐之器也。诗,言其志也;歌,咏其声也;舞,动其容也。三者本于心,然后乐器从之。是故情深而文明,气盛而化神,和顺积中而英华发外,惟乐不可以为伪。"今诸君子之于国乐,诚使心有深好,又能知德养之为本,和顺之气积于中者日盛,斯其英华之外发,安知不有能明于文而神其化者之出其间。《乐记》又言曰:"知礼乐之情者能作,识礼乐之文者能述。作者之谓圣,述者之谓明。明圣者述作之谓。"今诸君子既已于器渐有所习,诚能继此不懈而益进,有能知其情而为之作者,有能识其文而为之述者,他日中国音乐界之圣明,安知其必不出在诸君子之中?是在诸君子勉之而已。

国乐会方将有公开之演奏,希余能为文以作鼓励,因述所感以勖之。

(六卷十八期,一九六四年三月)

中国文化体系中之艺术

一九六四年四月七日艺术系学术讲演

(一)

我很抱歉,艺术系要我作讲演,已有好几次,至今才能答应来作第一次的讲演。今天的题目是"中国文化体系中之艺术"。

中国艺术代表了中国文化的一部分。到底在整个中国文化体系中,艺术的地位和意义是如何,它在什么地方代表着中国文化呢!

中国文化,简言之,乃以人文为中心。"人文"二字,指的是人群相处的一切现实及理想。中国文化之表现与成就,都围着这人文精神作中心。故此中国文化体系能融通为一,莫不围绕此中心,而始见其意义与价值。换言之,中国文化亦可说是以"人生"作本位。人生兼指个人的与大群的,而这两部分的人生亦自需融通为一,可不详论。此下我们将根据此讲法,来引申下面所讲。同时,亦以下面所讲,来证明上面这讲法。

西方文化,比较与我们有一点不很相同处。人生本在宇宙自然之内,且为宇宙自然中极微小之一部分。西方人好像偏重于先向外去探究自然,在对自然有认识了解后,再回头来衡量和决定人生之意义与价值。如宗教,如科学,莫非先向外,然后再转到人生方面来。在中国则先看重"人",再由人而扩充到外面去。

（二）

古代希腊人，将宇宙分作真、善、美三方面。科学求真，道德求善，艺术则求美。这种三分法，逮至近世如康德，乃至最近，似乎无大改变。中国人看法，与此不同。似乎中国人认为，凡是美的，则同时亦兼真和善。而凡是真的、善的，同时亦兼美。换言之，在此天地间，并无分别独立的美。亦即是说，没有离开真和善而分别独立的美的一世界。所以在西方，美术可与科学、宗教三分鼎立，而各有其专门探讨的领域。中国则仍是融通为一，真、善、美应该同属一体。这一观念，非常重要。中国人看事物，往往不注重分别观，而更注重融通观。凡合乎中国人理想者，都见其相互融通，而圆满具足。要讲中国艺术，亦须由这一点入手。即讲文学、哲学乃及其他，亦无不然。这是我今天所讲，要请各位注意的第一点。

在宋代理学家中，有周濂溪作太极图"☯"，此图乃是代表宇宙之全体。在一体中包含绝对相反之两面，一阴、一阳。而此绝对相反之两面，却凝成为一体。既属如此，则真、善、美并非对立，其在一体中，自可不必强为划分可知。

宋儒又谓："万物一太极，一物一太极。"整个宇宙是一太极，而在此宇宙中之任何一物，亦同为一太极。此谓任一物之在宇宙间，其所表现与完成者，与整个宇宙之所表现与完成，同是完整之一体。在意义与价值上，虽不能相等，却还是相同。换言之，凡在此宇宙内，不论其是一人、一禽兽、一草木、一水石、一桌椅、一碗碟，乃至一微尘……不论其有生无生，有情无情，同表现在此宇宙之内而达于一完成，即不能相反，而只是相同。倘使此宇宙间之一切表现与完成者，均与太极不相同，则何能集合而成为一整体之太极！故说：个人人生即可代表大群人生，并可代表宇宙大全体。此即是一物一太极，即可代表万物一太极。宇宙是一大天地，个人是一小天地，大小固不相等，其同属天地之一体，却不相异。此乃从人本位讲。倘若换以一禽鸟、一虫豸、一草一石，乃至一微尘，各可如此讲。现代物理学家言，一原子之组织相似于一整个宇宙之组织，亦可谓是一物一太极。此一层，乃是中国人的宇宙观及其人生观，亦即是中国人之哲学。这些哲学观念亦与前讲文化体系一般，都是融通合一，即中国所谓之"天人合一"。

（三）

现在依上述两点来谈中国的艺术。我对艺术是门外汉，但不妨从门外来看门内，也不失为是一种看法。其他暂不讲，单来讲绘画。也许会讲得过于空洞，或过于高远？但总可为诸位学中国画者作参考。

说到绘画，亦有两方面：一是画家其"人"，一是所画其"物"。谁在作画？画的是什么？我之所画，不即是我，画家与其所画应有分别。但依中国人理想，则此二者仍当融通合一。若说："因你能画，故称为画家。"此是一说法，但亦可说"因你是一画家，所以能画"。这两句话所说意义不同。前一句话的价值偏重"物"、在外面，指所画言。后一句话的价值偏重"人"、在内面，指画家言。诸位学画之目的，究在求为一画家乎？抑求能画一幅画而已乎？此处所谓能画，依佛家说法，则是所画。"能""所"应是合一，而实是能为主而所为从。应是先有能，始有所。若说学画，重于所字，则在我们应注意怎样去学作画的一切技巧与方法。若说成一画家，重在能字，则试问我们于怎样学画之外，如何又有另一条途径去修养成就为一画家呢？

这道理看似很难讲，其实却是简单易明。犹如说到一政治家，请问是否一定要跑上政治舞台，从事政治活动，做大官，才能或便能成就一政治家的呢？当知跑上政治舞台，从事政治活动，做大官的，成大事的，并不即是一政治家。而理想的一位政治家，却可以不上政治舞台，不从事政治活动，不做大官，不成大事，而人人想望他应是一政治家。此一人跑上政治舞台，从事政治活动，做了大官，才始可以有理想的政治事业之表现与完成，因他已先是一政治家了。至于教育家亦然。我们不能说只要从事教育工作的便都是教育家。此中道理，从深处讲，似乎不容易。若从浅处讲，却人人可明白。

无论教育、政治、艺术，都是人的事业。事业必有所表现、有所成就。而表现、成就的，都在外。在那些表现成就之后面，则必有一个主，主则在内不在外，这即是此人。今我试再问，假定此人是一艺术家，他一生画了千幅名画，是否把此千幅名画加在一起，就等于此一人了呢？这里却就大见有问题。如说孙中山先生和华盛顿，是否将其一生丰功伟业，摆在人面前的加起，就等于一个孙中山、一个华盛顿了呢？当知此说断乎不是的。中国传统文化主要看重人，故谓一位政治家完成绝大政治事业，一位艺术家创造绝大艺术作品，这些只是余事。所谓余事，乃是指其完成为一大政治家大艺术家之后，偶然有所表现，而在其人论，则只是些多余的。因此种表现与成就，是要碰机会的。即是说，须在某种机缘配合之下，才可以有此表现和成就。若无此机缘，无此表现与成就，应该仍不失其为此人。如若诸葛亮不遇刘先主三顾草庐，不出来做事，此一诸葛亮之价值应该并不会比出来做事的诸葛亮低了些。而孙中山、华盛顿投身革命，开创中、美共和，依照中国人人本位的文化传统观点来看，这些也都不过是余事。在孙中山与华盛顿，他们平日志趣之内蕴，与其人格之积养，始是主要的。其碰到机会而有所表现与成就，则只能说是余事了。一位艺术家亦然，所画是其余事，此一位画家的平日之志趣内蕴与其人格积养，即说其人之本身则是主。事业之表现，成就在其人，而人的圈子比他的事业圈子大得多。

中国文化理想重人，以"人"为本位，人之价值不能即以其事业之表现与成就而定，由此遂讲到人的品格上。品格有高低，有时与其事业之表现与成就之大小，并不定相称。

品格由于天赋，但亦由后天修养而来。今只就绘画论，中国论画有所谓画品，如神品、妙品、能品、逸品等。当知画品正从人品来。反之，却不能说人品乃从其画品来。试问其人只是一个鄙俚俗人，他如何能画出一幅当得上逸品的画来。此刻诸位初学作画，只望能像一幅画，可不懂得什么叫画品。但作画而进入高境界，则不能不论品。而画品与人品，最后还是相通合一。这一层，大家应该特别注意。

中国人论画，又重"气韵"，南朝谢赫六法，首言"气韵生动"，此气韵生动四字，原本指人物画而言。下及宋明以来，对山水、翎毛、花卉等，亦讲究气韵了。现在我请问诸位，欲求画中人要有气韵，而画家本身其人没有气韵，则岂能办到？故此问题，又要回复到画家"人"的身上了。人生在大自然间，倘使自然只是一块然大物，并无气韵，人生其间又何来有气韵？故此仁者乐山，智者乐水，一山一水，一花一草，都有其活泼生机，亦即都有气韵。块然大物有气韵，一花一草亦有气韵，此亦所谓万物一太极，一物一太极。画家要能了解到此，自然其一笔一墨都能表现出天地间的气韵生机，而此画家之胸襟境界，以及其人本身之气韵，也就不问可知了。

(四)

以上所论,只说要学艺术,得先要学做人。人的品格是大前提,笔墨巧技乃是余事。故在超乎讲究画法之外,该是另有一套修养。兹且举两个故事来讲:

(一)《庄子》载"宋元君将画图,众史皆至,受揖而立,舐笔和墨,在外者半。一史后至,儃儃然不趋,受揖不立。因之舍。公使人视之,则解衣槃礴裸。君曰,可矣。是真能画者也"。

(二)北宋孙知微欲在某寺壁画水石,构思经年,不肯下笔。一日,忽仓皇入寺,索笔墨甚急,奋袂如风,须臾而就。画成,水势汹涌,传为名作。

此两故事,初看若不相同,然同可说明在画家作画前,必有一番心灵境界,始有所谓神来之笔。用现在心理学名词简单粗略地讲,前者是放松,后者似是紧张。前者是满不在乎,后者似是精神集中。其实此两境界相反相成,只可说是同一境界之两面。在佛家所谓提得起,放得下。当知此等心灵境界,不是无端忽来的。近人好言"灵感",灵感也不是人人可有、时时可有的。怎样才能有灵感?怎样才能下笔如有神?这在讲究画法技巧以外,另是有修养。画品即是人品。画的境界,即是人的境界。可知修养成一画家与画成一幅画,其事广狭深浅大不同。诸位体悟到此,始能深入画家三昧。

(五)

论作画又有两途,一"写生",一"写意"。中国自宋元以后,特别喜欢讲写意。现在我替"写生"和"写意"这两个名词下一解说。写生是写外物之形象,而写意则是写内心之情趣。倘若作画,仅知写生，不知写意，照中国人看法，只是达到画之"技"，而未臻乎画之"道"。但若仅求写意，不能写生，则他可以写一首诗，或写一篇散文，但不能成一幅画。故知一位理想的画家，要能寓写意于写生之中，由写生来寄意，借外物形象来表达画家内心情趣，使写生与写意、即人与物融通合一，这也就不容易。

今试约略阐释此中门径。诸位当知在作画写生之前，必先要有一番"观"字功夫，不观又何以能写。但观的功夫与写的功夫却大有不同。如诸位到郊外去学习写生，岂不在写生时即有了观。此固不错。但中国人一向对此观字却甚为看重。我们须能观天、观地、观人、观世、观万物。宋儒邵康节著《观物内外篇》，大有发挥。这不是件易事。诸位须先能观生，然后才能写生，而观生则是一种大学问。包括观天、观地、观人、观世、观万物都在内。要能观其大，观其全，观其通，观其变。孟子说："登东山而小鲁，登泰山而小天下。"又说："观乎海者难为水。"观山，不限于一丘一壑。观水，不限于一波一折。而达观山不可限于山，观水不可限于水的境界。如是说下，便有无限修养，无限妙境。

因此中国人写生，不如西方人般站定在一角度上，又拘束在一个时限内去写。应求能超越时空限制，详观其正、反、前、后，多方面去观了，又须长时期去观，又须能观其大、与全、与通、与变。如此成竹在胸，乃始落笔。所以中国画没有阴影，阴影必是在某角度某时限中所有。中国人作画，主张先得其全神貌，然后在全神貌中描出其一情态。此一情态，才是活泼如生。此亦是万物一太极，一物一太极。中国人画山水，决不是站在某一角度去画，所以在一幅画上，可以画出群山万壑，可以画出千曲百折。如此却是画的真山水。我们不能只看小天地，应放开眼光懂得看大天地。又必放进历史时间，从悠久变化处去看，如是才能体会深刻。换言之，外面物象，并不易看，须要从多方面及长时间去看。如是始能"超乎象外，得其环中"。这是说，要跳出事物的囿限圈套之外，而后才能默会深察事物内在的神髓。宋人诗云："道通天地有无外，思入风云变态中。"这才是达到了观大、观全、观通、观变的最高境界。中国人写字、作画、作诗、为文，以至参禅学圣，都是同此一道理。画家说："外师造化，内法心源。"这两句话，要能把内在的心源和外在的造化融通为一，那就是中国画学理论中之巅峰了。

如是般的由观而写，写生与写意自可相通合一。正为万物一太极，一物一太极，所以无论一花一木，一鸟一虫，鸢飞鱼跃，翠竹黄花，道无不在。艺术家笔下一些小天地，小花草，却能令人欣赏到天地之大，草木之繁。纵使是一门外汉，亦能目击道存，不言而喻。所以在一画家之专门笔墨技巧方面，可能不容易获外人欣赏。但此画家在其画上所表现出的局度、气韵、神态、生意方面，即是他所能获得的道通天地、思入风云的更高境界，却可以不愁人看不懂。近人又常说，不得不降低自身的画品，来求迎合俗人的口味。其实作品真好，则不愁没有人欣赏。那些一味迎合俗好的画家，仍见其观人观世之不深。

（六）

再讲，中国画不重距离，不像西洋画注意比例透视大小等。此亦其不得已，而亦有其所当然。如画泰山，若要画出其全景，则决不能站在一限定的角度去画。须得纵身而观，须得耸身凌空，从高处来看其全，如是乃可由山脚画到山顶。否则眼前一拳石，便把全山视线遮掩了。当知泰山本身本没有此远近大小之别，这是画家在限定的角度下之一种主观。须把此角度移动，须把此主观融化,须能从泰山本身来表现这泰山。不然的话,则会徒叹"不识庐山真面目,只缘身在此山中"。

我在罗马圣彼得教堂,曾看过一幅在文艺复兴时代的名画。那是一幅大壁画,人物攒聚,济济一堂,气魄宏大,局度恢张。置身画前,使人亦如神游其境。但若依照远近大小比例,则决不能画出此景象。而此景象,乃是一种真景象,须是凌空高视,始能摄取此一景象之真。此一画之画法,却与中国人画法不谋而合。我又曾在泰安岳庙,看过一幅宋真宗封禅图的壁画,大殿三面壁上,全是此一幅画。千人万骑,全行列至少有数里之长。画中不仅有人物,并有外景山川树林道路等等,活像是用电影机连续不断拍摄下来一般。试问又如何能站定在一角度来画出其远近大小之比呢?这正所谓徒见其所见之不广而已。诸位要成一画家,至少应能懂得纵身而观,懂得观其大,观其全。又能进而观其通,观其变。如此般来观天地、观人观世、观万物,再落笔作画,那就知作画实仅是一余事了。

我们从此又知,中国人画小幅,实是从画大幅脱化而来。宋人画册页,也是由以前的大幅壁画演变而出,所谓"尺幅有千里之势"。又说"咫尺之图,写百里之景"。若懂得了此层,又知如元四家倪云林作画,寥寥几笔,一土丘、一牛亭、一树、一石,而自有天地,自有气象。由大幅可以缩成为小幅,自然可以由繁笔减成为简笔。落墨不多,而意味无穷。

(七)

最后还有几句话要说,中国画家称梅、兰、竹、菊为四君子。所谓君子,其中自寓有人格修养之意义存在。何以千卉万草之中,梅、兰、竹、菊四者,独得称为君子?我们画梅、兰、竹、菊,当然不仅要画得它像梅、兰、竹、菊,还须画得它像一君子,或说像一高人雅士。人中何以有君子小人之别,何以有高下雅俗之分?此一见识,也就不容易。非有大修养,无法与他讨论到此。此中有胸襟,有气度,有风韵,有格调。诸君试从此参入,也可渐有所窥见。

或许诸位认我上面所讲,不是在讲作画,却是在讲做人。但我们的理想,并不是只要培养出一些囿于一曲,仅能在艺事上依样画葫芦的画匠,而是要培养出一些大艺术家来。若真是一个大艺术家,则彼之品格,必然是卓然独立,与众不同。此必须有大体会,大修养,不是凭空可以获得成功的。我盼望诸位以后多下工夫,朝着这条大道去开创中国艺术的新天地,使诸位将来成一画家,也是中国文化体系中理想一画家。而其所画,自然也是代表中国文化的理想艺术品了。

(六卷二十期,已收入《世界局势与中国文化》)

《新亚生活双周刊》第七卷首期弁言

《新亚生活双周刊》，转瞬六卷满期，第七卷即将开始。主编人告我，以往每卷开始，例有一篇检讨或策励性的文字。他要我照例为第七卷首期撰写一篇。

我想这一刊物，本为反映学校生活，并借以与离校师生常通声气，用意不过如此。在开始时，实无任何远大的计划、周详的思虑，乃不意而能继续不断，转瞬已出满了六个年头。这是我们值得自慰的第一点。

这一刊物亦并无一位负专责的主编人，亦没有一个强有力负责的主编团体。自开始以来，主编人与主编团体，已屡有更易。大家只在教职余暇，各自分出一部分心力来凑合担负此责任。但六年以来，精神一贯，内容亦能逐年充实、逐年进步。这是我们值得自慰的第二点。

这一刊物的稿源，只由学校各部门、各单位分别随时自由投送，并无精密之配合，亦没有严格的规定。但通体看来，这一刊物经历了六年长时期，不仅稿源不缺，而且各部门、各单位，还是能各有表现，大体上并不见有偏荣偏枯之象。这是我们值得自慰的第三点。

并且此一刊物，意外地能获得学校外部读者之重视。我们从各方面接触所显示，有不少能历年爱读本刊之人士，散处远近各地。因此新亚在此艰苦的环境中不断挣扎求生存求长进的一番经过，乃能获得各地社会漠不相接的人士之关切与同情。这尤其是值得我们自慰的第四点。

我常想，由于一个人之精力意气，来独自支持经营而干成一番事业的，其事若难而实不难。由于群策群力，和谐合作，而来干成一番事业的，其事若易而实不易。此一刊物，已经有了它七年的生命，也可说其曾表现了一些小小的成绩。但此一段生命，此一番成绩，若要归功于某一人或某几人，此一人或几人，谁也不敢居功自负。这是我们新亚师生在长时期中，所完成的一番共业中之某一鳞爪之表现。实值得我们新亚师生之深切体认与共同鼓舞。我希望我们新亚师生，在此刊物第七年头之开始，大家能注意到此一点，而共同检讨，共同策励。我们只要能有此一种群策群力和谐合作之精神，继续不倦，益进益励，则新亚前途，自有它的希望，而此一刊物亦必随之有希望。

我敬告我们新亚的师生们，这一刊物是我们新亚师生们日常生活之一种表现，同时亦即是我们新亚师生们永久生命之一种表现。愿大家继续珍视爱护此一刊物，而让此一刊物获得其常久之保持，以及无穷之进展。

（七卷一期，一九六四年五月）

从中西历史看盛衰兴亡

（一）

今晚的讲题是由上次讲后张先生提出，要我讲从历史上来看中国的盛衰兴亡。我今略事扩大，改为"从中西历史看盛衰兴亡"。大义承续前讲，只是所从言之角度不同而已。

我改从中西双方历史来讲的原因，因我幼时有一事常记心头，到今已快六十年。那时我在小学爱看小说，一日，正看《三国演义》，一位先生见了，对我说："这书不用看，一开头就错，所谓：'天下合久必分，分久必合，一治一乱。'这许多话根本错误，在我们中国不合理的历史演进下，才有这现象。像近代西方英法诸国，治了就不会乱，合了就不会分。"当时那位先生这番话深印我心头，到今不忘。那时我还不满十岁，但今天由我看到西方国家像英法也走上衰运。不仅如此，我们读西方历史，常见他们的国家和民族，往往衰了即不再盛，亡了就不再兴。像巴比伦、埃及、希腊、罗马都是显例。所以西方人讲历史，没有像我们中国人所想的"天运循环"观念。要说一治一乱，亡了再兴，衰了复盛，西方人似乎没有这信念。但中国历史明明如此，亡了会再兴，衰了会复盛。其间究是什么一番道理，值得我们研究。下面所讲，或许只是我一时幻想。但也不妨提出，供大家讨论。

我上次讲东方文化是内倾的，西方文化是外倾的。西方文化精神总倾向于求在外表现，这种表现主要在物质形象上。这可说是文化精神之物质形象化。其长处在具体、凝定、屹立长在，有一种强固性，也有一种感染性。一具体形象矗立在前，使人见了，不由得不受它感染，因此这一种文化力量相当大。但亦有缺点，既成一形象，又表现在物质上，成形便不容易再改。换言之，不是继续存在，即是趋向毁灭。而且物质形象固由人创造，但创造出来以后，却明明摆在人外边，它是独立自存了，它虽由人创造，但却没有给人一种亲切感。它和人，显成为两体的存在，而且近乎是敌体的存在了。而且物质形象化有其极限，发展到某一高度，使人无可再致力，它对我们乃发生一种顽强的意态，使人发生一种被压迫、被说服的感觉，而那种感觉又是不亲切的。因此，物质形象之产出，固是由于人的内心生机与灵性展现，但到后来，它可以压迫人，使人灵性窒塞、生机停滞。因此文化之物质形象化，到达一限度，衰象便随之而起，而且也不容易再盛。

埃及的金字塔，便是文化物质形象化之一个具体好例。今天我们去埃及，面对此巨型体制，无不感其伟大。从其伟大可以引生出我们对自身之渺小感。纵使今天人类科学远迈前古，但面对此成型巨制，也感到无可措力、无可改进。金字塔本也是由小而大，逐步进展的。但最后到达一限度，它定了型，好像超然独立于人类智慧与力量之外，而自存自在。埃及古文化衰了、亡了，但此金字塔则屹然常在，脱离了它所由生的文化而独立了。

又如欧洲中古时期的许多教堂，宏丽瑰伟，鬼斧神工，也都到达了定型化，无法再进了。可见任何物质形象之伟大，必有一限度，一方面是人类文化进展而始能到达此限度，人类当时的文化精神就表现在此伟大上。但当时人类文化之无可再进，也表现在此限度上。所以物质形象化到达一限度，即回头来压迫人，要人自认渺小，自承无能，而人的灵性也因此窒塞，生机也因此停滞了。在耶教初期，以至在罗马地下活动时，我们不能不承认耶教有其不可估量的生命力。但到中古时期，各地的伟大教堂兴起，不论教徒非教徒，只要一番瞻仰，敬心油然而生。而耶教的新生命新精神，也不能不说在向着下坡路而逐渐萎缩了。

今天跑进欧美各地的大博物馆，收藏的尽是些巴比伦、埃及、希腊、罗马乃至中古时期的各项遗物。要瞻仰研究他们的古代文化，多半要凭借这些遗物。这说明了他们的文化，正表现寄存在这些遗物上。若舍弃了那些遗物来直接观察今天的巴比伦、埃及、希腊、罗马，试问他们的文化在哪里？所以说他们的文化偏向于物质形象化，精神外倾，衰了不复盛，亡了不再兴。

（二）

且离开西方的古代和中古，来看他们几个现代国家吧。我认为现代西方文化，仍然不脱其外倾性，而走了物质形象化之老传统。姑举他们几个大国的首都来讲。这些首都建设，正也是他们文化精神外倾及其走向物质形象化的一种具体例证。如去英国伦敦，总要瞻仰西敏寺、白金汉王宫和国会。三建筑近在一区，就其历史演变言，实从一个而演化成三个。中古时期的宗教神权，下及近代国家的专制王权，再进到现代的立宪民权，不到一千年来英国全部历史上三个阶段的演进，都保留在那里。他们的历史文化精神，正可一瞻仰伦敦这一区的三大建筑而具体获得一印象。而由一个展演出三个，又是三个共存在一块。从这里我们可以进一步来看英国的国民性是最现实的，又是最保守的，所以又最长于适应与调和。因重现实，过去一切现实都舍不得丢。要保守,而当前现实又要适应调和。他们的现实主义,由一面保守、一面适应调和来完成。因此产出他们一种无理想而灰色的所谓"经验主义"。但这一种灰色经过历史的长期累积,终于不得不变质,由淡灰色变成了深灰色,再变便慢慢地成为黑色,暗淡无光了。历史积累,遂成为英国人之一种负担与束缚。英国人凭借他们那一套重现实、重保守、重适应调和和经验哲学而创出他们一段光辉的历史,但历史要再向前而保守有限度。从西敏寺到白金汉宫、到国会,极相异的全保留,而且像是调和成为一体了。全部的历史、文化精神都从物质形象化中,具体客观地放在那里。不论是英国人非英国人,来此一瞻仰,无不肃然起敬,觉得它了不得。困难的,是物质形象已定了型,极难追随此下新历史之无穷演变而前进。若要划地改造,则是另一回事。所以物质形象化,终于要使人精神被它困惑住,新生命不易再发展。

再看法国巴黎,从凡尔赛宫过渡到拿破仑的凯旋门,成为巴黎市容的中心。广大的马路,会合向此凯旋门而八面开展,体制定了,便苦于无法变。由拿破仑凯旋门推扩到拿破仑墓,不论法国人非法国人,一到巴黎就会联想到拿破仑。巴黎市的建筑就表现出法国的国民性,主要乃是一种个人崇拜的英雄主义。由拿破仑而造成巴黎市,法国历史的光荣,在巴黎市容上表现。到今天,拿破仑阴魂不散,还控制着法国。如戴高乐,何尝不是受着拿破仑影响而想恢复法国已往历史的光荣呢?但这也是一种文化外倾物质形象化到达了某阶段,而回头来压迫说服人,使人限制在此一形象上,不能再有新生机、新开展。除非革命,把巴黎市容整个破坏,从新做起。然而此破坏,亦为人不易忍受。英国人讲保守,法国人讲革命,都有他们一段光辉历史,都物质形象化。在他们的首都建设上,正可使我们来推测他们国运之将来。

"个人英雄主义"、"经验保守主义",皆不适于新历史之不断向前。因此,在今天而谈英法两国之前途展望,皆不免于暗淡,不使人兴奋。

再看意大利,它是一新兴国家,立国远在英法之后。然而一到罗马首先看到许多古代罗马的遗迹,其次便是梵蒂冈教皇宫廷,以及代表文艺复兴一段最光辉历史的最伟大的教堂建筑。这些在意大利人精神上心灵上,是会有一种压迫感的。伦敦巴黎,是英法人的自身表现,罗马则是一种先在表现,这些先在表现压迫它,便不易再起来一个新兴的罗马。像墨索里尼法西斯政权,梦想要把古代罗马的阴魂来放进这个新兴国家里,昙花一现,当然要失败。所以意大利的新生机不易成长。只看文艺复兴那一时期的表现,意大利人的聪明智慧,断不比英法人差,正因为在其境内的物质形象化已到达了某阶段,遂使这一块疆土内生机衰落,停滞不前了。

英、法、意以外,要讲到德国。德国同是一个新兴国家。但意大利有历史担负,远古西方文化之物质形象,重重地累积压迫在它身上了。德国比较是平地拔起,柏林是一新兴城市,又在第二次世界大战后整个毁灭。在德国的物质形象化方面,似乎还没发展出一定型来,因此他的向前的生命力,似乎也比较旺盛。

现再综述上面所讲,我认为西方文化总会在外面客观化,在外在的物质上表现出它的精神来。因此一定会具体形象化,看得见、摸得着,既具体、又固定,有目共睹,不由不承认它的伟大有力量。这一种文化,固然值得欣赏,但它会外在于人而独立。我们游历到埃及,埃及古国早已灭亡,但金字塔依然屹立。欧洲中古时期各地的大教堂也如此,似乎在此以前的耶教精神都由它接受过去,而作为惟一真实的代表似的。此后的耶教心灵,却不免为此等伟大而宏丽的教堂建筑所拘束、所范围。换言之，从前耶教精神多表现在人物及其信仰上，此下耶教精神则物质形象化了，人物和信仰，不能超过那些庄严伟大的物质建设。英法各有一段光荣历史，亦都表现在伦敦巴黎两都之物质形象里去了。游伦敦如读英国史，游巴黎如读法国史，至少其历史上之精彩部分揭然提示在眼前。然而文化精神表现在物质上，定型了，便不能追随历史而前进。起先是心灵创出了物质形象，继之是物质形象窒塞了心灵生机。前代之物质造形，已臻于外在独立之阶段，与后起之新生机有冲突性，旧定型吞灭了新生机，而此国家民族，乃终于要走上衰运，而且一衰就不易复盛。

再论国家体制，它们也多定了型，所以近代欧洲极难有统一之望。我们由此推想古代希腊各城邦，始终不能统一，而卒为马其顿所并。希腊灿烂文化，亦终告熄灭。此非偶然。若要在定型后更求发展，则如古代罗马及近代欧洲，走上帝国主义而向外征服，这是惟一可能的路线。但帝国主义违背历史进程，到后仍只有以悲剧收场。故国家定了型，也是除非革命，从新改造，否则摆脱不了以前的旧传统。

（三）

现在代表西方文化的应轮到美国。美国又是一个新兴国，其年代比较浅。从历史来看美国，应可分四阶段。我们也不必定读美国史，只到美国各地游历一看，也可明白一大概。因美国不脱西方文化范围，一切也是外在形象化的。如到康桥，到新港，哈佛、耶鲁几个大学所在地，尚可约略想像英国人最先移民来此，他们的社会村落人情生态一个简单轮廓来。其次看美国首都华盛顿，市区计划模仿巴黎，可是和巴黎不同。巴黎充满着个人英雄崇拜，帝国主义的色彩。华盛顿的市区形象，显然是平民化，是民主的。市区中心是国会，向四面展开，而总统的白宫则并不占重要地位。当时美国建国那种素朴的民主作风，一游华盛顿，还可想像到。接着是美国的西部发展，这犹如中国有南向发展一样，造成中美两国泱泱大国之风者在此。此下，就发展出一个极端繁荣的自由资本主义的社会，纽约市作为其代表。纽约市容，亦可谓是近代西方文化到达了一个登峰造极的阶段，这是人类一奇迹，乃是现代西方文化物质形象化之一奇迹。这当然是近代科学工商文明之一项得意杰作。

华盛顿市代表旧美国素朴的、涵带农村意味的平等民主精神；纽约市代表新美国豪华的、高生活的、沉浸于物质享受的自由资本主义精神。这两个中心到今天，不见有大冲突，这诚然是美国国运之深厚处。但光看它政治、经济，不看哈佛、耶鲁这许多学校，及其各地乡村和教堂的情形，单看它东部十三州，不看它西部发展，等于在中国只看黄河流域，不到长江流域去，同样不易了解美国。因此到今为止，我们还难看出美国的将来。可是我们可以想像，美国实际上大部分由英国移民。虽然两国国民性有不同，但美国几百年来的历史演变，由移民到独立，而西部发展，而到现今高度的自由资本主义社会。由于基督教与民主政治与自由资本之三位一体，而结成为一新美国。他们能兼容并包在一体之下，而亦仍然是物质形象化了，这一点还是保有很多英国色彩。换言之，美国社会也是一个无理想的、现实经验主义的。到今天，只有二百多年历史。再往下，历史积累慢慢加厚，将仍不免由浅灰色变深灰色。他们亦已在全盛中潜伏衰象。我们很难想像，如纽约仍然继长增高，更有何种新花样出现。不仅如此，即现状也有不可长久维持之可能。今天纽约的飞机场，任何一架飞机不能按照定时起落，天空的没有降，地上的不能升。任何一辆车不能定时进出，进出的车子排长龙蜿蜒着，亦壮观、亦麻烦。车子进了市，要找一停车处又极难。本由最科学的发展出纽约，现在的纽约却变成了最不科学的。最不能遵守时间的是纽约，交通最困难的是纽约。若我们超然于纽约市之外，纽约实在大值欣赏。但进入其内，容身纽约市中，则纽约市实已是外在独立于人生活之外，而回头来束缚压迫人。总而言之，纽约市之出现，亦证明了我所说外倾文化之一切外在客观化，物质形象化，而已到达了一限度，没法再进展。

再看全美的公路网，亦是伟大壮观。有些是八道平行，四往四来，又是上下架叠，终日夜车辆飞驰，但全国也好像被许多绳索紧紧捆扎了。任何人有一辆车，最少一家有一辆，车可以直达各家家门，但你在家想买一包香烟，也得驾车去。一出大门就是公路，最小的也可两方车子对开。道路交通之发达，剥夺了人在路上之散步自由，周末和星期天有着半天一天闲，除非关门在家困坐，否则开车出门奔驰。若星期五星期一有假期，连得三天闲，那就举国若狂，披阅明天报纸，准见因车祸死亡的统计数字。平地上的公路网，亦如大都市中的摩天大厦，同可外面欣赏，跑进去，便见捆缚压迫。

在美国，黑人是一大问题，个性伸展与群体紧缩相冲突。如大都市之集中，如公路网之捆缚，都会使个人自由窒息，也是一大问题。现状的美国，显然有种种隐忧，而其一往直前，走向定型化。愈定型，将使各种隐忧愈曝著，愈难得圆通的解决。

以上讲西方文化都带有一种外倾性，物质形象化之逐步进展，一定会到达一限度，前面便苦无路，人的精神到时就衰下，一衰下就没有办法。这些都从最简单处来讲，既不是讲哲学，也不是讲历史,只是些亲眼目睹的情形,也说不上是我创见。西方学者从经济发展来讨论文化盛衰的,如斯宾格勒《西方的没落》一书,也认为大都市集中到某一限度,就转向衰运。古代的罗马,近代的美国纽约,就有其相似处。

进一步乃有马克思的唯物哲学与其历史必然论。马克思同是西方人,他对西方历史进展不能谓无所见,固然西方全部历史不能如马克思那样简单武断,但其有所见处,也不该全抹杀。至于我们中国人说历史,如"天运循环","寒暑往来",这一理论,在西方是不易接受的。但即拿人的生命来讲,生命走入物质中,从生物学讲,每一种生物发展,都有一最高限度,到人类形体,几乎是再难演进了。人又是不能不死,起初是生命依赖物质而表现,生机在物质中。但物质限制着生机,物质变化,生机坏了,生命亦跟着坏。在生物学上,任何生命不得不依赖物质。有物质,就有死亡,生命只有转向新物质体中去求再生。这是一个很粗浅的譬喻。但在这譬喻中,实可把中西文化历史联挽在一起来作说明。下面我将转说到东方。

(四)

讲到中国历史的发展,似乎没有一定型,至少是不倾向某一定型而发展。亦可说,它没有一个客观外在具体而固定的物质形象,可作为其历史文化的象征。因此,中国文化转像是新陈代谢生机活泼。

姑举历代首都为例,远从商朝有沬邑,这一代首都也有几百年历史,并相当富庶与繁荣。接着是西周镐京,也是几百年。秦代咸阳,体制更大。西汉长安,东汉洛阳,南朝金陵,北朝新洛阳,隋唐两朝的两京,北宋的汴京,南宋临安,辽金元明清的燕京与北京，各时代、各首都的物质建设都极伟大壮丽。读《洛阳伽蓝记》《长安巷坊志》等书，可见一斑。西方学人对此等甚感兴趣，只要有物质具体证据，如殷墟地下发掘，如最近长安古城遗迹发掘，以及其他古器物，都认为是那时文化水准的无上证明。但在我们，历代首都，一个接一个地毁灭，在今天去游洛阳长安，真有铜驼荆棘，黍离麦秀之感。俯仰之间，高天厚地，一片苍凉，文物建设荡焉无存。但国脉不伤，整个文化传统，依然存在。雅典毁灭了便没有希腊，罗马城毁灭了便没有罗马。今天的伦敦巴黎不存在了，英法又如何？这就很难想像。这是中西双方历史文化一相异点，值得我们注意。

再讲整个的国家体制，在中国亦可谓未有一定型。从远古起，夏、商、周三代一路下来，大体言之，永是一个中国。实际上中国疆域是慢慢地扩大，而始有今天的。西方又不然，英国就是一英国，法国就是一法国，定了型，再向外，便成为帝国主义。到今天，在欧洲有罗马、有巴黎、有伦敦、有柏林，有英、法、德、意诸国，国家虽小，历史虽短，都成了形。即他们讲学问，分门别类，有组织、有系统，也定了型。不仅自然科学如此，人文科学也如此。在中国，一门学问划分得太清楚，太定型了，反而看不起。这好像中国人头脑不科学，然而这里面长短得失很难言。这一层，暂不讲。要之，拿今天的西方各国来回想从前希腊各城邦，我们可以说，希腊即是今天西欧的缩影，今天西欧之不易统一是可以想像的。但在中国，从春秋到战国，以至秦代统一，其间楚国、燕国各历八百年。齐国只统治者换了姓，实也有八百年。韩、赵、魏、三晋，都有三百年。宋、卫诸邦，都有八百年。当时历史最短的国家如美国，长的如英国、法国。何以秦始皇能一举而把天下统一了，而且此后就不再分裂？若把西方历史作比,这就很难讲。我只说:中国国家发展无定型,疆土可大可小,可分可合,立国的主要精神不在此。一个国家当然有一首都,其首都当然有其物质建设。然而此非立国精神所在,破坏了也并不伤害国家的命脉,历史文化生命可以依然还在。从我们的历史看,这是很清楚的。但西方显然不同。以上只讲历史现象,双方不同处已显见。

因此我们可以说,中国并非没有物质建造,物质建造则必然形象化,但与中国文化大统没有甚深之勾连。即是说中国文化命脉,不表现在这些上,也不依托在这些上。其存其毁,与中国文化大统无甚深之影响。即如今天的北平,故宫三大殿、天坛、北海、中南海、颐和园等建筑都还存在,西方人每好凭此来欣赏中国文化。但中国人心中则另有一套想法。孙中山先生建都南京,中国人都想新中国复兴了。在极平常的心理反应上,可知必有一番道理,可资阐说。

(五)

今且问中国文化命脉,与其传统精神,究表现寄放在哪里?上面说过,西方文化是外倾的,中国文化是内倾的。外倾的便在物质形象上表现,内倾的又在何处表现呢?《易经》上有句话说:"形而上者谓之道,形而下者谓之器。""器"即属于物质形象。形而下是说成形以后,客观具体看得见。我上面讲都市建筑,也可说其都属器。形而上是在成形以前,这叫作"道"。器可见,而任何器之形成,则必有一本源所在,那是道。开物成务属器,在开物成务之上,还有其不可见之道。因此《易经》上把开物成务都归属于圣人,圣人便是有道者。当知宫室衣冠一切文物都从道而来。但这是中国人观念。

今且问：埃及金字塔其道何在？可知西方人所震惊重视者即在器，而中国人必从器求道。苟其无道，斯器不足贵。希腊人雕刻一人像，极尽曲线之美，那又是物质形象。中国人画一人，重其气韵，注意在其眸子，在其颊上三毫。这些处，都可见中西方人实在所重有不同。中国古代传下的礼乐器，乃至一切瓷器丝织品等，专从器方面讲，也都极精妙。但这里更应注意者，在中国一切物中所包含的关于人的意义的分数，却多过于物的意义的分数。因此，中国人又要说"技而进乎道"。这是中国的艺术精神，在中国艺术之背后，也必有一个道的存在。

中国人并不想科学只是科学，艺术只是艺术，宗教只是宗教，可以各自独立。却要在科学、艺术、宗教之背后寻出一道来，此即艺术、科学、宗教之共同相通处。器有成坏，旧的不坏，新的不成。这一所房子不拆，不能在此再造一所新房子。房子里的旧陈设不拿走，新陈设就摆不进。一所房子造成，即已定了型，建造工程也从此终止，不能在这所房子上再造。所以西方人要讲革命，把旧的拆了造新的。中国历史上有汤武革命，但意义甚不同。中国人认为道有隐显，有消长。道显固然是存在，道隐还仍是存在。如说："君子道长，小人道消。"或"小人道长，君子道消。"消即隐了，但不就是毁灭。道无毁灭之理，可毁灭的即非道。中国人讲道，则表现在人身上，人群中。所以说"道不远人"，"道不离人"。中国人所讲道，主要是人道，即人之道。因此说中国文化是人本位的。中国人所谓人，包括个人与人群，既非个人主义，亦非集体主义。道则存在于各人，存在于社会，存在于天下，存在于历史传统里。子贡说："文武之道，未坠于地，在人；贤者识其大者，不贤者识其小者，莫不有文武之道焉。"可见道表现寄托在人。只要人存在，道就不会坠地而尽。

孟子也说过:"待文王而后兴者,凡民也。豪杰之士,不待文王犹兴。"乱世不会无好人,世界不理想,人仍可以有理想。世界乱,人自己还可治,至少是治在他的心。道消而隐,举世陷于衰乱,但道仍可以在人。人兴,即道兴之机缘。道兴,则历史时代可以复兴,而文王之世亦再见了。故说:"道不行,卷而藏之。达则兼善天下,穷则独善吾身。"道与善,在我心里,在我身上。因此说:"文王既没,文不在兹乎?"

我上次讲,中国人所谓道即是文化,而是指文化中之有价值意义者。中国文化之内倾性,正在其把文化传统精神表现寄托在各个人之身与心,乃以各个人为中心出发点。由此推去,到人皆可以为尧舜,到各自身修、家齐、国治,而天下平。乃以天下与世界大同为道之极限。到此极限,道仍可有隐显消长,但道则仍在。故历史文化可以不断有再兴与复盛。

刚才讲过,外倾文化总要拿我们的聪明智慧、技能才力、一切表现到外面具体物质上去。譬如今天美国人要送人上月球,可能十年八年真见此事。自然要整个文化配合,各方面条件够,才能送人上月球。这是今天西方文化一大表现。我并不想抹煞此种文化之力量与意义。但人上月球又怎样,能不能再上太阳去?一方面在这里上月球,一方面却共产主义与资本主义永远对立,种种不合理的人生还存在。当前人类各项问题仍不得解决。

西方人遇要解决问题,或表现其文化伟大,每好从远大艰难处、人所难能而己所独能处着意用力,如古埃及人造金字塔,英国人自夸其国旗无日落及最近美国人之要争先送人上月球皆是。中国人又不然,遇要解决问题及表现其文化伟力,只从日常亲切处、细微轻易处、人所共能处下手。我上讲提到君子无入而不自得,虽遇无道之世,个人仍可自求有得。其所得乃在道,行道有得，得于己之谓德。德在己，别人拿不去。因此纵在大乱世，个人修德亦可以避艰险、渡难关。国家大事也如此。如孟子告滕、告邹，如宋儒告其君，却只从正心诚意敬天修德处求。

中国人又说："士可杀，不可辱。""三军可以夺帅，匹夫不可夺志。"原子弹氢气弹可屈服强敌，夷灭人之国家。今天美苏互怕，都只怕在此。但每人有其内心决定，有每一人之德操与人格修养，虽不表现在外，看不见，却为外力所无奈何。中国人又说："德不孤，必有邻。"这一细微看不见处，却可影响别人。"十室之邑，必有忠信如丘者焉。""君子之德风，小人之德草，草，上之风，必偃。"一君子有德，慢慢地可以影响后世千万人，使次第尽变为君子。但小人则无法影响到君子，君子则必不为小人所影响。因此一人之德可以变成一时代的气运，气运转而时代就复兴了。

（六）

《中庸》上讲："莫见乎隐，莫显乎微。"最容易见的又在隐处，就在人之心。力量最显著的，反在轻微处，就在人的一言一行。《中庸》上又说："上天之载，无声无臭。"中国人看天，好从此无声无臭处看，听不见，闻不到，然而它的力量最大，可以运转主宰一切。待具体摆出来那就小了，形而下的则总有限。因此中国人的文化观，其基本只在道。道存，国家存，民族存，文化就传下。道灭，那就完了。

所以顾亭林有"亡国"、"亡天下"之辨。如西周镐京毁灭了，秦之咸阳、西汉长安、东汉洛阳毁灭了，改朝易代，此之谓亡国。如何是亡天下？中国人不成为中国人，尽变成夷狄了，即是说中国人所看重的人道亡了，这叫作亡天下。明亡了，中国人的政权被满人夺去，一时大贤像顾亭林、黄梨洲，都回头注意到中国文化传统上面去。他们不是不想对国家负责任，但这责任负不起。国家体制摆在外面，大乱局面已成，一时挽回不过来。但还有隐藏在后面的文化大传统。道之兴亡，则寄放在每一人身上，因此每一人各有一份责任。因此其文化传统与道，究也不易亡。因每一人都可为转移气运扭转时代的中心。而且这一事又是最自由，最坚强，因谁也夺不了你的志与德。此番话，说给西方人听，会说你有点神秘性。这不错，这是中国人内倾文化的说法呀！

所以我说，中国文化是个人中心的文化，是道德中心的文化。这并不是说中国人不看重物质表现，但一切物质表现都得推本归趋于道德。此所谓人本位，以个人为中心，以天下即世界人群为极量。《中庸》上又说："人存政举，人亡政息。"我在幼年时，即听人批评此说要不得。由今想来，《中庸》此语还是有道理。埃及的金字塔，人亡了塔还在。一部罗马法，罗马亡了法还在。中国人则更看重人，光有物质建造，光有制度法律也无用。所以说："人能宏道，非道宏人。"要转移世运，责任仍在人身上。

中国人爱讲天运循环，又说"物极必反"。物则必有极，极是尽头处，物到尽头，自然向前无路了。人之道则没有极，人生有极是死，后浪推前浪，时代继续向前，人物随时转换，那是从生物界、自然界来看是如此。从人之修心养德处讲，人到达为完人，不是做了完人就必然得要反。而且我在上讲又提过，人要做一完人，当下现前即可做，所谓："我欲仁，斯仁至。"但也不是一为完人便到了尽头了，他还须时时不断地修与养。做人如此，世运亦然。世运转了，不是尽可恃，还有盛衰兴亡接踵而来。但不能说道极必反。因道在人为，非必反，亦非必不反。由此讲下，恐引申过远，暂不深讲吧！

现在再讲世运与人物。世运转移也可分两方面来讲。一是自然的物极必反，饥者易为食，渴者易为饮，久乱则人心思治，那是气运自然在转了。但人物盛衰有时与气运转移未必紧密相依，成为平行线。有的是新朝开始，像是气运已转，然而人物未盛。如秦代统一，这是中国历史上最大一新气运，但秦始皇、李斯这些人物并不够条件。汉高祖平民革命，又是一番新气运，但汉初人物条件还是不够。待到七十年，到汉武帝时，然后人物大盛。也有些朝代气运已衰，如东汉末年，而人物未衰，还是有存在。所以到三国时，还有很多像样人物。从历史看，新朝崛起，不一定就是太平治世。而旧朝垂亡，却已有许多人物预备在那里。如唐初新人物，早在北朝末及隋代孕育。又如元代是中国史上一段黑暗时代，然而元朝末年孕育人才不少，明太祖一起便得用。明初人物之多，较之唐初无逊色，两汉宋代均不能比。明亡了，人物未衰，清人入关，那辈人物间接直接，都影响了清初的政治。最近如中华民国开国，这又是中国历史上一个极大新气运的转变，然而那时人物准备似乎还没有齐全，实因清之末季，人物早就凋零了。到今已经过了五十二年。但西汉开国经过七十年，北宋经过一百年，才始人物蔚起。何况这五十二年中，又是内乱外患频繁，无怪我们这一时代要感觉到人物异常缺乏。但气运可以陶铸人才，新气运来了，自然有新人物产生。而人物也可扭转气运，纵在大乱世，只要有人物，自可转移气运，开创出新时代。

西方人看法和我们不同，他们注重物质条件，他们总说我们是落后。这几年来台湾，说我们进步了。究竟进步在哪里？其实也只从物质条件上衡量。进一步问言论自由吗？法律平等吗？政治民主吗？仍是从外皮形迹看。他们没有深一层像中国人来看所谓道。西方道在上帝，在天国。权力财富则在地，在凯撒。西方人把人生分作此两部分。现实人生则只是现实的,理想人生不在现世,在天国。希腊、罗马、希伯来是现代西方文化三源,又加进新科学,遂成为现代的西方。但这几方面,始终不能调和融合。在孔子时,若论富强,自然鲁不如齐,齐不如晋。但孔子的评论,则鲁在齐前,齐在晋上。此后晋分为三,田氏篡齐,鲁最孱弱,但安和反较久。唐初亦有一故事,西域高昌王曾派人入贡,见隋炀帝当时物阜民丰,他觉中国了不起,奉事甚恭。隋亡唐兴,高昌王听说中国换了朝代,再来朝,那时正经大破坏,不能和隋相比,高昌从此不再来中国。没几年,唐朝派兵把高昌国王捉到,高昌国也就亡了。那位高昌王也正是从物质形象表现在具体上的证据,来看一个国家,他可谓是不知"道",从而也不能好好保住他的国。

(七)

中国文化最可宝贵的,在其知重道。今再问道由何来?当然中国人一样信有天。这是人本位的,人文的,但道之大原出于天。中国人虽看重人文,但求人文与自然合一,此是中国人天人合一的理想。不过道总表现在人身,所以人可以参天地、赞化育。我又听近代人常说黄金时代,其实时代不能把黄金来代表作衡量。又常说:中国唐虞三代是我们理想中的黄金时代。其实中国人理想中,应该没有黄金时代这观念。中国人只说:"大道之行。"孙中山先生也把此四字来想像新中国之将来。这一传统观念,我深切希望大家莫忽略过。只此一端,便可使中国永存天地间。中国不亡,中国的文化传统也永不至中断。

"中国不亡"这句话,在今天讲来,已是铁案不可移。这又要讲到我小孩子时的事。我为读着梁任公中国不亡这句话,才注意研究中国历史，要为这句话求出其肯定的答案。在我小孩时，人都说中国要亡。康有为就是这样讲："波兰印度就是中国一面镜子，中国是快被瓜分了。"到今天，我想不仅我们中国人，甚至连全世界人，都不会想像到中国会亡，这句话已经不存在。但要中国复兴、再盛，却不可专靠时代和气运。辛亥革命犹可以赖着气运。而中国之真正复兴，到底还在我们的文化传统上，还在我们各自的人身上，在我们各人内心的自觉自信，在我们各自的立志上。我上讲：每个人不论环境条件，都可做一理想的完人，由此进一步，才是中国复兴再盛的时期来临了。

道有隐显，有消长。道之行，亦有大小广狭。但道则仍是道，不能说道之本身在进步。我们岂能说孔子不如孟子，孟子不如朱子、阳明，朱子、阳明不如现代的外国人。中国人看法，物质经济可以有进步，人之生活可以有进步，道则自始至终无所谓进步。德亦然，它可不论外在条件而完成。所谓"东海有圣人，西海有圣人，此心同，此理同"。不能说西海圣人定超过了东海的圣人。因此照中国文化传统讲，量的方面可以扩大到世界全人类，到世界大同而天下平。质的方面则还是这一道。道无所谓进步，因亦无所谓极限。不如形而下之器与物是有极限的。而且道，父不可以传子。孔子不能传付与伯鱼，仍要伯鱼自修自成。所以世界随时要人来创造，永远要人来创造。今天盛，明天可以衰。今天衰，明天仍可以盛。这是中国人看法，其责任则在我们每人各自的身上。这是我们想望中国再兴复盛一最要的契机。

我这两次讲演，可以推广来专讲中西艺术比较、中西文学比较、中西物质建设的比较、中西人生哲学的比较、整个中西文化的比较。而我此两讲，虽笼统也还亲切，并不敢凭空发理论申意见，也决没有看轻近代的西方。我只想指出一点中西不同处。我们固然应该接受西方的,但也希望西方人能了解东方的。如此下去,或许有一天,诚有如中国人所谓大同太平时代之来临。可惜我所讲粗略,请各位指教吧!

(一九六三年八月在台北演讲,收入《中国文化丛谈》)

学问之入与出

一九六三年三月八日研究所第三十七次
学术演讲讨论会

（一）

我从去年起，屡次演讲，所讲皆是有关做学问的方法。同时亦曾涉及学术史方面，因其仍与做学问的方法有关。但诸位若懂得，即听一讲也够。若不懂得，尽多讲也无益。此次讲题，仍属方法方面。

今天讲题是："学问之入与出"。这是讲做学问，如何跑进去，与如何走出来。亦即讲学问之内外。程明道有云："王介甫学问，犹如对塔说相轮。我则直入塔中，距相轮已近。"此番话指出王介甫乃在学问之外面讲学问，而未能跑入内里去。明道之意，自然做学问该能跑进内里才是。但苏东坡诗有云："不识庐山真面目，只缘身在此山中。"此语好像要人能跑出学问外面来。《论语》子贡说："夫子之墙数仞，不得其门而入者多矣。"此指学问之入而言。孟子云："登东山而小鲁，登泰山而小天下。"此指学问之出而言。又"公孙丑问曰：'夫子当路于齐，管仲晏子之功，可复许乎？'孟子曰：'子诚齐人也，知管仲晏子而已矣。'"可见知人论学，皆须能超越在外。《庄子·秋水篇》："井龟不可以语于海者，拘于虚也。夏虫不可以语于冰者，笃于时也。曲士不可以语于道者，束于教也。今尔出于崖涘，观于大海，乃知尔丑。尔将可与语大理矣。"此亦要我们跑出外面来。以上随意举出春秋、战国与宋人语，来作我今日所要讲的"学问之入与出"之引子。

（二）

做学问自然首先要能"入"，可是到最后，却不一定要能"出"。《论语》中孔子似未尝教我们要跑出学问之外来，他说："下学而上达。""下学"是走入，一路向上，却并未教人了又要出。又说："吾道一以贯之"、"博学于文，约之以礼。"这些话，都未教我们跑进去了，要再跑出来。孔子之最伟大处，便在此。

至于道家即不然，庄老讲"道"、讲"天"，即是教我们要能超、能出。佛家亦教人要能出。禅宗更是"呵佛骂祖"，惟求能出始算是到家。可见在此方面做学问的精神，便有大不同。道家、佛家都教人要能"超"，要能"出"。但如孔子之道之大且高，却并未要人跑进了再跑出。关于这一层，研究儒家者不可不知。我想在此方面俟有机会，更作一番较深的阐发。

（三）

现在先讲学问如何入？有深入、亦有浅入。如孔子曰："由也升堂矣，未入于室也。"得其门而入是第一步，升堂则入较深。但升堂后，还要能入室，此则更深入了。孔子又说："知之者不如好之者，好之者不如乐之者。"知之是入门第一步，再入始能好之，心悦诚服而喜不自禁。更深入则为乐之，至是则学问乃与自己生活打成一片了。真正的跑进内里，居之而安，为乐无穷。但决不能无知而好，也不能不好而乐。此中自有层次，不能任意蹑等。

学问之入，复有"大""小""偏""全"之分。孔子门下有德行、言语、政事、文学四科，其弟子只是各得其一方面。可谓得其偏未得其全，见其小未见其大。人说孔子博学，而孔子自云则曰："吾道一以贯之。"游、夏在孔门四科中属文学，文学似近博学而有别。故孟子云："子夏、子游、子张，皆有圣人之一体。冉牛、闵子、颜渊，则具体而微。"具体谓其具有孔子学问之全体，惟规模微嫌小了一些，未能如孔子之广大。此等批评，非亲历学问甘苦者不知，诸位且当从字面上知有此分别，久后方能逐渐体会，此刻且莫作空推测。即如"具体而微"四字，此非从文字训诂上所能真实明了其涵义。欲真实明白得此语，则先须求入门。如颜渊、子贡二人之间，其学问有何不同？颜渊与孔子，又有何不同？此须深入，然后有真知，然后能活现。此中有大有小，有偏有全，亦复有厚有薄，有强有弱，种种差别。入之愈深，然后能辨之益精。若在门外强说门内之种种，总是费话，不能认真。

学问之入门，就儒家传统言，可分为两方面。一方面是从行为、人生之真修实践入，一方面则自讲究学问道理入。此两方面实亦不可分，应如人之行路，左右足更迭交替而前。但第一足先起，应是人生行为方面。从人生行为方面入者，古人谓之小学。如先则从事洒扫、应对，进而讲究孝、悌、忠、信，此乃儒学入门。倘不自此处入，则如何讲得孔子思想与中国文化？当知孔子教人，即从此处诱入，此是为学之最先起步处，亦是为学之最后歇脚处。离开真实人生来讲儒学，只是自欺欺人。然若谓能洒扫应对即便是孔子，此话确是有病。如宋儒陆象山有云："我不识一字，亦可堂堂地做一个人。"但此总只是下学方面多，又总不免是为学之一偏。讲做学问，大体说来总得要识字。若走第二条路,从读书入门,更试问如何能不识字?故识字功夫,清人亦谓之是小学。要做学问,第一须是识字,第二方是读书,不识字又如何能读书。《论语》载子路说:"何必读书,然后为学?"孔子对此,并未加以许可。近儒章太炎谓陆王之学近似子路,亦是从此方面着眼而说的。

(四)

今再论读书方法,或说是为学"入门"之学。我请诸位注意一读我所著《学籥》书中《朱子读书法》一篇。因朱子教人读书方法,是最可取法的。其所论,可谓浅而深,既落实、又超越。昔人尝问苏东坡,读《汉书》苦难记忆,东坡告以"应分类以求"。此如现代人读书,写卡片,把来分类。但前人读书,主要不在写卡片。应先在读第一遍时,注意某一问题。待读第二遍时,再注意另一问题。苏东坡所谓"分类以求",须如此般去求。今人却只知一意写卡片,写了卡片,转而读卡片,再不读原书了。今人为学只是欲速求省力,以为有方法,却远不能如古人之深细而周到。苏东坡虽曾如此读《汉书》,但苏氏集中,很少讲及汉代之各方面。可知东坡读书,既能入,又能出。我们好像不见他对《汉书》曾下过几许工夫般,此正是他入而能出之证。

韩昌黎答李诩书有云"非三代两汉之书不敢观",此是韩氏为学之入门。柳宗元教人学文章,如读《史记》而参其洁之类。所谓"参其洁",每读一家、一部书,必应撷取其精华所在而师法之,此即其能入。如此参合,始可走出,遂自成为柳氏一家一体之文。杜工部作诗自称:"转益多师是我师。"又云:"清新庾开府,骏逸鲍参军。"此所谓"清新"、"骏逸",即如柳子厚读《史记》以参其洁之类。专读一家,自有所得。再读别家,又再有得。

其最后则:"读破万卷书,下笔如有神。"破万卷书后之所达,方为杜氏自己之诗。其下笔自有神者,是即杜氏神来之笔。由此可知,学问之入,非只一门。上述韩、柳为文,工部为诗,皆如此。

苏东坡读《汉书》,断非读了一遍即算,乃是分别注意,从各门而入。故知学问入门,决非只有一门,可自此门入,而亦可自另一门入,但同时不能两门同入。方其进入一门之时,此一门即是彼当时之专门之学。要入一门,即专读一本书亦可。此如朱子所云:"读《论语》时,不知有《孟子》。"甚至读《论语》前一章时,要不知有下一章,此是求学问入门最当养成之心习。

读一部书,可转为读一个人。如读《论语》后,可再读《春秋》。此时即是由"专门"演成为"通学"了。因《论语》、《春秋》皆出孔子,既皆是孔子之学,兼读自应会通。后来大学者,每人必有多部著作,读此一人,便须在此多部著作中求会通。

读一人又可转而读一家一派,如读孔子后,又兼及孔子之弟子,以至如孟子、荀子,又下为董仲舒、王通,再下为宋儒。此等皆是儒家言,应求会通。此外复有如道家及佛学等。

其实学问范围亦不限于一家或一派,如读《韩昌黎文集》,可知昌黎之学决非限于诗文而已。即其论诗文,如云:"国朝盛文章,子昂始高蹈。"当知此十字所包之范围,及其所占之境界,实决非专学某一家、某一派诗文者所能道。又如其云:"孟氏醇乎醇者也,荀与扬大醇而小疵。"他也只用十个字来批评孟、荀、扬三人,此非先比读此三家,又必在此三家外更有甚深甚广之了悟,才能下得此十字评语。又如彼云:"吾尝以为孔子之道大而能博,门弟子学焉而皆得其性之所近。"此非读通一部《论语》后,不能有此语。又如其《与孟尚书书》批评汉儒经学,虽只寥寥数语,着墨不多,但见其对汉儒经学了解之深透。可见昌黎文起八代之衰，实非仅是一文人。杜工部为有唐一代之诗圣，其能事亦决非专从学诗来。

（五）

总上所述，进入学问步骤有四：

第一步，应是专门之学。专读一书，专治一人、一家、一派，此均可谓之是专门之学。如读完一部《皇清经解》之后，方懂得清代考据之学，此亦是一专门。由此进而上通宋学，在其治宋学时，则仍是一专门。

第二步是博通。从此专门入，又转入别一专门，只此便是博通。如专治了杜，再转治李；专治了韩，再转治柳，亦即是博通。更进而专治了诗文，又转治经或史，又兼治诸子，亦即是博通。可见博通仍自专门之学来，并非离开了专门，别有所谓博通。

第三步则仍为专门。如昌黎专读三代、两汉，是必经、史、子皆读了。进到此一阶段时，他却专做文章，此乃其专门之学。又如孔门四科，各有专长。到此学已成"体"，但其境界则仍未能"化"。

第四步始是成家而化。既专门，又博通。循此渐进，可入化境。将其所学，皆在他一家中化了。

司马迁尝师事于董仲舒，仲舒乃一经学家。仲舒博通五经，而专长在《春秋》。史迁上绍《春秋》而作《史记》，但《史记》范围却极广博。既不限如《春秋》，亦不限如五经。司马迁一家之学，可谓是成家而化了。在史迁以前，只说儒分为八，史迁却在八儒中特意提出孟子、荀卿。当时人极重视邹衍，但史迁却谓邹衍不得与孟子相比。当知此下人讲儒家，其实是全依了史迁观点，逃不出史迁所指示。史迁又将老、庄、申、韩合为一传，但史迁所欣赏者乃在老子。此下人讲道家，亦不能跳出史迁观点。一部中国思想史，其中重要观点，可谓在史迁时早已摆定。此见司马迁之伟大处。司马迁虽见称是一史学专家，但不能不说司马迁之史学则已达化境。又如他为项羽作《本纪》，七十列传以伯夷居首，此等处在迁均有极深寓意，至今尚待有人为之阐发。可见史学非仅是求知事实，应有更高境界在事实之外者。若令诸位各试撰《"民国五十年"来之学术界》一篇，则势必所写各异。"民国五十年"来之学术界是现代眼前事，但各人所写各不同，便见各人学问之高下。

上面讲学问入门，须由专而博。开始专读一书、一人、一家、一派，只求从一门入去求了解，渐渐推扩至别一书、别一人、别一家派，亦如此专门下工夫。却不可道听涂说，自欺欺人，对某一门学问并未入门，强把别人话来改头换面随意立说，亦不当在自己未入门的学问中妄下批评，或妄出意见。既能博了，又须进一步"由博返约"。此所谓"约"，乃指其归属于他自己的，亦如《中庸》之所谓"致曲"。当知一个大学者广通博达，到头所成则只是一曲而已。惟致曲之后，则又须能化。如治经学，先通《诗》，再通《书》，再及《易》、《春秋》，由一经入门，而遍治群经。待其既遍治群经了，然后再返专一经，或《诗》，或《易》。但彼之于此一经，实自博通群经而入，又自博通群籍而入。彼之诗学，乃是积经学与经学外之各种学问之大体，而才能自成其为一家之言。所言虽为诗学，而不尽为诗学。彼之一家之言，实已非经、非史、非集，如此始能算得是成家而化。

（六）

现代学术界最不好的风气，乃是先将学问分成类。再把自己限在某一类中。只知专门，不求通学。因此今日之专门家，反而不能成一家言。当知自古迄今，学问能成一家言者并不多。其所以能成一家言者，主要在其学问之广博互通处。不仅如上所云，自经通史，自史通文，如是而已。凡做学问，则必然当能通到身世，尤贵能再从身世又通到学问。古人谓之"身世"，今人谓之"时代"。凡成一家言者，其学问无不备具时代性，无不能将其身世融入学问中。姑举中国学术史为例，暂自宋代之经学讲起。

程伊川《行状》称："明道十五六岁时，谒周茂叔论学，即厌科举之习，慨然有求道之志。"此数语，即是明道为学之从入处。科举乃是当时之俗学，俗学固是一时代人之所共学，但与我上述通于时代之学有不同。俗学若切于身世之用，但真求有用于身世，则其学必然会超越于俗学之外与上。此种通于时代而有切于身世之用者，中国传统谓之"道"。在程子当时，释氏之学乃被共认为最高之道之所在。程子"泛滥于诸家，出入于老释者几十年。返求诸六经，而后得之"。此数语，又见明道为学之从入处。至此可谓其学已成。后世称二程、张横渠、朱子，为宋理学四大家。其实此四人，皆通六经，皆从六经入。

至陆象山，乃谓："六经皆我注脚。"又说："我不识一字，也将堂堂地做一人。"象山之意，偏乎从人生行为入，而看轻了从识字读书入之一路。纵说是"此心同，此理同"，但若不识得圣人之心与理，专从我自己心上求，怕终求不出其同处来。又如象山若不读《孟子》，怕也说不出"不识一字亦要堂堂地做个人"的那句话来呀！因此迄于末流，乃生后人所谓"高心空腹"之弊。

洒扫、应对、进退，人生实践固是学，固当讲求。但若仅做一乡曲自好之士，则不妨说即此已是。若真欲做一学者，求对身世有用，象山此语终是有病。

于是再下遂有顾亭林提出"经学即理学"之说，及黄梨洲又提出"经史实学"与"讲堂锢习"之分别。经史实学，亦即教人识字读书，指示人一条如何进入学问之路。但由此一转，此下清儒乃有"训诂明，而后义理明"之说。于是训诂、名物、考据那一条路，至乾嘉时，臻于极盛，入而不能出。

又有章实斋提出"六经皆史"，再主张学问当通时代、切身世。章实斋评当时人为学，如蚕吃桑叶，却不吐丝，即是此意。其实当时考据大师戴东原亦有此意，彼云："做学问有抬轿人与坐轿人之分。"在东原之意，当时仅从事于训诂、名物、考据之学者，不免多是抬轿人。东原自负，像他自己乃始是坐轿人。彼写了《孟子字义疏证》一书，其学术境界，确是高出侪辈。其高第弟子阮元为《论语论仁篇》、《孟子论仁篇》，亦即在字义疏证上用力。就清儒立场言：阮元可说是入门了，戴氏则已升堂，但仍未入室。只因乾嘉之学，皆能入而不能出。戴东原固亦自经学入，但宋儒经学濂、洛、关、闽四派，为戴氏所不取。戴学始终是偏在识字读书，而不通时代，不切身世。其《孟子字义疏证》，乃有意要通时代、切身世，故能高出侪辈。章实斋始自经学中跳出，提倡史学，自开一门径。此后龚定庵、魏默深出，专治今文学，外面看仍是经学传统，实已转入了史学路线。

至康有为则并不通经学考据，就乾嘉传统言，彼乃始终徘徊于门墙之外，未尝入门。而康氏亦主张用经学来通时代、切身世。其实彼之为学，非汉非宋，而于象山、阳明笃实为人一路，去之亦远。则可谓两面未入门，无怪其学问与时无补，转抑害之。

（七）

清学有三变：清初顾亭林、黄梨洲、王船山三家，其学皆大而能化，一读三家著作即知。此后遂转入经学专门的路上去，但如顾栋高《春秋大事年表》，骤看只是讲《春秋》，其实彼之学问绝不专在《春秋》。此乃读遍二十四史，博通史地典章制度，而后得成其学者。又如胡渭之《禹贡锥指》，骤看亦如只讲《禹贡》，其实亦为广读全部中国史及中国地理之后，而用其所学来讲此一篇文章。我们读书，首应观其如何将彼之全部学问纳入其文章中，且须透视其文章之背后，来了解其学问从入之路。若我们不读《春秋大事年表》与《禹贡锥指》，即不知当时人如何做学问。其实当时学问，仍是一种通学。待到乾嘉之后，始转入为专家之学。即如读段玉裁注《说文解字》，岂不俨然是一种专家之学。但若读其文集，可知其学亦不限于《说文》。彼在学问上拿出来的是《说文》，但其学问之所由进入之处，则决不限于《说文》。

某年我游济南，在一书肆中，偶见王筠所著《仪礼注》原稿，朱笔工楷，加注在张稷若本《仪礼》之上，细如蝇足，密如蚕子，行间眉端，处处皆满，深叹王氏治《仪礼》功夫之精到。但王氏之学，亦仅以《说文》名。可知古人云："流落人间者，泰山一毫芒。"真是不错。凡做学问，必有其融会贯通处，但到他拿出来时，则仅是他一家之拿手擅场处而已。

又如高邮王氏《经传释词》一书，彼乃于博通群书之后，仅取经传中虚字一项来讲，此可谓专门之尤专门者。然即此可见其学问之博通处，实足令人钦佩。但乾嘉学者功力虽深，苟放在整个学术史上论，其学终是能入而不能出，成家而不能化。

晚清以下，新学萌苗。如梁任公曾取西方经济学、货币学、社会学种种新知识来讲《说文》，两面拼拢，也能开创一新面目。但恨其粗略不能精。王静安居留日本时，治甲骨文，但彼熟读《十三经注疏》，来讲殷周制度。又根据《楚辞》、《山海经》等书，来考《史记·殷本纪》。彼之甲骨文学，可谓既通且精，较之任公远胜矣。其实都只是当时一新风气，自此一学问通至另一学问，而开出新境界。至如康有为《新学伪经考》，从史学来讲经学，与王氏、梁氏同是一条路。但不仅粗疏，而且荒谬了。学问必能入而后能出。康之经学并未有所入，急要有所出，自是要不得。

（八）

凡做学问能把两条学问路径会通起来的，必然有好表现。至于千门万户的大结构不必说了。即如文章与史学会通，而有清代学者的"新碑传"。此一体我向所欣赏，细考乃知实自元、明以来已有之。在钱牧斋集中，即有许多像清人之碑传新体，惜乎此体乃不为桐城派姚惜抱等所领略。桐城派唱为古文，自谓导源于归有光，其前，前后七子提倡"文必秦汉，诗必盛唐"。但王世贞等，实在是文学中之门外汉，并未能真进入秦、汉之门。归有光用力《史记》，可谓真进入。且彼又通经学、子学、佛学，虽表现仅在文章，而所通实甚博大。其后首先推尊归有光者，乃为钱牧斋。钱氏自史学进入文学，其学问门路亦甚广。厥后自黄梨洲至全谢山，皆沿袭钱氏为文。如黄氏之《明儒学案》，全氏之《鲒埼亭集》，皆由文学、史学两门合拢而成。再下乃衍变出清代之新碑传，此一体有关学术者甚大，惜乎桐城派诸人未能注意及此，到现代则此学已绝。如章太炎及门弟子甚多，彼逝世后，彼之一生学问，应有一人能为彼写一碑传，综括叙述。但惜乎是没有了。

不能会通，也该专精。梁任公尝云："初学勤发表，可助读书。"今人都信此说，乃竞务于找题目，以为有了题目即可写文章。实则在读书方面的工夫是荒了。因此在学问上没有入门，遽求发表，而且多多益善。直到今天，能发表文章的是不少了，但是真能传授后进的则实在太少了。人人无实学可授，如此下演，支离破碎，竞创新见，而并无真学问可见。因此人人都爱讲新思想。但思想也应有一传统，应须从前旧思想中有入路，始于其所要创辟之新思想有出路。即在思想家，亦岂能只出不入。今天大家都不求入门，尽在门外大踏步乱跑，穷气竭力，也没有一归宿处，此病实不小。

因此，经学、史学、文学，今人都不讲求，却高谈中国文化。这样则纵有高论，也难有笃论。纵有创见，也难有真见。论及中国古代文化中之经济背景时，首想探求古代之农业情况。我曾细读过程瑶田之《九谷考》，才使我有路写出《中国古代北方农作物考》一文。再由中国古代北方之高地作物，而讲到中国古代之穴居情形。要考古代之穴居，翻读《说文》，亦自谓有甚多发现，为清儒所未及。我此刻，自己认为，已稍稍懂得《说文》一书之病在何处，清儒研究《说文》之病又在何处，《说文》与《尔雅》之不同又在何处。至此我更见得清人学问能入不能出之病。

简言之：清儒之病，主要在太专门，不能由此门通到那门去。而今天我们的问题，与清代人当时又大不同。我们有我们之时代，与我们之身世。同时西方人各方面知识传入，又为清代人所不知。我们今日当身面临之问题，更为古所未遇。照理，我们应该能创出一套新学问来，今天我们所缺只在学问先未入门。未曾入，急求出，此是当前大病。若我们要知道或接受西方知识，此尚不难。所难者,乃在我们今日所遇到的时代问题。在乾嘉时代,大师俱在,又是社会安定,并无许多大问题亟待解决。故当时人做学问,病在能入不能出。

(九)

今天情况既与清代乾嘉时大不同,新的时代在急切要求我们,新的知识在不断刺激我们。而向前学术源流,一应古籍,多经清人整理,实亦易于探求。但自民国以来,苦无真学问真能应时代之需、身世之用者。千言万语,只是一病,其病即在只求表现,不肯先认真进入学问之门。从前清人读书,至少是知道谨慎小心,朴实不虚伪。而此种精神,又最为今日所缺。

今天我们做学问,应懂得从多门入。入了一门,又再出来,改入另一门。经、史、子、集,皆应涉猎。古今中外,皆应探求。待其积久有大学问之后,然后再找小题目,作专家式的发挥,此乃为学问上一条必成之途。此事从古皆然,并无违此而可以成学问之别出捷径者。从来大学问家,莫不遍历千门万户,各处求入,才能会通大体,至是自己乃能有新表现。即如古人文集,好像最空虚。其实包括经、史、子、集各方面学问,而融化了,始能成一大家文集。故读大家文集,实应为学问求入门一省力之方法。

总而言之,要求学问入门,必先懂得读书。读了此书,再读他书,相杂交错,头头是道,而后可以有所入、有所得,而后可以有所化、有所出。

实则此事也并不难,因时代愈久,则应读之第一流书转变得愈少。因其经时代之淘汰,从前认为必读的,现在却可不理会。但总有剩下的那些必读书,所谓"不废江河万古流"者,则仍然必读。即如前清末年，一辈学者，尚多翻阅两经解，始得成为一入流学者。在今日则不必然，哪里还要人翻阅两经解？但两经解中，仍还有几部是应该一读的。每一时代，每一部门，总有几部要我们一读的书。今天我们一切搁置不理，但却又不是像陆象山所说："虽不识一字，也要堂堂地做一人。"今天的学者，似乎是在说："我虽不读书，也可堂堂地做一学者。而且是一前无古人，后无来者之大学者。"那就无可救药了。

我今天所讲，只是要诸位在学问上能有入。至于做人一方面之入，我此讲暂为忽过不多及。只有关读书一方面之入，是我此讲所注意。我只希诸位能先多注意读书，且慢注意发表。能先注意求入，且慢注意能出。此是我此讲之主旨。至于最先所说，读《论语》，见得孔子学问只讲入，不讲出。那更有甚深义理，恕我不能在此讲作更深入一层之发挥。诸位只知有此一境，也就好了。待我有机会我将在此方面再有讲述。

(七卷三期，收入《学籥》)

推寻与会通

一九六三年五月十日研究所第四十五次学术演讲讨论会

（一）

我自去年起，所讲都是有关做学问之方法，今天仍讲的是方法问题。本题原用"推想"二字，今改为"推寻"。推想与推寻，大有不同，诸位听下自知。

学问所重在求知识，《论语》："回也，闻一以知十。赐也，闻一以知二。"若使听人讲一句能懂得十句，或能懂得两句，此只是多少的问题。听人讲说，可自旁面、反面推想。如听人说此是甲，即知其非乙非丙。如此推之，却变成闻一知百、知千、知万，实则并未有真知实得，超所听闻之外者。如知此物是甲，此属真知。若推知其非乙非丙，实则非属真知，亦可说乃是一种强不知以为知，徒自欺骗，殊不足贵。诸位从事学问，首先不当看不起知识。但如何是闻一知二，或闻一知十？又如何能闻一知二、闻一知十？此层却值推究。

《论语》孔子赞颜渊有曰："吾与回言终日，不违，如愚。退而省其私，亦足以发，回也不愚。"发者，启发义。颜渊闻孔子语，能另开一路，或另辟一方面说之，此即有所发明。可见所谓闻一知二、闻一知十，并非听人家讲一句，就懂得了两句或十句。

从事学问，则断无此速悟之理。此待闻后退下细细推寻，或从反面，或从旁面，自有阐发。

《论语》又云："举一隅、不以三隅反，则不复也。"当知讲授不能一语遍尽全体，端待学者从所讲，自己反身自求。天下事理至繁，若死在句下，闻一只知一而止，此仅是记闻之学。记闻只是死知识，把别人知识如记账式般，登入账簿而已。最多只作口耳稗贩。从事学问，该先懂得此"反"字，此即孟子书中"反求诸己"之反。为学、做人，同重此一反。我下面则只从为学方面讲。

（二）

姑举一例，如说："汉高祖以平民为天子。"闻人说此，自可成为自己一项知识。但重要在退下去寻求。如试设问："历史上帝皇除汉高祖外，他们又都是以什么身份而获为天子的呢？"如此一问，则自然会在自己心上开出一条新路来。

当知举一反三，如云一角是直角，则其他三角亦必是直角。此非必然尽然之事。若遇见者是一方物，诚可因其一隅推知其余三隅。此是从偏得全，即犹颜回之闻一知十。十即是一"全"数。但在闻一知十之前，尚有闻一知二。闻一知二已甚不易，并非如我们所想像，听着一句话，即知话之反面，或有关此话之一切。当知在学问上，此等情形极少。即如学几何学，好像从几条定理即可推出一切。此亦待善推者。不学几何，即知了此几条定理亦无法推。而且几何定理多是假设，世间并无几何定理般之具体实例。即如说，二点之间最短者为直线。其实，甚不一定。我们从事学问，求取知识，却不应只想推一概万。如此想法，多半会要不得。从此可知举一反三，也须一一地去反，不是一反便得了三的。

今再讲中国历代开国皇帝，以平民为天子者，前有汉高祖，后又有明祖，此是一知识。但若将其余各开国天子，从其出身加以分类，则所得知识自会更进。今再问，何以历代开国以平民为天子者仅此两人？此两人又何以独能以平民为天子？如此推寻，便见问题迭出，而在每一问题之后面，实藏有一番新知识，待你去发现。昔梁任公见西洋史有革命，因说中国史无革命。但如汉高祖、明祖，以平民崛起为天子，此非革命而何？若必说此等只是造反，并非革命，则试问此两人何以独能造反成功？其余各代何以造反者皆失败，而开国为天子者别有其身份？当知能发生一问题，自可寻出一知识。而此等问题，则皆由如"汉高祖以平民为天子"知识牵引而来。此一知识乃我所闻，由闻而知。其他由自己"反"后所"发"。如此始可闻一知二，闻一知十。然亦非当下听了一句，即可知得两句或十句，学问绝无如此易事。此等皆在退下私自用工夫，由一件事、一方面，举一反三，自己寻求。不仅学问如此，做人亦如此。此即程子所云："自能寻向上去也。"程子又有另一语云："学者须会疑。""会疑"便是"反"，便是能自发问题去推寻，结果才可闻一知二，乃至于知十。

倘使只听人家一句话，或只读一本书，把它记下，认为是知识。此如孔子问子贡："汝以予为多学而识之者乎？"子贡对曰："然。非与？"孔子答曰："非也，予一以贯之。"今试问此"之"字何指？即所贯者系何？当知此"之"字非即是指道，所贯乃指上面之"多学"言。闻知以后必要求一贯通。"贯"犹一条索子，用来贯串散钱。如无散钱，则要此索何用？今诸位似乎只怕无此索子在手，但有了索子去串什么？又问究如何般串法？若已知中国史上，只有汉高祖、明祖以平民为天子，又知其他历代开国君主各以如何身份。你知得了这些之后,再把一两语来加以说明,这便将历史上历代开国,有一条线能把来贯串了,这便是读史后之一种启发。能如此读史,你的历史知识便可渐向高明。

当然有些事,前人早已如此般寻求过,亦已如此般贯串过。因此孔子又说:"多闻择其善者而从之,多见而识之,知之次也。"多闻、多知,此乃知识之第一步,能择是第二步。孔子又说:"好古敏求。"能敏求,是第三步。如是步步向上,归结则须闻大道。闻大道,始是一贯之最后境界。今若读《论语》,讲孔子之道,认为只以一"仁"字便可概括了,《论语》二十篇也不必句句细读。试问天下究有如此做学问之理否?

(三)

其实学问仍只是一求知。孔子又说:"温故而知新。"闻先生一语,此是故。你能知二,此在一之外又加一,乃属新。知一即知其故后,又要去温,去自反自求,如是乃可以知新。若只能温故不能知新,则仍只是在外面的记闻之知,并非由自己开发得来,有知不如无知。如此曷可为人师?为人师与稗贩究不同。诸位要讲中国历史、中国文化,乃及古圣先贤之大道,当知均须如此逐一推寻,逐一贯串,由温故中开悟新知。但却不该凭空思索,发大议论,成空言说。

又如"士"字,依文字学讲,是"推十合一"。善做学问者必能推,推十只是推至极,推十而能合一,然后吾道一以贯之,这才成为一士。如何推法,应在一语一知中,三反四复地用功夫。如由汉高祖以平民为天子一语推去,推到明祖亦以平民为天子,又推到其他不以平民为天子者。愈推愈广,把历代开国帝王全推尽,再合来成一束,便成一新知。此种新知,很多为别人所早已说过的，但因由我自己推来，则终不失为我自己之心得。做学问最简要方法只如此。扼要言之：要"推寻"，要"会通"，要"自能寻向上去"，如此亦即孔子所谓"下学而上达"。

（四）

今再根据上面所讲，举些具体例来说明：

最近我曾写过两篇文章，前一篇讲的魏晋南北朝，题目是：《略论魏晋南北朝学术文化与当时门第之关系》。后一篇尚未脱稿，讲的是元末明初，题目是：《读明初诸臣集》。古人说："鸳鸯绣出从教看，莫把金针度与人。"诸位读书莫只看鸳鸯，应看他的针。我今且把我写出此两文之针线，约略说与诸君。

魏晋南北朝人尚清谈，看重庄老思想，此语人人能说。或说当时门第有政治、经济两方面之背景，此一层亦人人皆知。我前一文只是由此再去"推寻"。先问当时重庄老，是否更无人讲孔孟？此问题一寻即得。乃一寻之下，适得其反，当时经学却极盛。《十三经注疏》泰半出于魏晋人之手，而且王弼讲《老子》，同时注《易经》。何晏讲《老子》，同时注《论语》。郭象注《庄子》，同时亦尝注《论语》。何以庄老盛，同时孔孟儒家及经学亦盛？此层又须推下。

今再问，一个家庭只赖政治、经济特优背景，便可维持数百年之久于不坠吗？此从常情常理讲，应不如此简单。于是再得推寻。推寻之下，发现了当时门第中人都极重讲礼。然后又问庄老反礼，当时人崇庄老、尚清谈，为何又爱讲礼？从此又得推寻。此处我却要告诉诸位一极关紧要之处，即诸位且莫凭自己意见。换言之，即是莫凭自己空想，即对问题加以解答或批判。当知此类问题之答案，实即摆在你面前，一切有凭有据，只要肯去推寻。推寻时自然要运用思想，但所谓运用思想，其实只如一条线，指你向前，指你一条寻求的路。当你向前寻求时，却须步步从实处迈步，读了此书再读那书，知道了这里再求知道那里，如此寻下去，自然会有答案。因此答案即新知，必由温故而来，即是由实处知识来，并不是由你凭空想得来。所以孔子说："我尝终日不食，终夜不寝以思，无益。不如学也。"待你得了此答案，接着又会来新问题。于是又须向前，又须继续寻求。如是才始能"推十合一"，得出一十足完全的答案。

此之所得，当然要运用你思想，思想如一条线，随时随地指你向前，所以谓之思索。但主要须向实处索，切莫索之冥冥，凭空思索。我如此一路思，一路索。一面温故，一面知新。乃知当时魏晋南北朝人既讲经学，又更重讲礼，讲孝悌，讲家规门风。又知魏晋南北朝人亦重史学，并重文章。凡此之类，皆与庄老思想并不在一条路上。但魏晋人重庄老，此亦是一事实。且当时复有佛教羼入。佛氏讲出家，又与魏晋以下人重门第不同。如此愈寻愈复杂，于此一复杂情况中再推寻，终于得出一结论。诸位听我这番话，再去读我那篇文，则不仅看到绣出之鸳鸯，而且我已将绣此鸳鸯之针线，度与诸君了。

其实以上所说，只是朱子格物穷理之教。朱子教人："今日格一物，明日格一物，莫不因其已知之理而益穷之，以求至乎其极。"魏晋人崇庄老是已知了，但须因其已知而益穷之。是否他们便不讲儒家经学呢？此是又一物了，须你明日之再格。若仅凭自己悬空推想，讲庄老自然不讲儒家经学，那是只格一物，不再格了，又如何说得上益穷之呢？此即是孔子所谓"思而不学"呀！又如你只读《三国志》，读《晋书》，读《南北史》，读王弼、何晏、郭象诸家，又读《十三经注疏》，尽读尽记，却不用思想，不知道这里面有问题，那又是孔子所谓学而不加以时习了。诸位把我此次所讲，再去细读我那篇论文，自应有所体悟。

上文我久已写完。今年我又另写一新篇，即《读明初诸臣诗文集》。我在十年前打破头，在台中养病，对此文已有一腹底。今年冬，我胃痛复发，尝翻读明初各家诗文集作消遣，而遂决意下笔写此文。

我们讲文学史，常说唐诗、宋词、元曲，此话固是不错。但诸位不可由此凭空推想谓元代只有曲，更无诗文名家。这又如因知魏晋人崇庄老，便轻谓他们不讲儒家经学，这就大误了。只因你有了一项知识，反而害你引生出许多误见。其实元明之际，诗文极盛，名家辈出，而且他们各以文统道统自负，自谓上溯宋唐、直跻两汉，而远攀西周。元曲在当时，只是流行于一般社会民间，而在元人诗文集中，则极少提到关汉卿之流。今日浅薄地讲文学史，误认为在当时新的已推翻了旧的。好像元代当时人，便只知有关汉卿等曲子一般。可知凭空推想，断无是处。若你知道元曲盛行，有关汉卿等，不随便推断，却能在心下推问，那么这时关于传统诗古文方面又如何呢？如此一问，再照此问自己寻去，则元代诗文集便赫然都在你目前，你始知所谓"不废江河万古流"，当时文学主干依然仍在。元人并非只有曲，曲则如老干上发了新芽般。

亦有人推想：唐宋盛行科举，故人皆致力于诗文。元代科举中断，文人乃皆转移兴趣来写白话的民间文学。此说只是凭空推想，其实无史实作证。亦有人说：蒙古人轻视中国文化与士人，"九儒十丐"之说，见于陶宗仪之《辍耕录》中，可见确有此语之流传。但中国士人传统，在元代仍存在，只看《宋元学案》元儒诸卷，便可知元代有多少理学家。再考元代人著作，如看清钱大昕《补元史艺文志》，论其数量即至繁多。经学在元代并未衰落，抑且较之后起明代为盛。此处只一读朱彝尊《经义考》便可见大概。又，《通志堂经解》中，收刊元代人著作，今俱存在。可知元代并非无儒。元人固不重用儒，但不能凭此推想即谓元代无儒。

以上所说，只是告诉诸位，凭空推想是要不得的。如知元曲盛行，便推想元代诗文都衰了。如知九儒十丐之说，便推想元代无儒，或儒学不振之类。做学问重要应在能推寻。如知元曲盛行，便去推寻元代诗文怎样？如知九儒十丐之说，便去推寻元代儒家及儒学怎样？却不该束书不观，游谈无根。单凭一点知识来悬空概括其全体，你就为此一点知识误了。你对此点知识外，其实是无知识、无根据。却凭空发大理论，这些理论则只是你的想像和意见，事实并不如此。此层不可不知。

又如元人不依科举用人，不重儒，而又把中国人分为"汉人"与"南人"，压在蒙古人、色目人之下。当时南人是在四界之最下，最不被重视，或可说是最受压迫的。但当元时，南方学术却很盛。当知中国历史上，列代开国，儒生文人最多的，只有唐与明两代。而明初较之唐初为尤盛。大家都知如宋濂、刘基、高启等，皆浙江人。在明代开国时，此许多学人均已成学。换言之，其成学皆在元代。元人不重儒是事实，元政府不重用学人又是事实，元代却尽有儒生与学人此亦是事实。此辈儒生与学人如何存在？如何发展？于是不得不连带来推寻到他们的经济背景。由此问题追寻下去，便得明白元代之社会实质与其经济情况。这又牵连到另一问题上去。只要有了问题，自会得答案。而此项答案，则必是一项新答案，这即是孔子所谓温故而知新。一连串的问题与答案，则只从《辍耕录》中"九儒十丐"一语引起。可知只要把握得一条思想线索，则自会寻向上去。但此并非凭空冥想。此层则须注意。

昔章太炎曾云"历代开国之正，莫过于明"。此语实涵有甚多道理。如何是开国之正，如何是开国之不正？其实章氏此语，明代人早已言之。在辛亥革命前后，大家说："驱除胡虏，光复中华。"好像在元末明初一辈儒生文人应该大家反对胡元，赞成革命。哪知稽之明初史实，却又适得其反。

十年前，我在台中养疴读书，无意中知得有很多儒生与学人，都拒绝了明代之征辟。明祖思贤若渴，尽力网罗儒生与学人，此是事实。但明初诸儒对元明易代，心情上并不兴奋，甚至有抱冷静态度乃及反抗意志的，此又是事实。此一事实，岂不远出我们推想之外！凭空推想之要不得，此又是一绝好例证。

我在去冬胃病复发，只随手翻读些元明之际的诗文集作消遣。因此却见到当时儒生有为元死节者，有拒不与明祖合作者，有勉强应征以至不久即力求归隐者，有身仕于明而笔墨歌颂仍在胡元者。由此再引起我十年前在台中养病时所得之旧印象，想把元、明之际此一时代儒生学人之内心观感，从其诗文集中勾勒出来，为他们当时的士群意态描绘一大轮廓。这是我动笔写此篇《读明初诸臣集》的动机由来。我此文主要乃在由文考史，专从诗文集中来发挥出当时的史情，即当时的时代心情来。此却可称为别开生面。诸位听我此番讲演，再去读我论文，便知那绣鸳鸯的一套针线功夫，究是何从下手的。

我此文所发明，其实有许多话，前人早已说过。如钱牧斋《列朝诗集小传》中，将刘基一人之诗文集分别列于"甲前集"与"甲集"，此乃一极特殊处。其在元时所作置于"甲前集"，入明后所作者置于"甲集"。若将此前后两期之诗文作一比较，则刘伯温一人前后心情之转变，便再难掩藏文饰了。

当时亦有人劝刘基起事，刘氏答以生平最薄张士诚、方国珍所为，而峻拒之。在刘伯温心中，此等皆属草寇。但当时一辈草寇，却都极力延致儒士，即说到明太祖其竭意网罗士群，实也和方国珍、张士诚没有很大差别。太祖曾谓刘基、宋濂、章溢、叶琛曰："我为天下屈四先生。"此一语大可玩味。明称此四人为先生，固是极表敬礼。而下一"屈"字，更有意义。可见此四人之出仕，实是屈了。明祖代表草寇，即平民。此四人代表士群，即儒生与文人。士人参加当时革命，在当时双方心中，都觉得那辈士人是屈了。此中却有一绝大问题，可知当时士群与平民间，实大有泾渭清浊、丘岳高下之分。当时奋起革命反抗胡元的，只是一辈平民草寇。而一辈士群对之则甚为淡漠，并有尽想把此辈草寇平民削平来维持胡元的，刘伯温即其中之一人。

此处牵连到两大问题：一是上面说及元代之社会实质及其经济背景。二是当时儒生文人以文统道统自负的，他们之学术渊源及其思想系统。此两问题若求深入，实对了解当时历史有甚大关系。但我此文在此方面，则并未深入，没有继续追寻下去。我此文，只求将当时士群之内心情态揭发出来，专拈此一点，为我文之主题。但为此已花去不少笔墨。若要继续深入，则不得不另造专题从头再说。

（五）

近人写历史论文，有些都有意好做翻案文章，此事实在要不得。以前人写下的历史，实在也无很多大案可翻，但我们却可从前人所没有注意的旧材料中来开拓新方面。如我此文，从明初诸臣集来考当时士群之内心情态。此一方面，若专读《明史》，自不鲜明详尽。因此说这是另开了一面。又如从元典章及当时诗文集中，来推寻当时的社会经济，此又是一方面。我们再把此诸方面会合起来，自然所得与只读《明史》不同，此便是推十合一。但如此推寻下去，也并不是说可把《明史》推翻了。

今再说中国一部廿四史，已感令人无从读起，如何又要从正史再多开方面到诗文集及其他书籍中去，岂不是穷老尽气，白头而不得所归宿吗？当知如此便又走上务博记闻之学上面去，此却并非我今天此番讲演所要提倡的。我只盼诸位能懂得推寻，能自有一思想线索，逐步推寻过去。学问要各人自己懂得如何运用其智慧及思想，则正在这等处。

又如洪武十六年有《大诰》，其中有"寰中士夫，不为君用"之条。可知当时士群内心，并不对新朝革命感大兴趣。因此又牵连及于民族思想，所谓夷夏之辨，似乎当时士群，于此多淡漠忽忘了。这上面当然又是大可研究。若我们能由此推寻上去，把元人入主以下这七八十年中，中国士群对于民族观之转变，能寻出一条线索来，自然更是极有关系了。

讲至此，我才懂得黄梨洲《明儒学案》以方孝孺为明初第一学者，而又把他列入《诸儒学案》中之所以然。《诸儒学案》是学无师承的，但方孝孺有师，岂得为学无师承！宋濂是方孝孺之师，又是明初开国第一大学者，但在黄、全两家学案中，却把宋濂置在《宋元学案》中。把宋濂认为是元儒，而把方孝孺认为是明初第一大儒，又是学无师承。可知此处实有极大意义，大可阐发。

我读《方孝孺集》，其中有两观点。一"论正统"，以为统有二，一正统、一非正统。中国历史正统，南宋之后应属明。元代虽统一中国，然在中国为非正统。此一理论，由方氏正式提出。此一问题，在我们今天想来，好像平淡无奇。但若我们能从头一读明初诸臣集，便知方孝孺此一问题，在当时实可震动一世。明之为明，要从方孝孺起，才始在中国人心中有了一正大光明的地位。此问题若牵连向上推寻，一读《杨维桢集》中之《正统论》，此在元末也是震动一世的。自有杨氏之《正统论》，而中国人心又一变。若我们再从杨维桢所主张的正统论向上推，便知另有一种正统论存在于当时人心中。如此一看，在我们此刻心中，认为中国史家讲正统非正统，全是陈腐没意义的，那却又是大错特错了。

方氏集中又论唐、宋文章，他认为宋文价值应远在唐文之上，韩、柳之文，在方氏评价中，并不甚高，此又与元末明初诸文士之文学观点大异其趣。但不幸方氏在永乐朝遭受极祸，此下明代文人又转入了另一条路，要讲文必秦汉，诗必盛唐。那则又是另一问题了。诸位若能从我此时所指出的，自用思想自己去推寻，其中自有许多新问题和新知识，却为从前人所未理会到者。

（六）

我此番所讲，主要在劝诸位做学问不可看轻了知识。知识不专是记闻，却贵有新知。新知贵能自用思想去推寻，不可误认凭空推想即可得知识，此只是想当然。想当然之处，须就事实去检查考订。各人才性相异，兴趣所偏亦不同。因此各人之思索路向亦尽可有不同。但各人都该懂得推十合一，求其能到一以贯之的境界。所贯有小有大，先从小处能一以贯之，再推寻向大处。若能在大处亦能一以贯之了，此即朱子所谓"一旦豁然贯通，而求至乎其极"了。因此我说，朱子教人格物穷理之学，实在不可忽。做学问固是该能善用思想，但也该有材料、有根据、有证验、有贯串。此应灵活推寻，由此及彼，发现问题，自可求得答案，增益新知。此则程子所谓"自能寻向上去"之真实用功处。请诸位注意。

今天许多人多就历史来讲文学。我此所讲，则以文学来讲历史。此即是我所谓从入之门有不同。盖文学乃是各人自己内心之表现，故读历史须注意人物，研究人物又必须注意其诗文集。此只是读书做学问之一端而已。我只为诸位举例，贵乎诸位之自能举一反三。

现在再说：做学问不能无师承，又不能离书本。"十室之邑，必有忠信如丘者焉，不如丘之好学也。"要学，如何不从师、不读书！但也不可拘泥，仍应多以古人为师，自运思索，触类旁通，由近及远，如此才可见出自己之真性情而得真乐。益进而深求之，则可接触到学问之大体系，而明其大道。推寻再推寻，会通再会通，将来或可成为你自己一个崭新的学术整体。其实只从一点一滴，一个一个据点上推寻出来。即所谓："今日格一物，明日格一物，莫不因其所知之理而益穷之，以求至乎其极也。"做学问如此，做人亦然。此层有待诸位自己体悟，恕我不在此番演讲中再及。

(七卷四期，收入《学籥》)

对新亚第十三届毕业同学赠言

今年又逢新亚第十三届同学毕业，我照例该写一篇临别赠言。

我们学校一向以"治学"、"做人"两者兼重昭示来学。但诸君须知，我们所处世界实应分为两个。我今试借用佛家语，称一个为"真界"，另一个为"俗界"。若用现代语，亦可称一个为"理想界"，另一个为"现实界"。

但此两世界，并不能严格划分。理想的真界，并非全脱离于现实的俗界。而现实的俗界，亦非全违背了理想的真界。我们做人的大原则，该在此现实俗界中来努力发现和完成一理想的真界。我们读书求知，亦该懂得分别有些是为理想真界说法，而有些则从现实俗界着想。

举例言之。孟子曰："人皆可以为尧舜。"陆象山说："我不识一字，也将堂堂地做一人。"明儒有"端茶童子即是圣人"，又"满街皆是圣人"之说。此就理想真界言，应是有此理。即就现实俗界言，确亦有此事。但现实俗界毕竟是一现实俗界，不能说人人都真是尧舜，不能说不识字的全都堂堂地做成了一人。

佛家亦说："人皆有佛性。"但不能说凡进山门的全成了释迦。基督教亦说："人人都是上帝的儿子。"但不能说凡进礼拜堂的全成了耶稣。

又如说："凡属人类，全是平等。"此就理想真界言，应有此理。但在现实俗界中，究竟总不免有不平等。

而且此一现实俗界，也永不能全变成为一理想的真界。此如人间究是一人间，断不能把人间全变成天上。但此天上，也不是远隔人间，也不是永不能在人间世中获睹此天上。因此，在此现实俗界中，究竟还是有尧舜，有孔子，有释迦，有耶稣。但此尧、舜、孔子、释迦、耶稣，也究竟仍不能脱现实俗世相。

所以孔子说："我非斯人之徒与而谁与？"鲁人有猎较，孔子亦有猎较。释迦有释迦之生、老、病、死。在耶稣，亦接受了当时法吏之判决而上了十字架。

人类的最大希望，是如何在此现实的俗世界中，而表现完成出另一个理想的真世界来。做人的最高境界，是在此现实的俗人身上，而表现完成出另一个理想真人来。

诸位此刻毕业离校，其实只是正式跑进那个现实的俗世界中去，但诸位莫要忘了一个理想的真世界。也即在此现实的俗世界中露面。诸位在校所受教训，有些多是关于理想真世界之一面的。但诸位跑进了现实的俗世界之中，依然还可时时见到许多关于真理想方面的形相，也可时时接触到许多关于真理想方面的消息。只要诸位能有纯洁的志愿，能有坚强的毅力，能有深潜的修养，诸位尽可在人间犹如在天上，尽可虽做一俗人，而同时却不失为亦是一真人。此在诸位之继续各自努力吧！

（七卷五期，一九六四年七月）

我如何研究中国古史地名

一九六三年十月三日研究所第五十三次
学术演讲讨论会

我近年来的讲演,前后共约十篇,差不多都讲做学问之方法。我曾出版了一部书,取名《学籥》,意为做学问的钥匙,即学问之入门。其中有两篇较重要的文章:一是《朱子读书法》,一是《近百年来诸儒论读书》。盼诸位再取细读。今天我本不想专讲一题,临时想要讲我自己研究中国古代地理之经过。

一九二三年时,我在厦门集美任教。课暇,读船山全书,《楚辞通释》至九章《抽思》"有鸟自南兮,来集汉北"句,船山注曰:"此追述怀王不用时事,时楚尚都郢,在汉南。原不用而去国,退居汉北。"当时余骤读此注,甚为诧愕,乃知屈原实曾居汉水北岸,为《史记》所未及,亦似为前人所未道。此一新知,深印我脑中,使我发生兴趣。从此推演引申,在我心中盘桓有七年之久。乃在一九三一年,写出《楚辞地理考》一文,发表于《清华学报》。此文重要部分,后皆分别增入我《先秦诸子系年》一书中。而我对屈原生平,酝酿出一极大翻案,即谓屈原行踪,根本未到今日湖南省之洞庭湖。彼之一生,其实只局限于湖北汉水流域。为此问题,曾招来多人之驳辩,但我至今仍信此说不可摇。

为此问题，首先注意到洞庭湖之地位。据顾栋高《春秋大事年表》所述楚国疆域，实未尝到达长江以南。即到战国屈原当时，楚人重要据地仍在湖北。我乃注意到《楚辞》中之"洞庭"二字，使我发现一新开悟。因我是江苏人，在苏州太湖中有洞庭山，而《续古文辞类纂》所收吴敏树一文，曾讲及古时传说湖南洞庭湖水，乃由地下潜通至江苏太湖之包山，故包山亦名洞庭。其说实非始自吴氏，而远有来历。而由此使我注意到古史上异地同名之一事实。

异地同名，其例甚多。如近代英国因移民关系，而英伦三岛之地名，播迁至美、加、澳三处者，多不胜举。在我家乡无锡，有一镇名东亭，一镇名荡口。东亭为大族华氏世居，小说中有唐伯虎三笑点秋香，其时华家即居东亭。此后华氏有一支迁至荡口，于是荡口镇上之地名，颇多与东亭镇上相同者。如东亭有杨树港，荡口亦有杨树港。东亭有卖鸡桥、卖鱼桥，荡口亦然。其他两镇地名相同者尚多。此盖华氏族人由东亭迁至荡口以后，即以东亭之旧地名来作荡口之新地名。我幼年居荡口镇，因此种种，使我领悟地名迁徙之背后，尚有民族迁徙之踪迹可寻。由此想到中国古代甚多异地同名，其中实暗藏有民族迁徙之蛛丝马迹。此一开悟，使我治中国古代史，获一新领域。

我常想，研究中国古代史，如讲年代问题，当自春秋以下始见重要。若上溯之，春秋以前，年代问题实不太重要。如在西周初年，《周本纪》、《鲁世家》所记年代不甚清楚。商以前年代更不清楚，而且也无法定要考究得清楚。因就历法言，每隔三四百年，天文现象上，即可有一约略相似之小循环。而如岁差问题，每隔八十六年便当错一次。古人历法本就粗略，我们根据后代精密之计算，来推论前人粗略之记载，有些处便根本靠不住。好在在古史上，隔了三几百年，人类历史还是那样，既无甚大事迹可稽，亦无甚大异同可辨。因此讲中国古代史，我认为年代问题，实不太重要。

若说到古史人物，都由传说来，隔几百年有一大人物，而相互间亦不见有甚大差别。我常说：中国古史人物，须从西周初年周公开始，才可有较具体、较详细的可信叙述。

因此我想治中国古代史，民族问题或较值注意，但此事实难下手。因中国古人似乎并没有很深的民族鸿沟，存在其观念中。因此无论是传说或记载，对此方面，皆甚模糊忽略。我认为从氏族方面去研究，或是一条路。但我在此上，并没有花大工夫去作深入的探究。

其次是研究中国古代地理，或可为古代民族迁徙寻出一条路。我为注意异地同名，才发现一项通例。原来地名初起，都只是些普通名辞，后来才演变成为特殊名辞的。如《尔雅》中《释山》、《释水》两篇之山名水名，本都有意义。换言之，亦可说其本都是普通名辞。如"霍山"，《尔雅》释为："大山宫小山霍。""宫"乃围绕意，四周大山，圈围一小山。如此类型之山，皆可称"霍山"。故安徽有霍山，其后湖南也有霍山。正因山形相似，故山名亦相同。洞庭之"庭"字，本义乃是门堂间通路。"洞"是穿义。湖南洞庭湖水是否确自地下潜穿至江苏之太湖，此乃传说，不足信。但即就今之洞庭论，湖水涨时，一片汪洋。及其浅落时，陆地浮现，分别成甚多小湖。古人可能在其湖水浅落成为多湖时，认为地下水脉，仍必相通为一湖，故名之曰"洞庭"。江苏太湖，本名五湖，因此亦有洞庭之称。再进一步论之，必是湖南先有洞庭之称，随后其名乃移用到江苏来，而从此又生出两地水脉潜通之传说。

循此意求之，如我家乡无锡之惠山，又名九龙山。九龙山之名，到处有之。如此刻我们在九龙，本即系由山名转为地名的。连山横亘，即可称之为九龙山。又如湖南之南岳衡山，衡者横也，凡山形横列，皆可称衡山。故衡山决不止专在湖南始有，河南亦有衡山，便是其证。我在北平时，曾游妙峰山，此山为北方圣地，每年朝山进香，甚为盛事。我登此山，八里一程，凡越七程，愈攀愈高。直至第八程，却反向低趋落，始见中为一小山，外面四界都是高山围拱。因此我才悟到"大山宫小山霍"之真义。其实妙峰山亦即是一霍山，故得成为一圣地。惟霍山之名先起，而且已不止一处有此山名。故北方人呼此山，不再称"霍"，而随俗称之为"妙峰"了。

再推此求之，如江西之彭蠡湖，"蠡"是螺旋义，"彭"是大义。上游长江汇纳汉水，水势浩渺直下，遇水涨时每倒灌入彭蠡。彭蠡成为长江一大蓄水池，水势到此甚急，每激荡成大螺旋，故此处水名"彭蠡"。但在《淮南子》书中，亦有彭蠡。据我考订，《淮南子》书中之彭蠡，乃指黄河之风陵渡一带而言。可知凡水势回旋成大螺形处，皆得称彭蠡。但后来彭蠡成为江西鄱阳湖之专名。若我提起中国别处也有彭蠡，别人听了，反觉是在故意发怪论。

我因此推定，《楚辞》中之"洞庭"，实应在今湖北省境。《国策》中又有"长沙"一名，其地亦应在河南或湖北境，而非今湖南之长沙。其实依字义求之，只要此水沿岸绵延着很长一带沙地，即得称长沙，何必定在湖南始可有长沙呢！

最难讲的，却是"屈原沉湘"的湘水之原义。《诗经·采蘋》"于以湘之"，此"湘"字训"烹"，水在锅中烹，就沸腾了。可见湘亦即水沸义。"襄"字与"相"字通，可知"瀼"字亦与"湘"字通。

《尚书》"浩浩怀山襄陵"。遇水势盛涨，腾驾直上，便像要怀山襄陵。此水可名瀼水，亦可名湘水。省去水旁，即可作襄水。襄阳在汉水之北，汉水之南则为襄阴。王莽时改地名，襄阳改作"相阳"。可知湘水即襄水，而襄水亦即今湖北之汉水。

但汉水之"汉"字得名，又将作如何讲？所谓"河汉"，汉本指天上之水。所谓"天河"，河则指地下之水。甘肃省有天水县，即汉水之发源地，此在《唐书·地理志》中有明证。何以谓之天水？因此地水涨时，浩浩沸腾，其来势甚为急骤，若来自天上，故称汉水。阐释至此，可知汉水即襄水，亦即湘水。屈原居于汉水之北，"郢"都即在今之宜城，为秦楚大战之地，《水经注》中载此颇详。其地名"鄢郢"，因附近有一鄢水。其后楚人迁至安徽，其都城仍名郢。战国时，楚人大量东徙，却无大量南移之证。故知屈原实并未到今湖南之湘水。当然战国晚年，亦有不少楚人南至长沙湘水流域者，地名随之迁徙，而故事亦随之迁徙。于是屈原沉湘，遂若确在湖南境，而我《楚辞地名考》所论，又若转成为一番怪论了。

我因此又得一通例，即地名迁徙，必系自文化地区迁徙至偏远地区者。而文化地区之旧名，则渐为新名所淹没，后人只知有新地名，忘了旧地名。而偏远地区则因文化低落，较少变动，故此新地名反得保留常传。故今湖南仍有湘江之名，而湖北境内湘江旧名反见淹没了。

余为此一通例，又作其他之考订。如西周初年之自"豳"迁"岐"，后代皆认为豳在陕西，但遇甚多讲不通处，历来争辩，终无定论。我曾详读由戴东原所编修之《山西通志》，始写了一篇《周初地理考》，确定"豳"字本作"邠"，原在山西汾水边。水名为"汾"，地名则为"邠"，在山西境内。此项地名迁徙之例极多。如晋国都城本应在晋南，并不在晋北。顾亭林曾亲游山西，在其《日知录》中辨此甚详。我读《山西通志》后，乃知周人其初乃自山西渡河西迁而往陕西。如今《诗经·豳风·七月》之月令乃属夏历，此即山西人之传统历法。故《豳风》中所描述一切天文气候农村情况，移至陕西，便不适合。此问题与《楚辞》地理问题，同为余研考古史地名之大发现。余至今仍深信不疑，认为尚没有真能推翻我说之新材料或新证据，能为余所接受者。

稍后我又写成《黄帝地望考》一文。黄帝乃中国古史上传说中最伟大之人物，传说中有黄帝与蚩尤战于涿鹿之野一节。后人皆说"涿鹿在怀来"。我甚怀疑黄帝何以能远迹至此，与蚩尤作战。又传云"黄帝西至崆峒"，其实《庄子》书中黄帝所到之崆峒，应在今之河南境。我因疑黄帝与蚩尤作战之涿鹿，应在今山西南部解县之盐池附近。我又自黄帝推讲到古代三苗，写成《古三苗疆域考》一文。在《战国策》中，吴起尝提及三苗疆域，"左彭蠡而右洞庭"。因此我推定吴起口中之彭蠡、洞庭，亦皆在黄河流域，而不在长江流域。其他像此类的考订，此刻不再多举。

我本欲将此许多篇论文汇集付印为《古史地名论丛》一书，后因抗战军兴而中辍。一九三九年，在抗战期中，为奉养老母，我曾返苏州，闭门读书一年。日长无事，欲对古史地名作一综合之研究，耗时一岁，写成《史记地名考》一书。但因我匆匆离开苏州，从香港飞重庆，此书之《序文》与《编纂例言》尚未及写，而将原稿交予上海开明书店付排。一九四五年抗战胜利后，开明已将全书排成清样，我又要回来，在不改动页数之可能下，稍稍改订了几条，惟仍未刊行。去年（一九六二年），大陆将此书以开明编译所名义出版了。但此书中，已将我凡属关于古史地名之不少创见，通体以极简净的断语写进去。我本预备将来以此书与

《古史地名论丛》两书相辅并行,此刻我的论丛各篇还未能仔细再校一过,汇集付印,则《史记地名考》中所收那些结论,只是短短几句的,便真像是无根据的怪论了。(按:一九六六年钱先生为《史记地名考》一书补长序一篇交香港龙门书店出版)

而且我编著此书,在体例上,也是别具一番苦心的。现在他们把我此书印出,而没有我的一篇例言,来说明我编排材料之体例,则将使读我书者,徒然枉费工力,而摸不到此书之纲领及重要关节处。若仅当一部材料书来作临时之检查用,那就把此书之主要贡献及其意义价值所在,将会全部埋没了。

至于我编著此书之最先动机及其详细经过,像我此次讲演所提及的,只是其前一半之节略。有关正题的后一部,我尚未在这讲演中提到。至于我编成此书后,对中国古史方面有何重大结论与重大阐发,此等均该在书前有长序作为交代。现在他们只偷取我的原稿,抹杀我的名字,胡乱出版,真是学术界未有的荒唐事。只因我现在事冗,而且我的兴趣对于古史地名方面的,自成此书,即已搁置,不曾继续理会。只有待我稍得清闲,重新提出我的旧兴趣以后,始能再行落笔了。

现在我只提出一点来使大家注意,当知此一部《史记地名考》,实是一部有甚深背景的专家著述,决非只是抄卡片、集体编排所能完成。诸位读此书,也须懂得像读我的《先秦诸子系年》般,千头万绪,互相关联。只是在体例的外表上,好像只是一堆材料,因而使此书更难阅读。总之,要读我此书而能消化,获得其真意义真价值所在,则非俟我的长序与例言写出,恐不易为一般读者所企及的。

(收入《学籥》)

上董事会辞职书（董事会档案）

赵董事长暨董事会诸公大鉴：敬启者，穆此次辞职，种种理由，向未对外公开，即董事会诸公亦都茫然来相质询。惟事绪纷繁，诉说难尽。兹特专举此次大学聘请教授有关穆代表新亚与大学李校长争持之点，扼要简述如次：

此次大学聘请教授，李校长屡次申述两项原则：

（一）每科应聘人倘无确合教授标准者，则改聘为 Reader。

（二）倘某科应聘人全不合理想，则宁缺毋滥，将某科人选暂缺。

此两原则，如能严格执行，实为中文大学开始一好兆，惜乎事实昭示，并不如此。

（一）现有十四科，仅将社会与社会工作并作一科（此事实为合理），其他各科，除化学外，则全聘有人。

（二）每科所聘全属教授，并无一 Reader。

就其所聘之人选言：

（一）有从未在大学有教课经验者（按：此项并不止一人）。

（二）有明知其绝无行政经验，并预定不使其担任行政工作，即系主任工作者。

（三）有其资历仅在并不著名之大学曾任讲师，在学术上亦并无优异之著作者。

（四）有英国专家意见明指其缺少教授经验，并批评其所送论文量既不丰，仅三篇，而质亦平浅，无高深之建树者。

（五）有其人在学历上并非学习此一科，在教学经验上亦从未教过此一科，而聘为此一科之教授者。

在延聘新教授此一重要工作之长期过程中，穆认为下列举措殊为不当：

（一）有原已议定延聘某人为 Reader，而李校长私自去信告知，其人来书不允接受，随又改聘为教授者。

（二）有原定某一科暂缺不聘，而李校长去美国，亲见其人，归后面告穆欲聘其为 Acting Reader，俟其来校一年，观察其实际表现之后，再行商讨，重作决定。穆当时并未表示反对，但李校长在正式会议席上却提出拟聘其人为教授，并在正式开会前早已将此人名字列入大学董事会议程之内。

（三）有某一科原已议定聘某人为教授，其人来信已受他处之聘，李校长不再在会议席上郑重讨论，而径以第二人递补，只作一声明，即认为定案者。

正因此种举措，遂使此次延聘教授，外面引起学术界之非议，内部引起三校同人之愤慨，有某校某学系主任，一向被视为该校教席中一重镇，立即提出辞呈，不肯再留。

以上所陈，只是概括而言，因英国专家之推荐书，乃大学部之密件，外人无从阅看，而一切会议经过，李校长再三叮嘱，事属秘密，切勿向外宣述，穆惟知奉公守职，即新亚内部教员同人，只有非与商酌不可者得知此种种之经过外，穆亦从未向董事会诸公泄露穆私人积久之愤懑与不满。

此下将较详一述有关新亚商学院长杨汝梅先生与理学院长张仪尊先生两人，穆与李校长历久相争之经过。

有关杨先生的争议经过如此：

（一）此次大学延聘教授未规定年龄限制，因此杨先生虽已超过大学规定六十岁的退休年龄，而也提出了申请。

（二）专家们认为杨先生和另一位申请人堪任教授。

（三）一位英国专家认为杨先生的一种著作为第一流学术著作，主张在杨先生未退休前，应该予以教授之名位，另一位专家则说，若另一申请人稍迟方能到职，应先予杨先生以教授之名位，"才算公平"。

穆向李校长申述意见如下：

（一）此次大学延聘教授，既一再申明尊重英国专家之意见，则在杨先生尚未退休前，实应予以教授之名位。

（二）此次大学所聘教授中，有一位已达六十八岁高龄，李校长聘其为 Visiting Professor，说明年限一年至两年，杨先生年仅六十四岁，自新亚创办迄今十五年始终在位，经历了漫长一段的辛苦，何以反不能予以至少两年之教授名位。

（三）李校长所坚持要聘之一位，乃在美国某大商业机构任职，闻其所获薪给，远超于中文大学所规定之教授薪额，故此君不仅下一学年之上学期不能来，还可能根本不应聘。如此何以不聘杨先生为教授？

（四）在大学任教授与在商业机构中任职性质不同。若必论在商业上之实际经验，杨先生前在大陆时亦曾担任过有名银行经理多年。若论大学行政工作，杨先生驾轻就熟，而某君既无大学教课经验，未必能保证其对大学学系主任一职之行政工作能胜任愉快。

（五）李校长请某君来，不仅请其担任大学之系主任，又拟请其主持创办一工商管理研究所，此属李校长到校以来，首先所欲创办之第一个研究所。穆告李校长不如由杨先生以教授名位主持大学商学系之系务,请某君专以全力筹备此研究所,此两事分则两美,合则俱损。但李校长坚不接受穆之意见,并要求亲与杨先生面谈,依原则言,此事自应在大学会议中决定,不应由校长与申请人两面私商,但穆尊重李校长意见,亦未加以反对。李校长见了杨先生,告以若担任教授,一年必须退休,若依然留新亚为高级讲师,彼可允其多留几年。杨先生告以如当系主任两年,彼可有成绩表现,若仅当一年,匆促间恐难有成绩。李校长与杨先生之谈话,遂无结果。

事隔多天,李校长致函于穆并附首席助理辅政司鲁佐之先生与彼一函之副本,大意谓政府方面不同意以逾龄人当教授,但在外地聘著名之访问学者则属例外。李校长信中则谓彼为杨先生用力已尽,此事如此告了一段落。但穆诚不解何以优先聘请海外著名学者,而忽视当地之著名学者,如杨先生其人。

有关张先生之事争执最久,曲折亦多,此刻只有举要略述。

两英国专家认为是科应征者(包括张先生在内),无一在学术上有特殊优异之表现可膺选为 Chair 者,但亦说明在所有应征者之中,张先生经验最富,资历最佳,可聘之任 Headship of the Department。当时对 Headship 一词是否即指 Chair,已有异议。旋经函牍往还说明,专家表示如大学根据当地之特殊情形认为可聘张先生为 Chair 并不反对。又谓大学可聘张先生为任何等级之教员,主持此系。

就穆所见,张先生之经验与资历,与许多膺选在其他科系担任 Professor 者相较,并无逊色,而至少优于某一学系之 Professor。但李校长拒绝考虑聘张先生为 Professor,仅拟聘之为 Reader,坚称专家意见至上,不可更易。其实专家早已来函说明,认为大学方面可以视当地之迫切需要而酌予变更。况就某一科之情形言，专家并未明白推荐大学所聘者应予以该科 Professor 之名位（参阅第一页第五项），何以大学仍聘之为 Professor。

穆主张聘张先生为教授之理由如下：

（一）专家所持尺度不同，或从严，或从宽，倘其意见有可商酌之处，自可不拘泥接受。

（二）但若大学在明知专家之意见从宽而予以接受之后，则对经验资历不在其他各科教授之下如张先生者，专家既已推荐其为系主任，大学方面断不应靳予以 Professor 之名位。

（三）膺选之其他各系系主任均为教授。张先生之经验资历既不在其中若干人之下，而独聘之为 Reader，使张先生难以自处。况张先生去退休之年，不过三载，不应对此独苛。

（四）倘其他各科系之膺选者，有如穆所建议而初时已为李校长所同意之办法，聘某人为 Reader，依此公平办理，穆可不必为张先生争。倘所悬标准始终一贯严格，或专一尊重专家意见，或竟如对杨先生之措置一切完全无视专家之意见，则穆亦未必为张先生争。但在目前情形之下，穆认为惟有聘张先生为 Professor，始称公平。

穆所反对者不仅在处理张先生之聘任一事，乃在延聘教授之全盘处理办法及其所产生之结果。张先生之事乃为穆不可忍受之最后争执，因使穆不得不作目前之决定。

如此一件事，争了三个月以上，而在会议席上获得三对一之比数而否决。穆更不解何以李校长对此事一再拖延至于如此之久。穆自问只有辞去新亚校长一职，只有退出中文大学，始可于心无愧。否则即为自欺，非撤回其抗议，即应自承其抗议之不当，但此均非穆所愿为。

我从旁听到李校长告人，钱某只该退休，不该辞职。但我之辞职乃正为表示一种总抗议，不仅为反对征聘教授措施之不当，有关创办一所大学之理想与宗旨，有关创办一所大学之一切应有的向前的步骤，乃及其他种种较重大的问题，至少李校长没有和我商讨过。我从旁观察，有许多该向李校长进忠告的，也没法进言。

我在此报告中，仅举选聘教授一项，又特详其关于杨张两先生之事。在最先我本想对于选聘教授一事，尽我所知向李校长作诤友，首先遇到有关中文系的事，我自问我对此一方面之意见，宜不比英国专家之意见差得多，但我和李校长私自谈话，乃及在会议席上公开讨论，至少发言重复有四次之多，但关于此一事之意见既不蒙李校长采纳，我乃退而思其次，凡李校长提出之人选，已得被分派的学院院长所接受，我即不愿多表示异见。此非我对中文大学之故意消极，我只求大家和衷共济，先在人事上求协调，不必多生争端。但有关新亚方面的，我不得不站在合理立场，求一公平待遇。若并此而不可得，徒受厚薪，一切缄默，既对不起新亚，也对不起中文大学。在我心力已尽，则惟有辞职一途。谨此陈达，以求董事会诸公之谅解。

新亚书院董事兼校长　钱穆　一九六四年一月二十日

（注：当年为息事宁人，故请董事会将此函列为密件，不仅未对外界公布，亦未对校内同人公布。今隔二十五年，事过境迁，已无再保密之必要。特附入此集中发表，亦为余向新亚师生补做交代。）

有关穆个人在新亚书院之辞职

一九六四年七月十一日新亚毕业典礼中讲词

> 穆此次辞职,承各方关顾,惟对辞职理由,迄未公开报道,曾于本月十一日新亚毕业典礼中稍有宣述,亦不失为穆此次辞职在某一角度中之心情。兹已蒙新亚董事会准许,爰追录当日谈话,公诸报界,聊答各方关顾之盛意。

各位董事、来宾、教职员同人及全体同学:

今天为本校第十三届及研究所第八届毕业典礼,并为本校参加中文大学后之第一届毕业典礼,鄙人谨代表在场全体向毕业诸君道贺。兹有一事连带述及,即鄙人在旬日内亦将毕业,甚愿乘此机会,亦获得为被道贺者之一分子。

人生过程中,先有学业,次有职业或事业。在学业进程中,依照现行西方过程,可有幼稚园、小学、中学、大学、研究院多次毕业。待参加社会职业事业后,亦可不断有好多次毕业。鄙人任职新亚校长,已历十五年。去年曾一度求去,未蒙董事会允准。最近再度请辞,已有获得允准之把握。此为余任职新亚校长之毕业。此项毕业证书,不日可拿到手。所以我今天实有与在座诸位毕业同学同样愉快之心情。

说到此,诸位或有好多问题要提出,我在答复诸位好多问题以前，应提起我对本届毕业同学的那篇临别赠言。赠言中大意说，人生有两个世界，一是现实的俗世界，一是理想的真世界。此两世界该同等重视。我们该在此现实俗世界中，建立起一个理想的真世界。我们都是现世界中之俗人，但亦须同时成为一理想世界中之真人。

我此次辞职，许多理由关涉现实俗世界方面的，不想在今天的会场上宣述。但亦有许多理由有关理想真世界方面的，诸位毕业同学应该一听。此后诸位正要走进现实俗世界中去谋职业，干事业。但我郑重奉劝诸位，莫要忽略了另一个理想的真世界之存在。我此下所讲，或可供诸位离开学校后作参考。

我想诸位首先要问："你为何要辞职？"犹忆十年前后，我和一位朋友闲谈天。他说任何一个人，当了什么长，位居人上，时间久了，不知不觉中，此人的品质和性格都会变。我当时深受感动。自念新亚规模虽小，我也算是一长，人非圣贤，苟不时自警惕，若使位居人上，而品在人下，岂不是一件可耻可悲的事。

让我把眼前事例作证。今天毕业典礼中，主要便是校长致辞，我好像很自然地该站在台前来讲话。典礼完了有摄影，我又将很自然地被推在最中间位子上坐下。这些，在现实俗世界中，也是理所应有，不容推辞。但在如此形势下，处得久了，得意忘形，真认为我高出人上，那就非流为小人之归不可，最多也仅是一俗人，和我理想中所要做的真人并不同。

又如新亚在初创办时，同事们同学们都不称我为"校长"，现在则大家莫不以校长呼我。此种称呼虽属小事，且亦为现实世界中所不可免。但听惯了，有时会把你眼前的职位即认为是你真实的一个人了。此事实在要不得，我常常为此惧。

我不晓得当了校长十五年，我的品质和性格是否也潜移默化地变了。我虽常自警惕，但积久之后，便成为我时想辞职之一项心理因素。此层我劝诸位莫轻易听过，将来应可为诸位处事做人一参考。

现在继续推前去讲，我自一九一二年起，即已从事教育界，忝为人师，至今没有转变过，也没有休息过。一九一二年时，我年十八岁，若以西法算，只十七岁，那时我学校的校长，此刻已忘其年龄，但他有一儿子在校读书，正好和我同年。更有比他年长的，最大的一个，大我五年。当时我即深深明白得一项道理，即不懂得如何做人，便无以为人师。此一道理，却是直从我心底深处明白得来。到今五十三年，我对此番道理，深信不疑。我在新亚十五年，时时教诸位应知"为学"、"做人"并重，这决不是随便说。我此番之辞职，在我是处处把做人道理来作决定。换言之，我要做一个人，便不该不辞职。若我此番不辞职，便和我平日所抱做人理想不相符。我之坚决辞职，只是要照我理想做一人。或许校内校外有人批评我，说我不该辞。这可能是我智慧不够，判断不当。但我此一番诚意，则终会值得人同情。

以上是我申述我此番坚决辞职之理由。诸位必会继续问："你辞职了，对学校影响如何呢？"关于这一层，我还得从远处讲来。在我二十岁左右，曾读《苏东坡全集》，中有一诗，当时给我甚深开悟。诗题现已忘了，诗中有一联说："老僧已死成新塔，坏壁无由见旧题。"我对此一联体会到，历史社会事业，决不能由任何一个人独自来担当，那寺里的老和尚死了，但还继续建了新塔。再过三五年，新亚应会在马料水新址盖起崭新的校舍，这是大家可以想像到的事。

现在校内校外许多人，常把我和新亚书院联合一并说了。我远在十几年前，即说此一观念要不得。人生无常，而事业则贵能垂之久远。若我个人真和新亚书院分不开，则是我办理新亚规划之不当。

在东坡前游此寺时，曾在壁上题诗，随后再往，壁已坏了，题的诗也不见了，东坡当时心中似有些感慨。其实此等事在俗世界中也是不可免。现时新亚的几所建筑，沈燕谋先生始终参与其事，他曾屡次催我写几篇碑记，勒石留念，但我婉辞不肯。本无旧题，何待壁坏？将来新亚迁至马料水，我和新亚，便渐成为了无关系。诸位应以大无畏精神努力新亚前途，乐往猛进，但莫太重视了我个人之去留。

诸位或许又会问："你辞了职，此下的个人生活又如何呢？"这在私人情感上亦理应有此问。让我再从上述有关僧寺的事讲起。近代中国有一高僧虚云，诸位若是广东人，应该听闻到。我在几年前读虚云和尚年谱，在他已跻七十八高龄之后，他每每到了一处，荜路蓝缕，创新一寺。但到此寺兴建完成，他却翩然离去，另到别一处，荜路蓝缕，又重新来建一寺，但他又翩然离去了。如此一处又一处，经他手，不知兴建了几多寺。我在此一节上，十分欣赏他。至少他具有一种为而不有的精神。他到老矍铄，逾百龄而不衰。我常想，人应该不断有新刺激，才会不断有新精力，使他不断走上新道路，能再创造新生命。若使虚云和尚兴建了一寺，徒子徒孙环绕着，呆在寺里做方丈，说不定他会在安逸中很快走进老境。当然我此处之所谓老，更重在指精神言，不重在指身体言。

诸位莫误会，认为我有意离开新亚，来再创一新亚，在我则绝无此意。我自十七岁到今五十三年，始终在教育界。由小学中学而大学，上堂教书，是我的正业。下堂读书著书，是我业余的副业。我一向不喜欢担当学校行政工作，流亡来香港，创办新亚，算是担当学校行政了，那是在非常环境非常心情下做了。在我算是一项非常的事。这如戏台上的客串与玩票，又如凌波扮演梁兄哥。我此下摆脱现职，自然仍想回到我的本行正业去。只我年岁日迈，此十五年来，对学业上不免更多荒疏。我有更多想看的书没有看，更多想写的书没有写。此下我将翻转我以前所为，以读书著书为我正业，以上堂教书为我谋生之副业。诸位或要想我已逾了退休年龄，但我的精力决不需退休，我的经济亦不可能退休。诸位且看我此下如何去另辟生路吧！

在我此十五年中，虽说耗损了不少精力，究竟在书本外也增长了我许多真实人生的体验和阅历。而且用农业上轮种番休之理来讲，我的精力在此处有耗损，但在别处有贮备。过几天，我十五年来担当新亚校长的毕业文凭拿到手，我的新生命开始，我的新精力又会来复。我立志想写一部有关研究朱子的书，预期三年完成，纵不然延长到五年，此书定可成。我想此书完成，在中国学术历史上，在中国文化教育上，决不比我创办新亚或主持新亚意义更狭小些，价值更轻微些。

我此下若能安住在港三年，明年是三年级同学毕业，后年二年级，再后年一年级，我希望能以来宾身份来参加。更盼的是今天在座一年级同学到三年后的毕业典礼中，我能抱着我已完成的有关研究朱子的书稿来参加，那在我认为是何等值得欣幸的事呀！

我临了还有一小节交代。听说今天的毕业同学希望诸师长都穿博士袍服来应礼，但我不大喜欢穿博士袍，因我没有进过大学，没有写过博士论文、参加过博士考试。我的博士名号，由人家赠送，未经我亲身努力吃苦而得之，在我总觉不亲切。我今天穿此绸大褂，却是从前新亚一向举行典礼时我所惯穿的一套。不知从哪年起,新亚同学们开始要求穿学士袍服了,而教授们也都依随改穿学位袍服。我今天则特地穿此绸褂来应礼,一则表示我回恋新亚之已往,二则这是我最后一次主持新亚的毕业典礼,不几天,我即可身心放松。请诸位谅恕我,让我今天起,即开始放松了。穿此绸褂,亦古人所谓"遂我初服"之意。我想,在诸位的毕业典礼上,亦不算得失庄严,失体统。

临了,我恭贺今天的毕业同学们,大家前途无量。

(七卷六期,七月二十二日追记)

致雅礼协会罗维德先生函

罗维德先生并转雅礼董事会诸先生公鉴：

蒙罗维德先生及雅礼董事会先后赐书，均已拜诵。高情厚谊，至深铭勒。

新亚于万分艰难中创始，蒙雅礼协会热忱协助，得有今日。穆愿乘此机会再表示个人积年所抱恳切挚诚之谢意。惟新亚自受香港政府津贴以来，内部种种措施，不免多受牵掣，渐失自由。新亚本系一所由理想而创始之学校，规模虽小，然凡所抱负，则求一本中国传统文化，培植中国青年，借以沟通中西，为世界人类文化前途尽其一分之绵力。虽此十五年来，成绩有限，然终不失为有此一段艰苦奋斗之历程，与其所欲向往之目标，以期逐步之前进，此层幸当为贵会诸先生所共许。乃此数年来，经济不断增加，而理想则不断压抑。循此以往，此项理想，恐不免于由窒塞而变质而终至于消散。穆为此深抱不安。因于前一年中文大学成立，即求辞去新亚校长职务，以表示个人力不如志之苦衷。经新亚董事会，及学校师生，乃至校友会之一致挽留，勉强仍留职守。本期尽可能渡过三四年，到学校迁至马料水新址为止，或可为学校稍争其应有之地位与自由。乃不期此一年来，情势更非，不得不临时再申辞意。新亚董事会，及学校师生，乃及校友会各方面，知穆去志已坚，不再强留。在此时期中，适李田意先生过港，对种种情节，多获闻知，谅其返新港以后，必对贵会有所陈述。此次穆之辞职，个人得卸仔肩，不复再受压抑，堪为私幸。而对学校，实未能善尽职责，积极向前，甚所内疚。最近代校长吴士选先生赴美，由萧约先生暂摄校务，一切近况，谅必有闻随时详告。此后惟盼贵会仍本以前宗旨，继续援助，俟新亚新校长物色有人，当能善为调护，使此一文化新芽，不致萎枯，而终获其满意之生长。穆虽退职，苟能从旁对新亚有所贡献，亦当勉力以赴，并以报贵会始终协助之美意。闻萧约先生于下学年应有两次休假，罗维德先生或可短期来港，穆万分欢迎，届时当再面尽种切，此不觊缕。专肃复颂公祺

钱穆拜启　一九六四年十二月十一日

校庆日演讲词

一九六四年九月二十八日创校十五周年纪念

各位先生、各位同学：

今天是我们的校庆。从前我们校庆在"双十节国庆"纪念日。因我们这学校开始，师生都由大陆来港，大家纪念大陆祖国，就拿"国庆"日作为校庆日。后来因这日子有纠纷，大家知道，这里有两个国庆日，十月一日和十月十日，为此引起了许多纠纷。我们为避免这些纠纷，就把校庆日改在今天。

今天是孔子诞辰。孔子是中国的大圣人，也可说是中华民族一位最理想最标准的人。我们把纪念国家转移到纪念民族，就将校庆改在孔子圣诞。

我们称孔子为至圣先师，他的诞辰定为教师节，因孔子是教我们做人道理的一位最伟大的教师。中国人一向看重做人的道理，有关这方面的一切教训，皆由孔子教训引申演绎而来。遵从这一套道理而有我们今天的中国人。中国从孔子到现在，已经二千五百年，一切做人的道理，都遵照孔子教训。孔子这一套教训则详载在《论语》一书中。从前我们初进学校，一定先向至圣先师神位行跪拜礼。《论语》则是中国识字读书人一部人人必读书。尽可说，我们中国的文化传统完全由孔子的教导而完成。

诸位或许要问：孔子怎样教我们做人？我想简单讲一点：

大家知道，每一人生下，先是婴孩，后是儿童，他必先做人家的儿女。做儿女，可说是做人的开始。当然也有在医院在路上给人捡去的，但这是偶然。诸位现在都在做儿女，就该懂做儿女的道理。或许家中有兄弟姊妹，就该懂得做兄弟姊妹的道理。所以，做儿女，做兄弟，是做人最先必经的阶段。

慢慢进学校做学生，中国古书称弟子。在家做子弟，到学校做弟子，其间道理相通。诸位称老师为先生，先一辈生的，便像是你的父兄，而你便像是他的子弟。

年龄大了，中国古礼中有冠礼，可以戴帽子，算成人了。做子弟弟子的时候，则还没有成人。成人了，最大的事就是婚姻。做丈夫，做妻子，也各有一套道理，此所谓夫妇之道。当然，也有出家或独身的，但仍是例外。一般讲，到了相当年龄，就要做丈夫，做妻子。

再过一些时，便要为人父母。我们试在街上到处看，不是做子弟的，就是做弟子的。不是夫妇，就是父母。做父母也有做父母的道理。

我们从年轻到成年，就该有朋友，交朋友也有交朋友的道理。到社会做事，每一团体中，必有上下。从前最大的上下是君臣，但除君臣外，也到处有上下。这分别，不一定要做官从政才有。现在最高的是国家，国民则是属于这国家的。其他一切行业也总有上司下属。上下之间，也各有一个道理。

所以中国人讲做人，主要是父子、兄弟、夫妇、朋友、君臣这五伦。家庭社会，都由人结合而成。每一人在家庭社会中，身份各不同，但相互关系不外此五伦。人不能逃出此五伦，孤独做一人。纵使是一自由职业者，如医生、学校教师、美术家、电影明星或拳师等，什么都可做，但不能说有了职业，便没有工夫做父母夫妇或朋友。

诸位应知，一切事都由人做，但做事和做人，其间稍有别。如我父亲是一百万富翁，他的父亲是一捉鱼人，或是打石头的苦工，但不能说有百万财产的便是好父亲，打石捉鱼的就是坏父亲，或者竟不认为父亲。如我父亲是大总统，你父亲是个看门或倒茶的，但也同样是父亲。倘使诸位认为做大总统的父亲才是好父亲，做门房倒茶的父亲便是坏父亲，那只能说你不懂做人道理，不是个好子弟。

一个国家，同时只有一个大总统。一个大机关，同时只有一个首长。倘使定要做达官贵人，才算是个人，那么上帝所生大多数人就不算人了吗？人则大家是平等的，只是环境遭遇，经济地位，容或不平等，然而无妨其同是人。儿女则同是儿女，诸位今天进了大学，你们的父母认你们是儿女，倘使你有兄弟姊妹没有进大学，你父母便不把他当儿女，这是你父母的不对。同样道理，地位尽高，或是大总统，或是大统帅，或是一个大机关里的大首领，无权说别人不是人。若有这样的人，只是他不懂做人的道理。

做事可以各不同，各走各路，千差万别。做人则是共通的，如做子女，做兄弟，做夫妇，做父母，做朋友，做君臣，这些是无所逃于天地之间，人人都该做。

也有人在家能做好父母、好子女，但在外面不能做人的朋友或团体之一员。亦有人在外能和人做朋友做团体中一员，但在家不能做好夫妇、好父母、好子女。也有人做下属好，但不能当上司。有人则反是。当知做事可以只做某一项，如做了医生不兼做律师。但做人则须全面做。最理想的，是从小做到老，在各个环境遭遇中，都要做好，须做一完人。做完全人也不难，因做人只一个对象。做人的道理，只是人与人之道。儿女对父母，父母对儿女。先生对学生，学生对先生，都是人与人。不比做事，对象各别。如在学校中做师长，教书虽好，但对学生没感情，并不好。有的学生，书读得好，但对师长无敬礼，并不好。这都是做人有缺。诸位试从这里慢慢想，如我能做一科学家，或做一著作家，或艺术家，或能做大官，或能赚大钱，但却不能好好做一人，在家不能做好父母，出门不能和人做好朋友，如此之类也常有。

孔子讲的道理，注重在做人。他讲的是人与人相处之道，赤裸裸这人对那人。不论你是一银行经理，今天来了客人，请到餐馆一餐花了百元港币，但他待客并不好。或是一苦工，今天碰见一朋友，请到茶楼花几块钱招待吃一顿，但却很好。不能说请吃一百元就够朋友，几块钱就不够朋友。诸位懂得此中道理，便知地位、金钱、权力等等，不是做人必要的条件。诸位知道怎样才是做人，便知一切外面条件尽可不计较。

难道不读书就不算人了吗？宋儒陆象山先生说："我虽不识一字，也可堂堂地做个人。"可见你纵或从小学到中学，到大学，以至得到博士学位，也可还不是个人。因为这是两件事。饿死沟壑，也可是个人，而且可以是个数一数二的伟大人。反过来说，纵有百万家产，也不一定就是个人。我讲这些话，并不是劝诸位不要读书，或劝诸位要在街上饿死，决不是。书读得好，将来事业做得大，家庭生活过得舒服，都应该的。可是，更应该而更重要的，你得要懂做一人。你要懂做人，就知尊重孔子的道理了。

做人应该是大家能做的，进一步便要做一"士"。《论语》中讲做人，又讲做士。中国人常称"士君子"与"士大夫"。在道德行为上，够得一个标准，称士君子。在地位职务上，够得一个领袖人物,称士大夫。要做人,即使不识字也可,没有能力当大责任也可。人是大家能做的。但在人中间,应有能起带头作用的,可以做人家标准与领袖,这就叫作士。但君子与大夫亦有些分别。他是个君子,当然是个士,但大夫有时会不一定够做一个士。这样,便不是一个理想的大夫。士君子可以各人自己努力做,而士大夫则须政治清明社会公道才能有。

《诗经》上说:"周道如砥,其直如矢,君子所履,小人所视。"这是说,人生大道是平直的,只要能循此大道,自然能平直前进。我们觉得人生道路很崎岖,很曲折,那因没有走上大道正路,才觉得如此。做父亲就是做父亲,做母亲就是做母亲,做儿子就是做儿子,简易平直,没有什么难。若连儿女也不会做,父母也不会做,却争想做文学家、科学家,这却难了。试问世间有几个牛顿和爱因斯坦?有几个莎士比亚和歌德?上帝安排我们安顿在家做儿女,做父母,出门交朋友,做一人,却没有安排人都去做个别杰出的人物。

中国人把"人"与"天"、"地"称三才,这个世界,有属于天的,有属于地的,有属于人的。我们应就天的世界,地的世界,来完成人的世界。中国人称之为"天人合一"。天地有道,人亦有道。这条人生大道宽平坦直,君子就在这条宽平坦直的大道上一步步迈进,舒舒泰泰的,坦荡荡的。做儿子,做父母,做夫妇,做朋友,在社会一切处做人,都走在此大道上。这一切,小人都在旁看着。小人也不便是坏人,因其眼光小,胸襟小,气魄小,才力小,不能在人生大道上迈步向前,但看着君子在大道上迈步,也觉得喜欢佩服,所谓心悦而诚服。正好像我们看电影,看见电影中人物演到好处,心下也觉得舒服,虽不能像他那般做,但也可有欣赏。因此社会上需要有君子作榜样,使人看了心里有安慰，又舒服。因君子透示出人生的光明面。若使此社会没有君子，这条人生坦途上不见有人走，使得许多小人们看也看不到，没标准，没榜样，这是人世界最空虚最苦痛的一境。自然我们不能立刻希望每人都做君子，都做士，但总该有人出来做。孔子虽不得位而有其德，成为后代士君子一最高榜样。人道光明，都从他身上放出，为万世人瞻仰，所以成其为至圣先师。

《说文》上说："推十合一为士。"十即完全之意。推十合一，犹言全人类可以由此一人来作代表，作榜样。全世界上下古今千千万万的父母子女，可以把这一个父母子女来作标准，这人就是能推十合一之士。孔子也只是一个士，孔门诸弟子也都是士。我们读一部《论语》，就如看一本在人生大道上最高标准的电影，或如进一所最高理想的学校，读它一字一句，都能使我们瞻仰向往，心悦诚服，真所谓"君子所履，小人所视"。倘使此社会多士，此社会之大夫也都是士，此社会就幸福了。若使此社会的大夫不够做一士，甚至于不够做一人，此社会就不幸了。此社会没有士，没有君子，就痛苦了。

在一个穷困的家庭中，只要有好父母、好子女，也快乐。在一个百万之富的家庭中，只因没有好父母、好子女，就痛苦。此理甚浅近，甚切实，人人能懂。但人们却老是想地位高，财产多，权力大，能杰出，却不懂得要做一个好好的人。诸位来学校，只一心一意想修学分，拿文凭，却不懂要做人。把全副精神全牺牲在拿文凭，争权利上，却忘了自己做人。你们想，这样一个人，是苦痛还是快乐？我并不是说，要做人就不该做事，不该求进取，不该能杰出。但应知要如此，仍得要做人。做人不妨碍发财、做大官，及一切进取。人生天地间，第一应该是懂得怎样做人。做人之进一步，则是做一士。

孔子的道理，便是教人做人与做士，最高是做圣人，怎么叫作圣人？圣人也得做儿女，做兄弟姊妹，做夫妇，做父母，和在社会上一切处做人。所以照理论，圣人应是人人可做。明儒讲理学，主要讲人都可以做圣人，因此说满街都是圣人，端茶童子也可是圣人。但如王阳明先生，并没有说他自己是圣人。阳明先生的学生们，也没有说阳明先生是圣人。宋儒陆象山先生说："我虽不识一字，也将堂堂地做一个人。"但他并没有说，将堂堂地做一个圣人。在孔子以前，中国已有圣人了。但从孔子以后，中国人再也不敢自当做圣人，只尊孔子为至圣。其实孔子也不敢当自己是圣人，他说："圣则吾不能，吾学不厌，而教不倦。"孔子不敢以圣人自居，但后世的中国人群尊他做圣人，且称之为"至圣"。自孟子以下，直到今天，只要是中国人，再不敢以圣人自居。

今天，我们纪念孔子，要学圣人之道，那么第一步希望大家学做一个人，第二步希望学做人中间的标准的理想的士君子与士大夫。做到这里，依然还没有完，上面还有最高一层，即是做圣人。照理论，圣人人人都可做，而且人人应该做，但又人人不敢以圣自居，这里就是我们中国的文化精神。倘使诸位肯在这方面研究，那么第一步我劝诸位大家好好先读一部《论语》，并切实地照他教训去做人。

（七卷八期）

谈《论语新解》

一九六四年三月六日研究所第六十三次
学术演讲讨论会

今天我想讲一些有关我所写《论语新解》的事。这一部书,希望诸位都能仔细读,能不止读一遍。普通一个有高中程度的青年,读我《新解》应亦没有什么困难。诸位倘使要自己受用,细心读任何一条,皆可有所得。但若欲作深一层的研究,则亦可愈求愈深。我今天要讲我自己注此书之用心用力所在。我们读任何一书,皆应懂得著书人之用心用力处。如读《孟子》、《史记》,即应懂得孟子、太史公用心用力在何处。各人著书用心用力有大小、高下、深浅之别,此即其书价值分别所在。

普通说,注《论语》应义理、辞章、考据三者兼顾。实则注《论语》最应重义理,此层无须多论。但自清代考据之学大盛以后,乃轻视宋儒,而有汉宋之争。"五四"以后,照理治学应转重义理,但当时人却重考据,主张以考据方法整理国故,因此重汉学而轻宋学。此一态度实颇不当。乃亦有薄考据而专讲义理者,起而为敌,实际仍不免是一汉宋之争。

训诂乃讲古今语之意义分别,实为考据之一部分。考据本意,原在发挥义理。清人说:"训诂明而后义理明。"此语亦是。惟训诂字义乃在求此一字之原来意义,而有甚多字却不能据训诂来讲。如《论语》"仁"字，只能直接以义理求之，而阮元用考据方法来写《论语论仁篇》，到底得不到结论。朱子注"仁"字，说为："心之德，爱之理。"此乃把义理作解释，此乃哲学，非考据。

再说到辞章之学，亦与训诂之学有不同。训诂、校勘皆是考据，但有若干字可有几个义可讲，此等处须从辞章来作抉择，所谓"文从字顺，各识职"，此乃辞章之学。讲训诂者认为"积字成句"，一字一字识得其义训，便可通得此一句。不知从辞章讲，却须通得此一句，乃始识得此一字之义训。朱子在考据、训诂、校勘方面，所下工夫皆甚深，有些处远超清人。又因宋时古文甚盛，故朱子亦兼通辞章。清代惟桐城派讲求古文，始知从一句来识一字之诀窍。但桐城派古文家，又多不注重考据之学。惟《论语集注》，乃能兼训诂、辞章之长而来讲义理，所以为不可及。

注《论语》讲求义理，特别重要者必先讲求《论语》原文之本义，亦即是原始义。如讲"仁"字，应看在《论语》书中此字及有关此字之各句应如何讲法。有了本义，才始有引申义及发挥义，此皆属于后人之新义，而非孔子之本义。如"性"字，孔子并不曾讲"性善"，我们不能把孟子说法来讲孔子，当然更不能把朱子说法来讲孔子。孟子、朱子固是推本孔子而加以引申发挥，但孔子本人并未说及到此。此处应有一限断，这是我写此书最用心之处。我只解本义，不及引申发挥义。读者或可不赞成我此意见，但孔子本义确然是如此。

《论语》中任何一字一句，自古迄今，均有甚多异义、异说、异解。在此许多异解中，我们不当批评其孰是孰非、孰好孰不好，而只当看其孰者与《论语》原文本义相合。此处却不论义理，只论考据。我在《新解》中，亦有甚多考据，但都把此种考据来考定《论语》原文之本义。这是以考据定义理，与辞章定义理，同样只是考定《论语》原文之本义。此与专一讨论义理，而忘却先考究《论语》原文之本义者不同。

如《大学》言"致知"，此"知"字自与《孟子》书中言"良知"不同。即在《孟子》书中单言知字，亦与言良知字不同。阳明言"《大学》'致知'即是'致良知'"，此说决非《大学》之本义。至于站在讨论哲学方面，你或赞成朱子，抑或赞成阳明，此乃另一问题。立场不同，说法自可不同。此处须细加分别。

我今天主要在讲《朱子集注》与我《新解》所不同者何在，主要当然要讲义理方面。朱子有些处，且是很重要处，却非讲的孔子《论语》的原义。我遇朱注此等处，未曾旁征博引，加以辨难，只是置之不论，不再提及。此是注书体例应然。因此诸位读我书，应与《朱子集注》对读，才可知我著此书时用心用力之所在。但此事，却须诸位花很深工夫，不是轻易便能见得。

现试举数处为例。如《集注》卷九《阳货篇》子曰："性相近也，习相远也。"朱注：

> "此所谓性，兼气质而言者也。气质之性，固有美恶之不同矣；然以其初而言，则皆不甚相远也。但习于善则善，习于恶则恶，于是始相远耳。"

性，兼气质言。此乃朱子自己说法，犯了清人所谓"增字诂经"之病。因当孔子时，根本无气质之性与义理之性之分辨。朱子说："气质之性固有美恶之不同矣。"此处何以不用"善恶"字而改用"美恶"字？当知此非朱子随便用。我们读书应懂得字字留心，字字注意。朱子注《论语》，每下一字皆有斤两，决不随便下。当知朱子此注，下一"兼"字，极具深意。下面又舍去"善"字，改用"美"字。我想朱子心中必然别有问题无法解决，故遂迫而出此。读朱注更应注意其正注以外，圈下所引。朱注中所涵问题，皆在此正注与圈下所引语中见出。

此段朱注圈下录程子言曰：

> "此言气质之性，非言性之本也。若言其本，则性即是理，理无不善，孟子之言性善是也。何相近之有哉！"

程子说："非言性之本。"又说："何相近之有哉！"几乎像是说孔子讲错了。在程子实是大胆讲话。朱子正因程子此语，故正注中改"善恶"字为"美恶"字。因程子语实与孔子语大有分歧，而朱子有意在其间作调人。若使没有二程，自然出不出一个朱子来。但若宋代无朱子，二程是否能直承孔子，一贯相通，此处却有一大问题。诸位若要在此处下工夫研讨，只看朱子以前一辈讲二程的，他们都讲到哪里去了。但朱子又不能推翻程子，若推翻了程子亦即不成其为朱子。其间细节且不论，即如此处程子云云，孟子亦未如此讲。"气质之性"，其说起于张、程，朱子并非不知，但朱子仍必依此来解《论语》，此即朱子不曾严格分别本义与引申义之故。后来明儒罗整庵极尊朱子，却亦反对其气质之性与义理之性之说。清代颜习斋、戴东原亦从此处反对朱子。可见此一节，从中国思想史讲来，实是大有问题。

我《新解》中注此句只说：

> "子贡曰：夫子之言性与天道不可得而闻。《论语》惟本章言及性字，而仅言其相近。性善之说始发于孟子。盖孔子就人与人言之，孟子就人与禽兽言之也。孔子没而道家兴，专倡自然，以儒家所言人道为违天而丧真，故孟子发性善之论以抗。然亦未必尽当于孔子之意，故荀子又发性恶之论以抗孟子。本章孔子责习不责性，乃勉人为学也。"

我此章之注实亦超出了《论语》原书之外，但只说孔子如是说，孟、荀如是说，有叙述，无判断，似可开人思路。或亦可说，已夹进了自己意见。但总不是把引申义来换去了原义。

下章子曰："唯上知与下愚，不移。"朱注：

"此承上章而言。人之气质相近之中，又有美恶一定，而非习之所能移者。"程子曰："人性本善，有不可移者，何也？语其性则皆善也，语其才则有下愚之不移。所谓下愚有二焉：自暴自弃也。人苟以善自治，则无不可移。虽昏愚之至，皆可渐摩而进也。惟自暴者，拒之以不信。自弃者，绝之以不为。虽圣人与居，不能化而入也，仲尼之所谓下愚也。然其质，必昏且愚也，往往强戾而才力有过人者，商辛是也。圣人以其自绝于善，谓之下愚。然考其归，则诚愚也。"

程子此段说法，完全依据孟子。《论语》只讲"上知下愚"，并非自暴自弃，朱子注未失《论语》本义，问题却在所引程子语中。

《新解》曰：

"本章承上章言。中人之性，习于善则善，习于恶则恶，皆可迁移。惟上知不可使为恶，下愚不可与为善，故为不可移。孟子言：'人皆可以为尧舜，惟自暴自弃者不然。'此与孔子立言若有异。然孔子曰：'困而不学，民斯为下。'则下愚亦因其不学耳。故荀子又曰'人皆可以为禹'，不言尧舜而转言禹，亦孔子劝学之旨也。"

此节采用孟子与程子意，特加上"中人"两字，又在《论语》中找出"孔子曰：困而不学，民斯为下"一句来作证。诸位若将朱注与我书对读，则可知我作《新解》用心之所在。

现再讲一条较难讲者。《学而篇》有子曰："君子务本，本立而道生。孝弟也者，其为仁之本与？"朱注：

"务，专力也。本，犹根也。仁者，爱之理、心之德也。为仁，犹曰行仁。与者，疑辞，谦退不敢质言也。言君子凡事专用力于根本，根本既立，则其道自生。若上文所谓孝弟，乃是为仁之本。学者务此，则仁道自此而生也。"程子曰："德有本，本立则其道充大。孝弟行于家，而后仁爱及于物，所谓亲亲而仁民也。故为仁以孝弟为本，论性则以仁为孝弟之本。或问孝弟为仁之本，此是由孝弟可以至仁否？曰：非也。谓行仁自孝弟始，孝弟是仁之一事。谓之行仁之本则可，谓是仁之本则不可。盖仁是性也，孝弟是用也。性中只有个仁、义、礼、智四者而已，曷尝有孝弟来？然仁主于爱，爱莫大于爱亲，故曰孝弟也者，其为仁之本与！"

程子说："论性则以仁为孝弟之本"，此义恰与孔子原义相反。又说："性中只有个仁、义、礼、智四者而已，曷尝有孝弟来？"此句含极大问题，即朱子亦认为是一险语。孟子云："恻隐之心，仁之端也。羞恶之心，义之端也。辞让之心，礼之端也。是非之心，智之端也。"可见仁、义、礼、智，只由恻隐、羞恶、辞让、是非之心引生而来。人自有恻隐之心，岂可谓无孝弟之心，又岂可谓性中哪得有恻隐之心来。而且，孟子也只说人心中有恻隐、羞恶、辞让、是非之心，并非谓只有此四者之心。故荀子反对孟子亦自有其理。《论语》并未讲性善，亦未讲性中只有此仁、义、礼、智之四者。

《新解》此章曰：

"务，专力也。本，犹根也。亦始义。孔子之学所重在道，所谓道，即人道也。其本则在心。人道必在于人心，如有孝弟之心，始可有孝弟之道。有仁心，始可有仁道也。本立而道生，虽若自然可有之事，亦贵于人之能诱发而促进之,又贵于人之能护养而成全之,凡此皆赖于学,非谓有此心即可备此道也。仁者,人群相处之大道。孝弟乃仁之本,人能有孝弟之心,自能有仁心仁道,犹木之生于根也。孝弟指心,亦指道,行道而有得于心则谓之德。仁亦然,有指心言,有指道言,有指德言。内修于己为德,外措施之于人群为道也。或本无'为'字,或说以'为仁'连读,训为'行仁',今不从。"

释"务"字、"本"字,袭朱子。"亦始义"三字,乃我所加。我此段不讲性而只讲心。"或本无为字,或说以为仁连读,训为行仁,今不从。"此数句中,含有极复杂之大问题。"为"字在此处应属一虚字,犹"乃"也。二程所以必以"为仁"连读,其中寓有学术思想史一连串演变之极复杂背景。但我在《新解》无法详讲。我举此例,乃告诸位读我《新解》,若从深处求,则自有许多言外问题须探究。

又《集注》卷六《先进篇》最后一章,子路、曾皙、冉有、公西华,侍坐。朱注:

"曾点之学,盖有以见夫人欲尽处,天理流行,随处充满,无少欠阙,故其动静之际,从容如此。而其言志,则又不过即其所居之位,乐其日用之常,初无舍己为人之意。而其胸次悠然,直与天地万物,上下同流,各得其所之妙,隐然自见于言外。视三子之规规于事为之末者,其气象不侔矣。故夫子叹息而深许之。而门人记其本末,独加详焉,盖亦有以识此矣。"

朱注此节文章极美,其陈义则根据程子。圈外注引程子曰:

"古之学者,优柔厌饫,有先后之序。如子路、冉有、公西赤言志如此,夫子许之亦以此,自是实事。后之学者好高，如人游心千里之外，然自身却只在此。又曰：孔子与点，盖与圣人之志同，便是尧、舜气象也。诚异三子者之撰，特行有不掩焉耳，此所谓狂也。子路等所见者小，子路只为不达为国以礼道理，是以哂之。若达却便是这气象也。又曰：三子皆欲得国而治之，故孔子不取。曾点，狂者也，未必能为圣人之事，而能知夫子之志。故曰浴乎沂，风乎舞雩，咏而归，言乐而得其所也。孔子之志，在于老者安之，朋友信之，少者怀之，使万物莫不遂其性。曾点知之，故夫子喟然叹曰：吾与点也。又曰：曾点、漆雕开，已见大意。"

此节程、朱意见却有大问题，如说：曾点是"尧舜气象"，此外三子"所见者小"。又说："曾点、漆雕开，已见大意。"在孔门弟子中特别挑出此两人来，此乃宋儒新意见。陆、王虽反朱子，但于此意见实亦赞同，不加反对。惟黄东发独持异议，其后顾亭林《日知录》特别看重东发，屡引其书，大值注意。《新解》此条亦即根据黄氏意云：

"与，赞同义。言吾赞同点之所言也。盖三人皆以仕进为心，而道消世乱，所志未必能遂。曾皙乃孔门狂士，无意用世，孔子骤闻其言，有契于其平日饮水曲肱之乐，重有感于浮海居夷之思，故不觉慨然兴叹也。然孔子固抱行道救世之志者，岂以忘世自乐，真欲与巢许伍哉？然则孔子之叹，所感深矣，诚学者所当细玩。"

我此一段乃全依黄东发意见作解。

现再讲漆雕开。《集注》卷三《公冶篇》："子使漆雕开仕，对曰：吾斯之未能信。子说。"此章朱注圈外注引程子曰：

"漆雕开已见大意，故夫子说之。"又曰："古人见道分明，故其言如此。"

朱注：

> "斯，指此理而言。信，谓真知其如此，而无毫发之疑也。开自言未能如此，未可以治人，故夫子说其笃志。"

圈外注又引谢氏曰：

> "开之学无可考，然圣人使之仕，必其材可以仕矣。至于心术之微，则一毫不自得，不害其为未信，此圣人所不能知，而开自知之。其材可以仕，而其器不安于小成，他日所就，其可量乎！夫子所以说之也。"

此段文章，诸位若非多读唐以后禅宗之语，即看不出所重特在一"信"字与"自得"二字上。

我《新解》注此章：

> "斯，此也；紧接上仕字来。出仕将以行道，漆雕开不愿遽出仕，言对此事未能自信，愿于学问修养益求自进，不欲遽从政，是其志大不欲小试也。'说'字借作悦。孔子并不以不仕为高，然亦不愿其弟子热中利禄，汲汲求仕进，故闻漆雕开之谦退而喜悦也。"

朱注："斯，指此理言"，下一"理"字极兀突。《新解》讲法完全与朱子不同，此中取舍从违，却有绝大义理可作深刻之探讨，但《新解》只依《论语》本文作注，并未引申讨论到此。诸位若不与朱注对读，并于此等取舍从违处仔细下过工夫，即难看出我作《新解》之用心。

又《集注》卷六《先进篇》从我于陈蔡章，朱注：

> "弟子因孔子之言，记此十人。而并目其所长，分为四科。孔子教人，各因其材，于此可见。"

此注无大问题。但圈外注引程子曰：

> "四科，乃从夫子于陈、蔡者尔。门人之贤者固不止此。

曾子传道而不与焉。故知十哲，世俗论也。"

此节却有问题，十人中子游、子夏实未从孔子于陈、蔡，考证详见于《先秦诸子系年》。故知程子此论实未当。

《新解》注此章：

"本章四科之分，见孔门之因材设教，始于文，达之于政事，蕴之为德行，先后有其阶序，而以通才达德为成学之目标。四科首德行，非谓不长言语，不通政事，不博文学，而别有德行一目也。孔门所重，正在用之则行，舍之则藏，不务求禄利有表现，而遂特尊之曰德行。自德行言之，余三科皆其分支，皆当隶于德行之下。孟子称冉伯牛、闵子、颜渊具体而微，此三人皆在德行之科，可见德行之兼包下三科矣。文学亦当包前三科，因前三科必由文学入门也。孔门之教，始博文，终约礼。博文，即博求之于文学也。约礼，则实施之于政事，而上企德行之科矣。后世既各鹜于专门，又多重文以为学，遂若德行之与文学，均为空虚不实，而与言语、政事分道扬镳，由此遂失孔门教育人才之精意。即孔子及身，已有我从先进之叹，而《论语》编者亦附记此四科之分于孔子言先进、后进两章之后，是知孔门弟子，虽因风会之变，才性之异，不能一一上追先进弟子之所为，然于孔子教育精神大义所在，则固未忘失。后进弟子中如有子、曾子，亦庶乎德行之科，故尤为并辈及再传弟子以下所推尊。"

此句下"庶乎"二字，有分寸。此段《新解》须参看同书同章"德行：颜渊、闵子骞、冉伯牛、仲弓"。下之注云：

"此下非孔子语，乃记者因孔子言而附记及之，以见孔门学风之先后有异也。若记孔子语，则诸弟子当称名，不称字。四科中前三科，皆属先进弟子。惟第四科文学子游、子夏属后进，亦不从在陈、蔡。或疑游、夏亦在相从陈、蔡之列，以年龄计之，决知其非。或以此下另为一章，则从我于陈、蔡两句，全无意义可说，今不从。"

此乃特别指出程子之误。

《集注》卷三《雍也篇》"子曰：贤哉回也"章，此处有一问题，即：颜回所乐为何？有人曾以此问程子，谓其是否乐孔子之道？程子答曰：若乐孔子之道，则算不得颜回矣。后又有人问朱子，朱子却认为可以是乐孔子之道。然程子语亦有其意义。此处若必解之为乐孔子之道，似未免有失于粗浅。今且看朱注：

"颜子之贫如此，而处之泰然，不以害其乐，故夫子再言贤哉回也！以深叹美之。"圈外注录程子语。程子曰："颜子之乐，非乐箪瓢陋巷也，不以贫窭累其心，而改其乐所也，故夫子称其贤。"又曰："箪瓢陋巷非可乐，盖自有其乐尔。""其"字当玩味，自有深意。又曰："昔受学于周茂叔，每令寻仲尼、颜子乐处，所乐何事？"愚按：程子之言，引而不发，盖欲学者深思而自得之。今亦不敢妄为之说，学者但当从事于博文约礼之诲，以至于欲罢不能而竭其才，则庶乎有以得之矣。

此段讲法，我极喜爱，但《新解》未录。仅云：

"本章孔子再言贤哉回也，以深美其虽箪食、瓢饮、居陋室而能不改其乐也。孔子亦自言：饭疏食，饮水，曲肱而枕之，乐亦在其中。宋儒有寻孔颜乐处、所乐何事之教，其意深长矣。学者其善体之。"

当知此段朱注引程子语下特加一"愚按"，而又云："不敢妄为之说"，此中甚富言外之言。诸位倘欲明白此段在无字处之精蕴，则应细读《朱子语类》。我作《新解》不愿引申牵连太多，故并朱注此段为我所最喜爱者，亦不抄入了。

诸位当知读书如何从深处求，我今日所举，看似平浅，却亦表出我作《新解》用心之最大处。

我写《论语新解》，除今天所讲，尚有甚多用心处而并不见于文字者。诸位每读一书，能进而了解到著此书者之用心处，如此便是做学问一最重要之门路。由此门路进，始是真于学问能有所窥见。

(七卷九期，收入《学籥》)

亡友赵冰博士追思会悼辞

呜呼哀哉！缅维畴昔己丑之春，方粤垣之初晤，遽把臂而如亲。居一楼兮隔室，声相闻兮夕晨。嗣同舟而共渡，为扫地而割席。解其逆旅之孤怀，息其奔途之倦翮。新亚肇创，百艰千忧，人避而去，独应而酬。掖其困踣，参其绸缪，终始一态，岁星曰周。渺前程之犹远，泅涛波其未济，呼将伯兮方殷，乃幽冥兮分袂。曰惟先生坚刚其操，峻绝其风，抱昔贤之遗矩，蕴謇谔之鲠忠。视利若浼，惟义斯同。溯交游以迄兹，长贫病之在躬。虽意气其相许，惭呴濡之徒穷。寡妻弱女，悽焉在堂，天道福善，后其有昌。谊属友生，惟力不忘，献花陈辞，灵其永康。呜呼哀哉！

（七卷十一期）

赵冰博士墓碣铭

赵先生冰,字蔚文,广东新会人。早岁游学,获美国芝加哥大学政治学士、哈佛大学法学硕士、英国牛津大学法学博士学位。任国民政府财政部秘书长,湖北高等法院院长,外交部次长、代部长及中央政治大学,湖南、广西大学等校教授。晚岁居香港,执大律师业、兼新亚书院董事长以至于卒。生前清光绪十七年,卒于一九六四年,享寿七十有四。卜葬于此,其友人钱穆为之铭。铭曰:挺坚节,郁孤忠,访遗躅,藏此穹。附墓碣对联:

嚼然污世操清节;

卓尔高风与古俦。

悼赵故董事长两挽联

惟先生身在局外心在局中不着迹不居功艰难同其缔造。
愿吾党利恐趋前义恐趋后无涣志无馁气黾勉宏此规模。

新亚书院全体同仁敬挽

肝胆共崎岖毕义愿忠惟兹情其永在。
气骨励坚贞清风峻节何斯道之终穷。

钱穆鞠躬敬挽

《大学》格物新义

一九六三年十一月二十二日研究所
第五十八次学术演讲会

（一）

今天我的题目是："大学格物新义"。《大学》本是《小戴礼记》中之一篇，《小戴礼记》乃是汉人将战国时讲"礼"文章汇集而成。至宋代，《大学》成为二程门下之教本。二程常用汉代《大学》、宋代张载《西铭》开示来学。有人说：入二程门下三年，才得读大学。其后朱子定《四书》，奉《大学》为学者入德之门。但朱子又认为《大学》中有错简、有脱文，乃有所谓《格物补传》。自云：乃系根据二程意见而补。明代王阳明根据朱子《格物补传》意格庭前竹子，七日，不通。后贬至龙场驿，乃发明"知"即孟子所谓之"良知"，"致知"即"致良知"。但对"格物"二字，终嫌未有确解。阳明说："如见父自然知孝，父即是一物。见兄自然知弟，兄亦是一物。"此讲法究嫌牵强。明儒对"格物"二字，据云有七十二个讲法。梨洲《学案》最推《淮南格物说》，然用来讲《大学》本文，仍嫌不够恰当。

今天所讲并不在讨论朱子、阳明之哲学思想，而是讨究《大学》"格物"之原义。孟子曰："人之所不虑而知者，其良知也。"可见孟子讲"知"字与讲"良知"字有别，断不可将孟子书中"知"

字，尽释为"良知"。《大学》此处明明是讲"知"，而非讲"良知"，二者范围不同。阳明讲法，决非《大学》"致知"之本义。"致知"之义既属误解，则"格物"正义亦难捉摸。

朱子云："格，至也。物，犹事也。穷至事物之理，欲其极处无不到也。""事"与"物"各有理，虽有别，亦可通。但言事物之理，过嫌通括。事物之理，终有大别。"格"字义训，亦不当作"穷"字解。可见朱子讲法亦未得正。

今日讲题亦可改为："大学格物本义之试探"。梨洲弟子万斯同认为《大学》原是《小戴礼记》中之一篇，古代人讲礼对此"物"字，本有一特别讲法。"物"为"射者所立之位"。古代，射为大礼。射而不中，不能怪所立地位有误，而是射的技术有问题，此亦是"知"的问题。若诚意欲求射中，则必先求知，必先立定在自己应立之地位上。如："为人父，止于慈。为人子，止于孝。"必须站在自己地位上不改变。是即《大学》所谓："知止而后有定，定而后能静，静而后能安，安而后能虑，虑而后能得。"《礼记》上又说："孝子不过乎物。"即是此义。

抗战时我在成都，曾为《思想与时代》杂志撰文，引申万氏意作为《大学格物新解》一篇，大意如上举。但后来我对此文仍自不满意。最近我又写了《推止篇》一文，讲述先秦各家思想，或主止，或主推，连带讲到《大学》格物方面，我今天只是抽出此一节来讲。

（二）

首先我们当问：《大学》思想在先秦学派中，究应属于何家何派？谓《大学》应属儒家，此固毋庸置疑。但儒家中尚有孟、荀二派，在我则认为《大学》应归入荀子系统之内。明乎此，阳明以孟子系统讲大学，自必失之。清儒戴东原十岁时就傅读书，授《大学章句》，问其师曰："此何以知其为孔子之言而曾子述之？""又何以知其为曾子之意而门人记之？"师应曰："此先儒朱子所注云尔。"即问："朱子何时人？"曰："南宋。"又问："孔子、曾子何时人？"曰："东周。""周去宋几何时矣？"曰："几二千年矣。""然则二千年后之朱子，何以知二千年前之然？"戴氏此疑实为中肯。

朱子认为《大学》乃曾子所作，《中庸》乃子思所作，其实皆难成立。若论二篇之年代，实应皆出荀子之后。我们此刻应从学派与年代着眼，来讲《大学》之"格物"义，似乎比专从《大学》为讲礼一角度着眼，更为易有把捉。

何以知《大学》出荀子后？何以知《大学》为荀子系统？此层今天不拟详讲。但《论语》讲"心"，《孟子》讲"性"，《大学》中避去"性"字不讲，虽讲及"心"字，而重要只在讲"意"字与"知"字，此即是《大学》为荀子主性恶一派。

（三）

今先讲"知"字。一是知之对象，即去知什么？二是知之方法，即如何去知？《论语》中讲知，其对象全部是人文的，很少讲到自然。知之对象是"人"，是"道"，道即人所当行。

墨子思想似与孔子不同，但墨子所讨论之大题目，如："兼爱"、"非攻"、"尚贤"、"尚同"、"非礼"、"非乐"、"节用"、"节葬"等，亦专讲人文社会以内事，此则与孔子同。墨子之言"天志"，亦如孔子之言"知命"。"天"与"命"实不属自然界，与科学意义无关，无宁谓其较近于宗教意义。"天志"、"明鬼"，为墨子理论之根据，用以非儒。其实孔墨所讨论之对象，皆属"人"

而非"物",亦可谓是重在"人文"界,不重在"自然"界。孟子完全是一人文主义者,他亦专以人文为对象来讲知。

此刻有一问题,大值探讨,即中国思想界,把知识对象转移到外面自然路上去,其事应起于何时?我认为此一转移,主要应从庄子开始。

现在再讲到中国古代人对求知方法之讨论。我认为可分为两大派,即是"推"与"止"。《论语》中虽未明白讲出一"推"字,但其讲求知方法,乃是重推。孟子仍是如此,而且明白提出此"推"字来。其实初期墨家亦讲推。既有人主推以求知,于是同时乃有人不主张推而主止。《大学》中主要即讲此"止"字,如"止于至善"。此意显从荀子来。《荀子·解蔽篇》中有"故学也者,固学止之也"。此乃孟子、荀子讲法不同。我旧著《惠施公孙龙》一书,曾讲惠施主推,公孙龙主止。但未能推开统括来讲。直至最近,写成此《推止篇》,乃始把先秦各家各时期思想关于求知方法,专以此"推""止"两字来阐述。

《墨子》书中有《经上》、《经下》、《经说上》、《经说下》、《大取》、《小取》六篇,接近于名家言,后人称之为"墨辩"。《墨子·大取篇》有云:"是故辟、侔、援、推之辞,行而异,转而危,远而失,流而离本。则不可不审也,不可常用也。"此即不主推而主止之说。如墨子以"大取"、"小取"名篇,此"取"字孟子亦用过。如云:"鱼,我所欲也,熊掌,亦我所欲也;二者不可得兼,舍鱼而取熊掌者也。"此"兼"字大可注意,因其乃墨子所讲所谓"兼爱",不可"兼"、始有"取",而取则又有"大取"、"小取"之别。

"兼爱"有二义,一全体爱,一平等爱。墨子云:"爱人之父若其父。"此即平等爱,亦即全体爱。孟子云:"墨子兼爱,是无父也。"因对父母之孝是分别爱，故孝父母，即非兼爱。又如杀盗，既主兼爱，怎可杀人？故有天志与否，可不在讨论之列。即观其实际行为，即观其所取，亦可知其不可得而兼矣。墨辩六篇大意，即在答复这些质问。我们观其答辩，亦可探知当时批评者之言。墨辩甚具技巧，如言爱己父亦不害兼爱，因己父乃即人类中之一。至于杀盗，则盗乃异于人。人而另为一类，故杀盗非杀人。此等皆大小异同之辨，名家所谓大同异、小同异，"大一"、"小一"，"大圜"、"小圜"，皆由此等辩论展衍而出。

(四)

惠施主张"天地一体，泛爱万物"。初时本举物作譬喻，后乃把此譬喻变成为辩论之主体。故在惠施、庄子时，不言"天"而言"天地"，求知对象渐渐转入自然界。从此一思想史上之曲折演变言，可知《老子》乃晚出书。若将《老子》、《中庸》置在前，《孟子》《庄子》置在后，义实不通。思想转变自有次序，不可颠倒。自思想家举出之"名"，其内容多属于"物"时，自知其求知对象亦必移至于物矣。

惠施似重在辨名，而不重于讲知。庄子最喜讲"知"，故论"大知"、"小知"，其与惠施之不同处即在此。《庄子·秋水篇》："庄子与惠子游于濠梁之上，庄子曰：鲦鱼出游从容，是鱼乐也。惠子曰：子非鱼，安知鱼之乐？庄子曰：子非我，安知我不知鱼之乐？惠子曰：我非子，固不知子矣；子固非鱼也，子之不知鱼之乐全矣。"可见惠施之学说，虽主"万物一体"，而在一体之内，可以各不相知。

公孙龙采用庄子思想，而批评惠施。一物之"名"有其"实"，亦有言者之"意"，始重要提出此"意"字的意义来。老子、荀子亦言及宇宙万物，《荀子·解蔽篇》多讲"知"与"物"之关系。《墨子·经下篇》有云："知而不以五路，说在久。"知之对象为物，故知之工具乃始为五官。此与孟子言知颇不重看耳目之知者大异。如以火为譬，目视之则明，手触之则热。待后不以手触，亦知其热。此即时间久则"知而不以五路"。

《墨经》中颇多讨论"知"之问题与荀子同，而言知之对象则重在"物"。此一思路，要至战国末期，知识论始与自然界相碰头。所惜是未能走上近代科学之路，但《墨经》中已有甚多如近代光学、力学之理论。

由此来看《大学》"致知在格物"，此"格"字，犹如《荀子》"天官之当簿"之"当"，犹如《墨经》"知有亲与接"之"亲"、"接"，此殆为战国末年人之一普通话。《吕氏春秋》中亦可考见甚多战国末年人意见，其《别类篇》有云："人事可类推。"而自然界之物理多不可类推，非亲验之不可。例如：剑白者硬，黄者韧，则黄白相配岂非既硬兼韧了。但有人反对之，谓白非硬，黄非韧，白黄相配则既不硬又不韧。此两说何者为是，必须试后方知。故不格物即无法致知，"知"乃自实地直接对"物"接触而来。

《荀子》又云："以人度人，以情度情，以类度类。"此在人文世界中者自可类推。但到战国末年，已将知识与自然界之路打通。惜此一思想，经秦汉一统之后，墨家、名家皆失败，思想重在政教实用上，知识对象不再与自然物连在一起。此下"格物致知"一语遂失真解。

（五）

故知《大学》朱子《格物补传》，大体上实得《大学》之本义。到晚清以下，中国知识界与西方接触，引用《大学》"格物"二字，似觉更为合适。实际上战国末年，中国人确已有此一观念，惜乎未能继续深入耳。

我上面讲《大学》"格物"二字，把先秦思想直用孔、墨下至老、荀一路演变作成一系统条贯，循此求之，始能把握到《大学》"格物"二字之真义。可见清儒所谓训诂明而后义理明，其语太浅，不够深入。而近人又舍弃考据，专辨义理，则最高亦只如朱子、阳明。而讨论到《大学》"格物"二字之本义，仍将无可为说，亦无可为证，亦即不足以服人而定于一是矣。此乃讨论学问一新方法，希诸位细参勿忽。

（七卷十四期，收入《中国学术思想史论丛二册》）

校友日讲词

诸位先生,诸位校友:

我借着元旦日校友晚会,恭祝大家新年快乐。特别是今天晚上,我看到许多小朋友们,新亚校友的下一代,使我最是开心。希望以后的今天,各位校友都能把太太小孩子一齐带来参加。若是我们有五百位校友出席,每位都带四个小校友来,那么我们就有二千个下一代的新亚小校友在这会场上。若使我们真有新亚精神的话,两千位小校友也该有新亚精神,那是何等值得庆祝呀!

平常没有事,看不出我们校友会有什么力量来,但一到有事发生,校友们的力量就可以看出。去年我们学校董事长赵冰博士逝世前后,我们许多校友到赵家,到医院,到殡仪馆,到墓地,在丧事中尽了很大力,帮了很大忙,我看了心里很感动。这是我们校友会的表现,这种表现对人生有安慰,有鼓舞。只要人生有一分真实的情感,便使人生有一分真实的意义。因此我们绝对不要看轻了此一种表现。

许涛校友前些日到我家,要我今晚给各位说些话。我想,还是从人生方面说几句。这不是我又把老师身份来向诸位训话,只是谈些家常,也可说是说一些人生经验。只因我年龄比诸位大些,书也看得多些,所得的人生经验也比诸位较多较深。不妨借此谈谈。

我想我们做人有三件重要事：一是人生理想，二是学业，三是事业。所谓理想，亦可说是希望或意志。三者中，实以此为最重要。有人说，每个人各有他自己的一套人生哲学。我想，不如说每个人各有一套人生理想或希望。在中国旧书上，则说是立志。志或希望或理想，各在自己心里，却不表露在外面，此项的志与希望与理想则是自由的，不受限制的。而学业、事业则不然。学业有天赋资禀及后天环境之限制，并不能希望人人受学、人人成学，更不能希望每个人都能成为一大学者。事业也有种种限制，或可说限制更大，因其所受外面影响更多。因此每一人往往对他的事业有些不满意，而且也不能希望每个人都能做大事业，都能成为一事业家。因此我劝诸位，不要把自己的人生理想尽放在学业或事业上。学业与事业，只可说是帮助我们达到人生理想境界的工具或手段，而人生理想则应另有安放。学业愈高深，事业愈伟大，自然更可帮助我们理想的完成。但我们的学业、事业有限制，而我们的人生理想则可以无限制。也有不少人有高深的学业，或有很大的事业，但其人生不美满，不觉得很安心很乐意。反不如只有小学问、小事业的人，所过人生反而更理想。因此我劝诸位，不要专在你的学业事业中找理想。应在学业事业之外之上，另有其理想。诸位当知，没有人能满足他自己的学业，也没有人能满足他自己的事业。学业有高下，事业有大小，都有限制，又有竞争，有比较，有缺憾。因此，常易使人失望。

诸位都算幸运，都已受了高等的教育。此刻也是都有事业了，姑无论其大小，先要能安于所业，来另找我们人生的理想。即如孟子所说："仰不愧于天，俯不怍于人。"只是十个字。又如说："富贵不能淫，贫贱不能移，威武不能屈。"只是十五个字。却真是人生理想所在。我们能素富贵，行乎富贵。素贫贱，行乎贫贱。素患难，行乎患难。素夷狄，行乎夷狄。要能无入而不自得，才算是一君子，这才是人生的理想境界。但这些却是自由的，不受限制的。没有竞争、没有比较。人人能做，人人能到，也不为学业事业的条件所累。品德行为操之在己，外面一切无法限制。只是你自己无此理想，不立此志，则别人也奈何不得。

但我今天这一番话，也非叫诸位看轻学业与事业。诸位在自己目前事业下，必要努力以赴，务求尽职。又不要忘记了，在职业之余，抽出一点时间来读一点书，自己进修。诸位要知道，你们的学业可以帮助你们的事业，而你们的学业和事业又可帮助你们的理想，到达更进无上的阶段。我今晚只想就把这一番话来告诉诸位。

（一九六五年一月一日）

《史记导读》序

昔两汉博士，太学授经，首重家法。宋朱子申其意曰："汉世专门之学，近世议者深斥之，今百工曲艺莫不有师，至于学者，尊其所闻，则斥以为专门而深恶之，不知其何说也。"又曰："治经者，必因先儒已成之说，而推之，借曰未必尽是，亦当究其得失之故，而后可以反求诸心，而正其谬。"此汉之诸儒，所以专门名家各守师说而不敢轻有变焉者也。但其守之太拘，而不能精思明辨以求真是，则为病耳。然以此之故，当时风俗，终是淳厚。近年以来，习俗苟偷，学无宗主。朱子之言如此，抑不独经学为然也。朱子为一代理学大宗，然言及李延平，必称先生。著书立说，必称子程子曰。是朱子之师承与家法也。抑不仅理学为然也，即文学亦何独不然。清代言文章，必曰桐城。其先源自明之归熙甫，及清代，方望溪、刘海峰、姚惜抱，递相师承，故曰，天下文章，其在桐城乎！自惜抱诸大弟子梅伯言、管异之、刘孟涂、方植之，下逮湘乡曾文正崛起，犹曰："国藩之粗解文章，由姚先生启之。"此亦汉儒传经师法专门之遗意。湘乡门下，有张濂卿、黎莼斋、吴挚甫，而挚甫籍桐城，是桐城一派，师承递嬗，上溯明代，下迄清末，三百余年，绳继不绝。其流风余韵，义法渊源，粲然可观。而岂浅薄庸妄之徒，所能轻肆其讥弹！吾友黄子二明，授新亚诸生读《史记》编《史记导读》一书，所选篇目，一依张氏、吴氏，又加以吴氏论文，归、方评点，诸家评识四目，谨守桐城矩矱，不欲轻有所逾越。抑评点之学，亦桐城家法所重。近人或加鄙视，是亦不知家法者作门外之妄谭尔。学者一遵斯编，庶乎知为学有轨辙，求道有师承，宗主家法有不可废。亦足以药苟偷之风，回淳厚之俗，破门户之拘挛，而开思辨之正法，而岂仅仅乎学为文章而已。余故乐阐二明斯编之意，而为序以张之。

一九六四年甲辰冬至前夕钱穆拜撰序于沙田之和风台

（七卷十七期）

韩文导读序

吾友黄君二明，授新亚诸生以《史记》、韩文，有导读两编。余既序其《史记》编，二明曰：韩文一编，愿续为之有序。余辞不获，爰再序之，以塞其请。窃尝谓文章之士，每薄校勘、训诂、考据于不为。而从事于校勘、训诂、考据之业者，又往往不擅于文事。而不悟其不可以偏废也。昌黎一集，自有晦翁之考异，而后始有定本可资循诵，此文章之有待于校勘者甚显。抑晦翁之为考异，有曰："韩子之为文，虽以力去陈言为务，而又必以文从字顺各识职为贵。"读者或未得此权度，则其文理意义，正自有未易言者。是从事于为文章作校勘，苟非深通此一家文事之深趣，亦难胜任而愉快也。至言训诂，昌黎已自言之曰："凡为文辞，宜略识字，苟字义之未明，又何论于文章之精妙。"然虽曰积字成句，积句成篇，而文章之事，有一篇之大义未明，即难定此一句之义；此一句之义未明，即难定此一字之义者。晦翁考异，遇此等处，最见精卓，此则非深通文章即难下训诂之说也。至于考据，每一文有其本题之故实，有作者当时之心情，有其文所包罗之万象，苟非博考旁稽，何以知其所云云。然亦必精熟文理，乃知孰者当考，乃知所考之孰得其是而无疑，固亦非字字而详，句句而寻者之所与知也。二明斯编，正文一据世彩堂本，而晦翁考异，亦附见焉，于校勘为不苟矣。下有补注，自有韩集一千年诸家之训释考订,一字一句,人地官职器物之名,乃至典章义理史实之本末,人物之表里,无不备。其纂辑之广,择取之严,于训诂、考据为不苟矣。读者循此求之,而一文之大义毕显。抑文章之精微,有非尽撅实之可得,而又有待于心领神会于不以言传之表者。斯编于补注之后,又继之以诸家之圈点与评识,斯如布采之有勾勒,画龙之有点睛。后世学文之士,则胥不于此而臻妙悟。虚实并尽,校勘、训诂、考据之与文章之兼究而深通,其亦斯编用意之所在乎?姑还以质诸二明,其果有当乎否耶?

一九六四年甲辰冬至钱穆拜撰序于沙田之和风台

新亚二十周年校庆典礼讲词

李代董事长、沈校长、诸位来宾、诸位同学：

今天到会的，或多或少与新亚有点关系，一定很欢欣来参加这纪念盛会的。新亚书院创校迄今二十年。可说已是一个很长的时期，占了一个世纪的五分之一。但也可说是一很短的时期，在座诸位，也许很多二十年前就来新亚，直到今天的。新亚在这二十年中，变化很多。可是有从开始到今天，一直在新亚的，还是不少。可见二十年并不是一个长时期。

我想提出这个纪念的特别的一点，或许大家都知道。当时大家不会想到有今天，可是，今天参加这个二十周年纪念的，恐怕也很难想像我们这个学校二十年前是个什么样子。二十年前想不到今天，今天也想不到二十年以前。这二十年来，新亚变化已经相当地多，那么因此，更值得我们有一个欢欣的回忆。尤其是我，今天能有这个机会，再看见这个礼堂，参加这个典礼，还让我借着这个机会讲几句话，我觉得更是欢欣。

那么，我们究竟怎样来讲以前的新亚呢？二十年前的新亚，十五年前的新亚，十年前的新亚，倘使我们说桂林街时代的新亚，加上嘉林边道时代的新亚，再加上农圃道第一期建筑完成的新亚，就是沈校长刚才所讲的十年以前的一个段落和十年以后的一个段落，我们如何去讲呢？虽然二十年不是一个很长的时期，已经令我们感觉到无从说起。

我只举一点讲,只讲经济。那时候的新亚全年经费,倘使今天新亚一位讲师把他的薪水捐给学校,那我们整个学校的经费都解决了。我们全年的经费,就是现在一个讲师的待遇。诸位可以想想看,别的我们可以不讲。这些账目,在校长室或者总务处,现在还有档案可查。倘使照一个相,让大家看一看,就可以明了。一切在内三千元。今天在座的,有当日管理账目的,新亚的经费,他是知道的。记得雅礼协会代表卢鼎先生到香港,我和他见面时,他问起新亚书院的经费。我对他说:新亚书院的经费,最多两分钟可以向你讲个明明白白。三千块钱,两分钟可以讲明白,怎么样来的,怎么样支出的。可是诸位须知道,那个时候新亚书院的学生,一百人中间有八十名不用缴学费的。今天在座有很多毕业同学,那个时候我们免了他的学费,从入学到毕业,没有缴一文钱。另外有些学生,他帮学校扫地、擦窗户、送信,学校还要给他生活费。一切的一切,都在这三千元之内。固然二十年前的港币不能和今天的相比,正如二十年前的新亚不能和今天的新亚相比。可是还是差不多。或许诸位要说:三千块钱怎么可以办一个学校?这是糊涂、荒唐,才来办这一个学校!办学校有什么用呢?学校是造就人才的,有一班青年愿到这学校里来。

我再拿出一个统计来,就是新亚书院创校十年内毕业的。在桂林街、嘉林边道,乃至于农圃道第一期建筑物完成时,毕业的许多学生现在在哪里?做的什么事情?学校也可以查一查。那么,我说一句公平坦白的话,在座诸位请都原谅我。我可以说,十年以前新亚毕业的校友,今天在座的不少,他们的成就,并不比十年后毕业的差。诸位可以查一查,今年毕业的是什么人,去年毕业的是什么人,这二十年来,十五届、十六届……毕业的。

当然，新毕业的，他们将来的成就，此刻还不晓得。可是这个学校到今天才二十年，它的毕业校友在学术界、在社会上、在学问上、在事业方面，有成就的，已经不是少数。我们要比较，三个毕业，中间一个就不少。五个毕业，中间两个更不少。我想办一个理想的学校，将来这些校友出去贡献社会。当然，不能说全是新亚的成绩，他到了国外，进了有名的大学。可是这个种子，总是从新亚开始的。我想告诉在座的诸位先生们，我又要告诉在座的许多同学们，新亚近年来进步了，或许再过两年更要进步。可是我们新亚今天毕业出去的年轻同学们，应该把当时拿三千元办学时那批在校扫地、擦窗、拿生活费的同学今天的成就，虽不能说是个榜样，但总可以作一个参考。

那么，我要请诸位，不要当我太狂妄，或者太不切实际。我要讲一句话：一切事业，经费固然重要，但它不是最重要的，还有更重要的。二十年以前，或十年以前的新亚，至少是一个证据。证据在哪里？证据在校长室或者在总务处，我记不清楚了。可以把档案拿出来看，是不是三千元一个月？是不是毕业的学生一年一年地穷苦？是不是前一年毕业的比后一年毕业的差了？我要坦白地告诉诸位，也要鼓励在座的前期毕业校友，你们没有吃亏，你们到这样一个穷苦的学校，今天有这样的成就！不仅在此地的校友，还有不在此地的校友。我告诉在座的新亚同学们，你们要怀念以前的新亚！至少从前的新亚，它所栽培出来的，就是我们前期的校友，可以作你们一个参考，可以给你们一个鼓励。我不敢说作你们一个榜样。

那么接下去的一点，或许有人想：这个学校三千元的经费也能办出成绩，成绩究竟在哪里，你怎么不讲？不在桂林街的校舍，不在此地的建筑，也不在里面的图书。成绩在二十年来毕业同学的身上能奋斗。当日的新亚书院三千元一月的经费，倘使我们以为没有前途，漆黑一片，还用什么奋斗？那么，学校早关门了。一班青年，走进十年前的新亚书院，没有接触到很多的教授先生，没有今天这样的图书馆、研究室、科学实验室。没有工友，学生做了工友的工作。他们只是先生和同学全体在一个最困难的环境之下，而却觉得我们有个前途。前途有没有呢？今天我可以告诉诸位：前途有了。二十年到今天，我们的理想并没有错，现在有了。每次我们学校开会，都要先唱校歌。校歌中有一句讲："手空空，无一物。"这句话大家都会讲，没有哪个不会讲。我们那个时候，先生、学生，整个学校在一起，三千元一个月。这样的穷苦，我们这个学校办下去，那时候是要吃得苦的。诸位吃桃子、吃杏子，它的核心是苦的。今天是开花了，结果了，于是大家说：啊！新亚像样了！

恐怕今天新亚的同学，乃至于新亚的先生，无法想象到二十年前的新亚情形。就是请诸位到桂林街去看一下，还是想象不出。恐怕新亚五年前毕业出来的同学，到今天还在这个学校，也慢慢儿忘掉了从前的桂林街、嘉林边道，以及农圃道早期的情形。也就是说，从前的那种精神慢慢儿忽略下去了。大家都在物质方面、在外面的条件上，来考虑这个学校，而忽略了在我们人的本身上来参加这个学校。

讲到我们所谓的教育宗旨，我想学校可以变，而且将来还要不断地变，但我们办这个学校的宗旨，从起初就是希望这个学校是一个中国的学校。怎么叫作中国的学校呢？在中国人居住的地区，中国人的社会中，办学校教育中国的年轻人，将来学生离开学校出去到中国社会上做事。这是我们的一个大理想。这话是老生常谈，正因为是老生常谈，不只是新亚书院可以有此理想。不过，新亚书院也希望可以参加在这群体理想之下。今天，新亚书院很幸运，刚才李代董事长讲：我们参加了中文大学，经济上有了相当的基础。可是我们要顾名思义，这个学校叫作"中文大学"。我们有此理想，无此魄力，心有余而力不足。今天，我们新亚书院幸而也能参加中文大学，成为中文大学的一分子。那么我希望将来我们的新亚书院，还有二十五年、三十年、三十五年、四十年……能本着我们从前那种穷苦奋斗的精神，向着"中文大学"四个字的目标迈进！这是我对将来新亚书院的一番庆祝。

(十二卷八期，一九六九年九月二十八日)

人物与理想

一九六九年十月四日新亚学生会
学术部主办学术演讲讲词

诸位同学：今天承蒙你们要我来讲几句话，虽然时间很仓促，可是我总想讲几句对诸位有用的话。我希望诸位听了我的话后，不只是对诸位中某一位有用，更希望对每一位在座的人都有用。而且我这些话，不只希望对诸位在新亚时有用，我还希望诸位在出了校门后还能有用。其次，诸位还可将我这次所讲的话，告诉你们的兄弟姊妹，告诉你们的朋友，告诉任何一个人。而我希望这几句话，对任何一个人都有用。但这只是我心里所想，至于这几句话真的能如此有用与否，那就要等诸位听了后，自己去了解，自己去体会。

今天我要讲的话，事前没有下定题目，因为我并不是有了题目才讲话，而是在没有定下题目以前，我已经想讲这些话了。可是每一个演讲，照例都要有一个题目，所以我便定下"人物与理想"，作为今日演讲的题目。刚才主席说过，演讲后，大家将有问题要发问，所以今天的演讲不会很长。

首先我要说什么是"人物"。诸位都懂得什么是"人"。中国古人说："人为万物之灵。"这个"物"字，包括很多，有有生物、无生物，自然物、人造物等。而中国文字所用"物"字，可有两个意义：一个如上所讲系万物之物，一个是作分类分等用。如生物中有有生物、无生物、自然物、人造物等，此是分类。又如一件东西有不同价值，例如一座房子，一张桌子等，其价值有别，此是分等。我们若把"人物"二字分开来说，则人是人，物是物。现在我们将"人""物"二字合起来用，说有一个人物，这不等于说有一个人。我们说"人"，或说"人物"，这两种意义有不同。

我们都懂得将人来分类，譬如说：他是一个男人，她是一个女人。他是一个大人，他是一个小孩。或者说他是一个学生，他是一个工人。又或者说，他是个政府官吏，他是一个公司里的职员。这样，不就是分了类吗？又譬如说，公司里有董事长，有总经理，亦有低级职员，他们的薪水，都有一定的等级。这样，又不就是有等级之分吗？但现在我所要说的，不是这样的分类分等。如我们今天在座的人，大概有五十多位，但我们不能说这礼堂上有五十多位人物。人物和普通人不同。说此人是一人物，乃是从普通人中分别出来的特殊人。

各位都知香港大概已有一百多年历史可讲，在香港学校里培养出来的人亦很多。但是在香港学校里读书出身的人，这一百多年来，我们也可说他们都不过是些普通人。如我们要从香港读书人中来找一个人物，那么我们大家脑子里一开始便会想到一位人物，而且又是一位大人物，那就是我们中华民国的创始人——孙中山先生。孙先生不仅是中国近代史上的一个人物，亦可以说，他是世界人类中间的一位人物。又可说，他是人物中一位大人物。那么为什么香港学校里出身的人，都比不上他？他是人物，而我们不是，其中道理何在？

讲到这里，我将暂不往下讲。我得先问诸位：承认不承认我这几句话？倘若诸位根本不承认我这几句话，那么我便不往下讲了。实在也就无话可讲了。再换一句话说，诸位承认不承认我们人类中有等第有差别？从平等方面说来，大家是人。从不平等的方面说来，有些人叫人物，而有些人则否。亦可说，只少数人得称人物，而大多数人则不可称人物。如是则在我们人类平等中，可以有些不平等。这个不平等，就是我们刚才所讲的价值上的不同。

诸位不要认为孙中山先生是我们中国国民党的一位领袖，是我们中华民国的第一位大总统，所以他是一位人物。其实，这些却不相干。若我们来讲历史，来讲历史上的政治人物，从中国方面讲，在以前，皇帝之下有宰相，皇帝宰相是政府领袖，但在中国历史上，只有少数皇帝宰相才称得上是人物。其余纵做了皇帝宰相，也不算是人物。再讲我们知识分子，讲学术界。中国的政治领袖大体都从考试中选出，从唐朝至清朝一千多年，国家最高考试获得第一名的称状元。三年一次国家大考，一千年来就应出了三百多位状元。但是其中极少数的才得称是一位学者。在学者中，也还有多数不得称人物的。我们可以说，宰相、状元是人，却不能说他们是人物。但我们从另一面说，在历史人物中，亦有很多不是状元出身，并未做上政治领袖的。

又如诸位将来都想留学美国，想得到个博士学位。但是各位曾否想到，美国有很多的大学，在美国大学里，每年得到博士学位的真是多。可是在那些博士中，可以称得上是一人物的，那就少之又少。在美国政治上和学术界，亦有些大人物，他们没有得博士学位，没有做大总统，也有没进过大学的。但在美国人民中，都承认他是一位人物，其为数亦不少。诸位此刻在新亚读书，究竟只想要得个学位，或是想在众人中做一个人物呢？这就是诸位的志向问题了。

或者诸位会说："我们无此志，无此愿。我们只想随众做人。"但这也是诸位的志愿。若诸位在立此志愿前，先问："究竟什么才叫作人物？"如此便要牵涉到我今天所讲题目的第二层，即"理想"一名词。我所提出的理想二字，亦可称作是文化中的理想。中西文化不同，双方的理想亦不同。深一层讲，在中国所谓的人物，与在美国所谓的人物，便不同。这些不同，也可说便是中美两民族文化理想之不同。诸位当知，人物理想都该从文化理想中来。西方文化则认为你是一个人，我也是一个人，相互平等。他们所谓的人物便从人生的外部去讲究了。所以他们不注重历史上的人物，只着眼在社会上的人物，便将无法了解中国人的所谓文化传统、文化精神、文化理想，与其所谓人物了。

人有两种，一种是"自然人"，如我们都由父母生下，便是一自然人。另一种人是要经过加工的。不单是纯粹的自然人，而更加工精制，才可以叫作"文化人"。每一人生下，都有他自己的本质，那是自然的。人有了自然的本质，才可在此本质上再加工夫。如进学校，由小学到中学大学，乃至研究院等，将来他便不仅是一个纯粹的自然人，而经受了文化培养，成为一文化人。学校是培养文化人的场所，所以学校本身便得要有一番理想。此项理想，则必然便是文化的理想。其实也不仅学校如此，整个社会，整个民族，都有他们的理想。有了理想，乃始可以加工。如我要做一张桌子，我们就要先有一个做桌子的理想，然后才可加工来实做一桌子。

诸位从中学毕业进大学，大学毕业后还希望留学，此也是立志上进，好像便是一理想。又如学校，有了一个学院，就想办两个，有了两个学院，又想有三个，学校总想扩大。又如一做生意人，有了一百万家财，便想要一千万。但这些都只是"量"的增加，非质，照中国传统言，却不能算是理想。中国人言理想，都在"质"上面。这个问题要细辨深说，恐怕比解释"人物"二字更难。简单说，仅在量上计较，那些多数只是欲望。能在质上分辨，才有理想可言。

有人喜欢说："无中生有"，这是一句量上的话。我本人则并不信这句话。若我们没有理想，就不会有成就。如我们没有成为一个人物的理想，将来便不能成为一人物。一个人物之成就，则决不是无中生有凭空而得的。诸位又说："有志者事竟成。"我以为这句话中的"志"字，便该是质不是量，所以人贵立志。我们的所志所愿，大体讲来，未必能完全达到。假如我们具有十分的理想，若能达到五六分、七八分，那已是很不易。只见人有大志而小成，却不见有人仅小志而大成的。更不见有人乃无志而有成的。我们只看历史上人物，往往没有人能达到他百分之百的理想。如孙中山先生，也并没有达到他自己百分之百的理想。又如孔子，也没有达到他百分之百的理想。中山先生和孔子，并不是晚上睡觉，明天醒来，便变成其为孙中山与孔子的。

诸位或者会说，他们之间之不同，和其成就之限制，都为受当时的时代和环境之影响。但我要告诉诸位，志愿理想在内，时代环境在外，应该分别说，不该混合看。我今所讲，则只是在内的一面。孔子说："吾十有五而志于学。"孔子说此话时已过七十。孔子之立下此"志"，已是五十多年的长久时期了。孙中山先生亦说："余致力国民革命凡四十年。"孙先生之所致力，也是四十年的长久历史了。今试问：没有志，没有愿，哪能如此？诸位此刻在学校读书，我怕诸位只有四年之志，四年以后，我保诸位可能达到百分之百之所志，即是取得了中文大学的学位。后面环境变，诸位所志也就随而变。若非在短时期内确有把握的事，诸位自会无此志，无此愿。可见诸位目前的理想，严格说来实不是理想。诸位理想，似乎只在短暂中匆促地，做一平常人而已。

有些人听了我的话后不动心，有些人听了我话要怀疑、要反对。也有些人听了我话，会说根本听不懂。那么我的话，也只好讲到这里。诸位如听不懂而有志要求懂，那么我要奉劝诸位四个字，那就是"自发自愿"。凡是有理想的人物，都在这"自发自愿"四个字下产生。好像一粒种子，在泥土里长大起来，这是自发。但此种子，一旦从泥土里生出，却须经历日晒雨淋，风吹霜打，甚至人鸟践踏啄食种种磨难，种种摧抑。故于自发之外，还要加上自愿。诸位要将自己一生的智慧精力，贡献给你们之所志与所愿，此始算得是你们之理想。倘使诸位不能自发，没有自愿，那即无理想可言，也绝对不能成为一人物。

诸位可能又会说：我所讲的太空洞，无把握。但我亦只能回答你，最实在最可把握的只是你自己。你要能自发自愿，要能抱一定的理想，尽一切力去做一等的人。诸位又会问：哪一种理想是第一等的？我也只能回答：只有问你自己吧。诸位若再问怎样做法，如何下手？我亦只能回答：且问你自己吧。如此说来，则我此番演讲，岂非根本没有讲什么话？这也不错。但我也有个道理在里面。如诸位在新亚读书，几年后便毕业了。又或到外国留学，得了博士学位，学问途径到此而穷。那时诸位或者尚不过是一位三十岁的年轻人，那时诸位仍不一定就是一人物。到那时，你对此问题再去问哪一位？故我说，对此问题，只有你自己去问自己，求自己来回答。要从今天起，诸位各自自己体会，自己了解。你自己便对自己最重要。你能对自己重要，始能对人也重要,乃能对国家民族天下后世也成一重要人。孔子、孙中山,也只如此。我的演讲至此而止。但我仍愿我此番演讲,能对诸位有用,则惟有望诸位之善自用之。其余我将不再多说。

(十二卷十期,收入《中国文化丛谈》)

我对于雅礼新亚合作
十七年来之回忆

今年二月十日,是雅礼协会创立七十周年的纪念日。新亚梅贻宝校长来信告我,说:新亚和雅礼,也已合作了将近十七年,新亚方面,将向雅礼有所庆贺;嘱我在新亚双周刊上也发表一些感想或记忆。我得梅校长信,不禁使我回想起已往种种。

那时的新亚,正是在万分困难中,若非雅礼协助,势将不得有今日。而雅礼协会能对此绝无基础、太不像样的一所学校,有兴趣、有热心,肯加援助,予以合作。此事对新亚,论其在精神方面之鼓励,与夫其在感情方面之恳挚而深切,其价值之可宝贵,实是无可言喻。当断非其仅在经济上之历年补助之一笔金钱数字,所能相提并论。在我幸而身当其事,为此一段因缘,认识到雅礼协会中许多位先生们,深感到他们都能为一共同理想在一共同机构中努力不倦,历十七年到今天,这真是一件大堪敬佩、大值庆贺之事。至于我们方面,接受了雅礼长年协助,至少在我心里,总感到有极多惭愧、难副此等鼓励与恳切同情之处。敬愿借此机会,稍吐微衷。至于我所参与在此新亚、雅礼合作中的前一段的经过,至今回想,也已是千头万绪,一时无从说起。不得已,姑举在我心中最不能忘的雅礼两位先生,略述记忆之一二。

我之所述,固然仅堪认为是雅礼、新亚合作过程中之一鳞片爪。但即就此一鳞片爪中，我想也可使人借以窥测雅礼、新亚此一合作的全体貌之大概。在我认为：此项合作果能长期持续，并加以不断之发展，实当为中美社会双方教育事业史上，开辟一新天地、树立一新榜样。不仅在纪念以往，更要在希望将来。我敬以此谨申我对雅礼、新亚合作前途之祝贺。

在一九五三年之夏，卢鼎教授代表雅礼协会前来香港，我是最先蒙彼约见之第一人。在其旅邸中，由当时亚洲基金会苏君明璇任通译。卢鼎教授首先告我，彼承雅礼董事会命前来香港，并将再去台湾与新加坡。因雅礼在中国长沙经营医院学校，快近五十年，自一九四九年，一切事业均陷停顿。雅礼董事会拟转移目标，就台、港两地及菲律宾华人社会中，物色对象，在医药、教育两方面，协助合作。由彼来此考察。彼谓新亚当亦可为被选一对象。彼盼我对彼能加以说服，彼当以我之所说服于彼者，在返美后再说服其董事会。我对卢鼎教授先申感谢，因谓仓促蒙赐约见，实并无何等向彼作说服之准备。惟若有所询问，则当坦率直告，或可供彼作参考。卢鼎教授听我说话，似乎面容开展，喜形于色。因他在约见前，早已拟了一问目，打下两张纸，挨次密排有三十条左右。他随手从衣袋中取出，说：这样也好，由我逐一请问吧！我因见他问目甚多，所以他每问一项，我总力求简单地作答。如是，从晨九时起直到中午十二时，那些问目快近完毕，我们三人转到旅邸附近一家小餐馆中进食，又继续进行我们的谈话。卢鼎教授最先所问，是我办新亚之宗旨和理想。最后在餐馆中所及，则是问我对西方耶教徒来华传教之态度与意见。直到下午两时许，我们才分别。这是我和卢鼎教授第一次的晤面。

不久，卢鼎教授由台湾回港再见，他告我：菲律宾之行已决作罢。他来台、港两地及菲律宾物色医药教育事业合作对象一计划，已暂定以新亚为目标。他告我：雅礼协款自每年最低几何到最高几何，共分三种可能，都以五年为度。他嘱我编造预算三份，由他携回，俟雅礼董事会正式作决定。我依言把预算编造送去，却引生了我与卢鼎教授双方之意见相歧。卢鼎教授说，雅礼方面只求一合作对象加以协助，并不能凭空来助人创造一新机构。而我的三份预算，则只有校舍一项。获最低数字协款时，将租赁一屋。获中额协款，则洽购一屋。获最高额款，则并五年所得，建造一屋。如此则全部计划尽在校舍一项上。而如教员待遇，学校设备等，全不在内，恐非妥当。原来直至那时，卢鼎教授尚未去过新亚，作实地之观察。我谓新亚现况简陋已甚，今获雅礼协助，若不先解决校舍问题，正如一小碗倾注多水，势必溢出，全成浪费。若求获得雅礼协款后能有确切实效，则非先解决校舍问题不可。我因请卢鼎教授亲去新亚观察实况，并与新亚师生见面。我犹忆那时，正是新亚举行暑假休业典礼在校外借一地点于夜间举行，卢鼎教授也曾前来参与。

事后，我与卢鼎教授议定雅礼、新亚双方合作之两原则：一、在新亚方面，将保留其办学之完全自主，只在获得雅礼协款后，当尽可能谋求其最完善最妥当之使用，于每一年度终了，向雅礼作一报告。二、在雅礼方面，对新亚之协款，将完全由雅礼自作决定，新亚将不向其有任何额外之请求。雅礼并将派一代表，常川驻新亚，负责双方合作上之联络。卢鼎教授不久即自港返美，我和新亚同人乃及学生们并无一人前去机场送行。但有人去送行的事后转告，谓卢鼎教授在机场曾提起新亚确应有一自己的校舍云。

自卢鼎教授返美后，雅礼协会接受其报告，决定与新亚合作，而最先五年之协款，则犹较卢鼎教授在港当面告我的最高可能数字更有超出。新亚得此协款,最先即有嘉林边道校舍之展扩。而农圃道新校舍之第一期建筑,其经费来源,实亦由卢鼎教授在美代新亚向某基金会洽请而来。

我在一九六〇年去耶鲁,蒙卢鼎教授某晚在家邀宴,我曾请其觅一机会,再来香港,俾可一睹其亲所栽植之新亚书院的新面貌,与彼前所见桂林街之旧新亚作一比较。而在新亚师生实应得一机会,让他们都能获瞻卢鼎教授之丰采。因在事业上,卢鼎教授不仅是雅礼、新亚合作一创始人,亦是桂林街时代之新亚脱胎换骨,而诞生此下新新亚之惟一催生人。而卢鼎教授谦冲在怀,直至今日,尚未有第二次来访新亚之计划。使我濡笔至此,总觉在新亚,对此事终该有遗憾。

在雅礼与新亚之合作中,其第二人时萦我怀念者,则为罗维德先生。在开始几年合作过程中,我牢牢守一原则,决不轻向雅礼作经济上之任何请乞。而雅礼在五年一期之预定协款外,颇欲有所增扩。于是罗维德先生遂膺命前来,作为雅礼驻新亚之代表,以便就近商决雅礼、新亚扩大合作之前途。

罗维德先生是一虔诚的耶教徒。彼之来新亚,从其人格上之熏陶、丰度上之照映,新亚师生间,至今不忘其人者实繁有徒,可不再述。回忆罗维德先生来,在新亚方面,正值有三大事:第一,是中文大学之规划,时已开始,香港政府很早就把新亚纳入其规划之内。罗维德先生则甚愿获睹其事之成。而新亚同人方面则对此事意态不一,学校尚未有一明白确切之表示。罗维德先生时时以此相询。我告诉他种种理由,新亚惟当与港政府合作,不能自脱身于港政府此一规划之外。惟新亚方面,为学校自身前途计,亦为整个香港教育应有前途计,理应有所主张,正贵在事前与港政府尽量商榷,甚至当不惜作力争。罗维德先生对我意见甚表同情。我因要罗维德先生与我分任此责，请他出席种种会议，或分途单独接洽，蒙其慨然允诺。罗维德先生年高于我，彼肯不厌口舌奔跑之劳，为新亚争取理想，我常引以自励。我尝告罗维德先生：雅礼与新亚合作，其事易，因雅礼先承认了新亚之独立地位。而港政府与新亚之合作，其事难，因港政府似乎只想办一独立大学，而把彼所欲网罗的那几个学院之独立地位，事先在港政府之意想中，并未明白先加以肯定。我不想出卖新亚之独立，来争取港政府之经济援助。此层蒙罗维德先生深切同情。此一层，直到今天，总使我回忆不置。

其次是新亚理学院之创建。此事由罗维德先生在港和我几次商谈所决定。我主张第一年先设数学系，第二年增设生物系。至于物理、化学两系，先筹建实验室，在第三年后，再络续成立。新亚物理、化学两系实验室之最先筹立，皆由罗维德先生邀约耶鲁专家前来设计。直到罗维德先生离开香港，此两系实验室，皆已布置就绪。此尤是罗维德先生之大功。

其三是新亚的艺术系。我尝自谓把创办新亚的精神来创办新亚艺术系。在先是一文不名，率尔创办。我曾在新亚董事会提出报告，而说此一报告将不作讨论，也不要求董事会正式通过。后来新亚勉强增设了二年制艺术专修科，到罗维德先生来，蒙其甚表欣赏，遂使艺术系无灾无痛，正式成为新亚学校中一系。这也是罗维德先生之大功。而罗维德夫人，又亲在艺术系几位教师指导下学习中国画。

待我去耶鲁，罗维德先生已先返，服务于雅礼董事会。我能和雅礼董事亲切接触，深深了解他们对新亚之热心爱护，与夫彼等筹集经费之不易，以及一切办事之认真，皆由罗维德先生从中接头。我曾好几次在下午傍晚时分径去罗维德先生家，而罗维德先生依然在办公室未返。有一次，我夫妇与罗维德夫妇餐叙，罗维德先生张手作势，向我说：美国社会，初看像是遍地金钱，但要把它张罗入手，其事委实不易。我因在美国和他相处达半年之久，因能确切了解其言非虚发。自我返新亚，亦每以此话转告同人。我想新亚与雅礼合作以来已达十七年，罗维德先生此一番话，我新亚同人实应时时在怀不忘为是。

以上我只约略叙及卢鼎教授和罗维德先生和我接触之几许小片段，乘此机会，呈献为纪念雅礼、新亚合作十七年中一小文件。我深盼此一合作，继此常能保持，更盼我新亚接受援助之一方，应能透过经济数字而更益深入到其精神方面。更莫忘雅礼方面自始即对新亚一番艰苦奋斗，能抱持其一种理想而勇猛向前之独立精神加以认许，又倍加以爱护成全之美意。至于我个人，在此雅礼、新亚合作之最初一段时间中，没有能作出更好之表现，没有更合理想之成绩。今已置身事外，回念前情，亦惟有借此机会，稍稍表达我歉疚之内心于万一。尚祈雅礼、新亚两方，同赐矜宥，少加罪责，则为深幸。

（十三卷十五期）

事业与性情

一九七一年六月五日本校学术演讲词

梅校长、各位先生、各位同学：

我今天非常高兴。在不到两年前，沈亦珍先生担任新亚校长时，我有一个机会重新踏进新亚的大门，在此地讲话。今天又承梅校长好意，我再有机会来新亚，同诸位讲话。特别听到梅校长称许我的几句话，令我非常感动，同时也非常抱愧。他以孟子所谓的"大丈夫"相许，我想梅校长对朋友太过奖了，实在不敢当。

我今天在此要讲的题目，原来拟了两个，由梅校长替我圈定了"事业与性情"这一题。今天的世界，可说是一个极大动荡的时代。诸位看报纸，或者彼此谈天，或者个人自己心里想到，国际间的大问题，国家政治问题，社会经济问题，乃至学校教育、宗教信仰、学术思想等各方面的问题，都会不断地刺激我们，使我们在这些错综复杂的大问题之下摇动、震荡。

不过我可以告诉诸位，除掉政治、经济、学术、宗教种种问题外，还有一个就是我们的人生问题。我们该怎样来活在这世界上？倘使拿这问题与其他一切问题相比，则此便是个中心问题。其他可以说都是外围问题。也可说，人生问题是一个根干的问题，而此外则是许多枝节问题。一切外围、枝节的变化，固然可以影响我们的中心与根干。然而除了一切外围枝节以外，我们不可忽略了此中心的根干,即是我们的人生问题。

我喜欢读历史,无论中国史、西洋史,世界各国历史,各种变动常是不断的。一个接一个,此起彼落,而人生问题,有关人生本质上的变动,则比较难以碰到。当然也有,中国史、西洋史中都有,不过比较的少而难以看到。今天则恰巧遇到了人生中心根干大问题的变动时代。将来要变成什么样子,此刻我们还不知道。我自前年由香港回台湾,两年以来,很注意这一问题。据我所看各项报纸所载,关于这一问题大变动的消息,随时记下。但也不是严格的,有时是看到而忽略了,没有记,但所记下的已有一百几十条。今天我只想举一条,让诸位知道,我所注意及我今天所讲的人生,在骨子里的大变动。

今年伦敦大学和另一所大学制了一种调查表,发给伦敦各高级中学毕业班,调查他们的意见,问"男女究应在结婚后开始有性交,或者不妨在结婚前先有性交",请他们发表意见。调查完作一统计,结果:女生主张婚前可以有性交的占百分之八十五点四,主张婚前不得性交的占百分之十四点六。男生主张婚前可以性交的占百分之八十九点八,主张婚前不应有性交的占百分之十点二。又在七年前,曾有一次调查,那时女生不赞成婚前有性交的占百分之五十五点八,男生不赞成婚前有性交的占百分之二十八点六。在此七年中,变化已如此之大,在我看来,这是一件惊心动魄的大新闻。诸位年轻的同学们,或许都知道我是一个很顽固的人。我今天所讲的话,并不能算是一种学术性的,也不是一种宗教性的;我只可说是在此谈天。根据上述这一统计,我们可以联想到其他事项。即如婚前性交,也免不了要受胎生小孩。于是又连带到堕胎问题。今早我便在《星岛日报》上看到伦敦又有一个统计:十四至十六岁的女孩子受了孕,去年十到十二月，三个月内堕胎的，每月有一百宗。十六至十九岁的女孩子，大概每月是两千宗。

我今试问，在这些事上，我们的人生究竟该向哪一条路跑？性交之自由与堕胎，不过其中一例，此外还可一件一件牵连而来。电影中涉及性交的影片，如此之类，讲不胜讲。当然还有其他一切问题。我可告诉诸位，这已是我们今天时代的风气，大众的潮流。我们生在这个时代里，遇到这种大浪潮，诸位当知，这在历史上实也少见，或许几百年不会有这样的一次，而我们今天居然身逢其盛。我因此深深感觉到孔子在《论语》中所说的两句话："己欲立而立人，己欲达而达人。"这两句话，在我们社会上通用了已两千多年。我有些朋友，有的名叫"立人"，有的名叫"达人"。也有些学校，取名"立人"、"达人"的。当然我从前看见《论语》这两句话，也就懂得。而在今天，则更觉得孔子这两句话实在亲切而有力量。我们人，生在这样的时风众势下，在这样的风卷云涌的大潮流中，我们要站得住，即所谓立。自己站得住还不够，还得要叫别人也站得住。如做父亲的欲立，而儿女不立，又怎么办？唉！今天的子女，已不是昨天的子女了。又如夫妇，岂不也是要"己欲立而立人、己欲达而达人"吗？当然我们各人，大家须要面前有条路，由我跑。跑得动，跑不动，每一人那条路，跑到死也跑不尽。然而我们总该有一条路在前面，让我可以跑。我不能随波逐流，永远跟着人。今天随波逐流跟着人，不出十年，连我自己也会不晓得我以前是个什么人，所谓"忘其故我"。至于明天，我会是个怎样的人，更会自己不知道。如此，则岂不是连我自己都迷失了。诸位，是不是这么呢？我想特别是我们年轻的同学们，更应该要懂得注意这个时代的大风云、大潮流。所以我今天特别要提出这一个人生问题来，作一报道。梅校长说我提出这问题很好,所以我决然来讲此题,而特名之曰"事业与性情"。

我们中国古人讲哲学,有"大同"与"小同"之别。这是说,我们的一切,有同必有异,有异必有同。而同与异之中,又有一个分别,即所谓大同异与小同异。怎叫小同异呢?如我信自由民主,你信集权共产,这不是我和你两人的事,还有许多人和我们一样,所以这种同异,只能称之为小同异。又如我信耶稣教,你信佛教,还有许多人别信他教,这也是小同异。在我们一切同异中,只有一个大同大异,就是人生问题。各人的人生各不同,夫妇不同,兄弟不同,姊妹不同,每一人有每一人的人生。不如讲政治,讲宗教,讲学术思想,都可有派别,派别与派别间虽相异,而在同一派别中则相同。只有讲到人生,只是一个我,每一人各是一我,而我之与我各不同。所以每一人之人生尽可有同有不同,这可称之为大同异。古今中外,远的不讲,五千年来,自有文化社会,只要是一人,人与人则无不同,又无不异。尽在此人生之内,其为一人生则同,故得称之为大同。但其为一"我"则异,故又得称之为大异。所以别的问题都可说是小问题,人生问题,则是一个大问题。

今天我来同诸位讲此人生问题,我希望能在人生大同范围之内,举出几点人生共同大基本所在。这是人生的一个大同面。至于其大异一面,则须诸位各人用自己的聪明智慧,自己想办法,来解决各人个别的问题。即在孔子,也不能代替颜渊设法,须得颜渊自己去解决。孔子所讲,也只是一道,这"道"字则属人生之大同面。

我今天所讲"事业与性情",我认为这是人生问题中一个大同的、人人都要碰到的问题。我下面许多话,或许是我读书得来,也可说是我自己一人凭空想到。今天诸位或许不能即刻评判我这些话的是非得失,但不妨拿我这些话放在脑中,隔了五年、十年、二三十年,乃至五六十年,可供诸位作参考。

什么叫作人生呢?我们来讲人生问题,首先要清楚,什么叫作人生?我认为:人生是两面的,不得多于这两面,也不得少于这两面,而此两面则只是一体的。此乃人生一体之两面。若就学术性讲,人生一面是"业",一面是"性"。用通俗话讲,就叫作"事业"和"性情"。我所谓的事业,并不如一般人所讲,如从事政治、教育、宗教、学术,而有了大的贡献,建功立业,才叫作事业。我今所讲的事业,则是广义的。如每一人有一个职业,职业也就是我们的事业。不仅如此,即如日常人生,早起晚宿,一日三餐,也是事业。而且这些乃是我们人生中最重要、最基本的事业。即如孔子、释迦、耶稣也不能不吃饭,不睡觉。如此说来,日常生活,饮食起居,岂非人生中一个大事业吗?所以我所讲的事业,是从早上起床到晚上睡觉,做工、不做工都好,都是人生的事业,全部人生都在其内。然而每一人各有不同,我刚才已讲了,人生是一个大异。这些大异处,又是每人相同,所以亦是一大同。

我既已把一"业"字来讲尽了人生,为何还要讲到"性"字呢?试用通俗讲法来作说明。如:肚子饿了,要吃东西。但为什么肚子会饿?这并非我要肚子饿,乃是肚子自己饿了。又如:晚上要睡。最好自然是不睡,或者工作活动,或者寻些消遣娱乐,岂不很好。然而我觉得非睡不可,好像有一个力量在背后督促我、要求我。不是我要睡,而我的身体精神要我睡。由生理学上讲,这就是人生之性。喜、怒、哀、乐、爱、恶、欲,七情都是性。最后"欲"字最易见。身体倦了,眼睛要闭一下,要倒头睡下休息,这是我们的生之性。

又如同样的吃一顿,然而所吃滋味不同,你我各有所爱。而且我吃了这些,觉得很快意,吃那些觉得不够味。这分别在哪里?又如一样的菜和汤,我吃了很开心,你吃了不开心。这问题并不在那菜和汤。或者我喝鸡汤不开心,而你喝菜汤却很开心。又如睡眠,睡得着、睡不着,睡得甜不甜,这些全是生理问题,即性的问题。所以人生在业的一面外,还有其另一面是性。性是一个人对其事业方面之感觉或反应。

业表现在外,有目共睹,大家看得见,而隐藏不了的。有一部分,自己看不到,用科学仪器便验得出。中国旧医给你摸一摸脉搏,也可知你病在何处,这都是业。我们的性,则只有自己知道,即使最亲爱如父母、子女、夫妇、兄弟,也会互不相知。即要讲也讲不出。如诸位在此听讲演,下去谈天,一人问,你觉得今天所讲怎么样?这当然有一种反应,或说很好。另一人反问:你呢?他说不错。此两人岂不有了同感。其实这是最粗最外皮的。若其内心深处,则不能用任何方法表达,或不能用任何技术测量。如说开心,开心到怎样的程度?如说不开心,又不开心到怎样的情况?这只有自己知道。所以说,饮水冷暖,各由自知,无法喻人。

人生该无刹那虚度,一切外界之业,必在其内部性上作一番烙印登记。我今用一粗浅譬喻,人性就好像一副电子计算机,每一件事投入这计算机内,它会给你打一个分数放在那里。诸位当知,我们从早晨起床到晚上就睡,只要一息尚存,便不断有一个业。而这一业,其反应即是性。更进一层说,一切业,也都本源于性而产生。所以业必发动于性,而又必归宿到性。业则与众共见,性则惟我独知。诸位不妨拿我这番话,多方面地反而求诸己，把来自我考验。也不妨看看别人，大家众生全如此。我们的人生，便可把这性与业之两面来包括尽。

今再把此两面来作一比较。与众共见的，或许反而是虚伪不真的，至少是较不重要的。惟我独知的，才是人生中最真实最重要的。所以性情才是人生之本质，事业只是人生之影子。如我在此地喝鸡汤，人家见了，说你在喝鸡汤啦！好快活呀！但若喝菜汤，便会不希望人家看见，觉得不好意思。又如我在一间大旅馆中很讲究的地方吃东西，若有一位朋友来看见，我会觉得很高兴。但如在一个小饭馆中吃东西，偶然有一人来说你怎么在此地吃东西呀？我会觉得不高兴，难为情。但请问：吃是吃在自己肚里的呢？还是吃在人家眼里的呢？而且吃东西，是不是定要到大餐厅，不要到小饭馆？也有人，到大餐厅去吃而不开心，到小饭馆里吃反而开心。究竟这些处，哪个有意义？哪个有价值呢？孔子在《论语》上说："古之学者为己，今之学者为人。"我们吃东西也是学，吃得舒服，这叫"为己"。要吃给人家看、摆阔，这叫"为人"。为己则重在性上，为人则重在业上，这里有一大分辨。人生在此分辨上，应知有一选择。

我幼年时读《列子》，里面有个故事，说有一皇帝，每晚做梦，梦中自己做一苦力，满头大汗，疲倦不堪。有人告诉他，说在国内有一个苦力，天天晚上梦做皇帝，非常开心。于是皇帝令人把那苦工找来，问他说：你是不是每天晚上梦做皇帝呢？他答是的。因问：你是不是觉得很开心呢？他说很开心。于是那皇帝说：我们能不能调换一下，你来做我的皇帝，我来做你的苦力，让我晚上也好好儿做梦吧。但那苦力说：你派我做什么别的工作，我当遵命。但叫我做皇帝，我不能答应。为什么那皇帝晚上常做噩梦呢？我想或许他心中总有不安不满处，他的事业并不全从他的性情来。为什么那苦力晚上做梦尽做皇帝呢？应是他心安理得，性情满足了，更在事业上可以无所求。所以他日间虽然吃苦，晚上却做甜梦。

我告诉诸位，今天我们这个世界，若论一切物质设备，从前的皇帝，也没有我们这般享受。梅校长事前告诉我，说演讲室没有冷气设备。在他是向我表示歉意，在我觉得一切很好，很够条件了。我们这一代的人，比起一百年、两百年前，在物质享受方面讲，我们都是皇帝。我今已快八十岁，若比起我小孩子时的生活情形，我现在也如做了皇帝。我不记得是哪一天，在上海马路上看见汽车，当时惊奇，觉是了不起。现在我自己就有了汽车，这岂是我当时幼小心灵中所曾预想。诸位年轻的人，生在今天，享受这世界物质文明的生活，却不晓得各位自己父母们从前的生活是如何般的简陋。然而今天，我们全世界人类正像个个都在那里做梦，而且是在做噩梦。否则诸位清晨起来看报纸，也便没有这许多够刺激的新闻。国际的、国内的、经济的、教育的、思想的、宗教的，一切的一切，全来刺激我们。究竟那些新闻由哪里来的呢？我敢告诉诸位，这是由于我们的人生已犯上了病，等如不分昼夜，全在那里做噩梦。今天我们的时代，正是一个噩梦的时代。

我上面讲孔子的话，"己欲立而立人，己欲达而达人。"能不能众人皆梦，我独醒呢？能不能由我之醒来唤醒别人之梦呢？我们今天的人生，是不是还有我们自己的一条路可以由我去跑呢？还是跟着人家随波逐流尽做些噩梦呢？跟着人家，迷失了各人的自我，多你一人或少我一人，这究有什么关系呢？人生不到百年。诸位多是二十岁左右的青年，再过五十年，还不到我这个年龄。诸位能不能知道五十年后的你是个什么样子呢？大家变了，我能不能不跟着变呢？跟着变，到底又变出怎么一个样子来呢？我们应该不应该各自有个自我之存在与认识呢？应该不应该要自己能有一地位"立"？应该不应该自己能有一条路"达"呢？这是一个大问题，当然今天我不能在此多讲。但我要告诉诸位，我们各人性情之重要，必然该远超乎事业之上。诸位不要两眼只往前面看，事业、职业、经济、地位、奋斗、努力，一步进一步的没有休止，而一切都在事业上。我们日间已够疲倦，总该要晚上好好睡一觉，能沉酣不梦固好，能做一个舒舒贴贴的梦也还好。我们的人生总是有两面，不要匆匆忙忙地尽做噩梦。我们不要尽一眼盯在人生之业上，我们该知有一个性情，一切要反求之于个人的自己内心所独知处。此刻我所讲，其中或许有些较深的意义，无法用言语曲折表达出来，希望诸位自己能去仔细思索，或可由自己的体会中得之。

我此刻想再进一步讲。所谓性情，请诸位不要误会以为性情只是先天所赋予的，一生下来即是如此。我今天要特别提出一个意见，人之性情，除了先天禀赋外，更重要的还在后天培养。让我先把其他的生物来讲。

先讲植物。如：米、麦、菊花等。今天的稻麦，决不是原始的稻麦，乃是经过了几千年的培养而始有。前几年在美国，每逢周末或假日，常伴同内人到市场去买菜，曾见店铺里陈设着各式各样的米，不下数十种，并标明某种适合做饭，某种适合做粥等。这岂是原始的稻米就如此。说到种花，陶渊明诗"采菊东篱下"，那时的菊花，已经不是原始的菊花。《月令》：菊有黄花。此可能较陶诗中所提较近原始，然而也决不是完全原始的了。从前我在北平，常去看菊花展览。如今在台北，年年也去看菊展。在菊展会上陈列出各色各样的菊，种类繁多。但都是经人工培植而来。有时人家送我几盆，放在园里，朋友们见了，都说这菊花真美。但是到了第二年，便没有了。因我不会培养它。种花不懂得培植，那不会保持原样的。

再讲动物。在香港，大家喜养狗。狗可以说是人类早期最亲密的朋友。当人类文化开始，和人们最接近的恐怕就是狗了。中国有五千年的文化，中国的狗便也有了五千年的培养。香港人喜欢养狗，常见女人小孩们牵着各种狗出来，狮子狗、狐狸狗、狼狗。每一种狗有每一种狗的个性，各不相同。狗性不同，狗业也不同。有的狗只能养在房间里，有的只能卧在地毡上，或沙发上，或在人身怀抱中。如放它在房外，它就会失常。有的狗要放在园里门外，把它关在屋子里也不行。若有人养了一只狼狗，生了两只小狼狗，各送一人，隔了三年，拿来相比，此两只狗便会大不相同。因一人善养能教，又一人不会养不会教。《中庸》上说"尽性"，那只狼狗先天的秉性能发展尽致，另一只狗的秉性天才则没有发展出来。或许三千年以前的狮子，和今天的狮子还是一样。但三千年以前的狗，和今天的狗却大不相同。同是养狗，养法不同。有人不懂得养好狗，养了好狗也冤枉了它。并且狗也要传种接代，如果乱配杂交，隔了几代，不仅会成杂种，也将成为不成种。所以人们养狗要选纯种。每一种狗性格不同，品种不同。

从植物到动物，均有品种不同、性格不同，这里也有它们的大异。愈加后天培养，则愈见大异。如狗与狗不同，较之狼与狼更不同。狗经后天的培养特别深。人为万物之灵，又经后天培养，更见有品种、性格之别。如中国人，与西洋人，各经文化培养三五千年，所以品种性格各不同。中国人就是中国人，欧洲人就是欧洲人。在欧洲人里面，有拉丁民族、条顿民族、斯拉夫民族之不同。在中国人里面也有南方人、中原人、北方人之不同。把一个拉丁人和一个斯拉夫人放在一块，其不同处很易见。如把中国一个东北人和西南人放在一块，其不同处也易见。这些是小同异。而把中国人和欧洲人相比，则成大同异。我们应该因材施教。如一只狼狗应该教它做一只狼狗，一只狮子狗应该教它做一只狮子狗。不能教狼狗做狮子狗，也不能教狮子狗做狼狗。因为它们也是几百年传下来，不能一旦逆其天性去改变它。人固然是万物之灵，但一个中国人，也不能短时期教他变成一外国人。我们今天不再提倡民族观念，但英国人不能骤然做法国人，法国人不能骤然做意大利人。这是在历史上所看到，使我们不能不承认。

明代戚继光写了一部书名叫《练兵纪实》。因当时中国沿海各省有倭寇，戚继光练兵作战，因士兵的出生地区不同，而所加训练亦别。如山东的兵长处在哪里，短处在哪里，江苏的兵长处在哪里，短处在哪里，书中都有详尽分析。这是一部极值得注意的书，因此书能发挥了因材施教的原理。这在教育事业上固当注意，即在自我教育方面也该注意。今天的教育，数千万人在一学校，聚数十百人在一班上课，他们出身不同，背景不同，也可说，各人品种性格有不同。但我们只重事业不重性情，硬把来集合在一起。若说学校是一制造人才的工厂，今天的学校未免有些粗制滥造。像在工厂里用机器大量出产的货物，断不能如从前人手工艺品之精美。今天的教育只讲普及化、大众化，论量不论质。只问事业所需，不问性情所宜。只求成才，不求尽性。把人生只当作一种工具，专为外面需要，不问内部生命之真实所在。若是我们要讲品种、讲性格、讲后天培养，则以前像英国牛津、剑桥的教育方式，倒有些地方可以借镜。它的教育方法，确有些近乎中国宋、明时代的书院。它分了许多学院，各自隔别，日常人生，照顾周到。不像今天般的教育，都已社会化，不容特立独行之士。只讲多数，只要随从众势，这在陶铸人才上，是大有问题的。

今天我特别提出来告诉诸位，性情须赖后天培养。梅校长听我讲题，认为我要讲宋明理学。但理学太专门，只可用来自我修养。如谓"变化气质"，须不断有一番工夫在里边，不是一日可冀。但我们正该有这种工夫。如在香港，便见有一种力量，极普遍、极现实，围绕着我们，叫人无法违抗。衣着则一年一换，女人的皮鞋款式，今年是尖头的，明年会变成了方头，你要再买尖头的找不到。去年的裤子，今年都得丢掉，不管你喜欢不喜欢。弥漫着的不是人，只是物。不见性情，只是商品在逞力量。这不过是我随便举的一个最简单的例子，以见今日的世界人生，事业的压迫愈重，性情的迷失愈深。所以我们要看重内面性情，不要太看重了外面的事业。这事也真不易。今天要使人生的事业适合性情，使人人心里能感到满足，则此世界自会平安。人生大道的重要点也就在此。而今天的时风众势，则正在背道而趋，此亦无可奈何。

我不想讲得太专门或者太学术化。可否让我再举一点大家能明了的，或者给诸位指出一条路，可借以自我教育，让人人在此路上各自向前。我不劝诸位学理学，因理学太专门。我也不想来讲宗教、讲哲学，当然更不讲历史、政治、经济之类的问题。我且来讲一讲中国人的人生，即中国人之所以为中国人者；此乃中国人五千年来的文化传统，中国人性情后天培养之所得，即是我们今天像是先天禀赋而来的那般性情之所由。这一问题，实在是极重要，而且必然会伸及西方。像梅校长这样的学贯中西，最好由他来谈这问题。我则力不胜任,姑试一谈。

多年来,我常劝人注重文学艺术。不一定要读中文系、艺术系,也不一定要做一位文学家、艺术家,然而我们须要懂得文学修养,须要具备一些艺术心情。我们应从文学艺术中去看人生。因只有文学艺术,乃是直接从人生的性情中产出。但通常,我们接触艺术没有接触文学的机会多。接触艺术,须经专门训练。而接触文学,则条件宽泛。不必讲究文学理论,也不必争新旧文学的派别,只要能从文学中来欣赏人生。我想奉劝今天在座诸位,不论你是修什么科系,不妨多读一些文学方面的书,诗、词、骈、散,乃至小说、戏曲之类,只有在中国文学中最能接触到中国人生。至于西洋文学方面,我知识不够,但我年轻时,西洋方面翻译成中文的小说剧本之类,也曾看过不少,至少林琴南所译的,我是全读过了。论到电影,在香港这些年来,也不知看了多少。我从默片开始直看到最近,由电影中所反映出来的西方人生,在我也有了四十多年的阅历。曾记在四十多年前中学教书时,开始第一次被人拉去看电影。那时还是默片,有许多默片的印象到今天还留在脑海里。我确实知道,这四十多年来的西方社会,西方人生,实是变得太快了。

我试举我浅薄所知,把从中西文学艺术中所见中西双方之人生,作一比较。

〔一〕淡与浓　我觉得中国的文学艺术,或者说中国的人生,与西方的比较,则中国的人生味比较淡一点,西方的则浓一点。借用中国古人说话,中国人生像如一杯水,西方人生像如一杯酒。或许他们的有味些,我们的比较像淡而无味。然而我们却认为淡一点的好,或许更淡则更真,更可久,而无病。所以我们要说"平淡"、"雅淡"、"高淡"、"恬淡"、"淡于名利","淡泊明志"

那些话。今天的中国人则多数西化，爱浓不爱淡。至于怎样叫作淡，怎样叫作浓，则须诸位自己去体会，我无法为诸位道出。

〔二〕深与浅　也可说，中国的文学艺术比较西方的都要深一些。深是藏而不露，不肯十分地尽情拿出，愈深藏愈见中国文学艺术的较高意境。浅露最要不得。姑举一诗为例，如唐人诗："月落乌啼霜满天，江枫渔火对愁眠；姑苏城外寒山寺，夜半钟声到客船。"这人睡在船里，彻夜没有睡着。但他为何睡不着，心中究在想些什么，他不讲了。或许只在客船之"客"字上，透露了一些消息。中国人最要在能含蓄，而西方人则要表现。现在大家都说自我表现。在我年轻时，我的先生、朋友，乃至学生们，他们讲话，都要有含蓄。但今天变了，我年轻时遇见的人，今天都没有了。大家总怕别人不知道我，急切想表现。甚至三句话要讲四句，三分话要讲四分，这是表现。表现得披肝沥胆，激昂率直，要使人一见便知，更无余韵，把自我当作商品般做广告、作宣传。

〔三〕静与躁　中国的文学艺术常重在静一面。从前有人常讲中国文化是静的文化，西方文化则是动的文化。但宇宙间事物，哪里有动而不静，或静而不动的？而且一动一静，中国人恒连在一起讲。但静的反面不是动，而是"躁"。我觉得大体讲来，中国人生比较像是静一点，安一点，所谓"静为躁君"，"少安毋躁"，躁是中国人所戒。

前天看报，说一个中国人，偕同一个美国人，在公路上开车，那位美国人尽爱开快车，从后抄前面去。那中国人说，慢些儿吧，我们稍迟一会到也不要紧。写文章的人说，从这里可以看出中国人性格和美国人性格的不同。我想他说的是不错，中国人比较静定，西方人比较躁动。诸位若从文学里去看这静与躁，比较地难。但若从电影里去看，便很显然。不过今天的中国电影，不够表达中国人的性情与人生。严格讲来，还可以说现在没有能懂得中国人性情和人生的中国电影。只有中国的京戏，才可表现出中国传统。西洋的话剧我看得很少，但把电影来作比，一个中国女人的眉目传情，在平淡安静中那临去的秋波，这种表情，同西方人的拥抱、接吻差别太远了。但不能说中国人无情。只是中国人的心情要藏要静要淡，不像西方人则要急切地尽量表现出来，甚至八分要表现到十分，才始满足。

〔四〕平与奇　中国的小说，或说中国的文学比较来得平。中国人也说"出奇制胜"，可是到底远不如西方的奇变多端。我从前看中国唐、宋、元、明各代的传奇小说，总觉得平淡无奇。首先我看西方小说是《天方夜谭》，真是奇险万状。后来又看如福尔摩斯、亚森罗宾的侦探小说，乃至其他奇情小说、探险小说之类，都是务求其奇与险。不像中国人总爱和平地过日子。中西双方一比，显然可见。不论是文学是艺术，是人生之各方面，政治也好、经济也好，相比之下，一切大不相同。

若要在今天的社会里面找，像我所讲：淡与深与静与平，已经不易找到。这是中国旧的一面，我或许比诸位占点便宜，我年轻时所接触，今天尚能想象到。要讲新的话，自然诸位接触得多，我接触得少。可是在今天这一个大变动时代之下，新了还要新，更要新，五年一新，十年一新，真是日日新，又日新，不晓得此下的社会将新成什么样子。我们人究该如何做？我们前面的路又究竟在哪里？没有人去考虑这问题，也没有人能考虑这问题。所以我今天要在人生问题的大同一面提出"事业与性情"来作题目，而从性情方面讲，我认为中国人要做中国人比较易，要做外国人比较难。你说一个人到外国学五年十年，就能变成一个外国人吗？或许有人说，一个人不行，我一家去。若一家人能在外国住上三代，可能变成为外国人。但在最初的一代三十年中，怕会很难。然而他已变成了一个不三不四的外国人，回到中国来，种种不满意。那又怎么办呢？固然中国的一切都已变了，而外国比中国变得更快。

倘使我们能淡一点，能静一点，中国人还能不失其为一中国人，会能有他自己的性情。不要跟人家比，人生是无可相比的，性情方面更不能比。如我刚才所讲，我喝这杯茶觉得很好，你喝这杯茶也觉得很好，然而这个所谓很好无法打分数。人我之间不能作比。如说某人得意，究竟得意到什么程度呢？你能为他批个分数吗？七十五分抑是八十分？那很难定。说某人不得意，也不能批分数。我同你比，究竟是你得意还是我得意？上帝造人最伟大的功夫，就在人我之间保留着一个秘密。这一个秘密，就是只能由你自知不能同人相比。如此则世界上全人类就各自"独立"相互"平等"了，如此也才是真"自由"。能如此来指导人生，也才是真"博爱"。所谓一切荣华、富贵、得意、失意，任何事，都无一个可相比较之处。所以世界人类能到今天。

倘使今后的科学发明，能够把我们内心深处的性情拿来用分数作比，那么人都不能和平安静地活下去。相争相比，只该剩下一个得意的，那一个得意的又将怎样地活下去？所以我说，人生的最大秘密不能相比。这是人生中最重要最宝贵的。而今天的外国人则总好相比，如赛马、赛狗、斗拳、运动会等，都是兴高采烈。而学校教育也要凭分数相比，七十九，八十分，都得比。如能懂得人生不相比，全部人生就会和平安乐。这是中国人所谓之"自得"，君子无入而不自得，所得则只在惟我独知的性情上，不在与众共见之事业上。这人的人生就会淡、会深、会静、会平。

我不是在此讲道学、讲理学家的话。我只希望诸位每一人能有一些文学修养。我劝诸位读一部《诗经》，读一部《陶渊明诗》。诸位一读此等，自会感觉自己人生前面有一条路，可由你向前。那时你就会觉得人生是一件大事该要学。不要说学不会，至少在你便会有一个好学之心。《诗经》三百首或许难读，但陶诗易读。即使读《唐诗三百首》也好。这并不是要你们去做一诗家，不必讲平平仄仄，也不必讲究作诗的一切理论。只要从此懂得中国人生中的一些淡与静、深与平。这样或许对诸位将来有一些无用之用。

以上这些话，我认为是我所能讲中之颇可宝贵的，故而今天特地提出来贡献给诸位。若我来讲一套什么学问、什么思想，或许再过几天，全无用了。或者诸位要说，那么你为什么最近还要孜孜不倦地来研究朱子？这只是我的爱好，聊供我自己作娱乐而已，我想不够贡献给诸位。但我今天这些话，或许对诸位有贡献。在我是出于一番诚心，一番真意。望诸位要能慢慢地拿我这些话，存在心中作参考。

今天在座尚有诸位先生和朋友，我说话放肆之处，请各位原谅。

(十四卷三期，收入《中国文化论丛》)

王道先生碑文

王道字贯之,福建永春人。挺生于穷饿之中,淬厉于颠沛之际,秉志一心,锲而不舍;修己及物,困而弥坚。创为人生杂志,宏扬中华文化;嘤鸣之求,响彻异域,多士同声,渐成风气。遽尔不寿,溘然长逝,悼美意之未伸,盼来者之继起。勒此贞石,用志哀思。

(十四卷十六期)

悼念苏明璇兄

新亚书院前后占据了我十八年光阴，为我一生服务最久的一机构，但因规模小，在新亚所接触到的同事和学生，并不比别处多。我获交两友，他们对新亚贡献大，而和我交情尤挚。自我离新亚，与此两人交往最频。自我离香港，亦惟此两人萦念最殷。今不幸俱逝世。一人是沈燕谋先生，另一人为苏明璇兄。燕谋去世，我极想写一长文追悼。情绪万千，竟未下笔。今明璇又去，我以未及为燕谋写悼文为戒，因急撰此篇，而下笔总不能忘燕谋。因连带述及，总之是抒我一时之哀思而已。

燕谋年长于我，乃前清一老留学生，攻化学。回国后，助其同乡张季直办实业。我素不相识。新亚初创，在九龙桂林街赁楼两层共四五室，逼窄不堪，楼梯登降尤难。周六之晚，设一学术讲演会，燕谋每届必至，遂相识。我有《庄子纂笺》一稿，燕谋斥资付印，书面题署，自称门人，我心甚不安。然燕谋，与我相交二十年，执弟子礼前后如一日。我在桂林街，开《论语》一课，燕谋亦来听，手携一美国最新译本，遇确定译本错处，积数十条，当贻书相告译者，嘱其改正。听课数月，燕谋言，出入太多，无可下笔，勉我成书，为国内外治《论语》者作参考。我之《论语新解》，正式成稿于留美期间，即受燕谋之鼓励。

后燕谋经济受窘，新亚迁嘉林边道，燕谋亦迁新居，相距甚近，意欲邀其来同事，未敢启齿，谋于其夫人。夫人告我，燕谋晚年，每幸与君相识。倘相邀，必乐从，一切名位待遇，彼必不计。我始坦告燕谋，浼以创办图书馆事，燕谋欣诺。积十许年，燕谋日夕向港九各书肆采购书籍，虽经济窘迫，而新亚图书馆，蔚成奇观，皆燕谋一人力也。

嗣后，美国耶鲁大学，每年派两人来新亚任教两年。皆渴欲晓中国文化概况，每周末，由燕谋主持一座谈会，由参加者发疑问难，燕谋所知广，而见解正确，参加此会者，返美后，随分阐扬，亦皆燕谋之功。

新亚在农圃道建新校舍，一切建筑事宜，我以全权交燕谋。只在决定地点时，曾亲去视察。以后直到新校舍落成，始再去，经费由美国福特基金会捐赠。曾派人来参观，对新校舍甚激赏，谓一切符合彼方之理想，甚出意外。我问其详。彼云：全部建筑，图书馆占地最大，各办公室，连校长办公室在内，皆占最小地位。有学生宿舍，而无教授宿舍，此等处，皆见新亚办学精神。如此建筑，诚所鲜觏。其实此等皆由燕谋擘画，我仅赞同而已。我自辞去新亚职务，常自忖念，十八年来，只保留着一些我对新亚之想望，但燕谋农圃道新校舍之设计与夫新亚研究所藏书之搜罗，则确对新亚有其具体不朽之成绩。

自我迁居台北，每去香港，燕谋必在交通挤逼中来旅舍。几乎每日必来，屡加劝阻无效。某一年，忽其长公子来台北寓庐，谓自美赴港省亲，父命必绕道来台，与我认识一面。我最后一次去香港，到燕谋家，彼告我，正读我新出版之《史记地名考》，因畅谈历史地理沿革。时燕谋已在病中，午睡骤起，欲辞不忍，促膝欢谈近两小时。返台不久，获燕谋噩耗，竟不能亲去吊唁。

我在新亚，获交第二新友，则为明璇。其夫人乃我北平师范大学历史班上之学生。明璇夫妇同学，但和我不相识。明璇曾服务于农复会，与蒋君梦麟甚稔。梦麟乃我任教北京大学及西南联大之旧校长。因此我与明璇在香港初见面，交谈即如故友。时明璇任职于美国在港之亚洲基金会。一日，其新任主席艾维初莅港，即来新亚见我，云离美前一友人嘱其来访。自后，我与艾维往返，明璇必居间，三人常相聚，艾维于新亚艰困中相助最多，明璇之功为大。

某年，美国雅礼基金会特派耶鲁大学历史系主任卢鼎教授来港，约我在其旅邸相见。我晨八时即去，明璇已先在，为我作译人。卢鼎告我，东来将访台港菲三地，欲觅发展雅礼协助东方教育医药事业之对象，我为彼约见之第一人，盼向彼有所申述。我言，君来事繁时促，苟有所询，必竭诚而告。卢鼎面现喜色，衣袋中掏出两纸，预拟所欲问者三十余条，逐条发问。我回答力求简净，明璇传译中肯，不漏不冗，一一如我意之所欲言。达中午十二时，三十余目问答已毕。同赴一餐馆进餐，乃纵论及于其他。越旬日，又与卢鼎晤面，告我已去过台北，不拟再去菲岛，彼意已决定以新亚为惟一对象，遂讨论及于具体问题，又牵涉进艾维，其中曲折详情，非兹篇所能详述，而明璇居间传译之功，则绝非仅止于口舌之能事。

新亚既得雅礼协助，关于新校舍建筑，又出卢鼎艾维之力。继之为亚洲基金会协助新亚创办研究所一事。时艾维已去职，主席易新人，我派新亚一同事，亦一老留学生作代表，数度洽商无进展。明璇告我，不如仍由我自己出席，彼当仍任译事。两次商谈，此事即告解决。越后新亚研究所得哈佛燕京社相助，亦由此启之。明璇在当时，于新亚乃一局外人，而其有裨于新亚事业之进展者，则绝非当时新亚同人中任何一人所能及。

我之所求于明璇者，亦不止于新亚。曾与梁君寒操联合申请亚洲基金会补贴王道《人生杂志》出版经费获成功，王道亲去向明璇申谢。明璇告我，劝王君此后勿再往，我因此益深敬明璇之为人，而我两人间私交益笃。

我去美国，新亚校长室秘书忽缺人，明璇其时亦已辞去亚洲基金会职务闲居。我贻书学校，提议请明璇来任此职，蒙其允可。我自欧返港，明璇任职新亚已逾半年。我与彼隔室而居。我到校，明璇来室报告其任职半年之经过，巨细靡遗，陈述周详。若一忘其往年彼我两人间之私交，俨如下属之对上司然，我素知明璇处事精明，而沉默寡言，任职甚积极，而自守拘谨。此次相谈，乃绝不及私事，仅限于述职而止。我亦仅有任之。

此后越一周至一月，必来室作报告。我谓新亚事，君夙知有素，我与君相交，君知我亦深。许多事当烦君径自处理，遇我所应知者，事后相告即可，不必限形迹。然此后，每日在学校办公相见外，明璇乃绝不来我寓处，我时去明璇家，或茶或饭，而明璇则绝口不谈学校事。即在学校，明璇亦只谈彼一人职务所关，绝不及其他。有关学校大政方针，明璇若绝不措意。在会议席上，明璇亦从不在其职务外发言。我揣明璇意，从不对以前新亚发展自居功，但既与新亚及我早有关系，其来校任职，亦当于我处境有所谅解，故更不愿轻率有主张。其拘谨处，正其深识大体处，绝非消极不负责之比。而学校同人同学，亦从不在我处对明璇有半句微辞。

我对香港政府有所交涉，尤其是教育司方面，必邀明璇任传译。最后中文大学成立，董事会开会，明璇必陪我出席。外国人来访，明璇必负译事。有一次，某美国人与东方政治事务有颇重要之关系者来访，明璇陪我接见，相谈半日之久。我自谓此次交谈极有关系，但明璈绝不在事后泄露一言半语之消息。总之，明璈在新亚，在我是感到绝不能少此人，而在人则或可感到不觉有此人。明璈之可爱重处，正在其能善尽职务，而使人不觉此职务与此人之可重。

我在新亚辞职，明璈初亦微露其不赞成之意，但俟明璈深知我辞意已坚，即不再发表意见。一日，明璈亲向我提辞呈。我告明璈，我有为公为私两项意见，我盼君能代我办理移交，盼勿先我而去，此是我的私意见，我为新亚着想，盼君勿离去。君之辞呈，若由我批准，我总觉对新亚有负。我只能留中不批，俾继任者再有向君挽留之机会，而君亦可重加考虑再作决定。当蒙明璈应允，任职如旧。乃明璈自此后，对我意态忽有变。在我辞职进行中，彼乃屡有劝诫，当如此，勿如彼，似乎又回复了两人以前私交时之情谊。我告彼以必欲辞职之内外因缘，彼亦时以所知，越出其职务以外者告我。我辞职已成定局，彼毅然以移交之代理人自负。并与我往来渐频，不惮远来我之私寓，又常与我在半岛酒店楼下，作半日茶烟之相晤。

我自马来亚返港，明璈亦已辞去其在新亚六年之职务，一日，偕新亚雅礼代表人萧约来沙田辞行，相谈半日，明璈陪坐，但事后极称许我当日所言。明璈与萧约私交亦不薄，其公私之分明有如此。

我迁居台北，明璈往返书信最密，几乎每月必有一往复。我去香港，必与明璈有半岛楼下半日之茶会，故我于明璈为况，知之甚切。最近已积久未去香港，明璈曾有意往日本一游，路过台北，可有较长接触，惜乎其竟未如意。而我两人又时时有病。最后明璈来信，我迟未复，不意在香港报端竟睹明璈长逝之消息。又不获亲往吊唁。悼念何极。

长忆离大陆,来香港,获交燕谋明璇两友,知我深,待我厚,不仅助我事业,尤其对我性情多有慰藉。今皆离我而去。仅在我生命中,留下了几许不可抹去之痕迹。尤其明璇,未尽天年,彼胸中藏有许多抑郁苦闷,我未能有一臂之助,愧负之情,何堪回溯,亦恨我短于辞章,不能作为诗歌,以表达我之哀思于万一也。

(《新亚生活月刊》五卷二期)

附：敬悼青瑶师

前日收到香港寄来的一份《大成杂志》，骇然读到范甲君《敬悼顾青瑶老师》一文，方知顾青瑶师已于今年五月一日在加拿大辞世，哀痛之情难以言叙。我习画曾先后从顾青瑶、金勤伯两师游，而顾师为我启蒙之师，而且我之决意习画，当时全由青瑶师之特加眷顾。我从青瑶师习画先后两次，为时均不长，但青瑶师给我之印象则甚深。至今回忆此一段师生之缘，往事历历如在目前，亦作敬悼一文，稍抒余意。

要叙述我与青瑶师之结缘，不得不从新亚书院创办艺术系说起。艺术系在新亚属后创，宾四始创新亚，旨在发扬中国固有文化，他认为艺术是中国文化中不可或缺的一大项，惟因新亚初期过于穷困无力提倡。他常说他想办艺术系的理想并不专在造就专业的艺术家，更求培养全校学生之情趣，希望他们都能领略到一些中国艺术对人生之情味，则对每人品格陶冶上可有莫大之功用。他又常提起新亚初创时，经人介绍认识当时流亡香港之昆曲名家俞振飞，曾有意延揽来新亚倡导昆曲。他常说那时新亚只要每月能筹出两百元港币，就可能暂时把俞振飞留住，但俞振飞终于因生活问题而不得不返回大陆。每次提起，宾四总有不胜惋惜之情。以后新亚得到美国雅礼协会补助，不久有了九龙农圃道自建之校舍，艺术系的创办即在此后。

当时新亚经济状况已较前稍宽裕，但宾四要创办艺术系仍遭到学校内部同事的反对。因当时雅礼协会补助新亚的经费一年一笔整数，如成立新系，势必要紧缩其他方面之开支，牵动全局。宾四决心用创办新亚时两手空空的精神来创办艺术系。他内心决定后，逢开董事会，会议将结束，他发言说：我今日有一报告，并非议案，不需表决。他于是述说要创办艺术系的计划。他说只要学校借出几间教室供使用，其他可不费分文，尽由他来负责。董事会一时无异议。直到此后艺术系正式成立，宾四当时"只是报告不是提案"这八个字，仍为董事会中几位董事屡向宾四提起，以表称赞。

事隔二十年，至今我仍清晰记得，宾四第一次约预定艺术系主任陈士文先生来家，商谈筹划创办艺术系的情景。士文先生来时，不巧宾四染病在床，高烧后全身无力，不能起身，说话有气无力。那时我们住在九龙钻石山难民区，睡房很小，放一双人床，一梳妆台，两只衣箱外，少有回旋之余地。我放一小凳在床前，请客坐。宾四起初说话上气不接下气，后来越说越有精神，霍然坐起。我记得他再三对士文先生说，办艺术系只能像新亚初创时般赤手空拳做起。要牢记，需靠艺术系师生自己的努力来争取外界的支持。当时新亚专任教授薪水及房租津贴按月合共可得一千元。艺术系只主任一人专任，薪水暂定三百元，其他先生一律只支钟点费，似乎钟点费亦与其他各系有差别。此因艺术系经费必须自给自足，全部支出由正式学生学费，并于暑假中开暑期绘画班所得学费一并负担。视收入状况每年酌量调整。士文先生曾留学法国，擅长西画。宾四提出他心中多年来早定要聘请之两位国画先生，一位是吴子深先生，一位即是顾师青瑶。宾四当时说，艺术系无经费，他将效法武训办学精神，亲自登门，以诚心恳请，务盼聘到两位先生，为新亚艺术系增光。

宾四与子深先生早就相识，与青瑶师则本不相识，仅于数年前在一友人处，偶见青瑶师所绘一山水横幅，上有其自题之诗句，宾四对其诗书画都大为欣赏不已。由主人处又得知此山水画上之印章为青瑶师自刻，并备详其家学渊源，知自其曾祖数代书画传家，其祖若波先生尤负盛名。家居苏州，建有"怡园"，为当时文人艺士聚会之所。宾四早年熟闻若波先生之名,并曾数游"怡园",遂对青瑶师留有深刻印象。

宾四偕士文先生登门聘请吴子深先生,吴先生认为艺术系既要敦聘他,而主任一职已属他人,意大不怿,遂坚拒。我还记得那夜宾四自吴家归来,神情沮丧,辗转难眠,以为艺术系失此一良师大为可惜,随又往聘青瑶师。

青瑶师当时在香港北角租赁一室独居,在家开门授徒,也出门赴学生家教授。顾师体素弱,不能独立出门,外出授课向由学生家负责派车接送。青瑶师弟子大多为闺秀,其中颇有富商巨室之夫人、小姐。宾四初次登门敦聘。与青瑶师一见意气相投,惟顾师以体况欠佳并授课时间早经排定婉拒。因又告宾四,倘夫人愿来习画,我必尽力教导。宾四必期其能到新亚任教,遂即满口答应,但告以内人即将出国,需一年始返,仍望先生先来学校授课,时间全凭指定,青瑶师允明年再考虑。宾四归告我,我自知无艺术天分,从来无意习画,颇怪宾四轻率决定,然念为时尚早,未以为意。

我于一九五八年一月赴美,进修一年后,于一九五九年二月返港。其时青瑶师已在新亚任课,知我返港,又向宾四旧事重提,愿收我为弟子。宾四遂极力鼓励我前往受业。不久,由他陪我登门谒师,遂开始我一段学画生涯。

初谒青瑶师在其北角寓所,室不宽大,内无装饰,一大画桌占地最广,此外一床一柜,四周堆置书籍、画册、纸张。其后青瑶师在香港半山区西摩道自购一公寓住宅,与子媳及两孙同居。入其宅,室内质朴如前居。青瑶师居室为最里一间,有大窗面海,可供远眺,大画桌即临窗而放,此当为顾师平居最惬心快意之处。青瑶师患有多年失眠症,每夜必过两三点方能入眠,遇心中有事常终夜不寐。因此习惯夜间看书,早起迟。我上课时间排在上午,每至师处,顾师常刚起床。早餐时，我常陪坐其旁，顾师喜边吃边谈，所言多属其平素所知之画坛轶事，及其年少习画时种种琐事。犹记顾师曾告我，年七岁，其祖父若波先生命其习画，因身材矮小，不能坐下画，乃立于桌前画。惜乎我随听随忘，未能一一牢记。一日，另有一同门在座，谈及某友做寿事，遂询及青瑶师年岁，青瑶师答以早将自己年龄忘了。此后我又曾俟机相询，每次青瑶师以同一语相答，其淡泊人事又如此。我直到今日读范君悼文，始得知青瑶师之年岁。

我初次从青瑶师习画仅五月，即不得不停止。因宾四将赴美耶鲁大学讲学，我亦同往，预计在国外将有一年之逗留，行前需将香港之家整个作一结束，未有余暇作画。返港后，宾四选定九龙乡郊沙田半山区居家，往返市区非常不便，遂久未去顾师处习画。第二次去青瑶师处习画时，她已迁入香港半山区西摩道。我每星期上课需徒步下山至火车站，乘火车进城，转搭轮船渡海，上岸再乘公共车或计程车上山，来去颇为费时。又因后来新亚校务繁杂，宾四患高血压，我习驾车后，一切作息时间皆视他需要为主，因此我从青瑶师第二次习画为时仅及一年，又不得不暂时停止。惟定期上课虽停，我与顾师一直保有联系，时趋其府受教，直到一九六七年我们迁居台北。此后我亦曾数度返港，每次抵港，亦必拜谒青瑶师。最后一次在港见面时，青瑶师一家正准备移居加拿大。我生性懒于写信，从此少联系。

青瑶师之大弟子荣卓亚女士，乃是港商李冀曜先生之夫人，自备有车，与青瑶师同在新亚任课，每次陪同青瑶师来去。我与卓亚女士因此往来亦甚稔，见其作品，皆甚精美。卓亚女士与青瑶师年龄相差不大，恐不到五六年。但其执弟子礼甚恭。其视我如同学，我则以前辈视之（编者按：李夫人先顾老师逝世数年）。青瑶师又曾先后介绍张碧寒、萧立声两先生来艺术系任教，张、萧两先生在新亚授课时期皆甚长。碧寒先生乃上海世家子，幼喜书画，曾从名师游，家富收藏，我们夫妇多次被邀至其府赏画。立声先生则以绘人物名。

我从青瑶师习画为时虽不久，但青瑶师对我影响甚深且巨，至今我稍能懂得些许对中国书画之欣赏与喜爱，实由青瑶师当日之启蒙及诱导。记得我从青瑶师习画，青瑶师命我应多读画。于是由青瑶师之介绍，认识香港太古洋行黄宝熙先生。宝熙先生之夫人（编者按：黄宝熙夫人丁潄清女士不幸数月前在港病逝）与公子仲方皆从青瑶师习画有年，尤以仲方弟年幼聪慧、秉性敦厚，极为顾师所宝爱，黄氏一家与青瑶师情谊弥笃。宝熙先生富收藏、喜鉴赏，邀我夫妇至其府观画。在其家，一面观画，一面聆听青瑶师与其议论，甚长我见识。我们夫妇曾多次被邀请，每次均有青瑶师在座。宝熙先生又曾与数友好结社定期展览，各出若干珍藏供欣赏，并不对社会公开，但青瑶师从不忘通知我前往。碧寒先生亦为一名画家，又精于鉴赏，知我初习画，每次在其府观画，他所谈论多从画家之布局，用笔着意处为言，如同给我上课，使我受益不浅。

一九六三年冬，美国密歇根大学与华盛顿福瑞尔博物馆联合拍取故宫全部书画珍藏照片。此事真是当时世界艺术界一件盛事，因故宫所藏两宋时期绘画珍品举世闻名，但从未公开于世。他们特聘请王季迁先生为顾问。其时，季迁先生自美来港，亦在新亚艺术系任教。青瑶师得知此消息后，一再鼓励我应把握机会随季迁先生赴台参观。当时故宫尚在台中雾峰乡下，我来台寄居台中一亲戚家，每晨搭车去雾峰看拍照，下午返台中，如同去办公。在台中停留近两月，虽未看完整个过程，但两宋、元、明之部已见十之八九。尤以其时在雾峰同观画者，除我之外，皆为专家，有来自美国专门研究中国画的博物馆负责人及各大学教授与研究生们多位，有台湾的画家、学者。他们一面观看，一面讨论，这段时期确实使我对中国画的认识迈进一大步。青瑶师又曾命我应多与季迁先生联系，因其为居美大收藏家，来港喜与香港书画古董收藏商往来，可以看到许多别人不易见到的私人收藏，我因此追随季迁先生亦曾看过港九间多家收藏。至今回忆，我所以能培养出对绘画的兴趣，实全赖青瑶师当年之教导与督促，如今青瑶师已仙逝，回忆往昔，曷胜怆然！

青瑶师居港后因体弱，作画不多，但即其教课时之随意数笔，亦皆清雅有致。我所见其作品不多，然每见一幅，不论大小，不论山水、翎毛、花卉或人物，都能使我悠然神往，观赏久久，爱不忍离。我夫妇迁居台湾时，青瑶师以我喜画梅，特检出其旧藏梅花谱两大册相赠，以为纪念。又特绘两小横幅相赠，一山水，一花鸟，至今悬于画室，常相晤对。每对青瑶师之画，总感有一股清逸之气自画中透出，而又觉其笔法刚劲有力，富男性气息，更为难得。青瑶师素喜倪云林画，犹记我习画仅三月，即命我开始临摹倪云林山水。她常喜用"不食人间烟火"一语来赞赏倪画之清雅。每读青瑶师画，我常不禁想到此语，亦常生此感，心中只觉一片安详宁静。

青瑶师体格矮小，瘦骨嶙峋，初见面给人有弱不禁风之感。相交久，则知她实是一位个性坚毅独立性极强的女性。我曾听顾师自道，甚为年轻时，即需独立奉老母抚稚子。又曾言，自幼习画虽渊源于家学，但诗、书、画、刻四样全能，却是自己不服输的个性奋斗得来的。五六十年前，在中国社会，一个年轻女性出外自谋生活大非易事。我常对宾四说，青瑶师自有一股豪杰之气，惟相知不久，则难以体会到。

新亚艺术系创于艰困中，以后能得到香港社会的看重，以及国际学术界的承认，不能不归功于早期艺术系诸位先生的努力。他们当时只支领极有限的钟点费，课后常为学生改习作，不计名利，都曾对新亚艺术系的创建有过贡献。

我于一九五六年春于归宾四,至一九六五年,宾四辞去新亚院长一职,前后整十年,我独与新亚艺术系诸先生往来最多,过从最密,而尤以青瑶师之人品高卓、造诣精纯,观其所志,应可与古人相伯仲,尤其使我毕生难忘。即艺术系诸先生,对青瑶师亦群加推敬,无异辞。我近两年来忙于写《中国教育史》一书,画笔久已搁置。今骤闻青瑶师仙逝,万感丛集,真不知如何下笔,稍吐我寸心敬悼之万一;但亦终不能不一吐,遂草此文,聊抒我郁。

　　一九七八年八月二十二日钱胡美琦写于外双溪素书楼
　　　　　　　　　　　　　　(《新亚生活月刊》六卷七期)

新亚书院创办简史

新亚书院创办于一九四九年,在流离颠沛中,无财力、缺人力,一切过程简陋无章,未有详细之记录,以至于今无一确实无误之校史。

学校创始初期,凡与外界接触,常由余个人经手。其交涉经过,多委曲转折,个中辛酸有不足为外人道者。私念人生处艰困中,人心更需鼓舞,虽耗费心力,凡无确切希望之事,余对学校同仁常略而不言。有确切希望之事,亦往往仅告以简约,其曲折过程皆所省略。此或为学校同仁对创办初期实情所知多误之主因。

惟新亚之有今日,实有赖甚多校外人士之热心帮助。而不详实情,则无所感激。今欣逢创办四十周年,余责无旁贷,理应为新亚写一创校简史,此实为余应尽而未尽之责任。惟余已老迈不堪,近年来思路日塞,已无力特撰专文,今仅将余《师友杂忆》一书中所述,剪裁成篇。该书为余十年前所撰,虽限于体例,叙述过于简略。然有关新亚之一段,乃余生命中最值珍视者,凡所记忆,大体无误,略堪新亚师生之参考。

一九四九年春假,余与江南大学同事唐君毅,应广州私立华侨大学聘,由上海同赴广州。一日,在街头,忽遇老友张晓峰。彼乃自杭州浙江大学来。告余,拟去香港办一学校,已约谢幼伟、崔书琴，亦不久当来，此两人乃余素识。又一人治经济学，余所未识。今亦忘其名。晓峰邀余参加。余谓，自一九三七年秋起，屡荷浙大之邀，仅赴遵义作一短期停留，有负盛情，每以为憾。此次来广州，本无先定计划，决当追随，可即以今日一言为定。晓峰又告余，近方约集一董事会，向"教育部"立案，俟事定再告。但此后不久，闻晓峰已去台北矣。

※ ※ ※

余在侨大得识同事赵冰，一见如故。秋季侨大迁回香港，赵冰夫妇与余偕行，余即宿其家。后乃借一中学校教室，暑假无人，余夜间拼课桌铺被卧其上，晨起即撤被搬回课桌，如是为常。

嗣又得"教育部"函邀孔子诞辰作公开演讲重返广州。乃闻幼伟、书琴两人已抵港，进行创办学校事，而余在香港竟未获与彼两人谋面。校名为"亚洲文商学院"，由幼伟约其友人刘某为监督，派余任院长。余去函声明，决践宿诺，返港共事，惟院长一职，万不愿任。一则人地生疏。二则粤语、英语均所不习，定多困难。三则与监督刘君素昧平生。恳幼伟、书琴另商。不日，幼伟、书琴特嘱晓峰原邀之第三人治经济者返粤，携幼伟、书琴函，面告一切，促余速返港。迨余抵港，晤及幼伟、书琴，乃知依港例，申请创办学校，必由监督一人出面负责。刘君夙居香港，与幼伟熟稔，故请其任此职，俾便与香港教育司接头。并谓院长一职，亦已正式立案，成为定局，极难临时更动。此后校中一切事，彼两人必尽力应付。余见事已如此，只有勉允。

不久，幼伟忽得印尼某报馆聘其去任总主笔。书琴力劝其行，谓狡兔三窟，香港新校究不知若何维持，幼伟去印尼亦可多得一退步，港校事彼当加倍尽力。余见彼两人已同意，亦无法坚留幼伟。而赴广州面促余之某君，亦留粤不再返。于是亚洲文商之开学，实际乃由余与书琴两人筹划。有时书琴夫人亦在旁与闻鼓励。余即邀在广州新识之张丕介，时在港主编《民主评论》，恳其来兼经济方面之课务。又商得君毅同意，彼随侨大来港，恳其兼任幼伟所遗哲学方面之课务。书琴则任教务长一职。于一九四九年之秋季十月正式开学。时并无固定之校址，只租九龙伟晴街华南中学之课室三间，在夜间上课，故定名为"亚洲文商夜校"。又在附近炮台街租得一空屋，为学生宿舍。

开学后不久，丕介偕其在重庆政治大学之旧同事罗梦册来晤面。余抗战时赴重庆，曾与梦册在政大有一席之谈话。至是亚洲文商遂又获一新同事。又君毅旧友程兆熊，亦来港，亦聘其任教。惟彼不久即离港去台，在台北代为亚洲文商招生，得新生约二十人，由台来港。亚洲文商在港新生仅得约四十人，至是乃增至六十人之数。

余在港又新识一上海商人王岳峰，彼对余艰苦办学事甚为欣赏，愿尽力相助。遂在香港英皇道海角公寓租赁数室，作为讲堂及宿舍之用，安插自台来港之新生。而余等则在日间赴香港上课，夜间则仍在九龙上课。时为一九五〇年之春，即亚洲文商学院开办之第二学期。余与君毅暂住九龙新界沙田侨大宿舍，两人轮番住炮台街宿舍中，与诸生同屋。

※　※　※

一九五〇年之秋，岳峰斥资在九龙桂林街顶得新楼三楹，供学校作新校舍。余遂商之监督刘君，拟改学校为日校。刘君似以此一学年来，学校事皆由余接洽主持，彼不欲再虚应监督之名。乃告余，亚洲文商乃彼所创办，不欲改日校，亦不愿将校名相让。当由君另向香港教育司申请立案创办新校。余遂赴香港教育司另请立案。其时书琴夫妇亦因台北来邀，离港而去。新校遂由余一人主持。

学校自迁桂林街，始改名"新亚书院"。桂林街乃在九龙贫民区中新辟，一排皆四层楼，学校占其三单位中之三、四两层，每单位每层约三百尺。三楼三单位中，一单位是学生宿舍，另两单位各间隔成前后两间，得屋四间。前屋两间向南，各附有一阳台，由丕介、君毅夫妇分居。丕介后屋一间，余居之，君毅后屋一间，为办公室兼余及张、唐两家之膳堂。四楼三单位共间隔成四间教室，两大两小。梦册夫妇由岳峰另赁屋居之。

同事亦大增，吴俊升士选亦来港，别与数人创一学校，而为况极冷落。至是遂来新亚任课。（士选在新亚任课约一年，离港赴台九年后，新亚得香港政府补助，余邀其再返新亚任副校长职。）又介绍该校同事任泰东伯来任英语课。东伯曾任西方某团体英译汉书事，与余为新识。刘百闵、罗香林亦来任课，两人皆旧识。张维翰莼沤在滇相识，曾邀余至其家午餐长谈。余极赏其屋宇精雅，花木幽茜，有诗人之致。至是亦在港晤面。彼谓，君艰苦创学校，恨无力相助，愿义务任教国文一课，以表同情。梁寒操新相识，亦来任国文课。卫挺生曾于某年暑假在庐山晤面，彼询余留学何国。余告以年幼失学，未获进国内大学，更无出国机会。彼谓与君虽初见面，然君在商务出版之《论语要略》特在家教子诵读。我两人实如故交，幸勿过谦。余谓此乃实语，非谦辞。彼谓，君未受新式教育，于《论语》一书，以如此新的编纂，表达如此新的观点，更非常情所能想像。至是亦在港再晤，来校

新亚书院创办简史

任经济方面之课务。又陈伯庄，在重庆相识，曾书柬往返有所讨论。至是亦再晤面。彼家近桂林街，喜围棋，余亦已破戒，遂常至其家对弈。彼亦来校任社会学方面之课务。兆熊与陈诚辞修有戚谊，其返台时，辞修留其居台。但兆熊仍返港，愿与余等同甘苦，来校继续任课，学校无法为彼安排住处，乃举家住郊区沙田。为省交通费，往返十数里，每日作长程徒步。又有杨汝梅，在大陆金融界负盛名，与余为新识，亦邀其来校任教。

当时在香港学校任教者，例必详列其学历、资历报教育司。时香港教育司亦特聘国内来港学人某君任秘书，见新亚所聘各教授，均系国内政界、学界知名负时望者。论其人选，香港大学中文系远不能比，新亚遂因此特受教育司之重视。某日，教育司长高诗雅亲来巡视，适余不在校，见楼梯口有新亚书院大学部一匾，嘱移去勿悬室外。香港惟有一大学，即香港大学。居民皆径称大学堂，不闻有称香港大学者。自不能破例许人另立一大学。然教育司于新亚特多通融，有所请乞，皆蒙接受，甚少为难。殆亦震于新亚之教授阵容有以使然也。

新亚又另组董事会，请赵冰为董事长，亦在学校任课。其他如寒操等，皆邀为董事，多粤人所推敬。而赵冰为香港大律师，尤受港人重视。香港律师职务名利兼高，惟大律师占极少数，业务亦冷落。香港除英国法律外，亦兼行大清律例。赵冰于此方面，乃一人独擅。然登其门者，如夫妇、父子等涉讼，赵冰必先晓以大义，详述中国伦常大道，劝其自为和解。或竟面斥，不啻如一番教诲，使来者难受。余常亲往其事务所，赵冰每一人寂居，携便当充午餐，门可罗雀。得其允为辩护者，数十案中难得一案。故虽为香港政府所重视，而其家境清寒，不仅为律师业务中所少有，亦知识分子中所稀见也。故新亚董事会亦先与学校有谅解，专为学校法律上之保护人，而绝不负学校经济方面之责任。

学生来源则多半为大陆来港之青年，尤以调景岭难民营中来者占绝大比数。彼辈皆不能缴学费，更有在学校天台上露宿，及蜷卧三、四楼间之楼梯上者。遇余晚间八九时返校，楼梯上早已不通行，须多次脚踏襆被而过。或则派充学校中杂务，如扫地、擦窗等，可获少许津贴。而学校亦并无一工友，仅一厨师治膳食，由岳峰家派来。一人管理一切文书缮写，由广州来港之某君任之，此人亦得暇旁听课业。有好许学生，一俟其家在台定居，即中途离校而去。至如香港居家者，因见学校规模穷陋，应考录取后，亦多改读他校。否则亦随例请求免费，或求免一部分。总计全校学生不到百人，而学费收入则仅得百分之二十而已。

其时学校经费日形窘迫，而同人课务则不甚繁重。不得已乃规定钟点计薪，任课一小时受酬港币二十元。同人坚持余必支最高薪，乃任课十时，月薪港币两百。依次而下，至港币八十、一百不等，然仅为一时维持之计。

新亚初创时，又设一公开学术讲座，每周末晚上七时至九时在桂林街课室中举行。校外来听讲者每满座，可得六十人至八十人左右。学生留宿校内者，只挤立墙角旁听。有一老者，每讲必来，散会后，仍留三楼办公室闲谈。乃知其为江苏南通籍沈燕谋，与胡适之同年出国留学，在美学化学，归国后协助张謇季直在沪办工厂。以其余暇，阅览古籍，方专意陈寿《三国志》。在港无事，交谈既熟，遂成至友。盖余等之在此办学，既不为名，亦不为利，羁旅余生，亦求以文会友，以友辅仁之意。此讲会能对社会得何成效，亦所不计。而海外逃亡获交新友，亦枯寂生命中一莫大安慰也。

※ ※ ※

王岳峰之经济能力有限，亦尽能为新亚顶押一新校舍，又维持其前一两月之日常经费，以后即不再能供给。新亚已达山穷水尽之绝境，同人等皆盼余赴台北，倘获政府支援，或可再维时日。

一九五〇年之冬，余以新亚全校同人力促赴台北，期获救济，少维年月，再谋发展。某日，乘飞机抵台北，已有数人奉蒋经国先生命来机场迎候。是夕，宿火车站近旁之励志社。翌晨，即蒙蒋介石先生召见午宴，由张晓峰陪赴士林官邸。是日，适大陆派伍修权赴美国，出席联合国讲演。蒋先生在市区开会未归，电话来官邸，嘱稍待。蒋夫人陪坐，命煮汤团充饥，并与余谈伍修权事。余谓伍修权此行决无成果。夫人言，当持反对意见发问，俾君畅言，幸勿介意。如是往返问答，市区亦屡来电话。逾午刻，蒋先生返。即设午宴，席间蒋先生垂询新亚事。余所最受感动者，所进米饭乃当时之配给米，甚为粗糙。念蒋先生高年亦进此米，余等稍涉艰难，何敢直率以告。遂趑趄以他语搪塞。

隔日之晚，陈辞修亦在其官邸招宴。同座者仅台湾大学校长傅斯年孟真一人。余与辞修乃初识，是夕所谈多由孟真与余畅论有关前清乾嘉学术方面事。又一日，经国先生招宴，所进亦属配给米。又一日，谒程天放于其官邸。时官邸尚在台大左外侧市郊僻处，一切设备极简陋，何忍以新亚处境渎陈，遂亦绝口不谈。

又一日，居正觉生招宴。觉生乃抗战时期重庆旧识，询余新亚事。谓，闻君创办此校极艰辛，此来亦有所请乞否。余详告经过，并谓依理应向"教育部"陈述。然观"教育部"之拮据，亦何忍开口。觉生言，君幸稍待，我当为君作一安排，再以相告。越日，觉生告余已为代洽，某夕在天放寓邸餐聚，届时各部均有负责人列席，可共商之。是夕，余在席上仅陈在港一年半之观感所及，供作参考。乃述及新亚事，谓最渴需者，各位任课人之钟点费。最低以每小时每月港币二十元计，再加其他紧急开支，全校每月至少需港币三千元，勉可维持。张厉生言，今夕陈辞修先生因事不克来，新亚事明晨转达，台北应可承允协助。王世杰雪艇继言，此来得蒋介石先生面谕，"行政院"协款几何，蒋先生当从府中办公费项下节省出同额款项相助，遂定议。惟"行政院"协款须留待提出"立法院"通过，约需待明春始可作正式决定，蒋介石先生款则立可支拨。余言得蒋先生协款，目前难关已可渡过，此后当续报情况。此夕之会遂告结束。后余亦再未向"行政院"提起对新亚协款事。

※　※　※

余此来目的已达，群劝余作中、南部之行，略观台湾情况。北大旧同事陈雪屏，时长台湾教育部门，派一员同行，俾沿路接洽，在各中学作讲演。余之此行又别有一私事。前在无锡江南大学曾撰《庄子纂笺》一书，遍检群籍，犹有近代著作两小书未见。此来，询之"中央研究院"，悉皆藏有，乃设法借出，携以南行。至台南工业专门学校，即此后之成功大学，其校长官邸移作宾馆，屋舍宽敞，有园林之胜。余得一人借宿馆中，环境清幽，日夜展读此两书，选录入余之纂笺中。旬日完工，纂笺一书遂得成稿。

余又去凤山，在陆军官校作讲演。总司令孙立人邀余至其屏东寓邸，乃前日本空军军官宿舍。楼屋数十座，尚多空置，未经派定居家。余告立人，王雪艇告余，万一香港有变，台北派船去港，新亚学校可获优先第一批接运来台。学生可转各学校肄业，惟教师及其家眷未蒙提及。此处多空楼，君肯暂留数座备济急否。立人问需若干。余答，有四五栋即够。立人允之。余此行为新亚前途乃得一大解决。归后告诸师生，皆欣慰万状。

余又去冈山海军官校。海军总司令桂永清，适因公去台北，由副总司令马纪壮接待。余又去彰化，爱八卦山之幽静，一人独宿一空楼，历一星期始离去。适永清返冈山，邀余再去，又留宿数日。永清偕余去澄清湖，其时尚为一荒湖。两人坐沿湖草地上，欣赏湖景。遥望湖中一山，永清指以告余，君肯留台，可在此湖中山上定居，真读书胜地也。海、陆两官校皆近，君可分别去讲学，振作士气，亦大佳事。余答，新亚师生在惶栗不安中，余不能不归去共患难。此湖如在仙境，仅可留余梦想中矣。时海军官校有大鹏剧团正上演，每夜必往观赏。适齐如山亦来，畅谈平剧种种艺术特胜处，亦此行意外一快事。

※ ※ ※

一九五一年之夏，香港大学中文系新聘英国人林仰山为系主任。一日，偕及门柳存仁来访。

仰山邀余至港大任教。余答以新亚在艰困中，不能离去。仰山坚请，谓，君不能离新亚，来港大兼课，事无不可。余答，新亚事万分艰辛，实不容余再在校外兼课分心。仰山谓，君来港大，不仅港大诸生同受教益，并港大中文系一切课程编制及系务进行亦得随时请教。又谓，港大近得美国在港救济知识分子协会一款，可聘任若干研究员。君可否兼任港大研究员名义，时间可无限定。余为其诚意所感，答，愿在必要时参加港大中文系集会，贡献意见，惟以不任职、不授课、不受薪为原则，仰山无以强。

林仰山来港大主任中文系，贺光中辞职离去。罗香林、刘百闳皆改聘为专任。两人皆新亚旧同事。百闳并在余来台时,多方尽力为新亚谋渡难关,与余情意犹密。故余屡次去港大中文系出席会议毫无拘束。仰山又定同系诸教师每月必有一宴集,轮流为主人,余亦必被邀参与,但终不许余为此项宴集之主人。

是年美国人艾维来香港主持香港美国之亚洲协会职务。初到,即来访,谓在美有人介绍,故特来访。艾维尚年轻,直率坦白,一见如故。谓初来一切摸不到头脑,但知余创新亚之艰辛,他日有可能,必尽力相助,遂常来往。

※　※　※

余又于一九五一年冬再赴台北,因前一年来台,在台中得识台籍数友。彼辈意欲余在台办一新亚分校,来函告余已选定校址。港方同人亦以新亚在港困顿无发展,倘在台办分校,或可获新生机,遂又促余行。余抵台后,即去台中,观察所择地址。在郊外,离市不远。背临山,草坪如茵,溪流纵横,地极宽敞,旷无人烟,将来宜大可发展。时刘安祺驻军台中,告余,学校建筑可派军队任之,于地价外又可省工资。君应急速从事。

余返台北,即向陈辞修报告。辞修告余,台北决策不再增设大学。余谓,多增大学,毕业生无安插,固滋不安。但为长久计,大学毕业高级知识分子恐终嫌不够。余又谓,闻明年美国教会将来台设立一新大学,不知何以应之。当时台湾称大学者惟台湾大学一所。此国外教会所拟来台创办之大学,即翌年成立之东海大学。辞修言,此事容再思之。

余既未得明白应允,而滞留已数月,拟即归。何应钦敬之为当时之"战略顾问委员会"主任委员,来邀作讲演。余择《中国历代政治得失》一题，分汉、唐、宋、明、清五代，略述各项制度，共讲五次，是为余在台北有系统演讲之第三次。

※　※　※

余讲演方毕，忽又朱家骅骝先来邀为某协会作一次讲演。依例该会按月一讲，自该月十五至下月十五为一期。时适在四月初，骝先云，三月份讲会尚未举行，恳余少留在十五日前作一讲。余允之。不日，骝先又来云，顷一法国某君过此，不克多留，拟将君讲期让之。四月十六日为四月份讲期之最先第一日，恳君即移是日讲演，幸君再稍留。余亦允之。不日，骝先又来告余，谓常借用之讲堂共有几处，不巧是日均不克借用，顷借淡江文理学院新落成之惊声堂，乃为该堂第一天使用日。届时当派车来接，余亦漫允。及期，余忽觉心神不安，骝先派车未到，余径自雇街车去，适该车夫不识地址，过门不停，驶尽一街，乃知有误，回头再觅，始得。上讲堂已误时，听者盈座，楼上座位亦满。有柴春霖，约友数人游士林花圃，诸友乘原车赴阳明山，春霖独云，需听讲演，一人雇车来惊声堂，坐楼上。余讲辞已毕，待听众发问，前座有人先离去。骝先见春霖在楼上，招手邀其下楼来前座。余方答问者语，忽屋顶水泥大块坠落。盖惊声堂建筑方竣，尚未经工程师验收，提前使用，乃出此变。时余与骝先骈肩立讲台上，余一手表放讲桌上两人间。泥块直击余头部，骝先无恙，即桌上手表亦无恙，余则倒身泥块下。一堂听众惊声尽散，忽有人忆余倒台上，乃返，从泥块中扶余起。一人见余头部血流不止，乃以手持笔记本掩之。出门漫拉一车，直送附近之中心诊所。余已不省人事。但尚闻一人言，我乃代表蒋先生来慰问。又闻一人云，彼已死去。盖春霖坐前座，被泥块击中胸部。彼本有心脏病，送来医院即气绝。余与春霖不相识，始终未睹其一面，然春霖不啻为余而死，每念此事，不胜惋然。又闻人云，今当送君移手术室。余既一切不知，乃能闻此三语，亦心理学上一稀遘之经验也。

过一宵，晨醒，漫问余在何处。旁一女护士云，在医院中。余忽忆及有一讲演，未去出席，奈何。女护士告余，讲演已毕，乃来此。余竟全不记忆。稍后，乃渐忆起，直至屋顶泥块下坠前，余方作何语，亦记及。此下则全由别人相告，即头部痛楚亦不自知。若果从此死去，则生不知何由来，死不知何由去，真亦人生一大糊涂，亦人生一大爽快矣。是日为一九五二年之四月十六日，余五十八岁，诚为余此后生命中最值纪念之一日。

余在病中得新亚同仁来信，知香港政府新定法令，凡属私立学校，其为不牟利者，须据实呈报，由港政府详查核定。余遂函嘱由新亚董事长赵冰代劳一切。结果得港政府认许新亚乃为香港当时惟一独有之一所私立不牟利学校。此亦新亚一难得之荣誉也。

余在存德巷养病时，适新亚学生胡美琦服务台中师范学校图书馆，日来相陪。前后约共四月，余始转台北、返香港。而余之头部常觉有病，阅一年后始痊愈。

※　※　※

翌年，一九五三年初夏，美国耶鲁大学历史系主任卢鼎教授来香港，约余在其旅邸中相见，苏明璇陪往。明璇毕业于北平师范大学，其妻系师大同学，曾亲受余课。又明璇曾在台湾农复会任事，北大校长蒋梦麟为主委。及是来香港美国亚洲协会任职，故与余一见即稔，常有往来。据一九八〇年卢鼎来香港参加新亚三十周年纪念之讲词，知其当年来港前，先得耶鲁大学史学系同事瓦克尔教授之推荐，故卢鼎来港后，余为其相约见面之第一人。瓦克尔曾在一九五二年先来香港，后又来港任亚洲协会事，与余亦甚相稔。是晨，卢鼎告余，彼受雅礼协会董事会之托，来访香港、台北、菲律宾三处，以学校与医药两项为选择对象，归作报告，拟有所补助，俾以继续雅礼协会曾在中国大陆长沙所办医院及学校两事未竟之业。彼谓，君为我此行首先第一约见之人，如有陈述，请尽直言。余答，蒙约见，初无准备。君既负有使命，倘有垂询，当一一详告。卢鼎闻余语，面露喜色，随于衣袋中掏出两纸，写有二三十条，盖事先早书就者。遂言，如我所问直率琐碎，幸勿见怪。余答，尽问无妨。

卢鼎首问，君来港办学校，亦意在反共否？余答，教育乃余终身志业所在，余在大陆早已从事教育数十年，但办学校自有宗旨，决不专为反共。卢鼎又问，君办学校曾得台湾补助，有此事否？余答，蒋介石先生乃以与余私人关系，由办公费中拨款相助，与正式补助性质不同。卢鼎又问，以后倘得他方补助，能不再接受此款否。余答，此项补助本属暂时救急，倘新亚另有办法，此款自当随即请停。卢鼎又问，倘雅礼能出款相助，须先征港政府同意，君亦赞成否？余答可。以下卢鼎逐条发问，余逐问回答。自上午九时起，已逾中午十二时始问答完毕。三人遂出外午餐。卢鼎又随问余对宗教之态度。余答，余对各宗教均抱一敬意，在余学校中，耶、回教徒皆有，并有佛寺中之和尚、尼姑在校就学者。但余对近百年来，耶教徒来中国传教之经过情况则颇有不满处。卢鼎屡点首道是。余又告卢鼎，余决不愿办一教会学校。卢鼎亦点首。惟卢鼎言，雅礼倘决定对新亚作补助，仍须派一代表来，俾其随时作联系。余谓此属雅礼方面事。但此一代表来，不当预问学校之内政。卢鼎亦首肯。

相晤后数日，卢鼎即去台北。返港后，又约相见。卢鼎告余，彼不拟再往菲律宾，已决以新亚一校为雅礼合作对象。并嘱余，分拟年得美金一万、一万五、两万之三项预算，由俾携归，俟董事会斟酌决定。余遂写一纸与之，定年得一万则另租一校舍，一万五则顶一校舍，两万则谋买一校舍。卢鼎见之，大表诧异，云，闻君校诸教授兼薪微薄，生活艰窘，今得协款何不措意及此。君亦与学校同仁商之否。余答，君与余屡见面，但未一至学校。余因指桌上一茶杯云，如此小杯，注水多，即溢出。余等办此学校，惟盼学校得有发展，倘为私人生活打算，可不在此苦守。如学校无一适当校舍，断无前途可望。请君先往新亚一查看。一日，卢鼎私自来新亚，遇及两学生，在课室外闲谈而去。适新亚举行第二届毕业典礼，在校外另借一处举行，亦邀卢鼎前往观礼。卢鼎来，礼成，留之聚餐，与诸同仁分别谈话而去。后新亚三十周年纪念，卢鼎讲演词中谓，是夕见新亚举校师生对余一人之敬意，深信此校之必有前途。

卢鼎临别前告余，彼返美后，雅礼董事会定于新亚有协助。惟君对此款，仍当作学校日常开支用，至于校舍事，容再另商。又约一美人萧约与余见面，谓彼亦雅礼旧人，今居港，有事可约谈。及卢鼎返美后，来函云，补助费按年二万五千美元，又超原定最高额之上。但萧约延不交款。一日，萧约来校告余，天热，教室中不能无电扇，已派人来装设。余因语萧约，谓君告余雅礼款已到，今延迟不交，岂欲新亚先拒台北来款否？此事决不可能。苟余得雅礼协款，再谢辞台北赠款，始有情理可言。如欲余先拒受台北赠款，以为获取雅礼协款之交换条件，以中国人情言，殊不妥当。萧约道歉，即送款来。时为一九五四年之五月。

新亚乃具函谢蒋先生，赠款乃从此而止。

同时艾维来告，有关校舍事，卢鼎在离港前曾与彼相商，当另作筹措，幸勿为念。余初来港，人心惶乱，亦曾为新亚经费多方向大陆来港商人辗转请乞。其稍有关系者，亦曾出力相助。惟所开支票，既不列受款人姓名，亦不列付款人姓名，若恐他日或因此受累。余亦遂不敢以此扰人。余初次自台北返港，教育司即派人来邀余到教育司一谈，云有人向政府告密，谓君实去广州，非去台北。教育司因受政府嘱，不得不邀君亲来解释，此亦政府礼待之意，务恳原谅。余适有台北返港证一纸留在身边，乃携赴教育司。司中人以咖啡点心相待，欢语移时，屡表歉意。如此类事，不胜枚举。及是时局渐定，然新亚得雅礼协款已普遍流传，欲再获他方协助亦成难事。或有疑新亚不获中国社会同情，乃始终仅赖雅礼一方协助，此一层在余心中常滋惭恧，然亦无可语人也。

※ ※ ※

卢鼎离港后艾维又来访，语余，新亚既得雅礼协款，亚洲协会亦愿随分出力，当从何途，以尽绵薄。余告艾维，新亚创办乃因大陆遭剧变促成。余意不仅在办一学校，实欲提倡新学术，培养新人才。故今学校虽仅具雏形，余心极欲再办一研究所。此非好高骛远，实感迫切所需。倘亚洲协会肯对此相助，规模尽不妨简陋，培养得一人才，他日即得一人才之用，不当专重外面一般条例言。艾维深然之。谓愿出力以待他日新机会之不断来临。乃租九龙太子道一楼，供新亚及校外大学毕业后有志续求进修者数人之用。新亚诸教授则随宜作指导，是为新亚研究所最先之筹办。时为一九五三年之秋。

※ ※ ※

一九五四年秋季，新亚自得雅礼协款，即在嘉林边道租一新校舍，较桂林街旧校舍为大，学生分于嘉林边道及桂林街两处上课。雅礼派郎家恒牧师来作驻港代表。余告以雅礼派君来，君之任务，雅礼当已交代明白，余不过问。学校事，已先与雅礼约定，一切由学校自主。君来乃学校一客，学校已为君在嘉林边道布置一办公室，君可随时来。双方有事，可就便相商。家恒唯唯。但数月间，家恒袖来介绍信已三四封。余告家恒，学校聘人必经公议。外间或误会新亚与雅礼之关系，凡来向君有所请托，君宜告彼径向学校接头，俾少曲折。家恒亦唯唯。

又一日，艾维来告，卢鼎返美，即为新亚建校舍事多方接洽。顷得福特基金会应允捐款。惟香港不在该基金会协款地区之内，故此事在美惟雅礼，在港惟彼与余两人知之，向外务守秘密，以免为福特基金会增麻烦。余初意拟在郊外觅地，屡出踏看。遇佳处，又因离市区远，各教师往返不便。而大批造教授宿舍，则财力有限，又妨学校之发展。最后乃决定在九龙农圃道，由港政府拨地。建筑事均交沈燕谋一人主持。忽得港政府通知，港督葛量洪不久即退休，在其离港前，盼能参加新亚校舍之奠基典礼。遂提前于一九五六年一月十七日举行新校舍奠基典礼，而建筑则于一九五六年暑后落成迁入。

某日，福特基金会派人来巡视，极表满意。余询其意见。彼谓，全校建筑惟图书馆占地最大，此最值称赏者一。课室次之。各办公室占地最少，而校长办公室更小，此值称赏者二。又闻香港房租贵，今学校只有学生宿舍，无教授宿舍，此值称赏者三。即观此校舍之建设，可想此学校精神及前途之无限。余曰，君勿促一巡视，而敝校所苦心规划者，君已一一得之，亦大值称赏矣。嗣后学校又有第二、第三次之兴建，此不详。

※ ※ ※

一九五五年春，哈佛雷少华教授来嘉林边道访余，沈燕谋在旁任翻译。余谈新亚创校经过，谓斯校之创，非为同人谋啖饭地，乃为将来新中国培育继起人才，雷少华极表赞许。余谓，惟其如此，故学校规模虽小，同时已创办了一研究所。科学、经济等部分优秀学生，可以出国深造，惟有关中国自己文化传统文学、哲学、历史诸门，非由中国人自己尽责不可。派送国外，与中国人自己理想不合，恐对自己国家之贡献不多。惟本校研究所规模未立，仍求扩大。雷少华提声道是。谓君有此志，愿闻其详，哈佛燕京社或可协款补助。余言，新亚同仁对原有研究所只尽义务，未受薪水。依香港最近情势，大学毕业生即须独立营生，故办研究所，首需为研究生解决生活，供以奖学金。以当前港地生活计，一人或一夫一妇之最低生活，非港币三百元，不得安心。正式创办最先仅可招收研究生五六人，此下再相机逐年增添。雷少华谓此款当由哈燕社一力帮助，君可放手办去。余谓尚有第二条件，雷默然良久，问复有何条件。余答，办研究所更要者在书籍，前两年日本有大批中国书籍可购，新亚无经费，失此机会，但此下尚可在香港络续购置，惟已无大批廉价书可得。雷谓此事诚重要，哈燕社亦当尽力相助。余又谓尚有第三条件，雷甚表诧异之色，谓更再有第三条件耶？君试再续言之。余谓新亚办此研究所，由哈佛出款，一切实际进行则新亚自有主张，但须逐年向哈燕社作一成绩报告，始获心安。故创办此研究所后，即宜出一学报，专载研究所指导同仁及研究生之最近著作与研究论文，可使外界知此研究所之精神所在，亦为全世界汉学研究添一生力军，亦即为哈燕社作报告。此事需款不巨，但为督促此一研究所向前求进，亦不可缺。雷频频点首，告余，君可照此三项具体作一预算，当携返哈佛作决议。是晨十时起，谈至十二时，余偕燕谋在街上一小餐店与雷少华同膳而别。

新亚已先得亚洲协会之助，即在太子道租一层楼，作办研究所之用。但艾维不久即离亚洲协会，此事遂无发展。至是，始为新亚创办研究所之正式开始。

新亚研究所在先不经考试，只由面谈，即许参加。或则暂留一年或两年即离去，或则长留在所。自获哈燕社协款，始正式招生。不限新亚毕业，其他大学毕业生均得报名应考。又聘港大刘百闵、罗香林、饶宗颐三人为所外考试委员，又请香港教育司派员监考。录取后修业两年，仍须所外考试委员阅卷口试，始获毕业。择优留所作研究员，有至十年以上者。

※　※　※

一日，余告董事会，有一报告但非议案不必讨论。学校拟创办一艺术系，以经费困难，下学期学校先添设一二年制艺术专修科。仅求在学校中划出教室及办公室两间。教师已多洽聘，但如本校初创时例，只致送钟点费，学校不烦另筹经费。俟艺术专修科获得社会之认可，相机再改办艺术系。诸董事皆默无语。此后有一董事，美国人，屡向余作戏言，云此乃报告，非议案。以艺术系初办，即获美誉，故彼常忆及往事也。

艺术专修科创始于一九五七年二月，又得侨港珍藏名画者三四人，各愿暂借其所藏，合得四十件左右，暑假期间由新亚开一展览会。一时观者络绎，港督亦特来参观。其后艺术专修科师生又举行一次作品联展，颇获佳誉。此项展览品后由雅礼协会赞助运往美国，在美国各地巡回展览，亦得美誉。其有助于此后正式成立艺术系为力亦甚大。一九五九年秋，雅礼协会又增加协款，正式添设一艺术系。但教师待遇则仍不平等。

余因艺术系与其他各系同样招考，有不合资格应考，而有志学国画者，多被拒门外。遂于假期内开设一补习班。并同时开一展览会，展出学期中诸师生近作。社会观众瞻其成绩，竞来报名，学校即以补习班所得学费，补贴艺术系各教师，聊济薪水之微薄。

※　※　※

雅礼驻新亚之代表，初派郎家恒。一九五八年暑改派罗维德来作代表。罗维德乃耶鲁大学之宗教总监，又任耶鲁大学皮尔逊学院院长。其在耶鲁德高望重。年老退休，雅礼乃请其来港任驻新亚之代表。

一日，罗维德语余，若新亚更求发展，似宜添设理学院，但不知余意云何。余云，余亦久有此意，惟需经费甚巨，不敢向雅礼轻易提出。今君亦同具此意，大佳。但物理、化学诸系，须先办实验室，俟物理仪器化学药品粗备，始可正式开办，免来学者虚费岁月。当先开设数学系，次及生物系，只需购置显微镜等少数几项应用仪器即可。时适耶鲁有理学院某教授赴菲律宾，为其某大学部署理学院研究所，罗维德遂邀其迂道来港，为新亚设计，以最低款筹备物理、化学等实验室。而数学、生物两系，则率先创设。时为一九七〇年秋。隔一年，始正式添物理、化学系。

若非罗维德来港，新亚理学院恐不能如此顺利创办。

其时香港政府忽有意于其原有之香港大学外，另立一大学。先择定崇基、联合与新亚三校为其基本学院，此后其他私立学院，凡办有成绩者，均得络续加入。崇基乃一教会学院，经济由美国各教会支持，创办后于新亚。联合书院乃由亚洲基金会出资，集合其他私立学院中之五所组成。因新亚已得雅礼、哈佛协助，亚洲基金会遂改而支持此五校。凡此崇基、联合、新亚三校，皆得美国方面协助。港政府似乎意有不安，乃有此创办一新大学之动议。崇基、联合均同意，新亚同人则多持异见。余意新亚最大贡献在提供了早期大批青年难民之就学机会。今则时局渐定，此种需要已失去。而新亚毕业生，非得港政府承认新亚之大学地位，离校谋事，极难得较佳位置。倘香港大学外，港政府重有第二大学，则新亚毕业生出路更窄。此其一。又国内学人及新起者，散布台港美欧各地日有加，倘香港再增办一大学，教师薪额一比港大。此后络续向各地延聘教师，亦可借此为国储才。香港政府所发薪金，亦取之港地居民之税收。以中国人钱，为中国养才，受之何愧。此其二。三则办一大学，当如育一婴孩，须求其逐年长大。而新亚自得雅礼、哈佛协款，各方误解，欲求再得其他方面之大量补助，事大不易。必求一校独自发展，余已无此力量与信心。抑且余精力日衰，日间为校务繁忙，夜间仍自研读写作，已难兼顾。亦当自量才性所近，减少工作，庶亦于己无愧。而香港政府意，则实以新亚参加为其创办新大学一主要条件。余以此事告罗维德，彼极表赞同，更不发一语致疑问。余谓学校内部会议，余可负全责。遇学校与港政府磋商，君肯任学校代表，不惮奔走之劳否。彼亦慨允。

一日，港政府送来一创办新大学之纲领，凡二十余款，嘱各校参加意见。新亚特开一会议，逐款加以改定者，逾三之二。但港政府亦不坚持，率从所改。又一日，余偕同事四五人赴教育司应邀谈话，罗维德亦同往。时高诗雅已退休，毛勤接任，手持一纸，列五六条，起立发言。先述第一条，辞未毕，余起立告毛勤，能有几分钟许余先有申述否。毛勤允之。余发言毕，再请毛勤讲话。毛勤谓，尊意未尽，尽可续言，于今日之会有益无损。余遂继续发言，再让毛勤。毛勤又言，君尽畅所欲言，勿作存留。余再继续发言。自上午十一时开会，壁上挂钟打十二响，余告愧憾。毛勤谓，今日畅聆君言，极所惬意。惟有一事乞原谅。港政府为成立新大学事，亦特组织一会。我居此位，特转达政府公意，非私人有所主张。今晨聆钱先生言，当转告政府，俟下次再商，遂散会。是夜，新亚在市区有酒会，罗维德告美琦，今日钱先生有一伟大令人敬佩之表现。席散，美琦询余，乃以午间教育司开会事告之。

罗维德驻新亚一年，回雅礼，由萧约继任，在卢鼎来港时，即与余相识。其人久居中国，又娶一中国太太，离大陆后，居港写作亦已多年。与港政府人多相熟。时以新亚意与港府意彼此传递，为助亦大。港政府又特自伦敦聘福尔顿来，为创建新大学事，与三校磋商。福尔顿力赞新亚研究所之成绩，谓当保留此研究所，成为将来新大学成立后之第一研究所，一任新亚主办。并将此意写入新大学创建法规中，俾成定案。余与谈及新校长人选，余主由中国人任之。福尔顿谓，先聘一英国人任首席校长，再由中国人继任，或于实际情势较适，未细谈而罢。

※ ※ ※

一九五九年秋，余得耶鲁大学来信，邀余去在其东方研究系讲学半年。余以新亚事烦，适桂林街旧同事吴士选俊升自台湾退职去美，余邀请其来新亚任副院长，余离港可暂代校务。毛勤告余，吴君曾任台湾"教育部"次长职，彼来新亚，似有不便，港政府将拒其入境。余问毛勤，在英国是否有从政界退职转入学校任教之例。今吴君已正式退职，转来新亚，有何不便。毛勤言辞趑趄，谓新亚聘人易，君何必选走一限途。余谓，港政府倘有正当理由告余，余自可改计。倘并无正当理由，何乃坚拒余请。毛勤通粤语，并亦略读中国书。彼谓，君心如石，不可转也。只有仍待港政府作最后决定。

一日，萧约特来告余，私闻港政府中人语，新亚申请吴君入境，颇惧大陆忽提抗议，横生波折。顷港督休假离港，不三日即返，专待其最后一言。万一坚拒新亚之请，岂不对新亚颜面有关。不如暂撤所请，再俟他日从长商榷。余谓，既只须再待三数日，余必俟港督返，听其作最后之决定。及港督返，语其部下，我们且勉从新亚此一请，他日复有此等事，再作详商。翌晨，毛勤一早来新亚，入余室，即连声恭喜，谓港督已允吴君入境，并已直接通知纽约英国领事馆，嘱其就近转达吴君，俾可即速治装。毛勤又谓，君为此事延迟美国之行，顷吴君不日可来港，君亦可整备行装矣。

又一日，毛勤来告余，彼于明年夏须退休返英伦，君将去美国，特先来辞行。彼又谓，英国乃民主政治，于反对方面意见，亦知尊重。君坚持己见，一次不见从，尽可再次提出，幸勿介意。

毛勤又于年前向余提议，由新亚来创办一中文中学，可作港九中文中学之榜样。嘱余先选定一地，香港政府可无条件拨付。校舍图样绘就，建筑经费新亚只需担任其十分之一，其余十分之九，全由港政府负担。将来此中学之常年经费，教育司当担任其百分之八十，而内部用人行政，则全由新亚做主，教育司决不干预。余遂于九龙近郊荃湾择定一地，距市区不远，而隔绝烦嚣，可全不受市区之影响。其地背负山，南面距海亦近，可遥望，地极宽敞。惟须待港政府先在该区四围筑路，再于路面下安装自来水电灯各线。余并聘定台北沈亦珍来任校长。亦珍特来港一行，同去踏看新校舍之地址。一切端倪粗定，忽港政府创设新大学之动议起，余为此事，各方商谈，极费曲折，遂将中学事搁置。及毛勤去职，亦未目睹其成。

余自办新亚，与香港教育司时有接触。前为高诗雅，继任者为毛勤。而高诗雅任职时，毛勤即为之副。故余与毛勤交接为特多。高毛两人皆久居港地，通达中国社会人情，对余皆具礼貌。及中文大学成立，特授高诗雅以名誉博士学位。高诗雅来港接受学位时致辞，特纪念及余与新亚之往事。余时已离港来台，有人特转送其演讲辞于余。余初不通英语，居大陆时，与外国人交涉极少，不谓在香港交接得许多美国英国人。至今不胜驰溯。亦余生平师友中所难忘之几人也。

※　※　※

吴士选既来，余夫妇遂成行。时为一九六〇年一月十八日。留美前后共七月余。于九月一日离美转赴伦敦。

余离港前，伦敦来邀即将合组新大学之三院院长前往访问。余因赴美在即，约定离美后单独前往，至是始成行。余至伦敦，毛勤已退休归家，住伦敦近郊。亲来邀赴其家，盘桓一天，深夜始归，均由毛勤驾车迎送。

福尔顿亦特来邀余夫妇去其家住一宵。火车路程一小时即达，午后讨论香港创办新大学事，谈及校长问题，两人仍各持旧见，不相下。出至郊外，参观在此兴建一大学之新校址，彼即预定任此校之校长。晚餐后，续谈香港新大学校长问题，仍不得解决。翌晨再谈，仍无结果。午后，福尔顿亲送余夫妇返伦敦。车上仍续谈此问题。余问，当前中国学人君意竟无堪当一理想大学校长之选否。福尔顿色变，遽谓此问题当依尊旨，即此作决定，幸勿再提。

※　※　※

在英共住二十二日，自伦敦转巴黎。贺光中夫妇适自新加坡来巴黎，光中乃专为抄录巴黎所藏敦煌文件而来，故需久住，特租一屋。余夫妇亦同寓其处，在巴黎多蒙其夫妇陪游。

余夫妇游巴黎共旬日，忽得香港新亚来信，学校有事，促急归。因取消欧陆其他各国之行，法国其他地区亦未前往，匆匆离巴黎转赴罗马，作为此行最后之一程。

余夫妇游罗马凡六日即匆促赋归。

余返香港，乃知新亚内部为"国庆"日悬"国旗"有龃龉。余告来谈者，国家民族精神之体究与发扬，乃我全校师生积年累月所当努力一要目。悬挂"国旗"，乃一仪式。不当为此使学校前程生波折，乱步调。但"国庆"之晨，仍有人在学校楼顶私升"国旗"，旋又卸下，未肇事端。盖少数几人主张，绝大多数置之不问，而另有少数临事加以劝阻。然余之欧游则竟为此中辍，至今思之犹为怅然。

※　※　※

一九六二年七月福尔顿又来港，初面，又询余有关校长事仍持初意否。余告以余所争乃原则性者,他日物色校长人选,余决不参一议。福尔顿颔首不语。有关新大学一切争议,至是遂定。又议校名问题,或主取名中山大学,或主名九龙大学,其他尚有多名,久不决。余谓,不如径取已用之英文名直译为中文大学,众无异议。新校长既来,召崇基联合新亚三院院长每周开一联席会议,遇有异见,举手多数即通过。余与福尔顿毛勤以前彼此讨论商榷之情形,今则渺不可得矣。余自新亚决定参加大学,去意亦早定。大学既成半年,乃商之赵冰董事长,得其同意,辞去新亚院长之职。时为一九六四年之夏,自创校以来,前后十五年,连前亚洲文商学院夜校一年,则为十六年。亦为余生平最忙碌之十六年。惟董事会允余一九六五年为正式辞职之年,此一年则为余之休假年。时余年七十一。余旅居香港之办学生涯遂告终结。

上引资料仍有未够详尽处,或亦不免尚有遗漏。然重要之点应已叙及。兹有数事,余尚须特加更正者。

一、新亚前期亚洲文商学院之创办,主张自张其昀晓峰先生。谢幼伟、崔书琴、某君(忘其名)及余,皆晓峰所邀。晓峰本拟亲来港创校,不意因蒋公电召未能来港。余二次来港时,谢、崔两君已向港府教育司办妥学校登记,并未经同意径用余名登记为院长。后某君返大陆不归,幼伟又因事他去,余始邀君毅、丕介来共事。故亚洲文商学院之创办,实非余与君毅用"教育部"讲演费所设立。可谓无晓峰,即无亚洲文商。无亚洲文商,亦不可能有新亚。余不敢掠美,特加更正。

二、一九五〇年冬,新亚经济困难,余赴台湾请求援助。台北方面允助港币每月三千。蒋公亦允比照此补助款数同额补助。蒋公之款自其办公费省下,允诺后,立即按月拨付新亚,无任何手续。直到一九五四年五月,新亚获得雅礼补助方自请停止。而台北方面所允补助之三千元,则仅属虚文,实际并无下落。

翌年,余为求打开新亚困局,再次赴台,拟在台创立分校。当时已获得台籍友人之捐地捐款,不需官方任何经济补助,只求准许立案。四处奔走请托,竟滞留数月之久,而无法获得官方之同情。最后竟以"惊声堂"意外,转变余此行。其中经过,委曲难言。

故余屡对新亚同仁以及雅礼诸先生明确宣言:新亚所得台湾之补助,乃蒋公私人对新亚之同情,与政治皆无关。其中区别,不待赘言。

三、一九五三年七月,耶鲁大学卢鼎教授代表雅礼协会来远东寻找新合作对象,结果选定新亚。卢鼎于七月二日抵港,七月四日即与余见面。如其来港前,未先对新亚有所知,余二人之见面不可能如是之速。一九七九年新亚创校三十周年纪念,卢鼎特来港参加庆典,其"一九五三年东西之会"一讲词(刊于《新亚生活月刊》七卷一期)曾对此事经过明白叙述。

当年雅礼与新亚之合作,双方皆极慎重。在东西方之学术界,亦为一极富意义极值重视之举。不意在新亚公开之文字记载中竟言:"卢鼎到港,因本校学生奚会暲君之介绍而与学校始有接触……"如此则雅礼寻访新合作对象之举太过轻率,实使新亚有愧于异国友人之真诚相助。余不得不特加郑重更正。

四、新亚研究所之创立,最初得香港美国亚洲协会负责人艾维之主动援助。亚洲协会经费有限,仅补助新亚研究生及图书与房租等费,时在一九五三年秋。惟艾维不久离去,此事遂无发展。

一九五五年春,哈佛雷少华教授来港,新亚研究所得哈佛燕京社资助,始正式招生,并聘校外考试委员阅卷口试,学生毕业可择优留所作研究员。图书费大增,新亚始能作有计划之购书。

又增添出版补助费。

惟亚洲协会及哈燕社皆从未资助新亚设专任教授。后香港政府开始补助新亚，余提出请求，研究所始由港府补助得设专任教授四人。

余观新亚同仁过去之文字记载云："美亚洲协会负责人艾维结识本校学生多人，因而慨然有意协助。借建立新亚研究所之名，由该会拨助专任研究人员的研究费，而以其中半数转交新亚书院，以应付学校最低限度的经费需要。有专任教授四人……"此乃不实之言。

艾维初抵港，即来访，谓在美有人介绍。并表示知余创新亚之艰辛，他日如有可能，必尽力相助。后艾维主动援助新亚，其事之始洽，实在卢鼎与余见面返美后。惟一经商定，立即开始，时为一九五三年秋。而雅礼之补助，虽商谈在先，需经该会董事会通过，于一九五四年五月，在亚洲协会已资助新亚筹办研究所后方正式开始。又卢鼎初次来港，与中国文化界人士之接触，几全由亚洲协会之协助。陪余与卢鼎见面之苏明璇君，即是艾维当时之助理。艾维已详知雅礼即将资助新亚，何需另借名再补助？此说实难言之成理。

新亚创始初期，经费来源极简，支出亦简，故由教授兼杂务尚可敷衍。此后学校日扩，一切人事行政需渐上轨道，故研究所初创，书院与研究所经费事务即分人负责，此或为事实误解之起因。

以上四事皆极具体，均余当年亲自经手。今余既知新亚过去文字记载有误，理应加以更正。

（新亚书院四十周年校庆特刊）

新亚四十周年纪念祝辞

今年欣逢新亚创校四十周年纪念,林校长及新亚校庆特刊编辑委员会主席唐端正,两位先生来信,要我写一篇话旧或述感的文章。这是我义不容辞的事。人生一世三十年,四十年已超过十年,不能算是一个短时期。对于一个年已九十五的老人来说,更可算是一段艰困漫长的人生旅程。四十年前创办新亚时,我绝想不到四十年后,我还能在有生之年来庆祝。这在我生命过程中,实感快慰。

我正式离开新亚已二十五年,离开香港亦已二十二年。但香港与新亚,始终在我深切的关怀中。近几年,我衰老多病,不能多思考,惟对中国人未来的命运,仍如旧般在心。我感觉,似乎今天整个世界都在快速转变中,没有人能预知未来的世界会变成什么样。由于"一九九七"日近,香港未来的命运,像在风雨飘摇中。每想到香港,自然会联想到新亚,两者是难以分开的。为纪念新亚创校四十周年,回念过去,想起三件事,值得在庆祝四十周年时,再向大家提起。

一是我当年为书院取名"新亚",二是我为大学取名"中文",三是我坚持第一任中文大学校长应由中国人担当。这三件事,都有关新亚的历史,并与香港地位特殊有关。

一九四九年,我避祸来到香港,香港是英国的殖民地。回想四十年前的香港，中国人的地位是很低的。那一种殖民地的气氛，深深压迫着中国人，特别是对知识分子们。当年的感受，不是今天的香港青年所能了解。我不能安身国内，只身流亡到香港，这近百年来既属中国而又不算中国的土地。一个流浪者的心情，是很难描述的。我不敢暴露中国人身份的心情来要求有一个"新香港"，遂转而提出"新亚洲"。我当时只能希望英国人对亚洲殖民地采取较开放的新姿态，使来香港的中国人能获较多自由，所以我为我们的书院取"新亚"为名，寄望我们将有一个稍为光明的未来。

仅不过十年，由于流亡香港的中国人的努力奋斗，在香港做出了他们的贡献。统治阶层的英国人，不得不重视这批流亡者的存在，于是要来成立香港大学外的另一所大学。把已经有的流亡学校，组合起来，另创一个大学，以应实际需要。

大家都知道，原有的香港大学是一所以传授西方文化用英国语言为主的大学，它代表殖民政府。而香港社会实际上有占百分之九十以上的居民，是承袭中国文化，并使用中国语文的。我们的新亚，在当年虽是"手空空，无一物"。但在香港的文教界，早获得了肯定，并且受到社会上普遍重视。所以在最初，新亚即被认定为新大学的一成员。当时大家花了很多时间，开了多次会议，讨论为此一即将成立的新大学命名，提出了各种不同的意见，众议纷纭，未有定论。我提议，不如即照当时筹备期所用英文名直译为"中文"大学，终于获得定论。以香港的特殊背景，用"中文"两字来做新大学的名称，是含有某种特殊意义的。

后来大学成立，校长人选成了众所瞩目。香港政府当时有意委任一位英国人，而我主张应由一位中国人来任。我曾说："不论香港政府请谁,我都不反对,只要他是一个中国人。"我至今记得很清楚,一九六一年,我与内人从美国回香港,特地绕道英国,与当时中文大学筹备委员会的负责人福尔顿爵士会面。并接受他的邀请,到他在伦敦近郊的家中住宿一晚。抵他家当天的下午,以及当日晚饭后,我们只讨论一个问题,就是有关校长人选该是英国人抑是中国人的问题。第二天,福尔顿陪我们夫妇回伦敦,在火车中,我们还是讨论同一问题。最后我问他:"你是否认为中国人之中没有一个人能担任大学校长的呢?"于是这一争论,才算告一段落。

当时的香港政府,以为在中文大学初创时,由一英国人来任校长,做政府与学校之间的桥梁,会有助于新大学行政的推行。以香港环境的特殊,中文大学成员背景的复杂,我们不能不承认香港政府的主张自有一番理由。我更深切明白,由中国人来任校长,绝不会比英国人任校长,对新亚能有更多的帮助。相反地,英国人任校长,新亚可能受到更多尊重。然而我是一个中国人,我要提倡中国文化,站在国家民族的立场,我不能同意由英国人来任校长。英国人终于接受了我的意见。

中文大学正式成立后,我即辞了新亚书院院长职务,不久迁来台湾,长期离开了香港。今天为庆祝新亚四十周年撰文,关怀到香港的未来,我不免又想起以上三件事。我很高兴,自中文大学校长由中国人出任后,没有几年,香港大学的校长也改由中国人来担任了。今天香港政府其他多所大专院校的行政首长,也陆续换成了中国人。这在新亚创办初期,是难以想像的,但今天却变得很平常了。今天的中文大学,在世界学术界,其名声地位,绝不低于香港大学。而"中文大学"这一名称,在当时至少表达了大多数香港居民的心声。

从前的香港,是中国人的土地来作英国的殖民地。我们希望香港不该再有殖民制度,即是希望中国人英国人同居一地,不应再有统治、被统治之别。也即是希望泯灭人类种族的分别,成一大同的集聚。至今不过四十年,现在不仅英国人即将退出其殖民地的地位,而香港也真成为新亚洲一重要的新邑了。我们中国人正该欢欣鼓舞,而不幸今天居住在香港的中国人,不仅没有这表现,反而怀有恐惧忧虑的心情,这真是值得悲伤的。目前的香港究该如何?这是香港人眼前一大事,正须待香港人自己好好努力。我们总不能再存有依赖英国人之想,中国人的事该由自己负责。

四十年来,新亚面对所处的环境,曾尽了它的一份责任。虽然到今天,我们还很难给过去四十年的新亚做出正确的评价。然而四十年后,新亚即将要面对一个与前全然不同的环境,它所负的历史使命也将有所不同。我们要对抗外来的压迫是比较容易的,建立内在的自由却转较难。

新亚的校歌有一句说:"千斤担子两肩挑。"这是写我当年心中的实感,一点也没有夸大。我恐怕今天以后的中国人,肩上担子绝不止千斤。当年的新亚,全校师生加起来不满百,而物质上、精神上真是"手空空无一物"啊!然而我们当时却自觉该背负起对国家民族的责任,并怀有坚定不移的信心,终于一步步渡过难关。今天的新亚师生十倍当年。再加上毕业校友,恐已有百倍。以今天的新亚比从前,无论人力财力,精神物质上,力量大了何止十百倍。只要我们能团结一心,坚持信念,为我们苦难的国家民族共同努力携手并进,纵然是万斤重担,我相信新亚师生也绝不会退缩。我不禁要再一次呼唤："珍重！珍重！我新亚精神。"借此创校四十周年纪念庆典，向新亚全体师生及毕业校友，献上我衷心诚恳的祝福与期盼。

一九八九年五月十八日于台北外双溪素书楼，时年九十五岁

钱穆作品系列
（二十四种）

《孔子传》

本书综合司马迁以下各家考订所得，重为孔子作传。其最大宗旨，乃在孔子之为人，即其自述所谓"学不厌、教不倦"者，而以寻求孔子毕生为学之日进无疆、与其教育事业之博大深微为主要中心，而政治事业次之。故本书所采材料亦以《论语》为主。

《论语新解》

钱穆先生为文史大家，尤对孔子与儒家思想精研甚深甚切。本书乃汇集前人对《论语》的注疏、集解，力求融会贯通、"一以贯之"，再加上自己的理解予以重新阐释，实为阅读和研究《论语》之入门书和必读书。

《庄老通辨》

《老子》书之作者及成书年代，为历来中国思想学术界一大"悬案"。本书作者本着孟子所谓"求知其人，而追论其世"之意旨，梳理了道家思想乃至先秦思想史中各家各派之相互影响、传承与辩驳关系，言之成理、证据凿凿地推论出《老子》书应尚在《庄子》后。

《庄子纂笺》

本书为作者对古今上百家《庄子》注释的编辑汇要，"斟酌选择调和决夺，得一妥适之正解"，因此，非传统意义上的"集注"或"集释"，而是通过对历代注释的取舍体现了作者对《庄子》在"义理、考据、辞章"方面的理解。

《朱子学提纲》

钱穆先生于1969年撰成百万言巨著《朱子新学案》，"因念牵涉太广，篇幅过巨，于70年初夏特撰《提纲》一篇，撮述书中要旨，并推广及于全部中国学术史。上自孔子，下迄清末，二千五百年中之儒学流变，旁及百家众说之杂出，以见朱子学术承先启后之意义价值所在。"本书条理清晰、深入浅出，实为研究和阅读朱子学之入门。

《宋代理学三书随劄》

本书为作者对宋代理学三书——元代刘因所编《朱子四书集义精要》、周濂溪《通书》及朱熹、吕东莱编《近思录》——所做的读书劄记，以发挥理学家之共同要义为主，简明扼要地辨析了宋代理学对传统孔孟儒家思想的阐释、继承和发展。

《中国思想通俗讲话》

本书意在指出目前中国社会人

人习用普遍流行的几许概念与名词——如道理、性命、德行、气运等的内在涵义、流变沿革，及其相互会通之点，并由此上溯全部中国思想史，描述出中国传统思想一大轮廓。

《现代中国学术论衡》

本书对近现代中国学术的新门类如宗教、哲学、科学、心理学、史学、考古学、教育学、政治学、社会学、文学、艺术、音乐等作了简要的概评，既从中西比照的角度，指出了"中国重和合会通，西方重分别独立"这一中西学术乃至思想文化之根本区别；又将各现代学术还诸旧传统，指出其本属相通及互有得失处，使见出"中西新旧有其异，亦有其同，仍可会通求之"。

《中国学术思想史论丛》

共三编八册，汇集了作者六十年来讨论中国历代学术思想而未收入各专著的单篇散论，为作者1976—1979年时自编。上编（1—2册）自上古至先秦，中编（3—4册）自两汉至隋唐五代，下编（5—8册）自两宋迄晚清民国。全书探源溯流，阐幽发微，颇多学术创辟，系统而真切地勾勒了中国几千年学术思想之脉络全景。

《黄帝》

华夏文明的创始人：黄帝、尧舜禹汤、文武周公，他们的事迹虽茫昧不明，有关他们的传说却并非神话，其中充满着古人的基本精神。本书即是讲述他们的故事，虽非信史，然中国上古史真相，庶可于此诸故事中一窥究竟。

《秦汉史》

本书为作者于1931年所撰写之讲义，上自秦人一统之局，下至王莽之新政，为一尚未完编之断代史。作者秉其一贯高屋建瓴、融会贯通的史学要旨，深入浅出地梳理了秦汉两代的政治、经济、学术和文化，指呈了中国历史上这一辉煌时期的精要所在。

《国史新论》

本书作者"旨求通俗，义取综合"，从中国的社会文化演变、传统的政治教育制度等多个侧面，融古今、贯诸端，对中国几千年历史之特质、症结、演变及对当今社会现实的巨大影响，作了高屋建瓴、深入浅出的精彩剖析。

《古史地理论丛》

本书汇集考论古代历史地理的二十余篇文章。作者以通儒精神将地名学、史学、政治经济、人文及民族学融为一体，辨析异地同名的历史现象，探究古代部族迁徙之迹，进而说明中国历史上各地经济、政治、人文演进的古今变迁。

《中国历代政治得失》

本书分别就中国汉、唐、宋、明、清五代的政府组织、百官职权、考试监察、财政赋税、兵役义务等种种政治制度作了提要钩玄的概观与比照，叙述因革演变，指陈利害得失，实不失为一部简明的"中国政治制度史"。

《中国历史研究法》

本书从通史和文化史的总题及政治史、社会史、经济史、学术史、历史人物、历史地理等6个分题言简意赅地论述了中国历史研究的大意与方法。实为作者此后30年史学见解之本源所在，亦可视为作者对中国史学大纲要义的简要叙述。

《中国史学名著》

本书为一本简明的史学史著作，扼要介绍了从《尚书》到《文史通义》的数部中国史学名著。作者从学科史的角度，提纲挈领地勾勒了中国史学的发生、发展、特征和存在的问题，并从中西史学的比照中见出中国史学乃至中国思想和学术的精神与大义。

《中国史学发微》

本书汇集作者有关中国历史、史学和中国文化精神等方面的演讲与杂论，既对中国史学之本体、中国历史之精神，乃至中国文化要义、中国教育思想史等均做了高屋建瓴、体大思精的概论；又融会贯通地对中国史学中的"文与质"、中国历史人物、历史与人生等具体而微的方面做了细致而体贴的发疏。

《湖上闲思录》

充满闲思与玄想的哲学小品，分别就人类精神和文化领域诸多或具体或抽象的相对命题，如情与欲、理与气、善与恶等作了灵动、细腻而深刻的分析与阐发，从二元对立的视角思索了人类存在的基本问题。

《文化与教育》

本书乃汇集作者关于中国文化与教育诸问题的专论和演讲词而成，作者以其对中国文化精深闳大之体悟，揭示中西传统与路线之差异，指明中国文化现代转向之途径，并以教育实施之弊端及其改革为特别关心所在，寻求民族健康发育之正途。

《人生十论》

本书汇集了作者讨论人生问题的三次讲演，一为"人生十论"，一为"人生三步骤"，一为"中国人生哲学"。作者从中国传统文化入手，征诸当今潮流风气，探讨"心""我""自由""命""道"等终极问题，而不离人生日常态度，启发读者追溯本民族文化传统的根源，思考中国人在现代社会安身立命的根本。

《中国文学论丛》

作者为文史大家，其谈文学，多从文化思想入手，注重高屋建瓴、融会贯通。本书上起诗三百，下及近代新文学，有考订，有批评。会通读之，则见出中国一部文学演进史；而中国文学之特性，及各时代各体各家之高下得失之描述，亦见出作者之会心及评判标准。

《新亚遗铎》

1949年钱穆南下香港创立新亚书院。本书汇集其主政新亚书院之十五年中对学生之讲演及文稿，鼓励青年立志，提倡为学、做人并重，讲述传统文化之精要，阐述大学教育之宗旨，体现其矢志不渝且终身实践的教育思想。

《晚学盲言》

本书是作者晚年"目盲不能视人"的情况下，由口诵耳听一字一句修改订定。终迄时已92岁高龄。全书分上、中、下三部，一为宇宙天地自然之部，次为政治社会人文之部，三为德性行为修养之部。虽篇各一义，而相贯相承，主旨为讨论中西方文化传统之异同。

《八十忆双亲 师友杂忆》

作者八十高龄后对双亲及师友等的回忆文字，情致款款，令人慨叹。读者不仅由此得见钱穆一生的求学、著述与为人，亦能略窥现代学术概貌之一斑。有心的读者更能从此书感受到20世纪"国家社会家庭风气人物思想学术一切之变"。